Einzelveröffentlichungen der
Historischen Kommission zu Berlin
Band 60

Berlinische Lebensbilder
Herausgegeben von
Wolfgang Ribbe
Band 6
Techniker

Colloquium Verlag

Berlin 1990

Berlinische Lebensbilder
Techniker

Herausgegeben von

Wilhelm Treue

und

Wolfgang König

Colloquium Verlag

Berlin 1990

Die Herausgabe des Bandes wurde gefördert
von der AEG Aktiengesellschaft, der Berliner Kraft- und Licht (Bewag)-Aktiengesellschaft,
der Siemens Aktiengesellschaft und der Stiftung Deutsche Klassenlotterie Berlin
Die Schriftenreihe der Historischen Kommission zu Berlin erscheint mit Unterstützung
der Senatsverwaltung für Wissenschaft und Forschung, Berlin

Lektorat der Schriftenreihe
Christian Schädlich

CIP-Titelaufnahme der Deutschen Bibliothek

Berlinische Lebensbilder / hrsg. von Wolfgang Ribbe. — Berlin: Colloquium-Verl.
(Einzelveröffentlichungen der Historischen Kommission zu Berlin; Bd. 60)
NE: Ribbe, Wolfgang [Hrsg.]; Historische Kommission ‹Berlin, West›: Einzelveröffentlichungen der Historischen ...

Bd. 6. Techniker / hrsg. von Wilhelm Treue und Wolfgang König. — 1990
ISBN 3-7678-0777-7
NE: Treue, Wilhelm [Hrsg.]

© 1990 Colloquium Verlag GmbH, Berlin 45
Satz und Umbruch: Historische Kommission zu Berlin, Berlin 38
Druck: Color-Druck Dorfi GmbH, Berlin 49
Einband: Schöneberger Buchbinderei, Berlin 62
Printed in Germany

Einleitung

Es ist kein Zufall, daß der vorliegende Band über Berliner Techniker in den letzten Jahrzehnten des 18. Jahrhunderts einsetzt und seinen Schwerpunkt um die Wende vom 19. zum 20. Jahrhundert hat. Vollzog sich doch in diesem Zeitraum die allmähliche Entwicklung Preußens und Deutschlands von ganz überwiegend agrarisch zu auch industriell geprägten Staaten und erreichte Deutschland im Kaiserreich auf dem Weltmarkt für Industriegüter eine Stellung, die der britischen nahekam. Diese Entwicklung Deutschlands zur starken und exportabhängigen Industrienation hing nicht zuletzt auch mit technischen Innovationen und ihrer industriellen Umsetzung zusammen.

Im Vergleich zu Großbritannien, dem Mutterland der Industriellen Revolution, begann die Industrialisierung in Preußen und in anderen deutschen Staaten mit einer Zeitverschiebung von nahezu einem halben Jahrhundert. Der britischen Industrie und der britischen Technik galt es nachzueifern. Besonders aus den Schlüsselbereichen der britischen Industrialisierung, dem Berg- und Hüttenwesen, dem Maschinenbau und der Textilindustrie, sollten technische Kenntnisse zu den deutschen Staaten transferiert werden. Friedrich Anton Heynitz, der Leiter und Reorganisator des preußischen Berg- und Hüttenwesens, steht für solche frühen Bemühungen um einen staatlich organisierten Technologietransfer, die allerdings häufig nicht sehr erfolgreich verliefen.

Daneben standen private Initiativen zur Gewerbeförderung, wie die von Johann Georg Krünitz begründete monumentale *Oekonomisch-technologische Encyklopädie*. In dieser noch dem Kameralismus und der Beckmannschen Technologie des 18. Jahrhunderts verhafteten Enzyklopädie wurden mehr oder weniger systematisch Informationen über Technik und Gewerbe aus zahlreichen Quellen in der Hoffnung zusammengestellt, daß Gewerbetreibende und mit der Technik befaßte Staatsbeamte daraus Nutzen ziehen könnten. Die preußische Regierung wußte auch solche privaten Initiativen in ihre Gewerbeförderungspolitik einzubeziehen und empfahl öffentlichen Stellen die Enzyklopädie zur Anschaffung.

Langfristig erfolgreich war die preußische Regierung vor allem, indem sie die Rahmenbedingungen für Industrie und Gewerbe verbesserte. Zu diesen infrastrukturell ausgerichteten Maßnahmen gehörte die Schaffung eines leistungsfähigen technischen Bildungswesens, in dem auch Johann Albert Eytelwein auf dem Gebiet der Bautechnik, insbesondere des Wasserbaus, und Sigismund Friedrich Hermbstaedt auf dem Gebiet der chemischen Technologie wirkten. Schon in ihren Werken zeigte sich der Zerfall der Technologie in eine Fülle technischer und ökonomischer Spezialdisziplinen. Diente das preußische technische Bildungswesen in den ersten Jahrzehnten des 19. Jahrhunderts auch in erster Linie der Ausbildung von Beamten für den technischen Staatsdienst, so gingen doch viele Absolventen des von Beuth gegründeten Gewerbeinstituts in die entstehende Privatindustrie. Beuth, der Organisator des technischgewerblichen Schulwesens in Preußen, hat in dem vorliegenden Band, in dem der Begriff der Techniker weitgefaßt und auch die die Technik maßgeblich Fördernden und Bestimmenden einbezogen wurden, nur deswegen keine Aufnahme gefunden, weil seine Biographie bereits in dem Band der *Berlinischen Lebensbilder* über Wissenschaftspolitiker behandelt worden ist.

Zu den — allerdings in der Schule wenig erfolgreichen — Zöglingen des Gewerbeinstituts gehörte auch August Borsig. In seinem Lebensweg und ebenso in denen anderer Industriepioniere, wie der Maschinenbauer Georg Christian und Julius Conrad Freund sowie Franz Anton Egells, zeigte es sich, daß der preußische Staat seit den 1820er und 1830er Jahren seine unmittelbar führende Rolle beim Technologietransfer und beim Aufbau neuer Industrien an private, technisch befähigte Unternehmer verlor und sich auf mittelbare Maßnahmen der Gewerbeförderung zurückzog. Aus eigener Kraft, aber auch mit Hilfe eines auf vielfältige Art und Weise angeeigneten englischen Know-hows stieg Borsig innerhalb kurzer Zeit zum führenden Lokomotivbauer Deutschlands auf. Für die deutsche Industrialisierung gewann der Eisenbahnbau die Funktion einer Schlüsselindustrie mit direkten und indirekten positiven Auswirkungen auf die Entwicklung der Gesamtindustrie.

Georg Knorr, einer der Pioniere auf dem technisch anspruchsvollen Gebiet der Eisenbahnbremsen, gehört schon einer späteren Epoche, der Hochindustrialisierung, an. Die wirtschaftliche und die politische Einigung Deutschlands hatten nicht nur die Grundlagen für den Bedeutungszuwachs Berlins als Verwaltungs- und Industriestadt, sondern ganz allgemein auch für den industriellen Aufstieg Deutschlands und die Ausbildung großer Industrieimperien geschaffen. Mit seinen Fabriken für Eisenbahnzubehör geriet Knorr auch in Kontakt mit dem von Ludwig und vor allem von Isidor Löwe aufgebauten Mischkonzern. Mit dem Präzisionsmaschinenbau und der Elektrotechnik umfaßte dieser Konzern zwei der „neuen Technologien", mit denen Deutschland in den Kreis der führenden Industriemächte vordrang. Die dritte, die chemische Technik, hatte ihr Zentrum am Rhein und seinen Nebenflüssen und war in Berlin weniger stark vertreten. Der Präzisionsmaschinenbau war dadurch gekennzeichnet, daß jetzt Maschinen mit Hilfe von Werkzeugmaschinen gebaut wurden, ohne daß handwerkliches Nacharbeiten erforderlich war. Die entscheidenden Anstöße für diese Präzisionsfertigung wie auch für Typisierung, Normierung und Veränderungen der Arbeitsorganisation, also für eine Vielzahl von Rationalisierungsmaßnahmen, kamen aus den USA und wurden von führenden Maschinenbaufirmen, an ihrer Spitze Löwe, nach Deutschland transferiert.

Einleitung

Die Berliner Elektroindustrie hatte vor allem mit der 1847 gegründeten Firma Siemens & Halske ihre Wurzeln noch in der Frühindustrialisierung, doch änderte sich in den 1880er Jahren die Struktur dieser Industrie grundlegend. Hatte man bislang das Geschäft vor allem mit schwachstromtechnischen Produkten, wie Telegrafie- und Eisenbahnsignalanlagen, gemacht, so dominierten jetzt starkstromtechnische Erzeugnisse, wie elektrische Lampen und Maschinen. Damit änderte sich auch der Kundenkreis. Telegrafische Anlagen und Eisenbahnsignalanlagen wurden in erster Linie vom Staat und von Staatsunternehmen gekauft, erforderten also eine enge Kooperation zwischen dem Hersteller und den Staatsbehörden, was in den 1880er Jahren bei der Einführung des Telefons zwischen der Reichspost Heinrich von Stephans und verschiedenen elektrotechnischen Firmen eine Fortsetzung fand. Starkstromtechnische Produkte wurden dagegen in größerem Umfang an private Kunden verkauft, wofür neue Marketingstrategien erforderlich waren. Die Firma Siemens & Halske entwickelte sich aus einem handwerklichen Kleinbetrieb zum arbeitsteiligen industriellen Großunternehmen, was den Mechanikermeister Johann Georg Halske veranlaßte, sich aus der Leitung der Firma zurückzuziehen. Aber auch dem patriarchalischen Familienunternehmer Werner Siemens, der wie kaum ein anderer in seiner Zeit wissenschaftliche, technische und wirtschaftliche Kompetenzen in seiner Person vereinigte, erwuchs bald Konkurrenz durch Managerunternehmer wie Emil Rathenau und dessen AEG, die in größerem Umfang mit Fremdkapital arbeiteten. Siemens & Halske konnten es nicht verhindern, daß seit den 1880er Jahren gleichwertige Firmen, wie in Berlin die AEG und Löwes Union, neben ihnen aufstiegen. Dabei bauten die AEG und die Union zunächst auf amerikanischer Technik auf. Einen anderen Typ des Technologietransfers aus den USA verkörpert Sigmund Bergmann, der in den USA bei und für Edison gearbeitet hatte und seine Firma nach Deutschland verlegte.

Trotz der überragenden Kenntnisse eines Werner Siemens stand dieser und standen erst recht die anderen leitenden Manager und Unternehmer seit den 1880er Jahren nicht mehr an der vordersten Front der technischen Entwicklung in ihren Unternehmen. Diese Positionen wurden durch angestellte Konstruktions- und Entwicklungsingenieure eingenommen, wie Friedrich von Hefner-Alteneck bei Siemens & Halske und Michael von Dolivo-Dobrowolsky bei der AEG, die ein akademisches Studium durchlaufen hatten. Während Hefner-Alteneck noch Physik studiert hatte und eher ein Tüftler und Bastler war, war Dolivo-Dobrowolsky einer der ersten Absolventen der neuen akademischen Disziplin Elektrotechnik und auch in modernen elektrotechnischen Berechnungsmethoden zu Hause. Beide repräsentierten den akademisch gebildeten Ingenieur, der allmählich den Empiriker, der sich seine Kenntnisse in der industriellen Praxis angeeignet hatte, zu verdrängen begann.

Nach dem 1879 erfolgten Zusammenschluß der Bauakademie und der Gewerbeakademie zur Technischen Hochschule (Berlin-)Charlottenburg stieg diese zur maßgebenden höheren technischen Unterrichtsanstalt in Deutschland auf. An ihr eingeführte Neuerungen wurden von anderen deutschen Hochschulen übernommen, und der Ruf nach Berlin bildete den Höhepunkt der Karriere der deutschen Ingenieurprofessoren. An der Maschinenbauabteilung dieser Berliner Technischen Hochschule fanden auch die großen Auseinandersetzungen darüber statt, in welche Richtung sich die Technischen Hochschulen und die technischen Wissenschaften in Deutschland entwickeln sollten. Für eine eher theoretische, abstrakte Ausrichtung stand Franz Reuleaux und für eine mehr empirische, praxisbezogene Alois Riedler. Wenn sich in diesem Methodenstreit auch kurzfristig Alois Riedler durchsetzte, so ergab sich doch mittel- und langfristig eher eine Synthese beider Richtungen, die aber durch eine extreme Spezialisierung der technischen Fächer erkauft wurde, wie sie sich zum Beispiel bei Hermann Rietschel, einem der Begründer der wissenschaftlichen Heizungstechnik, andeutet. Jedenfalls konnten die Technischen Hochschulen und die Ingenieurprofessoren um die Jahrhundertwende mit dem Promotionsrecht eine Frucht ihrer gemeinsamen Bemühungen um die Anhebung ihres wissenschaftlichen Niveaus ernten und in der Folgezeit durch zahlreiche Reformmaßnahmen, die ihre Praxisnähe steigerten, gesuchte Partner der Industrie werden. Technik und Wirtschaft wurden an den Hochschulen jetzt zunehmend in ihrem wechselseitigen Zusammenhang gesehen. Dafür zeugt unter anderem die Schaffung eines mit dem Löwe-Mitarbeiter Georg Schlesinger besetzten Lehrstuhls für „Werkzeugmaschinen und Fabrikbetriebe". Im Bereich der Elektrotechnik begründete entsprechend der AEG-Mitarbeiter Georg Klingenberg das Fachgebiet Kraftwerkswirtschaft.

Ein elektrotechnischer Lehrstuhl war bereits in den 1880er Jahren eingerichtet und durch Adolf Slaby besetzt worden. Slaby engagierte sich besonders auf dem Gebiet der drahtlosen Telegrafie, das nach der Jahrhundertwende zunehmende militärische, handels- und kolonialpolitische Bedeutung gewann. Die drahtlose Telegrafie wurde zum Exerzierfeld für eine Kooperation von Wissenschaft, Wirtschaft und Politik, eine im 20. Jahrhundert immer häufiger vorkommende Konstellation, bei der auch der technikbegeisterte Kaiser Wilhelm II. seine sprunghaften technologiepolitischen Einflußnahmen erprobte. Bei der zur Verbreitung der drahtlosen Telegrafie gegründeten Gesellschaft Telefunken sammelte Hans Bredow seine ersten Erfahrungen als technokratischer Manager, ehe er als hoher Reichsbeamter in der Weimarer Republik eine wichtige Rolle bei der Entstehung und Entwicklung des Rundfunks in Deutschland spielte. Mit seinem Wirken, das das Kaiserreich, die Weimarer Republik, eine Phase der Kaltstellung während des Nationalsozialismus, die Besatzungszeit und die Entstehung der Bundesrepublik umspannte, ist Bredow ein Beispiel dafür, wie der sich als unpolitisch verstehende Fachmann in Zeiten wechselnder politischer Konstellationen sich behaupten und tatsächlich politisch wirken konnte.

Mindestens seit den letzten Jahrzehnten des 19. Jahrhunderts herrschte in Berlin mit seiner hochentwickelten Industrie, seinen deutschen und preußi-

Einleitung

schen zivilen und militärischen technischen Zentralbehörden und seinem differenzierten technischen Bildungswesen ein ausgesprochen fruchtbares Innovationsklima. Nicht immer jedoch konnten die Innovatoren auch die Früchte ihrer Anstrengungen genießen. Otto Lilienthal, der Pionier des Segelflugs, verunglückte bei seinen Flugversuchen tödlich. Und das Patent von Paul Nipkow — der im übrigen auch flugtechnische Patente besaß —, das später die Grundlage für die frühe Fernsehtechnik bildete, geriet über lange Jahre in Vergessenheit und war längst abgelaufen, als es schließlich wirtschaftliche Bedeutung hätte gewinnen können. Lilienthal und Nipkow, auch sie studierte Ingenieure, schufen eine Grundlage, auf der andere dann aufbauten, zwei Beispiele für den kumulativen Charakter der technischen Arbeit.

Göttingen und Berlin, *Wilhelm Treue, Wolfgang König*
im Juli 1989

Inhalt

EINLEITUNG der Herausgeber V

Ulrich Troitzsch 1
Johann Georg Krünitz

Wolfhard Weber 15
Friedrich Anton von Heynitz

Ilja Mieck 29
Sigismund Friedrich Hermbstaedt

Lars U. Scholl 47
Johann Albert Eytelwein

Ilja Mieck 65
Franz Anton Egells, die Gebrüder Freund
und die Anfänge des Maschinenbaus in Berlin

Dieter Vorsteher 85
August Borsig

Wilhelm Treue 97
Ludwig und Isidor Löwe

Volker Benad-Wagenhoff 111
Georg Schlesinger

Hans Christoph Graf von Seherr-Thoss 125
Georg Knorr

Herbert Goetzeler 135
Johann Georg Halske

Lothar Schoen 153
Werner von Siemens

Wilhelm Treue 177
Heinrich Stephan

Ulrich Wengenroth 193
Emil Rathenau

Klaus-Dieter Wyrich 211
Sigmund Bergmann

Lothar Schoen 227
Friedrich von Hefner-Alteneck

Wolfgang König 249
Michael von Dolivo-Dobrowolsky

Helmut Lindner 267
Georg Klingenberg

Hans-Joachim Braun 279
Franz Reuleaux

Karl-Heinz Manegold 293
Alois Riedler

Karl-Heinz Manegold 309
Adolf Slaby

Klaus W. Usemann 325
Hermann Rietschel

Horst O. Halefeldt 341
Hans Bredow

Walter Bruch † 357
Paul Nipkow

Inhalt XIII

Werner Schwipps 367
Otto Lilienthal

Namenregister 383
Autorenverzeichnis 390
Bildnachweis 391

Ulrich Troitzsch

Johann Georg Krünitz

Im Jahre 1773 erschien in Berlin der erste, in Großoktav und mit beigebundenen Kupfertafeln versehene Band eines Werkes, das nach zwei Ergänzungen schließlich folgenden Titel führte: *Oekonomisch-technologische Encyklopädie, oder allgemeines System der Staats-, Stadt-, Haus- und Landwirthschaft und der Kunstgeschichte in alphabetischer Ordnung.* Sein Verfasser war der Arzt und Naturwissenschaftler Johann Georg Krünitz. Was ursprünglich auf eine überschaubare Bandzahl etwa im Umfange heutiger Enzyklopädien oder Konversationslexika geplant war, sollte sich schließlich zu einem förmlichen Bücherbandwurm mit am Ende zweihundertzweiundvierzig Bänden auswachsen, der nicht nur dem Initiator Krünitz, sondern auch mehreren nachfolgenden Verfassern die Existenzsicherung bis zum Tode ermöglichte.

Der letzte Band erschien schließlich im Jahre 1858, also fünfundachtzig Jahre nach dem ersten! Somit umspannt dieses kolossale Werk einen Zeitraum, der vom aufgeklärten Absolutismus friderizianischer Prägung über die napoleonischen Kriege, die Stein-Hardenbergschen Reformen, die Restaurationszeit, den Vormärz, die enttäuschten Erwartungen des Bürgertums in der Revolution von 1848/49 bis hin zum beginnenden Machtkampf Preußens um die Vorherrschaft in Deutschland reicht. Auf wirtschaftlichem Gebiet vollzieht sich im Erscheinungszeitraum der Enzyklopädie der Übergang vom Agrar- zum Industriestaat, von der nach merkantilistisch-kameralistischen Prinzipien gelenkten Wirtschaft zum „laissez-faire" des Wirtschaftsliberalismus, dessen Anhänger 1857/58 durch die erste kapitalistische Weltwirtschaftskrise geschockt werden.

Der „Krünitz", wie er, analog zum „Meyer" oder zum „Brockhaus" kurz genannt wird, zählt bis heute zu den größten Nachschlagewerken, die je erschienen sind, und stellt eine schier unerschöpfliche Fundgrube für all jene dar, die sich mit der Wirtschafts- und Sozialgeschichte, der Geschichte der Medizin, Biologie, Volkskunde, Geographie oder auch der Rechts- und Verwaltungsgeschichte befassen. In ganz besonderem Maße aber ist die Enzyklopädie Quelle und Nachschlagewerk zugleich für den Technikhistoriker, wenn er sich über den Stand von Technik, Technikliteratur und Gewerbe in Deutschland zwischen 1750 und etwa 1830 informieren will. Dieser starke technologische Akzent, der sich in zahllosen Erläuterungen von Fachbegriffen und ausführlichen, manchmal über halbe oder ganze Bände hinwegreichenden Artikeln über bestimmte Gewerbe oder Technologien dokumentiert, lassen es gerechtfertigt erscheinen, Johann Georg Krünitz in eine Reihe mit den „wirklichen" Technikern in diesem Bande zu stellen. Wer sich näher mit der Person Krünitz' befassen will, wird zum einen bald feststellen, daß das Werk bekannter als sein Urheber ist, und zum anderen eine mehr als dürftige Quellenlage hinsichtlich der Biographie von Krünitz vorfinden. Da ein schriftlicher Nachlaß offenbar nicht vorhanden ist, bleiben als einigermaßen verläßliche Quellen lediglich der, wenn auch sicherlich positiv gefärbte Nekrolog von Professor Kosmann, Lehrer am adeligen Kadetten Korps, sowie autobiographische Hinweise in Vorworten zu einigen Bänden der Enzyklopädie und in mehreren Aufsätzen von Krünitz.

Johann Georg Krünitz, dessen Vorfahren im späten 17. Jahrhundert aus dem Erzgebirge nach Berlin zugewandert waren, wurde am 28. März 1728 dort geboren. Seine Eltern waren der Kauf- und Handelsmann Georg Christoph Krünitz (1690—1760) und dessen Ehefrau Dorothea Catharina, Tochter des Jacob Fritsche, „Ökonom" des Joachimsthalschen Gymnasiums. Über Kindheit und Jugend unseres Krünitz wissen wir nichts außer der Tatsache, daß er offenbar mit gutem Erfolg das Gymnasium Zum Grauen Kloster in Berlin absolvierte und somit gründliche Kenntnisse in den klassischen Sprachen aufzuweisen hatte. Anfang April 1747 bezog er die erst zehn Jahre zuvor gegründete Universität Göttingen, die zusammen mit Halle zu den bedeutendsten Universitäten der Aufklärungszeit zählte, um dort vor allem Medizin zu studieren. Hier hörte er unter anderem bei dem überragenden Anatom, Physiologen und Botaniker Albrecht von Haller (1708—1777) und dem Physiker und Arzt Johann Andreas Segner (1704—1777). Zum Sommersemester 1748 schrieb sich Krünitz dann an der Universität in Frankfurt an der Oder ein, wo er neben Medizin auch Philosophie, Mathematik und — privatissime — Chemie belegte. Bereits im Juli des darauffolgenden Jahres verteidigte er seine Dissertation und wurde zum Doktor der Medizin promoviert.

Auf Anraten eines Professors, bei dem Krünitz studiert und während dieser Zeit auch gewohnt hatte, beschloß er, in Frankfurt zu bleiben, um als Arzt zu praktizieren und daneben Privatvorlesungen zu halten. Ebenfalls auf Anregung eines seiner ehemaligen Lehrer wurde er Mitarbeiter der *Berlinischen wöchentlichen Berichte,* für die er bis zu deren Einstellung im Jahre 1751 laut Kosmann „die physikalischen, medizinischen, und in die schönen Wissenschaften einschlagenden Artikel lieferte". Entsprechende Beiträge schrieb er unter anderem für die in Leipzig erscheinenden *Ökonomisch-physikalischen Abhandlungen* sowie das *Hamburgische Magazin* (von 1767—1780 als *Neues Hamburgisches Magazin* fortgesetzt). Zusätzlich war Krünitz auch als Übersetzer tätig und übertrug naturwissenschaftliche und medizinische Werke aus dem Englischen und Französischen ins Deutsche. Diese vielseitige schriftstellerische Tätigkeit war wohl einer der Gründe dafür, daß er sich im Laufe der Zeit eine umfangreiche „physikalisch-medizinisch-ökonomisch-technische Realbibliothek" (Kosmann) zusammentrug, aus der er einen Großteil des Wissens für seine Beiträge zog.

Johann Georg Krünitz
(1728—1796)

Im Jahre 1752 hatte Krünitz die in Frankfurt an der Oder geborene Kaufmannstochter Anna Sophie Lehmann (1731—1780) geheiratet, die ihm sechs Kinder gebar, von denen ihn aber nur eines überlebte. 1759 siedelte er mit seiner Familie nach Berlin über, das er von nun an nicht mehr verlassen sollte. Die Gründe für den Weggang von Frankfurt sind nicht eindeutig zu klären. Nach Kosmann folgte er damit einem Wunsche der Familie und der Anverwandten. A. Hirsch, der Krünitz mit der für das späte 19. Jahrhundert typischen Verachtung des Kameralismus in der *Allgemeinen Deutschen Biographie* auf genau 13 Zeilen abfertigt, meint hingegen, daß dieser sowohl als praktizierender Arzt wie als Wissenschaftler „nicht reüssiert" und sich von nun an ganz der Schriftstellerei zugewandt habe. Und in der Tat hat Krünitz nun das Schreiben zu seinem Hauptbrotberuf gemacht und die ärztliche Praxis nur nebenher betrieben. Ein solcher Schritt war in jener Zeit durchaus noch ungewöhnlich, da er ein hohes Existenzrisiko bedeutete. Gotthold Ephraim Lessing hat das beispielsweise auf schmerzliche Weise erfahren müssen, und er war schließlich froh, daß er die Bibliothekarsstelle im abgelegenen Wolfenbüttel erhielt. In der Regel nämlich wurde die Schriftstellerei von Leuten betrieben, die fest angestellt waren oder über Kapitalvermögen oder Grundbesitz verfügten. Die Verfasser von Artikeln für die besonders in der zweiten Hälfte des 18. Jahrhunderts an Zahl rasch zunehmenden Periodika waren häufig schlechtbezahlte Pfarrer, Beamte oder Hauslehrer, die ihr Einkommen etwas aufzubessern versuchten. Krünitz hingegen, der ausschließlich vom Schreiben leben wollte, mußte aus diesem Grunde täglich zwölf bis sechzehn Stunden am Schreibtisch sitzen und Aufträge annehmen, die kaum eigene geistige Entfaltungsmöglichkeiten boten. So hat er nach Kosmann, der sich noch auf nachgelassene Papiere von Krünitz stützen konnte, „die Korrekturen eines ansehnlichen Theils der Berlinischen Druckereien" übernommen, das Generalregister für die siebenbändige deutsche Ausgabe der Naturgeschichte (*Epoches de la Nature*) von George Louis Leclerc Comte de Buffon (1707—1788) angefertigt. Ferner hat Krünitz, laut Kosmann, mehrere Bücher von anderen Autoren, darunter auch ökonomische und technologische Werke, „umgearbeitet", ohne daß die Verfasser angegeben hätten, daß sie mit dessen „Kalbe gepflügt" hätten.

Wie kam nun Krünitz am Beginn der siebziger Jahre auf den Gedanken, ein so arbeitsintensives Unternehmen, wie es die Herausgabe einer Enzyklopädie darstellt, zu beginnen und welchen Problemen sah er sich geggenüber? Bevor dieser Frage nachgegangen wird, müssen wir einen kurzen Blick auf einige wesentliche Entwicklungen werfen, die dem 18. Jahrhundert das Gepräge gegeben haben. Da ist vor allem der Gedanke der Aufklärung, wurzelnd in der Überzeugung, daß der Mensch als Individuum und die Gesellschaft als Ganzes verbesserungsfähig seien und durch ein von der Vernunft geleitetes Handeln zu immer höherer Vollkommenheit und damit zu irdischem Glück geführt werden könnten. Als ein wichtiges Mittel — unter anderen — zur Erreichung dieses Zieles sahen vor allem Intellektuelle die Bildung an, wobei darunter mit dem fortschreitenden Jahrhundert nicht allein die geistige Bildung, sondern auch die Aneignung von praktisch-nützlichen Fertigkeiten verstanden wurde. Man hat dieses Jahrhundert — zumindest auf den deutschen Raum bezogen — als „Jahrhundert der Pädagogik" bezeichnet, und zwar aus mehreren Gründen: Da gab es zum einen gravierende Neuerungen im Bereich des Schulwesens. Bereits im ersten Drittel des Jahrhunderts wurde in Preußen die allgemeine Schulpflicht eingeführt, wenn auch noch nicht mit sonderlichem Erfolg. Neben die traditionelle Lateinschule trat nun ein neuer Typ, die „Realschule", in der vor allem Kindern von Handwerkern, Krämern, Kaufleuten und niederen Beamten zum Beispiel Kenntnisse in Fächern wie Geographie, Kaufmännisches Rechnen, Zeichnen, Gewerbekunde, Englisch und Französisch vermittelt wurden, die sie später im Berufsleben brauchen konnten.

War für das 17. Jahrhundert, in dem der Aufbruch der modernen Naturwissenschaften erfolgte, noch das Sammeln von Wissen kennzeichnend gewesen, so folgt nun im neuen Jahrhundert eine langanhaltende Phase der Systematisierung dieses bislang ungeordneten Wissens. Vor allem in der zweiten Hälfte des 18. Jahrhunderts kommt es dadurch zur Entstehung von neuen Wissenschaftszweigen wie etwa der Chemie, Geologie, Geographie, Ökonomie und Technologie, die sich neben den traditionellen Disziplinen an den Universitäten etablieren. Eng verbunden mit dieser Entwicklung ist eine sprunghafte Zunahme der Publikationen zu verzeichnen. Insbesondere die Periodika, die fast wie Pilze aus dem Boden schießen, suchen den Lesehunger des sich allmählich formierenden Bürgertums zu befriedigen. Größere Verbreitung finden dabei Zeitungen, Zeitschriften und Magazine mit unterhaltenden, religiösen, literarischen und allgemein belehrenden Inhalten, während die ausgesprochen wissenschaftlichen Periodika doch mehr auf einen Spezialistenkreis zugeschnitten sind. Krünitz hat als Autor in beiden Gattungen publiziert.

Eine neue Form von Publikationen, die ebenfalls für den Geist des 18. Jahrhunderts typisch ist, stellen die Enzyklopädien dar, auch wenn es bereits vereinzelt ältere Vorläufer gibt. Kennzeichnend für diese Gattung ist das Bemühen, ein Wissensgebiet so vollständig wie möglich und gleichzeitig systematisch geordnet zu präsentieren. Ein Ordnungsprinzip kann auch das Alphabet sein, und so stoßen wir bis zur Jahrhundertmitte in Europa auf mehrere Beispiele solcher Enzyklopädien. In Deutschland ist es der Leipziger Verleger Johann Heinrich Zedler, der von 1732 bis 1754 sein *Großes vollständiges Universal-Lexicon*, das mit seinen 68 Foliobänden (einschließlich 4 Supplementbänden) das gesamte Wissen seiner Epoche zu erfassen sucht. Auch in England erscheinen ähnliche Werke, aber sie werden alle von einem alles bisher Dagewesene überragenden Werk übertroffen, der von 1751 bis 1772 in Paris veröffentlichten *Encyclopédie ou Dictionnaire raisonnée des sciences des arts et des métiers*. Ihre Herausgeber und Mitverfasser waren der Dichter Denis Diderot und der Mathematiker Jean le Rond d'Alembert. Bedeutende Geister wie beispielsweise Voltaire wirkten daran mit. Was diese Enzyklopädie von anderen abhebt, ist ihr philosophisches Grundkonzept, indem erstmals materielle und geistige Welt als gemeinsame Grundlage der menschlichen Gesellschaft vorgestellt werden. Dies drückt sich nicht zuletzt darin aus, daß in der französischen Enzyklopädie die Gewerbe und ihre Technik in zahlreichen Artikeln und über 3000 hervorragend gestalteten Kupferstichen dargestellt werden. Dieses monumentale Werk enthielt quasi einen Teil jenes geistig-politischen Sprengstoffs, der vor nun genau zweihundert Jahren in Gestalt der Französischen Revolution zur Explosion kommen sollte. Keine der vielen Nachfolgerinnen dieser Enzyklopädie hat je wieder so gesellschaftsverändernd gewirkt.

Doch kehren wir nach diesem Ausflug wieder zu Johann Georg Krünitz zurück, der, wie er dann im ersten Bande seiner Enzyklopädie anmerkt, auf ein in Yverdon, in der Schweiz, seit 1770 veröffentlichtes Werk in sechzehn Bänden stieß mit dem Titel: *Encyclopédie Oeconomique, ou Systeme general de l'Oeconomie rustique, domestique et politique.* Krünitz war offensichtlich der Auffassung, daß diese physiokratisch ausgerichtete Enzyklopädie auch ein deutsches Lesepublikum interessieren müßte und beschloß es zu übersetzen. In dem Berliner Buchhändler und späteren Geheimen Commercienrath Joachim Pauli (1733—1812) fand er einen Verleger, der bereit war, das doch recht beträchtliche finanzielle Risiko zu tragen.

Zur Ostermesse 1773 erschien der erste Band zunächst noch unter dem Titel *Oekonomische Encyklopädie, oder allgemeines System der Staats-, Haus- und Landwirtschaft und der Kunstgeschichte,* was dem ausländischen Titel entsprach. Aber Krüntiz stellte gleich in der Vorrede klar, daß er sich nicht mit der Übersetzung zufriedengeben wolle, sondern er werde auch „durch verschiedene nützliche Anmerkungen und Zusätze aus den wichtigsten neuern ökonomischen Schriften und litterarische Nachweisungen auf dieselben ... ingleichen die gemeinnützigsten Artikel durch hinzugefügte Kupfertafeln und Abbildungen der merkwürdigsten, und sonderlich in den neuern Zeiten erfundenen häuslichen Geräthschaften, Landwirthschafts- und Garten-Instrumente und Maschinen erläutern. Außerdem sollte jeder Band — und das geschah auch — als Frontispiz ein „Bildniß berühmter jetztlebender Männer, welche sich um die Oekonomie- und Cameralwissenschaften vorzüglich verdient gemacht haben", enthalten.

Merkwürdig ist nun aber folgende Tatsache. Im gleichen ersten Bande sind Privilegien für Preußen und Kursachsen abgedruckt, die den Vertrieb der Enzyklopädie in diesen beiden Territorien garantieren und vor fremden Nachdrucken schützen sollen, aber hier ist nicht von einer Übersetzung des Werkes aus Yverdon, sondern von zwei anderen Nachschlagewerken in französischer Sprache die Rede: 1. *Dictionaire d'Histoire naturelle* des Herrn Valmont de Bomare, in 12 Bänden, 2. *Dictionaire d'Encyclopedie Oeconomique,* in 16 Bänden. Eine Klärung dieses Widerspruchs ließe sich nur durch eine vergleichende Textanalyse erreichen, sofern die Werke auch alle auffindbar sind, was im Augenblick zweifelhaft erscheint.

Nach eigener Aussage hat sich Krünitz bis zum Buchstaben „B" streng an das Vorbild gehalten, sich dann aber entschlossen, die Enzyklopädie nach seinen eigenen Vorstellungen fortzuführen. So suchte er von da an auch den Bereich der „Stadt-Wirthschaft" zu erfassen, was nichts anderes bedeutete als die Einbeziehung aller städtischen Gewerbe und ihrer Produktionsverfahren. Vom elften Band an erscheint der Begriff auch im Titel. Außerdem wird der „Krünitz" unter Beibehaltung seines enzyklopädischen Charakters in ein Sachwörterbuch umgestaltet, in dem fachsprachliche Begriffe in alphabetischer Reihe aufgeführt werden. Krünitz hat sich hier nachweislich an das fünfbändige *Grammatisch-kritische Wörterbuch der Hochdeutschen Mundart* von Johann Christoph Adelung gehalten, das 1774 bis 1786 in der ersten Auflage erschienen ist. Zweifellos hat Krünitz damit einen wichtigen Beitrag zur Verallgemeinerung der meist nur regional verständlichen Handwerkersprachen und zur Bildung von überregional verständlichen Fachsprachen auf den von der Enzyklopädie behandelten Gebieten geleistet.

Krünitz schreibt nun Jahr für Jahr zwei und schließlich sogar drei Bände mit jeweils etwa sechshundert und manchmal auch wesentlich mehr Seiten, die durch die beigegebenen Kupfer an Attraktivität gewannen. Dies war wohl auch wichtig; denn wer das ganze Werk erwerben und nicht den deutlich höheren Einzelverkaufspreis zahlen wollte, mußte sich zur Pränumeration, das heißt zur Vorauszahlung, verpflichten. Und hier gelang dem Verleger Pauli 1775 insofern ein kleines Meisterstück, als er beim preußischen König eine Empfehlung an alle Magistrate erwirken konnte, in der diese aufgefordert wurden, die so nützliche Enzyklopädie anzuschaffen. Diese Empfehlung ist 1802 und schließlich 1819 für weitere zwanzig Jahre erneuert worden. Im Vorwort des 130. Bandes ist der Brief des Ministers Altenstein abgedruckt, in welchem er den „Oberpräsidenten in den wiedereroberten und neu erworbenen Provinzen" die Anschaffung der Enzyklopädie „für Behörden und Lehranstalten" empfiehlt, „wenn es die Fonds erlauben". Auch wenn keinerlei Zahlen über die Höhe der Auflagen des „Krünitz" vorliegen, so kann doch angenommen werden, daß diese öffentlichen Institutionen den Hauptabnehmerkreis bildeten und die Enzyklopädie bis zum Buchstaben Z auch bezogen haben. Für Krünitz und seine Nachfolger wie auch für den Verleger stand damit eine Einnahmequelle zur Verfügung, deren ständiges Sprudeln es zu erhalten galt. Nicht von ungefähr scheinen Rezensenten immer wieder diesen Punkt kritisch angesprochen zu haben. Als der 22. Band erschienen war, schrieb einer, es werde wohl „das so gigantische Werk bald seinen Mittag erreicht haben". Fünfunddreißig Jahre später mußte sich der damalige Herausgeber — wahrscheinlich doch mit einem schlechten Gewissen — durch die Bemerkung verteidigen, die Enzyklopädie sei keineswegs „als eine Pfründe zu betrachten, die nur durch ein weckloses Ausdehnen der Materien, durch Weitschweifigkeit, dem Bearbeiter, wie dem Verleger auf Lebenszeit ein Einkommen gewährt". Und noch einen weiteren Effekt hat dieses staatliche Wohlwollen erzielt: Die Enzyklopädie hat sich während der gesamten Zeit ihres

Erscheinens stets als weitgehend staatskonform gezeigt, wenngleich gelegentlich maßvolle Kritik an bestimmten Zuständen geübt wurde. Ein Übermaß hätte ja auch die ohnehin obligatorische staatliche Bücherzensur verhindert. Der „Krünitz" enthielt also an keiner Stelle solchen Zündstoff wie die französische Enzyklopädie, auch wenn auf einem ganz bestimmten Gebiet ein zumindest indirekter Einfluß aus Frankreich zu spüren ist.

Und damit kehren wir noch einmal zu Johann Georg Krünitz zurück. Im Jahre 1785 erschien der 33. Band unter dem erweiterten und von nun an endgültigen Obertitel *Ökonomisch-technologische Encyklopädie.* Krünitz nahm hier einen Begriff auf, der in den frühen siebziger Jahren geprägt worden war und sich — als ob man förmlich auf ihn gewartet hätte — rasch im deutschsprachigen und bald auch im angelsächsischen Raum verbreitete, nämlich das Wort Technologie. Der Begriff und vor allem der ihm unterlegte Sinn stammen von dem Göttinger Professor der Ökonomie Johann Beckmann (1739—1811), der 1777 sein grundlegendes Buch veröffentlichte: *Anleitung zur Technologie, oder zur Kentniß der Handwerke, Fabriken und Manufacturen, vornehmlich derer, die mit der Landwirthschaft, Polizey und Cameralwissenschaft in nächster Verbindung stehen. Nebst Beyträgen zur Kunstgeschichte.* Hinter diesem programmatischen Titel verbirgt sich das erste Lehrbuch für die von Beckmann begründete neue Wissenschaft Technologie, eine Gewerbekunde, die vor allem künftigen Staatsbeamten Grundkenntnisse über die unterschiedlichen Produktionsverfahren vermitteln sollte. Man hat das bald an fast allen deutschen Universitäten etablierte Fach Technologie unlängst mit einer gewissen Berechtigung als „Lenkungswissenschaft des absolutistischen Staates" bezeichnet.

Was dieses Fach allerdings nicht leisten konnte und auch nicht sollte, das war die Ausbildung von Handwerkern und Technikern. Andererseits vertrat Beckmann die Auffassung: „Dem eigentlichen Gelehrten, der weder Landwirth noch Kaufmann, noch Cameralist ist, ist die Kentniß der Technologie nicht weniger wichtig. Mathematiker und Naturforscher können ihre Wissenschaften nicht höher ausbringen, als wenn sie solche zum Nutzen der Gewerbe, deren Verbesserung die unmittelbare Verbesserung des Staats ist, bearbeiten." Während Beckmann in seiner *Anleitung zur Technologie* die Gewerbe eher nach äußerlichen Merkmalen in Gruppen zusammengefaßt hatte, leitete er 1806 mit seinem *Entwurf der allgemeinen Technologie,* in dem er nicht mehr nach Handwerken systematisierte, sondern die Produktionsverfahren nach gleichartigen Funktionen zusammenfaßte, zu einem Technologiebegriff über, wie er noch heute in den Ingenieurwissenschaften gültig ist. Im übrigen kann Beckmann mit seinem fünfbändigen Werk *Beiträge zur Geschichte der Erfindungen* (1780—1805) als Begründer einer kritischen Technikgeschichtsschreibung gelten. Wenn Beckmann und auch Krünitz in den Buchtiteln von „Kunstgeschichte" sprechen, dann ist vor allem die Geschichte der „nützlichen" Künste, also der Gewerbe und Handwerke, gemeint. Den Anstoß, den Beckmann mit seinem Werk gegeben hat, kann man in der Enzyklopädie bis in die dreißiger Jahre verfolgen. Erst dann wird der Einfluß der sich nun entwickelnden industriellen Technik auch dort spürbar. Doch davon ein wenig später.

Johann Georg Krünitz, den in früheren Jahren eine robuste Gesundheit ausgezeichnet hatte, begann, wie er 1777 mit aller Ausführlichkeit in einem Magazin für Ärzte ausführte, an allerlei Beschwerden und wohl an einer — wie er selbst diagnostizierte — beginnenden „Brustwassersucht" zu leiden, was er auf seine sitzende Arbeitsweise zurückführte. Dennoch blieb seine Schaffenskraft ungebrochen. Sein Name war inzwischen in der Gelehrtenwelt bekannt. Zahlreiche ökonomische Gesellschaften zählten ihn zu ihrem Mitglied beziehungsweise ernannten ihn zum Ehrenmitglied. Etliche Angebote, ein akademisches Lehramt oder ein Physikat zu übernehmen, das heißt Kreisarzt zu werden, soll er abgelehnt haben. Nachdem 1780 seine Frau gestorben war, heiratete er 1786 die Tochter des Professors am adeligen Kadetten Korps, Johann Samuel Halle, dessen Gewerbebeschreibungen unter dem Titel *Werkstäte der heutigen Künste, oder die neue Kunsthistorie* (6 Bände, 1761—1779) Krünitz für seine Arbeiten herangezogen hat. Sein Tod im Jahre 1796 kam unerwartet, ohne vorherige Krankheit starb er „am Schlage". Dieses Ende eines wahrhaft arbeitsreichen Lebens hatte eine tragikomische Pointe. Krünitz, der die Herausgabe des 73. Bandes vorbereitete, starb ausgerechnet bei der Bearbeitung des Stichwortes „Leiche".

Ein Nachfolger war in dem ehemaligen Prediger Friedrich Jakob Floerken rasch gefunden, so daß die Enzyklopädie ohne Unterbrechung weiter erscheinen konnte. Als Floerken, der sich als einziger in der Familie mit einem „n" am Ende schrieb, bereits 1799 starb, folgte ihm sein Bruder Heinrich Gustav Flörke, gleichfalls ein früherer Prediger. Dieser war bis 1813 Bearbeiter der Enzyklopädie, nahm dann aber eine Stelle bei der preußischen Kriegskanzlei an „und zog mit in den letzten entscheidenden Kampf für die deutsche Freiheit". Nach den Befreiungskriegen setzte der Doktor der Philosophie Johann Wilhelm David Korth die Arbeit mehrere Jahrzehnte fort. Der letzte in der Reihe der Bearbeiter der *Ökonomisch-technologischen Encyklopädie* war schließlich C. O. Hoffmann. Der so erfolgreiche Verleger Pauli, der mit Krünitz am Ende freundschaftlich verbunden gewesen war, hatte 1812 das Zeitliche gesegnet, so daß seine junge Witwe die Geschäfte fortführen mußte. Nach ihrem Tode im Jahre 1823 gingen Buchhandlung und Verlag in andere Hände über. Während des Erscheinens der letzten Bände der Enzyklopädie war Ernst Litfaß, bekannt als Erfinder der nach ihm benannten „Litfaßsäule", der Besitzer.

Johann Georg Krünitz hatte bei seinem Tode knapp die Mitte des Alphabetes erreicht. Da er sich, wie es scheint, wenig Gedanken über eine Gesamtstruktur des Werkes machte, sondern von Buchstabe zu Buchstabe weiterschrieb und zudem den Umfang eines Artikels von der vorhandenen Stoffülle abhängig machte, war eine rationale Planung bis zum Ende des Alphabetes wohl gar nicht möglich gewesen. Und unter den Nachfolgern wurde es in dieser Hinsicht nicht besser, im Gegenteil: Sie benötigten für die Vollendung des monumentalen

Vorhabens das Doppelte der von Krünitz vorgelegten Bandzahl. Ein Grund war der bereits angesprochene Pfründencharakter des ganzen Unternehmens, aber er reicht zur Erklärung nicht aus. Viel bedeutsamer war die Tatsache, daß sich vor allem seit der Jahrhundertwende in den Wissenschaften, in den Gewerben, in der Technik und vor allem auch im Bereich der Staatsverwaltung Veränderungen zeigten, die einer ausführlichen Darstellung bedurften. Nur so ist es zu erklären, daß beispielsweise allein der Buchstabe „S" insgesamt 49 Bände (!) umfaßt, wobei der Löwenanteil auf die Begriffe zwischen Staat und Staatsverwaltung entfällt. Diesem raschen Wandel in Wissenschaft, Technik und Gesellschaft — man denke nur an die Industrielle Revolution in England — konnte der „Krünitz", so wie er angelegt war, eigentlich immer nur hinterherhinken. Da es sich bei den zwei Neuauflagen lediglich um unveränderte Nachdrucke handelte, waren die Bearbeiter gezwungen, andere Wege zu gehen, wenn sie Fakten, die eigentlich an früherer Stelle im Alphabet hätten behandelt werden müssen, dennoch mitteilen wollten, um einigermaßen aktuell zu bleiben. Am einfachsten war das natürlich dann, wenn man einen synonymen oder doch benachbarten Begriff zur Verfügung hatte, wie dies beispielsweise bei dem aus dem Ständestaat stammenden Begriff „Policey" und der moderneren Bezeichnung „Staatsverwaltung" der Fall war. Die Frühgeschichte der Dampfmaschinen bis hin zu der atmosphärischen Dampfmaschine von Thomas Newcomen war von Krünitz seinerzeit unter dem damals gängigen Begriff „Feuermaschinen" dargestellt worden. Aber wo sollte man die bedeutenden Verbesserungen der Dampfmaschine durch James Watt anführen? Nun, sie sind unter dem Stichwort „Mühle", also ebenfalls einem Energiewandler, zu finden. Und wer weiteres zur damals fortgeschrittensten Technik erfahren möchte, sollte unter „London" nachschlagen, da dort auch die ansässige Industrie behandelt wird.

Zuweilen konnten sich die Bearbeiter allerdings nur mit einem kleinen Kunstgriff aus der Affäre ziehen, wie sich am Beispiel des Begriffes Elektrizität zeigen läßt. Bereits 1769 hatte Krünitz ein *Verzeichnis der vornehmsten Schriften von der Elektricität und den elektrischen Kuren* veröffentlicht und 1772 die berühmte *Geschichte der Elektricität* von Joseph Priestley aus dem Englischen übersetzt, so daß er an entsprechender Stelle in der Enzyklopädie darauf fußen konnte. Nun machten die Elektrizitätslehre und ihre praktische Anwendung in Form der Telegraphie, der Galvanisierung und des ersten Elektromotors so rasante Fortschritte, daß man den Lesern das Thema Elektrizität nicht vorenthalten wollte. Und unter dem Stichwort „Vis electrica (Elektricität)" ist dies auch auf etwas überraschende Weise gelungen. Auf über dreihundert Seiten werden hier die Geschichte der Elektrizitätslehre, medizinische Anwendungen, die Geschichte der Telegraphie sowie elektrische Uhren behandelt.

Darüber hinaus aber gibt es Darstellungen von Sachverhalten, die unter Begriffen versteckt sind, unter denen man sie nicht suchen würde. Wer denkt schon bei dem Stichwort „Leidenschaft" an eine breite Palette von Einbruchssicherungen gegen von der Leidenschaft getriebene böse Buben? Da ist es schon beinahe leichter, unter „Staatswirthschaft" das Eisenbahnwesen zu vermuten und zu finden. Und auch das Stichwort „Verhältniß" erstreckt sich von der menschlichen Beziehung über akustische, statische und mathematische Verhältnisse hin bis zur Statistik. Und dort findet sich dann auch die Fortschreibung der Geschichte der Dampfmaschine seit James Watt bis zur Jahrhundertmitte. Und auch über die erste Weltausstellung, die 1851 im Kristallpalast in London stattfand, wird eingehend berichtet. Da auch Wissenschaftler Nachschlagewerke in der üblichen Weise benutzen, darf anhand der hier vorgeführten Beispiele vermutet werden, daß im „Krünitz" noch allerlei ungehobene Schätze für die verschiedensten Disziplinen verborgen sind.

Werfen wir nun noch einen etwas genaueren Blick auf die technologischen Elemente in der Enzyklopädie, wobei betont werden muß, daß man bei anderen Bereichen wie etwa der Landwirtschaft, der Medizin, der Zoologie oder der Botanik zu ähnlichen Feststellungen gelangen würde, wie sie nachfolgend getroffen werden. Generell läßt sich zunächst konstatieren, daß Krünitz von Anfang an bemüht war, die existierenden Handwerke und Gewerbe zu erfassen, wobei er sowohl den Kontext von Mensch und Arbeit wie die jeweils angewandten Technologien zu berücksichtigen suchte. Er stützte sich dabei auf zahlreiche Gewerbebeschreibungen, die im In- und Ausland seit der Mitte des 18. Jahrhunderts erschienen waren. An erster Stelle, noch vor der französischen Enzyklopädie mit ihren Kupfertafeln, sind die 121 einzelnen Gewerbebeschreibungen *Descriptions des Arts et Métiers* zu nennen, die zwischen 1761 und 1789 von der französischen Akademie der Wissenschaften herausgegeben wurden. Eine deutsche Übersetzung, an der übrigens zeitweise auch Krünitz mitwirkte, wurde von dem Kameralisten Johann Heinrich Gottlob von Justi (1717—1771) und anderen von 1762 an als *Schauplatz der Künste und Handwerke* herausgegeben und 1805 abgeschlossen. Dieses Werk bildete das Vorbild für zahlreiche weitere Handwerksdarstellungen — auf die *Werkstäte der heutigen Künste* von Halle wurde bereits hingewiesen —, die nun viel besser auf die speziell in Deutschland vorherrschenden Technologien eingehen konnten. Erwähnt sei in diesem Zusammenhang besonders das bedeutende Nachschlagewerk von Johann Karl Gottfried Jacobsson, das von 1781 bis 1795 in acht Foliobänden unter folgendem Titel erschien: *Technologisches Wörterbuch oder alphabetische Erklärung aller nützlichen und mechanischen Künste, Manufakturen, Fabriken und Handwerke, wie auch aller dabei vorkommenden Arbeiten, Instrumente, Werkzeuge und Kunstwörter, nach ihrer Beschaffenheit und wahrem Gebrauch.*

Einige ausgewählte Beispiele sollen demonstrieren, in welcher Weise Krünitz und seine Nachfolger das in der Literatur aufgefundene technologische Material in der Enzyklopädie umgesetzt haben. Im 9. Band findet sich das Stichwort „Dreschen". Krünitz hält, und das gilt für alle längeren Artikel in der Enzyklopädie, eine ganz bestimmte Reihenfolge in der Darstellung ein. Am Anfang stehen die Wortbedeutung und die sprachliche Herkunft des Wortes. Dann folgen — um auf das Beispiel einzugehen — die Geschichte des Dreschens und die in den verschiedensten Ländern angewandten Techniken des Dreschens. Hieran schließt sich ein umfangreicher, durch zahlreiche Kupferstiche illustrierter Teil über zahlreiche neue Erfindungen von Dreschmühlen und Dreschmaschinen an. Ferner werden der Beruf des Dreschers, seine Arbeitsweise, die landesübliche Entlohnung und auch die „Drescher-Zunftartikel" vorgestellt. Man sieht hieran deutlich, daß die Beziehung von Mensch und Arbeit beziehungsweise Technik noch als Einheit betrachtet wird.

Das Bemühen von Krünitz, ein Stichwort in all seinen Bedeutungen und Auswirkungen zu erfassen, läßt sich am Artikel „Glocke" zeigen. Auch hier stehen Definition und Etymologie am Beginn. Dann folgen Sprichwörter, die Bezüge auf die Glocke enthalten, und schließlich eine Aufzählung jener Gegenstände, die wegen ihrer äußeren Form als Glocken bezeichnet werden. Daran schließt sich dann eine breit angelegte Kulturgeschichte der Kirchenglocken, gefolgt von einer bis ins Detail gehenden Darstellung des Glockengusses. Daß die Enzyklopädie nicht nur von solchen Personen genutzt wurde, die mit den behandelten Sachgebieten in näherer Beziehung standen, läßt sich gerade am Artikel „Glocke" durch ein hübsches Beispiel belegen. Im Sommer 1797 begann Friedrich Schiller mit der Arbeit am *Lied von der Glocke,* dem berühmten Preislied bürgerlichen Lebens als Reaktion auf die Ereignisse der Französischen Revolution. Am 7. Juli 1797 schrieb er in einem Brief an Goethe unter anderem folgendes: „Deswegen bin ich an mein Glockengießerlied gegangen, und ich studiere seit gestern in Krünitzens Enzyklopädie, wo ich sehr viel profitiere." Und tatsächlich beschreibt ja Schiller in diesem Lehrgedicht recht genau die einzelnen Phasen des Glockengusses und stellt ihnen jeweils analoge Ereignisse und Erscheinungen aus dem menschlichen Lebenszyklus gegenüber. Bemerkenswert dabei ist, daß sich Schiller an die im „Krünitz" aufgeführte Fachsprache der Glockengießer gehalten hat. Das dem Gedicht vorangestellte Motto „Vivos voco, mortuos plango, fulgura frango" („Ich rufe die Lebenden, ich beklage die Toten, ich breche die Blitze") ist ebenfalls dem Artikel entnommen. Es handelt sich dabei um die Umschrift einer Glocke im Münster der Stadt Schaffhausen.

Und noch ein drittes und letztes Beispiel soll angeführt werden, nämlich das Mühlenwesen, da die Mühlen sowohl in ihrer eigentlichen Bedeutung als wesentlichste Antriebskraft wie auch als komplette gewerbliche Anlagen mit Arbeitsmaschinen eine herausragende Rolle bis weit in das 19. Jahrhundert hinein spielten. In der Enzyklopädie wird dieses Thema in zwei Bänden mit fast 90 Kupfertafeln abgehandelt, und dies trotz der Tatsache, daß die Mühlentechnologie bereits in den vorangegangenen Gewerbeartikeln aufgegriffen worden war. Aber unter dem Stichwort „Mühle" wird nun das Mühlenwesen nach systematischen Gesichtspunkten dargestellt, wobei hier vor allem die Mahlmühle im Mittelpunkt steht. Die genauen Angaben über Konstruktion und Vorgehensweise beim Mühlenbau treffen jedoch weitgehend auf das gesamte Gebiet des Mühlenwesens zu. Ähnliches gilt für die Schilderung von Mühlenrecht, Brauchtum und den Abdruck von Mühlenordnungen. Sehr hilfreich ist ein daran anschließendes Register aller Mühlenarten, das von „Mühle (Albions-) bis Mühle (Zucker-)" reicht und auf die Fundstellen in der Enzyklopädie verweist.

Die Attraktivität der Ökonomisch-technologischen Encyklopädie lag nicht zuletzt in der Tatsache begründet, daß sie, zumindest in den ersten Jahrzehnten, so reichhaltig mit Kupfertafeln ausgestattet war. In der Regel waren diese, meist noch in verkleinertem Maßstab, aus technologischen Werken „abgekupfert" und auch von keiner besonderen Qualität, dafür aber im Preise erschwinglich, der jeweils gesondert zum Pränumerationspreis gezahlt werden mußte. Für das Verständnis der technischen Passagen in den Artikeln reichten die Illustrationen völlig aus, zumal Seitenhinweise an jeder einzelnen Detailzeichnung das Nachschlagen im Text wesentlich erleichterten. In den letzten Jahrzehnten des Erscheinens der Enzyklopädie wurden dann immer weniger Kupferstiche beigebunden, und schließlich fehlten sie gänzlich. Die stürmische technische Entwicklung sowie die bald nur dem an einer polytechnischen Schule ausgebildeten Ingenieur verständlichen abstrakten Konstruktionszeichnungen hatten den „Krünitz", dessen Konzeption eben letztlich bis in die späten Bände hinein ein Produkt des 18. Jahrhunderts war, zumindest auf technischem Gebiet am Ende überflüssig gemacht. Doch sollte darüber nicht vergessen werden, daß diese Enzyklopädie wichtige Schrittmacherdienste beim Übergang Deutschlands vom Agrar- zum Industriestaat geleistet hat, indem sie unter anderem die ökonomischen und technischen Möglichkeiten für die Verbesserung der Lebensbedingungen aufzeigte und einer breiteren Öffentlichkeit bekanntmachte.

Beschließen wir diesen Überblick über Leben und Werk des Enzyklopädisten Johann Georg Krünitz mit dem Versuch einer Würdigung, wenn auch eingeschränkt durch die Feststellung, daß solange kein fest begründetes Urteil über diesen Mann und sein schriftstellerisches Werk gefällt werden kann, bis nicht seine sämtlichen Zeitschriftenbeiträge und die von ihm selbst verfaßten Bände der Oekonomisch-technologischen Encyklopädie einer eingehenden Untersuchung unterzogen worden sind. Und daß dabei noch Entdeckungen zu machen sind, kann keinem Zweifel unterliegen. Aber eines ist bereits jetzt sicher: Krünitz war nicht jener simple Kompilator, als der er in dem bereits erwähnten Artikel der Allgemeinen Deutschen Biographie verächtlich hingestellt wurde, also ein Mensch, dessen Tätigkeit — nach dem Duden — aus unschöpferischem Abschreiben und dem Zusammenstoppeln fremden Wissens bestand. Wahr ist wohl, daß Krünitz weder auf medizinischem noch auf einem der anderen in der Enzyklopädie behandelten Gebiete überdurchschnittliche wissenschaftliche Veröffentlichungen vorzuweisen hatte, aber das mindert nicht die bedeutende Leistung, die die Abfassung der Enzyklopädie darstellte. Man muß hierbei in Rechnung stellen, daß Krünitz die Artikel für alle im Nachschlagewerk vorkommenden Gebiete verfaßt hat, das heißt, sich in das Wissen und die Methoden der unterschiedlichsten Fachdisziplinen einzuarbeiten oder Gewerbeanlagen selbst in Augenschein zu nehmen hatte. Darüber hinaus unterhielt er briefliche und persönliche Kontakte zu zahlreichen Wissenschaftlern und Praktikern. Dies alles versetzte ihn in die Lage, die Verbindungslinien zwischen den einzelnen sich immer mehr separierenden Wissenschaften zu erkennen und dies beim Schreiben seiner Artikel zu berücksichtigen. Gleichzeitig hatte er aber auch das Talent, wissenschaftliche Sachverhalte so darzustellen, daß sie von einer breiten, verschiedene Bildungsgrade umfassenden Leserschaft verstanden wurden. Seinen Nachfolgern, insbesondere den Verfassern der Bände in den letzten beiden Jahrzehnten, ist dies nicht mehr so gut geglückt.

Die bislang treffendste und zugleich auch zeitlich älteste Charakterisierung des Krünitzschen Schaffens stammt wiederum aus dem Nekrolog von Kosmann. Dort steht sie am Anfang, hier soll sie den Schluß bilden: „Es kann dieser Lebensbeschreibung auch um so weniger an Interesse für unsere Leser fehlen, da es doch der Mühe werth ist, daß man mit einem Manne näher bekannt zu werden suche, der einzig für die Nation lebte, der täglich 12 bis 16 Stunden unermüdet beschäftigt war, aus dem Vorrath des menschlichen Wissens, dasjenige auszuheben, und in mehrerm Umlauf zu bringen, welches das Wohl des Volks befördern konnte, und der die Kultur der talentvollsten Köpfe auf die minder Talentvollen übertrug. Wenn auch ein solcher Mann nichts eigenes geleistet und die Wissenschaften nicht erweitert hätte, so gebührt ihm doch eben der Ruhm, den wir jenem so gern zollen, welcher ungenutzte und in den Eingeweiden der Erde schlummernde Schätze, zum Tageslicht befördert, oder das Volk unerkannte Reichthümer seines Landes zum Besten der Industrie anzuwenden lehrt."

Literatur

Cziesla, Christine, *Krünitz' Enzyklopädie (1773ff.) und Adelungs Wörterbücher (1774ff.) Der Zusammenhang von Sach- und Sprachlexikographie*, Magisterarbeit an der Phil. u. Sozialwiss. Fakultät der TU Braunschweig 1988. — Für die freundliche Gewährung der Einsichtnahme in die Arbeit habe ich der Verfasserin vielmals zu danken, U. T.

Hamberger, Georg Christoph/Meusel, Johann Georg, *Das gelehrte Teutschland, oder Lexikon der jetzt lebenden teutschen Schriftsteller*, Bd. 4, 5. Aufl., Lemgo 1797, Sp. 283—287.

Hirsch, A., Artikel *Krünitz*, in: *ADB*, Bd. 17 (1883), S. 253.

Kosmann, Johann W. A., *Leben des verstorbenen Herrn Doktor Johann Georg Krünitz*, in: *Denkwürdigkeiten und Tagesgeschichte der Mark Brandenburg*, Bd. 3 (1797), S. 372—391.

Schmidt, Valentin Heinrich/Mehring, Daniel Gottlieb Gebhard, *Neuestes gelehrtes Berlin; oder literarische Nachrichten von jetztlebenden Berlinischen Schriftstellern und Schriftstellerinnen*, Erster Theil, Berlin 1795, S. 256—279 (enthält — von Krünitz noch selbst zusammengestellt — nahezu alle Veröffentlichungen und die dazu erschienenen Rezensionen).

Weber, Wolfhard, Artikel *Krünitz*, in: *NDB*, Bd. 13, Berlin 1982, S. 110f.

Wolfhard Weber

Friedrich Anton von Heynitz

Einen politisch verantwortlichen Minister in die Reihe der Berliner Techniker aufzunehmen mag denjenigen überraschen, der an der Vorstellung festhält, daß technische Entfaltung und bürgerlicher Wirtschaftsstaat notwendig zusammenhängen und daß bedeutende Techniker nur außerhalb des landesherrlichen Staatsapparates zu finden seien. Doch nicht nur dieser Widerspruch soll aufgeklärt werden. Heynitz, der sich in Berlin stets „Heinitz" schrieb, hat seine wesentlichen Impulse für seine Auffassungen nicht in Berlin, sondern in Sachsen und in Braunschweig erhalten und ist daher mit seinem Wirken keineswegs auf Berlin zu reduzieren.

Fragen wir nach der Behandlung von Person und Wirken in der historiographischen Literatur,[1] so ist mit Überraschung zu konstatieren, daß sein bescheidenes und durch den Stellenwechsel von Sachsen nach Preußen ohnehin in beiden Regionen „lädiertes" Bild bislang nur wenige Historiker begeistert hat. Es lassen sich im wesentlichen drei Linien der historiographischen Behandlung herausstellen:

1. Die ältere borussische Literatur in der Tradition der Verehrung Friedrichs des Großen sah in Heynitz einen heftigen Kritiker der Handelspolitik und der Regie Friedrichs II. Die Begeisterung für Heynitz war entsprechend gering.
2. In seiner Funktion als Förderer der Akademie der Künste, aber auch der Akademie der Wissenschaften war er ein Vertreter des aufklärerischen Nützlichkeitsprinzips; mit dem Sieg des Neuhumanismus und der Idee der reinen Wissenschaft fiel er dem Vergessen anheim, weit über das 19. Jahrhundert hinaus.
3. Mehr Interesse galt dem langjährigen Minister, als gegen Ende des 19. Jahrhunderts die Reformkräfte der Zeit um 1806 untersucht wurden. Doch blieb es bei allgemeinen Aussagen über die Aufrichtigkeit und Kompetenz dieses friderizianischen Ministers. Als Gustav Schmoller das Berg- und Hüttenwesen des späten 18. Jahrhunderts in seine Acta-Borussica-Planungen einbezog, konnte Heynitz' Wirken aufgearbeitet werden. Anfang des Jahrhunderts wurden die Tagebücher des Ministers für eine erste Biographie herangezogen.[2] Als die Öffnung der Archive nach dem Ersten Weltkrieg in Aussicht stand und die Akten des Handelsministeriums in das Preußische Geheime Staatsarchiv überführt waren, rückten aus aktuellen politischen Gründen außenpolitische Pro-

bleme an die Stelle von Fragen der inneren Entwicklung Preußens; zudem verlor die Nationalökonomie ihre historischen Ansätze. Eine umfangreiche Darstellung der Geschichte des Berg- und Hüttenwesens von Oberberghauptmann Max Schulz-Briesen[3] erfüllte die Erwartungen der Historiker nicht, weil sie eher eine summarische Erfolgsgeschichte eines einzelnen Industriezweiges war als eine unter Heranziehung und intensiver Auswertung der Quellen geschriebene kritische Geschichte der preußischen Bergverwaltung und Bergwirtschaft seit dem 18. Jahrhundert.

4. Daher betraute die Preußische Akademie der Wissenschaften unter Hermann Onken nach 1934 Hans Goldschmidt im Rahmen der Acta-Borussica-Edition mit der weiteren Bearbeitung der Quellenbestände des Berg- und Hüttendepartements in Berlin, bis dieser von den Nationalsozialisten 1938 ins Exil getrieben wurde.[4]

Welchen Weg hatte Friedrich Anton von Heynitz zurückgelegt, bevor er in Berlin eine für die Entwicklung der Technik maßgebende Rolle übernahm? Friedrich Anton von Heynitz wurde am 14. Mai 1725 auf dem Rittergut Dröschkau bei Belgern in Sachsen geboren. Er starb am 15. Mai 1802 in Berlin. Sein Vater Georg Ernst war Kursächsischer Hof- und Justizrat bei der Landesregierung und Inspektor der Fürstenschule in Meißen; dessen Vater Friedrich Christian war Oberhofmeister des Kurfürsten von Sachsen gewesen. Seine Mutter Sophie Dorothee war eine geborene Hardenberg, ihre Schwester mit einem Reden verheiratet, dessen Bruder seinerseits der Stammvater einer ganzen Reihe von bekannten Bergleuten des Harzes wurde. Ein Onkel von ihm, Gottlob Leberecht, war Bergrat, Kommissar der Porzellanmanufaktur in Meißen und wirkte auf die Ausbildung von Friedrich Anton ein. Einen Bruder, Philipp Gottlob, holte er später in braunschweigische Dienste nach, wo dieser Oberjägermeister wurde, einen anderen, Benno, brachte er zunächst im (hannoverschen) Harz unter, danach auch in sächsischen Diensten, wo er es bis zum kursächsischen Berghauptmann brachte und sich besonders verantwortlich für die Bergschule in Freiberg zeigte.[5]

Die häuslichen Verhältnisse waren für einen Enkel des kursächsischen Oberhofmeisters nicht besonders ansehnlich. Beim Tode des Vaters im Jahre 1751 lasteten auf dem Gut beträchtliche Schulden, doch hatte dieser rechtzeitig eine gute Ausbildung des körperlich nicht sehr robusten Friedrich Anton für den höheren Verwaltungsdienst vorgesehen. Verwandtschaftliche Beratung legte eine Ausbildung im Bereich des Berg- und Hüttenwesens, auch der Porzellanmanufaktur, nahe. Ein Hauslehrer unterrichtete die Kinder; Friedrich Anton erhielt in Freiberg vermutlich noch bei Johann Friedrich Henckel Unterricht in Chemie, er übte sich im Markscheiden und fuhr auch einige Wochen in die Gruben ein, bis er mit 21 Jahren am Hof in Wolfenbüttel als Hofjunker beziehungsweise beim Berg- und Hüttenamt Blankenburg als Auditor in die unterste Stufe der Rechts- und Verwaltungstätigkeit in diesem kleinen Territorium eintrat. Die zahlreichen merkantilistischen Versuche und Experimente

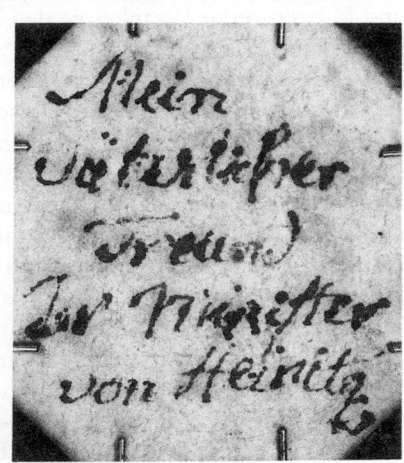

Friedrich Anton von Heynitz
(1725—1801)

Karls I. von Braunschweig-Wolfenbüttel sind von Heynitz sehr aufmerksam verfolgt worden; er selbst hat noch bei Georg Heinrich Zincke am Kollegium Carolinum gehört und vervollkommnete sich bei dem in Blankenburg arbeitenden und neben F. Henckel bekanntesten Metallurgen der Zeit Johann Andreas Cramer. Mit dieser Ausbildung hatte sich Heynitz das Optimum des damals in Deutschland bekannten praktischen Erfahrungswissens angeeignet, auch wenn er selbst kein Chemiker oder Hüttenmann wurde und in die Tiefen der zu dieser Zeit maßgeblichen Phlogistontheorie wohl auch nicht eingedrungen ist.

Nach nur wenigen Monaten juristischer Verwaltungs- und gelegentlicher Studientätigkeit erhielt Heynitz die Möglichkeit, an der Reise einer Harzer Verhandlungsdelegation nach Schweden teilzunehmen, um bei Christopher Polhem eine Wasserhebemaschine für die Harzer Bergwerke zu kaufen. Es handelt sich hier um eine Auseinandersetzung, in der deutlich wird, wie sehr auch schon in vorindustrieller Zeit Technologiepolitik Machtpolitik war, denn kaufwillig war das topographisch benachteiligte Wolfenbüttel, während das wasserreiche Hannover eher zögerte.[6]

Auf dieser Reise bereits geriet der 21jährige Heynitz wegen seiner grundsätzlich anderen Einstellung zur Behandlung von naturwissenschaftlich-technischen Neuerungen in einen unlösbaren Konflikt mit seinen Mitreisenden. Er plauderte in den Stockholmer Salons über die Wirkprinzipien der teuer eingekauften Maschine und verstieß damit gegen ein Grundprinzip der Experten für die mechanischen Künste dieser Zeit, die Heynitz' Verhalten in bitteren Worten beklagten. Seine Berichte über die vielen besuchten Einrichtungen, Bergwerke und Hüttenwerke, veranlaßten den braunschweigischen Herzog aber, ihn bald zum Kammerrat zu ernennen.

War es aufgrund von dynastischen Beziehungen schon zu den engeren Kontakten zu Stockholm gekommen, so führten verwandtschaftliche Verbindungen der Höfe die wolfenbüttelschen Bergleute, den Berghauptmann Carl von Imhoff und Friedrich Anton von Heynitz, in den Jahren 1749 und noch einmal 1751 auch nach Oberungarn beziehungsweise in die Slowakei, wo in Schemnitz umfangreicher Bergbau betrieben wurde.[7] Franz I. von Österreich wollte für ein Darlehen, das er seiner Frau Maria Theresia zur Führung des Krieges gegen Preußen gewährt hatte, eine verläßliche Untersuchung über die finanzielle Ergiebigkeit der böhmischen und slowakischen Bergwerke durchführen lassen, die als Pfand eingesetzt worden waren. Aber solange das technische Personal eher an ständischen als an technisch-ökonomischen Qualifikationen gemessen wurde, versprach sich Heynitz keine nachhaltige Verbesserung in der Führung der Bergwerke. Die Vorschläge der Harzer Beamten liefen im Finanziellen und Betriebstechnischen vor allem darauf hinaus, bei den Hütten größere Vorräte anzuschaffen, um einen kontinuierlichen technischen Betrieb zu ermöglichen. Größere Vorräte bei den unteren Kassen wünschte man jedoch in Wien eben nicht, da hier immer die Möglichkeit zu Veruntreuungen bestand.

Drei große Reisen in den ersten fünf Jahren seiner Tätigkeit hatten Heynitz einen gründlichen Überblick über die bedeutendsten Eisen-, Silber- und Kupferproduktionsstätten des damaligen Europa verschafft. Leider kam es nicht zu der erwünschten Ernennung zum Berghauptmann in der Harzer Kommunion. Heynitz akzeptierte daher 1763 ein Angebot aus Sachsen, innerhalb des sächsischen Rétablissements das dortige Berg- und Hüttenwesen zu visitieren und Verbesserungsvorschläge zu machen, und zwar in der Funktion eines Generalbergkommissars;[8] außerdem sollte er eine Bergratsstelle im Kammer- und Bergkollegium übernehmen. Eine von Heynitz erhoffte engere Bindung an den Hof wurde durch den frühen Tod des jungen Kurfürsten Friedrich Christian verhindert.

Mit dem Eintritt in den sächsischen Staatsdienst und der Einbeziehung in das nach Beendigung des Siebenjährigen Krieges begonnene Rétablissement konnte Heynitz seine Fähigkeiten in doppelter Hinsicht einsetzen:

Einmal führte er (seit 1766) eine gründliche Aufnahme der bestehenden Berg- und Hüttenverhältnisse in Sachsen durch, die allerdings erst am 2. März 1771 abgeschlossen wurde. Sie war mit Verbesserungsvorschlägen für die Organisation und die Qualifikation des berg- und hüttenmännischen Personals, die Etablierung einer wissenschaftlichen Ausbildung für den Berg- und Hüttenmann und schließlich Überlegungen verbunden, die Steuerlasten im Königreich Sachsen gerechter auf die Bevölkerungsschichten beziehungsweise Klassen zu verteilen. Heynitz stieß in der politischen Zentrale Dresdens beziehungsweise beim höheren Bergpersonal, das keine bergtechnische Ausbildung besaß, zunächst auf Widerstand. Aufträge an ihn, sich zu Landesökonomie-, Manufaktur- und Kommerzienfragen zu äußern, nahm er unwirsch auf, weil sie vom Bergbau ablenkten, seinem eigentlichen Aufgabenbereich. Auch in der Leipziger Ökonomischen Societät, in der dritten Klasse, die sich mit Mineralogie, Chemie und Bergmechanik beschäftigte, konnte er keinen zufriedenstellenden Wirkungskreis erkennen.

Seinen Bericht von 1771 hat Baumgärtel das bedeutsamste zusammenfassende Dokument über das sächsische Berg- und Hüttenwesen in der zweiten Hälfte des 18. Jahrhunderts genannt.[9] Es kann als eine in den Staat hinein projizierte persönliche Tagebuchbeichte eines Pietisten verstanden werden. Zunächst sollten eine Bestandsaufnahme und dann jährlich sich wiederholende Revisionen den Fortschritt und die Bemühungen der anderen Bergbeamten um einen besseren Zustand des Bergwesens dokumentieren. Damit stand Heynitz im Gegensatz zu vielen älteren Beamten, die auf die Individualität eines jeden Betriebes pochten und in der prognostizierbaren Ablieferungsverpflichtung pro Jahr einen unzumutbaren Eingriff in ihre selbstherrliche Verwaltungstätigkeit erblickten. Heynitz gehört daher zu den Protagonisten der Statistik sowohl für Sachsen wie für Preußen; er setzte im Rechnungswesen bevorzugt ehemalige Bediente aus seiner auch im weiteren Umkreis stark pietistischen Familie ein, um einen Erfolg der Kontrollmaßnahmen zu garantieren, ja, er führte das Haushaltsprotokoll auf den Bergämtern überhaupt erst ein![10]

Nach dem Ende dieser strapaziösen Bereisungen zog sich Heynitz zunächst auf sein Rittergut zurück und kurierte seine Krankheiten aus. Als schließlich Anfang 1769 seine Frau und auch der ihm freundschaftlich und verwandtschaftlich verbundene Mitarbeiter Friedrich Wilhelm von Oppel, mit dem er zusammen die Bergakademie gegründet hatte, starben, war er tief getroffen.[11] Zudem waren die Konflikte mit der Kerntruppe der sächsischen Reformbewegung nach 1763 vorprogrammiert: Die in ihrer übergroßen Mehrheit aus Angehörigen des Leipziger Großbürgertums sowie aus einer mit dem Handel verbundenen Adelsgruppe bestehenden Reformer hatten die Entschuldung des sächsischen Staates zu einem politischen Hauptziel gemacht. Das war nach den äußerst beschwerlichen Auflagen der preußischen Siegermacht 1763 kein leichtes Unterfangen. Die kassenmäßige Reorganisation des Staates war eines der Hauptziele neben der Förderung der Wirtschaftskräfte des Landes. Als daher im November 1773 die Generalhauptkasse entstand, an die sämtliche erwirtschafteten Überschüsse der Unterkassen abgeliefert werden mußten, als damit ein deutlicher Blick in die vorhandenen umlaufenden Finanzbestände der verschiedenen Kassen des Königreiches möglich geworden war, rebellierte Heynitz. Er hatte die kameralistische Abrechnungspraxis, nämlich nur vorher festgesetzte Überschüsse abliefern zu müssen, als eine Aufmunterung empfunden, innerhalb dieses nun ständig gegebenen Finanzspielraums technische Neuerungen einzuführen und die Situation des ihm anvertrauten Teilgebietes der Wirtschaft ständig zu verbessern. Er bat daher am 4. Oktober 1774 um seinen Abschied, den er auch erhielt.

Heynitz hatte hier sachlich den Konflikt zwischen Staatsraison (Schuldentilgung und strenge Finanzverwaltung) und dem in der Aufklärung entstandenen Gebot zur sozioökonomisch technologischen Entfaltung der individuellen Leitungsfunktionen durchzustehen. Schließlich handelte es sich um den tiefgreifenden Konflikt zwischen einer öffentlich (wenn auch bürokratisch organisierten) verantworteten und einer betriebswirtschaftlich legitimierten technisch-ökonomischen Politik.

Als Heynitz 1763 nach Sachsen berufen wurde, um das Berg- und Hüttenwesen zu erneuern, gehörte die Verbesserung des Kenntnisstandes der höheren Bergbeamten zu seinen vorrangigen Zielen. Bei einem Besuch des Regenten in Freiberg 1765 unterbreitete er daher einen Antrag, der in zwei Richtungen zielte: einerseits auf Unterricht für Bergleute in geometrischem Zeichnen, in chemischer Metallurgie, für Modellkammer, Stufensammlung und Bibliothek; andererseits auf Reisestipendien für junge Adlige, die sich auf eine Laufbahn in der Bergverwaltung vorbereiten sollten. Die Mittel wurden genehmigt.

Es ist nun oft übersehen worden, daß der Antrag von 1765 und die tatsächliche Ausgestaltung der Akademie 1767 erheblich voneinander abwichen. Hier zeigte sich deutlich die Handschrift von F. W. von Oppel, des naturwissenschaftlich interessierten Oberberghauptmanns: Oppel machte aus einer Ansammlung von Schulen und Unterrichtsgeldern, in den Unterlagen zunächst als

„Bergwerksinstitut" bezeichnet, eine Einrichtung, die er „Bergakademie" nannte und die statt „theoria cum praxi" nun „Unterricht und Anwendung" anbieten sollte.[12] Während Heynitz in Dresden eher an den internationalen Charakter der Akademie, an die Kenntnisse der höheren Bergbeamten dachte und an Informationsreisen, auf die er immer wieder junge Adelige mitnahm (F. W. von Reden, K. vom Stein, K. A. von Hardenberg), war Oppel in Freiberg mehr ein Mann des gut organisierten Unterrichts, der Klasseneinteilung, der Schulorganisation.

Wie bei allen neugegründeten technischen Schulen dieser Zeit reichte auch in Freiberg bald die Vorbildung der Schüler nicht aus. Heynitz verlangte schon 1771 eine Unterbergschule, die freilich erst 1777 auf Betreiben seines Bruders Benno als bergmännische Zeichen- und Rechenschule gegründet wurde, um das unterschiedliche Niveau der in die Bergakademie eintretenden Studenten zu vereinheitlichen, zugleich aber auch, um zahlreichen Kindern von Berg- und Hüttenbeamten eine bessere Ausbildung zu geben, als auf den städtischen oder privaten Schulen Freibergs möglich und üblich war, und sie für einfache und mittlere Aufsichtsfunktionen zu qualifizieren.[13]

Heynitz' Begeisterung für statistische Erhebungen, seine Unzufriedenheit mit den festgefahrenen hierarchischen Strukturen besonders in Sachsen, an deren Schalthebeln ignorante Beamte saßen, die wenig Verantwortung für den Gesamtbereich ihrer Tätigkeit und für die „Nationalindustrie" zeigten, sowie sein Hang, volkswirtschaftliche Vorgänge in „Plänen" zusammenzufassen, seine feste Überzeugung, daß die Regierenden die Forderung ernst zu nehmen hätten, zum Wohle ihrer Untertanen auch tatsächlich etwas zu tun — alle diese Elemente fügte er in seinen Gedanken zur Steuerreform zusammen, die er unter einem anonymen Titel drucken ließ, als er 1786 längst in preußischen Diensten stand, und die im Endeffekt eine steuerliche Entlastung vor allem der Bürger und Bauern, zugleich aber eine erhebliche Belastung der Adeligen bedeutet hätte.[14]

Nach seiner Entlassung aus sächsischen Diensten glaubte Heynitz, er sei am Ende seiner politischen Karriere angelangt. Er nahm ein Angebot zur Beratung einer französischen Aktiengesellschaft für Bergbau an, um nach Paris zu kommen, und ging im Oktober 1775 dorthin. In den Monaten Juli und August 1776 hielt er sich mit seinem Neffen Friedrich Wilhelm von Reden auch in England auf. Seine Vorschläge zur Einrichtung einer Bergakademie auf kommerzieller Grundlage in Frankreich wurden freilich nicht verwirklicht.[15]

Ende November 1776 erhielt er in Paris das Angebot Friedrichs II. von Preußen, die Leitung des preußischen Berg- und Hüttenwesens zu übernehmen. Diese Stellung trat er im September 1777 in Berlin an. In einem Brief an seinen Bruder Benno Ende des Jahres 1776 berichtet er über seine Erfahrungen in Paris, immer noch der maßgeblichen Hauptstadt Europas:[16] Die Förderung der nationalen Industrie — später als Gewerbfleiß bezeichnet — war ihm das wichtigste und Frankreich dabei Vorbild. Eine solche Politik wollte er nach eigenen

Aussagen auch in Berlin, in der Nachbarschaft des sächsischen Staates, betreiben. Wie sich zeigte, gehörte dazu ein Bündel von Maßnahmen, das von systematischen Bemühungen um den Technologietransfer über bessere Ausbildung und Einführung neuer Wissenschaftsdisziplinen bis hin zu steuerlichen Entlastungen und direkten finanziellen Hilfen reichte.

Es ist für uns heute nicht leicht zu begreifen, daß ein einzelner Mensch eine solche Fülle verantwortungsvoller Aufgaben auf sich vereinigen konnte wie Heynitz. Daß sie ihm schließlich übertragen wurden, dürfte seiner Loyalität gegenüber den Hohenzollern und seinem Desinteresse an politischen Intrigen zuzuschreiben sein. Von Beginn seines Engagements 1777 an bis zu seinem Tode 1802 leitete er das Berg- und Hüttendepartement. Interimistisch führte er 1782 und nochmals 1783/84 das 5. beziehungsweise das 4. und 5. Departement für Handel und Manufakturen, Zoll und Akzise. Friedrich Wilhelm II. hat ihm die Verwaltung der Provinz Ostfriesland 1789 und der Provinz Neuenburg 1795 übertragen, zudem wurde er noch unter Friedrich II. mit der Leitung der Kunstakademie beauftragt, die er ebenso wie die des westfälischen Provinzialdepartements gern übernahm. Die Münze und die Königliche Porzellanmanufaktur führte er nach 1786 mit großem persönlichem Engagement ebenso wie das Salzdepartement 1786 bis 1796.

Es fällt auf, daß Heynitz sich nach seiner Einstellung sofort intensiv mit einem umfangreichen wirtschaftlichen Modernisierungsprogramm für das preußische Berg- und Hüttenwesen beschäftigte. In den mündlichen Verhandlungen über seine Einstellung hatte Friedrich II. ihm einen größeren Betrag zugesagt, und Heynitz gab keine Ruhe, bis er tatsächlich 1783 die Summe von 260 000 Reichstalern für die Verwirklichung dieses Generalplans erhalten hatte. Eine den Gesamtstaat umfassende Planung hatte er bereits für Sachsen entworfen und wollte sie nun in Preußen auch anwenden. Um die Planung zu einem konkreten und positiven Ergebnis zu führen, benutzte er die in Ansätzen vorhandene und von Ludwig Philipp von Hagen gegründete Bergbauverwaltung, die er von den Bergämtern über die Oberbergämter bis zu seinem Ministerium hierarchisch organisierte (Instanzenzug). Die Berg- und Hüttensachen wurden den Kriegs- und Domänenkammern endgültig entzogen, und durch den ständigen Austausch von Beamten zwischen den verschiedenen Ebenen schuf Heynitz nicht nur eine Atmosphäre aufmerksam wirkender Kontrolle, sondern auch eines besonderen Korpsgeistes. Für diesen Bereich stellte Heynitz in umfangreicher Weise neues Personal ein, was ihm unter den Nachfolgern Friedrichs II. erhebliche Kritik eintrug.

Die Führungspositionen in den Provinzen, also die Oberbergämter, bot er jungen Adeligen an, die er bereits überwiegend selbst ausgebildet hatte oder auf deren Ausbildung an der Bergakademie Freiberg er bestand.[17] Dazu gehörte Karl Christian Sigismund von Veltheim, der das Oberbergamt Magdeburg (Rothenburg; Halle) leitete; ebenso der Freiherr Karl vom Stein für den westfälischen Distrikt und Friedrich Wilhelm von Reden für Breslau/Schlesien. Für die Durchsetzung staatlicher Innovationsvorschläge auf der praktischen Ebene zog er Friedrich August Eversmann heran, der die auf zahlreichen Reisen nach Holland und England erbeuteten und angeeigneten Verfahren zur Darstellung von Roheisen mit Koks oder zur Herstellung von Koks weitergeben mußte.

Weitere junge Bedienstete in seinem Ministerium schickte er ebenfalls auf die Bergakademie nach Freiberg; das galt auch für Dietrich Ludwig Gustav Karsten, den Sohn des Hallenser Mathematikprofessors, der 1782 nach Freiberg ging und 1810 kurzfristig der erste nichtadelige Leiter im preußischen Berg- und Hüttenwesen wurde. Obwohl ihm Friedrich Wilhelm II., der wirtschaftsliberalen Vorstellungen gegenüber sehr viel aufgeschlossener war als sein Onkel, schließlich vorhielt, daß das Bergwerksdepartement mit zu vielen Leuten besetzt sei und daß dieses gänzlich gegen „unsere preußische Methode" sei, wollte Heynitz auch Alexander von Humboldt in den preußischen Staatsdienst ziehen. Doch Humboldt, der mit zahlreichen Sonderkommissionen die Porzellanmanufakturen und Salinen untersucht hatte und dem sämtliche Oberbergämter Preußens angeboten worden waren, wollte sich nicht an die enge preußische Bürokratie binden.

Auf welchen Ebenen hat Heynitz nun in Berlin und Preußen der Entfaltung von Technik den Weg geebnet? Da sind zunächst einmal die umfangreichen Erfahrungen aus der Tätigkeit in anderen Bergverwaltungen, die deshalb so ausführlich hier angeführt worden sind. Entscheidend ist aber wohl sein Geschick, mit dem er sich in der unübersichtlichen Berliner Bürokratie eine unangefochtene „Nische" im Berg- und Hüttenwesen und zeitweise auch im Salzwesen erkämpft hat und in der er als Fachmann äußerst erfolgreich tätig war. Aber auch über die Einrichtung neuartiger Bildungsgänge und ökonomischer Erfolgsrechnungen wollte er eine bessere technische Kompetenz der Mitarbeiter, aber auch der Handwerker und Unternehmer herbeiführen.

Heynitz hatte dank seiner umfangreichen Personal- und Sachkenntnisse ein besonderes Geschick, die Produktionsfaktoren für das Berg- und Hüttenwesen zu organisieren. Er fügte dabei allerdings Konstanten in sein Entwicklungskonzept ein, die mit der Entstehung eines modernen, auf Abrechnung des gesamten Kassenwesens bedachten, zentral regierten Staat unvereinbar waren. Er ging davon aus, daß seinem Departement ein bestimmter Betrag für Verbesserungen zur Verfügung gestellt würde, und er konnte sich dabei auf gute Beispiele in anderen Departements berufen. Insgesamt erhielt er während seiner Ministertätigkeit Meliorationsgelder in Höhe von 320 000 Reichstalern; das bedeutete für die Regierungszeit Friedrichs II. 1,5 % und für die Jahre 1786 bis 1797 etwa 3,5 % der überhaupt ausgezahlten Meliorationsgelder, die überwiegend der Regulierung beziehungsweise der Landwirtschaft dienten.

Den wirtschaftlichen Erfolg vieler Produktionsverfahren im Berg- und Hüttenwesen konnte Heynitz vor allem deswegen sicherstellen, weil er in bisher unbekanntem Ausmaß Betriebsmittel als Materialvorräte oder auch als Barmittel bei den Produktionsstätten beließ. Unbehelligt von Knappheiten, die früher in den Hüttenwerken sofort die gesamte Produktion stillegten, konnten die Werke nun kontinuierlich produzieren. Das erhöhte nicht nur die Erträge, sondern erforderte auf Dauer auch eine bessere technische Ausrüstung, zuverlässiger, leistungsfähiger — das sollte bei der Beurteilung technischer Entwicklungen stärker beachtet werden. Bei der Durchsetzung seiner Entwicklungspläne wurde Heynitz von standespolitischen Hemmungen wenig behindert. Seine Aufträge, bestimmte Verfahren und Produkte nach Preußen zu bringen, waren reine Spionageaufträge, und sein bester Schüler Karl vom Stein hat in der Zeit seiner Tätigkeit als Wirtschaftsminister hierin eine weitere Steigerung durchgesetzt. Heynitz hielt nicht nur niedrige Preise oder wachsende Erträge für die landesherrlichen Kassen, sondern auch die Zunahme der Gewerbetätigkeit insgesamt bei wachsender Produktionsmenge und der Selbstversorgung des Wirtschaftsgebietes für Erfolge seiner Politik, wie er als westfälischer Provinzialminister betonte.

Heynitz hat Technik im überlieferten Sinne als „Kunst" verstanden und versucht, in diesem umfassenden Sinne zielgerichtet organisatorische Maßnahmen zu ergreifen. So konzentrierte er sein Interesse an Wissenschaft und Kunst auf diejenigen Aspekte, die der Produktion eine Stütze sein konnten. Daher gliederte er als Kurator der Akademie der Künste, die 1786 sehr gegen ihren Willen den verlängerten Titel „... und der mechanischen Wissenschaften" erhielt, eine Ausbildungsstätte auch für Handwerker und Mechaniker an. Diese Einrichtung, die von ihm zu einer „öffentlichen Societät im Staate" erklärt wurde, trug ihm immerhin 1789 die Mitgliedschaft der „American Philosophical Society" in Philadelphia ein. Wenig zufrieden mit dem Erscheinungsbild der nützlichen Wissenschaften fügte er an die Kunstakademie 1790 eine Abteilung für Mechanik und Bautechnik an, um damit zugleich ein Beratungsgremium für die öffentlichen Bauten zu haben. Den Absolventen versprach Heynitz die Befreiung von den Zunftbestimmungen. Ganz ähnlich verfuhr übrigens die sächsische Regierung bei der Gründung der Technischen Schule 1828 in Dresden.

Für die zukünftige Organisation des technischen Unterrichts in Preußen im 19. Jahrhundert sollte es sich als grundlegend erweisen, daß bereits im 18. Jahrhundert ein Versuch zur Organisation eines hierarchisch aufgebauten Schulwesens gemacht worden war. Ausgangspunkt war für Heynitz dabei die Akademie der Künste und der mechanischen Wissenschaften. Vorlesungen über Mechanik usw. sollten diese Erweiterung auch inhaltlich absichern. Die betroffenen Künstler haben sich angesichts ihrer Rezeption der Antike gegen diese Art der Orientierung am Nutzen freilich vehement gewehrt. Heynitz hatte aber mehr im Sinn. Er wollte nicht nur die Hauptstadt Berlin, sondern auch die Provinzen in die ökonomisch-technologische „Erneuerung" Preußens einbeziehen und richtete in den Provinzen Provinzialkunstschulen ein, deren beste Absolventen in Berlin dann die Akademie der Künste und der mechanischen Wissenschaften besuchen sollten.

Als nach dem Tode E. W. von Herzbergs die Kuratorstelle an der Akademie der Wissenschaften frei wurde, wehrten sich die Wissenschaftler dort gegen die von ihnen befürchtete Orientierung ihrer Wissenschaften am Nützlichkeitsprinzip unter einem neuen Kurator Heynitz und konnten diese Gefahr erfolgreich abwenden. Da die Bauverwaltung jedoch mit der eben erwähnten Architektonischen Lehranstalt bei der Akademie der Künste nicht besonders zufrieden war, gründeten Heynitz und der Chef des Baudepartements 1799 die Bauakademie, die erste in dem zivilen Beamtenapparat des alten wie des neuen Preußen voll integrierte technische Ausbildungsanstalt. Heynitz war zwar auch Leiter einer anderen technischen Ausbildungsanstalt, der Bergakademie, doch blieb diese Einrichtung stärker auf den Winter und die Ministerialbeamten konzentriert.[18]

Weitergehende Versuche von Heynitz und vor allem von Carl Abraham Gerhard, in Berlin eine „Ökonomische Gesellschaft" zu gründen, um die dort zahlreich vorhandenen anwendungsorientierten naturwissenschaftlichen Disziplinen und die Medizin zusammenzuführen, fanden in den Beratungen der Finanzkommission 1798 bis 1799 keinen Anklang. Solche „scientifischen Hilfsmittel" habe der preußische Staat nicht nötig, hieß es. Die von Heynitz geförderten oder mitgegründeten Akademien erhielten (mit Ausnahme der Bergakademie, für deren Fachgebiet eine Zeitschrift im sächsischen Freiberg existierte) Zeitschriften finanziert, zumindest für den Anfang, um auf diese Weise eine öffentliche Auseinandersetzung über das jeweilige Gebiet ihrer Kunst in Gang zu setzen. Sowohl die Zeitschriften als auch die Akademiegründungen selbst wurden von Heynitz aus Überschüssen seiner verschiedenen Kassen (Salinen, Porzellan, Berg- und Hüttenwesen) finanziert.

Mit Heynitz fand in Berlin eine Wissenschaftsförderung ihr Ende, die von einer Entwicklungsmöglichkeit der Wissenschaften in direkter Abhängigkeit von ästhetischen, repräsentativen und zugleich gewerblichen Bedürfnissen ausgegangen war. Die Förderung der Bergbauwissenschaften in Berlin hielt sich in Grenzen.

Heynitz gelang es nicht, die noch in engem Zusammenhang verstandenen technischen Bereiche Bauwesen (Zivilingenieur) und Maschinenwesen (Mechanikus) jeweils durch je eine eigene (Ausbildungs-)Anstalt zu fördern. Versuche dazu schlugen fehl, so in Oberschlesien der Versuch, in unmittelbarer Verbindung mit der Maschinenbauanstalt in Tarnowitz eine mechanische Schule einzurichten; dagegen wehrte sich freilich der zuständige Berghauptmann Friedrich Wilhelm von Reden mit Erfolg. Dieser strebte eher die Gründung einer Mechanikerschule in Verbindung mit der Königlichen Eisengießerei in Berlin an. Doch endete dieser Versuch nach 1816 in einem Fiasko, als der erste Auftrag zum Bau einer Dampflokomotive dort nicht erfolgreich abgewickelt werden konnte.[19]

Mit seinen Vorstellungen zur Planung und Erfassung des Landes, die er schon in Sachsen entwickelt hatte, trat er sogleich auch in Preußen hervor. Hierzu gehören vor allem umfangreiche Recherchen zur Aufnahme des Ist-Bestandes im Bereich des Berg- und Hüttenwesens, die er zu Provinzialberichten und diese zu einem Buch zusammenstellte, das er 1785 Friedrich II. übersandte.[20] Diese von ihm bevorzugte gesamtstaatliche Rechnung — Heynitz war der größte Befürworter eines Abbaus von Binnenzöllen und erreichte das in dem von ihm verwalteten Westfalen — brachte ihn in einen scharfen Gegensatz zur Regie, für die zuallererst fiskalische Gesichtspunkte maßgebend waren und die dem von Heynitz vertretenen Aspekt einer starken Nationalindustrie nicht gerecht werden konnte.[21]

Daß Heynitz so großen Wert auf statistische Erhebungen legte — er veröffentlichte auch anonym einige dieser Abhandlungen[22] —, ist nicht nur das Ergebnis kameralistischer Auffassungen. Seine Neigung, sich „politischen" Situationen zu entziehen, also dem Landesherrn beziehungsweise seiner Kamarilla nicht entgegenzuarbeiten, rückte diese pietistische Neigung bei gleichzeitiger Betonung technischer Verbesserungen allerdings in die Nähe technokratischer Überzeugungen. Diese haben bei Heynitz selbst freilich nie eine hervorstechende Rolle gespielt, eher schon bei seinem engsten Mitarbeiter und Nachfolger Friedrich Wilhelm von Reden, der sich aus Sorge um den mühsam in Gang gebrachten Bergbau und die Produktion der Hüttenindustrie in Schlesien bereitfand, einen Eid auf den Besetzer Napoleon zu leisten. Heynitz forderte das weitgehende Vertrauen des Fürsten in die Arbeit auf seinem eigenen Tätigkeitsbereich. Er gab sich nur ungern mit konkurrierenden Kompetenzen zufrieden. Die ermüdenden Diskussionen im Generaldirektorium wurden von Heynitz kritisiert und zurückgewiesen, indem er für die Eigenverantwortlichkeit des Departementchefs plädierte.

Welche Rolle hat Heynitz nun als Berliner Techniker gespielt? Bei der Beantwortung dieser Frage muß auf die Ebene Rücksicht genommen werden, auf der er tätig sein konnte. Dort, wo er unmittelbare Verantwortung trug, hat er es wie kein anderer im alten Preußen verstanden, die durch geschickte Verbesserungen und Abrechnungsmethoden erzielten Überschüsse in den Bereich Erziehung und Wissenschaft zu lenken. Das galt für das Berg- und Hüttenwesen, hier einschließlich des Maschinenbaus. Die Ansiedlung von Textilfabriken fiel nicht in seine Kompetenz, um so mehr dagegen in die seines Schülers Karl vom Stein, der sich der von Heynitz aufgebauten Informationsnetze bediente, um diese Neuerungen nach Berlin zu holen. Nahezu jede bedeutende Innovation in Preußen, vom Eisenschmelzen mit Koks bis zur Einführung der Dampfmaschinen in Rothenburg/Mansfeld oder Oberschlesien, sah Heynitz mit seinem Stab aus dem Ministerium bei der Inbetriebnahme und dokumentierte damit öffentlich sein starkes Interesse an einer technisch-industriellen Modernisierung Preußens. Anders jedoch als etwa für heutige Verbesserungsinnovationen und Konsumprodukte benötigten diese Basisneuerungen meist noch Jahrzehnte, bis sie von der „zivilen" Gesellschaft angenommen wurden.[23]

Anmerkungen

[1] Wolfhard Weber, *Innovationen im frühindustriellen deutschen Bergbau und Hüttenwesen. Friedrich Anton von Heynitz*, Göttingen 1976, S. 168 ff.

[2] Otto Steinecke, *Friedrich Anton von Heynitz. Ein Lebensbild. Zum hundertjährigen Todestage des Ministers von Heynitz nach Tagebuchblättern entworfen*, in: Forschungen zur Brandenburgischen und Preußischen Geschichte, 15 (1902), S. 421—470.

[3] *Der preußische Staatsbergbau*, 2 Bde., Berlin 1933—1934.

[4] Nach dem Krieg hat Fritz Hartung 1950 die Restbestände dieser Aktenausarbeitung an das Akademiearchiv der Akademie der Wissenschaften der DDR gegeben: W. Weber, *Innovationen...* (wie Anm. 1), S. 169.

[5] Wolfhard Weber, *Innovationstransfer durch Reisen im sächsischen Berg- und Hüttenwesen in der zweiten Hälfte des 18. Jahrhunderts*, in: Internationales Symposion zur Geschichte des Bergbaus und Hüttenwesens (ICOHTEC). Vorträge, Bd. 2, Freiberg 1980, S. 535—548.

[6] Henning Calvör, *Acta historico-chronologico-mechanica...*, T. 1, Braunschweig 1763, S. 116 und T. 2, 1763, S. 66.

[7] Siehe W. Weber, *Innovationen...* (wie Anm. 1), S. 67 f.

[8] Horst Schlechte, *Die Staatsreform in Kursachsen 1762—1763*, Berlin (Ost) 1958.

[9] Hans Baumgärtel, *Bergbau und Absolutismus*, Leipzig 1963.

[10] Mohammed Rassem/Justin Stagl (Hrsg.), *Statistik und Staatsbeschreibung in der Neuzeit, vornehmlich im 16.—18. Jahrhundert*, Paderborn 1980.

[11] Siehe W. Weber, *Innovationen...* (wie Anm. 1), S. 122 und 172. Durch die Heirat mit Juliane von Wrede, verwitwete von Adelsheim, lernte er Karl vom und zum Stein kennen.

[12] Wolfhard Weber, *Bergbau und Bergakademie. Zur Etablierung des Bergstaates im 18. Jahrhundert*, in: Nachrichtenblatt der Deutschen Gesellschaft für Geschichte der Naturwissenschaften, Medizin und Technik, 35, Heft 2 (1985), S. 79—89.

[13] W. Weber, *Innovationstransfer...* (wie Anm. 5), S. 544.

[14] *Tabellen über die Staatswirtschaft eines europäischen Staates der vierten Größe, nebst Betrachtungen über dieselben*. Aus dem Französischen, Leipzig 1786 (eine Übersetzung des Essays: *Essai de'économique politique*, Basel 1785).

[15] Siehe Louis Aguillon, *L'Ecole des Mines de Paris*, Paris 1889.

[16] Siehe Benno von Heynitz, *Beiträge zur Geschichte der Familie von Heynitz und ihrer Güter*, T. 4, Hannover-Kirchrode 1966, S. 84 f. und 90 ff.

[17] Siehe zum folgenden: Wolfhard Weber, *Innovationen im frühindustriellen deutschen Bergbau und Hüttenwesen*, in: Innovationsforschung als multidisziplinäre Aufgabe, hrsg. von Frank R. Pfetsch, Göttingen 1975, S. 169—208; Peter Baumgart, *Epochen der preußischen Monarchie im 18. Jahrhundert*, in: Zeitschrift für Historische Forschung, 6 (1979), S. 287—316; Ingrid Mittenzwei, *Die preußischen Beamten und ihre Auseinandersetzungen um wirtschaftliche Probleme der Zeit (1763—1789)*, in: Jahrbuch für Geschichte des Feudalismus, 1 (1977), S. 348—399; dies., *Preußen nach dem Siebenjährigen Krieg*, Berlin (Ost) 1979, S. 161 ff.

[18] Wolfhard Weber, *Bergbau*, in: Wissenschaften in Berlin, hrsg. von Tilman Buddensieg u. a., Bd. 2, Berlin 1987, S. 190—193.

[19] Wolfhard Weber, *Preußische Transferpolitik 1780—1820*, in: Technikgeschichte, 50 (1983), S. 181—196.

[20] *Abhandlungen über die Produkte des Mineralreiches in den Königlich Preußischen Staaten und über die Mittel, diesen Zweig des Staats-Haushaltes immer mehr emporzubringen*, Berlin 1786.

[21] *Mémoire de ma géstion du IV et V départment*, Berlin 1788; Rechtfertigungsschrift über die Führung des Salzdepartements: abgeschlossen am 10. November 1796; vorhanden im Historischen Zentralarchiv der DDR, Dienststelle Merseburg Rep. 96, Nr. 224 H.

[22] Siehe W. Weber, *Innovationen...* (wie Anm. 1), Literaturverzeichnis.

[23] Siehe jetzt zu diesem Fragenkreis wirtschaftlich durchschlagender Entwicklungen: Rainer Fremdling, *Technologischer Wandel und internationaler Handel im 18. und 19. Jahrhundert. Die Eisenindustrien in Großbritannien, Belgien, Frankreich und Deutschland*, Berlin 1986, und Joachim Radkau, *Technik in Deutschland vom Ende des 18. Jahrhunderts*, Frankfurt/Main 1989.

Ilja Mieck

Sigismund Friedrich Hermbstaedt

Noch 25 Jahre nach seinem Tode nannte ein biographisches Lexikon Hermbstaedt „l'un des chimistes les plus célèbres de notre époque", dessen Schriften über die „chimie pratique et les arts agricoles" dem Berliner Gelehrten „une place incontestable parmi les maîtres de la science en Europe" gesichert hätten.

Wie viele seiner Zeitgenossen, die das politische, geistige und künstlerische Leben der preußischen Hauptstadt in den Jahrzehnten vor und nach 1800 prägten, war auch Sigismund Friedrich Hermbstaedt kein gebürtiger Berliner. Er stammte aus Erfurt, wo er, am 14. April 1760 geboren, auch seine Schulzeit verbrachte und sich anschließend an der Universität einschreiben ließ, um Arzneiwissenschaften zu studieren. Angeregt durch den Chemiker Wilhelm Bernhard Trommsdorff, hörte er ergänzend Vorlesungen in Chemie und Pharmakologie und verschaffte sich auf diese Weise bereits während seines Studiums eine beachtliche Breite seiner wissenschaftlichen Ausbildung. Nach der Promotion ging er nach Langensalza, arbeitete dort als Repetent der chemischen Vorlesungen bei J. C. Wiegleb und vervollkommnete seine Ausbildung in theoretischer und praktischer Pharmazie und experimenteller Chemie. Über Hamburg, wo er vorübergehend eine Stelle in der berühmten Rats-Apotheke unter dem damaligen Inhaber Reimarus übernahm, kam Hermbstaedt 1784 nach Berlin und wurde Provisor der „Apotheke zum weißen Schwan", die Valentin Rose d. Ä. zu hohem Ansehen gebracht hatte. Nach dessen Tode 1771 gewann die Witwe mit Martin Heinrich Klaproth einen außerordentlich befähigten Provisor, der schließlich in die Rose-Familie einheiratete und Vormund der beiden Halbwaisen wurde. Obwohl Hermbstaedt nach nur einem Jahr wieder ausschied, weil Valentin Rose d. J. die praktische Leitung der Apotheke 1785 selbst übernehmen konnte, war dieses Jahr für seine künftige Entwicklung von besonderer Bedeutung. Die Begegnung mit Klaproth bildete den Beginn einer langen Freundschaft zwischen den beiden. Außerdem bot die preußische Hauptstadt einem jungen Chemiker und Pharmazeuten mehr Möglichkeiten der Weiterbildung als irgendeine andere Stadt in Deutschland, in erster Linie durch das Collegium medico-chirurgicum, an dem auch Klaproth seit 1782 lehrte. Es ist wahrscheinlich, daß der 17 Jahre ältere Klaproth seinem jungen Kollegen Hermbstaedt, der am Collegium Vorlesungen besuchte, behilflich

Sigismund Friedrich Hermbstaedt
(1760—1833)

war, sich in der chemisch-pharmazeutischen Welt Berlins zurechtzufinden, und ihn mit wichtigen und einflußreichen Leuten bekanntmachte: Der Leibarzt des Königs, Professor Selle, und der Chef der preußischen Medizinalverwaltung, Geheimrat Cothenius, wurden auf ihn aufmerksam. Ebenfalls auf seine Zeit in der Schwan-Apotheke weist seine 1788 erfolgte Heirat mit Magdalena Rose, der Tochter des früheren Besitzers.

Das Ende seiner Provisor-Tätigkeit gab Hermbstaedt Gelegenheit, auf einer Reise den Harz, Thüringen und das sächsische Erzgebirge kennenzulernen. Er besuchte dabei zahlreiche Gelehrte in Leipzig, Freiberg und Halle. Besondere Bedeutung bekam für ihn das Zusammentreffen mit Johann Beckmann, der in Göttingen als Professor für Ökonomie tätig war und als erste Kapazität Deutschlands auf dem Felde der „Technologie" galt: Aus dem weiten Feld der sich im frühen 18. Jahrhundert herausbildenden „Cameralia et Oeconomia", den Anfängen einer modernen Staatswirtschaftslehre (Kameralistik), hatte sich in der zweiten Jahrhunderthälfte als besonderer Zweig der Kameralwissenschaft die „Technologie" entwickelt, die „alle Arbeiten, ihre Folgen und ihre Gründe vollständig, ordentlich und deutlich erklärt" (Beckmann). Die daraus abzuleitende Aufgabe der wissenschaftlichen Auseinandersetzung mit der Verfahrenskunde im gesamten gewerblichen Bereich ließ sich allerdings im Laufe des 19. Jahrhunderts wegen des immer stürmischer werdenden technischen Fortschritts kaum noch bewältigen. Schon die auf Beckmann folgende Generation zog daraus die Konsequenzen, verließ die Technologie im Sinne einer allumfassenden Gewerbekunde und konzentrierte ihre Arbeiten auf Teilgebiete. Es sollte nur eine Ausnahme geben: Hermbstaedt kann als der letzte Vertreter der klassischen Technologie gelten; „der unvergeßliche Beckmann" (Hermbstaedt, 1814) blieb seit der Reise von 1786 sein großes Vorbild.

Anregend war sicher auch die Begegnung mit J. F. Gmelin, dessen „Grundsätze der technischen Chemie" von 1786 erstmals die technologischen Aufgaben der chemischen Wissenschaft darstellten. Ohne Zweifel hat Hermbstaedt auf dieser Reise entscheidende Anregungen erhalten und die Grundlagen für seine technologischen Kenntnisse erworben. Seine eigentliche Ausbildungszeit kann 1786 als abgeschlossen gelten: Mit 26 Jahren waren seine Interessengebiete und künftigen Aufgabenbereiche klar abgesteckt: Pharmazie, Chemie und Technologie.

Im gleichen Jahr begann er seine Publikationstätigkeit mit der Herausgabe des ersten Bandes der *Physikalisch-Chemischen Versuche und Beobachtungen,* dem drei Jahre später der zweite folgte. Gleichzeitig arbeitete er an der *Bibliothek der neuesten physikalischen, chemischen, metallurgischen und pharmazeutischen Literatur,* deren vier Bände von 1787 bis 1795 erschienen. Für Nicolais *Allgemeine Deutsche Bibliothek* lieferte er Rezensionen chemischer Werke und beschäftigte sich mit der Übersetzung ausländischer Arbeiten. Seinen Lebensunterhalt verdiente Hermbstaedt seit 1787 durch Privatvorlesungen über Physik, Chemie, Technologie und Pharmazie. Außerdem übernahm er offensichtlich schon 1786 eine Tätigkeit, die ihn in enge Berührung mit der gewerblichen Praxis brachte: Er arbeitete als „Farbenlaborant und Arkanist" in einer chemischen Fabrik, die nach Aussage Klaproths sehr gute Fabrikate herstellte.

Nachdem ein erster Versuch Hermbstaedts, in den Staatsdienst zu gelangen, am Widerstand der Professoren des Collegium medico-chirurgicum 1788 gescheitert war, gab er seinen Privatvorlesungen eine festere Organisationsform und gründete eine chemische Pensionsanstalt „für Jünglinge, die sich zu praktischen Chemikern bilden wollen". Der Unterricht sollte sich auf theoretische und praktische Chemie, Physik, Mineralogie, Pharmazie, analytische Chemie und materia medica erstrecken. Die Erwartungen, die Hermbstaedt mit der Gründung dieser Studienpension verband, werden sich etwa erfüllt haben, denn sie bestand acht Jahre und wurde erst geschlossen, als er wegen seiner zahlreichen anderweitigen Verpflichtungen kaum noch die Zeit gefunden haben dürfte, sich um seine Pensionäre zu kümmern.

Anfang 1790 öffnete sich für den knapp dreißigjährigen Hermbstaedt doch noch die Tür zum Staatsdienst. Als der Hofapotheker H. C. Pein wegen Veruntreuung entlassen wurde und man „ein geschicktes Subjekt" als Nachfolger suchte, fiel die Wahl auf Hermbstaedt. Nachdem er bei einer Prüfung am 19. Januar für „sehr geschickt befunden" worden war, erhielt er seine Ernennung zum Hofapotheker. Sieben Jahre übte er dieses Amt aus. Wenig später übernahm er, zunächst kommissarisch, auch die Vorlesungen Peins am Collegium medico-chirurgicum, seit September 1790 mit dem Professorentitel. Nach der endgültigen Verurteilung Peins bekam Hermbstaedt 1792 die Bestallungspatente und hielt seine feierliche Antrittsvorlesung. Sein eigentliches Aufgabengebiet war die pharmazeutische Chemie, daneben las er für interessierte Hörer Experimentalpharmazie und Allgemeine Experimentalchemie, wobei er den 1791 veröffentlichten dreibändigen *Systematischen Grundriß der Allgemeinen Experimentalchemie, zum Gebrauche seiner Vorlesungen entworfen*, zugrundelegte.

Dieses Buch ist für die Beurteilung Hermbstaedts als Chemiker von besonderer Bedeutung, da er sich im Vorwort zu dem großen chemischen Problem seiner Zeit äußerte, der Erschütterung der von Stahl entwickelten Phlogistonlehre durch Lavoisier. Berlins frühere Chemie-Kapazitäten waren überzeugte Phlogisten und hatten die Stadt zum „Zentrum dieser Lehre" gemacht. Hermbstaedt stellte nun als erster Chemiker in Deutschland diese bisher unangefochtene Lehre zur Diskussion, indem er meinte, es grenze an Torheit, allein auf das alte System zu bauen. Er sah voraus, daß die neuen Stoffe Oxygen und Hydrogen Grundpfeiler eines neuen chemischen Systems werden würden und forderte zur objektiven experimentellen Prüfung der alten und der neuen Lehre auf. Schon seit längerer Zeit war er entschlossen, das grundlegende Werk von Lavoisier, den *Traité élémentaire de chimie*, in deutscher Sprache herauszugeben. Kaum waren die ersten Bogen bei Nicolai gedruckt, schickte sie Hermbstaedt zu Klaproth, der sich in der Tat sehr bald von der Phlogistontheorie löste. Als 1792 das Werk Lavoisiers unter dem deutschen Titel *System der antiphlogistischen Chemie* erschien, dauerte es nicht lange, bis sich die deutschen Chemiker, Klaproth an der Spitze, eindeutig zu Lavoisier bekannten. Das Verdienst Hermbstaedts bleibt es, als erster positiv-kritisch zu Lavoisiers Lehre Stellung genommen und ihr auf diese Weise in Deutschland zur Durchsetzung verholfen zu haben. Von vergleichbarer Bedeutung war, daß Hermbstaedt den Arbeiten des Schweden K. W. Scheele, dem die Entdeckung des Sauerstoffs gelungen war, zu weiterer Publizität verhalf. 1793 gab er dessen *Opuscula chemica et physica* (1788) in deutscher Sprache heraus.

Aus seinen Vorlesungen am Collegium medico-chirurgicum und aus seiner Tätigkeit als Hofapotheker erwuchsen in diesen Jahren der *Grundriß der Experimentalpharmazie, zum Gebrauche beim Vortrage derselben entworfen* in zwei Bänden (1792/93) und der *Katechismus der Apothekerkunst, oder die ersten Grundsätze der Pharmazie für Anfänger* (1792). Zusammen mit Rose und Klaproth gab Hermbstaedt seit 1795 das *Berlinische Jahrbuch für Pharmazie* heraus.

Der Aufgabenkreis Hermbstaedts dehnte sich in diesen Jahren weiter aus. 1794 übernahm er eine unbesoldete Dozentur für Experimentalphysik an der Bergakademie, an der Klaproth die Chemie vertrat. Im gleichen Jahr wurde er in das Obercollegium sanitatis berufen und erhielt den Titel eines Obersanitätsrates. An seinen Vorlesungen am Collegium nahmen bald auch Schüler der 1795 gegründeten Pepinière teil, deren spezielle Aufgabe die Ausbildung von Militärärzten war. Darunter befand sich auch Varnhagen v. Ense, der in der Frühreife seiner 15 Jahre urteilte, daß „der gute freundliche Hermbstaedt wohl sein Bestes tat, aber in seinen Erklärungen meist sehr geistlos wie in seinen Experimenten fast immer ungeschickt erschien". Andere Zeugnisse über die Lehrbefähigung Hermbstaedts sind bislang nicht bekanntgeworden. Im Herbst 1797 wurde Hermbstaedt an das Bett des todkranken Königs Friedrich Wilhelm II. gerufen, dem er dank einer sinnreichen Apparatur die Luft im Krankenzimmer durch Sauerstoff anreichern und dem hohen Patienten während der letzten Lebenstage erhebliche Erleichterung verschaffen konnte.

Noch vor der Jahrhundertwende zeichneten sich neue und andersartige Aufgaben für Hermbstaedt ab. Spätestens 1796 wurde er Assessor beim Manufaktur- und Kommerzienkollegium und 1797 Mitglied der Technischen Deputation, einer dem Fabriken-Departement unterstehenden Behörde. Zum ersten Mal wurde Hermbstaedts Aufmerksamkeit gewissermaßen von Amts wegen auf einen Gegenstand gelenkt, der sich in späteren Jahren als sein eigentliches Spezialgebiet erweisen sollte: die Förderung der Gewerbe auf wissenschaftlicher Grundlage. Einer zeitgenössischen Angabe zufolge, begann Hermbstaedt schon „gegen Ende des 18. Jahrhunderts" mit seinen technologisch-chemischen Vorlesungen vor Färbern und Druckern.

Aber bevor sich Hermbstaedt endgültig seinem neuen Wirkungskreis verschreiben konnte, wurde er in seinem bisherigen Arbeitsbereich auf eine noch höhere Ebene getragen: 1798 erhielt er die Stelle des Generalstabs-Apothekers für die preußische Armee mit der Aufgabe, ihr gesamtes Apothekenwesen im Frieden und für den Krieg zu organisieren. Es fügt sich gut in das Bild eines Höhepunktes seiner Karriere, daß Hermbstaedt im August 1800 als außerordentliches Mitglied in die physikalische Klasse der Akademie der Wissenschaften gewählt wurde. Der Verzicht auf die Hofapotheke, die 1797 oder etwas früher der bisherige Ober-Provisor Bredow übernahm, und die Schließung seiner privaten Studienanstalt werden Hermbstaedt in finanzieller Hinsicht nicht zu schwer getroffen haben. Als Generalstabs-Apotheker bezog er ein Friedensgehalt von 500 Talern; 100 bis 300 Taler brachte die Professur am Collegium medico-chirurgicum. Als Mitglied des Obercollegium medicum et sanitatis erhielt er 150 Taler. Dazu kamen 100 Taler für seine Lehrtätigkeit an der Bergakademie und schließlich die nicht bekannten Einnahmen aus Privatvorlesungen und schriftstellerischer Arbeit. Welche Besoldung er als Assessor bezog, war nicht festzustellen. Jedenfalls sind ihm in späterer Zeit Besoldungserhöhungen oder auch Zulagen wiederholt verweigert worden, da er „bereits in anderen Verhältnissen eine ansehnliche Besoldung" bezog (1809) oder Zeit hatte, „mehrere einträgliche Nebenämter und Beschäftigungen zu treiben" (1831). Als Akademiemitglied — 1808 war er zum Ordentlichen Mitglied aufgerückt — stand ihm eine Pension von 200 Talern zu.

In den ersten Jahren des 19. Jahrhunderts blieb Hermbstaedt durch die Organisation der Militär-Pharmazie sehr in Anspruch genommen. Daneben konnte er bei der Ausarbeitung eines neuen Apothekengesetzes mithelfen, wiederum zusammen mit Rose und Klaproth: 1801 erschien die *Revidierte Apothekerordnung*. Auch für die 1805 veröffentlichte *Pharmacopoea castrensis Borussica* zeichnete Hermbstaedt neben dem Chef des Medizinalwesens, Goercke, verantwortlich.

In zunehmendem Maße wandte sich Hermbstaedt in diesen Jahren der neuen Aufgabe zu, die seit seiner Ernennung zum Assessor des Manufaktur- und Kommerzienkollegiums nichts von ihrer Aktualität verloren hatte: Es ging um die Vermittlung wissenschaftlicher Kenntnisse an die gewerbetreibende Bevölkerung. Die meisten Betriebe arbeiteten nach überholten Methoden und mit veralteten Geräten und standen technischen Neuerungen, ganz im Sinn der traditionalistischen Zunftauffassungen, skeptisch gegenüber. In einem merkantilistisch orientierten Staat, in dem die Gewerbetreibenden alles vom Staat erwarteten, mußte auch der Anstoß zur Überwindung dieses Denkens von oben kommen. Es bedurfte einer langfristig angelegten Erziehung der gewerbetreibenden Bevölkerung zur Selbständigkeit und zur Eigeninitiative.

Am Anfang dieser neuen Politik stand in Preußen Gottlob Johann Christian Kunth (1757—1829), vormals der Erzieher der Gebrüder Humboldt, der seit 1789 im Manufaktur- und Kommerzienkollegium arbeitete und 1801 dessen Direktor wurde. Seit langem mit der Rückständigkeit der preußischen Gewerbe vertraut, versuchte er Abhilfe zu schaffen, die Handwerker auf neue Verfahren aufmerksam zu machen und sie zu bewegen, Betriebe und Arbeitstechnik zu modernisieren. Das betraf in erster Linie solche Handwerke, für die die Wissenschaft inzwischen durch Erfindungen und Entdeckungen die Basis für eine umfassende Verbesserung der Produktionsverfahren geschaffen hatte. Hier standen Chemie und Physik an vorderster Stelle. Das Hauptproblem bestand darin, geeignete Lehrer zu finden, die in der Lage waren, die wissenschaftlichen Erkenntnisse auf die praktischen Bedürfnisse der Gewerbetreibenden auszurichten und ihnen zu zeigen, welche Möglichkeiten die Anwendung der neuen Verfahren enthielt. Es ging, im Technologen-Deutsch der Zeit, „um die wissenschaftlichen Grundsätze der Fabriken, Manufakturen, Künste und Handwerke und ihre vorteilhafte Anwendung auf diese". Kunth konnte Hermbstaedt, den er als Mitarbeiter im Manufakturkollegium kannte und der seit langem eine Vorliebe für technologische Probleme besaß, für dieses Projekt gewinnen. Seit 1801 hielt Hermbstaedt Kurse in Chemie und chemischer Technologie im Sitzungssaal der Technischen Deputation für interessierte Gewerbetreibende ab: Die im Hause vorhandene Modellsammlung stand zu Lehrzwecken zur Verfügung. Die Kurse waren in erster Linie für Handwerker gedacht, denen gewisse chemische Grundkenntnisse zum Betrieb ihres Gewerbes unentbehrlich waren, also Färber, Bleicher, Walker und Appreteure; dazu kamen bald Kattundrucker, Gerber und andere.

Die Namen einiger Hörer, die bei Hermbstaedt die wissenschaftlichen Grundlagen ihres Gewerbes erlernten und später zu den führenden Unternehmern Berlins aufstiegen, sind bekannt: Tobias Christoph Feilner, der Begründer der Berliner Ofenindustrie, ist hier ebenso zu nennen, wie Leberecht Pistorius, der durch die Erfindung seines Brennapparates die Fabrikation von Rohspiritus auf industriellem Wege ermöglichte, oder der junge Ferdinand Dannenberger, der seinen Betrieb später zur größten Kattundruckerei Berlins ausbaute.

Parallel zu seiner gewerblichen Lehrtätigkeit verlagerte Hermbstaedt seine schriftstellerische Arbeit ebenfalls auf das neue Gebiet. 1802 veröffentlichte er seinen *Grundriß der Färbekunst*, der 1806 in zweiter verbesserter Auflage erschien und 1825 sogar eine dritte erlebte. In den Jahren 1802/10 gab Hermbstaedt ein *Magazin für Färber, Zeugdrucker etc.* heraus. 1807 trat Hermbstaedt mit einem anspruchsvollen Projekt an die Öffentlichkeit: *Theoretisches und praktisches Handbuch der allgemeinen Fabrikenkunde oder Anleitung zur Kenntnis und Einrichtung sowie zur ordnungsmäßigen Verwaltung der wichtigsten Künste, Fabriken, Manufakturen und chemisch-technischen Gewerbe*. Mit der Ausarbeitung dieses auf viele Bände angelegten Handbuches wünschte Hermbstaedt, „soviel in meinen Kräften steht, dazu beizutragen, daß die gegenwärtig bestehenden Künste, Fabriken, Manufakturen und technischen Gewerbe auf denjenigen Grad der Vollkommenheit emporgehoben werden mögen, den sie anzunehmen fähig sind".

Mit diesem Editionsvorhaben hatte sich Hermbstaedt aber offensichtlich übernommen. Mehr als der erste Teil des ersten Bandes dieses Handbuches ist nicht erschienen — immerhin ein Werk von mehr als 240 Seiten, das in insgesamt 610 Paragraphen etwas bot, was es so bisher nicht gab: *Anleitung zu einer gemeinnützigen Kenntnis der Natur, Fabrikation und Nutzanwendung des Essigs sowie der verschiedenen Arten desselben für Essigfabrikanten, Landwirte und bürgerliche Haushaltungen, die sich ihren Bedarf an Essig selbst verfertigen wollen.* Es versteht sich fast von selbst, daß die Abfassung weiterer Handbuchbände in diesem Stil über die Kräfte eines einzelnen hinausging. Auch Hermbstaedt kam später nie wieder auf dieses Projekt zurück, das er wahrscheinlich durch seinen *Grundriß*, von dem später noch zu reden sein wird, ein wenig zu kompensieren versuchte.

Da die experimentellen Versuche immer wichtiger wurden und geeignete Räume nicht zur Verfügung standen, genehmigte die Regierung die Errichtung eines Diensthauses für den „Chemicus des Fabriquen Departements", das in der Georgenstraße 43 gebaut wurde. Der Plan dieses großzügig unterkellerten, zweistöckigen Hauses von 22 Metern Länge mit einem rechts angeschlossenen Seitenflügel, das den Vorstellungen Hermbstaedts voll und ganz entsprach, wird im Landesarchiv Berlin aufbewahrt. Der Bau begann Anfang des Jahres 1800; im Adreßkalender von 1802 wurde Hermbstaedt erstmals als in der Georgenstraße 43 wohnhaft aufgeführt. Er hat dieses Haus bis zu seinem Tode bewohnt und hier auch seine Vorlesungen gehalten.

Anfang 1803 sagte sich in Berlin der französische Ballonfahrer André Jacques Garnerin an, der mit seiner Frau dem Publikum das unterhaltsame Spektakel eines Aufstiegs gegen Eintrittsgeld vorführen wollte und schon 31 Fahrten gut hinter sich gebracht hatte. Zu dieser Zeit — 20 Jahre nach den ersten freien Ballonflügen vom 5. Juni (unbemannt) und vom 21. November 1783 (bemannt) — war die Ballonfahrt längst aus dem Stadium des riskanten Experiments herausgewachsen. Während der Koalitionskriege kam es bereits zum erfolgreichen Einsatz von Fesselballons zu Aufklärungszwecken durch die französische Armee.

In Berlin hatte man nach ersten Versuchsflügen unbemannter Ballons bereits 1784 „eine geeignete, zur wissenschaftlichen Beobachtung fähige Persönlichkeit" für eine Ballonfahrt gesucht. Die Ballonhülle wurde jedoch während des Aufstiegs undicht und fiel zu Boden — zum Glück aus niedriger Höhe, so daß der mutige Luftschiffer, niemand anders als Klaproth, mit dem Leben davonkam. Während die meisten der frühen Ballonfahrer, darunter auch Blanchard, der den ersten bemannten Ballonflug in Berlin am 27. September 1788 unternahm, vor allem eine lukrative Kommerzialisierung ihrer noch immer spektakulären Vorführungen anstrebten, war Hermbstaedt von der Möglichkeit fasziniert, während einer Ballonfahrt in verschiedenen Höhen wissenschaftliche Experimente durchführen zu können. Er nahm deshalb Kontakt zu Garnerin auf. Dieser war einverstanden, wollte aber die Gunst des Publikums auf sich und seine Frau konzentriert sehen und schlug deshalb vor, Hermbstaedt „in einiger Entfernung, vielleicht zwei Meilen weit von Berlin", aufzunehmen, da der Ballon nur zwei Personen Platz bot. Hermbstaedt, der sich bereits mit seinen Instrumenten dem Flug des Ballons über Stock und Stein folgen sah, schaltete — modern gesprochen — die Presse ein: Die *Haude & Spenersche Zeitung* machte den Vorschlag, nach einem kurzen Aufstieg en ballon captif Madame Garnerin wieder abzusetzen und dann die eigentliche Luftreise mit Hermbstaedt à ballon perdu zu beginnen. Gleichzeitig erklärte sich Hermbstaedt in einem Brief an Garnerin bereit, ihm für einen Platz in der Gondel 50 Louisd'or und als Beitrag zu seinen Kosten weitere zwölf Louisd'or zu zahlen. Garnerin war damit einverstanden und erklärte: „Ich gedenke, diesen großen Chemiker durch die verschiedenen Schichten der Atmosphäre bis in jene höheren Regionen zu bringen, wo das Quecksilber im Barometer auf den niedrigsten Stand herabfällt ..." In diesen oberen Regionen, wo Alkohol siede und Äther fest werde, sollte Hermbstaedt seine Versuche anstellen können.

Während sich der Gelehrte auf die Luftfahrt vorbereitete und besonders empfindliche Instrumente anfertigen ließ, verabredete er mit den Artillerieoffizieren Neander und Vossi, daß sie ihm für parallele Bodenbeobachtungen 100 junge Leute zur Verfügung stellen sollten; der König selbst war bereit, Kanonen und andere für die Experimente erforderliche Gegenstände bereitzustellen. Angesichts dieser massiven wissenschaftlichen Vorbereitung von seiten Hermbstaedts hat wohl Garnerin, dessen Gondel auch nur beschränkten Platz bot, der Mut verlassen. Zur großen Enttäuschung Hermbstaedts zog er seine Zusage zurück und brachte auf diese Weise das ganze Projekt zum Scheitern. Der empörte Hermbstaedt beklagte sich bitter, daß Garnerin jedes wissenschaftliche Interesse fehle, daß er nur am „amusement du public" und am Geldverdienen interessiert sei. So wurde die Ballonfahrt, die Garnerin am 13. April gegen 19.00 Uhr bei beginnendem Mondschein unternahm, eine Fahrt wie vorher viele andere.

Auf indirekte Weise konnte Hermbstaedt dennoch die erste wissenschaftlich relevante Ballonfahrt initiieren. Etienne Robertson, ein anderer Ballonfahrer, der in Hamburg einen Aufstieg plante, den Wissenschaften viel aufgeschlossener gegenüberstand und Hermbstaedt zur Teilnahme eingeladen hatte, erhielt von diesem, da er die Reise nach Hamburg nicht antreten konnte, brieflich einen genauen Experimentierkatalog. Tatsächlich führte Robertson bei seinem Ballonflug am 19. Juli 1803 insgesamt neun Experimente durch, über die er ein fast 20seitiges Protokoll an die Russische Akademie der Wissenschaften nach Petersburg, seinem nächsten Etappenort, schickte — „les savants ne connaissent aucun intérêt national" (Hermbstaedt an Robertson, 1. Juni 1803).

Obwohl Hermbstaedt in den folgenden Jahren auch weiterhin chemisch-pharmazeutische Publikationen verfaßte, herausgab oder als Neuauflagen vorbereitete und durch seine *Kurze Anleitung zur Zergliederung der Vegetabilien nach physisch-chemischen Grundsätzen* (1807) am Anfang der modernen pharmakochemischen Analyse steht, rückte diese Seite seiner Tätigkeit, zumal nach dem erbetenen Abschied vom Amt des Generalstabs-Apothekers, weiter in den

Hintergrund, um einer immer stärker chemisch-technologisch orientierten Arbeit Platz zu machen. Dabei ist nicht auszuschließen, daß Hermbstaedt in diesem neuen Schwerpunkt seiner Tätigkeit auch einen Beitrag zu der allgemeinen Aufgabe sah, dem von Napoleon besiegten und anschließend geknebelten und geschundenen preußischen Staat, der wirtschaftlich völlig darniederlag, zu einer ökonomischen Regeneration zu verhelfen. Dem Jahre 1808, als Berlin noch durch französische Truppen besetzt war, kam in dieser Hinsicht eine Schlüsselposition zu, wie zwei Veröffentlichungen Hermbstaedts beweisen:

1. Die Übersetzung eines zweibändigen Werkes von Jean Antoine Chaptal *Die Chemie in ihrer Anwendung auf Künste und Gewerbe*, das besonders für die Färberei von großer Bedeutung werden sollte, und

2. die *Grundsätze der experimentellen agronomischen Chemie* — ein Thema, das auch Chaptal nicht fremd war, mit dem sich Beckmann auseinandergesetzt hatte und das nun auch Hermbstaedt in den folgenden Jahren immer wieder beschäftigen sollte.

Während sein Freund und Kollege Klaproth bei der Gründung der Universität Berlin den Lehrstuhl für Chemie erhielt, gab es keinen Zweifel, daß Hermbstaedt das Extraordinariat für Technologische Chemie zufallen sollte. Seit dem ersten Semester (WS 1810/11) absolvierte Hermbstaedt 23 Jahre lang an der Universität ein umfangreiches Lehrprogramm, das teils unter „Cameralwissenschaften", teils unter „Naturwissenschaften" angekündigt wurde. Im Mittelpunkt standen Vorlesungen zur Technologie, zur Warenkunde und vor allem zur praktischen Anwendung und Umsetzung chemischer Erkenntnisse in die Warenproduktion. Alle Vorlesungen fanden in seinem Diensthaus statt, da die Universität über kein Laboratorium verfügte. Die Professoren konnten damals über die Höhe des Kolleggeldes selbst bestimmen und hatten sich mit den Hörern über die Kosten für Heizung und Beleuchtung zu verständigen. Wegen seiner verschiedenen Nebeneinnahmen wurde Hermbstaedts Gehalt nicht erhöht, als er bereits nach einem Jahr, im November 1811, zum Professor ordinarius ernannt wurde. Dem Wunsch Hermbstaedts, diese Beförderung in den Zeitungen bekanntgeben zu lassen, kam die Behörde gern nach, hatte sie doch noch einen anderen Grund, mit Hermbstaedt zufrieden zu sein: Er hatte nämlich 1811 eine *Anleitung zur praktisch-ökonomischen Fabrikation des Zuckers und eines brauchbaren Syrups aus den Runkelrüben* verfaßt, und zwar „auf Befehl des Departements für die Gewerbe und den Handel im Hohen Ministerio des Innern". Diese Schrift kam einem dringenden Bedürfnis entgegen, weil die Rübenzuckergewinnung in diesen Jahren, da die Napoleonische Kontinentalsperre die Einfuhr von kolonialem Rohrzucker erschwerte, besondere Bedeutung hatte. 1812 bestätigte eine Firma in Magdeburg, daß sie sehr erfolgreich nach Hermbstaedts Anweisungen arbeite.

Die akademische Lehrtätigkeit erfuhr im Frühjahr 1813 eine Unterbrechung, als die Studenten dem Aufruf des Königs zur Bildung freiwilliger Verbände so zahlreich folgten, daß die Vorlesungen auch in Berlin eingestellt werden mußten. Unter denen, die ihre patriotische Opferbereitschaft auf andere Art bewiesen, war auch Hermbstaedt: Als erster Beamter in Berlin verzichtete er auf 250 Taler seines Jahresgehaltes.

1814 veröffentlichte Hermbstaedt seinen *Grundriß der Technologie*, ein über 800 Seiten starkes Werk, mit dem er sich ganz bewußt in die Tradition einer klassischen, allumfassenden technologia universalis stellte, so wie sie „der unvergeßliche Beckmann", auf den er sich wiederholt bezog, vertreten hatte. Obwohl dessen „treffliche Anleitung noch immer obenan gestellt zu werden verdient", entschloß sich Hermbstaedt, der ja im Gegensatz zu Beckmann nicht Ökonom, sondern Chemiker war, zur Herausgabe eines eigenen Buches mit eigener Schwerpunktsetzung, aber einem umfassenden Wirkungsanspruch, wie der Untertitel zeigt: *Anleitung zur rationellen Kenntnis und Beurteilung derjenigen Künste, Fabriken, Manufakturen und Handwerke, welche mit der Landwirtschaft, sowie der Kameral- und Policeywissenschaft in nächster Verbindung stehen. Zum Gebrauche akademischer Vorlesungen und zur Selbstbelehrung für angehende Staatsdiener, Kameral- und Policeybeamte, desgleichen für Landwirte, Kaufleute, Fabrikanten, Manufakturisten und Handwerker.*

Es ist verständlich, daß Hermbstaedt diejenigen Produktionszweige, die ihm als Chemiker am nächsten lagen, in diesem Band behandelte, während für die anderen wie die Eisenverarbeitung ein zweiter Band vorgesehen war, der jedoch niemals erschien. Immerhin wurden im ersten Band nicht weniger als 45 Produktionsbereiche beschrieben: Neben der Textilherstellung und -verarbeitung standen alle Gewerbe, die bestimmte chemische Kenntnisse voraussetzten: Ledergerberei, Bierbrauerei, Alaun- und Seifensiederei, Branntweinherstellung, Zucker- und Tabaksfabrikation, Papier- und Schießpulverherstellung usw. Da Hermbstaedt dieses umfangreiche Werk, „eine Arbeit meiner Erholungsstunden", dem Kronprinzen gewidmet hatte, dürfte die Verleihung des Roten Adler-Ordens III. Klasse im gleichen Jahr wohl damit zusammenhängen.

Seit dem Sommersemester 1817 ergänzte Hermbstaedt seine sechsstündige Vorlesung über Allgemeine Technologie, die auf seinem *Grundriß* basierte, durch Exkursionen, die ein- oder zweimal wöchentlich stattfanden. Damit griff er eine Tradition auf, die von Beckmann in Göttingen begründet worden war und die der theoretischen Unterweisung die praktische Demonstration frühindustrieller Verfahrensweisen an die Seite stellte. Durch die Mannigfaltigkeit gewerblichen Lebens auf engem Raum in der Stadt Berlin boten sich solche Betriebsbesichtigungen zu Anschauungszwecken geradezu von selbst an, wobei der persönliche Kontakt Hermbstaedts mit vielen führenden Fabrikanten infolge seiner Tätigkeit in der Technischen Deputation und in der gewerblichen Praxis derartige Besichtigungen noch gewinnbringender werden ließ. An der Universität hielt Hermbstaedt regelmäßig auch Vorlesungen über Agronomische Chemie und ihre Anwendung auf die land- und forstwirtschaftlichen Gewerbe — ein Gebiet, auf dem seine Arbeiten ebenfalls als zukunftsweisend angesehen werden. 1817 übernahm der 57jährige zusätzlich die vierstündige

Chemie-Vorlesung seines verstorbenen Freundes Klaproth an der Bergakademie, 1820 auch den Chemieunterricht an der Kgl. Allgemeinen Kriegsschule. Daneben setzte er seine Vorlesungen für Gewerbetreibende fort. Während sich der Fabrikenkommissar May mit den für die Weber wichtigeren mechanischen Fragen befaßte, erörterte Hermbstaedt die chemischen Probleme der Textilverarbeitung vor Färbern, Bleichern und Kattundruckern.

Zu dieser Zeit waren wichtige personelle Umstellungen in der preußischen Gewerbeverwaltung erfolgt. An der Spitze der Abteilung stand seit 1818 mit Christian Peter Wilhelm Beuth ein jüngerer, sehr energischer und zielbewußter Beamter, der die preußische Gewerbepolitik auf ganz neue Grundlagen stellte. Bis 1845 blieb Beuth die Schlüsselfigur eines von ihm selbst organisierten, wohldurchdachten und letztlich sehr erfolgreichen Systems der Gewerbeförderung. Es basierte auf der Idee, durch Belehrung und Unterstützung in den vielfältigsten Formen die Gewerbetreibenden zu selbständiger Arbeit, eigener Initiative und wachsendem Selbstvertrauen zu erziehen und sie dadurch auf den freien Wettbewerb der wirtschaftlichen Konkurrenzkräfte vorzubereiten. Hermbstaedts praxisbezogene Wissenschaftlichkeit paßte sich in dieses System nahtlos ein.

Im Gegensatz zu den meisten seiner Kollegen behielt Hermbstaedt nicht nur seinen Sitz in der von Beuth reorganisierten Technischen Deputation, er spielte auch bald eine wichtige Rolle in dem auf Initiative Beuths 1821 gestifteten „Verein zur Beförderung des Gewerbfleißes in Preußen", der sich die Ermunterung privater Kreise zu aktiver Mitarbeit auf dem Gebiete der Gewerbeförderung zum Ziel gesetzt hatte. Hermbstaedt wurde zum Vorsteher der Sparte „Physik und Chemie" gewählt und behielt diese Stellung bis zu seinem Tode. Wie intensiv sich Hermbstaedt in seiner neuen Funktion für die wissenschaftliche Belehrung der Gewerbetreibenden einsetzte, zeigt die Tatsache, daß die ersten zehn Bände der *Verhandlungen,* die der Gewerbeverein jährlich herausgab, nicht weniger als 15 Beiträge aus seiner Feder enthalten. Auch außerhalb der *Verhandlungen* publizierte Hermbstaedt in diesen Jahren viele Arbeiten zur Verbreitung der modernen Erkenntnisse unter den Gewerbetreibenden, zum Beispiel *Chemische Grundsätze der Kunst, Seife zu fabrizieren* (1824), oder eine *Theoretisch-praktische Anweisung zu der Kunst, Butter zu fabrizieren* (1830).

Nach wie vor hielt Hermbstaedt, mittlerweile schon im siebten Lebensjahrzehnt stehend, seine Vorlesungen für die Gewerbetreibenden. Neben den Vorträgen über die Ledergerberei und die Warenkunde waren es vor allem die Vorlesungen für die Färber, mit denen er sich außerordentliche Verdienste erwarb. Er war es, der der Berliner Färberei durch seine Belehrung die Grundlagen für ihre spätere Weltgeltung vermittelte. Seit etwa 1820 bemühten sich Zwischenhändler aus Leipzig und Frankfurt, die Muster der Berliner Seidenfärberei zu sammeln und danach in Lyon und in der Schweiz ihre Erzeugnisse einfärben zu lassen. Eine Spezialität Berlins wurde das Färben von Kammgarnen. Die rationelle Ausbildung und wissenschaftliche Pflege, der sich dieser Industriezweig zu erfreuen hatte, fesselte dieses Gewerbe bald ganz an die

Stadt, und die frühere Konkurrenz der Engländer wurde völlig aus dem Felde geschlagen. Bei dem Aufstieg der Berliner Färberei zu dieser führenden Position binnen weniger Jahre kann der Einfluß Hermbstaedts kaum überschätzt werden. Es war ein glückliches Zusammentreffen, daß in den entscheidenden Jahren, als Beuth die Grundlagen für den späteren Aufstieg der preußischen Industrie schuf, Hermbstaedt, auf dem Höhepunkt seiner wissenschaftlichen Laufbahn stehend, seine technologischen Kenntnisse in den Dienst dieser Gewerbeförderung stellte.

Über dreißig Jahre lang vermittelte er zwischen Wissenschaft und Gewerbebetrieb, gab in Vorträgen und Schriften die neuesten Erkenntnisse der Chemie weiter und rief zur Rationalisierung und Modernisierung auf. Viele der führenden Fabrikanten Berlins hatten ihm wichtige Anregungen zu verdanken, und der Aufstieg der textilverarbeitenden Gewerbe, der Zuckersiederei und Branntweinbrennerei und der gesamten chemischen Industrie kann weitgehend auf die unermüdliche Tätigkeit Hermbstaedts zurückgeführt werden. Er erstrebte die Erziehung der Gewerbetreibenden zu selbständiger Arbeit nach modernen, wissenschaftlich gesicherten Grundsätzen: „Es gibt in der Tat kein Handwerk, welches nicht, wenn solches rationell ausgeübt werden soll, mehr oder weniger scientifische Prinzipien voraussetzt ... die nicht bloß erlernt, sondern studiert werden müssen."

Die Praxisverbundenheit Hermbstaedts zeigte sich nicht nur darin, daß sich der hochberühmte Professor keineswegs scheute, einem Buchdrucker ein Fläschchen mit einer Tinktur zum Entfernen von Rotweinflecken zu schicken: „... lassen Sie ... einen Eßlöffel voll in ein gewöhnliches Bierglas mit Wasser gießen, alles umrühren, und dann das befleckte Zeug darin eintauchen. Ist der Fleck verschwunden, so wird das Zeug erst mit Wasser, dann mit Seife gewaschen" (14. März 1806). Hermbstaedt ist auch wiederholt als Berater beim Aufbau chemischer Betriebe tätig geworden, einmal bei der Anlage einer Zuckersiederei durch die Gebrüder Berend (nach 1817), später bei der Errichtung einer Fabrik für chemische Produkte (seit 1825), deren geschäftliche Leitung die Gebrüder Berend ihrem Teilhaber Samuel Heinrich Kunheim übertrugen. Mit der technischen Einrichtung wurde wiederum Hermbstaedt beauftragt, der auch einen Produktionsplan entwarf und in den folgenden Jahren als wissenschaftlicher Berater Kunheims tätig blieb, während dessen Sohn Louis bei Hermbstaedt chemische Vorlesungen hörte.

Als Ende der zwanziger Jahre die Umweltbelastungen durch die mitten in der Stadt gelegene Fabrik entgegen Hermbstaedts ursprünglicher Einschätzung doch zu groß wurden und auf massive Proteste der Bevölkerung stießen, wurde der Produktionsplan umgestellt: Für Teerkocherei, Knochenbrennerei und Seifensiederei wurden neue Gebäude jenseits der Stadtmauern errichtet, während Farbenproduktion und Holzessiggewinnung im alten Betrieb verblieben, Konsequenz eines frühen Umweltschutzbewußtseins, dem sich auch Hermbstaedt anzuschließen bereit war, denn in der 1830 erscheinenden zweiten Auflage seines *Grundrisses* empfahl er, bei der Anlage einer Fabrik zu prüfen, ob nicht „die benachbarten Bewohner, sei es durch üble Gerüche, Ausdünstungen, Verderbnis des fließenden Wassers ... gefährdet werden können, welche ... Objekte aus dem Gesichtspunkt der Medizinal- sowie der Sicherungspolizei besonders beachtet werden müssen". In der ersten Auflage war von diesen Überlegungen noch keine Rede. Während Hermbstaedt in die Zweitauflage seines Handbuches nur die Seilerei sowie die Soda- und die Natronfabrikation zusätzlich aufnahm, wurde vor allem die Darstellung derjenigen Gewerbe, die mit der Chemie nur entfernt oder gar nicht zu tun hatten, erheblich verbessert und auf den neuesten Stand gebracht.

1831 folgte sein *Kompendium der Technologie*, eine konzentrierte Kurzfassung seines Hauptwerkes, das Lehrenden und Lernenden an Universitäten und Gymnasien eine erste Orientierung ermöglichen sollte. Es spricht für die Qualität dieses Bandes, daß R. Wagner noch 1855 eine Neuauflage besorgte. In seinem „Vorbericht" zum *Kompendium*, der eine Art Bilanz seiner über zwanzigjährigen Lehrtätigkeit im Bereich der Technologie darstellte, kommt Hermbstaedt zunächst auf seine Hörer zu sprechen: Das waren die „auf der hiesigen Universität studierenden Kameralisten und Juristen sowie auch bereits angestellte Auskultatoren und Referendarien, welche nicht Gelegenheit fanden, auf den Universitäten, die sie besuchten ... Vorträge über Technologie hören zu können, weil leider noch nicht auf jeder Universität Technologie vorgetragen wird".

Einige methodische Bemerkungen schlossen sich an: „Für meine mündlichen Vorträge sind wöchentlich fünf Stunden bestimmt; in jeder Woche aber an einem Nachmittag noch drei bis vier Stunden zu technologischen Exkursionen in die hiesigen Fabrik- und Manufakturanstalten, um meinen Zuhörern das mündlich Vorgetragene nun auch in der Ausübung im Großen zu zeigen und nochmals mündlich zu erläutern." Im einzelnen werde bei seinen Vorlesungen „mit einer kurzen Geschichte des vorzutragenden Gegenstandes begonnen; dann werden die rohen Materialien, die verarbeitet werden sollen, in natura vorgezeigt sowie naturhistorisch, geographisch, kommerziell und technisch erklärt; von da wird ihre Verarbeitung sowie die dazu erforderlichen Maschinen und kleineren Werkzeuge, teils durch Modelle, teils durch deutliche Abbildungen erläutert. So weit fortgeschritten, werden nun die daraus hervorgegangenen Edukte, Produkte, Fabrikate und Waren sowie deren Bearbeitung bis zur Vollendung erklärt und in Mustern vorgezeigt; mit all diesem wird die technische Kunstsprache verbunden. Der Besuch der Manufakturen und kleineren Gewerksanstalten ruft das Vorgetragene wieder ins Gedächtnis zurück und erleichtert die Auffassung desselben. Auf solche Weise kann, wie ich glaube, die Technologie nur allein gelehrt werden, wenn der Zuhörer reellen Nutzen daraus ziehen soll."

Besondere Bedeutung komme dabei dem Standort der preußischen Hauptstadt zu: „Ist aber irgendein Ort dazu geeignet, die Technologie mit Nutzen vortragen zu können, so ist es (vielleicht außer Wien) nur Berlin, wo, mit Ausnahme einiger weniger, alle Zweige des Fabrik- und Manufakturwesens zu Gebote stehen, um den Zuhörer auch mit dem praktischen Gange der technischen Gewerbe anschaulich bekanntmachen zu können." Einen besseren Lehrer der Technologie als Hermbstaedt hätte man sich an diesem bevorzugten Industriestandort kaum wünschen können, selbst wenn man seinen Worten etwas kritisch begegnet, weil gewiß nicht jede Vorlesung diesem Idealschema entsprochen haben dürfte. Daß „Hermbstaedt mit Zuhörern" auch Exkursionen in die nähere Umgebung Berlins unternahm, bezeugt ein in Merseburg befindliches Aktenstück mit den Erlaubnisscheinen „zur Besichtigung und Bereisung der inländischen Berg- und Hüttenwerke"; beispielsweise besuchte er nach 1811 wiederholt Eberswalde, wo sich eine große Papierfabrik befand, und das Alaunwerk in Freienwalde.

Den großen Plan eines umfassenden Handbuches der Technologie hatte Hermbstaedt noch nicht aufgegeben. Er hoffte, daß ihm „die Vorsehung ... noch eine längere Frist auf dieser Welt" schenken möge, um das Werk zu vollenden, „welches alles umfassen soll, was vor das Forum dieser Wissenschaft gehört". Im Paragraphen 52 seines *Grundrisses* zählte Hermbstaedt die vier Hauptzweige der technologia universalis auf: technische Materialienkunde, technische Maschinenlehre, chemische und mechanische Fabrikationslehre, technische Produkten- und Warenkunde.

Das große Werk blieb unvollendet, nicht zuletzt deshalb, weil Hermbstaedt, obwohl schon über 70 Jahre alt, nach wie vor einen umfangreichen Vorlesungsbetrieb durchführte und beispielsweise im Sommersemester 1832 allein an der Universität fünf Vorlesungen mit zusammen 21 Wochenstunden anbot. Nimmt man dazu seine anderweitigen Lehrverpflichtungen, seine Mitarbeit in der Technischen Deputation und im Gewerbeverein, so bedarf es keines weiteren Beweises, daß Hermbstaedt bis ins hohe Alter „die geistige Kraft und Frische eines Jünglings" bewahrt hatte (Leisewitz).

Desto unerwarteter kam die Nachricht von seinem Tode. Das Wintersemester 1833/34 hatte gerade begonnen, als Hermbstaedt mitten aus der Arbeit gerissen wurde: Er starb am 22. Oktober 1833, eine Stunde vor Mitternacht. Das Sterbebuch der Dorotheenstadt-Kirche nennt als Todesursache einen Nervenschlag. Niemand war in der Lage, Hermbstaedts Platz auszufüllen. Sein Ordinariat an der Universität blieb unbesetzt, seine anderen Funktionen und Aufgaben teilten sich Wissenschaftler oder Praktiker wie Frick, Karsten, Magnus, Mitscherlich, Rose, Schubarth und Wöhler. Hermbstaedt hinterließ Juliane Friederike Henriette, geb. Schleunitz, die er 1818, zwei Jahre nach dem Tode seiner ersten Frau Magdalena, geheiratet hatte, sowie eine Adoptivtochter Caroline, die 1815 die Ehe mit Eduard Hufeland, dem Sohn des berühmten Arztes, eingegangen war.

Friedrich Schinkel entwarf im Auftrag des Gewerbevereins für Hermbstaedt einen Gedenkstein, dem später noch besondere Bedeutung zukommen sollte.

Als Schinkel selbst 1841 starb, meinte Beuth, man könne ihm „nichts Besseres zu seinem Denkmal geben als seine eigene Arbeit". So wurde Schinkels Grabstein in Anlehnung an die Zeichnung ausgeführt, die er 1833 für den Gedenkstein Hermbstaedts entworfen hatte. Dieser Stein, eine Stele mit einem Schmuckaufsatz aus Terrakotta, fand seinen Platz zuerst auf dem Dorotheenstädtischen Friedhof, wohin er nach mancherlei Umwegen später wieder zurückkehrte. Die Inschrift auf dem vor einiger Zeit restaurierten Stein, der ein wenig in die nordöstliche Friedhofsmauer einbezogen wurde, ist noch heute deutlich zu erkennen: „Dem Andenken S. F. Hermbstaedts — Der Verein für Gewerbfleiß in Preußen."

Bibliographie

1. Schriften Hermbstaedts (Auswahl)

Systematischer Grundriß der Allgemeinen Experimentalchemie, 3 Bde., 1791, 3. Aufl. 1812—1826 (in 5 Bdn.).
Katechismus der Apothekerkunst, 1792.
Grundriß der Experimentalpharmazie, 2 Bde., 1792 u. 1793.
Grundriß der Färbekunst, 1802, 3. Aufl. 1825.
Anleitung zu einer gemeinnützigen Kenntnis der Natur, Fabrikation und Nutzanwendung des Essigs..., 1807.
Grundsätze der experimentellen agronomischen Chemie, 1808.
Anleitung zur praktisch-ökonomischen Fabrikation des Zuckers und eines brauchbaren Syrups aus den Runkelrüben, 1811.
Chemische Grundsätze der Kunst, Bier zu brauen, 1813, 3. Aufl. 1826.
Grundriß der Technologie, 1814, 2. Aufl. 1830.
Beitrag zur Geschichte des Branntweins, 1828.
Kompendium der Technologie, 1831, 2. Aufl. 1855.

2. Übersetzungen

Antoine-Laurent Lavoisier, *System der antiphlogistischen Chemie*, 1792.
Karl Wilhelm Scheele, *Sämtliche physischen und chemischen Werke*, 1793.
Guyton de Morveau, *Allgemeine Grundsätze der chemischen Affinität*, 1794.
Jean Antoine Chaptal, *Die Chemie in ihrer Anwendung auf Künste und Gewerbe*, 1808.

3. Literatur

Adlung, A./Urdang, G., *Grundriß der Geschichte der deutschen Pharmazie*, Berlin 1935.
Dann, Georg Edmund, *Martin Heinrich Klaproth (1743—1817). Ein deutscher Apotheker und Chemiker. Sein Weg und seine Leistung*, Berlin (Ost) 1958.
Dann, Georg Edmund, *Hermbstaedt*, in: *NDB*, Bd. 8, Berlin 1969, S. 666f.
Hufeland, Christoph Wilhelm, *Selbstbiographie*, hrsg. von Walther v. Brunn, Stuttgart 1937.

Lehmann, Herbert, *Das Collegium medico-chirurgicum in Berlin als Lehrstätte der Botanik und der Pharmazie*, math.-nat. Diss., Berlin 1936.
Leisewitz, C., *Hermbstaedt*, in: *ADB*, Bd. 12, Leipzig 1880, S. 190.
Lenz, Max, *Geschichte der Friedrich-Wilhelms-Universität zu Berlin*, 4 Bde., Halle 1910.
Mieck, Ilja, *Preußische Gewerbepolitik in Berlin 1806—1844* (= Veröffentlichungen der Historischen Kommission zu Berlin, Bd. 20), Berlin 1965.
Mieck, Ilja, *Sigismund Friedrich Hermbstaedt (1760—1833). Chemiker und Technologe in Berlin*, in: *Technikgeschichte* 32 (1965), S. 325—382.
Mieck, Ilja, *Umweltschutz in Preußen zur Zeit der Frühindustrialisierung*, in: Büsch, Otto/Neugebauer, Wolfgang (Hrsg.), *Moderne Preußische Geschichte 1648—1947. Eine Anthologie* (= Veröffentlichungen der Historischen Kommission zu Berlin, Bd. 52), Berlin-New York 1981, Bd. 2, S. 1141—1167.
Mieck, Ilja, *Von der Reformzeit zur Revolution (1806—1847)*, in: Ribbe, Wolfgang (Hrsg.), *Geschichte Berlins*, Bd. 1: *Von der Frühgeschichte bis zur Industrialisierung*, 2. Aufl. München 1988, S. 405—602.
Poniatowski, Michel, *Garnerin, le premier parachutiste de l'histoire*, Paris 1983.
Robertson, Etienne-Gaspard, *Mémoires récréatifs, scientifiques et anecdotiques du physicien-aéronaute E. G. Robertson*, 2 Bde., Paris 1831 u. 1833.
Stephan, Walther, *Johann Friedrich Dannenberger. Ein Bahnbrecher der Berliner Groß-Industrie*, in: *Der Bär von Berlin. Jahrbuch des Vereins für die Geschichte Berlins* 7 (1957/58), S. 19—37.
Stürzbecher, Manfred, *Zur Geschichte der Sauerstofftherapie bei Friedrich Wilhelm II.*, in: *Pharmazeutische Zeitung* 103 (1958), S. 870—880.
Timm, Albrecht, *Kleine Geschichte der Technologie* (= Urban Taschenbuch, Bd. 78), Stuttgart 1964.
Wallich, Paul, *Gebr. Berend & Co*, in: *Forschungen zur brandenburgisch-preußischen Geschichte* 33 (1921), S. 369—407.
Weiher, Sigfrid v., *Aérostiers — Die französische Luftschiffertruppe 1794—1798*, in: *Technikgeschichte* 32 (1965), S. 31—40.

Herrn Prof. Dr. Dr. h. c. Wilhelm Treue zum 80. Geburtstag*

Lars U. Scholl
Johann Albert Eytelwein

„Es ist größtenteils ein vergeblicher Wunsch der ersten Männer unseres Jahrhunderts gewesen, daß doch einmal Theorie und Praxis vereinigt, die nachtheilige Trennung beyder aufgehoben und durch wechselseitige Annäherung eine genaue Vereinigung entstehen möchte."[1] Der Mann, der diese Worte 1799 in Berlin niederschrieb und der im preußischen Staatsdienste sein ganzes Lebenswerk diesem Ziel widmete, war der am 31. Dezember 1764 in Frankfurt geborene Johann Albert Eytelwein. Über seine Jugend ist so gut wie nichts bekannt. Auf Befragen hat er sich auch im hohen Alter über diese Zeit ausgeschwiegen. Sein Vater Christian Philipp, Sohn des Wormser Kaufmanns Johann Elias Eytelwein, war in Frankfurt Kaufmann ohne Fortune, über dessen Schicksal nichts überliefert ist. Die Mutter Anna Elisabeth, Tochter des Frankfurter Kürschners und Rauchwarenhändlers Albert Hung, starb bereits 1778 im Alter von 33 Jahren.[2] Da er von seinem Elternhaus keine Unterstützung für die Berufsausbildung erwarten konnte, meldete sich Eytelwein 1779 als Bombardier bei dem 1. Artillerie-Regiment in Berlin, wo er in dem späteren General von Tempelhoff nicht nur einen alten Haudegen aus dem Siebenjährigen Krieg zum Vorgesetzten hatte, sondern auch einen Mann, der wissenschaftliche Abhandlungen über den theoretischen Teil der Artillerie und über astronomische Probleme veröffentlicht hatte. Dieser für die damalige Zeit sicherlich erstaunliche Offizier weckte in dem jungen Artilleristen das Verständnis für die notwendige Verknüpfung von Praxis und Theorie in den technischen Berufen, für die Eytelwein sein ganzes Leben lang eingetreten ist. Während seiner Militärzeit entwickelte er ein Interesse am Baufach, denn in Preußen wurde seit der Zeit des Großen Kurfürsten im Zuge der Peuplierung und des Landesausbaus allenthalben viel auf königliche Kosten gebaut. Unter unsäglichen Mühen habe er sich des Nachts durch das Studium meist ausländischer Literatur theoretische Vorkenntnisse für das Bauwesen anzueignen versucht.

---

* Dieser Beitrag ist meinem Doktorvater in Dankbarkeit gewidmet. Vor nunmehr 15 Jahren hatte er mir vorgeschlagen, mich mit dem Berufsstand der Ingenieure in Deutschland zu befassen. Damals kam ich erstmals mit Eytelwein in Berührung. Vgl. Lars U. Scholl, *Ingenieure in der Frühindustrialisierung. Staatliche und private Techniker im Königreich Hannover und an der Ruhr. 1815—1873*, Göttingen 1978.

Ohne die Hilfe und Anleitung eines Lehrers war der Autodidakt auf sich allein gestellt, wie übrigens fast alle am Baufach Interessierten, da ein adäquates Ausbildungsinstitut in Preußen nicht existierte. Der Staat rekrutierte seine Baubediensteten ohne besondere Vorbereitung aus den unterschiedlichsten Berufsgruppen. Aber allzu häufig machte man keine guten Erfahrungen mit den Mathematikern, Handwerksmeistern, Baukünstlern, Offizieren, Unteroffizieren und altgedienten Soldaten. Eigens aus Frankreich importierte „Fachleute" lösten das Problem ebensowenig.[3] Eine erste Besserung brachte die Einrichtung einer zentralen Prüfbehörde des Oberbaudepartements im Jahre 1770. Das Kollegium setzte sich aus zwei Geheimen Finanzräten als Direktoren und acht Geheimen Oberbauräten zusammen. Ihm unterstanden die Bauangelegenheiten aller unter dem Generaldirektorium stehenden Provinzen (mit Ausnahme von Schlesien). Diesem kollegial besetzten Gremium oblag es, alle staatlichen „Bauanschläge" zu begutachten, weil „die Erfahrung gelehrt hat, daß das ganze Bauwesen theils durch die Ungewißheit und Nachlässigkeit des größten Theils der Baubediensteten, theils aus Bequemlichkeit, Vorurteile und mancherlei unlautere Sachen in größten Verfall und Unordnung geraten ist".[4] Den Prüfern aber war klar, daß diesem Übel nur beizukommen war, wenn nicht nur die Pläne, sondern vor allem das Personal, das diese Pläne erarbeitete, überprüft wurden. Deshalb schlug das Oberbaudepartement dem Generaldirektorium vor, daß jeder Baumeister, „der um eine neue Stelle ansuchet oder dazu vorgeschlagen wird, sich nach Beschaffenheit der Umstände einer neuen Prüfung submittiren" müsse.[5] Die Konsequenzen aus diesem Antrag wurden 1773 mit der „Verfügung zur Regelung des Bauconducteurwesens" gezogen. Zukünftig hatte jeder angehende Baubeamte „die Erlernung der zur Baukunst nothwendigen Wissenschaften und alles was von Feld- und Landmessern gefordert wird (Rechenkunst, theoretische Geometrie, Planimetrie, Lehre vom Wasserwägen, Zeichnen, Handschrift, Übung im schriftlichen Vortrag), ferner Mechanik, Hydrostatik, Aerometrie, Civil- und Wasserbaukunst per Examina nachzuweisen".[6] Zwei Mitglieder des Oberbaudepartements „und welche hiesige Gelehrte sonst noch Zeit und Lust hätten",[7] sollten Vorlesungen abhalten, damit den Bauconducteuren eine Gelegenheit gegeben war, die erforderlichen Kenntnisse zu erwerben. Doch große Auswirkungen hat diese Anordnung nicht gehabt, so daß den Kandidaten nichts anderes übrig blieb, als sich weiterhin privat auf die Prüfung vorzubereiten.

Dies war die Situation, in der Eytelwein stand, als er sich 1786 nach sieben Jahren bei der Artillerie zum Feldmesserexamen meldete. Nach bestandener Prüfung wurde er 1787 zum Leutnant befördert. Im Jahre 1790 legte er vor dem Oberbaudepartement das Examen als Architekt ab. Die Gründe für sein daraufhin erfolgtes Ausscheiden aus dem Militärdienst sind nicht klar. Daß ihm nach dem Tode Friedrichs des Großen die militärische Laufbahn als wenig lohnend erschien, ist denkbar, muß aber bei fehlenden Nachrichten über die Beweggründe Spekulation bleiben. Ebenso unbelegt ist die Behauptung von

Johann Albert Eytelwein
(1764—1849)

Ein Porträt von S. Halle ist vor der Titelseite von Johann Georg Krünitz, *Ökonomisch-technologische Encyklopädie*, T. 108, Berlin 1808, wiedergegeben. Peter Wallé, *Aus der Geschichte der Technischen Hochschule zu Berlin*, in: *Centralblatt der Bauverwaltung*, 19 (1899), S. 171, druckt es erneut ab. Die Medaille, die am 23. Juli 1829 bei der Feier seines 50jährigen Dienstjubiläums überreicht wurde, zeigt Eytelweins Kopf im Profil. Vgl. *Archiv für Frankfurts Geschichte und Kunst*, N. F., Bd. 4 (1869), S. 181, und Tafel II, Figur 6. Eine Eytelwein-Büste, die am Nordflügel der TH Berlin-Charlottenburg angebracht war, ist vermutlich bei der Zerstörung des Gebäudes 1943 vernichtet worden.

Schröder, daß er sich „schon bald während seiner Militärzeit dem intensiven Studium der Wasserbaukunst, die sich zu jener Zeit in erster Linie mit der Technik der Flußregulierung und des Hafenbaues befaßte", gewidmet habe.[8] Das ist eine Behauptung post festum. Denn vor einer Spezialisierung stand in der Regel eine allgemeine technische Ausbildung in allen Zweigen des Bauingenieurwesens. Wahrscheinlich hat sich Eytelwein erst nach dem Abschied als Leutnant und der Einstellung durch das Oberbaudepartement aufgrund seiner neuen Tätigkeit dem Wasserbau zugewandt. Er wurde nämlich als Deichinspektor des Oderbruchs nach Küstrin versetzt und zum Commissarius für die Regulierung der Oder und Warthe ernannt. In den folgenden Jahren erwarb er sich auch wesentliche Verdienste um die Regulierung der Weichsel und des Niemen, um die Hafenbauten in Memel, Pillau und Swinemünde. Zu seinen praktischen Tätigkeiten hat auch später die Grenzregulierung der Rheinprovinz mit dem Königreich der Niederlande gehört.

Während seiner Arbeit am Oderbruch verfaßte er sein erstes Lehrbuch für angehende Feldmesser, Ingenieure und Baumeister, das unter dem Titel *Aufgaben, größtentheils aus der angewandten Mathematik zur Uebung der Analysis* 1793 in Berlin erschien. In der Vorrede erläuterte Eytelwein seine Absichten. „Der Zweck meiner Bemühung bey Aufsetzung des gegenwärtigen Werks ist, dem Anfänger die Anwendung seiner erlernten Analysis zu erleichtern, indem ich solche auf die Entwicklung solcher Fragen, welche in der Ausübung vorkommen, angewandt habe. Das herrschende Vorurtheil, daß man sich in den meisten Fällen mit einigen Erfahrungssätzen, ohne Hülfe der Algebra, sehr gut behelfen könne, ist noch immer so allgemein, und die Liebe zur Bequemlichkeit findet so viel Gefälliges bei diesem falschen Grundsatz, daß selbst die überzeugendsten Einwendungen dagegen noch nicht diejenigen Würkungen hervor bringen konnten, welche sich davon erwarten ließen. Auch scheint die Einwendung derjenigen, welche behaupten, daß sie bei ihrer vielfältigen Praxis nie Gelegenheit fanden, sich der Algebra zu bedienen, noch immer einiges Gewicht zu haben: indessen, wenn man bedenkt: daß es sehr schwer ist, von einer Wissenschaft Anwendungen zu machen, welche man höchstens dem Namen nach kennt, so wird diese Einwendung von selbsten weg fallen."

Jeder der 55 Paragraphen bestand aus einer Aufgabe und einer Auflösung. In manchen Fällen verwies Eytelwein in einer Anmerkung auf Beispiele aus der Literatur und diskutierte entweder fehlerhafte Lösungen oder verwies auf „lehrreiche" Weiterführungen. Er deutete an, daß er sich eine Fortsetzung denken könne, in der „vorzüglich hydraulische Aufgaben enthalten (sind), welche dem praktischen Hydrotechniker unentbehrlich sind". Diese Schrift war insofern bahnbrechend, als sie einerseits aus der Erkenntnis, daß im Baufach eine bessere Ausbildung erforderlich war, erste Konsequenzen zog, sie aber andererseits Eytelwein den Weg in eine berufliche Stellung bereitete, die ihm die Verfolgung dieser Ziele nicht nur ermöglichte, sondern geradezu zur Aufgabe machte. Denn bereits im Jahre 1794 wurde er als Geheimer Oberbaurat in das Oberbaudepartement nach Berlin berufen, wo ihm im Alter von 30 Jahren in leitender Funktion die Möglichkeit gegeben wurde, seine praktischen und theoretischen Kenntnisse zum Wohl des Bauingenieurwesens in Preußen zu verwenden. Eytelwein entwickelte in den nächsten Jahren eine rege schriftstellerische Tätigkeit. 1796 erschien eine Übersetzung von Du Buats *Grundlehren der Hydraulik* mit Anmerkungen, Zusätzen und einer Vorrede von Eytelwein. 1798 veröffentlichte er zusammen mit David Gilly eine *Kurze Anleitung, auf welche Art Blitzableiter an den Gebäuden anzubringen sind* (2. Aufl. 1802, 3. Aufl. 1819), sowie 1799 eine *Anweisung, wie ökonomische und militärische Situationskarten nach bestimmten Grundsätzen zu zeichnen sind.*

Nimmt man die im Jahre 1800 zu einem Buch erweiterte Fassung einer Abhandlung aus dem Jahre 1798 hinzu, die den Titel *Praktische Anweisung zur Bauart der Faschinenwerke und der dazu gehörigen Anlagen an Flüssen und Strömen, nebst einer Anleitung zur Veranschlagung dieser Baue* trägt, dann signalisieren die Titel deutlich Eytelweins pädagogische Motive. Seinen didaktischen Absichten entsprechend waren den Büchern nicht nur zum Teil kolorierte Kupfertafeln beigegeben, sondern auch Schemata, nach denen Materialien und Arbeitslöhne veranschlagt werden konnten. Zum Nutzen der Bauingenieure legte er praktische Erfahrungen und theoretisches Wissen in leicht verständlicher Form nieder. Dem Ziel der Verbreitung wissenswerter Informationen diente auch die erste deutsche Bauzeitschrift mit dem bezeichnenden Titel *Sammlung nützlicher Aufsätze und Nachrichten, die Baukunst betreffend. Für angehende Baumeister und Freunde der Architectur*, die Eytelwein mit anderen Mitgliedern des Oberbaudepartements von 1797 an herausgab.[9]

Eytelweins Kollege im Oberbaudepartement, Heinrich August Riedel, umriß im ersten Band den Zweck der Baukunst folgendermaßen: „Unmittelbar wirkt die Baukunst zum Wohl der Menschen während der Errichtung der Gebäude, bald mit mehr bald mit weniger Wichtigkeit, in allen ihren Werken. Sie spornen zur Thätigkeit; sie setzen die Geisteskräfte in Bewegung; sie leiten deswegen auf so große als nützliche Unternehmungen und Erfindungen; indem sie zugleich einen Theil des Volkes beschäftigen und ernähren, sind sie ein nie aufhörendes Schutzmittel gegen allgemeine Armuth der niedrigen Volksklassen, so wie gegen Unzufriedenheit und Sittenlosigkeit derselben, und stets eine Hülfsquelle, dem Staate Achtung und Bevölkerung zu verschaffen."[10] Baukunst galt Riedel „als ein Remedium gegen gesellschaftliche Übel", wie Eckhard Bolenz formuliert.[11] Im weiteren betonte Riedel den hohen Stellenwert, der der Hebung des öffentlichen Bauwesens zukomme. Denn „am meisten leidet das gemeine Wesen von unzweckmäßigen öffentlichen Gebäuden, zum Beispiel von unnützen Canälen, welche ganze Provinzen miteinander verbinden sollten, um durch leichtere Zufuhr und Ausfuhr ihren Wohlstand und ihr Gewerbe zu verbessern; oder Festungen, die zum Widerstand untüchtig sind."[12]

Zur zweckmäßigen Ausführung der klassischen Ingenieurarbeiten fehlte es häufig an Fachleuten, oder es mangelte an der rechten Anerkennung, wenn die

Experten vorhanden waren. „Wo es besonders unter den Vorstehern des Landes an Kennern und richtigen Beurtheilern der Wissenschaft und Künste, und ihrer Schwierigkeiten mangelt, da werden Pfuscher den eigentlich Unterrichteten gleich geschätzt."[13] Riedel kritisierte damit indirekt die instabile gesellschaftliche Stellung der technischen Beamten zwischen adeliger Vorherrschaft und kameralistischer Verwaltung. Die Mitglieder des Oberbaudepartements strebten eine Professionalisierung ihres Berufsstandes durch Aufklärung über die Probleme des Bauwesens und der Baukunst sowie eine Vermehrung von Fachkräften an. In dem aus zwei Bänden bestehenden ersten Jahrgang der *Sammlung* veröffentlichte allein Eytelwein drei Aufsätze. Doch nicht nur dem Mangel an geeigneter Fachliteratur versuchte Eytelwein durch seine schriftstellerische Tätigkeit entgegenzuwirken, sondern er bemühte sich auch, dem am eigenen Leibe so schmerzlich gespürten Fehlen eines Ausbildungsinstituts ein Ende zu bereiten.

Ein erster Versuch, die Ausbildungssituation des technischen Beamtennachwuchses zu verbessern, war mit der 1696/99 gegründeten „Akademie der bildenden Künste und mechanischen Wissenschaften" unternommen worden.[14] Die nach französischem Vorbild eingerichtete Akademie sollte der Hebung der „Maler-, Bildhauer- und Architektur-Kunst" dienen. Dieses Ziel suchte man einerseits durch Unterricht im Zeichnen, andererseits durch allgemeine Vorlesungen in Anatomie, Perspektive, Civilbaukunst und Geometrie zu erreichen. Zwar war damit programmatisch dem Bedürfnis des absolutistischen Staates nach Ingenieuren/Architekten und Feldmessern Rechnung getragen worden, faktisch wurde das Ziel jedoch nicht erreicht. Denn bei mangelnder finanzieller Ausstattung und dem bald beschrittenen Weg der Bildung technischer Experten-Corps konnte der Berliner Kunstakademie zwischen 1713 und 1790 so gut wie keine Bedeutung zukommen. Obwohl 1770 mit der Einführung einer Verwaltungsprüfung für alle höheren Beamten auch die Baudirektoren eine Prüfung in Arithmetik, Geometrie, Mechanik, Hydrostatik und Civilbaukunst vor der Oberexamenskommission ablegen mußten, blieb offen, wie sie das notwendige Wissen erwerben sollten. Eine Vereinigung der Kunstakademie mit dem Oberbaudepartement lehnten die Oberbauräte ab, denn die Baubeamten verstanden sich als Ingenieure, nicht als Künstler. Für sie war das Zeichnen eine Hilfs- und keine grundlegende Wissenschaft. Damit stand weiterhin, bei einer zunehmenden Bedeutung des Bauingenieurwesens, kein adäquates Ausbildungsinstitut zur Verfügung, zumal die 1771 an der „Ecole de genie et d'architecture" vorgesehene Unterweisung einiger weniger ziviler Baubeamten nach der Reorganisation zu der „Ecole de genie" 1775 wieder wegfiel. 1790 gliederte dann Friedrich Anton von Heinitz, der unter anderem Kurator der Kunstakademie war, dem Institut eine „Architektonische Lehranstalt" an.

Es wurden Vorlesungen über die Konstruktion und Veranschlagung der Stadtgebäude, über Geschichte und den guten Geschmack in der Baukunst gehalten[15] und zusätzlich Unterricht im architektonischen Zeichnen erteilt, aber für einen auch nach der technischen Seite hin vollkommen befriedigenden

Unterricht wurde nicht gesorgt. Deshalb unternahmen vier der acht Oberbauräte nochmals den Versuch, mit der 1793 gegründeten privaten Winterakademie der Ausbildungsmisere zu Leibe zu rücken. David Gilly hielt Vorlesungen über Schleusen-, Brücken- und Hafenbau sowie über Konstruktion der Gebäude. Mencelius las über ökonomische Baukunst, Eytelwein über Statik, Hydrostatik, Maschinenlehre, Deich- und Strombaukunst und Zitelmann über Arithmetik, Geometrie, Trigonometrie und Feldmeßkunst. Friedrich Gilly unterrichtete architektonisches Zeichnen. Das Spektrum der Fächer war beachtlich. Doch reichte diese Maßnahme nach Eytelweins Anschauung nicht aus, um „dem großen Bedürfnis zur Bildung angehender Baukünstler für die Königl. Provinzen abzuhelfen".[16] Denn die vielen anderen Aufgaben der Bauräte gestatteten keinen kontinuierlichen Unterricht, zumal Mencelius bald darauf starb.

Die Ausbildungssituation für den Nachwuchs blieb weiterhin unbefriedigend. Das Oberbaudepartement beauftragte daraufhin Riedel, Gilly und Eytelwein damit, einen Plan für eine Lehranstalt auszuarbeiten, die den speziellen Bedürfnissen der Bauingenieurausbildung gerecht werden sollte. Dieser am 4. Februar 1798 dem Generaldirektorium vorgelegte Entwurf bildete die Grundlage des erweiterten und am 13. April 1799 genehmigten Vorschlags zur Bildung der Bauakademie. „Bey diesem neuen Plane wurde angenommen, daß die bereits bei der Königlichen Akademie der Künste bestehende architectonische Lehranstalt erweitert, in eine allgemeine Bauunterrichtsanstalt, unter dem Namen einer Bauakademie verwandelt und mit der Akademie der Künste und mechanischen Wissenschaften in Verbindung bleibe."[17] Die Belehrung der Bauhandwerker sollte auf einer Anzahl von Provinzial-Kunstschulen erfolgen. In einem entscheidenden Punkt konnten sich Eytelwein, Riedel und Gilly noch nicht durchsetzen. Die beabsichtigte völlige Trennung der Beamtenausbildung von der Kunstakademie wurde erst ein Vierteljahrhundert später vollzogen. Die Leitung der Akademie der Künste und der Bauakademie stand unter der gemeinschaftlichen Aufsicht des jeweiligen Chefs der Kunstakademie und des Oberbaudepartements. „Der besondere Zweck" der als Beamtenakademie konzipierten Bauakademie „geht auf die theoretische und praktische Bildung tüchtiger Feldmesser, Land- und Wasserbaumeister".[18] In ein eigens eingesetztes Direktorium sämtlicher Lehranstalten der Bauakademie wurde unter anderem auch Eytelwein berufen, der die Fächer Mechanik fester Körper, Hydraulik und Maschinenlehre im Unterricht vertrat. Bereits 1801 übernahm er zusätzlich von Riedel die Unterweisung in Strom- und Deichbau.

In einem Erlaß vom 28. Februar 1801 an die Staatsminister von Heinitz und von Schroetter kritisierte König Friedrich Wilhelm III. einerseits den auf 23 Unterrichtsgegenstände „zerstückelten" Fächerkanon, der zuviel theoretische Unterweisung enthalte, und andererseits die zu geringen Eingangsvoraussetzungen für die Aufnahme in die Bauakademie. Der König erinnerte daran, „nie zu vergessen, daß praktische Baubedienstete und keine Professoren in der Akademie gezogen werden sollen".[19]

Eytelwein, der 1799 ausgeführt hatte, daß „die schlimmen Folgen dieser Absonderung (von Theorie und Praxis)... stets der Baukunde als Gegenstand der Wissenschaft und Kunst geschadet (haben), weit mehr als ihrer glücklichen Anwendung zur Errichtung bestimmter Zwecke des gesellschaftlichen Lebens",[20] wies mit seinen Direktoriumskollegen Gilly und Riedel diesen Vorwurf zurück: „Die wissenschaftlichen Collegia können wir aber nicht entbehren, weil diese allein nur gründliche Urtheile und Angaben bey dem Baumeister erzeugen können, der Mangel derselben aber ihn zum Empiriker, von dem Baumeister zum Bauhandwerker herabsetzt, welcher bey vorkommenden neuen Fällen nicht neue zweckmäßige Mittel zu erfinden versteht, sondern bloß das nachmachen kann, was er anderwärts schon bauen, oder doch gebauet, wenigstens im kleinsten Detail abgebildet und beschrieben gesehen hat; dessen ganze Kenntniß daher nur Gedächtnißwerk ist, der immer damit auf demselben Fleck stehen bleibt und stets in Gefahr ist, die gesammelten Muster unrecht anzuwenden, und dadurch wider seinen Willen Fehler auf Fehler machen."[21]

Bei der von dieser Überlegung ausgehenden Reorganisation im Jahre 1802 wurden auch die Aufnahmebedingungen verschärft und eine niedere Gymnasialbildung und das Wissen eines Landmessers verlangt. Begründet wurde diese Forderung damit, daß „das praktische Landmessen und Nivelliren... besser auf den Gymnasien der Provincial-Bauschulen und bei den Baubediensteten selbst" zu lernen sei.[22] An die Stelle des Direktoriums trat eine mit dem Oberbaudepartement verbundene akademische Deputation. Der frühere Direktor Eytelwein und seine Kollegen wurden nun Räte der Deputation.

Im Zuge der Verwaltungsreform (1808/10) wurden Kunst- und Bauakademie wieder vereinigt und dem Kultusministerium unterstellt, während das Handelsministerium für die Bauverwaltung zuständig war. Diese Trennung erschwerte die Mitwirkung der Mitglieder der Oberbaudeputation, formal war sie sogar ausgeschlossen. An die Stelle der früheren Leiter Becherer, Eytelwein, Morgenländer und Riedel trat das Direktorium der Kunstakademie. Weder die Bauverwaltung noch das Kultusministerium waren über die weitere Entwicklung glücklich. Der Minister für Kultus, Unterricht und Medizinalangelegenheiten, v. Altenstein, sprach 1817 vom „Verfall des Unterrichts" an der Bauakademie.

Altenstein beauftragte den Mathematiker J. G. Tralles, den Plan einer Mathematisch-Technischen Lehranstalt zu entwerfen. Der 1816 zum Oberlandesbaudirektor beförderte Eytelwein konnte sich mit dessen Vorstellungen, die auf ein umfassendes Polytechnikum hinausliefen, nicht anfreunden. Eytelwein schrieb: „Der Mangel an gebildeten Baumeistern hat sich zum großen Nachteile für die Bauverwaltung ... erwiesen, und es muß daher für die verwaltende Baubehörde sehr wünschenswert sein, daß recht bald eine Verbesserung des mangelhaften Zustandes der Bauakademie zu Stande käme und durch eine neue Organisation den eingetretenen Mängeln abgeholfen werde."[23]

Er wollte den Namen „Bauakademie" beibehalten wissen, da so „der erste Gesichtspunkt deutlich wurde, welcher die Bildung tüchtiger Feldmesser und

Baumeister zur Absicht hatte".[24] Eytelwein plädierte dafür, an dem vierjährigen Kursus mit anderthalb Jahren Ausbildungsdauer für Feldmesser und weiteren zweieinhalb Jahren für Baumeister festzuhalten.

Das für die Kunstakademie zuständige Kultusministerium und das für die Bauverwaltung verantwortliche Handelsministerium bildeten daraufhin eine Kommission, die unter dem Vorsitz von Uhden und Eytelwein einen Kompromiß erarbeiten sollte. Der Entwurf eines provisorischen Organisationsplans der Bauakademie führte zu keinen konkreten Maßnahmen. Als Eytelwein 1820 erneut jede Art von Verbindung zwischen der Bauakademie und der Universität entschieden ablehnte, schlug von Altenstein schließlich die Trennung der Ausbildung von gewöhnlichen Feldmessern und praktischen Baubediensteten von der „höheren Bildung eigentlicher Architecten" vor. Nach langem Hin und Her beendete eine Kabinettsordre vom 31. Dezember 1823 den Disput.[25] Zum 1. April 1824 erfolgte die Trennung der Bauakademie von der Kunstakademie. Die Bauakademie, die dem Handelsministerium unterstellt wurde, „sollte fortan hauptsächlich das Technische des Bauwesens pflegen und die Bildung tüchtiger Feldmesser und Provincial-Baumeister im Auge haben". Die Leitung der Bauakademie wurde Eytelwein übertragen. Im Jahre 1830 mußte er seiner geschwächten Gesundheit wegen aus dem Staatsdienst ausscheiden. Aus Anlaß seines fünfzigjährigen Dienstjubiläums begründeten die im Staats- und Kommunaldienst angestellten Baumeister ein Eytelwein-Stipendium, das in erster Linie den an der Bauakademie studierenden Söhnen preußischer Staats- oder Kommunalbaumeister zugute kommen und von der Oberbaudeputation verwaltet werden sollte.[26] Eytelweins Nachfolger an der Bauakademie war Peter C. W. Beuth, als Oberbaudirektor folgte ihm Karl Friedrich Schinkel.

Noch ehe Eytelwein die treibende Kraft bei der Umgestaltung der Bauakademie werden sollte, hatte er bereits im Jahre 1800 zusammen mit dem Bergrat Moelter einen Reorganisationsplan für die Provinzial-Kunstschulen vorgelegt. Die von ihnen ausgearbeiteten „Grundsätze" haben jedoch wegen des Zusammenbruchs des preußischen Staates nie zu dem geplanten ausführlichen „Reglement für das gesamte Provinzial-Kunstschulwesen" geführt.[27] In den Jahren 1810 bis 1815 hielt Eytelwein als außerordentlicher Professor an der neugegründeten Berliner Universität Vorlesungen über Mechanik und höhere Analysis, aus denen die 1824 erschienenen *Grundlehren der höheren Analysis* hervorgingen.[28]

Da Eytelwein neben seiner Lehrtätigkeit weiterhin der obersten preußischen Baubehörde angehörte — 1809 trat er als Direktor an die Spitze der Oberbaudeputation, 1810 wurde er vortragender Rat im Ministerium für Handel und Gewerbe und 1816 Oberlandesbaudirektor —, konnte er nicht nur nachhaltigen Einfluß auf das technische Ausbildungswesen nehmen, sondern auch die Praxis des Bauwesens an entscheidender Stelle von der reinen Empirie loslösen und für die wissenschaftliche Durchdringung wichtige Impulse geben. Davon legt seine umfangreiche schriftstellerische Tätigkeit ein beredtes Zeugnis ab. Seine wissenschaftlichen Publikationen zielten einerseits auf die Verbesserung der praktischen Arbeit vor Ort ab, hatten aber auch in ihrer theoretischen Ausrichtung langanhaltende Auswirkungen, indem sie zu einer sich über das ganze 19. Jahrhundert erstreckenden Diskussion führten. 1885 bemerkte Moritz Rühlmann: „Noch gegenwärtig haben seine hier aufgestellten Formeln (*Aufgaben, größtenteils aus der angewandten Mathematik:* Berlin 1793) für die Fälle praktischen Wert, wenn bei Rollen und Flaschenzügen die Gleichgewichtsfragen mit Bezug auf Zapfenreibung und Seilbiegung beantwortet werden sollen."[29] Im Jahre 1801 erschien Eytelweins *Handbuch der Mechanik fester Körper und der Hydraulik,* das erste bedeutendere Werk aus dem Gebiet der angewandten Mathematik, das er *mit vorzüglicher Rücksicht auf ihre Anwendung in der Architektur* verfaßt hatte, wie er im Untertitel betonte.[30] Der Kritik, wie sie zum Beispiel später auch von Rühlmann an „der etwas zu flüchtig auf 80 Octavseiten abgehandelten ‚Mechanik fester Körper'" formuliert wurde,[31] begegnete er mit dem Hinweis des Freiherrn von Forstner im Vorwort zur dritten Auflage. „Vielleicht wäre für den einleitenden Theil des Buches, nämlich für die Mechanik fester Körper, eine neue Bearbeitung erlaubt gewesen."[32] Doch für den Zweck des Buches neben einer gründlichen Theorie besonders die Anwendung der Hydraulik in der Architektur zu behandeln, müsse die als Einleitung dazu gedachte Mechanik fester Körper ausreichen. Das Buch fand im In- und Ausland große Beachtung, und mit Recht konnte konstatiert werden, „daß wohl jedes seit dem Anfange dieses Jahrhunderts erschienene Werk über Hydraulik aus diesem Handbuch schöpfte".[33] Bereits 1802 veröffentlichte Thomas Young in Nicholsons *Journal of natural philosophy, chemistry and the arts* eine erste, überaus positive Besprechung, wobei er sich auf die „nützlichsten Theile der Hydraulik" beschränkte. Denn der erste Teil des Werks (die Mechanik der festen Körper) enthalte „nicht viel ausgezeichnetes Neues oder Interessantes".[34]

Young stellte fest, daß die Theorie der Hydraulik auf bloß mathematischer Basis nie zu einem sehr hohen Grade der Vollkommenheit gebracht worden sei oder einen bedeutenden praktischen Nutzen gehabt habe. Newton, Daniel Bernoulli oder d'Alembert hätten, um zu hydraulischen Erkenntnissen zu kommen, zwar ihr analytisches Talent benutzt, andere wie Du Buat, dessen Werk Eytelwein, wie bereits erwähnt, kommentiert hatte, seien dagegen von Versuchen ausgegangen. Eytelwein habe sowohl durch eigene Versuche als auch durch die Versuche früherer Autoren auf gründliche Art ein Kompendium von Fakten zusammengestellt, „die der praktischen Anwendung ganz besonders fähig sind", so daß „seine Schrift ein sehr schätzbarer Auszug all dessen geworden ist, was in Hinsicht auf natürliche und künstliche Hydraulik aus der Theorie abgeleitet werden kann. Thomas Tredgold hielt die Arbeit von Eytelwein für so bedeutend, daß er Youngs Zusammenfassung 1826 nachdrucken ließ.[35] Youngs Einschätzung machte sich auch Rühlmann rund achtzig Jahre später zu eigen und schrieb, daß die Hydraulik soviel wertvolles, schätzbares und seinerzeit praktisch brauchbares Material enthalte, „daß man das Mangelhafte der ersten Abtheilung recht wohl darüber vergessen kann". Besonders lobte er die Versuche „über den Ausfluß des Wassers bei Überfällen", die auf Eytelweins Veranlassung vom Bauinspektor Kypke am Bromberger Kanal vorgenommen worden waren.

Ferner hob er Eytelweins Verdienste um die Bestimmung der Querschnittsform des zusammengezogenen Wasserstrahls beim Ausfluß der Öffnungen dünner Wände sowie seine Versuche über die Ausflußmenge durch konisch konvergente Ansätze hervor. Besondere Bedeutung kam der „im Gebiete der deutschen Hydrotechnik berühmt gewordenen Formel" für die gleichförmige Bewegung des Wassers in regelmäßigen Kanälen (Mühlen- und Fabrikgräben) zu, die Eytelwein unter Benutzung der du Buatschen Versuchsresultate aus der Formel des Franzosen Chézy entwickelte. Diese Chézy-Eytelweinsche Formel wurde erst in den 1860er und 1870er Jahren überholt, als Erfahrungen zeigten, daß sie zu hohe Geschwindigkeiten lieferte, weil die Rauhigkeit der Wände nicht berücksichtigt worden war.[36] Um die Gesetze der ungleichförmigen Bewegung des Wassers war Eytelwein ebenfalls bemüht. Seinen Kollegen an der Bauakademie C. G. Zimmermann veranlaßte er, Michelottis *Hydraulische Versuche* ins Deutsche zu übersetzen. Eytelwein versah die deutsche Ausgabe mit zusätzliche Anmerkungen.[37] Damit hatte Eytelwein nach der Schrift von Du Buat dafür gesorgt, daß eine weitere wichtige Veröffentlichung über Hydraulik in deutscher Sprache erhältlich war. Beide Autoren zählte Karl Karmarsch 1872 neben Eytelwein und einigen anderen zu denjenigen, die sich besondere Verdienste um die Untersuchungen über den Ausfluß des Wassers erworben hatten.[38]

Was Young und Rühlmann als die Vorzüge dieses Werkes priesen, nämlich die gründliche Zusammenstellung der Hauptfakten, die sich aus Versuchen ergeben hatten, und die Diskussion der Erkenntnisse, die sich aus der Theorie ableiten ließen, zeichnete auch alle weiteren Lehrbücher und Abhandlungen aus, die Eytelwein bis ins hohe Alter veröffentlichte. Immer hatte er bei seinem Streben, Theorie und Praxis zusammenzuführen, vorrangig die praktische Anwendbarkeit seiner Ausführungen im Auge. Durch die Mischung von theoretischen Überlegungen und Beispielen aus der Praxis war der Leser gezwungen, Formeln nicht nur auswendig zu lernen, sondern sie sogleich auch anhand einzelner Aufgaben zu verarbeiten.

1808 erschien sein *Handbuch der Statik fester Körper* in zwei Bänden, die er wiederum mit besonderer Rücksicht auf die Anwendung in der Baukunst verfaßte. Denn, so schrieb er, dieser Teil der gesamten Mechanik sei als Hilfswissenschaft für den Baumeister am unentbehrlichsten. Im ersten Band behandelte er die Grundlehren der Statik, gestützt auf den Lehrsatz vom Parallelogramm der Kräfte, dessen statischen Beweis er in der Nachfolge von Daniel Bernoulli, Lambert, d'Alembert und Laplace ohne Hilfe der Theorie des Hebels führte.[39] Diese mit vielen Beispielen versehene Bearbeitung bezeichnete

Rühlmann als „besonders gelungen".[40] Dagegen fand der zweite Band über die Festigkeit der Materialien und die Statik der Gewölbe nicht seinen Beifall. „There is nothing original in this section (von der respektiven Festigkeit), but its author possesses the advantage over Banks and Gregory of being abreast of the mathematical knowledge of his day", befand Isaac Todhunter immerhin im Jahre 1886.[41] Dabei berücksichtigte er im Gegensatz zu Philippe de La Hire, der als erster Physiker die Gleichgewichtsbedingungen eines Gewölbes als mathematisch-statische Aufgabe untersucht hatte, mit seiner Gewölbetheorie auch die Reibung in den Fugen. Allerdings konnte eine den strengen Anforderungen genügende Theorie des gelenklosen Bogens erst später aufgestellt werden, als man die elastischen Verformungen mit in die Rechnung einbezog.[42] Der 1809 vorgelegte dritte Band des Handbuchs enthielt die Bearbeitung der für den Ingenieur wichtigsten Kurven. Karl Karmarsch bescheinigte Eytelwein, daß er sich in der Nachfolge von Pieter von Musschenbroek durch Versuche über Festigkeit und zum Teil über Elastizität der Körper verdient gemacht habe.

Neben weiteren Lehrbüchern, wie dem *Handbuch der Perspektive*, dem unter anderem eine Aquatintaradierung von Friedrich Frick nach einem Gemälde von Karl Friedrich Schinkel als Musterbeispiel für die Beherrschung der Perspektive im Bild beigegeben war, oder dem *Handbuch der Hydrostatik* veröffentlichte Eytelwein zahlreiche Schriften, die zwar aus seinen mehr theoretischen Büchern hervorgegangen waren, die sich jedoch noch unmittelbarer als die Lehrbücher auf die Baupraxis bezogen. Sie befaßten sich ausführlich mit der Errichtung einzelner Bauten und erläuterten die Prinzipien einer jeden einzelnen Vorschrift. Abgesehen von den vor 1800 erschienenen, bereits angeführten Arbeiten sind seine *Beschreibung der Erbauung und Einrichtung einer vereinigten Branntweinbrennerei auf dem Land* (Berlin 1802) und seine zum Teil zusammen mit David Gilly in mehreren Heften herausgegebene *Practische Anweisung zur Wasserbaukunst* zu nennen.[43] Im letzten Paragraphen des 1803 erschienenen zweiten Heftes befindet sich eine von zehn maßstäblich und sehr genau gezeichneten Figuren (auf fünf Kupfertafeln) illustrierte ausführliche Beschreibung der beim Bau der neuen Hafenschleuse in Neufahrwasser bei Danzig zur Trockenlegung der Baugrube benutzten atmosphärischen Dampfmaschine. Neben der von Carl Christian Langsdorf in seinem *Lehrbuch der Hydraulik* (Altenburg 1794/96) und im ersten Band seines *Handbuch(es) der Maschinenlehre* (Altenburg 1797) beschriebenen Dampfmaschinen ist diese von Eytelwein stammende, vorbildlich klare und ausführliche Darstellung einer Dampfmaschine in Text und Zeichnung eine der ältesten in der deutschen technischen Literatur.

Besondere Bedeutung kam Eytelweins Theorien der Wasserfördermaschinen und seiner Abhandlung über die Rammaschinentheorie zu. Seine weiteren Arbeiten zur Theorie der Maschinen, wie die Schrift *Bemerkungen über die Wirkung und vortheilhafte Anwendung des Stoßhebers* (1805), seine Abhandlungen über den Widerstand der Getreidekörner im Mahlgange, über Biegungswiderstände von Seilen auf Rollen, über die Theorie des Krummzapfens oder über die vertikalen Wasserräder waren bis zum Ende des 19. Jahrhunderts noch unübertroffen. Die auf den Erfahrungen als Deichinspektor beruhende *Praktische Anweisung zur Bauart der Faschinenwerke* erschien 1818 in zweiter Auflage. Eytelweins Vorschlag für die Konstruktionsart des Faschinenbaus, die auch fünfzig Jahre später noch nicht überholt war, fand bei der Regulierung der Ströme „im ganzen nördlichen Deutschland allgemeinen Eingang".[44]

Von weitreichender Konsequenz waren seine 1798 in erster Auflage veröffentlichten *Vergleichungen der gegenwärtig und vormals in den königlich preußischen Staaten eingeführten Maaße und Gewichte, mit Rücksicht auf die vorzüglichsten Maaße und Gewichte in Europa.* Eine „auf höhere Veranlassung vorgenommene Untersuchung des hiesigen Scheffel- und Quartmaaßes" machte es erforderlich, auch andere Maße und Gewichte in Preußen mit einzubeziehen und sie mit den im übrigen Europa gebrauchten zu vergleichen. Denn „die Verschiedenheit in den Angaben über die bei uns gebräuchlichen Maaße und Gewichte hat schon zu bedeutenden Streitigkeiten Veranlassung gegeben".[45] Eytelwein fügte am Schluß von ihm zusammengestellte Umrechnungstafeln hinzu, die „vorzüglich für den Baumeister von großen Nutzen" sein sollten. 1810 mußte eine zweite Auflage erarbeitet werden, da die 1798 auf das französische *Mètre provisoire* bezogenen Berechnungen nun auf das *Mètre définitif* umgearbeitet werden mußten. Als 1816 die „Maß- und Gewichtsordnung für die Preußischen Staaten ... (die) Unsicherheit in Maß und Gewichten, die bisher in unseren Staaten den Verkehr erschwerte",[46] beseitigte, und die Normal-Aichungs-Kommission als oberstes Organ die neuen Standards durchzusetzen begann, geschah dies mit Eytelweins Mithilfe. Er wirkte in einer Kommission von Sachverständigen mit, deren Aufgabe die Definition der neuen preußischen Urmaße war.[47] Über diese Arbeit berichtete Eytelwein 1825 in den Abhandlungen der Akademie der Wissenschaften.[48]

Bereits 1817 erschien ein Nachtrag zur zweiten Auflage mit einigen Zusätzen, „welche sich auf die neuesten gesetzlichen Bestimmungen beziehen". Neben der Bauakademie und der Oberbaudeputation war somit eine dritte Institution, an der Eytelwein beteiligt war, geschaffen worden, mit der „der preußische Staat Autorität schöpfte, um ‚Technik' verwalten zu lassen".[49] Mit seiner letzten großen Veröffentlichung, der *Anweisung zur Lösung höherer numerischer Gleichungen,* die der im 73. Lebensjahr stehende Pensionär 1837 in Berlin herausgab, waren seine literarischen Arbeiten abgeschlossen.

Frühzeitig erhielt Eytelwein ehrenvolle Berufungen in wissenschaftliche Gesellschaften. Bereits 1793 war er Mitglied der Königlichen Sozietät der Wissenschaften zu Frankfurt an der Oder. 1803 nahm ihn die Akademie der Wissenschaften in Berlin auf. Ferner gehörte er dem Senat der Akademie der Künste in Berlin, der Batavischen Gesellschaft der Experimentalphilosophie zu Rotterdam, dem Nationalinstitut der Wissenschaften und Künste zu Amsterdam, der Ostpreußischen physicalisch-öconomischen Gesellschaft, der öconomischen Societät zu Leipzig sowie der Märkisch öconomischen Gesellschaft zu Potsdam, der Schlesischen Gesellschaft für vaterländische Kultur oder auch seit 1822 dem Polytechnischen Verein von Bayern an.[50] Zu seinem Jubiläum im Staatsdienst erhielt er 1829 den Roten-Adler-Orden II. Klasse mit Eichenlaub, nachdem er bereits 1813 Ritter des Roten Adler Ordens III. Klasse geworden war. Darüber hinaus wurde er mit dem Niederländischen Löwenorden ausgezeichnet. Am 16. Februar 1811 promovierte ihn die Philosophische Fakultät der Berliner Universität „unter Befreiung von der statutarisch vorgeschriebenen Leistung" zum Dr. phil. Allerdings stand nicht die Würdigung seines wissenschaftlichen Werkes im Vordergrund. Vielmehr sollten aus universitären Statusgründen die Dozenten, welche den Doktorgrad noch nicht besaßen, ohne weitere Förmlichkeiten promoviert werden.[51]

Eytelwein, der 1790 die Tochter des Küsters und Leichenträgers Christian Friedrich Pflaum, Dorothea Charlotte Louise (1767—1828), geheiratet hatte, lebte nach seiner Pensionierung teils in Merseburg, teils in Berlin. Von seinen sieben Töchtern und zwei Söhnen überlebten ihn vier Töchter und der Sohn Friedrich Albert (1796—1888). Der Sohn war 1816 als Feldmesser in die Bauverwaltung eingetreten, machte ungewöhnlich schnell Karriere und wurde bereits 1838 Geheimer Oberfinanzrat. Es heißt in seinem Nachruf, daß die Schnelligkeit seiner Beförderung „mittelbar Veranlassung gab, auch Schinkel in seinen letzten Lebensjahren noch die höchsten Auszeichnungen des preußischen Beamtenthums zu gewähren, weil es peinlich aufgefallen war, daß Eytelwein als Rath II. Klasse bei einem Hoffeste den Vorrang vor Schinkel gehabt hatte, der in seiner Stellung Rath III. Klasse geblieben war".[52] Friedrich Albert war 47 Jahre Leiter des Bauwesens der preußischen Domänen und Forsten. Diese Tätigkeit habe ihm zu außerordentlichen Leistungen, die seinen Namen der Nachwelt überliefern könnten, keine Gelegenheiten gegeben, schrieb der anonyme Verfasser seines Nachrufes.

Über Eytelweins Privatleben ist so wenig bekannt, daß man nichts über seine Freundschaften und seinen gesellschaftlichen Umgang sagen kann. Er scheint jedoch der Potsdamer St. Johannis Loge „Teutonia zur Weisheit" angehört zu haben, wo er in Verbindung mit dem Telegraphendirektor Franz August von Etzel, dem Leiter des Trigonometrischen Bureaus der preußischen Landesaufnahme Carl Wilhelm von Oesfeld, dem Forschungsreisenden und Generaldirektor der Königlichen Museen in Berlin Ignaz von Olfers, dem Kartographen Heinrich Berghaus und anderen gestanden haben dürfte.[53] In seinem achtzigsten Lebensjahr erkrankte Eytelwein an einem Augenleiden, das letztlich zur fast völligen Blindheit führte. Neben anderen körperlichen Beschwerden versagte im letzten Lebensjahr auch noch das Gehör. Am 18. August 1849 verstarb er schließlich wenige Monate vor seinem 85. Geburtstag. Ein außergewöhnliches Leben hatte sich vollendet.

Wenngleich der Schwerpunkt seines praktischen und wissenschaftlichen Wirkens auf dem Gebiete des Ingenieurwesens lag, so zeigen seine vielfachen Veröffentlichungen über reine und angewandte Mathematik, über alle Zweige der Mechanik, der Perspektive und über die Theorie der Maschinen seine außergewöhnliche Vielseitigkeit. Um so mehr muß verwundern, daß dieser erstaunliche Ingenieur nie eine längere eigenständige Würdigung erfahren hat. Ein Satz von Moritz Rühlmann, dem einzigen Wissenschaftler, der sich mehrfach ausführlich mit dem Lebenswerk Eytelweins befaßt hat, soll unsere biographische Skizze beschließen: „Alle seine Resultate sind neben theoretischer Gründlichkeit von einfacher, durchsichtiger Gestalt, und deshalb von besonderem Werthe für die praktische Verwendung und es liegt ein hohes Verdienst E.'s in dem Umstande, daß er eine Lösung nicht eher als vollkommen ansah, als bis sie in eine für die Verwendung hinreichend einfache Form gekleidet war."[54]

Anmerkungen

[1] Johann Albert Eytelwein, *Nachricht von der Errichtung der Königlichen Bauakademie zu Berlin*, in: *Sammlung nützlicher Aufsätze und Nachrichten*, 3 (1799), Bd. 2, S. 28—40, Zitat S. 28. Wertvolle Hilfe verdanke ich Frau Siri-Bettina Figge, Hochschularchiv der TU Berlin, Dr. Eckard Bolenz und Helmut Düntzsch.
[2] Georg Christoph Hamberger/Johann Georg Meusel, *Das gelehrte Teutschland*, 5. Aufl., Bd. 13, Lemgo 1808, S. 356f.; dies., *Das gelehrte Teutschland*, 5. Aufl. Bd. 22,2, Lemgo 1831, S. 101f.; Georg Kaspar Nagler, *Neues allgemeines Künstler-Lexicon*, Bd. 4, München 1837, S. 201f.; Johann F. Encke, *Gedächtnisrede auf Eytelwein*, in: *Physikalische Abhandlungen der Königlichen Akademie der Wissenschaften zu Berlin. Aus dem Jahre 1849*, Berlin 1851, S. XV—XXXIV; W. Koner, *Verzeichnis im Jahre 1845 in Berlin lebender Schriftsteller und ihrer Werke*, Berlin 1846, S. 84—86 mit ausführlichem Schrifttumsnachweis. Johann Christian Poggendorf, *Biographisch-literarisches Handwörterbuch zur Geschichte der exacten Wissenschaften*, Bd. 1, Leipzig 1863, S. 708f. (mit ausführlichem Schriftenverzeichnis); Löbe, *Johann Albert Eytelwein*, in: *Allgemeine Deutsche Biographie*, Bd. 6, Leipzig 1877, S. 464f. *Eytelwein, Johann Albert*, in: *Brockhaus Konversations-Lexikon*, 14. Aufl., Bd. 6, Leipzig 1898, S. 488; Otto Köhnke, *Gesamtregister über die in den Schriften der Akademie von 1700—1899 erschienenen wissenschaftlichen Abhandlungen und Festreden*, Berlin 1900, S. 91; E. von Hoyer, *Johann Albert Eytelwein*, in: *Allgemeine Deutsche Biographie*, Bd. 48, Leipzig 1904, S. 462f.; Conrad Matschoß, *Männer der Technik*, Düsseldorf 1925, S. 61 (Reprint: Düsseldorf 1985); R. D. Hartenberg, *Johann Albert Eytelwein*, in: *Dictionary of Scientific Biography*, 4 (1971), S. 501f.
[3] Anna Teudt-Nedeljkov, *Die Königliche Bauakademie: Zwischen Revolution und Reform: In Preußen entsteht das erste deutschsprachige Polytechnikum/Präliminarien zur Entstehungsgeschichte*, in: Karl Schwarz (Hrsg.), *100 Jahre Technische Universität Berlin 1879—1979. Katalog zur Ausstellung*, Berlin 1979, S. 58—80.
[4] Zitiert nach Paul Ortwin Rave, *Schinkel als Beamter*. Ursprünglich in: *Zentralblatt der Bauverwaltung*, 52 (1932), wieder abgedruckt in: Helmut Börsch-Supan/Lucius Grisebach (Hrsg.), *Karl Friedrich Schinkel. Architektur — Malerei — Kunstgewerbe. Ausstellungskatalog*, Berlin 1981, S. 75—96.
[5/6] Vgl. Anm. 3, S. 70.
[7] Eduard Dobbert, *Chronik der Königlichen Technischen Hochschule zu Berlin 1799—1899*, Berlin 1899, S. 20.
[8] Ralf Schröder, *Johann Albert Eytelwein*, in: *Neue Deutsche Biographie*, Bd. 4, Berlin 1959 (1971), S. 713—714.

⁹ Bis 1806 erschienen sechs Jahrgänge zu je zwei Bänden. 1818 versuchte August Leopold Crelle erfolglos, die *Sammmlung* mit dem *Archiv für die Baukunst und ihre Hülfswissenschaften* fortzusetzen. Erst 1829 gelang ihm, mit dem *Journal für die Baukunst* ein Organ zu begründen, das 20 Jahre lang Bestand hatte.

¹⁰ Heinrich August Riedel, *Allgemeine Betrachtung über die Baukunst*, in: *Sammlung nützlicher Aufsätze und Nachrichten, die Baukunst betreffend*, 1 (1797), Bd. 1, S. 1—25.

¹¹ Eckhard Bolenz, *Baubeamte, Baugewerksmeister, freiberufliche Architekten. Technische Berufe im Bauwesen (Preußen/Deutschland, 1799—1931)*, Phil. Diss. (masch.), Bielefeld 1988, S. 106.

¹² Vgl. H. A. Riedel, *Allgemeine Betrachtung*... (wie Anm. 10), S. 21.

¹³ Heinrich August Riedel, *Fortsetzung der allgemeinen Betrachtung über die Baukunst*, in: *Sammlung nützlicher Aufsätze und Nachrichten, die Baukunst betreffend*, 1 (1797), Bd. 2, S. 3—17.

¹⁴ Hierzu und im folgenden Peter Lundgreen, *Technische Bildung in Preußen vom 18. Jahrhundert bis zur Zeit der Reichsgründung*, in: Günter Sodan (Hrsg.), *Die Technische Fachhochschule Berlin im Spektrum Berliner Bildungsgeschichte*, Berlin 1988, S. 1—44.

¹⁵ Vgl. E. Dobbert, *Chronik*... (wie Anm. 7), S. 20f.

¹⁶ Vgl. J. A. Eytelwein, *Nachricht*... (wie Anm. 1), S. 30.

¹⁷ *Ebda.*

¹⁸ Vgl. *a. a. O.*, S. 31.

¹⁹ Zitiert nach E. Dobbert, *Chronik*... (wie Anm. 7), S. 33.

²⁰ Vgl. J. A. Eytelwein, *Nachricht*... (wie Anm. 1), S. 28.

²¹ Zitiert nach E. Dobbert, *Chronik*... (wie Anm. 7), S. 34.

²² Zitiert nach *a. a. O.*, S. 35.

²³ Zitiert nach Peter Lundgreen, *Techniker in Preußen während der frühen Industrialisierung*, Berlin 1975, S. 33.

²⁴ Vgl. *a. a. O.*, S. 34.

²⁵ Einzelheiten bei P. Lundgreen, *a. a. O.*, S. 34f.

²⁶ Vgl. E. Dobbert, *Chronik*... (wie Anm. 7), S. 45. Siehe auch *Deutsche Bauzeitung*, 22 (1888), S. 40.

²⁷ Näheres bei P. Lundgreen, *Techniker*... (wie Anm. 23), S. 14f. und 36f.

²⁸ Das Werk ist 1981 vom LTR-Verlag in Wiesbaden nachgedruckt worden.

²⁹ Moritz Rühlmann, *Vorträge über die Geschichte der technischen Mechanik und theoretischen Maschinenlehre und der damit im Zusammenhang stehenden mathematischen Wissenschaften*, Leipzig 1885 (Nachdruck, Hildesheim 1979), S. 286 (mit längerem Lebenslauf).

³⁰ Berlin 1801; 2. Aufl., Berlin 1823; 3., mit einem Anhange verm. Aufl., hrsg. von A. Freiherr von Forstner, Leipzig 1842.

³¹ M. Rühlmann, *Vorträge*... (wie Anm. 29), S. 286.

³² Vgl. J. A. Eytelwein, *Handbuch der Mechanik*... (wie Anm. 30), Vorrede S. VII.

³³ *Ebda.* Rühlmann schrieb, daß J. A. Schubert in seinem *Handbuch der Mechanik für Praktiker*, Dresden 1832, „fast ausschließlich die Arbeiten Eytelwein's und Gerstner's reproducirte". Vgl. M. Rühlmann, *Vorträge*... (wie Anm. 29), S. 408f. D'Aubuisson de Voisins, *Hydraulique*, 2. Aufl., Paris 1840, nahm sich Eytelweins *Hydraulik* zum Vorbild.

³⁴ Thomas Young, *Kurze Uebersicht der nützlichen Theile der Hydraulik*, in: *Sammlung nützlicher Aufsätze und Nachrichten, die Baukunst betreffend*, 5 (1803/1804), Bd. 2, S. 91—110.

³⁵ Thomas Tredgold (ed.), *Tracts on Hydraulics*, with notes by the editor, London 1826.

³⁶ Moritz Rühlmann, *Hydromechanik oder die technische Mechanik flüssiger Körper*, 2. Aufl., Hannover 1880, S. 399ff.

³⁷ Franciscus Dominicus Michelotte, *Hydraulische Versuche zur Begründung und Beförderung der Theorie und Praxis*, nebst einem Anhange, welcher die neuesten Turiner Versuche von Joseph Terese Michelotti enthält. Übersetzt von C. G. Zimmermann. Mit Anmerkungen begleitet von J. A. Eytelwein, Berlin 1809.

³⁸ Karl Karmarsch, *Geschichte der Technologie seit der Mitte des achtzehnten Jahrhunderts*, Mün-

chen 1872, S. 15 f. In Julius Weisbach, *Lehrbuch der Ingenieurs- und Maschinenmechanik*, 5. Aufl., Braunschweig 1882—1896, wird ständig auf Eytelwein Bezug genommen.

³⁹ Johann Albert Eytelwein, *Elementarbeweiss für die statische Zusammensetzung und Zerlegung der Kräfte ohne die Theorie des Hebels*, in: *Gilbert's Annalen der Physik*, 18 (1804), S. 181—196.

⁴⁰ Vgl. Th. Tredgold (ed.), *Tracts on Hydraulics*... (wie Anm. 35), S. 287 f.

⁴¹ Isaac Todhunter, *A History of the Theory of Elasticity and of the Strength of Materials*, Bd. 1, Cambridge 1886, S. 88.

⁴² Hans Straub, *Die Geschichte der Bauingenieurkunst*, 2. Aufl., Basel-Stuttgart 1964, S. 185 f.

⁴³ 4 Hefte, Berlin 1802—1808. Die Hefte 3 und 4 gab Eytelwein allein heraus. 2. Auflage aller Hefte zwischen 1809 und 1824.

⁴⁴ Gotthilf Hagen, *Handbuch der Wasserbaukunst*, Bd. 2, T. 2, 2. Aufl., Königsberg 1854, S. 8.

⁴⁵ 1. Aufl., Berlin 1798, S. III.

⁴⁶ *Gesetz-Sammlung für die Königlich Preußischen Staaten 1816*, S. 142.

⁴⁷ Peter Lundgreen, *Standardization — Testing — Regulation. Studies in the history of the science-based regulatory state. (Germany and the U. S. A., 19th and 20th centuries)*, Bielefeld 1986, S. 13 f.

⁴⁸ Johann Albert Eytelwein, *Über die Prüfung der Normal-Maasse und Gewichte für den königlich-preußischen Staat und ihre Vergleichung mit den französischen Maassen und Gewichten*, in: *Abhandlungen der Königlichen Akademie der Wissenschaften zu Berlin*, Berlin 1825, S. 1—21; vgl. auch ders., *Vergleichung der neusten englischen Maasse und Gewichte mit der preussischen*, in: A. a. O., Berlin 1827, S. 1—8.

⁴⁹ Eckhard Bolenz, *Technische Normung zwischen „Markt" und „Staat". Untersuchungen zur Funktion, Entwicklung und Organisation verbandlicher Normung in Deutschland*, Bielefeld 1987, S. 36 f.

⁵⁰ Herbert Pfisterer, *Der Polytechnische Verein und sein Wirken im vorindustriellen Bayern (1815—1830)*, München 1973, Anhang E, S. 28 mit falschem zweitem Vornamen.

⁵¹ Wilhelm Erman, *Verzeichnis der Berliner Universitätsschriften 1810—1885, nebst einem Anhang der außerordentlichen und Ehrenpromotionen*, Berlin 1899, S. 764 f.

⁵² *Friedrich Albert Eytelwein †*, in: *Deutsche Bauzeitung*, 22 (1888), S. 64. W. Koner, *Verzeichnis im Jahre 1845 in Berlin lebender Schriftsteller und ihrer Werke*, Berlin 1846, S. 83 f. Dort findet sich auch ein Verzeichnis seiner Schriften. Vgl. auch P. O. Rave, *Schinkel*... (wie Anm. 4), S. 75.

⁵³ Gerhard Engelmann, *Heinrich Berghaus. Der Kartograph von Potsdam*, Halle 1977, S. 175.

⁵⁴ [Moritz Rühlmann,] *Lebensgeschichte Eytelweins*, in: *Deutsche Bauzeitung*, 17 (1883), S. 178.

Ilja Mieck

Anton Franz Egells, die Gebrüder Freund und die Anfänge des Maschinenbaus in Berlin

Im Park des Schlosses Tegel, etwas oberhalb des Familienfriedhofs der Humboldts, befindet sich eine einzelne Grabstätte. Die lateinische Inschrift auf dem gut erhaltenen Stein gibt an, daß Gottlob Johann Christian Kunth, der von 1757 bis 1829 lebte, hier seine letzte Ruhestätte gefunden hat. Dieser Pfarrerssohn aus dem kursächsischen Baruth hatte nicht nur zwölf Jahre hindurch die Erziehung von Wilhelm und Alexander v. Humboldt geleitet, er gehörte auch zu jener Handvoll Beamter, die man als Wegbereiter der Industrialisierung in Preußen bezeichnen kann. 1789, als die Gebrüder Humboldt seiner nicht mehr bedurften, war Kunth in den preußischen Staatsdienst getreten. Als Assessor, seit 1794 als Kriegsrat am Manufaktur- und Kommerzienkollegium erhielt er Einblick in die gewerblichen Verhältnisse Preußens und lernte die maßgebenden Prinzipien der Handels- und Wirtschaftspolitik kennen.

Verglichen mit England, wo um 1770 die Industrialisierung eingesetzt hatte, war der Agrarstaat Preußen in technischer Hinsicht ein Entwicklungsland. Die Gründe, die einer wirtschaftlichen und technischen Modernisierung entgegenstanden, hatten ihre letzte Ursache im Gesamtsystem der staatlichen Wirtschafts- und Gewerbepolitik, deren starre Prinzipien die privaten Initiativen vielfach lähmten. So behinderte die weitgehend erstarrte Zunftverfassung die Einführung neuer Produktionsmethoden im Handwerk und in den Manufakturen. Handelspolitisch erschwerend wirkten sich die zahlreichen Binnenzölle aus. Nach umfangreichen und komplizierten Tarifen wurden sie beim Übergang der Waren von einer Provinz zur anderen, oft auch für die Benutzung bestimmter Straßen und Brücken erhoben. Die dadurch bedingte Verteuerung der Waren erschwerte ihren Export, doch selbst die absoluten Herrscher des 18. Jahrhunderts erreichten nirgends die vollständige Abschaffung dieser Zölle, obwohl sie in eklatantem Widerspruch zu den Leitgedanken der staatlichen Wirtschaftspolitik standen: Im späten 18. Jahrhundert dominierte in Preußen noch immer das dirigistische Wirtschaftssystem des Merkantilismus. Nach dieser Lehre ließ sich der Reichtum eines Landes an seiner Handelsbilanz messen. Um diese durch möglichst hohe Exportüberschüsse positiv zu gestalten, griff der Staat in alle Wirtschaftsbereiche ein: reglementierend, kontrollierend, verbietend; aber auch fördernd, unterstützend, subventionierend.

Auf dem Sektor der gewerblichen Fabrikation führte das Streben nach der aktiven Handelsbilanz zu dem Versuch, möglichst viele Fertigwaren im eigenen Lande herzustellen, und zu der Bereitschaft, den dafür zu errichtenden Manufakturen und Werkstätten gezielte Unterstützungen zukommen zu lassen. Um die Produkte gegenüber den ausländischen konkurrenzfähig zu machen, benötigte man jedoch moderne Maschinen und bessere Herstellungsverfahren, mitunter auch ausländische Spezialisten.

England wurde dabei der wichtigste Orientierungspunkt. Auf dem Gebiet der Arbeitsteilung, bei der Mechanisierung der Produktion und beim Einsatz von Dampfmaschinen hatten die englischen Fabriken einen großen Vorsprung vor allen anderen europäischen Ländern erringen können. Der Staat bemühte sich, diesen Wettbewerbsvorteil zu sichern: Er erließ Ausfuhrverbote für bestimmte Maschinen, beispielsweise für Spinnmaschinen (bis 1843), und untersagte die Auswanderung von Maschinenbauern und Facharbeitern (bis 1824).

Diese Verbote sind freilich immer wieder unterlaufen worden, denn es gab Mittel und Wege, Maschinen und Konstruktionszeichnungen aus England herauszuschmuggeln und erstklassige Fachleute abzuwerben. So brachte der Fabrikant Hotho 1783 die Zeichnung einer Baumwoll-Spinnmaschine aus England mit, doch fand er in Berlin keinen „Kunstverständigen", der danach eine Maschine bauen konnte. Besser machte es der Fabrikant Sieburg, der sich in England nicht nur eine Spinnmaschine besorgte, sondern „zugleich einen Spinner, der solche zu regieren weiß". Aus solchen Erfahrungen lernten die englischen Unternehmer: Als der Freiherr vom Stein 1787 England bereiste, fürchteten die Gastgeber Industriespionage und bemühten sich, ihn von Bergwerken und Maschinen fernzuhalten, die er besichtigen wollte „in der patriotischen Absicht mitzunehmen, was immer er an wertvollen Kenntnissen und Spezialisten auf seinem Weg anträfe".

In der Praxis ließ sich eine solche Embargo-Politik nicht durchsetzen — zum Nutzen auch der preußischen Hauptstadt, wo die bedeutendste Fabrik, die es um 1790 in Berlin für alle Arten nichtschneidender Stahl- und plattierter Waren gab, von den drei Brüdern Dutton und einem vierten Engländer namens Whitehouse betrieben wurde. 1789 konzessioniert und mit namhaften Zuwendungen aus der Manufaktur-Kasse ausgebaut, beschäftigte dieses Unternehmen 1790 fast 80 Arbeiter, einen Buchhalter und 24 Lehrjungen.

Kunth hat sich für diese Fabrik sehr eingesetzt. Da sie keine Wasserkraft besaß und ihr Streck-, Schleif- und Polierwerk über einen Pferdegöpel betreiben mußte, schlug er 1790 vor, ihr eine kleine Dampfmaschine zu verschaffen. Es wäre die erste zum Antrieb von Werkzeugmaschinen eingesetzte Dampfmaschine Preußens geworden, und vielleicht dachte Kunth daran, hier eine Art Musterbetrieb zu errichten. Aus Gründen, die wir nicht kennen, wurde der Vorschlag jedoch abgelehnt.

Die erste „Dampfkunst", die in Berlin tatsächlich gearbeitet hat, stand in der Maschinenspinnerei des erwähnten Unternehmers Sieburg. 1795 hatte er diese

Maschine aus Manchester bezogen. Weil sie beim Transport beschädigt worden war und erst einige Ersatzteile beschafft beziehungsweise hergestellt werden mußten, verzögerte sich ihre Aufstellung. Diese Aufgabe lag in den Händen des erfahrenen Dänen Axel Nordberg, der vier Jahre in England gearbeitet hatte und später als Werkmeister, Techniker und Teilhaber in das Sieburgsche Unternehmen eingetreten war. Nachdem die ersten Probeläufe (seit Mai 1797) geglückt und die letzten fehlenden Teile aus der Eisengießerei in Gleiwitz endlich eingetroffen waren, ging Berlins erste Dampfmaschine im Oktober 1797 in Betrieb.

Mindestens bis zum März 1800 blieb sie in Funktion, doch erfüllte sie nicht die Erwartungen — allerdings nicht wegen technischer Mängel, sondern weil sie für die Sieburgsche Fabrik, die in ihrer Maschinenspinnerei 1804 immerhin 118 Arbeitskräfte beschäftigte, zu groß war. Sie hätte 1500 Spindeln in Tätigkeit setzen können, aber bei Sieburg waren es nur 384, so daß „ein großer Teil der Dämpfe vergeblich in die Luft verfliegen" mußte — und das bei täglichen Brennstoffkosten von fünf Talern. So wurde ihr Einsatz unrentabel, und die erste erfolgreiche Dampfmaschine Preußens, die — über Transmissionsriemen — Werkzeugmaschinen antreiben konnte, wurde aus betriebswirtschaftlichen Gründen stillgelegt.

Sehr viel länger als die Sieburgsche arbeitete die erste Dampfmaschine der Königlichen Porzellan-Manufaktur, die in der Literatur oft als erste Dampfmaschine Deutschlands auf das Jahr 1793 datiert wird. Daß sie diesen Ruf zu Unrecht genießt, ist erst vor wenigen Jahren bekanntgeworden. Zwar war diese Maschine schon 1788 von dem Engländer Baildon entworfen und in Gleiwitz gebaut worden und stand seit 1793 einsatzbereit in der Manufaktur, aber sie konnte erst im Jahre 1800 — drei Jahre nach der Sieburgschen Dampfkunst — in Betrieb genommen werden, weil es Einsprüche gegen die zu erwartende Lärmbelästigung gegeben hatte. Die Maschine erwies sich als sehr erfolgreich: Sie diente rund 25 Jahre dem Antrieb von Werkzeugen, die bei der Porzellanherstellung verwendet wurden.

Den Berliner Maschinenbaubetrieben brachten die Jahre um 1800 einen spürbaren Rückschlag. Die Zahl der selbständigen Meister ging um ein Drittel zurück; an größeren Unternehmen war von den vier Stahlfabriken, die für 1788 erwähnt werden, nur noch der Betrieb der Brüder Dutton mit einer Belegschaft von 30 bis 36 Arbeitern übriggeblieben. Weil andererseits in Berlin großer Bedarf an Eisengegenständen herrschte und die Lieferungen von den schlesischen Gießereien, vor allem im Winter, häufig stockten, entschloß sich der Staat auf Anregung des Ministers v. Reden, diese Lücke zu füllen. Er kaufte 1803 die vor dem Oranienburger Tor an der Panke gelegene Schleifmühle, die früher der Stahlfabrikant Voigt angelegt hatte, und gründete unter Hinzufügung weiterer Werkstätten die Königliche Eisengießerei. Hauptsächlich sollte hier bereits geschmolzenes und von Schlacken gereinigtes Roheisen erneut geschmolzen und in seine endgültige Form gegossen werden.

Unter der Leitung des Hüttenfaktors Krigar aus Schlesien wurde der Betrieb nach Abschluß der Bau- und Umbauarbeiten im Herbst 1805 aufgenommen. Die politischen Ereignisse der Jahre 1806/07 brachten einen vorübergehenden Rückschlag, doch seit 1808 nahm die Eisengießerei einen bemerkenswerten Aufschwung, der bald die Errichtung weiterer Gebäude erforderlich machte. Abgesehen von den Jahren 1812 bis 1815, in denen hauptsächlich Kanonenrohre und Kugeln, aber auch über 5000 Eiserne Kreuze hergestellt wurden, war die Produktionspalette der Gießerei von beachtlicher Breite. Berühmtheit erlangte der gußeiserne Schmuck, der unter der Bezeichnung „fer de Berlin" bis nach Amerika exportiert wurde. Die enge Zusammenarbeit zwischen Technikern und Künstlern wie Schinkel, Schadow, Rauch und Tieck und künstlerisch hervorragenden Handwerkern wie Hossauer, Devaranne und Geiß verschaffte dem Berliner Eisenkunstguß seine unvergleichliche Stellung.

Geschätzte Museumsstücke bilden heute die Glückwunschkarten aus Eisen, die seit 1812 jeweils zu Neujahr herauskamen. Die 6×9 cm großen Tafeln zeigten Gebäude oder Produkte der Gießerei in Reliefdarstellung und wurden in samtgefütterten Lederetuis an den König, einige Behörden, Standespersonen und Geschäftsfreunde verschickt. Außer gußeisernen Maschinenteilen, Walz- und Mahlwerken, Kunst- und Gebrauchsgegenständen und Kleinmaterial wie Bolzen und Schrauben stellte die Gießerei auch größere Objekte her. Während die älteste Brücke im Park des Schlosses Charlottenburg 1803 noch auf der königlichen Hütte in Malapane/Schlesien gegossen worden war, stammten zwei Brücken von 1808, die noch heute vorhanden sind, bereits aus der Kgl. Eisengießerei Berlin. Sie stellte 1813 auch die Brücke her, welche die beiden Türme des Schlosses auf der Pfaueninsel verbindet. Als Spezialität des Betriebes ergab sich allmählich die Möglichkeit, daß auch über 100 Zentner schwere Gegenstände aus einem Stück gegossen werden konnten. In den Jahren nach 1815 nahm die Produktion von Kriegs- und Siegesdenkmälern einen breiten Raum ein — allen voran das von Schinkel entworfene, 1819 gegossene und 1821 enthüllte Denkmal auf dem Kreuzberg, das nach einer durch Rostbefall erforderlichen Totalsanierung seit dem Stadtjubiläum 1987 wieder an seinem Platz steht.

Wenig erfolgreich verliefen die von der Kgl. Eisengießerei unternommenen Versuche auf den Gebieten des Dampfmaschinen- und des Lokomotivbaus. Von einer Englandreise zurückgekehrt, nahm Krigar zusammen mit dem späteren Hütteninspektor Schmahel 1815 den Bau eines Dampfwagens in Angriff. Tatsächlich war die erste Lokomotive des Kontinents Anfang Juli 1816 fertiggestellt und wurde dem staunenden Publikum gegen Eintritt vorgeführt. Die Maschine besaß ein durch äußere Schubstangen angetriebenes Zahnrad, verbrauchte 2,5 Zentner Kohlen pro Tag, zog 50 Zentner und schaffte 50 Schritte in der Minute. In Gleiwitz, wohin sie Ende Juli transportiert wurde, traten aber vielerlei Mängel auf, und der Dampfwagen kam nicht zum Einsatz. Nicht besser erging es einem zweiten, der für eine Zeche an der Saar bestimmt war. In acht

Kisten verpackt, kam er im Februar 1819 an seinem Bestimmungsort an, aber er war nicht zu bewegen, mehr als „20 bis 30 Fuß vor- und rückwärts zu rücken, wobei sehr oft durch Schieben und Stoßen hat Hilfe geleistet werden müssen". Trotz zahlreicher kostspieliger Reparaturen konnte auch dieser Dampfwagen nicht einsatzbereit gemacht werden.

Ähnlich enttäuschend endeten die Bemühungen der Eisengießerei um den Bau zweier Dampfmaschinen. Die erste, so berichtete Kunth im Dezember 1816 dem Minister, sei „ganz und gar mißlungen. Sie geht zehn Minuten, dann steht sie still. Es fehlt an Dämpfen und an allem. Der erste Anblick zeigt schon, daß man hier noch nicht solche Maschinen zu konstruieren versteht." Mit der zweiten war es nicht besser bestellt. 1817 meinte das Kgl. Oberbergamt, daß mit den beiden Maschinen nichts anderes anzufangen sei, als sie einzuschmelzen.

Zweifellos haben die Mißerfolge der Kgl. Eisengießerei mit dazu beigetragen, daß die maßgebenden Beamten in diesen Jahren über Ziele und Mittel einer erfolgreichen Gewerbeförderung gründlicher nachdachten und ein neues Instrumentarium dafür zu entwickeln begannen. Außerdem konnten Unternehmer und Beamte von den seit dem Ende der napoleonischen Kriege erheblich erleichterten Kommunikationsmöglichkeiten mit den westeuropäischen Ländern profitieren, in denen die Industrialisierung bereits weiter vorangeschritten war. Dazu kamen wichtige Impulse, die von einigen bedeutenden Persönlichkeiten in Verwaltung und Wirtschaft ausgingen. So wirkten viele Faktoren zusammen, als der Berliner Maschinenbau seit etwa 1815 in eine neue Phase seiner Entwicklung eintrat.

Maßgeblichen Anteil am Aufschwung dieses Industriezweiges hatte die Gewerbeverwaltung, in die 1814 Christian Peter Wilhelm Beuth eintrat, der die preußische Gewerbepolitik drei Jahrzehnte lang bestimmen sollte: Als Direktor der Abteilung für Handel und Gewerbe (seit Juni 1818) und der reorganisierten Technischen Deputation für Gewerbe (seit Juli 1819) bekleidete er die führenden Verwaltungspositionen unterhalb der Ministerialebene. Um direkten Kontakt mit den Gewerbetreibenden zu gewinnen, gründete er 1821 den „Verein zur Beförderung des Gewerbfleißes in Preußen", in dem er selbst den Vorsitz übernahm und bis 1850 behielt. Kunth — seit 1816 als General-Handels- und Fabriken-Kommissar eine Art Sonderbevollmächtigter für das gesamte Gewerbewesen — wurde einer der beiden Stellvertreter. Ebenfalls im Jahre 1821 eröffnete Beuth eine Fachschule für angehende Werkmeister und Fabrikanten, das spätere Gewerbe-Institut, und übernahm auch hier die Leitung. 1829 wurde er schließlich Direktor der bereits 1799 gegründeten Bauakademie, so daß er auch auf dem Ausbildungssektor eine zentrale Position einnahm.

Ausbildung, Unterstützungen und die Erziehung zur Selbständigkeit gingen Hand in Hand. Sämtliche Förderungen wurden grundsätzlich an besondere Voraussetzungen des jeweiligen Betriebes gebunden. So gab es Prämien und Preise für herausragende Leistungen; die Gewerbebehörde organisierte Ausstellungen, und der Gewerbeverein schrieb Wettbewerbe aus. Neu eingeführte oder in Preußen nachgebaute Maschinen wurden an erfolgreiche Fabrikanten verschenkt — als Leistungsanreiz und gleichzeitig als Mittel, um diesen Maschinen größere Verbreitung zu verschaffen. Stets mußte solchen Übereignungen eine beachtliche Eigenleistung vorangegangen sein: „Diese Bewilligung an einen Fabrikanten ist eine Auszeichnung für seine Leistungen. Diese allein sind Motive für die Bewilligung" (Beuth). Überdies gab es die Auflage, jedem von der Behörde autorisierten Interessenten den Zugang zu der Maschine zu gestatten.

Neben der betrieblichen Gewerbeförderung sah Beuth auch in der theoretisch-wissenschaftlichen Weiterbildung der Gewerbetreibenden eine wichtige Aufgabe. Im Gewerbehaus, wo sich auch Beuths Dienstwohnung befand, wurden Sammlungen neuer Maschinen und Modelle angelegt. Auf sein Betreiben erschienen Bücher und Zeitschriften, in denen über die neuen Technologien berichtet wurde. Bereits 1821 gab die Technische Deputation die erste Lieferung der *Vorbilder für Fabrikanten und Handwerker* heraus, in denen besonders gelungene Produkte in Kupferstichen vorgestellt wurden.

Bis 1830 erschien der erste Teil der *Vorbilder,* an denen auch Karl Friedrich Schinkel mitarbeitete. Der zweite Teil kam 1830 bis 1837 heraus und sollte die fortgeschrittenen englischen Produktionsverfahren für Gebrauchs- und Schmuckgegenstände bekanntmachen. Viele der Abbildungen gingen auf Fabrikate zurück, die Beuth und Schinkel auf ihrer gemeinsamen Englandreise 1826 entdeckt hatten.

Von großer Bedeutung für den Berliner Maschinenbau wurde die von Beuth veranlaßte Niederlassung der Gebrüder Cockerill in der preußischen Hauptstadt. John und Charles James Cockerill, die bislang in der väterlichen Fabrik in Seraing bei Lüttich gearbeitet hatten, kamen im Frühjahr 1815 nach Berlin, um eine moderne Wollspinnerei und, damit verbunden, eine Maschinenbau-Anstalt ins Leben zu rufen. Der Betrieb, dem der Fiskus eine leere Kaserne zur Verfügung stellte, wurde — wie auch die Kgl. Eisengießerei — zu einem Musterunternehmen, das nicht nur Maschinen zur Wollverarbeitung herstellte und zu Informationszwecken vorführte, sondern auch den Verkauf, die Aufstellung und die Reparaturen von aus dem Stammwerk bezogenen Dampfmaschinen besorgte. Die Impulse, die vom Etablissement der Gebrüder Cockerill ausgingen, haben die Industrialisierung mehrerer Berliner Wirtschaftszweige nachhaltig gefördert. Von den 26 Dampfmaschinen, die 1830 in Berlin arbeiteten, waren mit großer Wahrscheinlichkeit fünfzehn von den Gebrüdern Cockerill geliefert worden.

Der zweitgrößte Berliner Dampfmaschinen-Lieferant um 1830 war die Firma Freund. Die damals in der Stadt vorhandenen neun Dampfmaschinen aus diesem Unternehmen waren keine Einfuhrgüter wie die von Cockerill, sondern wurden in Berlin gebaut. Damit setzte dieser Betrieb eine Tradition fort, die Georg Christian Freund (1793—1819) mit der Konstruktion der ersten funktionstüchtigen Dampfmaschine in Berlin 1816 begründet hatte.

Unterstützt vom Postrat Pistor, einem wahren Tüftelgenie, hatte der in Uthlede an der Weser geborene, 1814 aus Kopenhagen nach Berlin gekommene G. C. Freund für die Militär-Effekten-Fabrik von Hensel & Schumann eine tadellos arbeitende Dampfmaschine von sechs Pferdestärken gebaut. Der Fabrikbesitzer Hensel war mit ihr vollauf zufrieden: „Die Nettigkeit (vom frz. netteté = Sauberkeit) und die Genauigkeit, mit welcher der ... Kolben und alle übrigen Teile der Maschine ausgeführt sind ... setzt sie unter die ersten englischen." Ende 1816 in Betrieb genommen, hat diese Maschine ihren Dienst in der Fabrik bis zum Jahre 1902 versehen. Heute steht sie im Deutschen Museum in München.

Die Gewerbeverwaltung, die natürlich von dem in der Mauerstraße 34 entstandenen Prachtstück erfuhr, war höchst zufrieden. Was ihr als ideales Endziel vorschwebte, war hier erreicht: die selbständige Leistung eines Unternehmers, der sich im freien Wettbewerb auch ohne staatliche Hilfe behaupten konnte. In der Tat hat Freund keinerlei direkte staatliche Unterstützung erhalten. Einen Hinweis, man könne ihm vielleicht eine besser geeignete Werkstatt zuweisen, kommentierte Beuth am Rande des Aktenstückes: „Gibt es nicht mehr." Er sah in dem jungen Freund den Inbegriff des aufgeschlossenen, tüchtigen und risikobereiten Unternehmers, der sich durch Kenntnisse und Leistung gegenüber der Konkurrenz durchsetzen würde.

Diese positive Einschätzung der technischen und unternehmerischen Fähigkeiten Freunds findet ihre Bestätigung durch eine zweite Pionierleistung des dreiundzwanzigjährigen Neu-Berliners: die Einrichtung der ersten Gasbeleuchtungsanlage der Stadt, ebenfalls im Unternehmen von Hensel & Schumann, die — mit 400 Fuß Leitungsrohren und 40 Brennstellen — im Oktober 1816 in Betrieb genommen wurde. Noch im gleichen Jahr installierte Freund eine ähnliche Anlage für die Weinhandlung Hippel, 1818 eine weitere für das Warenlager der „Patenthut-Fabrik" von Ehrich. Die Gasbeleuchtung bei Hensel & Schumann fand bei einem Besuch Friedrich Wilhelms III. den allerhöchsten Beifall, aber aus dem Vorschlag Freunds, auch für die nähere Umgebung des Schlosses eine Gasbeleuchtung anzulegen, wurde nichts. Vielleicht lag es daran, daß der geniale Konstrukteur, der am Anfang des preußischen Dampfmaschinenbaus stand, bereits 1819 starb und sein Bruder Julius Conrad Freund, der das Unternehmen im übrigen sehr erfolgreich weiterführte, mit dem Gasbeleuchtungswesen weniger vertraut war. Jedenfalls übertrugen die Behörden, als es um die Straßenbeleuchtung ging, diese Aufgabe 1825 einer englischen Firma.

Unter dem neuen Chef, einem ideenreichen und tüchtigen Unternehmer, nahm die Maschinenbau-Anstalt einen raschen Aufschwung. Bis 1826 verließen elf, bis 1834 siebzehn Dampfmaschinen die Fabrik. Von den 26 Dampfmaschinen, die 1830 in Berlin arbeiteten, stammten neun von Freund. Die Gewerbeverwaltung zollte dem Unternehmen dadurch Anerkennung, daß sie selbst Maschinen in Auftrag gab. Schon die vierte Dampfmaschine Freunds, mit zehn Pferdestärken seine bisher größte, ging an die Kgl. Eisengießerei. Weil sie für

Julius Conrad Freund
(1801—1871)

würdig befunden wurde, in einem königlichen Betrieb zu arbeiten, trug sie auf der Reglerstange einen preußischen Adler. Eine andere fand im Königlichen Kalksteinbruch Schlettau Verwendung, und die Bauverwaltung benutzte eine Freundsche Dampfmaschine beim Bau der Schloßbrücke (1822) und beim Bau der Brücke nach Potsdam zum Wasserschöpfen sowie später zum Schleifen und Polieren der berühmten Granitschale. Auch die Königliche Porzellan-Manufaktur ersetzte ihre 30 Jahre alte Dampfmaschine durch ein 16 PS starkes Modell von Freund.

Die beiden Fabrikanten, denen die von der Kgl. Eisengießerei gebauten Dampfmaschinen zugedacht waren, gingen nicht leer aus. Der Spinnereibesitzer Tappert erhielt über die Gebrüder Cockerill eine englische Maschine, während die Bestellung für den Mechaniker Caspar Hummel bei Freund aufgegeben wurde, sozusagen als umgehende Anerkennung seiner Pionierleistung durch die Verwaltung. Bemerkenswert ist, daß Freund an der bei Tappert aufgestellten englischen Dampfmaschine sogar noch Verbesserungen anbringen konnte.

Die Maschinenbau-Anstalt von Freund nahm in den folgenden Jahren einen stetigen Aufschwung. Neben Dampfmaschinen fabrizierte das Unternehmen, das 30 bis 60, mitunter 100 Arbeiter beschäftigte, Mühlen-, Walz- und Hebewerke, hydraulische Pressen, Feuerspritzen, Fourniersägen, Telegraphen. 1822 wurde die Fabrik von der Holzmarkt- Ecke Krautstraße zur Kasernenstraße vor dem Brandenburger Tor verlegt. Da die Expansionsmöglichkeiten beschränkt waren, entschloß sich Julius Conrad Freund zu einem Schritt, der ihn als vorausschauenden Unternehmer kennzeichnete: Mehrere Kilometer vor den Toren der Stadt, am Salzufer in Charlottenburg, gründete er 1837 eine eigene Eisengießerei. Er setzte damit ein Zeichen für einen neuen Industriestandort im Berliner Raum, denn bisher waren die Berliner Industriebetriebe bei ihrer „Peripheriewanderung" über die Vorstädte und Moabit kaum hinausgekommen. 1839 kaufte Freund für 3500 Taler noch ein 28 Morgen großes Grundstück hinzu, so daß er über genügend Reserveflächen verfügte.

Bis zur großen Gewerbeausstellung des Zollvereins in Berlin von 1844, auf der Freund zwei Dampfmaschinen vorstellte, hatte die Firma 72 eigene Dampfmaschinen mit zusammen mehr als 800 Pferdestärken konstruiert und aufgestellt sowie 16 englische verbessert und betriebsfertig gemacht. In der Maschinenfabrik, die sich noch immer in der Kasernenstraße befand, und in der Eisengießerei im „Tiergartenfelde" waren damals zusammen etwa 200 Arbeiter beschäftigt. 1872 wurde die Maschinenfabrik ebenfalls ans Salzufer verlegt, nachdem das Unternehmen beim Tode Freunds 1871 in eine Aktiengesellschaft umgewandelt worden war.

Die technischen und unternehmerischen Qualitäten der Gebrüder Freund haben die Anfänge und die Ausbreitung des Maschinenbaus in Berlin maßgebend beeinflußt. Ohne die von diesem Etablissement ausgehenden Impulse hätte eine Lockerung der Abhängigkeit von den englischen Dampfmaschinen zweifellos noch längere Zeit auf sich warten lassen, wie die mißglückten Versuche der Kgl. Eisengießerei zeigen. Dennoch wäre es verfehlt, diesen Staatsbetrieb allein aufgrund dieser Mißerfolge zu beurteilen und ihm seine Existenzberechtigung innerhalb eines grundsätzlich liberalen Wirtschaftssystems zu bestreiten. Im Gegenteil: Man kann feststellen, daß die Kgl. Eisengießerei für etwa drei Jahrzehnte eine unentbehrliche Funktion beim Aufbau der Berliner Maschinenbau-Industrie erfüllte. Bis zum Jahre 1826 war sie die einzige Eisengießerei im Berliner Raum und stellte einen Musterbetrieb dar, der einen festen Platz im System der preußischen Gewerbeförderung hatte.

Im Gegensatz zu manchen anderen Betrieben zeichnete sich die Eisengießerei durch Offenheit und Kontaktbereitschaft aus. Geheimniskrämerei um Herstellungsverfahren oder Maschinen gab es nicht, jeder Interessent konnte den Betrieb besichtigen und sich über die für ihn wichtigen Fragen informieren und belehren lassen. Auch auf den Berliner Bronze- und Zinkguß hat die Anstalt belebend gewirkt. Es lohne sich, so schrieb der Fabriken-Kommissions-Rat Heinrich Weber 1820, „das nicht eben weit entfernt von der Stadt liegende Etablissement" zu besuchen. Wegen der unentbehrlichen Gußeisen-Lieferungen, auf die alle eisenverarbeitenden Betriebe angewiesen waren, blieb die Kgl. Eisengießerei in der Tat so etwas wie „die Vorarbeiterin für alle Gewerbe zur Darstellung mechanischer Werkzeuge und Triebwerke für die Fabriken und Manufakturen Berlins".

Wie alle anderen Gewerbezweige hat auch der Maschinenbau von dem breiten Instrumentarium gewerbefördernder Maßnahmen profitiert, die Beuth und seine Mitarbeiter ergriffen. Man beschaffte Informationen und sorgte für deren Verbreitung, baute eine Maschinen- und eine Modellsammlung auf, schrieb Wettbewerbe aus, verteilte Prämien und Preise, organisierte Ausstellungen und betrieb die Edition technologischer Werke und Zeitschriften, darunter mit der Abhandlung von Severin eine Arbeit, „wie sie keine Nation über Dampfmaschinen aufzuweisen hat". Aus dem „Fonds für gewerbliche Zwecke", der mit 100 000 Talern recht gut ausgestattet war, kaufte Beuth Maschinen im Ausland, ließ sie hier zeichnen, nachbauen und an verdiente Gewerbetreibende verteilen. Besonderer Informationswert kam den zahlreichen Auslandsreisen zu, die von der Gewerbeverwaltung finanziert oder durch Zuschüsse unterstützt wurden. Die meisten Auslandsreisen preußischer Beamter und Fabrikanten fielen in das zweite und dritte Jahrzehnt des 19. Jahrhunderts. Neben der Informationsbeschaffung und der legalen oder illegalen Bestellung von Maschinen ging es bei diesen Reisen auch darum, im Ausland tätige Fachleute für die Arbeit in Preußen zu gewinnen oder tüchtige preußische Mechaniker Auslandserfahrungen sammeln zu lassen. Zu ihnen gehörte Franz Anton Egells, der für den Berliner Maschinenbau von hervorragender Bedeutung werden wollte.

Der ebenfalls aus Westfalen stammende Egells war fünf Jahre älter als G. C. Freund. Nach Abschluß einer Schlosserlehre machte er sich in Gravenhorst selbständig, kam aber 1813 nach Berlin, wo er in der Kgl. Eisengießerei

Franz Anton Egells
(1788—1854)

arbeitete. Offenbar war er an den Konstruktionen der beiden Dampfmaschinen und der zwei Dampfwagen beteiligt, ganz sicher aber nicht in herausgehobener Position. Auf Empfehlung des westfälischen Oberpräsidenten Vincke erhielt der 31jährige Mechaniker 1819 für eine einjährige Studienreise nach England 1000 Taler. Weil sich Egells nur durch hohe Bestechungsgelder Eingang in manche Fabriken verschaffen konnte, reichte dieser Betrag nicht aus. Über Vincke bekam er deshalb vom Ministerium weitere Unterstützung in unbekannter Höhe. Er besuchte Maschinenbau-Anstalten in Manchester, Leeds, Sheffield, Birmingham und London und konnte sogar die Fabrik von Boulton & Watt besichtigen, die im allgemeinen als unzugänglich galt. Egells übertraf die in ihn gesetzten Erwartungen weit und reiste 1821 nach einem kurzen Aufenthalt in Berlin ein zweites Mal nach England. Es spricht für seine technischen Qualitäten, daß er dort am 9. November 1821 ein Patent auf eine Verbesserung der Dampfmaschinen-Konstruktion erhielt, die eine beträchtliche Materialersparnis und eine bedeutende „Verminderung der Friction" brachte, weil die Kraftübertragung durch ein Gestänge vereinfacht und der „Balancier" überflüssig wurde. Entgegen anderen Angaben ist Egells erst im Herbst 1822 endgültig nach Berlin zurückgekehrt und hat seine Maschinenbau-Anstalt gegründet, denn Dannenberger, der Besitzer der größten Kattundruckerei Berlins, berichtet, daß er selbst im September 1822 Egells bei Peel & Williams in Manchester „losmachte" und nach Berlin mitbrachte.

Die vor einigen Jahren aufgestellte Behauptung, Egells habe das 1821 gegründete Gewerbe-Institut, die von Beuth konzipierte Spezialschule für angehende Techniker, besucht, kann nicht stimmen, da er sich noch im Herbst 1822 selbständig machte und sogar an der ersten preußischen Gewerbeausstellung teilnahm, ohne allerdings eine der Denkmünzen zu erringen. Gegen einen Schulbesuch spricht auch, daß Egells damals bereits über 30 Jahre alt war und eine etwa fünfzehnjährige Berufserfahrung hatte — während das Aufnahmealter beim Gewerbe-Institut zwischen 16 und 19 Jahren lag (und die Berlinische Gewerbeschule, die L. Demps damit verwechselt, überhaupt erst 1824 gegründet wurde).

Der neue Maschinenbau-Unternehmer hatte manche Startschwierigkeiten zu überwinden — kein Wunder bei der Konkurrenz der Königlichen Eisengießerei, der Gebr. Cockerill und der expandierenden Firma Freund. Eine „Tuchpolier-Maschine" zum Appretieren von Wollstoffen, die er nach aus England mitgebrachten Zeichnungen auf Kosten des Gewerbe-Departements noch im Jahre 1822 baute, bedurfte erheblicher Nacharbeiten, um schließlich zur Zufriedenheit zu funktionieren. Die guten Beziehungen zu Beuth vermochte dieses Mißgeschick auf Dauer aber nicht zu trüben. Als der junge Carl Hoppe 1834 keine Anstellung fand, schickte ihn Beuth mit einer persönlichen Empfehlung („sagen Sie: ‚ich schicke Sie'!") zu Egells, der ihn sofort engagierte.

Auf mehrere kleinere Werkstücke, die das junge Unternehmen ebenfalls noch

1822 produzierte, folgte im nächsten Jahr die erste Dampfmaschine, die Egells in seinem eigenen Betrieb einsetzte. Im Laufe der folgenden Monate gewann das Unternehmen an Festigkeit, kam „in Ansehen und Ruf" und erhielt zahlreiche neue Bestellungen, darunter für mehrere Drehbänke, Kessel, eine kleinere Dampfmaschine, eine Chaussee-Walz-Maschine und eine große Dampfmaschine von 30 Pferdestärken für die Flachsspinnerei der Gebr. Alberti in Schlesien. Angesichts der sich ständig verbessernden Auftragslage sah sich Egells zu einer grundlegenden Erweiterung seines Betriebes genötigt.

Er entschloß sich in dieser Situation zu einem für die künftige Maschinenbauindustrie Berlins folgenreichen Schritt und verlegte sein Unternehmen von der Mühlenstraße auf das vor dem Oranienburger Tor gelegene Grundstück Chausseestraße 3, das nur wenige hundert Meter von der Kgl. Eisengießerei entfernt war. Egells eröffnete damit die „Peripheriewanderung" der Berliner Schwerindustrie, denn zwischen 1825 und 1860 entwickelte sich in der Oranienburger Vorstadt mit ihren relativ niedrigen Grundstückspreisen das erste Zentrum der Berliner Maschinenbauindustrie, das im Volksmund bald „das Feuerland" hieß oder als „Birmingham der Mark" bezeichnet wurde.

Das Grundstück Chausseestraße 3 gehörte dem Stadtsekretär Stoff, der darauf 1823 ein Wohnhaus errichtete. Zuerst hat Egells das Grundstück nur gepachtet; als er am 9. Oktober 1825 die Errichtung eines zweiten Gebäudes auf demselben Grundstück beantragte, unterzeichnete er noch als „wohnhaft in der Lindenstraße Nr. 81". Die beim Polizeipräsidium eingereichte Baubeschreibung ergänzte eine vom Architekten Herrenburger angefertigte Entwurfszeichnung. Diese Skizze des geplanten Fabrikgebäudes ist erhalten; sie ist um so wertvoller, weil die Egellsschen Gebäude bald nach 1880 der Spitzhacke zum Opfer gefallen sind. Das neue einstöckige Fabrikgebäude bestand aus Holz und Fachwerk, maß 100 Fuß Länge und 35 Fuß Breite, besaß ein ausgebautes Dachgeschoß sowie einen kleineren „Anbau zum Fabrikgebäude", der aber allein stand.

Während der Neubau, der Anfang 1826 fertiggestellt worden sein dürfte, die Maschinenbau-Anstalt aufnahm, bezog Egells, zunächst als Mieter, das 1823 errichtete Gebäude im Februar 1826 als Wohnhaus. Im Zuge einer Erweiterung seines Betriebes konnte er die Pacht- und Mietverträge 1830 lösen und das Grundstück gegen hypothekarische Sicherung erwerben. Der neue Standort hatte sich inzwischen vielfach bewährt: Mehrere Dampfmaschinen waren entstanden, Mühlenwerke „nach amerikanischer Art", hydraulische Pressen, drei weitere Chaussee-Walz-Maschinen, Pumpwerke, Kräne und anderes mehr.

Jedes Werkstück, das den Egellsschen Betrieb verließ, erhielt eine Fabrikationsnummer. Bis 1830 zählte man 75 ausgelieferte Produkte, nicht aber, wie L. Demps fälschlich annimmt, 75 Dampfmaschinen. Nach einer zuverlässigen zeitgenössischen Aufstellung baute Egells bis 1829 insgesamt 13 Dampfmaschinen, bis 1830 vielleicht drei oder vier mehr. Die von Demps behauptete Quantität hätte einer Jahresproduktion von neun Dampfmaschinen entsprochen! In Wirklichkeit wurden hergestellt:

1823: 1   1827: 4
1824: 1   1828: 3
1825: 1   1829: 3 (im Bau)
1826: — (Umzug)

Dementsprechend sind auch die anderen Zahlen von Demps hinsichtlich der Egellsschen Produktionsstatistik von Dampfmaschinenzahlen auf Gesamtfertigung zu korrigieren (1853: 1953; 1856: 2790; 1859: 2841; 1872: 3134).

Ein Problem, das sich mit der Entwicklung der Berliner Maschinenbauindustrie proportional steigerte und auch Egells zunehmend beschäftigte, war die Beschaffung des Rohmaterials, das entweder von der Kgl. Eisengießerei Berlin oder von Gießereien in Schlesien bezogen werden konnte. Einerseits war die Kapazität des Berliner Werks begrenzt, andererseits brachte der Transport auch wegen der im Winter oft zugefrorenen Wasserwege beträchtliche Unsicherheiten mit sich. Dazu kamen Qualitätsprobleme, denn eine Lieferung Eisenblech, die Egells 1824 von einem schlesischen Hüttenwerk erhielt, war „so unglaublich schlecht, daß es unserem Vaterlande zur großen Schande gereicht".

Um sich von diesen Lieferungen unabhängig zu machen, faßte Egells den Plan zur Gründung einer eigenen Eisengießerei — der ersten privaten in Berlin. Das unternehmerische Risiko, das er damit einging, war nicht allzu hoch, weil dieses Projekt in eine offensichtliche Marktlücke stieß, so daß sich rasch Geldgeber fanden: Zusammen mit dem Kalkbrennerei-Besitzer C. W. F. Woderb — einem unehelichen Sohn eines Herrn Bredow — und dem Kaufmann F. W. Schultze erwarb Egells am 14. Juni 1826 einen Teil des Nachbargrundstückes Chausseestraße 4. Dem Grundstückskauf folgte am 18. Juli der Bauantrag der drei Teilhaber für „1. ein Gießgebäude mit zwei Öfen, einem Flammen- und einem Schmelzofen, 2. eine Schmelzkammer" und einige Nebengebäude. So trat die „Neue Berlinische Eisengießerei" 1826 ins Leben. Bereits im nächsten Jahr wurde sie erweitert. Der außerordentliche Erfolg, den die Gießerei in der folgenden Zeit hatte, ist nicht zuletzt darauf zurückzuführen, daß ihre technische Leitung seit dem 1. Juli 1827 einem Mechaniker anvertraut war, der in der Geschichte des Berliner Maschinenbaus noch eine besondere Rolle spielen sollte: August Borsig.

Borsig war nach seiner Zimmermannslehre und dem Besuch der Breslauer „Kunst- und Bau-Handwerks-Schule" als 19jähriger 1823 nach Berlin gekommen, wo er seine Ausbildung am Gewerbe-Institut, das er allerdings ohne Abschlußzeugnis verließ, fortsetzte. Im September 1825 trat er bei Egells ein. Im nächsten Jahr erhielt er den Auftrag, die in Berlin gebaute große Dampfmaschine für die Gebr. Alberti nach Waldenburg/Schlesien zu begleiten, sie dort aufzustellen und betriebsfertig zu machen. Borsig erledigte diese Aufgabe — wie auch alles, was er sonst für Egells arbeitete, modellierte und zeichnete — zur vollkommenen Zufriedenheit seines Lehrherrn, der ihm daraufhin die technische Leitung der Eisengießerei übertrug. Während sich der Kaufmann Schultze vornehmlich als Kapitalgeber verstand — er schied 1829 nach Auszahlung seines Anteils aus dem Konsortium aus —, schlossen Woderb und Egells, die der Eisengießerei gemeinsam vorstanden, am 12. Mai 1827 mit Borsig einen auf acht Jahre befristeten Anstellungsvertrag, der ihm 300 Taler Jahresgehalt und von der Höhe der Produktion abhängende Tantiemen zusagte. Außerdem sollte er bei gutem Geschäftsverlauf eine Drei-Zimmer-Wohnung „im Vorderhaus" des Egellsschen Wohngebäudes, Chausseestraße 3, beziehen dürfen — was im April 1829 für eine Jahresmiete von 87 Talern erfolgte.

Auch auf dem Nachbargrundstück befand sich ein Wohngebäude, das allerdings schon 1795 errichtet worden war. Egells ließ es 1831 aufstocken und nutzte es als Wohnhaus für seine Angestellten. Um 1850 wohnten im Haus Chausseestraße 3 neben dem Besitzer Egells 15 Mieter, darunter ein Ingenieur, ein Werkführer, zwei Werkmeister, ein Formermeister, ein Schmelzermeister, ein Tischler, ein Uhrmacher, drei Buchhalter, ein Comptoirdiener, ein Portier und ein praktischer Arzt — der Unternehmer Egells schätzte es, mit seinen leitenden technischen und kaufmännischen Angestellten unter einem Dach in unmittelbarer Nähe des Betriebes zu leben.

Unter der technischen Leitung Borsigs erlebte die „Neue Berlinische Eisengießerei" einen bemerkenswerten Aufschwung, der sich auch in der Gewinnbeteiligung des Werkstattleiters, die sich nach der Menge des verkauften Gußeisens richtete, spiegelte. Borsig verdiente (unter Einbeziehung des Fixums von 300 Talern)

1829: 995 Taler,	1832: 2788 Taler,
1830: 1890 Taler,	1834: 2840 Taler.

Am Ende seiner Vertragszeit hatte Borsig auf einem Firmenkonto bei Egells 5781 Taler gespart. Sowohl die Eisengießerei als auch die Maschinenbau-Anstalt wurden in den dreißiger Jahren durch An- und Neubauten mehrfach erweitert. Alle Baupläne stammten von Egells' Hausarchitekten Herrenburger.

Zusammen mit Friedrich Wöhlert, der um 1827 bei Egells eingetreten und bald zum Chef der Maschinenbau-Anstalt aufgestiegen war, verließ Borsig seinen bisherigen Arbeitgeber und machte sich 1837 in unmittelbarer Nähe selbständig: In der Thorstraße 46—52 errichtete er seine Gießerei, in der Chausseestraße 1, ein Jahr später, seine Maschinenbau-Anstalt, die vor allem durch den Lokomotivbau seit 1841 Weltruhm erwerben sollte.

Egells war, wie erwähnt, der Initiator der ersten „Peripheriewanderung" der Berliner Schwerindustrie. Eine zweite Zentrifugalbewegung, die um 1845 in größerem Maßstab einsetzte und den Moabiter Raum zum Ziel hatte, begann 1836, als die Kgl. Seehandlung dort eine Maschinenbau-Anstalt errichtete. Etwas weiter südwestlich, am Salzufer, legte Freund 1837 seine Eisengießerei an. Für eine weitere Randwanderung in die nordwestlichen Vororte wird im allgemeinen dem Borsigwerk eine Pionierrolle zugeschrieben, das 1889 seine von Moabit verlagerte Produktion in Tegel aufnahm. Dabei wird übersehen, daß der erste Schritt zu dieser Randwanderung bereits von dem Lehrherrn Borsigs unternommen wurde, als dieser sogar noch bei ihm tätig war: 1836 kaufte Egells von einigen Bauern Grundstücke am Tegeler See, um dort ein Hammerwerk zu errichten, das die Schmiedestücke für seine Maschinenbau-Anstalt in der Chausseestraße liefern sollte. Ausschlaggebend für die Standortwahl waren die fehlenden Expansionsmöglichkeiten in der Oranienburger Vorstadt, die günstige Verkehrslage am Wasser, die niedrigen Grundstückspreise und sicher auch die durch den Eisenhammer zu erwartende Lärmbelästigung, da die Behörden auch schon damals gegen derartige umweltschädigende Betriebe vorgingen.

Die Grundsteinlegung zu dem neuen Eisenwerk fand am 1. Juli 1836 statt. Die Einwohnerzahl Tegels, die 1834 nur bei 122 Seelen lag, erfuhr durch diese Industrieansiedlung einen meßbaren Impuls: 1838 zählte man 141 Seelen und zusätzlich 21 „auf dem Eisenhammer" (an den noch heute der Eisenhammerweg erinnert). 1840 waren es 161 und 24 Bewohner, während 1856 in Tegel zwar 246, auf dem Eisenhammer aber nur noch 15 Seelen registriert wurden. Aus späteren Jahren liegen nur noch Gesamtzahlen vor.

So sinnvoll diese dezentrale Betriebserweiterung durch Egells auf den ersten Blick erscheint, könnte sie andererseits doch unterstreichen, daß Egells den bevorstehenden Eisenbahnboom nicht vorhersah oder zumindest unterschätzte, denn die einzige Landverbindung von Tegel zum Stammwerk führte über acht Kilometer unbefestigte Landstraße. Die Schwierigkeiten der Binnenkommunikation zwischen den Egellsschen Betrieben behob wenigstens teilweise der 1848/59 gebaute Berlin-Spandauer-Schiffahrtskanal. Um diese Zeit soll die Egellssche Niederlassung am Tegeler See durch eine Dampfgasometerfabrik erweitert worden sein.

Am 2. Juni 1840 legte Egells der Behörde einen umfangreichen Bauantrag vor, der die Vergrößerung der von 1825 stammenden Fabrikbauten um mehr als das Doppelte vorsah und einen Gleisanschluß projektierte, da ihm mehrere Eisenbahngesellschaften ihre Lokomotiven „überwiesen" hätten — offensichtlich zu Wartungs- und Reparaturzwecken. Dennoch vermochte das Egellssche Unternehmen mit dem Borsigschen Lokomotivbau nicht Schritt zu halten — auch wenn der geniale Konstrukteur Dr. Ludwig Kufahl, dessen in Berlin gebaute Lokomotive am 3. Dezember 1840 die Betriebsgenehmigung erhielt und bis 1854 ihren Dienst versah, seine zweite Lokomotive aus Kostengründen bei Egells bauen ließ. Aber während von Borsig bis 1846 bereits 93 Lokomotiven geliefert wurden, kamen aus der Werkstatt von Egells nur noch drei: Neben „Hermann" und „Windsbraut" erlangte der 1842 ausgelieferte „Preuße" eine gewisse Berühmtheit, als er im Auftrag der preußischen Militärverwaltung 920 Soldaten in voller Ausrüstung in 32 Waggons in 47 Minuten von Berlin nach Potsdam beförderte und damit den militärischen Nutzen des neuen Verkehrsmittels eindrucksvoll demonstrierte. Konstrukteur dieser Lokomotive war übrigens Carl Hoppe (1812—1889), der zehn Jahre lang bei Egells arbeitete, bevor er sich 1844 selbständig machte. Die Lokomotive erwies sich aber trotz ihrer guten Technik als unverkäuflich, offenbar, weil Egells einen zu hohen Preis verlangte, während Borsigs 1844 ebenfalls ausgestellte Lokomotive „Beuth" mit Tender für 12 000 Taler zu haben war.

Der halbe Mißerfolg der Egellsschen Lokomotive erscheint symptomatisch: Gegenüber dem Konkurrenten Borsig, der die Fabrik seines Lehrherrn durch gezielte Grundstückskäufe förmlich einschnürte und schon Mitte der vierziger Jahre anderthalbtausend Arbeiter beschäftigte, geriet das Unternehmen von Egells ins Hintertreffen. Der Betrieb blieb zwar einer der größten Berlins und verharrte auf einem beachtlich hohen Niveau, verlor aber die führende Position, die er bis etwa 1840 innegehabt hatte. Entscheidend dafür war in erster Linie, daß es Egells nicht gelang, den Anschluß an die Eisenbahnkonjunktur zu gewinnen, die in den folgenden Jahren zum Motor der fortschreitenden Industrialisierung wurde.

Eine unfreiwillige Gemeinsamkeit erlebten die Konkurrenten Egells und Borsig während der Revolution von 1848. Als sich die Straßenkämpfe am 18. März entwickelten, versuchten Studenten, die Arbeiter der vor dem Oranienburger Tor gelegenen Maschinenbau-Anstalten für den Kampf zu gewinnen. Egells, der an der Kundgebung vor dem Schloß teilgenommen und seine Wohnung nach dem Ausbruch der Kämpfe nur mit Mühe erreicht hatte, berichtet, daß besonders jüngere Männer diesem Aufruf folgten. Er betont auch die Spontaneität des Ausbruchs, dem jede klare Planung fehlte, so daß es zu manchen unüberlegten Aktionen kam. Einen Artilleriebeschuß beantwortete die wütende Menge damit, daß sie die Wagenhäuser der Artilleriekaserne und die Kgl. Eisengießerei in Brand steckte.

Nach dem Ende der Straßenkämpfe versammelten sich die Arbeiter mehrerer Maschinenbau-Anstalten am 23. März und stellten einen Forderungskatalog auf, der unter anderem folgende Punkte enthielt: Lohnerhöhung von einem halben Taler wöchentlich, Verringerung der täglichen Arbeitszeit um eine Stunde, Lohnzuschläge bei Überstunden, Sonn- und Festtagsarbeit, Wegfall aller (in den Fabrikordnungen häufig vorgeschriebenen) Strafgelder. Am Sonntag, dem 26. März, „strömten, nachdem die friedlichen Verhandlungen mit den Prinzipalen zu keinem Resultat geführt hatten, sogenannte Deputationen der Arbeiter mit Ungestüm nach den Comptoiren der Herren Borsig, Egells, Freund, Woehlert etc. ... Nachdem sie die schriftliche Genehmigung aller dieser Forderungen ertrotzt hatten", schickten die Arbeiter eine Delegation zur Maschinenbau-Anstalt der Seehandlung nach Moabit, um dort die gleichen Forderungen vorzutragen.

Offensichtlich haben aber die Arbeiter doch nicht alle Forderungen erfüllt bekommen, sondern nur die Zusage erhalten, daß die Fabrikbesitzer darüber zu sprechen bereit seien, denn am 14. April 1848 trafen sich im Hause von F. A.

Egells nicht weniger als 23 Chefs von Berliner Maschinenbau-Anstalten und vergleichbaren Werkstätten und verabredeten eine gemeinsame Regelung über Arbeitslöhne, Arbeitszeit, Fabrikordnung, Vertrauensdeputierte, Betriebsgespräche und Altersversorgung — ein in manchen Punkten sehr modern anmutendes Dokument, das im Hause Egells' entstanden ist.

Nach dem Tode des Firmengründers, der im gleichen Jahr wie der 17 Jahre jüngere Borsig starb, nämlich 1854, blieb das Unternehmen noch im Familienbesitz. Die Söhne Egells' versuchten, dem Produktionsprogramm durch die Spezialisierung auf den Bau von Schiffsmaschinen eine neue Ausrichtung zu geben. Gemessen an der Zahl der Arbeiter und der Menge der produzierten Gußwaren, scheint jedoch ein allmählicher Rückgang eingetreten zu sein:

	Eisengußwaren (in Zentnern)	Anzahl der Arbeiter in MBA und Eisengießerei
1857	32 000	508
1864	29 000	440
1868	20 376	288
1871	26 000	386

Auf der anderen Seite dürfte die Firma von dem anlaufenden Flottenbau und den Kriegskonjunkturen profitiert haben, denn die Werkstätten wurden „unter wesentlicher Erweiterung aus Berlin nach Tegel verlegt", außerdem die Eintracht-Hütte in Oberschlesien mit den dazugehörigen Erzfeldern und Kohlengruben-Anteilen erworben und schließlich, im Zuge der voranschreitenden wirtschaftlichen Konzentrationsbemühungen, das ganze Unternehmen 1871 in die „Märkisch-Schlesische Maschinenbau- und Hütten-Aktiengesellschaft vorm. F. A. Egells" umgewandelt. Um dem Maschinenbau-Betrieb eine Werft anzugliedern, kaufte die Gesellschaft 1879 die in Konkurs gegangene „Norddeutsche Schiffbau-Actiengesellschaft" in Kiel. Nach einigen erfolgreichen Jahren geriet die Gesellschaft, als die Schiffbaukonjunktur nachließ, in Schwierigkeiten. Nach ihrer Liquidation wurde sie mit dem gesamten Besitz in die im November 1882 gegründete „Schiff- und Maschinenbau A. G. Germania" überführt, die bis 1902 am Tegeler See aktiv blieb und die Maschinen für die in Kiel gebauten Schiffe lieferte. Das Betriebsgelände am Tegeler See wurde zunächst vom Essener Krupp-Konzern übernommen, gelangte aber seit 1903 zunächst durch Pacht, seit 1910 durch eine Reihe von Kaufverträgen an die Borsigwerke.

So verlieren sich die letzten Spuren der Firma Egells, die ihren Stammsitz an der Chausseestraße bereits in den achtziger Jahren ganz aufgegeben hatte, auf dem Gelände der von Borsig übernommenen Germania-Werft am Tegeler See. Und während ein ganzer Ortsteil — Borsigwalde — an den erfolgreichsten Berliner Maschinenbau-Unternehmer erinnert, ist seinem Lehrherrn Franz Anton Egells 1904 die Ehrung durch einen Straßennamen zuteilgeworden. Die zu Beginn des Jahrhunderts noch vorhandene Borsigstraße ist mittlerweile durch das expandierende Borsigwerk geschluckt worden, doch die Egellsstraße, ursprünglich kurz vor dem Tegeler See auf die Germaniawerft stoßend, weist in seltener Übereinstimmung sowohl auf den Namen als auch auf den letzten Standort dieses frühen Berliner Maschinenbau-Unternehmens hin. Fast wie ein Symbol mutet es freilich an, daß die direkt auf das Borsig-Gelände zuführende Egellsstraße am Eingangstor dieses Werkes endet.

Literatur

Demps, Laurenz, *Die Maschinenbauanstalt von Franz Anton Egells und die Neue Berliner Eisengießerei — ihre Bedeutung für die Industrialisierung Berlins*, in: Berliner Geschichte. Dokumente, Beiträge, Informationen, H. 1 (1980), S. 14—31.
Gromodka, Oskar, *Franz Anton Egells*, in: NDB, Bd. 4, Berlin 1959, S. 323.
Gromodka, Oskar, *Julius Conrad Freund*, in: NDB, Bd. 5, Berlin 1959, S. 411 f.
Lärmer, Karl, *Berlins Dampfmaschinen im quantitativen Vergleich zu den Dampfmaschinen Preußens und Sachsens in der ersten Phase der Industriellen Revolution*, in: Karl Lärmer (Hrsg.), Studien zur Geschichte der Produktivkräfte. Deutschland zur Zeit der Industriellen Revolution, Berlin (Ost) 1979, S. 155—181.
Lindner, Helmut/Schmalfuß, Jörg (Hrsg.), *Hundertfünfzig Jahre Borsig Berlin-Tegel* (= Berliner Beiträge zur Technikgeschichte und Industriekultur. Schriftenreihe des Museums für Verkehr und Technik Berlin, Bd. 7), Berlin 1987.
Matschoss, Conrad, *Die Entwicklung der Dampfmaschine. Eine Geschichte der ortsfesten Dampfmaschine, der Lokomobile, der Schiffsmaschine und Lokomotive*, Bd. 1, Berlin 1908.
Mieck, Ilja, *Preußische Gewerbepolitik in Berlin 1806—1844. Staatshilfe und Privatinitiative zwischen Merkantilismus und Liberalismus* (= Veröffentlichungen der Historischen Kommission zu Berlin, Bd. 20), Berlin 1965.
Mieck, Ilja, *Der Staat und die Anfänge des Maschinenbaus in Berlin*, in: Karl Schwarz (Hrsg.), Berlin: Von der Residenzstadt zur Industriemetropole, Bd. 1, Berlin 1981, S. 97—110.
Mieck, Ilja, *Von der Reformzeit zur Revolution (1806—1847)*, in: Wolfgang Ribbe (Hrsg.), Geschichte Berlins, Bd. 1: Von der Frühgeschichte bis zur Industrialisierung, 2. Aufl., München 1988, S. 405—602.
Thienel, Ingrid, *Städtewachstum im Industrialisierungsprozeß des 19. Jahrhunderts. Das Berliner Beispiel* (= Veröffentlichungen der Historischen Kommission zu Berlin, Bd. 39), Berlin 1973.
Vorsteher, Dieter, *Borsig. Eisengießerei und Maschinenbauanstalt zu Berlin*, Berlin 1983.
Wietholz, August, *Geschichte des Dorfes und Schlosses Tegel*, Berlin 1922.

Dieter Vorsteher

August Borsig

Die Nachwelt simplifiziert bei ihrer Suche nach historischen Bündnispartnern oder entsprechenden Gegenbildern für ihre eigenen Entwürfe. So kennen wir August Borsig als Aufsteiger vom Handwerkersohn zum Unternehmer, als „Lokomotivkönig", als „Vater Borsig", als Kapitalisten, als „eisernen Vorarbeiter" und „Helden der Arbeit" oder einfach als „Preußischen Kopf" — je vielseitiger die historische Vorlage, um so vielfältiger die Legenden.

Es soll hier nicht nur der Techniker oder der Industrielle, der Unternehmer, der Baumeister oder der Bourgeois Berliner Prägung vorgestellt werden. Will man sich heute der Person August Borsig sinnvoll nähern, so muß man das von ihm geschaffene Gesamtkunstwerk im Blick behalten. Gerade der Mangel an Einseitigkeit ist sein Kennzeichen, der Versuch, Kunst und Technik, Kultur und Industrie zusammenzubringen, war sein Lebensentwurf.

Die ersten Lebensjahrzehnte von 1804 bis 1835 verliefen, gemessen am Lebenslauf anderer Vertreter seiner Zunft, wenig auffällig. In Breslau geboren, vermittelten ihm die Unterweisungen seines Vaters, eines Zimmerpoliers, und die Ausbildung bei einem Zimmermann einige handwerkliche Fähigkeiten. Nach einem Besuch der Kunst- und Bauhandwerks-Schule in Breslau von 1819 bis 1823 belegen Zeugnisse seinen Fleiß im technischen Bauzeichnen. Auch soll er sich im Zeichnen „schöner Säulen" nach den Vorlagen der Alten hervorgetan haben. Für eine wohl als Abschlußarbeit gedachte technische Zeichnung einer holzversteiften Kuppel nach italienischem Vorbild (vermutlich Bramante) erhielt er die „Große silberne Preis-Medaille". Der neunzehnjährige Borsig erschien seinen Lehrern an der Breslauer Bauschule im technischen Zeichnen entwicklungsfähig, und so schickten sie ihn mit einem Stipendium nach Berlin an das „Königlich Preußische Gewerbeinstitut", das erst 1821 gegründet worden war und auf dem die großen Hoffnungen des preußischen Staates ruhten.

Die theoretische Ausrichtung des Gewerbeinstituts war nun gar nicht nach dem Geschmack des Zugereisten, der mehr der praktischen Vernunft und dem konstruktiven Architekturentwurf zugetan war. In dieser Zeit mag sein Unwille gegen Chemie und höhere Mathematik entstanden sein. Noch in den vierziger Jahren fuhr er einen Mitarbeiter seines Konstruktionsbüros an: „Ihre Formel taugt nichts, sie ist zwei Zoll zu lang!". Mehr schlecht als recht hielt er es kaum zwei Jahre am Gewerbeinstitut unter Christian Peter Wilhelm Beuth aus und verließ es dann ohne Abschluß 1825. Wie gespannt das Verhältnis zwischen Beuth und Borsig im einzelnen war, ist nicht belegt. Warum auch? In den Augen des Institutes war er ein äußerst mittelmäßiger Schüler, der ohne Abschluß aufgab und wohl kaum in den Annalen des preußischen Gewerbefleißes Erwähnung finden würde. Vermutlich hat es mit der Bemerkung seine Richtigkeit, nach der Beuth die Segnungen der Anstalt nicht an Borsig verschwenden wollte, da dieser nach seiner Überzeugung doch nie imstande sein werde, in einem Fach etwas zu leisten. Verständlich ist dann auch, daß Borsig ihn später bei einer Besichtigung seiner Fabrik durch Zöglinge des Gewerbeinstitutes hinter vorgehaltener Hand einmal einen „groben Alten" genannt haben soll, der ihm auf dem Gewerbeinstitut gesagt habe, er solle Schuster und nicht Mechaniker werden. — Ob er überhaupt je ein Mechaniker werden wollte, ist fraglich.

Diese Fehleinschätzung des königlichen Institutes im Hinblick auf den einundzwanzigjährigen Breslauer wirft einen Schatten auf den im übrigen glanzvollen preußischen Versuch, die Entscheidungen über den wirtschaftlichen Anschluß an Westeuropa in die Hand der Bürokratie zu legen. Der rüde Umgang der Residenz mit dem Eleven aus Breslau setzte diesem arg zu. Nach dem unrühmlichen Austritt aus dem Gewerbeinstitut erwog er, nach Breslau zurückzukehren, der erste Versuch einer Berufsfindung war gescheitert. Der verheißungsvolle Aufstieg vom Zimmermannslehrling über die Breslauer Kunst- und Bauhandwerks-Schule zum Eleven des Gewerbeinstitutes der Residenzstadt mit der Ambition, technischer Bauzeichner zu werden, war jäh unterbrochen.

Auf diesen Bruch in der Entwicklung Borsigs ist bisher nicht nachdrücklich genug hingewiesen worden. Aus seiner künstlerischen Leidenschaft heraus ist zu verstehen, wieso Borsig bei seinem weiteren Lebensentwurf neben den unternehmerischen Erfolgen immer wieder baukünstlerische Betätigungen suchte und Gestaltungsfragen im Sinne einer bürgerlich-humanistischen Gesellschaft beantwortet wissen wollte. Bis zu seinem Lebensende beschäftigte ihn die Idee einer umfassenden Synthese von Industrie und Kultur, von Technik und Kunst. Nur aus der persönlichen Spannung des architektonisch ambitionierten Zeichners und des 1825 in die Maschinenbau-Anstalt von Anton Egells eintretenden Lehrlings ist die schöpferische Kreativität erklärbar, die uns an der Person Borsig fasziniert und die die Zeit überdauerte. Seine Gedanken hat er nicht in Memoiren der Nachwelt anvertraut — Worte fanden nur andere über ihn. Einzig durch die von ihm errichteten und angeregten Bauten, durch die Anstrengungen und Risiken, die sich am Produktionsumfang seiner Fabriken ablesen lassen, und durch die kulturelle Verantwortung, die er der Industrie auferlegte, erschließt sich uns ein Bild von visionärer Kraft, das mit den eingangs genannten Begriffen „eiserner Vorarbeiter" oder „Lokomotivkönig" nicht hinreichend faßbar ist.

Nach zwei Lehrjahren übernimmt er 1827 die Leitung der 1826 gegründeten Gießerei von Egells. Die Entscheidung, gerade die Gießerei zu übernehmen, war kein Zufall. Denn hier war weit mehr Kreativität beim Zeichnen, Formen und Bearbeiten der Gußstücke erforderlich als in der Dreherei, der Kesselschmiede und den Montagewerkstätten. Nicht zu vergessen sind die zahlreichen Aufträge für das Kunstgewerbe und für gegossene Architekturteile, die nicht nur die Königliche Eisengießerei herstellte, sondern auch die privaten Gießereien. Gerade hierin hatte sich Borsig bei Egells ausgezeichnet, nannte doch das Zeugnis von 1827 ausdrücklich seine Fähigkeiten im Zeichnen und Modellieren.

1828 heiratete Borsig die Pfarrerstochter Louise Praschl, ein Jahr später wurde der einzige Sohn Albert geboren. Die Familie bewohnte eine der neuerbauten Werkswohnungen in der Chausseestraße direkt neben der Gießerei, die er neun Jahre leitete. In dieser Zeit hat er sich ein kleines Vermögen erspart, das aber nicht einmal den zehnten Teil des finanziellen Aufwandes betrug, der zur Gründung einer Gießerei notwendig war. Wann der Plan zum Bau eines eigenen Unternehmens reifte, ist nicht überliefert. Es könnte im Jahre 1834 gewesen sein, denn die Gründung des Zollvereins zum Januar 1834 führte zu zahlreichen spekulativen unternehmerischen Projekten in ganz Preußen. Zumindest bemühte sich auch Borsig Mitte der dreißiger Jahre um die Baugenehmigung für eine Eisengießerei; die Genehmigung ermöglichte ihm den Kauf eines Geländes und schließlich war der Besitz des Geländes die Voraussetzung für die Gewährung des Bürgerbriefes: Am 20. Dezember 1836 wurde August Borsig Bürger von Berlin. Am 1. Januar 1837 endete sein Vertrag bei Egells. Und noch ein weiteres Indiz weist auf die Jahre 1834/35 als Zeitpunkt, sich zur Selbständigkeit zu entschließen, hin: Borsig tritt dem Verein zur Beförderung des Gartenbaues in den Königlich Preußischen Staaten bei. Man muß wissen, wer alles diesem Verein angehörte, um diese Mitgliedschaft einzuordnen, denn es war sicherlich nicht nur seine Freude an Blumen, die ihn zum Beitritt trieb. In diesem Verein trafen sich unter anderen Joseph Peter Lenné, Alexander von Humboldt, Ludwig Persius, Friedrich August Stüler und Carl Friedrich Schinkel. Unter den Genannten befinden sich Personen, mit denen Borsig seit 1838 geschäftlich verkehrte und die ihm den Weg zu staatlichen Bauaufträgen ebneten. Über Blumenkandelaber, Parkbrücken, Garteneinfassungen und Fontänenanlagen führte ihn der Weg seit 1842 zu den Architekten der Bauakademie.

Aber bis dahin wurde eine Aufbauzeit durchmessen, die keineswegs ein gezieltes Produktionsprogramm erkennen ließ: 117 000 Schrauben für die Berlin-Potsdamer-Eisenbahn, gußeiserne Kandelaber, eiserne Bilderrahmen und Federschalen, Schienenstühle und die vier Löwen für die noch heute bestehende kleine Brücke im Tiergarten. Alles in allem könnte man sagen, industrielles „Kleinvieh" und Kunstgewerbliches kennzeichneten den Beginn des Borsigschen Unternehmens. Mit einem durch Hypotheken hochbelasteten Grundstück und mit 50 000 Talern Kredit kann der Beginn des Unternehmens als außerordentlich mutig bezeichnet werden. Bei der Errichtung der Gießerei 1837 hatte Borsig keine der staatlichen Kredite in Anspruch genommen, die für junge

Unternehmer vorgesehen waren, und sich an einen Privatmann gewandt, der ihm das Kapital von 50 000 Talern zur Verfügung stellte. Daß der Erfolg sich in den ersten Jahren nicht einstellte, mag ein Schreiben von Borsig aus dem Jahre 1838 an seinen Vater in Breslau belegen, in dem er mehr ängstlich als knauserig bekennt, er könne seinen Bruder, der auch in Berlin lebte, nicht mehr unterstützen, da der Aufbau der Fabrik dies nicht zulasse.

Trotz der schwierigen persönlichen Finanzlage ging der Ausbau des Unternehmens weiter. 1839 entschloß Borsig sich, die Fertigung von Dampfkesseln aufzunehmen, und legte damit den Grundstein für Ruhm und Reichtum der folgenden Jahrzehnte. Ob es sein unternehmerischer Instinkt oder eine Mitteilung auf einer Versammlung des Gartenbauvereins war, daß Friedrich Wilhelm IV., wenn er erst einmal König sei, die gescheiterte Fontänenanlage Friedrichs des Großen in Sanssouci vollenden wolle, wissen wir nicht. Aber bereits 1840 ist es soweit, Friedrich Wilhelm IV. wird König und die technischen Planungen für die Fontänen- und Bewässerungsanlagen in Sanssouci beginnen.

Borsig übernahm diesen bizarren Auftrag, der auch den Bau der bisher größten preußischen Dampfmaschine vorsah. An einen finanziellen Gewinn kann er dabei nicht gedacht haben, wichtiger waren ihm das mit diesem Auftrag verbundene Prestige und der Gewinn an Überzeugungskraft für seine Dampfmaschinen bei Privatkunden. Und auch auf seinen künstlerischen Sachverstand führte ihn der Auftrag zurück. Kunst und Technik zu vereinen, war die an ihn und Persius gestellte Aufgabe. Denn nicht nur die größte Dampfmaschine sollte entstehen, sondern alle architektonischen Details — innen wie außen — sowie die tragende Konstruktion sollten im byzantinischen Stil aus Eisen und Metall hergestellt werden. Hier war der Zimmermann, der technische Zeichner, der mit der Stilgeschichte Vertraute, im Eisenkunstguß und Maschinenbau ausgebildete Unternehmer der geeignete Gesprächspartner für die Architekten in den Gärten von Sanssouci. Borsig bestand mit diesem Auftrag die sicherlich entscheidende Prüfung seines Lebens. Das Gesamtkunstwerk funktionierte im Oktober 1842 zur großen Erleichterung der beteiligten Architekten und Baubeamten und zur größeren Freude Seiner Majestät.

Mit dem Jahr 1842 war der gesellschaftliche Durchbruch des Unternehmers Borsig erreicht — der wirtschaftliche setzte unmittelbar danach ein. Mit den bedeutendsten preußischen Architekten plante er von nun an Kirchenkuppeln, Bahnhofshallen und Brückenkonstruktionen. Man ließ ihm und seinem Konstruktionsbüro freie Hand in Fragen des Ingenieurbaus, und man würdigte seine Verdienste um das Ansehen der preußischen Industrie durch schmückende Orden. Und nach der Fertigstellung der Kuppel über der Kapelle des Stadtschlosses 1851 ernannte ihn der König zum Kommerzienrat.

Der Personenkreis, der sich Borsig durch diese Aufträge eröffnete, entstammte der Beamtenschaft oberster preußischer Bau- und Gewerbebehörden, die zunehmend die Zusammenarbeit mit ihm suchten. Daß er häufig auch

Aufträge annahm, obwohl die vereinbarte Auftragssumme unter seinen Kostenvoranschlägen lag, beweist sein geschäftspolitisches Interesse. Boten jene Aufgaben doch Gelegenheit, staatliche Anerkennung und Beachtung in der Öffentlichkeit zu erlangen.

Mit dem Pumpwerk für Sanssouci hatte sich das Unternehmen, gemessen an seiner Kapazität, übernommen. Während der Bauzeit mußten einige Teile aus England beschafft werden, um die vertraglich festgelegte Frist für die Fertigstellung einzuhalten. Die dadurch entstandenen Verluste konnten durch die Aufträge der privaten Kundschaft ausgeglichen werden. Das Hauptbuch der Firma belegt in diesen Jahren weitreichende geschäftliche Kontakte mit allen preußischen Eisenbahngesellschaften.

Die Erkenntnisse, die beim stationären Dampfkesselbau gewonnen wurden, setzte das Unternehmen bei der Konstruktion der rollenden Dampfkessel, der Lokomotiven, ein — und umgekehrt. 1841 verließ die erste Lokomotive „Borsig" die Fabrik, im Jahre 1846 wird es die Hundertste und 1854 die Fünfhundertste sein. Seit 1843 liefen die Borsiglokomotiven der englischen Konkurrenz davon. Zwanzig Jahre nach seinem Austritt aus dem Gewerbeinstitut konnte er den Geheimrat Beuth mit dessen Schülern durch die eigenen Fabrikhallen führen, der größten Lokomotivfabrik in Preußen. Und im gleichen Jahr, 1844, stellte er auf der Gewerbeausstellung im Berliner Zeughaus die preisgekrönte Lokomotive „Beuth" aus. Aber er gab sich mit den wirtschaftlichen, technischen und gesellschaftlichen Erfolgen seiner Anlage nicht zufrieden. Der Zimmermann aus Breslau, der sich aus der Handwerkerzunft heraus zum Baukünstler entwickeln wollte, um sich Raum für seine künstlerischen Neigungen zu schaffen, hatte in den letzten Jahren erfahren, daß der Weg über die Maschinenbaulehre ihm jetzt die Aufgaben stellte, die er sich von seiner Ausbildung am Gewerbeinstitut versprochen hatte: technische und baukünstlerische Erfordernisse zu verbinden, um sie in den Dienst der Gesellschaft zu stellen.

Aber nicht erst jetzt — als die finanziellen Mittel zur Verfügung standen, erfüllte er sich seinen künstlerischen Anspruch, den er an das Erscheinungsbild der Industrie stellte. Schon während der Planung für seine erste Fabrik 1836 achtete er sowohl auf Ästhetik als auch auf Funktionalität der Anlage. Die Zeichnungen der ersten Bauanträge stammten von ihm. Bis 1844 waren sämtliche Erweiterungsbauten seine Angelegenheit. Erst danach nimmt er sich den bedeutenden Schinkelschüler Johann Heinrich Strack zum Hausarchitekten, mit dem er und später sein Sohn die aufsehenerregenden Fabrikanlagen und die größte Fabrikantenvilla in Preußen vor der Gründerzeit errichtet.

Trotz der laufenden Zinszahlungen an seinen Kreditgeber lieh sich Borsig bereits 1842 erneut ein Kapital von 20000 Talern zum Ankauf von Gelände an der Spree in Moabit. Hier sollten in den Jahren 1843 bis 1845 seine Villa für zunächst 50000 Taler und die Maschinenbauanstalt von 1849 nach anspruchsvollen Entwürfen entstehen, die er zusammen mit Strack als Gesamtentwurf plante. Die erste Fabrik von 1837 stieß bereits fünf Jahre später an die Grenzen ihrer räumlichen Kapazität. Lokomotivbau und Maschinenbau sollten in Zukunft getrennt werden. Im Zuge der baulichen Vorbereitungen setzte Strack in das bestehende Fabrikensemble mit einem das Panorama beherrschenden Uhrturm einen weithin sichtbaren Akzent. Er zitierte sowohl das antike Vorbild des Turmes der Winde aus Athen wie auch die Wehrtürme der mittelalterlichen Städte der Mark Brandenburg. So verbanden sich griechische Klassizität mit dem Selbstbewußtsein des aufstrebenden Bürgertums aus der Zeit der Hanse. Beides präsentierte sich in den Borsigschen Fabrikanlagen. Darüber hinaus zeigten die architektonischen Formen, die Strack und Borsig zum Teil von königlichen Industriebauten aus Oberschlesien übernahmen, daß Borsig die kulturelle und zivilisatorische Bedeutung, die er seinen Produkten beilegte, mit Hilfe dieser Baukultur gesellschaftsfähig machte und sie als festen Bestandteil der Kultur auswies. Gerade in den verschiedenen Turmbauten und Fassadenentwürfen dokumentierte sich sein Verlangen, die Industrie in die abendländische Kultur einzubetten, die moderne Zweckrationalität der Produktionshallen mit der antiken Naturmythologie (Turm der Winde) zu vereinen.

Dieses Konzept setzte er auch bei der Borsigschen Villa um. Sie brach mit allen Vorstellungen, die man sich bisher von Fabrikantenvillen in Berlin gemacht hatte. Nicht nur die Größe des Hauses, das in einem weitläufigen Park lag, sondern auch die daran anschließenden Treibhäuser wurden zu einer Sehenswürdigkeit der Residenz und gehörten schon bald zum Pflichtbesuch für jeden Bildungsreisenden. Architekt und Bauherr vereinten sich zu einem idealen Gespann. Wenige überlieferte Skizzen belegen die Beteiligung Borsigs an der baukünstlerischen wie auch technischen Ausführung. Sie zeigen nicht nur, daß sich Borsig mit Detailfragen wie der Fensterverriegelung beschäftigte, sondern sie bezeugen auch seine Einflußnahme auf die architektonische Dekoration. Für die Kapitelle der Loggia zum Beispiel zeichnete er flüchtig einige Variationen im maurisch-byzantinischen Stil, die möglicherweise an sein erfolgreiches Dampfmaschinenprojekt in Sanssouci erinnern sollten. Die technischen Einrichtungen des Gebäudes, so eine Warmluftheizung nach eigener Konstruktion, waren für die höchsten Ansprüche eingerichtet. Das Landgut wurde in den folgenden Jahren zu einem Gesamtkunstwerk ausgebaut, zu einem Arkadien der Industrielandschaft. Eine Bibliothek, ein Speisesaal und ein großzügiger Empfangsraum mit einem vierundzwanzigteiligen Deckengemälde, auf dem Darstellungen der griechischen Mythologie, der germanischen Sagenwelt und Personifikationen der Industrie einen eigenwilligen historischen Überblick über die Entwicklung der Kulturgesellschaft gaben, standen im Mittelpunkt des Hauses. Vollplastische figürliche Treppengeländer belegten die Kunstfertigkeit der Eisenindustrie. Sie alle stammten aus der Borsigschen Gießerei. Wie ein Warenkatalog der Firma lasen sich die architektonischen Bestandteile der Anlage: Treibhäuser aus Glas und Eisen, gußeiserne Treppenanlagen und Kandelaber, Dampfheizung, eine dampfgetriebene Fontäne im Park und ein durch die Abwärme der angrenzenden Fabrik geheiztes Orchideenhaus.

Zusammen mit dem in den Jahren nach 1847 direkt neben dem Landgut errichteten Eisenwalzwerk bildete sich ein einzigartiges architektonisches Ensemble aus Treibhäusern mit exotischen Pflanzen, aus luxuriöser Wohnkultur und dröhnenden Produktionsstätten der Industrie. Hier waren architektonische Gefäße geschaffen worden, die einerseits fremdländischen Treibhauspflanzen in der kargen Mark Brandenburg ein Zuhause boten, andererseits der Erweckung und Beherrschung der Naturkräfte galten. Zeitgenossen beschrieben bewegt ihre Eindrücke. Hier finde sich „die dämonische Dampfkraft, der Feuergeist in riesigen Eisenkörpern, der diesen Teil der Stadt zu seiner Werkstätte, zum Schauplatz seiner rastlosen lärmenden Thätigkeit erwählt hat ... Wohin man das Auge richtet, erblickt man thurmhohe, zugespitzte Schornsteine; ein weites Gebiet, bedeckt mit Obelisken, die der Pharao der Industrie erbaut hat. Der Berliner Volkswitz nennt daher diese Gegend das ‚Feuerland‘, denn jene Essen sprühen Funken und athmen schwarzen Rauch aus, wie die Feuerstätten des Vulcans." Mit dem Uhrturm auf dem Gelände der Lokomotivfabrik und mit der Gesamtanlage in Moabit setzte er nicht nur architektonische Zeichen in die Berliner Industrielandschaft, sondern es bildeten sich Zentren städtebaulicher Gruppierungen, die in wenigen Jahren zum sichtbaren Ausdruck einer neuen gesellschaftlichen Klasse wurden.

Borsigs Aufstieg erfolgte in der Zeit des Vormärz nach der Regierungsübernahme durch Friedrich Wilhelm IV. Innerhalb von zehn Jahren stieg die Zahl seiner Beschäftigten von fünfzig auf über eintausend. Der Maschinenbau war in diesen Jahren der expansionsfreudigste Wirtschaftszweig. Die zyklischen Wirtschaftskrisen waren der am Anfang stehenden Industriegesellschaft noch weitgehend unbekannt. Die Entlassung von über 400 Arbeitern seiner Werke in den Jahren 1847 und 1848 wirft ein kleines Licht auf den Arbeitsmarkt vor der Berliner Revolution vom März 1848, an der auch die Maschinenbauer beteiligt waren. Der politische Anspruch des Wirtschaftsbürgertums, der sich im Vormärz gegen Hemmnisse und Restbestände eines feudalen Wirtschaftsdenkens richtete, hatte in Aussicht gestellt, daß durch einen Triumphzug der Technik die gesellschaftlichen Konflikte dereinst bewältigt würden. Diese Hoffnung schien seit 1847 auch für die Maschinenbauer zunehmend in Frage gestellt.

Auf die Nachricht von der Berliner Revolution eilte Borsig von einer Reise durch die englischen Industriebezirke nach Berlin zurück und wurde hier zum Kommandeur einer Bürgerwehr ernannt. Er stellte daraufhin eine Ordnungstruppe aus seinen Arbeitern zusammen, die er so auf Staatskosten wieder einstellen konnte. Mit ihr ging er gegen wilde Demonstrationen des Landarbeiter und Handwerkerproletariats vor. Das Standesbewußtsein der Industriearbeiter hatte sich bereits in den vierziger Jahren dahin entwickelt, daß sie sich als Klasse einer neuen Gesellschaft definierten und sich als Beteiligte an der Überwindung der maroden feudalen Wirtschaftsform sahen. Dieser Schulterschluß zwischen Kapital und Arbeit läßt sich häufig in der ersten Generation der Unternehmer, die selbst noch dem sozialen Status des Handwerkers angehört hatten, feststellen. Gerade hierin unterschieden sich die Fabrikanten der Maschinenbauanstalten von den Verlegern der Textilproduktion der schlesischen Weber. Auch auf die Forderungen der Arbeiter reagierte Borsig besonnen. Es durften in seinen Fabriken Deputierte gewählt werden, die als Sprecher für die Interessen der Arbeiterschaft vom Fabrikanten anerkannt wurden. Im Jahre 1848 baute Borsig einen Speisesaal, ein Badehaus und einen Unterrichtsraum auf dem Gelände der Lokomotivfabrik.

Schon vor der Konfrontation während der Berliner Revolution hatte Borsig eine Kranken- und Unterstützungskasse für die Arbeiter eingerichtet, in die Unternehmer wie Arbeiter regelmäßig einzahlten. Im Jahre 1846 zahlte eine dieser Kassen zum Beispiel über 3300 Taler Krankengeld aus. Weit vor der Sozialgesetzgebung Bismarcks hatten diese aus der Tradition der Handwerkerzünfte stammenden Einrichtungen Platz in dem sozialpolitisch motivierten Unternehmertum Borsigs. Nicht nur einen Beitrag zum technischen Fortschritt wollte er liefern, sondern auch durch die Industrie zum gesellschaftlichen Fortschritt beizutragen, war sein Wunsch. In der von ihm patriarchalisch geführten Welt der Industrie, die nie den Herr-im-Haus-Standpunkt aufgegeben hätte, gab er sozialen Ideen durchaus ihre Berechtigung im kulturellen Ensemble des von ihm geschaffenen Gesamtentwurfes einer von Technik und Kultur geprägten Zivilisation. Denn für einen exemplarischen Gesellschaftsentwurf hielt er sein Werk. Auch die bei ihm Beschäftigten nahmen für sich in Anspruch, durch ihre Tätigkeit an der Verwirklichung beteiligt zu sein.

Borsig war sich dieser Vorreiterrolle in der preußischen Industrie wohl bewußt. Auf einer Versammlung, in der die Unternehmer Berlins über die Forderungen der Arbeiter im März 1848 berieten, konnte er sagen: „Die Arbeiter meiner Fabrik werden längst die Überzeugung gewonnen haben, daß ich mich fortwährend damit beschäftigte, Überstände und Unordnungen zu beseitigen und dagegen jede mögliche Verbesserung einzuführen, welche nicht nur das Wohl der Arbeiter befördert, sondern auch das Fortbestehen der Anstalt sichert." Die Borsigarbeiter galten, gemessen an anderen Industriearbeitern Berlins — auch im Vergleich zu anderen Maschinenbauern — als privilegiert. Die Facharbeiter seiner Werkstätten erhielten während der Aufbauphase bei Borsig 400 bis 700 Taler jährlich. Das war mehr, als ein preußischer Dorfschullehrer in den vierziger Jahren des 19. Jahrhunderts verdiente.

Aus dem Handwerkerstand kommend, gehörten die Schlosser, Dreher, Gießer und Schmiede zu dem Teil des Handwerks, der zunächst nicht von der Proletarisierung betroffen wurde, sondern durch die Arbeit in der Industrie auf der sozialen Stufenleiter über dem Handwerker stand. Auch als die offensichtlichen Nachteile — fortschreitende Arbeitsteilung, Konkurrenzdruck, körperliche Belastung durch die Maschinerie und die Reglementierungen durch Fabrikordnungen — deutlich spürbar wurden, identifizierten sich die meisten Borsigianer weiter mit der Firma. Auf den Jubiläen feierten sie ihre Firma mit eigenen Gedichten und trugen zur Gestaltung der Festlichkeiten bei.

Dies berührt einen weiteren Aspekt der kulturellen Anstrengung während der Frühindustrialisierung, für die Borsig wiederum beispielhaft wirkte: die Feste aus Anlaß der Produktjubiläen. Neben der bloßen Chronologie nach Jahren existierte die Firmengeschichte der Kapitalakkumulation. Sie ist die weitaus interessantere. Neben der Architektur waren die Feste Manifestationen des Selbstbewußtseins der Industriegesellschaft. Unter den Produkten traten hier die Lokomotiven hervor, die man als „feurige Vorläufer der nationalen Idee" feierte. Anläßlich der Feiern wurden die Aufgaben der Industrie für Gegenwart und Zukunft formuliert und der Auftrag, den die Borsigschen Produkte dabei erfüllen sollten, näher bestimmt. Der Umfang und die Vielfalt der Festlichkeiten zur Zeit des wirtschaftlichen Aufschwungs waren Ausdruck eines gemeinsamen Interesses von Kapital und Arbeit. Für die Maschinenbauer waren es Tage, an denen sich ihr Stand vor der Öffentlichkeit gesellschaftlich qualifizieren konnte und sie den Bürgern Berlins kenntlich machten, wodurch sie sich vom städtischen Proletariat unterschieden. 1846, zur hundertsten Lokomotive, besangen die Arbeiter den Neubeginn des Vaterlandes, die Verwirklichung des „kühn denkenden Menschengeistes" in der Industrie, der den Weg zur Völkerverständigung einschlage und ein neues Lebensgefühl schaffe.

Und nicht nur die Facharbeiter und Meister waren es, die am finanziellen Erfolg der Firma beteiligt wurden. Gerade in der Zeit von August Borsig spiegelte sich der finanzielle Erfolg des Unternehmens auch in den Löhnen seiner Fabrikarbeiter wider. Für die aus dem Handwerk abwandernden Tischler, Schmiede, Schlosser und so weiter konnte ihr Fabriklohn zu einem geringen Wohlstand führen. Mit einem Jahreseinkommen zwischen 240 und 500 Talern lagen sie schon über dem Existenzminimum, das von abhängigen Handwerkern erreicht werden konnte. Wohlhabend konnte sich schon nennen, wer in den vierziger Jahren 400 bis 500 Taler verdiente. Dieser Verdienst wurde vergleichsweise von Bäckern, Fleischern, Gastwirten, kleineren Händlern und Fuhrunternehmern erzielt. Der soziale Fortschritt, den die Industrie allen bringen wollte, schien sich bei den Borsigarbeitern als Tatsache zu erweisen.

Dieser Erfolg läßt den wohl einmütigen Jubel der Borsigarbeiter bei den Jubiläen verstehen. Kaum einer von ihnen wollte die Rolle des „Totengräbers des Kapitals" übernehmen, sondern sie begnügten sich mit der Rolle von Verehrern und hoffnungsvollen Teilhabern an einem gesellschaftlichen Gesamtentwurf, in dem sie, wenn auch bescheiden, im Vergleich zur Verarmung im Handwerk, eine relativ gesicherte Position einnahmen. Noch 1862, Albert Borsig hatte inzwischen die Leitung übernommen, sangen die Arbeiter der Borsigschen Fabriken zum Firmenjubiläum: „Wir sind der Zukunft Heer."

Das hier abgebildete Schmuckblatt zur Feier der fünfhundertsten Lokomotive entstand im letzten Lebensjahr von August Borsig. Es zeigt uns eine Ansicht der Lokomotivfabrik in der Chausseestraße. Die Personen und Figurationen sind als Bildkommentar gedacht und erschließen uns das Gesamtkunstwerk eines Fabriksystems, das auf dem Höhepunkt seiner Entwicklung zur Zeit des Gründers steht. Aus einem Ehrenkranz des „Gewerbefleisses" blickt uns im Zenit des Schmuckblattes das Portrait August Borsigs an. Aus dem Gebinde des Kranzes von Eichenlaub wachsen zwei Putti „Feuer" und „Dampf". Während der Knabe des Prometheus die brennende Fackel in der Hand hält und auf das glühende Eisen der Gießhalle blickt, bläst „Hans Dampf" die Maschinen in der Feilerei und dem Drehsaal an. Rechts und links bilden Arbeiter und Ingenieur die Säulen des Unternehmens. Wie Stifterfiguren sitzen und stehen sie vor dem Andachtsbild der Fabrik. Die Idylle von Mutter und Kind verspricht Broterwerb, das die Werkzeuge umrankende Eichenlaub kündet von der Ehre der Arbeit. Die geistige Nahrung nehmen unter dem Schutz Minervas die Knaben zu Füßen des Ingenieurs auf. Unter der Fabrikansicht glänzt, umgeben von einem Lichtkranz, die geschmückte Lokomotive. In einem Nest aus Palmzweigen und Eichenlaub thront sie wie eine Henne auf den eiförmigen Fruchtbarkeitssymbolen der Jubiläumsplaketten ihrer im Hunderter-Rhythmus gezählten Vorgängerinnen.

Die Botschaft ist leicht deutbar. August Borsig, Günstling des Gewerbefleißes, Gebieter über Feuer und Dampf, stellt die Elemente in den Dienst der industriellen Produktion, gibt die Natur frei zur Aneignung und Umformung durch die Industrie. Die wohlgeformten pflanzlichen Arabesken verwandeln sich unter der Hand des Schöpfers während des Herstellungsprozesses in gußeiserne, nicht weniger naturhafte Imitationen. Dieser Metamorphose dienstbar sind Arbeit und Wissenschaft, denen neben dem Broterwerb die Ehre zuwächst, teilzuhaben am großen Zivilisationsprozeß der Menschheit. In der Komposition des Jubelblattes manifestiert sich die hierarchisch-patriarchalische Führungsstruktur des Borsigschen Unternehmens, die aus Subordination unter den Patriarchen wie auch unter die elementaren Naturkräfte besteht.

Zeitgenossen, die die Fabriken 1848 betraten, schrieben — fasziniert von den überwältigenden Eindrücken — von einer neuen Schöpfungsgeschichte, dem Anfang einer neuen Welt, die August Borsig zu schaffen begonnen habe: „Wie der Geist Gottes über den Wassern, so schwebt über diesem Chaos der Geist seines Schöpfers: der Geist der Ordnung ... und wie sich der Dampf mächtig in den Kessel drehte, hob sich auch unsere Brust bei dem Gedanken: Wir alle sind berufen Menschen zu sein, und jeder Mensch kann mit Gott eine Welt aus sich selbst erschaffen" *(Illustrierte Zeitung)*.

Bei aller Rationalität und allem Zukunftsoptimismus, die eine solche technische Welt inszenieren konnten, fehlte den meisten Berichterstattern der Sinn für die hinter den Kunstformen verborgenen sozialen Probleme. Verständlicherweise waren sie auch nicht Thema der Jubelfeiern und der Schilderungen in den bürgerlich-liberalen Zeitschriften. Gerade bei diesen Gelegenheiten sollten Zukunftsvisionen entwickelt, die Industriearbeit als Kulturbeitrag beschworen und die Eingliederung der technischen Zivilisation in die bestehende Gesellschaft betrieben werden. Daß Borsig diese integrative Kraft besaß und für seinen Ausschnitt von Wirklichkeit entwickeln konnte, beruhte auf seiner persönlichen Verbindung zur abendländischen Kultur, die Idealismus, Huma-

August Borsig
(1804—1854)
und seine Lokomotivfabrik
Lithographie von Ludwig Burger und Theodor Albert
anläßlich der Fertigstellung der 500sten Lokomotive 1854

nismus und Naturwissenschaft zu harmonisieren versuchte. In dieser Einstellung traf er sich mit Alexander von Humboldt und darüber hinaus mit der Schicht des Berliner Bildungsbürgertums zur Mitte des 19. Jahrhunderts.

Vergleicht man die Entwicklung vom Fest der hundertsten Lokomotive im Jahre 1846 mit dem zur fünfhundertsten 1854, so ist festzustellen, daß beim letzteren das Fabriksystem als Ganzes Bedeutung für die Darstellung einer gesellschaftlichen Utopie gewann. Nicht mehr nur das Produkt, sondern der gesamte Borsigsche Entwurf aus Fabriken, Villa, Gartenanlagen, sozialen Einrichtungen, Festveranstaltungen stand beispielhaft für die kulturelle Leistung der Industrie. Industrie, das war für die Zeitgenossen Wohlstand und Glück für das Volk. Wohin ihre schöpferischen Gedanken drangen, verwandelte sie das

Gemeinwesen, das nun einem höheren sittlichen Zwecke dienen sollte. Das Borsigsche Lebenswerk war noch vor Alfred Krupp in Essen und weit vor Emil Rathenau und Peter Behrens in Berlin zur Mitte des 19. Jahrhundert ein greifbares Zeugnis für den Beginn einer humaneren Menschheitsgeschichte unter der Führung der preußischen Industrie und ihres Schöpfers: August Borsig.

Von innen heraus, aus der Maschinerie, dem Herzstück der Produktion, hatte sich die Philosophie des Fabriksystems entwickelt. Vom Zwang der körperlichen Arbeit sollten die Maschinen den Menschen befreien und ihm die Gestaltung eines sinnvolleren, humaneren Lebens ermöglichen. Die Arbeit, nun von Maschinen ausgeführt, ließ allen, so schien es den Verfechtern des Fabriksystems, genügend Zeit und Kraft zur Entfaltung vielfältiger gesellschaftlicher Fähigkeiten. Den Menschen sollte die Möglichkeit gegeben werden, sich als kulturfähige, sittliche Mitglieder einer neuen Gesellschaft zu erweisen. Borsig stand mit seinem Lebenswerk am Anfang und im Mittelpunkt dieser Vision einer Industriegesellschaft.

Dieser Optimismus, der bestehenden Welt durch die „schöpferischen" Kräfte der Industrie ein neues Siegel aufzudrücken, hat sich inzwischen wohl als der zweifelhafteste solcher Versuche in der Menschheitsgeschichte erwiesen, dies um so mehr, je weniger man sich der kulturellen Verantwortung seines Handelns bewußt ist. Bei Borsig hatte diese Resignation keinen Platz, und dies wohl auch deshalb, weil Industrie für ihn ohne eine ästhetische Vermittlung und ohne ethische Verantwortung nicht denkbar war. Nicht der Aufsteiger, der Kapitalist, der Held der Arbeit kann uns heute interessieren, sondern die konkrete Utopie, die er — für seine Zeit — in Szene setzte.

Literatur

A. Borsig's Eisengießerei und Maschinenbauanstalt zu Berlin, in: *Illustrirte Zeitung,* (1848), S. 116 f., S. 148 ff.

Vorsteher, Dieter, *Borsig. Eisengießerei und Maschinenbauanstalt zu Berlin* (= Industriekultur. Schriften zur Sozial- und Kulturgeschichte des Industriezeitalters, hrsg. Tilmann Buddensieg), Berlin 1983.

Galm, Ulla, *August Borsig* (= Preußische Köpfe, Industrie), Berlin 1987.

Wilhelm Treue

Ludwig und Isidor Löwe

Die Brüder Ludwig und Isidor Löwe absolvierten zunächst die katholische Bürgerschule, danach das Städtische Gymnasium in ihrer Heimat, dem thüringischen Städtchen Heiligenstadt, Ludwig nur bis zu seinem 13. Lebensjahr. Dann lernte er in Nordhausen den Verkauf von „Kurzwaren". Irgendeine weitere Ausbildung oder gar ein Studium im weiten Bereich der Technik oder der Naturwissenschaften ist beiden Brüdern nicht zuteil geworden. Sie waren kaufmännisch sehr begabt und zwar sichtlich mit einer besonderen Neigung zur Abstraktion auf hohem wirtschaftlichem Niveau. Beide wurden also nicht zufällig zwischen 1870 und 1910 in Berlin ebenso von der technischen Präzision wie der Finanzierungskunst her außerordentlich fortschrittliche und erfolgreiche Unternehmer. Der ursprüngliche Name ihres Vaters, eines pädagogisch interessierten jüdischen Lehrers und Kantors, war Levi. Der Name der Mutter ist nicht bekannt.

Im Jahre 1858 zog Ludwig Löwe in das wirtschaftlich aufblühende Berlin. Dort eröffnete er zunächst ein Wollwarenkommissions-Geschäft, mit dem er noch im jüdischen Milieu blieb. Aber seine Reisen ins In- und Ausland schärften seinen Blick für technische Neuerungen: Er begann mit der Reparatur und dem Verkauf von landwirtschaftlichen Apparaten und Maschinen. Nachrichten über neue Techniken der Metallbearbeitung in den USA regten ihn an, auf dieser schmalen Grundlage selber Maschinen herzustellen. Er gehörte damit zu der ersten Generation von Juden in Deutschland, die sich von den Handels- und Bankierberufen ganz oder zum Teil trennten und der industriellen Güterproduktion zuwandten.

Wie nicht wenige andere später berühmt gewordene Maschinenbauer, zum Beispiel Adam Opel, begann Löwe die erste Phase seines eigenen Unternehmertums mit der Fabrikation von Haushaltsmaschinen, die im Zusammenhang mit dem nordamerikanischen Bürgerkrieg in den sechziger Jahren in Nordamerika weit verbreitet worden waren und für die in Europa ein großer Markt offen stand. Löwe, der die Konkurrenz durch amerikanische Importe unterschätzte, fand einige namhafte Kapitalisten, die es ihm ermöglichten, 1869 im Alter von 30 Jahren eine Kommanditgesellschaft auf Aktien zur Errichtung und zum Betrieb einer Nähmaschinenfabrik zu gründen. Vom technischen Vorsprung der amerikanischen Fabrikanten auf diesem Arbeitsfeld war er so beeindruckt, daß er vor der Eröffnung der eigenen Fabrik gemeinsam mit einem in der traditionsreichen thüringischen Handfeuerwaffenindustrie herangebildeten Ingenieur in die USA reiste, um die Massenfabrikation zu studieren. Damit begann die erste Periode von Löwes industrieller Tätigkeit, gekennzeichnet durch das Streben nach Spezialisierung und Massenproduktion.

Am 8. Januar 1870 wurde die Firma „Ludwig Löwe & Co. KG a. A. für Fabrikation von Nähmaschinen" mit einem Kapital von 1 Mio. Talern, von dem 25 % eingezahlt waren, in das Handelsregister zu Berlin eingetragen. Löwe selbst, seit 1864 bereits liberaler Stadtverordneter mit besonderem Interesse am Schul- und Finanzwesen, war der alleinige, persönlich haftende Gesellschafter. Das Kapital stellten die jüdischen Bankiers Born & Busse und Jacob Landau, der auch die Anfänge von Emil Rathenaus Unternehmertätigkeit finanzierte. Der erste Geschäftsbericht der Gesellschaft läßt deutlich Löwes Bewunderung für Technik und Industrie in den USA erkennen. Da heißt es: „Alle bedeutenden Fabriken beschäftigen sich nur mit der Herstellung je eines Systems und suchen dasselbe dadurch in vorzüglichster und massenhaftester Weise auszuführen, daß sie fortwährend darauf bedacht sind, durchaus selbsttätige Einrichtungen für die speziellen Zwecke ihrer Maschinen herzustellen ... Von der größten Maschine bis zum kleinsten Werkzeuge gehört alles arbeitende Material zu einem einheitlichen Systeme." Das wollte Löwe nachahmen. Er betonte zwar auch, daß die Automatisierung den Fabrikanten vom guten Willen seiner Arbeiter „emanzipiere", doch hinderte ihn das nicht, gleichzeitig ein engagierter linksliberaler Politiker zu werden.

Absatz 5 des 1. Geschäftsberichts wies auf das Prinzip der maschinenfertigen Austauschfabrikation hin; Absatz 6 entwickelte die Anfänge einer wissenschaftlichen Betriebsführung mit genauer Kalkulation und Selbstkostenberechnung, und Absatz 9 enthielt als wichtigstes Mittel dieser rationellen Fabrikationsweise bereits die Anfänge eines Lehrensystems, mit dem „Differenzen von 1/1000 Zoll zuverlässig" festgestellt werden sollten.

Da die Maschinen, mit denen Löwe produzieren wollte, nicht rechtzeitig aus den USA geliefert wurden, baute er selber Nachahmungen und begann mit diesen die Produktion von „Löwe-Nähmaschinen". Aber bald zeigte sich, daß er die Absatzmöglichkeiten überschätzt hatte. Er mußte die Preise senken und kam trotzdem nicht auf die für die Rentabilität nötigen Stückzahlen. Auch die Umkehrung: Qualitäts- und Preissteigerung führte nicht zum Ziel. Die amerikanischen Firmen wie Singer und Howe erwiesen sich als überlegen. Löwes Produktion sank schnell vom Höhepunkt mit 8421 Nähmaschinen 1870 auf 1147 im Jahre 1871. Man stellte ihre Herstellung ein. Löwe drohte in den Krisenjahren nach 1873 zusammenzubrechen.

In dieser Situation wandte er sich einem zweiten Fabrikationszweig zu. Im deutsch-französischen Krieg von 1870/71 hatte sich das französische Chassepotgewehr dem preußisch-deutschen Gewehr überlegen gezeigt. Daher entschloß sich das preußische Kriegsministerium, das Heer mit leistungsfähigeren

Ludwig Löwe
(1837—1886)

Schußwaffen auszurüsten: mit dem Mausergewehr Modell 71. Die staatlichen Gewehrfabriken waren jedoch zu einer ausreichend schnellen Umstellung nicht in der Lage. Das neue Gewehr bestand aus 66 Teilen, zu deren Herstellung 873 Arbeitsgänge notwendig waren. Man suchte nach privaten Produzenten, und Löwes Nähmaschinenfabrik erwies sich als die einzige Möglichkeit. Man übertrug ihr größere Lieferungen von Teilen für das Infanteriegewehr und die Jägerbüchse Modell 71. In dem Ausmaß, in dem die Fabrikation von Nähmaschinen zurückging, stieg die von Gewehrteilen. Löwe erzeugte hauptsächlich Visiere und Auszieher — bereits beim ersten Auftrag je 1 Million. Das waren zwar kleine, aber wegen ihrer Kompliziertheit und der geforderten Präzision wichtige Bestandteile. Ende 1874 wurde Löwes Fabrik auch bei der Neubewaffnung der Artillerie herangezogen. Sie stellte zum Beispiel in kurzer Zeit mehr als 700 000 Zünder her. Im Jahre 1875 produzierte Löwe für 634 000 Mark Maschinen und für 3,5 Mio. Mark Waffen- und Munitionsteile. Bald folgten große russische Aufträge auf Revolver und andere Waffen. Die Türkei bestellte in Deutschland 700 000 Gewehre im Werte von 37 Mio. Mark. Dieser Auftrag ging je zur Hälfte an Löwe und die Gebr. Mauser in Oberndorf am Neckar. Daher kaufte Isidor Löwe 1887 die süddeutsche Firma auf: Paul von Mauser trat in seine Dienste. Die Firma Löwe beschäftigte nun bereits 4000 Mitarbeiter.

Doch spezialisierte Löwe sein Unternehmen nicht allein auf die Waffenproduktion. Auf der sicheren Basis der Einnahmen aus ihr wandte er sich noch einmal der Herstellung von Maschinen, Werkzeugen und Einrichtungen nach amerikanischem Vorbild zu. Erneut schickte er 1876 leitende Mitarbeiter in die USA. Im Geschäftsbericht über dieses Jahr hieß es: „Wer sich nicht unter dem Druck der Krise an der allgemeinen Qualitätsminderung beteiligen will, der muß auf Aufträge verzichten und sich mit dem Ruhm begnügen", daß seine Arbeiten zu gut für die zur Verfügung stehenden Mittel seien. Natürlich war dieser Satz auch mit dem Blick auf die Forderungen der Kriegsministerien gedruckt worden. Sie brauchten höchste Präzisionsarbeit. Der Geschäftsbericht über das Jahr 1880 konnte denn auch feststellen, daß Löwes Qualitätsauffassung sich allmählich dahin durchsetzte, daß „sowohl weitere Kreise unserer heimischen Industrie ihre wirklichen Interessen durch Herstellung guter Einrichtungen zu entsprechenden Preisen besser gewahrt finden, als auch unsere vielfachen für das Ausland gelieferten Präzisionsarbeiten uns neue wertvolle Verbindungen, selbst jenseits des Ozeans, zugeführt haben. Wir fanden häufig Gelegenheit, in scharfer Konkurrenz nicht nur mit bewährten englischen, sondern auch mit den renommiertesten nordamerikanischen Etablissements im Auslande den Sieg davonzutragen." Löwes Unternehmen hatte die Zeit überstanden, in der die deutsche Industrie im Rufe stand, „billig und schlecht" zu produzieren.

Auf dieser Grundlage konnte er sich nun wieder den Zielen der Spezialisierung und „Typisierung" zuwenden, worunter man in dieser Zeit die Fabrikation marktgängiger Typen auf Lager verstand. Auch wandte man sich seit 1880 der „Anfertigung von kompletten maschinellen Einrichtungen für Massenfabrikationen von Spezialitäten" zu. Zwar erschienen die Preise „nach unseren inländischen Begriffen zuerst hoch", aber „die Ausnutzung derartiger, selbstredend in technisch vollkommener Weise auszuführenden Einrichtungen" bringe „so ungeahnt große Vorteile mit sich, daß hier der Weg für eine gute Entwicklung unserer Industrie klar vorgezeichnet ist".

So setzte 1880, also ein Jahrzehnt nach dem Anfang, eine stürmische Aufwärtsentwicklung im Werkzeugmaschinenbau ein, die ungebrochen bis zu Löwes Tod im Jahre 1886 anhielt. Das führte zum zweiten Fabrikationssektor. Als man in diesem Zweig 1885 einen Umsatz von 2 Mio. Mark erreichte und für ihn eine Spezialfabrik errichten konnte, schränkte Löwe die Beteiligung an der Rüstungsproduktion sehr ein. Er behielt sie nur so weit bei, daß er sie jederzeit unter dem Druck von Konjunkturschwankungen wieder ausweiten konnte. Das erwies sich bereits 1886 als angebracht. Die Spezialisierung auf Werkzeugmaschinen und Werkzeuge, die Rationalisierung und „Typisierung" wurden seit dem Ende der siebziger Jahre mehr und mehr die Aufgabe von Ludwig Löwes elf Jahre jüngerem Bruder Isidor, der 1878, also 20jährig, als zweiter persönlich haftender Gesellschafter in das Unternehmen eingetreten war. Er zeigte sich besonders an der Ausweitung der Massenfabrikation und der Austauschbarkeit interessiert, während sein Bruder sich mehr und mehr politischen Fragen zuwandte.

Ludwig Löwe gehörte 25 Jahre lang dem entschiedensten Flügel der Fortschrittspartei an. Jedoch war er in der Politik wie in seinem Beruf so sehr auf Logik, Genauigkeit und Solidität aus, daß zum Beispiel der bedeutende katholische Zentrumsführer Ludwig Windthorst sich in enger Freundschaft mit ihm verband und, nach eigener Bekundung, den Verkehr mit dem jüdischen Fabrikanten als einen Genuß empfand, weil ihm Löwes anregende Lebhaftigkeit, seine Aufrichtigkeit und Toleranz gegenüber den Ansichten anderer aufs sympathischste berührte. Nicht genau belegt ist die Behauptung, Bismarck habe Löwe ein preußisches Ministerium angeboten. Löwe hätte sich in einer solchen Position kaum gegenüber der in den siebziger und achtziger Jahren weitverbreiteten stillschweigenden Judenfeindlichkeit in der Beamtenoberschicht durchsetzen können — und Bismarck sich nicht gegenüber seinen Ministerkollegen.

Als Ludwig Löwe 1858 in Berlin eintraf, stand dort Ferdinand Lassalle auf der Höhe seines Einflusses und beeindruckte sofort den politisch interessierten jungen Mann. Sobald aber Lassalle vom Liberalismus zum Sozialismus übertrat, trennte sich Löwe von ihm und schloß sich der Turnbewegung an. Dort kam er mit den führenden Männern der Fortschrittspartei, mit Rudolf Virchow und Wolfgang Strassmann, zusammen. Das führte dazu, daß er mit 27 Jahren Stadtverordneter und Mitbegründer der sogenannten Bergpartei des Stadtparlaments wurde. Ihm war es unter anderem zu verdanken, daß die Berliner Verwaltung modernisiert und die sozialen Einrichtungen der Stadt entsprechend ihrer Bevölkerungszunahme reorganisiert wurden.

Isidor Löwe
(1848—1910)

Im Jahre 1877 entsandte ihn die Fortschrittspartei für den 1. Berliner Wahlkreis sowohl in das Preußische Abgeordnetenhaus wie auch in den Reichstag. Nach der Fusion der Fortschrittler mit der Liberalen Vereinigung zur Deutsch-Freisinnigen Partei im März 1884 galt er wie im Stadtparlament als einer der schlagfertigsten Redner. Er bekämpfte Bismarcks Zollpolitik, forderte mit Virchow die Fortsetzung der Sozialpolitik und war ein energischer Gegner des Sozialistengesetzes. In seiner Gedenkrede anläßlich der Beisetzung von Ludwig Löwe sagte Virchow: „... ihn wiesen Herz und Gedanken gleich mächtig auf das Ziel hin ... er brachte so viel Herz mit in das politische Leben, daß er zuweilen selbst in heiligem Zorn emporfahren konnte, ungeachtet der Ordnungsrufe, die ihm auf öffentlicher Tribüne drohten ... und andererseits war doch sein Herz wieder so sehr zur Versöhnung geneigt, daß er nie die Folgen seiner augenblicklichen Erregung übertragen hat auf spätere Zeiten ..."

Löwe war ein begeisterter und stolzer liberaler Berliner Bürger. Zu Beginn einer seiner großen Reden im Landtag am 11. Februar 1880 über das Schulwesen sagte er: „Für den Stand unseres Volksschulwesens in Preußen ist nun ein Prototyp das Volksschulwesen in Berlin ... es ist jenes große Volksschulwesen ... das 90 000 Kinder wesentlich auf Kosten der Kommune, ohne daß ein Pfennig zugezahlt zu werden braucht, ohne Unterschied des Glaubensbekenntnisses, ohne Unterschied des Standes und des Vermögens diese Schule besuchen ..." Bei dieser breit angelegten erfolgreichen politischen Aktivität ist ebenso wie bei der wirtschaftlich-technischen zu bedenken, daß Löwe praktisch keine *Schulbildung* besessen, sondern seine Kenntnisse und Fähigkeiten nur durch Selbstbildung neben seiner immer umfangreicher werdenden Berufstätigkeit erweitert hat.

Als der Kriegsminister von Roon wegen der großen Aufträge an Löwes Unternehmen kritisiert wurde, erwiderte er: Da der Politiker Löwe sich in der Opposition zu den maßgeblichen Konservativen befände, müsse der Fabrikant Löwe wohl mit besonders scharfer Prüfung seiner Lieferungen rechnen und daher beste Arbeit zu mäßigen Preisen liefern.

Isidor Löwe wurde am 24. Januar 1848 wie sein Bruder Ludwig in Heiligenstadt geboren. Er starb am 28. August 1910 in Berlin, hat also den jung verstorbenen Ludwig um ein Vierteljahrhundert überlebt — um die Zeit des Hochkapitalismus, der Großindustrialisierung und der weltpolitischen Aufrüstung.

Auch er besuchte das Gymnasium seiner Heimatstadt und wanderte dann nach Berlin. Dort ging er in dem angesehenen Privatbankhaus F. W. Krause & Co. in die Lehre. Im Jahre 1870 begleitete er seinen Bruder bei dessen Reise durch die USA und gewann dabei Kenntnisse, die für seinen Lebensweg als Industrieller entscheidende Bedeutung erhielten. Doch zunächst ging er zur Ostdeutschen Bank in Posen, wurde anschließend Direktor der Posener Spritfabrik; erst dann folgte er 1875 dem Ruf des Bruders, als dessen Unternehmen sich in erheblichen Schwierigkeiten befand, und übernahm als Prokurist die Verkaufsabteilung. Er besaß also noch weniger im engeren Sinne technische

Kenntnisse als sein Bruder. Dieser erkannte auch die spezifische finanzorganisatorische Begabung in Verbindung mit einem Gespür für den Zukunftswert technischer Neuerungen des Jüngeren, den er 1878 zum zweiten persönlich haftenden Gesellschafter des Unternehmens machte. Nach Ludwig Löwes Tod begann unter Isidors Leitung die zweite Phase in der Entwicklung des Unternehmens. Er bemühte sich angesichts des erwähnten großen Auftrages aus der Türkei an die Gewehrfabrik Mauser in Oberndorf, diese an sich zu ziehen, da sie auf dem internationalen Markt hohes Ansehen genoß, und nahm daher Beziehungen zur Württembergischen Vereinsbank, einer Kommanditistin und Kreditgeberin von Mauser, sowie zu ihrem Aufsichtsratsvorsitzenden Kilian Steiner auf. Während er noch in Berlin eine Fabrik für kleinkalibrige Waffen, rauchlose Munition und Maschinengewehre baute, erwarb er 1887 von der Württembergischen Vereinsbank Mauser-Aktien im Werte von 2 Mio. Mark und übernahm den Aufsichtsratsvorsitz in Oberndorf. Als die Türkei ihre Waffenkäufe um Munitionsbestellungen im Werte von 9 Mio. Mark bei der Deutschen Metallpatronen-Fabrik Lorenz in Karlsruhe erweiterte, konnte Löwe mit Hilfe von Steiner, des Stuttgarter Bankhauses Kaulla und des Pulverfabrikanten Max Duttenhofer die Karlsruher Firma zwingen, 75 % des Auftrages an ihn und Duttenhofer abzutreten. Im Jahre 1889 war Lorenz so weit, daß er seine Firma für 6 Mio. Mark an die beiden vereint übermächtigen Konkurrenten verkaufen mußte, die sie in eine Aktiengesellschaft umwandelten; jeder übernahm 50 % des Kapitals. Aber Löwe, dessen Unternehmen sich im Zuge der Integration, Kombination und Verflechtung in einen Konzern verwandelte, übte darüber hinaus starken Einfluß auf die gesamtdeutsche private Waffen- und Munitionsindustrie aus.

Nun tat er den Schritt ins Ausland: Im Jahre 1889 beteiligte er sich mit 50 % an der belgischen „Fabrique Nationale d'Armes de Guerre" in der Nähe von Lüttich. In Budapest besaß er seit 1890/91 eine Beteiligung an der Ungarischen Waffen- und Munitionsfabrik. Seit dieser Zeit war die Waffenherstellung seiner Gesellschaft ständig mit großen Aufträgen versorgt: Er lieferte nach Argentinien und Spanien und gründete 1896 einen speziellen Waffenkonzern: die Deutschen Waffen- und Munitionsfabriken AG mit Sitz in Berlin. In ihn gingen auf: die Vereinigten Rottweiler Pulverfabriken von Duttenhofer, die Deutsche Metall-Patronenfabrik Karlsruhe, die Mauser AG, deren Aktien er zwischen 1887 und 1892 erworben hatte, die Waffenfabrik der Ludwig Löwe AG in Berlin, die Vereinigten Rheinisch-Westfälischen Pulverfabriken in Köln und Löwes Beteiligungen an den Dürener Metallwerken und der belgischen Fabrique Nationale. Allein dieser Konzern beschäftigte zu Beginn des 20. Jahrhunderts mehr als 11 000 Personen und gehörte damit zu den größten deutschen Industrieunternehmen.

Als Löwe sich diese Position aufgebaut hatte, wurde zum ersten Mal versucht, ihm den Titel eines Kommerzienrates zu beschaffen. Der preußische Minister von Bötticher hob in seinem Bericht vom 1. August 1898 an Wilhelm II.

die „wesentlichen Verdienste" hervor, die Löwe dem preußischen Kriegsministerium „mit Aufwendung großer Energie und Geldmittel" geleistet hatte, sowie die starke Maschinisierung von Löwes Unternehmen und seine Lieferungen an die deutschen Regierungen, Rußland, Österreich, Italien, China und die Türkei. Erst jüngst habe Löwe einen Auftrag in 18 Monaten erledigt, für den man in den USA drei bis vier Jahre und mindestens 1,5 Mio. Mark mehr verlangt hätte. Außerdem wäre das Ministerium, wenn es den Auftrag an ein amerikanisches Unternehmen gegeben hätte, „gezwungen gewesen, seine geheimsten Intentionen dem Auslande preiszugeben".

Trotz Bötticher Anerkennung wurde der Antrag abgelehnt, weil Isidor Löwe wie sein Bruder Ludwig als „Linksliberaler" sehr aktiv und bekannt war. Einige Jahre später wurde er zwar zum Geheimen Kommerzienrat ernannt. Aber zu den sogenannten „Kaiserjuden", die mit Wilhelm II. „gesellschaftlich" verkehrt haben sollen — Albert Ballin und Walther Rathenau zum Beispiel —, gehörte Löwe nicht. Es hat diese „Kaiserjuden" nämlich nie gegeben. Der Kaiser war von Anfang an und blieb ein Antisemit, der sich von reichen Juden wirtschaftlich beraten ließ, und die Kaiserin war es auf eine bigotte Weise noch mehr — ohne die Intelligenz ihres Mannes.

Die großen preußisch-deutschen Aufträge an eine Fabrik, deren Hauptaktionär und Leiter Jude und von Lassalle kommender Liberaler war, hatte antisemitische Angriffe zur Folge. Der wegen der Maßlosigkeit seiner Agitation berüchtigte Rektor Ahlwardt veröffentlichte 1892 mehrere Broschüren über „Judenflinten", in denen er behauptete, Löwes Gewehr würden „im Kriege fast weniger dem Feinde als vielmehr ihren Trägern gefährlich werden". Bei ihrer Herstellung würde so schlechtes Material verwendet, daß es sich um Betrug handele — „nicht allein um des direkten Erwerbes willen, sondern in der Absicht, unsere rühmliche Armee, diese mächtige Stütze der Hohenzollern-Monarchie und des Vaterlandes wehrlos zu machen". In einem Beleidigungsprozeß wurde Ahlwardt am 9. Dezember 1894 zu fünf Monaten Gefängnis verurteilt, die er jedoch, als Abgeordneter durch die Immunität geschützt, nicht abzusitzen brauchte.

Isidor Löwe war sich wie sein Bruder darüber klar, daß er in einer Zeit ständiger Ausdehnung der Produktion von Waffen von immer besserer Qualität nur durch eigene Forschungen seine Position gegenüber der internationalen Konkurrenz behaupten konnte. Daher gründete er für die Forschung im Bereich von Ballistik, Sprengstoffen und Munition im Jahre 1896 gemeinsam mit Duttenhofer die „Centralstelle für wissenschaftlich-technische Untersuchungen GmbH" in Neubabelsberg bei Berlin. In ihr wurde unter Alfred Wilm das Duraluminium entwickelt — ein Konstruktionsmaterial von großer Bedeutung für den Fahrzeug- und Flugzeugbau. Seit dem Jahre 1906 beschäftigten sich die Dürener Metallwerke besonders mit diesem Material. Und da Löwe in einer Abteilung seiner Werkzeugmaschinenfabrik auch Stahlkugeln und Kugellager herstellte, ließ er die Belastbarkeit von Kugeln und Laufringen erforschen. Das führte zu grundlegenden Studien über das Kugellager als Maschinenelement für alle Arten von Lagern. So geriet Isidor Löwe, ursprünglich nur Finanzexperte, seit den neunziger Jahren immer stärker auch in den Bereich der technischen Forschung.

Er betrat schließlich darüber hinaus ein ganz neues Arbeitsfeld: das der Elektrizität. Wie sein Bruder bediente auch er sich dabei als erster amerikanischer Erfindungen und Erfahrungen. Von der größten amerikanischen Gesellschaft, der Thomson-Houston Electric Company in Boston, erwarb er 1891 das Recht, ihre elektrischen Maschinen und Apparate für Nord-, Mittel- und Osteuropa herzustellen. Und nach der Vereinigung von Thomson-Houston mit der Firma Edison General Electric blieben diese Rechte bestehen. Daher gründete Löwe, hauptsächlich um die hohen Gewinne seiner Unternehmungen voneinander zu trennen, 1892 mit Hilfe eines Konsortiums, das aus der Dresdner Bank, der Disconto-Gesellschaft, der Bank für Handel und Industrie, der Bleichröder Bank sowie Born & Busse in Berlin und dem Schaffhausenschen Bankverein in Köln bestand, die Union Elektrizitäts-Gesellschaft (UEG). Diese baute in Fertigungsstätten der Ludwig Löwe AG elektrische Straßenbahnen für Berlin, Hamburg, Bremen, München und Brüssel und lieferte bereits 1895 die meisten elektrischen Motorwagen. Die UEG beschaffte die Aufträge, die Löwe-Gesellschaft bildete die technisch ausführende Stelle.

Diese Geschwindigkeit der Expansion eines ganz neuen Produktionszweiges erreichte Löwe dadurch, daß er ein für seine Zeit neues Mittel der Markterschließung und Absatzsicherung anwandte. Durch den Erwerb von Aktien oder Optionen erwarb er sich maßgeblichen Einfluß auf zahlreiche Pferde-Straßenbahn-Gesellschaften, deren Elektrifizierung er anschließend betrieb. Das war eine neue Methode, technisch-wissenschaftliche Fortschritte in die Praxis zu überführen.

Der Konzern sorgte nun selber für seine ständig wachsende Beschäftigung: Löwe stellte die für die Waffenfabrikation benötigten Maschinen, Werkzeuge und Spezialeinrichtungen im eigenen Betrieb her und schloß Verträge mit den ihm in Interessengemeinschaften verbundenen Firmen, die Löwe das Monopol für ihre Belieferung einräumten. Auch erreichte er, daß ihm die Neueinrichtungen der Königlich-Preußischen Gewehrfabriken, also staatlicher Unternehmungen, in Spandau, Danzig und Erfurt sowie der Königlich-Bayerischen Gewehrfabrik in Amberg fast ganz übertragen wurden. Schließlich lieferte er solche Neueinrichtungen nach Ungarn, Belgien, China, Spanien, Dänemark, Norwegen, England, Rußland, Chile, Argentinien und in andere Länder: Wo immer seit den neunziger Jahren gerüstet, die Rüstung erweitert und intensiviert wurde, geschah das mit Löwes Hilfe.

Das hatte eine große Stetigkeit der Gewinne zur Folge. Als zum Beispiel der Geschäftsbericht für das Jahr 1893 eine „gedrückte Lage der Industrie im allgemeinen" in Deuschland konstatieren mußte, konnte er hinzufügen: „Immerhin hat sich dank der Mannigfaltigkeit unserer Betriebe das Gesamtergebnis befriedigend gestaltet." Auch in anderer Hinsicht wirkte sich diese „Mannigfaltigkeit" aus: Die verschiedenen Abteilungen wie Maschinenbau, Waffenproduktion usw. konnten untereinander Erfahrungen austauschen und auf diese Weise die Beobachtungen, die man ständig in den USA fortsetzte, ergänzen.

Seit dem Jahre 1895 entwickelte Löwe mit sehr tüchtigen Mitarbeitern den Plan, auch im Maschinenbau eine Massen-, mindestens eine Reihenfabrikation zu erreichen und damit das Prinzip der Spezialisierung auf diesem Gebiet zur Anwendung zu bringen. Im Geschäftsbericht für 1895 heißt es dazu: „Was unsere Gesellschaft im Werkzeug-Maschinen-Bau seit Beginn ihrer Tätigkeit auf diesem Gebiet trotz enormer Schwierigkeiten stets unbeirrt erstrebt hat, das kommt jetzt in der deutschen Maschinenindustrie zu vollem Durchbruch." Und nachdem die erwähnte Sicherheit geschaffen worden war, daß alle im großen Löwe-Konzern zusammengefaßten Unternehmen ihre Werkzeuge und Maschinen nur in der konzerneigenen Maschinenfabrik kauften, konnte man 1898 gewissermaßen einen Erfolgsbericht veröffentlichen: „Wir haben aufgrund eingehender Studien der amerikanischen Fabrikationsmethode in Martinikenfelde eine neue Fabrikanlage errichtet, von der wir glauben, daß sie nach Anordnung und Einrichtung hinter keiner anderen Maschinenfabrik zurücksteht, und von der wir hoffen dürfen, daß diese mit den besten Maschinen und den besten Transporteinrichtungen versehene Anlage die Herstellung nicht nur vorzüglicher, sondern zugleich auch billiger Maschinen sichert."

Gleichwohl fühlte Löwe sich noch von der amerikanischen Konkurrenz bedroht. Daher folgte er ihr auch noch in anderer Hinsicht: Er schränkte die Breite des Angebots ein: „Wir haben uns entschlossen und damit begonnen, einen bestimmten Kreis der gangbarsten Werkzeugmaschinen in verschiedenen Größen auf Vorrat zu arbeiten; unser Lager ist so eingerichtet, daß wir Interessenten sofort an Ort und Stelle die Art und Leistung jeder Maschine vorführen können." Das wurde ausschlaggebend für die Zukunft: Wenn der Interessent sich entschloß, auf allzu spezielle Wünsche zu verzichten, sich also mit einem Löwe-Typ zu begnügen, konnte er relativ billig „vom Lager" kaufen. Damit verwirklichte man nun eine der ersten Überlegungen von Ludwig Löwe.

Nachdem man diese Konzentration auf gewisse Typen und die Fabrikation auf Lager eingeführt hatte, ging Löwe an die Beseitigung der Konkurrenz und damit an die Erweiterung der eigenen Produktion auch hier durch Fusionen und Beteiligungen — im allgemeinen zu für ihn sehr günstigen Preisen. Als um 1900 für die deutsche Industrie eine Depression einsetzte, die bis 1903/04 anhielt, konnte der Löwe-Konzern immer noch 10 % Dividende ausschütten, während von den zu jener Zeit etwa 5000 Aktiengesellschaften in Deutschland 1869 dividendenlos blieben, und außerdem die inneren Einrichtungen mit dem Blick auf den nächsten Aufschwung verbessern. Dieser begann 1909 und dauerte bis zum Ausbruch des Weltkrieges. Isidor Löwe hat zwar nur noch das erste Jahr dieser neuen Konjunktur miterlebt, aber es war sein Erfolg, wenn der Geschäftsbericht über das Jahr 1912 an dem „Wunsch einer weitergehenden Spezialisierung" festhielt und für diese zwei neuen Fabriken in Aussicht stellte.

Konsequenter als sein Bruder Ludwig, der in schwieriger Zeit die Anfänge geschaffen hatte, konnte Isidor Löwe an einigen Prinzipien festhalten: Nur beste Ware darf geliefert werden. Diese kann nur mit Hilfe bester Einrichtungen produziert werden. Alles, was getan wird, muß Zinsen tragen. Alles was produziert wird, muß so gut sein, daß es abgesetzt wird. Gute Einrichtungen und Leistungen machen Fabrikgeheimnisse überflüssig: Aus den USA übernahm man den Slogan: „Visitors are welcome." In diesem Sinne veröffentlichte man zahlreiche Kataloge und populäre Broschüren über die Erfahrungen mit Löwefabrikaten und über betriebstechnische Streitfragen, veranstaltete Vortragsreihen und ließ 1907 J. Lilienthal ein Buch über *Fabrikorganisation, Fabrikbuchführung und Selbstkostenberechnung der Firma Ludwig Löwe & Co. AG* veröffentlichen, das 1914 in zweiter Auflage erschien. Noch zwanzig Jahre später gab es in Deutschland kein zweites Buch dieser Art.

Häufig wurden Betriebsbesichtigungen veranstaltet. Im Jahre 1902 erschienen im *Jahrbuch der Schiffbautechnischen Gesellschaft*, Berlin, drei Aufsätze über die Werkzeugmaschinen AG Ludwig Löwe & Co. AG, die Deutschen Waffen- und Munitionsfabriken und die Union Elektrizitätsgesellschaft, 1903 in der Zeitschrift *Stahl & Eisen* ein Aufsatz über die Modernität der Eisengießerei der Ludwig Löwe & Co. AG, der mit einem Hinweis darauf endete, daß man dem Verfasser, einem Ingenieur, nach dem Prinzip „vive la concurrence" alles gezeigt habe, was er habe sehen wollen. Und immer wieder gab man die „Mittel und Wege der Rationalisierung" bekannt: die „Prinzipien der Rationalisierung", der „Normalisierung", der „austauschbaren maschinenfertigen Fabrikation", der „wissenschaftlichen Durchdringung des Fabrikationsprozesses". Dabei lehnte Löwe sich zugegebenermaßen an von Taylor entwickelte Ideen an. Im Jahre 1914 veröffentlichte Clemens Heiß in *Schmollers Jahrbuch Bemerkungen über die Taylorisierung bei Löwe*, und zehn Jahre später exemplifizierte Fritz Wegeleben vorzüglich „die Rationalisierung im Deutschen Werkzeugmaschinenbau" an der Entwicklung des Löwe-Konzerns.

Zweifellos hatten Ludwig und Isidor Löwe bei ihren bedeutenden Leistungen zwischen 1870 und 1910 erstklassige Mitarbeiter, die sie mit feinem Gefühl für Qualität wählten und mit ihren eigenen Zielen vertraut machten. Aber den wichtigsten Teil der Grundlage ihres Erfolges bildete doch ihr eigenes unbeirrbares Festhalten an einigen Vorstellungen, die sie in den USA entwickelt und angemessen auf die deutschen Verhältnisse übertragen hatten. Entsprechendes hatten seit Borsig und anderen Maschinenbauern viele erfolgreiche Unternehmer getan. Aber bei den Löwes kam das Finanz- und Organisationsgenie von Isidor Löwe hinzu. Sie bildeten ein sehr seltenes Paar von Brüdern mit einander ergänzenden und in genau richtigem Maße auch überschneidenden Begabungen. Das war das besondere an diesen beiden jüdischen Unternehmern aus katholischem Milieu in der vorwiegend protestantischen Hauptstadt des Reiches. Ohne Zweifel haben diese konfessionellen wie die geographischen Komponenten in der Bildung ihrer Persönlichkeiten eine bedeutende Rolle gespielt. Man stelle sich vor, beide Löwe seien als Katholiken in einem vorwiegend jüdisch bestimmten Ort geboren und durch das Schicksal nach Heiligenstadt verschlagen worden.

Der Geh. Kommerzienrat Dr. Ing. e. h. (der TH Charlottenburg) Isidor Löwe ist reich geworden. In Rudolf Martins *Jahrbuch der Vermögen und des Einkommens der Millionäre in Preußen*, das 1908 mit Berta Krupps 187 und Fürst Henckel von Donnersmarcks 177 Millionen Mark Vermögen begann, rangierte er jedoch weit hinter August Thyssen (55), Ernst von Mendelssohn und Friedländer-Fuld (einigen 40), Bleichröder und Arnhold (einigen 30) neben Rudolf Hertzog und August Scherl unter den Berlinern, die etwa 14 bis 15 Millionen Mark Vermögen besaßen. Er versteuerte 1908 ein jährliches Einkommen von 0,975 Millionen. In seinem Todesjahr war er, der mit dem bedeutenden Industriellen und Mäzen Eduard Arnhold eng befreundet war, natürlich Vorsitzender der Aufsichtsräte der Aktiengesellschaften, die zu seinem Konzern gehörten, außerdem saß er in 26 weiteren Aufsichtsräten: bei der Disconto-Gesellschaft, dem Norddeutschen Lloyd, den Daimler-Motorenwerken und der Großen Berliner Straßenbahn Gesellschaft zum Beispiel. Isidor Löwe erreichte nicht die Bekanntheit eines Krupp, Thyssen oder Rathenau, war aber einer der fähigsten und vielseitigsten Industriellen des Kaiserreiches.

Als der Weltkrieg ausbrach, hatten die Gesellschaften des Löwe-Konzerns zusammen ein Aktienkapital in Höhe von 110 Millionen neben 47 Millionen Obligationen. In den letzten drei Jahren vor dem Kriege hatten Löwe & Co. regelmäßig 18 % Dividende ausgeschüttet, die Deutsche Waffen- und Munitionsfabriken sogar 25 %. Man profitierte von dem großen Boom des Wettrüstens in aller Welt.

In unserer Gegenwart erhebt sich eine Frage, die damals kaum existiert zu haben scheint. Das oben erwähnte Vermögen und der Wert des Konzerns sind zu einem sehr großen Teil aus dem Waffen- und Munitionsgeschäft erwachsen, und zwar auch mit Staaten, die nicht mit dem Deutschen Reich befreundet oder gar durch Verträge verbunden waren. Es ist nicht bekannt, ob diese Tatsache Löwes Geschäftspolitik in seinen letzten Jahren, als also politisch-militärische Bündnisse sich deutlich verfestigt hatten, beeinflußt hat. Es scheint bei ihm sowenig der Fall gewesen zu sein wie bei Krupp. Und offenbar hat Wilhelm II. auf diesem Gebiet keinen Einfluß auf „seine" Kommerzienräte ausgeübt.

Literatur

Tischert, Georg, *Aus der Entwicklung des Löwe-Konzerns*, Berlin 1911 (Auftragsschrift).
Zielenziger, Kurt, *Juden in der deutschen Wirtschaft*, Berlin 1930.
Beitrag von Graf Seherr-Thoß zur *Neuen Deutschen Biographie*, Bd. 15, Berlin 1987 (mit Literaturangaben).
Die Firmenschriften *Geschichte der Mauser-Werke* von 1938 sowie *Die Deutschen Waffen- und Munitionsfabriken AG* aus dem Jahre 1939 sind natürlich für die Zeit Isidor Löwes wertlos.

Volker Benad-Wagenhoff

Georg Schlesinger

Am Ende des 19. Jahrhunderts begann im Maschinenbau der industriell am weitesten entwickelten Länder, vor allem in den USA und in Deutschland, eine Umgestaltung der Produktionsabläufe, die in der Zwischenkriegszeit unter dem Schlagwort „Rationalisierung" ins öffentliche Bewußtsein trat. Sie wurde getragen von einem neuen Zweig des Ingenieurwesens, der Betriebswissenschaft. Einer der führenden Begründer dieser Disziplin war der Berliner Ingenieur Georg Schlesinger, der von 1904 bis 1933 den ersten deutschen Lehrstuhl für Werkzeugmaschinen und Fabrikbetrieb an der Technischen Hochschule in Berlin-Charlottenburg innehatte.

Aus Schlesingers Veröffentlichungen und aus der spärlichen biographischen Literatur erfährt man wenig über den Privatmann. Es entsteht das Bild eines ausgefüllten, folgerichtig sich entwickelnden Arbeitslebens, das auch durch den dramatischen Einschnitt der nationalsozialistischen Verfolgung und die durch sie erzwungene Emigration nicht wirklich unterbrochen wird. Die Einstellung dieses Mannes zu politischen und gesellschaftlichen Problemen schimmert nur am Rande durch, wenn berufliche Fragen davon tangiert werden.

Georg Schlesinger wurde am 17. Januar 1874 in Berlin geboren. Er stammte aus einer jüdischen Familie. Über seine Kindheit liegen keine Nachrichten vor. 1891 bestand er das Abitur an einem Berliner Realgymnasium und begann ein einjähriges Praktikum in einer Mechanikerwerkstatt. Seit Herbst 1892 studierte er an der Königlichen Technischen Hochschule in Charlottenburg Maschineningenieurwesen und schloß Anfang 1897 mit einer prämierten Arbeit über Dampfmaschinensteuerungen ab. Im Oktober desselben Jahres legte er, nachdem er bereits im März bei der Werkzeugmaschinenfabrik Ludwig Loewe & Co. als Konstrukteur eingetreten war, sein Staatsexamen als Regierungsbauführer ab.

Bei Loewe & Co., wo man damals gerade mit der Reorganisation der Fertigung beschäftigt war, machte der junge Schlesinger schnell Karriere: Er begann als Dolmetscher und Helfer eines amerikanischen Oberingenieurs und wurde 1899 Leiter des Büros für Vorrichtungen, Werkzeuge und Massenfabrikationseinrichtungen. Bis 1902 erarbeitete er das erste funktionsfähige Grenzlehren- und Passungssystem, auf dessen Bedeutung noch ausführlich einzugehen ist.

Seine dabei entstandene Untersuchung über *Die Passungen im Maschinenbau* reichte er an der Technischen Hochschule als Dissertation ein, die ihm 1904 die Doktorwürde verlieh. 1902 übernahm er bei Loewe & Co. die Leitung der Konstruktionsabteilung.

Als im Jahr 1904 an der Königlichen Technischen Hochschule zu Berlin die erste deutsche Professur für Werkzeugmaschinen und Fabrikbetrieb eingerichtet wurde, berief man Georg Schlesinger auf diesen Lehrstuhl, den er dann fast dreißig Jahre lang innehatte. Eine gewisse Unterbrechung brachte nur der Erste Weltkrieg: Zu Beginn hatte sich Schlesinger als Freiwilliger gemeldet; man übertrug ihm die Leitung der Königlichen Gewehrfabrik Spandau, Lehr- und Forschungsbetrieb wurden reduziert.

Schlesinger hat während dieser drei Jahrzehnte als einer der führenden Köpfe der Rationalisierungsbewegung der deutschen Betriebspraxis wesentliche Impulse gegeben. In seiner Lehr- und Forschungstätigkeit gab es dabei einige Hauptstränge, die über die gesamte Zeit hinweg immer wieder aufgegriffen wurden: Arbeitsweise und Konstruktion von Werkzeugmaschinen, Meßmethoden und Austauschbau, Normung und Vereinheitlichung, Einbindung der menschlichen Arbeitskraft in den Produktionsprozeß, innerbetriebliche Kostenrechnung und Fabrikorganisation. Schlesinger beschränkte sich dabei nie auf die Ausarbeitung der Einzelaspekte, sondern versuchte immer, den betrieblichen Gesamtzusammenhang im Auge zu behalten. Er hielt engen Kontakt zu Berufs- und Wirtschaftsverbänden, um Ingenieure und Industrielle für die Übernahme von Rationalisierungslösungen zu gewinnen. Wissenschaftliche Untersuchung an der Hochschule und praktische Umsetzung im Betrieb bildeten für ihn eine unlösbare Einheit. Immer wieder hat er während dieser drei Jahrzehnte Industriebetriebe bei der Umorganisation beraten.

Kurz nach der nationalsozialistischen Machtübernahme 1933 wurde Schlesinger von Mitarbeitern seines Instituts denunziert und unter falschen Anschuldigungen in Untersuchungshaft genommen. Man warf ihm vor, im Zusammenhang mit umfangreichen UdSSR-Geschäften, die er seit 1925 im Auftrage des Vereins Deutscher Werkzeugmaschinenfabriken angebahnt hatte, Hochverrat begangen zu haben. Obwohl sich alle Anschuldigungen als haltlos erwiesen und Schlesinger im November 1933 aus der Haft entlassen werden mußte, wurde er im März 1934 in vorzeitigen Ruhestand versetzt.

Schlesinger verließ daraufhin Deutschland wie viele andere jüdische Wissenschaftler. Nach einer kurzen Gastlehrtätigkeit an der Eidgenössischen Technischen Hochschule Zürich ging er im November 1934 für vier Jahre nach Brüssel an die Université Libre, wo er seine Arbeiten fortsetzen konnte. 1939 übernahm er in Großbritannien den Aufbau eines fertigungstechnischen Forschungslabors, das von der Institution of Production Engineers in Loughborough betrieben wurde und das er bis 1944 leitete.

Die letzten fünf Jahre seines Lebens widmete Georg Schlesinger vor allem der Veröffentlichung seiner Forschungsergebnisse und Berufserfahrungen. Er starb

Georg Schlesinger
(1874—1949)

am 6. Oktober 1949 im Alter von 75 Jahren, bis zuletzt mit der Arbeit an fertigungstechnischen und betriebsorganisatorischen Problemen befaßt.

Die technikhistorische Bedeutung Georg Schlesingers läßt sich nur erfassen, wenn man den fertigungstechnischen und arbeitsorganisatorischen Stand des Maschinenbaus am Ende des 19. Jahrhunderts in Betracht zieht. Weil diese Branche in eine Vielzahl von Sparten mit unterschiedlichen Fertigungsbedingungen zerfällt, gibt es große Ungleichzeitigkeiten in der Entwicklung; hier kann deshalb nur die Tendenz in den fortgeschrittensten Betrieben skizziert werden.

Der Maschinenbau, wie er sich zuerst um 1800 in Großbritannien herausgebildet hat, weist einige technologische Besonderheiten auf, die ihn von Vorläufern und von anderen industriellen Branchen abheben:
— Er verarbeitet metallische Werkstoffe, vor allem technische Eisenlegierungen, wie Gußeisen, Schmiedeeisen und Stahl.
— Seine Produkte bestehen aus vielen voneinander verschiedenen Einzelteilen.
— Diese Teile müssen an den Berührungsflächen mit hoher Genauigkeit von wenigen hundertstel Millimetern ineinanderpassen, wenn die hergestellten Maschinen einwandfrei funktionieren sollen.

Diese Eigenarten prägen den Produktionsprozeß des Maschinenbaus. Die schwere Bearbeitbarkeit der Metalle und die geforderte Genauigkeit führen zu einem vielstufigen Bearbeitungsprozeß, der wegen der großen Zahl der Teile in viele zusammenlaufende Stränge zergliedert ist. Nachdem sie in der Gießerei oder in der Schmiede eine grobe Form erhalten haben, werden die Teile in der mechanischen Werkstatt spanend bearbeitet und in der Montage zusammengebaut.

Für den Industrialisierungsprozeß hatte der Maschinenbau eine strategische Bedeutung: Nur wenn es gelang, Maschinerie für alle denkbaren Industriezweige massenhaft und kostengünstig herzustellen, war dessen Fortgang gesichert. Das trat ein, als seit etwa 1800 spanabhebende Werkzeugmaschinen entwickelt wurden, mit denen die Maschinenteile schneller und billiger als in reiner Handarbeit gefertigt werden konnten. Um 1850 gab es für alle wichtigen spanabhebenden Verfahren und Fertigungsaufgaben solche Maschinen.

Ihre Arbeitsgenauigkeit war allerdings noch zu gering, um wirklich fertige Teile zu liefern; bei der Montage mußte von Hand, mit Feile und Schmirgelholz, nachgearbeitet werden, bis sie zueinander paßten. Diese Paßarbeit verlangte großes Geschick, die Montageschlosser waren deshalb gefragte Leute und stellten einen hohen Anteil der Belegschaften in den Maschinenfabriken. An diesem Gleichgewicht von Maschinenarbeit für die spanende Vorbearbeitung und Handarbeit fürs Passen änderte sich bis zum Ende des 19. Jahrhundert nichts.

Die auf diese Weise gebauten Maschinen waren keine Massenprodukte, sondern reine Einzelexemplare, auch dann, wenn Serien von mehreren gleichen

Stücken hergestellt wurden. Das lag an den Meßmethoden, die bei der maschinellen Vorbearbeitung und beim Passen Verwendung fanden. Das Nennmaß eines Paßteils — etwa einer Bohrung — wurde von einem recht ungenauen Zollstock mit mehreren Zehntel Millimetern Abweichung abgegriffen und auf dem Werkstück angerissen. Das entstehende Maß wies also eine grobe Abweichung vom Nennmaß auf. Hätte man das Gegenstück — die Welle — unabhängig von der fertigen Bohrung nach derselben Methode hergestellt, dann hätte man nur durch Zufall das erforderliche geringe Passungsspiel zwischen beiden getroffen. Das vermied man, indem man bei der Fertigbearbeitung der Welle die Bohrung als Prüfmittel benutzte: ihr Maß wurde mit einem Tasterzirkel abgegriffen und danach der Wellendurchmesser vorgearbeitet; zuletzt schmirgelte man die Welle solange ab, bis sie paßte. Ob das erreicht war, beurteilte der Montageschlosser nach Gefühl und Erfahrung. Folge dieser Methode war, daß zwar innerhalb einer Maschine die Teile genau paßten, zwischen baugleichen Maschinen aber nicht austauschbar waren. Für den Maschinenbau des 19. Jahrhunderts erwuchs daraus noch kein ökonomisches Problem, da er vorwiegend Einzelstücke auf Kundenbestellung produzierte.

Eine Ausnahme machten lediglich einige Sparten am Rande des Maschinenbaus, in denen große Stückzahlen kleiner, weniger komplexer Produkte wie Nähmaschinen, Fahrräder, Transmissionsteile, Pumpen und ähnliches erzeugt wurden. Hier griff man auf Erfahrungen aus der Massenproduktion von Handfeuerwaffen zurück, bei der in der ersten Hälfte des 19. Jahrhunderts die getrennte Teilefertigung auf der Grundlage einer anderen Paßmethode entwickelt worden war: Bohrungen und Wellen wurden von Hand an Meßdorne und -ringe angepaßt. Diese Methode war immer noch vom handarbeitlichen Geschick und vom subjektiven Urteil des Arbeiters abhängig. Der Bedarf an Meßmitteln und speziellen Vorrichtungen war außerdem so groß, daß er sich nur bei sehr großen Stückzahlen rentierte.

Im Maschinenbau des 19. Jahrhunderts war das fertigungstechnische Knowhow nur in sehr geringem Maße in Form von ganz groben, allgemeinen Richtwerten objektiviert; die konkrete Festlegung der Fertigungsabläufe und ihrer Parameter lag in der Werkstatt, bei Meistern, Vorarbeitern und Arbeitern. Wegen des Übergewichts der Einzelfertigung wechselten die Fertigungsaufgaben sehr oft, es konnten nur wenig übertragbare Erfahrungen über optimale Bearbeitungsabläufe gesammelt werden. Für die Betriebsleitung war es unter diesen Bedingungen sehr schwierig, die Kosten exakt vorzukalkulieren, Vorgaben für die Bearbeitungszeiten zu machen und deren Einhaltung zu kontrollieren. Das aber wäre die Grundvoraussetzung für eine rationelle Gestaltung des Fertigungsprozesses gewesen.

In den achtziger, vor allem aber in den neunziger Jahren setzte nach der an die Gründerkrise anschließenden Depressionszeit eine Phase der konjunkturellen Aufwärtsentwicklung ein, die einen starken Anstieg der Maschinennachfrage brachte. Das Passen von Hand wurde unter diesen veränderten Bedingungen zum Engpaß, der die Ausweitung der Maschinenproduktion behinderte, denn die verfügbare Anzahl qualifizierter Montageschlosser ließ sich nicht beliebig erhöhen. Eine Rationalisierung, die die Produktivität des Maschinenbaus dem wachsenden Markt anpassen wollte, kam um eine Maschinisierung der Passarbeit nicht herum. Die bloße Beschleunigung vorhandener maschineller Vorbearbeitungsgänge hätte den Engpaß nicht beseitigt.

Genau ins Zentrum dieser Problemstellung geriet der dreiundzwanzigjährige Georg Schlesinger, als er 1897 bei der Firma Ludw. Loewe & Co. in Berlin seine berufliche Laufbahn begann. Die Firma Ludw. Loewe & Co. in Berlin war 1869 für die Massenproduktion von Nähmaschinen gegründet worden. Im wirtschaftlichen Auf und Ab des letzten Vierteljahrhunderts hatte sie immer versucht, moderne, amerikanisch beeinflußte Fertigungsmethoden und hohe Qualität der Produkte miteinander zu verbinden. Schon in den siebziger Jahren mußte sie ihre ursprünglichen Absichten ändern und von Nähmaschinen auf andere Produkte ausweichen. Wegen der Ähnlichkeiten in der Fertigung boten sich Handfeuerwaffen und Munition an, die im Zuge der Neuausrüstung der preußisch-deutschen Armee nach dem Kriege von 1870/71 in großer Zahl nachgefragt wurden. Außerdem entwickelte sich aus dem Bau von Werkzeugen und Vorrichtungen und dem Nachbau amerikanischer Maschinen für die eigene Fertigung als wichtiger Fabrikationszweig der Bau von Werkzeugen und Werkzeugmaschinen, darunter Spezialmaschinen für die Waffen- und Munitionsherstellung. In Zeiten mangelnder Nachfrage übernahm man aber auch Aufträge für den Bau von Dampfmaschinen und -kesseln.

Seit Mitte der achtziger Jahre hatte sich die Firma dank des expandierenden Waffengeschäfts zu einem Konzern entwickelt, der mit wichtigen in- und ausländischen Firmen der Waffen- und Munitionsbranche verbunden war. 1896 wurde dieser Zweig der Produktion in den „Deutschen Waffen- und Munitionsfabriken" (DWMF) zusammengefaßt. Die Firma Ludw. Loewe & Co. koppelte sich organisatorisch ab und konzentrierte sich ganz auf den Werkzeugmaschinenbau; dabei sicherte ihr die DWMF aber über Abnahmegarantien wichtige Marktsegmente.

Etwa gleichzeitig mit der Verselbständigung erfolgte seit 1895 eine grundlegende Neuorganisation des Werkzeugmaschinenbaus. Wie schon bei der Gründung des Unternehmens orientierte man sich dabei am amerikanischen Stand der Fertigungstechnik und schickte die verantwortlichen Ingenieure und Meister auf eine mehrmonatige Studienreise in die USA. 1897 begann in der Huttenstraße in Berlin-Moabit der Neubau der Maschinenfabrik, 1898 wurde sie bezogen und in Betrieb genommen. Sie gehörte damals zu den modernsten Maschinenbaubetrieben überhaupt.

Kern der Neuorganisation bei Loewe sollte der Übergang von der alten Passungsmethode, bei der in Handarbeit reine Einzelstücke entstanden, zur getrennten, maschinenfertigen Herstellung austauschbarer Einzelteile werden, also zur echten Serienfertigung. Für die Rundpassungen als häufigste Teilepaarung im Maschinenbau bedeutete das, die Wellen nicht mehr von Hand, mit Schlichtfeile und Schmirgelholz in der Drehbank, sondern auf Schleifmaschinen fertigzubearbeiten und die Bohrungen statt mit der Handreibahle auf Bohr-und Revolverdrehmaschinen aufzureiben.

Das ging erheblich über die getrennte Teilefertigung bei Nähmaschinen und Handfeuerwaffen hinaus, die noch weitgehend auf Handarbeit basierte und da, wo Teile auf Maschinen fertigbearbeitet wurden, viel geringere Paßqualität verlangte als im Werkzeugmaschinenbau. Außerdem hatten Gewehre nur 60 bis 70 Einzelteile, auch Nähmaschinen waren nicht wesentlich komplexer, aber Werkzeugmaschinen bestanden aus 300 bis 800 Teilen. Hier sollten also Methoden der Massenfertigung zum ersten Male breit im „großen" Maschinenbau realisiert werden.

Das war nur durch tiefgreifende konstruktive und organisatorische Veränderungen möglich. Loewe baute damals 30 verschiedene Grundtypen, aus denen sich durch Varianten 500 verschiedene Modelle ergaben. Die Seriengrößen lagen bei 5 bis 100 Stück. Das herkömmliche Instrumentarium für Massenfertigung — spezielle Lehren, Einspannvorrichtungen und Werkzeuge für alle Teile — wäre unter diesen Bedingungen ins unermeßliche gewachsen. Deshalb beschränkte man die Grundtypen („Spezialisierung"), reduzierte die Anzahl der Modelle („Typisierung") und vereinheitlichte Einzelteile wie Zahnräder, Handräder, Kurbeln, Griffe, Lagerbüchsen, Spannschrauben, um sie an verschiedenen Modellen verwenden zu können („Normalisierung"). Aber auch so erhielt man nur an wenigen Stellen im Fertigungsprozeß genügend große Stückzahlen, um austauschbare Teile mit den herkömmlichen Methoden der Massenfertigung kostengünstig herzustellen. Wollte man auch die viel häufigeren nichtnormbaren Teile rentabel austauschbar fertigen, dann brauchte man neben genau arbeitenden Werkzeugmaschinen ein universelles Meßmittelsystem, mit dem man für alle infragekommenden Maße an allen möglichen Teilen schnell und sicher die Paßqualität erreichte. Nur so ließ sich vermeiden, daß man sich an das endgültige Maß in einem langwierigen Prozeß des Nachbearbeitens herantasten mußte. Als Fertigungsmeßmittel wollte man Grenzlehren benutzen, mit denen sich die Maße der Paßteile in engen Grenzen, unabhängig vom subjektiven Urteil des Arbeiters bestimmen lassen. Solche Lehren waren schon in der Vergangenheit hin und wieder verwendet worden, meist aber nur, um grobe Toleranzen einzuhalten.

Bei Loewe & Co. legte man zuerst einmal die Rundpassungen für die Werkzeugmaschinenteile genauso nach der Erfahrung fest, wie das bei der Massenproduktion von Handfeuerwaffen üblich war, und fertigte dann entsprechende Grenzlehren an. Aber dieser Versuch mißlang: Die Passungen gerieten zu eng, weil die Oberflächen der maschinell geschliffenen Wellen eine andere Qualität hatten als die auf der Drehbank fertiggefeilten. Deshalb wurde Georg Schlesinger damit beauftragt, Versuche zur Ermittlung des richtigen Passungsspiels und der richtigen Grenzmaße für die Lehren anzustellen. Was dabei herauskam, war keine auf den speziellen Fertigungsgang des Werkzeugmaschinenbaus beschränkte Passungsfestlegung, sondern ein Grenzlehren- und Passungssystem, das in den verschiedensten Sparten des Maschinenbaus Anwendung finden konnte. Bis zu seiner endgültigen, seit den zwanziger Jahren in der DIN-Norm verankerten Form durchlief es zwar noch Veränderungen, sein Grundcharakter war aber bereits bei der Entstehung klar konzipiert. Schlesinger ermittelte, wie groß das Spiel für die verschiedenen Arten von bewegten und unbewegten Passungssitzen in Abhängigkeit vom Durchmesser der Paßfuge sein mußte. Mit den danach hergestellten Grenzlehren war man auf verbesserten Bohr- und Schleifmaschinen seit 1902 in der Lage, funktionsfähige austauschbare Rundpassungen herzustellen.

Die Bedeutung des Schlesinger-Loewe-Passungssystems lag darin, daß es den Austauschbau auch bei kleinen und mittleren Seriengrößen rentabel machte: Das Prüfinstrumentarium wurde nämlich reduziert durch die Festlegung von Auswahlmaßen, an die sich die Konstrukteure zu halten hatten, und von Toleranzfeldern, die Größe und Lage der möglichen Abweichungen von diesen Maßen festlegten. Das Passungssystem abstrahierte stärker als die älteren Passungsfestlegungen von der konkreten Teileform, um statt dessen Teilemaße in den Mittelpunkt zu rücken; dadurch war es universeller, ohne aufwendiger zu sein. Existierte ein solches Passungssystem erst einmal, dann konnte jeder Betrieb, der eine austauschbare Fertigung aufnehmen wollte, seine Passungen danach auswählen und die entsprechenden Lehrensätze dazu bestellen. Der Wildwuchs der Passungsfestlegungen wurde eingedämmt. Schließlich entstand daraus die einheitliche nationale Passungsnorm, die betriebsexterne Zulieferung austauschbarer Teile sehr einfach machte.

Bei der Entstehung dieses Systems verschränkten sich systematisches Herangehen und glückliche Zufälle. Wäre der erste Versuch, bei dem die Passungen und Toleranzen am grünen Tisch festgelegt wurden, nicht an der Qualität der geschliffenen Oberflächen gescheitert, dann hätte sich die Entwicklung sicher verzögert. Andererseits bestand aber ein dringender Bedarf an verbesserten Meßverfahren, wenn man die Paßarbeit beschleunigen und maschinisieren wollte, und Grenzlehren waren kein völlig unbekanntes Instrument. Die Firma Loewe war schon immer besonders innovationsfreudig gewesen. Als Hersteller von Werkzeugmaschinen, Werkzeugen und Vorrichtungen und mit der Massenfertigung von Nähmaschinen und Handfeuerwaffen hatte sie öfter den Blick über den Bereich des technisch problemlos Machbaren und des kurzfristigen ökonomischen Erfolgs hinaus riskiert. Es lag also nahe, die Problemstellung auch diesmal nicht auf den eigenen Betrieb zu beschränken, sondern sie für den gesamten Maschinenbau zu formulieren und nach einer übergreifenden Lösung zu suchen. In diesen Kontext paßte der junge Schlesinger, der hier das Thema seines Berufslebens fand — die Erforschung und Umgestaltung der außerordentlich komplexen Werkstattpraxis des Maschinenbaus. Hier bewies er zum ersten Male seine überragenden Qualitäten: ein zähes, methodisches Herangehen an die komplexe Materie, den Blick fürs Detail und für den Gesamtzusammenhang, das Bestreben, aus Versuch und Erfahrung theoretische Verallgemeinerungen zu gewinnen, die nicht nur im Lehrbuch stehen, sondern der Praxis nützen.

In den fast sieben Jahren bei Ludw. Loewe & Co. war Schlesinger mit allen Problemen der Betriebspraxis konfrontiert worden, die sich seit den neunziger Jahren aufgestaut hatten und deren Bearbeitung ihn und andere die nächsten vier Jahrzehnte beschäftigen sollte. Ziel dieser Aktivitäten war die wirtschaftliche Optimierung des Produktionsprozesses in allen seinen Teilen. Dahinter stand als Motiv, unter den Bedingungen wachsender Nachfrage, aber auch wachsender internationaler Konkurrenz das Ziel jedes Unternehmens zu erreichen: nämlich Gewinn zu erwirtschaften. Diese Optimierung hatte verschiedene Ansatzpunkte; immer zielte sie auf Verkürzung der Zeiten im Produktionsprozeß. Ganz grob lassen sich vier Hauptaspekte unterscheiden:
— die Optimierung der Arbeitsmittel, also vor allem der Werkzeugmaschinen und Werkzeuge und ihrer Arbeitsweise;
— die Optimierung der Arbeitsgegenstände, zu der maßgeblich die Normung von Maschinenteilen und Werkstoffen und die Vereinheitlichung von Baugruppen und Typen gehörte;
— die Optimierung der menschlichen Arbeit, die neben Unfallverhütung und Wiedereingliederung von Invaliden vor allem Leistungsermittlung und Eignungsprüfungen umfaßte;
— übergreifende Maßnahmen, die auf die Optimierung der Prozeßabläufe zielten, vor allem Fabrikorganisation und Kostenrechnung.

Viele Themen, an denen Schlesinger arbeitete, berührten gleichzeitig mehrere dieser Aspekte; so betraf das Grenzlehren- und Passungssystem sowohl die Meßwerkzeuge und -verfahren, als auch die Vereinheitlichung von Teilemaßen und die Umorganisation des Gesamtprozesses. Die anderen Arbeitsgebiete sollen im folgenden inhaltlich und in ihrer technikgeschichtlichen Bedeutung umrissen werden.

Die Beschleunigung der maschinellen Arbeitsabläufe war neben der Maschinisierung der Paßarbeit ein wesentlicher Bereich der Rationalisierung. Bereits in den neunziger Jahren versuchte man, mit größeren Vorschüben und Schnittiefen die Spanstärken zu vergrößern und damit schneller zu arbeiten. Der Steigerung der Schnittgeschwindigkeiten waren durch den bis 1900 verwendeten Werkzeuggußstahl und die mangelhafte Kühlschmierung der Werkzeugschneide Grenzen gesetzt. Hier brachte erst der von Taylor und White in den USA entwickelte und seit 1900 sich ausbreitende Schnellschnittstahl eine deutliche Erhöhung. Alle diese Leistungssteigerungen erforderten natürlich stärkere Getriebe; die größeren Spanquerschnitte brachten höhere Schnittkräfte und verlangten daher steifere Maschinengestelle. Durch Vermehrung und engere Stufung der wählbaren Arbeitsgeschwindigkeiten verbesserte sich die Ausnutzung der Maschinen. Die unproduktiven Nebenzeiten beim Schalten und Einstellen verkürzte man durch Umgestaltung der Bedienelemente und durch ihre Konzentration an einer Stelle, von der aus der Arbeiter den Zerspanungsvorgang zwischen Werkzeug und Werkstück mühelos im Auge behalten konnte.

Der Werkzeugmaschinenbau war noch um die Jahrhundertwende ein sehr wenig theoretisiertes und mathematisiertes Gebiet. Man schöpfte aus einem reichen Vorrat konstruktiver Einzellösungen, die von der mechanisch-technologisch orientierten älteren Maschinenbautradition gesammelt worden waren, ergänzte das durch einfache kinematische Berechnungen der Getriebe und durch einige Erkenntnisse der statischen Festigkeitlehre. Gefühl und Erfahrung des Ingenieurs waren ausschlaggebend für eine gute Konstruktion. Die Leistungssteigerungen und die Forderung nach höherer Genauigkeit zwangen nun aber zu genauerer Analyse der Werkzeugmaschinen, vor allem ihrer Antriebssysteme. Gezielte Veränderungen waren nur möglich, wenn vorhandene Konstruktionen in ihrem Betriebsverhalten systematisch auf Schwachpunkte untersucht wurden. Das war eine der Hauptaufgaben des Versuchsfeldes an Schlesingers Berliner Institut. Dort wurden sowohl neue Maschinentypen wie die nach 1900 aufkommenden schweren Rundschleifmaschinen ausgetestet, als auch Versuche an eingeführten Typen wie Dreh-, Hobel- und Bohrmaschinen vorgenommen. Einen wichtigen Sektor bildeten Untersuchungen an Werkzeugen. Die Krönung dieser Arbeiten war Schlesingers großes, zweibändiges Werk über *Die Werkzeugmaschinen,* an dem er im Gefängnis weiterarbeitete und das 1936 — nach seiner Emigration — in Deutschland erschien. Internationale Verbreitung fand das 1927 zum ersten Male erschienene *Prüfbuch für Werkzeugmaschinen,* das auf den beim Institut schon um 1910 begonnenen Untersuchungen über die Arbeitsgenauigkeit basierte und vereinheitlichte Qualitätskriterien für die Abnahme von Werkzeugmaschinen lieferte.

Gegen Ende seines Lebens kam Schlesinger folgerichtig auf ein Problem zurück, mit dem er schon am Beginn seiner beruflichen Laufbahn konfrontiert worden war: die Qualität der Werkstückoberfläche. 1897 waren die maschinell geschliffenen Wellen ein Auslöser für die systematischen Versuche zum Grenzlehren- und Passungssystem, aber die Hauptfrage war die nach den richtigen Maßtoleranzen gewesen. Bei den seit Anfang des 20. Jahrhunderts in immer größeren Massen produzierten Automobil- und Flugmotoren hing aber die Steigerung der Leistungsfähigkeit entscheidend von feinbearbeiteten Oberflächen an Kolben, Ventilen, Einspritzpumpen usw. ab. Nur maschinelle Feinstbearbeitungsverfahren wie Läppen und Honen, die seit der Jahrhundertwende entwickelt wurden, gewährleisteten, daß der Verschleiß gering und die erforderlichen engen Passungen im Dauerbetrieb lange genug erhalten blieben. Auch für die Verwendung von Grenzlehren war die Oberflächenqualität wichtig: Bei feinen Passungen ließ sich der Austauschbau nur dann konsequent durchführen, wenn die Meßflächen an den Lehren eine sehr hohe Qualität hatten. Es wurde deshalb notwendig, einheitliche Beurteilungskriterien zu erarbeiten. Während seiner Jahre im britischen Exil hat sich Schlesinger damit befaßt, verschiedene Verfahren zum Messen der Oberflächenqualität zu untersuchen und die Ergebnisse zu veröffentlichen. Seine letzte Schrift, die 1951 postum in Deutschland erschien, trug den Titel *Messung der Oberflächengüte — Ihre praktische Anwendung auf die Funktion zusammenarbeitender Teile.*

Ein umfangreicher Teil der Normung und Vereinheitlichung zielte auf die Optimierung der Arbeitsmittel, die die der Arbeitsgegenstände ergänzte. Bei der Vielfalt und dem dauernden Wandel der Maschinenbauprodukte lassen sich zwar kaum ganze Konstruktionen festschreiben. Aber die Vereinheitlichung häufig wiederkehrender Teile schafft einen Massenbedarf, der die kostengünstige Herstellung möglich macht. Firmeninterne Ansätze dafür gab es, wie wir am Beispiel von Ludw. Loewe & Co. gesehen haben, schon lange vor dem Ersten Weltkrieg. Sie gingen in das DIN-Normenwerk ein, das seit 1917/18 aufgebaut wurde. Schlesinger arbeitete dabei speziell zur Frage der Gewindenormung.

Andere Normungsbestrebungen gingen über die Vereinheitlichung der Arbeitsgegenstände hinaus, wie etwa in der Passungsfrage, zu der Schlesinger mit dem beschriebenen Grenzlehren- und Passungssystem schon vor 1904 einen zentralen Beitrag geleistet hatte. Sie gehört später immer wieder zum Themenbereich des Instituts, etwa 1921 in der Dissertation von Kienzle, dem späteren Nachfolger Schlesingers auf dem Berliner Lehrstuhl. Die Ende der zwanziger Jahre durchgeführte Drehzahlnormung, mit der sich Schlesinger ebenfalls befaßt hat, vereinheitlichte nicht nur die Werkzeugmaschinengetriebe, sondern war auch für eine präzisere betriebliche Kostenrechnung wichtig.

Neben den Veränderungen, die an den gegenständlichen Elementen des Produktionsprozesses notwendig wurden, rückte um die Jahrhundertwende immer stärker die menschliche Arbeitskraft ins Blickfeld. Ein Strang war dabei die Unfallverhütung, der man damals stärkere Beachtung zu schenken begann. Das lag sicherlich an den wachsenden Arbeitsgeschwindigkeiten, die einen schnelleren Lauf beweglicher Teile an Arbeitsmaschinen mit sich brachten. Jedenfalls läßt sich seit den neunziger Jahren immer öfter die Einkapselung der bis dahin offenliegenden Zahnräder- und Riemengetriebe beobachten, die zwar auch maschinentechnische Gründe hatte, aber wesentlich zur Minderung der Unfallgefahr beitrug. Schlesinger gab 1910 ein umfangreiches Nachschlagewerk zur *Unfallverhütung und Betriebssicherheit* heraus, das nicht nur für die metallverarbeitende Industrie die gängigen Schutzvorrichtungen auflistete. Eine durch Betriebsunfälle, vor allem aber durch den Ersten Weltkrieg gestellte Aufgabe war die Wiedereingliederung von Invaliden in den Produktionsprozeß. Seit 1915 arbeitete Schlesinger mit Sauerbruch an der Entwicklung und Prüfung geeigneter Prothesen.

Wichtiger noch war die am Berliner Institut schon 1910 aufgegriffene Frage nach der „Arbeitseignung und Leistungsfähigkeit der Arbeitnehmerschaft", die zu einem ständigen Thema werden sollte. Man erwartete, daß die sorgfältige Auswahl der Arbeiter für die verschiedenen Tätigkeiten zur Optimierung beitragen würde. 1918 entstand am Lehrstuhl eine „Arbeitsgruppe für industrielle Psychotechnik", die Eignungsprüfungen für Lehrlinge entwickelte. Aus ihr ging später ein eigenständiges Institut hervor, das zu den ersten Einrichtungen der Arbeitswissenschaft, eines wichtigen Teilgebietes der Betriebswissenschaften, zählte. Schließlich hat sich Schlesinger immer wieder mit den Entlohnungsmethoden auseinandergesetzt, weil sie als Leistungsanreiz für den Arbeiter wirken und damit die Intensität des Arbeitsprozesses und die Qualität der Produkte beeinflussen.

Für eine umfassende Rationalisierung des Produktionsprozesses reichte es aber nicht aus, seine einzelnen Elemente zu verändern. Das mußte vielmehr ergänzt werden durch übergreifende Maßnahmen der Optimierung, bei denen der Gesamtprozeß im Auge behalten wurde. Diesen Charakter hatte zum Beispiel das beschriebene Grenzlehren- und Passungssystem, das die breite Einführung der getrennten Teilefertigung und des Austauschbaus ermöglichte.

Ein besonders wichtiger Arbeitsbereich war die innerbetriebliche Kostenrechnung, die aus einer Vorkalkulation der zu erwartenden und einer Nachkalkulation der tatsächlich entstandenen Kosten besteht. Nur wenn sie exakt und im Detail durchgeführt wird, lassen sich die Produktpreise richtig kalkulieren, nur dann tritt zu Tage, an welchen Stellen im Betrieb die Kosten entstehen, die sich in der Jahresbilanz als Gewinn oder Verlust niederschlagen. Erst wenn man das weiß, kann man Verluste lokalisieren und gezielt abstellen.

Die vollentwickelte Kostenrechnung ist also ein zentrales Element prozeßübergreifender Optimierung. Ihr Aufbau war aber eine schwierige Sache, der die gründliche zahlenmäßige Analyse aller betrieblichen Arbeitstätigkeiten und das jahrelange Sammeln von Kostendaten zugrundelagen. Die Drehzahlnormung Ende der zwanziger Jahre stellt beispielsweise einen wichtigen Schritt bei der Vereinheitlichung der Berechnungsgrundlagen dar. Schlesingers „Mutterbetrieb" Loewe & Co. gehörte auch auf diesem Sektor zu den fortgeschrittensten Firmen und stellte 1907 sein Kostenrechnungssystem öffentlich vor. 1910 erarbeitete Schlesinger im Auftrage des Vereins deutscher Maschinen-Ingenieure eine *Zusammenstellung und kritische Beleuchtung bewährter Methoden der Selbstkostenberechnung im Lokomotiv- und Eisenbahnwagenbau für Neubau und Ausbesserung.* Auch in seiner Schrift über *Technische Vollendung und höchste Wirtschaftlichkeit im Fabrikbetrieb* von 1932 geht er ausführlich auf diese Fragen ein.

Der Ingenieur Georg Schlesinger unterscheidet sich in Themenauswahl und Arbeitsweise gravierend von der Idealgestalt des „großen Erfinders", die so oft zum vorwärtstreibenden Element in der Entwicklung der Technik erhoben wird. Im 19. Jahrhundert kamen Ingenieure seines Ranges diesem Bild noch nahe: Ihr Berufsleben war oft von wichtigen Einzelerfindungen, deren Realisierung und kommerzieller Auswertung geprägt. Diesem Ziel ordneten sich die betriebsorganisatorischen und fertigungstechnischen Fragen unter. Schlesinger dagegen befaßte sich systematisch mit allen Fragen der betrieblichen Praxis und arbeitete eher organisatorisch als konstruktiv.

Das entsprach dem Entwicklungsstand, den der Maschinenbau am Ende des 19. Jahrhunderts erreicht hatte. Er war zwar immer noch die strategisch zentrale Branche für den fortschreitenden Industrialisierungsprozeß, hatte aber bereits eine hundertjährige Geschichte hinter sich, als Schlesinger sein Arbeitsfeld betrat. Die Elemente, die durch seine maßgebliche Mitarbeit zu einem neuen Fertigungssystem zusammengefügt wurden, existierten alle schon verstreut und isoliert in einzelnen Produktionszweigen. Worauf es bei der damaligen Problemlage und in den folgenden Jahrzehnten ankam, war nicht die geniale Einzelkonstruktion, sondern die Durchdringung des Gesamtzusammenhanges. Auch vorher war der Ingenieur gezwungen gewesen, fertigungstechnische und betriebsorganisatorische Fragen zu lösen, aber das geschah nebenher, ohne tiefgehende kritische Reflexion. Nun traten diese Fragen in den Mittelpunkt des Interesses und wurden systematisch bearbeitet. Man bezeichnet diese neue Herangehensweise seit damals als wissenschaftliche Betriebsführung. Dieser Begriff ist dann zutreffend, wenn man unter Wissenschaft nicht die Herausarbeitung einfacher übertragbarer Gesetzmäßigkeiten und die daraus folgende Prognostizierbarkeit aller Vorgänge, etwa im Sinne der klassischen Physik versteht. Ein solches Wissenschaftsverständnis läßt sich nämlich hier nicht anwenden, weil fertigungstechnische und betriebsorganisatorische Probleme zu komplex sind und sich in immer wieder neuer Kombination stellen. Man muß sich deshalb im konkreten Fall, etwa bei Einrichtung einer neuen Fertigung, bis heute auf systematische Empirie, das heißt auf nicht verallgemeinerbare vorbereitende Experimente stützen. Methoden und Anhaltspunkte dafür liefert die von Schlesinger wesentlich mitbegründete Betriebswissenschaft.

Der veränderten Aufgabenstellung des Ingenieurs entsprach bei Schlesinger auch ein anderes Verständnis seiner gesellschaftlichen Rolle. An seinen Arbeitsergebnissen interessierte ihn nicht eigener ökonomischer Gewinn, sondern der allgemeine volkswirtschaftliche Nutzen. Dementsprechend arbeitete er nicht kommerziell, sondern an Hochschulen und in Ingenieur- und Wirtschaftsverbänden. Zwischenbetriebliche Kooperation war ihm wichtiger als erfolgreiche Konkurrenz. Dahinter stand bei Schlesinger eine ausgeprägte Vorstellung von sozialer Harmonie: Mit wissenschaftlicher Objektivität ausgearbeitete Technik überbrückte für ihn die sozialen Gegensätze. Der optimierte Produktionsprozeß wurde seiner Ansicht nach allen Beteiligten gerecht. Er machte die Austragung von betrieblichen Interessenkonflikten durch Streik überflüssig und schützte vor krisenhaften Einbrüchen, weil er über gerechte Entlohnung die Kaufkraft der Arbeitsbevölkerung und damit die Fortexistenz der Betriebe sicherte. Der Techniker übernahm die Rolle des aussöhnenden Elements. Diese Sicht überstand bei Georg Schlesinger offenbar auch die Erschütterung durch die Repressalien der Nationalsozialisten. Er reagierte, soweit das nachvollziehbar ist, mit Fassungslosigkeit, ging aber seinen beruflichen Weg unbeirrt weiter. Die am eigenen Leib erfahrene Sprengkraft sozialer Konflikte veranlaßte ihn nicht, sein technikzentriertes Gesellschaftsbild in Frage zu stellen.

Literatur

Ebert, Hans/Hausen, Karin, *Georg Schlesinger und die Rationalisierungsbewegung in Deutschland*, in: Reinhard Rürup (Hrsg.), *Wissenschaft und Gesellschaft* (= Beiträge zur Geschichte der TU Berlin, Bd. 1), Berlin 1979, S. 316—334.
Matschoß, Conrad, *Geschichte der Ludw.Loewe & Co A.-G.*, in: *Ludw. Loewe Aktiengesellschaft Berlin 1869-1929*, Berlin 1930, S. 1—59.
Mock, Wolfgang, *Technische Intelligenz im Exil. Vertreibung und Emigration deutschsprachiger Ingenieure nach Großbritannien 1933—45*, Düsseldorf 1986.
Schlesinger, Georg, *Die Passungen im Maschinenbau* (= Mitteilungen über Forschungsarbeiten auf dem Gebiete des Ingenieurwesens, hrsg. vom VDI, H. 18), Berlin 1904.
Schlesinger, Georg, *60 Jahre Edelarbeit*, in: *Ludw. Loewe Aktiengesellschaft Berlin 1869—1929*, Berlin 1930, S. 66—212.
Schlesinger, Georg, *Technische Vollendung und höchste Wirtschaftlichkeit im Fabrikbetrieb*, Berlin 1932.
Schlesinger, Georg, *Messung der Oberflächengüte — Ihre praktische Anwendung auf die Funktion zusammenarbeitender Teile*, Berlin 1951.
Spur, Günter, *Produktionstechnik im Wandel*, München 1979.

Biographische Informationen findet man bei Ebert/Hausen (1979) und bei Spur (1979). Mock (1986) behandelt Schlesingers Exilzeit. Matschoß (1930) schildert die wirtschaftliche Entwicklung der Firma Ludw. Loewe & Co, während die angeführten Arbeiten von Schlesinger die technologischen Fragen behandeln. Spur (1979) bringt eine ausführliche Bibliographie der Institutsveröffentlichungen, in der jedoch Schlesingers Arbeiten aus der Zeit des Exils nicht mehr enthalten sind.

Hans Christoph Graf v. Seherr-Thoss

Georg Knorr

Drei Namen sind mit der Konstruktion der gebräuchlichen Eisenbahnbremse eng verbunden: George Westinghouse, Jesse Fairfield Carpenter und Georg Knorr. Es sind Zeitgenossen, die im Jahrhundert des Aufschwungs der Eisenbahnen lebten. Die Lokomotiven wurden damals dank ständig verbesserter Dampftechnik immer stärker und schneller, die Züge entsprechend länger. Die Schienenwege breiteten sich in Amerika und Europa weit aus und scheuten keine Hindernisse. Nach all diesen Fortschritten mußten sich Schienenfahrzeuge aber auch wirksam und sicher bremsen lassen. Diese Bremsen bestanden schon 1840 bis 1850 in einer zweiklotzigen Backe am Rad, die durch Schraubenspindel über Kniehebel und Gestänge an das Rad gepreßt wurde. Gefordert wurde auch eine selbsttätige Bremse für mehrere Wagen, um die Bremser einzusparen und wirksamer zu bremsen. Diese Entwicklung zur „durchgehenden Bremse" begann 1853 in England durch Peter Kendall, als die Lokomotiven schon 95 km/h liefen. Ein Zug ließ sich damals schon aus dieser Geschwindigkeit in 37 Sekunden auf 400 Metern abbremsen (handgebremst in 70 Sekunden). Ein Güterzug bestand 1869 aus höchstens 30 Wagen und lief 24 km/h. Die durchgehende Bremse beschäftigte die Erfinder mindestens 60 Jahre. Bald zeigte sich, daß sich die mechanische wie die hydraulische Bremse für den Eisenbahnbetrieb nicht eigneten. Erst das letzte Viertel des 19. Jahrhunderts brachte die beste Lösung einer Druckluftbremse durch drei Haupterfinder.

Georg Knorr, der dritte Haupterfinder der Eisenbahn-Druckluftbremse, wurde am 13. November 1859 in Ruda, Kreis Neumark/Westpreußen, geboren. Sein Vater Theodor war dort Rittergutsbesitzer wie auch sein Schwiegervater Oskar v. Stojentin auf Adlig-Prechlau. In der Kreisstadt Neumark besuchte er das Gymnasium, arbeitete in einer Eisenbahn-Werkstätte und studierte dann in einem Technikum in Einbeck. Für Berlin sollte Knorr ein bedeutender Ingenieur werden.

In seiner ersten Stellung bei der Eisenbahnverwaltung in Krefeld traf Knorr mit dem Berlin-Amerikaner Jesse Fairfield Carpenter zusammen, der sich 1879 bis 1882 um die Einführung seiner Zweikammer-Druckluftbremse bei den Preußischen Staatseisenbahnen bemühte. Seine Hauptkonkurrenten waren George Westinghouse, Pittsburgh und London, Jakob Heberlein (1825—1880), München, und Michael Schleifer, Berlin. 1865 gab es schon 600 Erfindun-

Georg Knorr
(1859—1911)

gen auf Eisenbahnbremsen. Jetzt begann ein Wettstreit aller Bremssysteme, wobei bald Luft als Treibmittel die Hauptrolle spielte. Westinghouse setzte seit 1867 auf die Einkammer-, Carpenter und Michael Schleifer, Berlin, suchten den Erfolg mit der Zweikammerbremse.

Bei Vergleichsversuchen von 1882 zwischen Berlin und Breslau siegte schließlich Carpenter. Seine Bremse bestach durch ihre Einfachheit, Übersichtlichkeit und Betriebssicherheit. Er erhielt einen Zehnjahres-Vertrag mit den Preußischen Staatsbahnen, ihnen aufgrund seiner Patente[1] von 1880 diese Zweikammerbremse mit selbsttätiger Nachstellvorrichtung und Schlauchkupplung zu liefern. Unter den drei Patenten Carpenters war die selbsttätige Nachstellvorrichtung die geistvollste und wegen ihrer zentralen Anordnung auch die in der Konstruktion beste Erfüllung der Forderungen an Zweikammerbremsen. Mit dem Liefervertrag gründete Carpenter 1883 in Berlin eine Firma, die seine Bremse herstellen sollte. Die Fabrikation betrieb er anfangs mit den Berliner Firmen Eugen Dietz, Carl Beermann, Julius Pintsch und C. Heckmann gemeinsam. 1885 setzte er sie in eigenen Werkstätten an der Cöpenicker Straße 3 fort, die Büros befanden sich am Schöneberger Ufer 17, seit 1886 Leipziger Platz 19. 1889 vereinigte er Büros und Fabrik in der Cöpenicker Straße 3 und 195.

Carpenter sicherte sich ein weites Absatzgebiet im Ausland, während in Süddeutschland die Westinghouse-Bremse, in Baden die Bremse Michael Schleifers gesiegt hatten. 1884 hatte Carpenter den 25jährigen Georg Knorr eingestellt, der seine Zweikammer-Bremse in Rußland, Norwegen, Österreich-Ungarn und Spanien einführen half. Als während der Abwicklung des preußischen Auftrages die Geschwindigkeiten und Zuggewichte immer kräftiger stiegen, machte sich als Mangel der Carpenter-Bremse ihre zu langsame Wirkung bemerkbar. Die Verzögerungszeit bis zum letzten Wagen war zu groß. Carpenter und Knorr bemühten sich daher auf mehreren Wegen um Abhilfe. Auf die erfolgreiche Westinghouse-Einkammerbremse eingehend, entwarfen sie 1885 eine elektrisch gesteuerte Einkammerbremse zur Vorbereitung von Vergleichsversuchen an Güterzügen in Burlington/USA. Im Sommer 1886 konnte dort keiner der Konkurrenten einen Zug von 50 vierachsigen Güterwagen ohne übermäßige Stöße von 45 km/h aus rasch und gleichmäßig abbremsen. Sie hatten sich von der elektro-pneumatischen Ventilsteuerung zu viel versprochen. 1887 traten nur noch Westinghouse, Carpenter und der Engländer Frederick William Eames mit seiner Saugluftbremse an. Westinghouse hatte einen Stromkreis, Carpenter zwei, wobei er seine Zweikammerbremse elektrisch oder pneumatisch anstellen konnte. Diese Versuche von 1887 endeten mit einem überlegenen Erfolg für Carpenter und Knorr. Sie hatten erstmals versucht, das schnellwirkende Steuerventil nach Westinghouse bei Güterzügen einzusetzen, ähnlich der New-York Air Brake Comp. (DRP 43 537). Leider wirkte sich der Erfolg in den USA geschäftlich nicht aus. Denn im gleichen Jahr brachte George Westinghouse ein schnellwirkendes Steuerventil zu seiner Einkammerbremse heraus, das die Eisenbahn-Verwaltungen auf die Nur-Druckluftbremse zurückführte. 1889 antwortete Carpenter mit einem schnellwirkenden Hahn-Kegelventil mit zwei Membranen auf der Grundlage eines Patents des verstorbenen Bauinspektors Neumann. Der Vorteil dieses Kegelventils gegenüber Westinghouse war: Seine Schnellwirkung beschränkte sich nicht auf Schnell- und Notbremsungen, sondern begrenzte scharf das Lösen und Abschließen von Bremsen und Ventilen wie auch das Betriebs- und Schnellbremsen. Das Hahnventil gab dem Lok-Führer erst die volle Gewalt über den Zug, da er die Bremswirkung bestimmen konnte, bei einer Übertragungszeit von zwei Sekunden. Carpenters Hahn-Steuerventil schadete dem Erfolg der Westinghouse-Bremse zunächst nicht, aber 1902 gab Georg Knorr diesem Steuerventil die letzte, gültige Gestalt (DRP 145 207). Knorr hatte 1891 außerdem ein Auslaßventil mit Membrankolben und Schieber erfunden, das zwischen Rohrleitung und Bremszylinder eingeschaltet war (DRP 58 906 und 62 224). Er verlieh damit Carpenters Zweikammerbremse die Eigenschaft einer brauchbaren Gefahrenbremse, die in Schnelligkeit und Sicherheit der Einkammerbremse nicht nachstand, aber das Zusammenwirken mit ihr ermöglichte. Auf Vorschlag der Preußischen Staatseisenbahn-Verwaltung 1891 boten Carpenter und Knorr eine elektrisch gesteuerte Dreikammerbremse für Güterzüge an, die weniger Luft verbrauchte und die Fortpflanzung der Bremswirkung beschleunigte. Aber das nützte nichts mehr, die Zeit der Zweikammerbremse war vorüber. Die Preußisch-Hessischen Staatsbahnen gingen 1893 zur Einkammerbremse von Westinghouse über. Georg Knorr blieb nichts anderes übrig, als die Einkammer-Schnellbremse zu verbessern. Er erfand 1892 eine solche Bremse mit Bremsschieber (DRP 65 203). Diese Erfindung bedeutete für die Eigenständigkeit der Firma einen Fortschritt, denn sie litt unter der Patent-Überlegenheit von Westinghouse. Aber Knorr suchte systematisch nach den Mängeln dieser Bremsen und probierte daher alle Westinghouse-Patente praktisch durch.

Wegen seines Pendelverkehrs zwischen Berlin und den USA nahm Carpenter 1890 seinen langjährigen Mitarbeiter Reg. Baumeister Schulze als Teilhaber in seine Firma auf, trug sie als „OHG Carpenter & Schulze" ein und vereinigte Büro und Fabrik in der Cöpenicker Straße 113. Georg Knorr blieb Oberingenieur und arbeitete gleichzeitig an Ein- und Zweikammerbremsen. Carpenters letzte größere Leistung war seine Nur-Druckluft-Schnellbremse mit Hahn-Steuerventil von 1889 gewesen. Entmutigt durch das schlechte Bremsengeschäft trat Gesellschafter Schulze 1893 aus der Firma aus und ging in den Gewerbeaufsichtsdienst nach Merseburg. Mangels Auslastung mußte Knorr 1893 bis 1896 Fabrikräume an den Flugpionier Otto Lilienthal (1848—1896) vermieten, der dort Dampfkessel und Armaturen herstellte. Die Konjunkturflaute nützte Knorr und kaufte am 1. Juli 1893 die Firma von Carpenter. Dieser starb am 3. Juni 1901 in Bad Nauheim und wurde in Berlin beigesetzt.

Knorr verbesserte seine Erfindungen und Erzeugnisse weiter. 1895 traf er Maßnahmen zum Ausgleich der Bremsdifferenz zwischen den ersten und letzten Wagen des Zuges, um sein stoßweises Halten zu mildern (DRP 87 531). Mit seinen Schnellbremsventilen verringerte sich diese Zeitdifferenz bei 50 Wagen und 600 Meter Länge der Druckleitung auf zwei Sekunden. 1897/98 fand Knorr die Erwartungen an die Schnellbremsung noch nicht erfüllt und erfand daher eine nicht-elektrische Steuerung der Druckluft, die die Bremswirkung im vorderen Zugteil so lange verzögerte, bis sie im hinteren Zugteil begann (DRP 103 002 und 104 715). Zu wenig fand Knorr nämlich von Westinghouse berücksichtigt, daß ein schnell fahrender Zug anfangs stärker als zum Schluß, ein beladener Wagen stärker gebremst werden muß als ein leerer. Dafür ordnete Knorr 1898 zwei Bremszylinder an, die zwar beschleunigt bremsten, den Bremsdruck aber nur beim Notbremsen erhöhten. Den erhöhten Bremsdruck steuerte er je nach abnehmender Geschwindigkeit von Personen- sowie geringerer Beladung von Güterzügen (DRP 104 715). Es war seine erste Steuerung des Bremsvorgangs bei schnellfahrenden Zügen. Die Anordnung vereinigte den beschleunigten Druckabfall in der Leitung mit der schnelleren Drucksteigerung im Hauptbremszylinder. Für einen geschwindigkeitsabhängigen Leitungsdruck brachte Knorr auf der Lokomotive eine Luftpumpe und einen Zusatzbehälter an. Sie lieferte 5 bis 9 at für über 50 km/h.

1898 verlegte Knorr die verkleinerte Fabrik nach Berlin-Britz und konstruierte dort 1899 eine neue Einkammer-Schnellbremse, die, wie die Bremsen von Westinghouse und Michael Schleifer, kürzeste Bremswege und stoßfreies Halten vereinigte (DRP 115 780 und 118 876/77). Sie fand freundliche Aufnahme bei den Preußischen Staatsbahnen, zu denen Knorr gute Beziehungen pflegte und deren Anschauungen und Wünsche er beherzigte. 1901 gab er eine Notbremse an (DRP 147 846), 1903/04 mit Hilfssteuerung (DRP 161 847, 163 789). 1893 hatte der amerikanische Kongreß beschlossen, die durchgehende Bremse für alle Züge in den USA vorzuschreiben. Rußland folgte 1900. In Europa begannen Versuche mit schnellfahrenden Zügen 1898; auf der Strecke Berlin—Lehrte fuhr eine Schnellzug-Lokomotive der Hann. Maschinenbau AG vorm. Georg Egestorff Züge mit 12 und 24 Achsen (Gesamt-Zuggewicht 288 t). Sie waren ausgerüstet mit Schnellbahn-Bremsen von Knorr, Westinghouse, Schleifer und Siemens & Halske. Dabei hatte die neue Schnellbremse von Knorr den kürzesten Bremsweg. Erst als sich der Verein Deutscher Eisenbahnverwaltungen 1903 für die Einführung einer durchgehenden Güterzugbremse interessierte, weil sie längere, schnellere Züge verlangte, gründete O. Regierungsrat Wilhelm Staby[2] einen Ausschuß zu ihrer Prüfung. Durch die Tätigkeit dieses Ausschusses und seine von ihm veranstalteten Versuchsfahrten kam Knorr in engeren Kontakt und in ein Beraterverhältnis zu dem Eisenbahnbau-Inspektor Bruno Kunze,[3] der auf Bremsen spezialisiert war und seit 1890 eigene Patente besaß. Er gab Knorr 1901 die entscheidenden Verbesserungsideen zu seiner Bremse, die zunächst nicht befriedigt hatte.[4]

Die Carpenter-Bremse schied wegen ihrer trägen Wirkung und ihres großen Luftverbrauches aus. Die Saugluftbremse der Wiener Gebrüder Hardy entsprach zwar allen Anforderungen, kam aber für die Einführung nicht in Frage, weil die europäischen Bahnen vorwiegend Druckluftbremsen besaßen, die mit einer Saugluftbremse nicht zusammenwirken konnten. Die Güterzugbremse von Westinghouse benötigte eine zweite Bremsleitung, die an allen Waggons hätte eingebaut werden müssen, was sehr teuer geworden wäre. Es blieb also nur übrig, die Knorr-Güterzugbremse zu verbessern.

Baurat Kunze machte die Steuerventile von Haupt- und Zusatzbremse voneinander so abhängig, daß das Zusatz-Steuerventil nur in der Schnellbrems-Stellung des Hauptventils wirken konnte (DRP 199 111). Haupt- und Zusatz-Hilfsbehälter verband er über eine Drosselstelle miteinander. Der Zusatzbremse gab Kunze ein nicht schnellwirkendes Steuerventil ohne Abstufung bei, der Hauptbremse ein schnellwirkendes Steuerventil. Diese Anordnung ersetzte Kunze danach durch eine Doppel-Bremsschaltung mit selbst- und nichtselbsttätiger Bremse.

Versuche begannen 1905 auf der Strecke Grunewald—Nedlitz in zwei Programmen mit Zügen zu 100 und 110 bis 120 Achsen und 622 bis 836 t Gewicht (60 mm Pufferabstand). Die Zeitdifferenz am letzten Wagen betrug 3 Sekunden, der Druck ermäßigte sich um 0,2 bis 0,3 at. Höhepunkt der Erprobung war das Befahren der thüringischen Strecke Arnstadt—Oberhof—Suhl mit Gefällstrecken von 1:50 durch einen Zug mit zwei Lokomotiven, 152 Achsen und 1000 Meter Länge, beherrscht von nur einem Lokführer. Danach führte Georg Knorr noch ein neues Steuerventil für den Schlußwagen ein. Ein Güterzug von 200 Achsen konnte jetzt in der Ebene 90 km/h fahren, statt früher mit 45 km/h, und mit 150 Achsen auf einem beliebig langen Gefälle bis 1:30. Die Güterzüge fuhren zu Anfang des 20. Jahrhunderts so schnell wie die Personenzüge, die Festsetzung ihrer Höchstgeschwindigkeiten und Gewichte hing bei der Fahrplangestaltung nicht mehr von der Bremse ab.

Bei den Versuchen mit den verschiedenen Bremssystemen bis 1908 zeigte es sich, daß das Bremsen um so ruhiger verlief, je größer die Durchschlagsgeschwindigkeit bis zum Zugende war. Alle Widerstände und Krümmungen in der Hauptleitung bis zum Zugende waren zu vermeiden. Daher brachte Knorr an jedem Steuerventil eine kleine Übertragungskammer an. Bis Mitte 1911 hatte die Knorr-Bremse GmbH allein in Preußen 13 000 Wagen mit ihrer Druckluftbremse ausgerüstet. Die Preußisch-Hessische Staatseisenbahn bildete sie bis 1914 weiter durch. Die sorgfältig durchgeführten Versuche am fahrenden Zug und die Erprobung im rauhen Betrieb gaben den Ausschlag für die Entschlußfreudigkeit von Kunze und Knorr, an dieser Bremse festzuhalten. Den letzten Schritt in ihrer Entwicklung bildeten 1917 Versuche auf dem Arlberg und in Ungarn. Der Preußische Eisenbahn-Minister Breitenbach gab diesem System den Sammelnamen „Kunze-Knorr-Bremse". Ihr Erfindungswerk erstreckt sich auf sechs Patente zwischen 1909 und 1917.[5] Wegen des Ersten Weltkrieges wurde sie erst 1918 allgemein als Güterzug- und Personenzug-Bremse eingeführt, 1923 als Schnellbahn-Bremse.

Damals herrschte in den europäischen Wagenparks noch ein heilloses Durcheinander an verschiedenen Bremssystemen, so daß manche Waggons dreifache

Ausstattung besaßen, um beliebig ankuppelbar zu sein. Kurz nach dem Ersten Weltkrieg allgemein eingeführt, bedeutete die Kunze-Knorr-Bremse einen Wendepunkt im europäischen Eisenbahnbetrieb. Es gab jetzt in Europa *einen* Bremstyp für alle Betriebs- und Streckenverhältnisse. Die Einführung dauerte neun Jahre; die Knorr-Bremse fertigte täglich 300 Bremsausrüstungen. Nicht zuletzt Georg Knorr sicherte der Eisenbahn ihre Überlegenheit für weitere dreißig Jahre, denn ihr Transportvolumen bei hoher Durchschnittsgeschwindigkeit stellte die Straße noch in den Schatten, bis Autobahn, Schwerlastwagen, und Großraumbus zum kombinierten Verkehr anregten.

Noch nach Knorrs Tod suchte die Westinghouse-Bremsen GmbH Hannover durch ihren Generaldirektor Georg Oppermann in Patentverletzungs-Klagen Knorrs Verdienste zu bestreiten und in Druckschriften zu bemängeln. Er behauptete, Knorr und Hildebrand hätten sich die wesentlichen Patente von Westinghouse aus den Jahren 1902 bis 1911 angeeignet. Das Reichspatentamt stellte aber fest, daß das Knorrsche Grundpatent von 1913 zu Recht bestünde und Grundlage für die neue Entwicklung bleibe. Die Gegner übersahen, daß es sich jetzt nicht mehr um technische *Einzelheiten* handelte, sondern um die lieferbare *Einheitsbremse* für alle europäischen Bahnen.

Um die Jahrhundertwende hatte Georg Knorr noch in Britz die Fabrikation von Druckluftbremsen für Straßen- und Kleinbahnen aufgenommen, das waren elektropneumatische Bremsen mit einem elektrisch betätigten Carpenter-Bremszylinder. Er belieferte damit die Hannoversche Straßenbahn sowie die Berliner Hoch- und U-Bahn. Dieser neue Geschäftszweig sollte Knorr Glück bringen, denn dadurch kam er in Kontakt mit der „Union Elektricitäts-Gesellschaft" Berlin (UEG, 1892—1904). Sie baute elektrische Bahnen in ganz Europa, sogar in Übersee. 1896 hatte sie schon 200 Straßenbahnwagen in Leipzig mit Westinghouse-Druckluftbremsen ausgestattet und gute Erfahrungen mit ihnen gemacht. Wenn sie auch Strom verbrauchten, so konnten sie durchaus mit den elektrischen Bremsen konkurrieren. Der neue Geschäftszweig also öffnete Knorr die Tür zu Isidor Loewe (1848—1910), dem Großaktionär der UEG und ihrem Finanzinstitut, der „Gesellschaft für elektrische Unternehmungen AG" Berlin (Gesfürel, 1894—1929). Er unterhielt 1892 bis 1898 in seiner Ludw. Loewe & Co. KGaA Berlin eine elektrotechnische Fabrik für diese Straßenbahnen in Moabit und saß außerdem im Aufsichtsrat der AEG und der Disconto-Gesellschaft, beide Berlin. Die Gesfürel verwaltete 37 Straßenbahn-Gesellschaften. Für Loewe erschien es also günstig, einen potenten Bremsenhersteller aus dem großen Eisenbahngeschäft in Berlin zu haben. Als er von dem Lieferungsvertrag für Preußen hörte, schlug er Knorr die Gründung einer GmbH unter seinem Namen mit stärkerer Kapitalausstattung vor.

Über eine gemeinsame Freundschaft zum Grafen Zeppelin (1838—1917) und Verbindungen zur Motorluftschiff-Studien-Gesellschaft, zur Deutschen Luftschiffahrt AG und zum Kaiserlichen Aeroclub kannte Loewe den Berliner Armaturen-Hersteller Richard Jakob Gradenwitz (1863—1925). Mit ihm zusammen gründete Loewe 1905 die „Knorr-Bremse GmbH" Berlin-Britz. Zu ihrer Betreuung bestimmte er seinen Justitiar Dr. Walther Waldschmidt.[6] Knorr bezog gerade eine neue Fabrik in Boxhagen-Rummelsburg, Neue Bahnhofstraße 11—14, die 1906 den Betrieb aufnahm.

Bis 1907 hat Knorr als Direktor mit zwei Prokuristen die Geschäfte allein geführt. Insofern war die Firmenleitung zu einseitig von der Technik beherrscht. Waldschmidt suchte daher einen kaufmännischen Direktor, der Verwaltung, Finanzen und das Auslandsgeschäft unternehmerisch ausbaute. Er gewann 1907 den genialen Industriekaufmann Johannes Philipp Vielmetter[7] als teilhabenden kaufmännischen Direktor für die neue Knorr-Bremse GmbH. Mit ihm begann ihr Aufstieg als prominentes Berliner Unternehmen. Er brachte zum 1. Januar 1911 die Verschmelzung mit einer zweiten Berliner Bremsenfirma zustande, der „Continentalen Bremsen GmbH für Straßenbahnen vorm. Bökerbremsen". Damit verband er die Umwandlung der Knorr-Bremse in eine AG; deren Gründer waren Vielmetter, die Loewe AG, Gesfürel und die Disconto-Gesellschaft. Als Techniker brachte die Continentale Wilhelm Hildebrand[8] mit, der die Stelle von Georg Knorr einnehmen konnte.

Georg Knorr zeigte sich auch auf anderen Gebieten erfinderisch. So entwickelte er 1903 den Sandstreuer für Schienenfahrzeuge weiter. Den ersten Preßluft-Sandstreuer hatte 1888—1892 für die Preußischen Staatsbahnen der Bauinspektor August Brüggemann, Altona und Breslau, erfunden.[9] Mechanische Betätigung oder Dampf hatte er bereits als ungeeignet befunden. Während sich bei Brüggemann die Streudüse im Kasteninnern befand, ordnete Knorr 1903 den Düsenapparat außerhalb des Sandkastens an und benutzte den Aufwühlstrahl als Gegenstrom zum Saugstrom, das heißt er streute und wühlte gleichzeitig auf (DRP 145 752 u. 167 220). Noch zu Knorrs Lebzeiten wurden 3000 Sandstreuer geliefert, er blieb im Programm der Knorr-Bremse.

Die Entwicklung der Druckluftbremse lieferte dem allgemeinen Maschinenbau eine neue Pumpenart: die Einfach-Dampfluftpumpe ohne Schwungrad von Westinghouse und Carpenter. Unter 8 at Spannung drückte sie die Luft in einen großen Hauptbehälter auf der Lokomotive. Ihr Nachteil war zunächst ein hoher Dampfverbrauch. Georg Knorr begann hier 1887 seine Erfindertätigkeit mit einer Steuerung dieser Luftpumpe (DRP 40 349). 1907 verringerte er ihren Dampfverbrauch um 40 %, indem er für Güterzugbremsen eine Stufenverdichtung ohne Dampfdehnung entwarf. Georg Knorr, seit 1908 nicht mehr gesund, trat 1910 in den Aufsichtsrat der Knorr-Bremse über, starb am 15. April 1911 in Davos und wurde in Karlshorst bei Berlin bestattet, ein Mann, der Technikgeschichte schrieb.

Vielmetter setzte die Expansion der Firma fort. Er baute 1914 bis 1916 ein neues Verwaltungsgebäude, 1918 bis 1922 am Gleisdreieck ein neues Werk, mit dem alten durch einen Tunnel unter der Ringbahn verbunden. Vor allem führte er seit 1916 die neue Kunze-Knorr-Bremse in Europa ein. Die Betriebsfläche erweiterte er von 4000 m² (1905) auf 56 638 m² (1923), die Zahl der Mitarbeiter von 90 Beschäftigten (1904) auf 8500 Beschäftigte (1930). 1919 faßte Vielmetter in Bayern Fuß, indem er für die Verwaltung der Bayerischen Eisenbahnen in München, Moosacherstraße 80, Bremsen herstellte. Er nannte den Betrieb seit 1922 „Süddeutsche Bremsen AG". Das Fabrikationsprogramm der Knorr-Bremse erweiterte er außer Eisenbahnausrüstungen auf die allgemeine Drucklufttechnik, wie Läutewerke, Türenmechanik, Krane, Kupplungen, Kompressoren, Getriebeschaltungen (1920), Kfz-Bremsen (1922), Kfz-Lenk- beziehungsweise Schalthilfen (1932/55), Kraftheber (1949). 1926 gab die Ludw. Loewe AG ihre Knorr-Beteiligung an ihr Aufsichtsratsmitglied Vielmetter ab. Die Finanzbetreuung der Knorr-Bremse blieb bei der Disconto-Gesellschaft beziehungsweise Deutschen Bank (seit 1929).

Anmerkungen

[1] DRP 12 352, 13 846 und 15 502.

[2] Wilhelm Staby (1859—1934), Studium TH Charlottenburg. Arbeitete bei der Pfälzischen Eisenbahndirektion in Ludwigshafen, seit 1896 als Leiter des maschinentechnischen Dienstes, dann als Dezernent im bayerischen Staatsdienst. Vorsitzender mehrerer Ausschüsse im Verein Deutscher/Mitteleuropäischer Eisenbahnverwaltungen. 1920 Ministerialrat in der Zweigstelle Bayern des Reichsverkehrsministeriums in München als Werkstätten- und Stoffreferent. 1923 auswärtiges Mitglied der Preußischen Akademie für Bauwesen, Mitherausgeber des Standardwerkes *Entwicklung der Lokomotive* von Richard v. Helmholtz.

[3] Bruno Kunze (1854—1935), Dipl. Ing. Maschinenbau (TH Charlottenburg), 1880 im Dienst der Preußischen Staatseisenbahn-Verwaltung. Nach Zwischenstationen in Altona und Erfurt 1898—1901 kam er zur Eisenbahndirektion Berlin, wurde 1909 ihr Direktionsmitglied und 1910 Dezernent für das Bremswesen beim Eisenbahn-Zentralamt. 1901—1907 und 1911—1921 wirkte er in den Eisenbahn-Abteilungen des Ministeriums für Öffentliche Arbeiten, entwickelte hier den Bremsdruckregler für die Schnellbremsung aus hohen Geschwindigkeiten. 1905 Reg. Baurat, 1911 Geh. Baurat und Vortragender Rat, 1915 Geh. Ob. Baurat, 1917 Dr.-Ing. E. h. der TH Aachen. Vorstandsrat im Deutschen Museum, Mitglied des Patentamtes.

[4] DRP 188 602, 199 111, 210 593/4, 211 750 und 219 263 von 1906—1908.

[5] DRP 236 707, 291 179 (Grundpatent), 294 859/301 944, 295 743 u. 296 810 von 1909—1917.

[6] Walther Waldschmidt (1860—1932), Dr. jur. und Justizrat. Studium an den Universitäten Heidelberg, Leipzig, Berlin. Referendar in Frankfurt/M., Gerichtsassessor 1888/89, 1889—1893 Magistrats-Assessor in Frankfurt/M. 1893—1896 beigeordneter Bürgermeister in Krefeld. 1896—1903 Syndikus der Ludw. Loewe & Co KGaA, 1903—1924 Vorstand, 1925—1929 Aufsichtsrat. Aufsichtsrats-Vorsitzender Knorr-Bremse AG Berlin-Lichtenberg 1905—1931, MWM vorm. Benz und Süddt. Bremsen AG München. Aufsichtsrat u. a. Gesfürel AG Berlin. Mitglied Handelskammer und Kuratorium Handelshochschule Berlin 1923—1932.

[7] Johannes Philipp Vielmetter (1859—1944), Industrie-Kaufmann, leitende Stellungen im Ausland. Im Vorstand der Knorr-Bremse 1907—1944. Bildete von ihr aus eine eigene Unternehmensgruppe, die bis 1987 bestand. Vizepräsident IHK und Hansa-Bund, Ehrenbürger Handelshochschule, alle Berlin. Dr. phil. h. c. TH Karlsruhe 1922, Dr. rer. pol. h. c. Universität Heidelberg 1925.

[8] Wilhelm Hildebrand (1869—1943), Ing. und Direktor der Continentale Bremsen GmbH, Berlin-Lichterfelde. Seit 1902 Erfinder von Druckluft-Bremsanlagen. 1921 Einkammer-Bremse. 1925 Dr.-Ing. E. h. TH Charlottenburg, 1927—1931 Entwicklung einer Bremse für Personen-, Schnell- und Güterzüge sowie Triebwagen (Hik-Bremse).

[9] DRP 46 723, 56 735 u. 85 177.

Literatur

Knorr, Georg, *25 Jahre im Dienste der Druckluftbremse*, Berlin-Boxhagen 1909.

Kunze, Bruno, *Die Kunze-Knorr-Bremse* (Vortrag im VDMA Berlin 1917), in: *Glasers Annalen*, Bd. 82 (1918/I), S. 53—60, 63—71, 95—100, 113—115.

Hildebrand, Wilhelm, *Die Abstufung des Bremsdruckes bei der selbsttätigen Einkammer-Druckluftbremse*, in: *Glasers Annalen*, Bd. 82 (1918/II), S. 11 u. 21.

Hildebrand, Wilhelm, *Die Entwicklung der selbsttätigen Einkammer-Druckluftbremse bei den europäischen Vollbahnen*, Berlin 1927, Ergänzungsband: Berlin 1939.

Oppermann, Georg, *Die Ausbildung und Einrichtung der durchgehenden Güterzugbremse*, in: *Glasers Annalen*, Bd. 85 (1919/II), S. 13—16.

Wiedemann, Kurt, *Die Kunze-Knorr-Güterzugbremse*, in: *Zeitschrift des VDI*, 66 (1922), S. 905—909.

Wiedemann, Kurt, *Die Kunze-Knorr-Bremse für Personen- und Schnellzüge*, in: *Glasers Annalen*, Bd. 96 (1925/I), S. 211—223, 237—248.

Fischer, Artur, *Die Kunze-Knorr-Güterzugbremse*, in: *Bücherei des Verbandes deutscher Eisenbahnfachschulen*, Bd. 13, Berlin-Niederschöneweide 1922.

Fischer, Artur, *Die Kunze-Knorr-Personen- und Schnellzugbremse*, in: *Bücherei des Verbandes deutscher Eisenbahnfachschulen*, Bd. 39, Berlin-Niederschöneweide 1925.

Staby, Wilhelm, *Die geschichtliche Entwicklung der Eisenbahnbremsen*, in: *Beiträge zur Geschichte der Technik und Industrie*, Bd. 14 (1924), S. 1—21.

Schrödter, *Die Luftdruckbremsen für Straßenbahnen*, in: *Deutsche Straßen- und Kleinbahn-Zeitung*, (1911), S. 405, 427, 441, 460 u. 473.

Verkehrstechnische Woche, 5 (1911), S. 776/777; *Organ für den Fortschritt des Eisenbahnwesens*, 66 (1911), S. 181.

Neher, F. L., *50 Jahre Knorr-Bremse 1905—55*, Berlin-München 1955.

Matschoss, Conrad, *Männer der Technik*, Berlin 1925, S. 140/141, Reprint 1985.

Neue Deutsche Biographie (NDB), Bd. 12, S. 220/221.

Herbert Goetzeler

Johann Georg Halske

Johann Georg Halske wurde am 30. Juli 1814 in Hamburg geboren. Er war also zweieinhalb Jahre älter als sein späterer Kompagnon Werner Siemens. Der Vater Johann Hinrich Halske war ein selbstbewußter Zuckermakler und ehrenamtlicher Stadtrat in der blühenden Hansestadt. Seine Mutter hieß Johanna Catharina und war eine geborene Hahn.

Halske selbst in diesem Berlinischen Lebensbild sprechen zu lassen ist nicht oft möglich, da nur wenig Gesprochenes oder Geschriebenes überkommen ist. Denn er war eher zurückhaltend und zeigte wenig Neigung zur Selbstdarstellung. Deshalb sollen an seiner Stelle die Freunde zu Wort kommen, die seine Persönlichkeit, seine Lebensleistung und sein Wirken eindrucksvoll beleuchten. Dies um so mehr, als sie so meisterlich mit dem Wort umgehen konnten, wie Werner Siemens und Emil Du Bois-Reymond.

Schon in früher Jugend — 1825 — kam Halske in die aufblühende Großstadt Berlin, wo er als Elfjähriger das Gymnasium zum Grauen Kloster besuchte. Offensichtlich machte ihm aber der strenge Schulbetrieb nicht allzuviel Freude, denn schon 1828 begann er eine Handwerkerlehre. Trotzdem erinnerte er sich viele Jahre später gern an diese Schulzeit, als er im Jahre 1866 dem Schuldirektor schrieb: „Der Rückblick von meiner [der]zeitigen Geschäftsstellung auf meine auf dem Berlinischen Gymnasium zum Grauen Kloster verlebte Jugendzeit, in der ich daselbst den ersten Unterricht in der Physik erhielt, erweckt bei mir den Wunsch, um vielleicht fördernd auf den Unterricht in dieser Wissenschaft, namentlich in dem Zweige der Elektrizität wirken zu können, der Anstalt ein paar Zeigertelegraphen-Apparate als Geschenk anzubieten ... Der Umstand, daß bei diesen Apparaten verschiedene Prinzipe recht anschaulich zur praktischen Ausführung gekommen sind, veranlaßt mich, gerade diese zu wählen, da ich meine, daß sie für den Unterricht in mancher Beziehung recht dienlich sein werden..."[1]

Halskes erste Lehrstätte war eine Maschinenbauerwerkstatt, in der die Tätigkeit anstrengend und kraftraubend war. Arbeitserleichternde elektrische Maschinen gab es in dieser vorindustriellen Zeit noch nicht, so daß fast alles von Hand hergestellt werden mußte. Verständlich, daß dem jungen, schwächlichen Knaben diese Art der Arbeit nicht gefiel und er sich deshalb eine mehr feinmechanische Tätigkeit suchte. Es ist ein besonderer Glücksfall, daß ihm das

Johann Georg Halske
(1814—1890)

gelang, denn die Feinmechanik sollte ihm im weiteren Leben sehr nützlich sein, sie war die Grundlage seines späteren erfolgreichen Wirkens. Zunächst aber bildete er sich zielstrebig in verschiedenen renommierten Werkstätten, zum Beispiel beim Präzisionsmechaniker Hirschmann, aus. Hier konnte sich nicht nur seine Handfertigkeit und seine Liebe zum künstlerisch gestalteten Detail entwickeln, sondern auch seine Fähigkeit ausbilden, das Herzustellende geistig rasch und richtig zu durchdringen. Diese ihm zusagende Tätigkeit brachte ihn schon während seiner Lehrzeit mit mehreren Physikprofessoren der Berliner Universität in Berührung. So baute er für Professor Rieß nach dessen Angaben eine Elektrisiermaschine. Rieß motivierte den jungen Halske zu eigenen Gedanken und Erfindungen und unterhielt sich bei Ablieferung der Maschine angeregt mit ihm. Dieser Kontakt muß auf den jungen Mann einen tiefen Eindruck gemacht haben. Nachdem Halske ausgelernt hatte, arbeitete er eine Zeitlang in der bedeutendsten Werkstatt Berlins, bei Pistor & Martins. Als Geselle ging er nach Hamburg zum Mechaniker Repsold. Dort stellte er mit großer Präzision und Akribie Meßinstrumente her, die für die St. Petersburger Sternwarte bestimmt waren. Sein Geschick und seine Umsicht ließen ihn zum Werkführer avancieren.

1843 kam Halske wieder — diesmal für immer — nach Berlin, denn hier sah er die besten Möglichkeiten, im Leben voranzukommen. Zunächst arbeitete er wieder bei Hirschmann, aber schon ein Jahr später gründete er mit F. M. Boetticher — nicht weit von der Universität entfernt — eine kleine Mechanikerfirma, die sich besonders dem Bau von physikalischen und chemischen Apparaten widmete. Hier saß Halske in zünftiger schwarzer Samtjacke und mit großer schwarzer Künstlerkrawatte und fertigte mit seinen geschickten Händen empfindliche Geräte und Instrumente, wie sie in den naturwissenschaftlichen Instituten der Universität gebraucht wurden. Diese Produkte aus seiner Werkstätte waren ästhetisch ansprechende Kunstwerke aus blinkendem Metall oder leuchtendem Glas, über die sich Halske wie ein echter Künstler freuen konnte. Aber genauso zufrieden waren seine Kunden, die die Ergebnisse dieser Arbeit so gut verwenden konnten.

So kam Halske auch mit Professoren verschiedener Fakultäten zusammen und „zog aus dem Umgang mit jungen Physikern und Ärzten für seine wissenschaftliche Fortbildung mannigfachen Nutzen", wie die *Vossische Zeitung* anerkennend bei seinem Tode schrieb.[2] Hierzu zählten zum Beispiel der Physiker Hermann Helmholtz, der Physiologe Johannes Peter Müller mit seiner Schule, der der Begründer der experimentellen Pathologie in Deutschland war, Ludwig Traubl und die Physiologen Ernst Wilhelm Ritter von Brücke und Emil Du Bois-Reymond. Der letztgenannte erinnerte sich an diese frühe Zeit, als Halske noch nicht in Verbindung mit dem Namen Siemens in der ganzen Welt bekannt war. Als Vorsitzender der Physikalischen Gesellschaft zu Berlin sagte er zum Gedenken an Halske:[3] Er „hat zwar nicht viel physikalische Abhandlungen geschrieben, aber als praktischer Mechaniker auf die Physik seiner Zeit einen nachhaltigen Einfluß geübt. Der physikalischen Gesellschaft wurde er in ihren frühesten Tagen durch den Redner zugeführt, der ihn zu Anfang der vierziger Jahre in der Hirschmann'schen Werkstatt kennen gelernt hatte. Es gab damals noch keine allgemein zugänglichen physikalischen Institute, und im Beginn meiner experimentellen Arbeiten suchte ich lange vergeblich nach einer Gelegenheit, mir die nöthigen technischen Fertigkeiten und Einsichten zu erwerben, um mir Modelle bauen und einfachere Apparate selber herrichten zu können. Der Mechaniker Hirschmann, an den ich mich endlich wandte, überwies mich einem jungen Manne, der als einer seiner Gehülfen in der Blouse am Schraubstock stand. Es war Halske, der schon durch eine hohe Schule der Mechanik gegangen war, denn er hatte, wie er mir später erzählte, in seiner Heimath bei Repsold die Metallarbeit an den berühmten Meßinstrumenten der Pulkowaer Sternwarte großentheils mit eigener Hand ausgeführt.

Ich erkannte bald, daß Halske viel mehr war als nur ein geschickter Arbeiter. Er besaß in seltenem Maße das constructive Talent und wußte mit sicherem Spürsinn auch ohne gelehrte Schulung, wissenschaftliche Aufgaben zu erfassen und zu ihrer Bewältigung die einfachsten und besten Mittel zu finden. Es war ein hoher Genuß, dessen ich mich oft halbe Nächte lang erfreute, ihn, den Bleistift in der Hand, eine experimentelle Anordnung oder eine neue Vorrichtung Schritt um Schritt der Vollendung in der Idee entgegenführen zu sehen. Hier ist nicht der Ort, im einzelnen zu berichten, wieviel ich persönlich ihm in dieser Art verdanke; es genüge die Andeutung, daß viele meiner Apparate, welche nicht ohne Nutzen für den Fortschritt der Wissenschaft blieben, wie das Schlitteninductorium, der Vorreiberschlüssel, der runde Compensator, ihre letzte Gestalt von ihm erhielten. Nicht minder förderlich ward sein Umgang mehreren meiner Studiengenossen, während die älteren Physiker, unsere Lehrer, namentlich Mitscherlich, dem er unentbehrlich wurde, bald in ihm den bedeutendsten Jünger und Fortführer der Berliner mechanischen Schule erblickten. Auch Johannes Müller war er, noch als Hirschmann's Gehülfe, bei seinen Arbeiten über die Stimme und Sprache dienlich gewesen."

Mittlerweile, 1844, hatte Halske — wie schon erwähnt — mit dem Mechaniker Boetticher ein eigenes Geschäft eröffnet. Boetticher kam von Gambey in Paris, von wo er manchen nützlichen Kunstgriff mitbrachte. Ihre Werkstatt nahm sogleich neben den älteren mechanischen Anstalten Berlins, denen von Pistor und Martins, Schieck, Oertling, Kleiner, Hirschmann, Baumann, einen ehrenvollen Platz ein. Hier baute Halske seine selbstcalibrirende Theilmaschine für Eudiometerröhren, sein verbessertes Reflexions-Goniometer, vortreffliche Waagen und Luftpumpen, sowie nach Mitscherlich's Angabe den bekannten Apparat für Circumpolarisation der Zuckerlösungen, den Biot der Académie des Sciences vorstellte, und dabei, indem ihm eine Feinheit in der Construction des Apparats entging, in einen wunderlichen Irrtum verfiel. Im Schleifen Nicol'scher Prismen hatte sich Halske eine nicht leicht übertroffene Meisterschaft erworben, wie denn überhaupt neben seinen nachmaligen Verdiensten um die Elektricität seine Leistungen in der Optik zu sehr vergessen sind, an welche nur etwa in physiologischen Sammlungen sein lehrreiches Stereoskop mit beweglichen Bildern noch erinnert. In der kleinen Werkstatt in der Karlsstraße half mir Halske, das Galvanoskop mit astatischer Doppelnadel zu noch nicht dagewesener Empfindlichkeit [zu] vervollkommnen, und gab er mir Gelegenheit, das damals angestaunte Gewinde von 24 160 Umläufen selber zu wickeln. So betrat er in der thierischen Elektricität zuerst das elektrische Gebiet."

Doch die große Begegnung stand für Halske erst noch bevor. In Berlin im Haus am Kupfergraben 7 kam seit 1845 die Physikalische Gesellschaft unter dem Vorsitz ihres Gründers Heinrich Gustav Magnus regelmäßig zusammen. Zu ihren Mitbegründern zählten Werner Siemens, Johann Georg Halske, der schon erwähnte Emil Du Bois-Reymond und Hermann Helmholtz. Sicher hatten sich Halske und Siemens dort schon gesehen, ohne jedoch näher miteinander bekannt geworden zu sein. Das übernahm am letzten Tag des Jahres 1846 Du Bois-Reymond, wie er selbst berichtete. Er machte seinen Freund Siemens auf seinen Freund Halske aufmerksam, da er ihn für eine „für seine Zwecke wohl geeignete Persönlichkeit" hielt. An dieser Stelle ist auf den Lebensweg von Werner Siemens überzublenden, um aus dessen Sicht das Zusammentreffen dieser beiden Männer zu verstehen.

Werner Siemens nutzte seit 1844 seine Anwesenheit in Berlin dazu, sich weiterzubilden. Er wollte sich die neuen Errungenschaften der rasant sich entwickelnden Wissenschaft und Technik aneignen. So besuchte er an der Universität Vorlesungen und nahm an Verhandlungen der polytechnischen Gesellschaft teil. Siemens war damals daran interessiert, Geschoßgeschwindigkeiten exakt zu messen. Hierbei kam er mit dem bekannten Uhrmacher Leonhardt in Verbindung, der dies mittels einer Uhr tun wollte. Wenn auch dieses Zusammentreffen ohne Bedeutung blieb — Werner Siemens benutzte wirkungsvoller den elektrischen Funken zur Geschwindigkeitsmessung —, so sollte ein weiterer Versuch gemacht werden, nämlich die optische Telegrafie durch die elektrische zu ersetzen. In Berlin wurde damals, aus England kommend, der Wheatstonesche Zeigertelegraf bekannt, bei dem der notwendige Synchronismus zwischen Sende- und Empfangsgerät nicht einwandfrei funktionieren wollte.

Leonhardt versuchte, das Problem durch ein mechanisches Uhrwerk zu lösen. Das brachte zwar eine Verbesserung, aber befriedigte trotzdem nicht. Werner Siemens erkannte nun, daß eine selbsttätige Unterbrechung des Stromkreises durch den sogenannten Wagnerschen Hammer — wie schon bei der elektrischen Klingel verwendet — die Aufgabe zuverlässig lösen würde. Werner Siemens wollte zunächst mit Leonhardt das Problem angehen, was aber zu keinem Erfolg führte. Hier ist nun wieder auf Johann Georg Halske zurückzukommen, den Werner Siemens Anfang 1847 gebeten hatte, diesen Zeigertelegrafen mit Selbstunterbrechung zu bauen. Halske bezweifelte zunächst, ob dieser Apparat überhaupt jemals funktionieren würde. Deshalb stellte Siemens eine primitive Ausführung seines Apparates gleich selbst her, die auch sofort vollständig und zuverlässig arbeitete. Jetzt war Halske enthusiasmiert, so daß er gleich aus seiner eigenen Firma austrat, um sich mit Siemens zusammen ganz der Telegrafie zu widmen.

Von nun an ist der Lebensweg dieser beiden Männer nicht mehr voneinander zu trennen. Leider fehlten den beiden aber die nötigen Geldmittel, um eine eigene Firma zu gründen. Deshalb wandten sie sich an den Vetter von Werner Siemens, den Justizrat Johann Georg Siemens, der ihnen zur Einrichtung einer kleinen Werkstatt gegen eine sechsjährige Gewinnbeteiligung 6842 Taler als

Darlehen zur Verfügung stellte. Diese Werkstätte wurde in Berlin am 1. Oktober 1847 im Hinterhaus der Schöneberger Straße 19, mit Blick zum Anhalter Bahnhof, eröffnet und nannte sich „Telegraphen Bau-Anstalt Siemens & Halske".

Beide Teilhaber sollten völlig gleichberechtigt sein. Die Aufgabenteilung beschreibt ein Brief Werners an seinen Bruder Wilhelm vom 25. August 1847: „Halske, den ich völlig gleichgestellt mit mir in der Fabrik habe, bekommt die Leitung der Fabrik, ich die Anlage der Linien, Kontraktabschlüsse etc. Wir wollen vorläufig nur Telegraphen, Läutewerke für Eisenbahnen und Drahtisolierungen mittels Guttapercha machen."[4] An anderen Briefstellen finden sich die Sätze: „Halske ist ein durchaus braver und talentvoller Mensch, mit dem ich sehr gut fertig werde." Oder: „Der Elektromagnetismus ist noch ein wissenschaftlich und technisch namentlich ganz unbekanntes Feld und einer ungemeinen Ausdehnung fähig. Mit dem verständigen und durchaus praktischen Halske im Bunde fühle ich mich gerade berufen, ihn zu Ehren zu bringen. Arbeit ist dabei aber für 10 und hoffentlich auch Verdienst."[5] Diese lobenden Worte am Anfang einer gemeinsamen Aufgabe waren durchaus berechtigt und wurden durch die zukünftigen Ereignisse immer wieder bestätigt.

Im März 1848 war in Berlin die Revolution, die den kühnen Vorsatz hatte, eine demokratische Verfassung in die Wirklichkeit umzusetzen, beendet worden. Der preußische König bewilligte die Forderungen, die die Unzufriedenheit mit den herrschenden Zuständen beenden sollten. Mit dem Ende der Revolution hörte auch die Telegraphenkommission auf zu funktionieren. Werner Siemens war zu dieser Zeit noch beim Militär und erhielt vom preußischen Generalstab den Auftrag, während des deutsch-dänischen Krieges im Kieler Hafen Minen zu verlegen und ihn damit gegen die Dänen zu verteidigen.

So blieb Halske in Berlin zurück und war praktisch auf sich allein gestellt, um Arbeit zu beschaffen und die Verantwortung für die junge Firma zu tragen. In seinen *Lebenserinnerungen* schreibt Werner Siemens: „Ich verdanke es der Energie meines Freundes Halske, daß unsere Werkstatt ihre Tätigkeit während der ganzen nun folgenden schweren Zeit ruhig fortsetzte und Telegraphenapparate fabrizierte, obgleich es an Bestellungen gänzlich fehlte."[6] So aber konnte die junge Firma Geräte liefern, als sich nach dem Krieg die Lage besserte und Bestellungen eintrafen.

In Berlin erhielt im Herbst 1848 Siemens & Halske den Auftrag, eine unterirdische Telegrafenlinie von Berlin nach Frankfurt am Main zu bauen. Halske nahm sofort die Arbeit auf, während Siemens aus Kiel zurückbeordert wurde. Die mit Guttapercha isolierten Kabel fabrizierte die Berliner Gummiwarenfabrik von Fonrobert & Pruckner, die im Jahr zuvor eine Lizenz auf die Guttaperchapresse von Siemens & Halske erhalten hatte. Dieses neue Verfahren gestattete es, Leitungsdrähte nahtlos mit Guttapercha zu isolieren. Diese Kabel mußten in der Fabrik sorgfältig geprüft werden, weshalb Halske Galvanometer konstruierte und kunstvoll fertigte, die an Empfindlichkeit alle bis dahin bekannten weit übertrafen. Welche Geduld der Präzisionsmechaniker Halske beim Bau dieser Instrumente aufwenden mußte, bezeugt ein humorvoller Brief an seinen Freund du Bois-Reymond aus dem Jahre 1882, wo es heißt: „Ich sah im Geiste wie wir mit feinstem Gefühl und größter Achtsamkeit ein Galvanometer von 33 000 Windungen herstellten, das endlich nach Vollendung — keinen Strom mehr gab. Schrecklich! Der Draht wurde abgewickelt und hat in seinem aufgebauschten Zustand als krause Perücke noch lange dem Werkstattpersonal als Unterhaltungsstück dienen müssen."[7]

Nicht ohne Schwierigkeiten und Komplikationen wurde diese erste größere Telegrafenlinie Europas im Winter des Jahres 1848/49 in Betrieb genommen, so daß die in Frankfurt am 20. März 1849 erfolgte Wahl des Preußenkönigs Friedrich Wilhelm IV. zum Deutschen Kaiser noch in derselben Stunde in Berlin bekannt wurde. Der König lehnte die ihm angebotene Kaiserkrone, ein „Reif aus Lehm und Dreck", ab. Der Erfolg dieses Linienbaues führte zu weiteren Aufträgen für Siemens & Halske. Um diese neuen Aufgaben erfüllen zu können, nahm Werner Siemens im Juni 1849 seinen ehrenvollen Abschied vom Militär.

In seinen *Lebenserinnerungen* schilderte Werner Siemens in lobenden Worten die Arbeiten seines Freundes: „Ich ... wurde dabei durch die bildende Kunst und das mechanische Talent meines Sozius Halske sehr wirksam unterstützt ... Der große Einfluß, den die Firma Siemens & Halske auf die Entwicklung des Telegraphenwesens ausgeübt hat, ist wesentlich dem Umstande zuzuschreiben, daß bei ihren Arbeiten der Präzisionsmechaniker [Halske] und nicht mehr wie früher der Uhrmacher die ausführende Hand darbot."[8] Auch in Siemens-Veröffentlichungen aus der Anfangszeit der Firma wollte Werner Siemens die Mitarbeit Halskes gewürdigt wissen, um letztlich auch das Selbstbewußtsein seines Kompagnons zu stützen: „Wegen der Publikationen bitte ich ... zu berücksichtigen: ... den Ehrgeiz Halskes, den ich durch häufige Erwähnung befriedigt sehen möchte, um so mehr, als er wirklich ein großes Verdienst um die glückliche Durchführung der Sache [der Telegraphenapparate] hat."[9]

Werner Siemens selbst ging mit gutem Beispiel voran, als er in einer Veröffentlichung über Telegrafie die tatkräftige Mitarbeit von Halske lobte und weltweit dokumentierte. So heißt es am Schluß der Denkschrift *Mémoire sur la télégraphie électrique*, die Werner Siemens 1850 der Pariser Akademie vorlegte: „Il va sans dire, au reste, que ces appareils, malgré la simplicité de leur principe, exigent, en leur qualité de machines à mouvement propre, un constructeur habile, intelligent et soigneux. Qu'il me soit permis, à cette occasion, de faire mes remerciements publics à mon collaborateur M. J. Halske, de Berlin, à l'admirable talent duquel je dois attribuer la plus grande partie du succès dont mes efforts, dans cette belle branche de la physique appliquée, ont peut-être été couronnés."[10]

Leider brachten die zahlreichen Telegraphenlinien innerhalb Deutschlands nicht nur eitel Freude, sondern auch mancherlei Probleme. Werner Siemens hatte bei der Verlegung der Kabel immer wieder auf deren Metall-Armierung bestanden, was aber aus Kosten- und Zeitgründen abgelehnt wurde. Die Quittung blieb nicht aus. Werner Siemens stellte in einem Aufsatz die Schwierigkeiten und ihre Beseitigung dar, was aber zu ernsten Differenzen mit der Verwaltung der preußischen Staatstelegrafen führte. Der jungen Firma Siemens & Halske wurden Anfang 1851 sämtliche Aufträge von der Verwaltung der preußischen Staatstelegrafen entzogen, was eine fatale Situation für eine Fabrik mit einigen hundert Arbeitern bedeutete. Geblieben waren nur der Markt für Eisenbahntelegrafie und der Wagemut, sich im Ausland mit eigenen Erzeugnissen zu profilieren und die Gelegenheit für größere Unternehmungen zu suchen.

Diese schwere Krise war aber letztlich der eigentliche Antrieb zu dem, was Siemens & Halske in späterer Zeit geworden ist, nämlich zur Entstehung eines Geschäftshauses von Weltruf und weltwirtschaftlicher Bedeutung. Im Sommer 1851 erhielten Siemens & Halske auf der Weltausstellung in London für ihre Ausstellungsstücke die höchste Auszeichnung — Council medal — zuerkannt. Diese schöne Anerkennung aus dem Ausland trug gerade rechtzeitig zur Aufmunterung bei. Wesentlichen Anteil an der Auszeichnung hatte die tadellose Ausführung sämtlicher Geräte, die in jedem Detail die wahre Künstlerschaft Halskes erkennen ließ. Halske selbst war auch in London anwesend. Er mokierte sich aber über die Medaille, die seinem ästhetischen Gefühl widerstrebte: „Mit einem Worte, die Medaille ist so schlecht, daß man sich genieren muß, dieselbe jemand zu zeigen."[11] Auch auf die wirtschaftlichen Leistungen seines Sozius war Werner Siemens stolz. In den *Lebenserinnerungen* heißt es: „Halske hatte gut gewirtschaftet."[12] Wenn diese Bemerkung von Siemens auch — verklärt durch die Erinnerung — etwas zu rosig ausfiel, so zeugte sie doch vom guten Einvernehmen.

Berichten wir von den weiteren Lebensetappen: Am 15. Dezember 1851 hatten die beiden Sozii ein ansehnliches Grundstück in der Markgrafenstraße 94 in Berlin gekauft. Die wirtschaftliche Lage war damals wirklich prekär. Während Werner in Petersburg gute Geschäfte eingeleitet hatte, war der getreue Halske in Berlin in großer Geldverlegenheit, so „daß er sich Geld allenthalben hundertthalerweise zusammenpumpte, nur um die Leute bezahlen zu können". Auch hier zeigte sich der aufopfernde Geschäftspartner von seiner zuverlässigen Seite. Halske kümmerte sich um die zweckdienliche Ausstattung der neuen Räume in der Markgrafenstraße. Zunächst zog die Werkstätte im Sommer 1852 von der Schöneberger Straße in ihr neues Domizil um. Jetzt gab es genügend Platz für die Fertigung der Produkte. Für die beiden Teilhaber sowie für einige weitere Mieter renovierte Halske die vorhandenen Wohnungen. Mit seinem Schönheitssinn wollte er Zweckmäßigkeit mit stilvoller Eleganz verbinden. Er tat das mit so viel Geschick, daß er unter den Beteiligten in den Ruf eines hochbegabten Baugenies kam.

In eine der geschmackvoll eingerichteten Wohnungen zog Halske mit seiner Frau Henriette ein, mit der er seit 1846 verheiratet war. Sie war eine geborene

Johann Georg Halske
mit seiner Frau Henriette etwa im Jahre 1847

Schmidt und stammte aus Berlin. Zu dieser Zeit hatte das Ehepaar schon zwei Töchter, denen noch zwei Söhne folgen sollten. In eine andere Wohnung des neu erworbenen Anwesens wollte Werner Siemens einziehen. Auch er fühlte sich jetzt in der Lage, eine Familie zu gründen. Die Heirat mit Mathilde Drumann erfolgte am 1. Oktober 1852 in Königsberg. Die junge Frau faßte schnell Vertrauen zu der Familie Halske und fühlte sich in Berlin in neuer Umgebung rasch wohl. Ihrem Vater berichtete sie:[13] „Halskes, allerliebste Leute, gerade und bieder, von prächtigem Humor." So bestand ein gutes Verhältnis zwischen den beiden Firmengründern und ihren Familien. Sie pflegten stets geselligen Umgang und ergänzten sich gegenseitig. Siemens hatte die schöpferischen Ideen und machte geniale Erfindungen, während Halske diese in die geeignete Form brachte und ihre Produktion bis ins einzelne gewissenhaft überwachte. Das gelang dank seiner ungewöhnlichen technisch-mechanischen Begabung.

Das gute Einvernehmen der beiden Compagnons wurde Anfang der fünfziger Jahre getrübt, aber nicht Werner, sondern Bruder Wilhelm gab die Veranlassung dazu. Wilhelm Siemens hatte in England einen Wassermesser erfunden, der ein gutes Geschäft zu werden versprach und dessen Konstruktion in Halskes Werkstatt entwickelt werden sollte. Wilhelm wollte ein billiges Gerät auf den Markt bringen, das auch zu einem Massenartikel werden konnte Jeder unnötige Aufwand mußte deshalb vermieden werden, die Konstruktion mußte einfach sein. Diese Wünsche ließen sich nicht mit den Vorstellungen und Grundsätzen der Halske-Werkstatt vereinbaren. So wurden die Wassermesser in Halskes Werkstatt zu kostspielig gefertigt, außerdem wurden Lieferfristen nicht eingehalten. Halske war zu sehr Künstler. Werner mußte die Beteiligten beruhigen. Am 1. März 1852 schrieb er: „Halske muß zu allem seine gehörige Zeit haben. Seine Gefühle sträuben sich vollständig gegen eine eilige und demzufolge, wie er sagt, flüchtige Arbeit. Wilhelm war verärgert und bestellte weitere Wassermesser in England. Diese werden von der englischen Firma schnell geliefert, sie sind ‚natürlich nicht brillant gearbeitet, aber dem Zweck entsprechend'."

Mit diesem Vorgang begann sich das Verhältnis zwischen den beiden Vorkämpfern der Elektrotechnik zu trüben. Diese Differenzen waren nicht etwa oberflächlicher Natur, denn sonst hätten sie sich wieder bereinigen lassen, sondern vielmehr symptomatisch für die grundsätzliche Einstellung der beiden Partner. Natürlich verstand Werner Siemens seinen Kompagnon nur zu gut. Aber letztlich mußte das Unternehmen größere Stückzahlen fertigen, sollte es aufwärtsgehen und wollte die Firma wachsen. Halske jedoch war als Leiter einer Werkstatt angetreten, die sich vielleicht einmal langsam vergrößern würde. Jetzt aber, Mitte der fünfziger Jahre, waren dort schon fast hundert Mitarbeiter tätig. Nicht mehr jeder war den Firmenchefs persönlich bekannt, und die Produkte, die dem Kunden geliefert wurden, waren keine Einzelerzeugnisse mehr, sondern Massenprodukte. Die Tätigkeit in einer ruhigen soliden Fabrik war zum täglichen Streß geworden.

Hinzu kam noch die Ausweitung des Risikos, mit dem das Geschäft besonders in England durch Wilhelm betrieben wurde. Dieser verlegte in zunehmendem Umfang Seekabel, bei denen in kürzester Zeit riesige Verluste eintreten konnten. Und in Rußland baute Karl Siemens das große russische Telegrafennetz weiter aus, sicher nicht weniger risikoreich als die englischen Unternehmungen von Wilhelm. So schrieb Halske im Jahre 1854 an Werner Siemens: „Weiß der Kuckuck, woran es liegt, daß einem ein reelles deutsches Geschäft, abgesehen von Umfang und Verdienst, gar nicht mehr so wie früher das Herz erfreut, ich glaube, es liegt an den halsbrecherischen russischen Geschäften. Man kommt sich vor wie ein Erzschwiemel, der nur in den größten Ausschweifungen seine Gemütsruhe findet." Immer deutlicher trat in Erscheinung, daß sich Halske in der eigenen Firma nicht mehr wohl fühlte. Er verlor langsam die Übersicht, konnte kaum noch gestaltend eingreifen, so wie er es sich am Anfang seiner Laufbahn einmal vorgenommen hatte. Er selbst ebenso wie die Menschen seiner Umgebung merkten, daß die Entwicklung der Firma über ihn hinweggegangen war.

Werners Frau Mathilde schilderte ihrem Vater die Situation verständnisvoll und richtig: „Jetzt hat Werner eine schwere Sorge um Halske ... Seit seinem Armbruch (Halske hatte sich den Arm gebrochen und war bei der Behandlung narkotisiert worden. Diese Narkose hatte — so glaubte Halske — nachteilig auf seine Gesundheit gewirkt. H. G.) ist der sonst so lebensfrohe Mann ganz verwechselt. Seine Nerven leiden wirklich, aber vor allem hat sich seiner eine tiefe Hypochondrie bemächtigt. Er denkt, es ist aus mit ihm und hat zu gar nichts mehr Lust. Das Geschäft hat ihm ohnehin schon lange keine Freude mehr gemacht, es ist ihm über den Kopf gewachsen. Halske ist eine Künstlernatur; Verwaltungs-Dispositionstalent in weiterem Maße fehlt ihm ganz. Er kann die Sache nicht mehr übersehen und fühlt sich nicht mehr hinlänglich notwendig. Er möchte alles gern selbst betreiben und beaufsichtigen können, wie ein Meister in der Werkstatt, da das nun in diesem gemütlichen Sinne nicht geht, möchte er lieber gar nichts mehr damit zu tun haben. Diese etwas bürokratische, systematische Ordnung ... wie sie in allen größeren Fabrikwerkstätten ist und, wie Du Dir denken kannst, unentbehrlich ist, ist Halske ein Greuel. Er möchte in jedem Mechanikergehilfen einen selbständigen Künstler sehen und ehren ... Werner predigt Halske genug vor, aber da scheiterte bis jetzt alles. Er kann an nichts mehr denken als an seine Krankheit, von der eigentlich kein Mensch recht weiß, worin sie besteht. Er scheint wirklich daran zu denken, sich ganz zurückzuziehen. Das geht nun Werner entsetzlich im Kopf herum. Erstens wäre es ihm ein schwerer Kummer, den treuen Freund und langjährigen Gefährten von seiner Seite zu verlieren und dann, wenn er auch dem Ganzen sehr gut allein vorstehen könnte, so würde ihm doch das ganz oder wenigstens größtenteils die Muße zu seinen wissenschaftlichen Studien nehmen, die eigentlich am meisten seine Sache sind."[14]

Als Halske sich im Jahre 1857 auch der Einführung der Akkordarbeit mit der Begründung widersetzte, daß dadurch die Qualität der Erzeugnisse leiden würde, da äußerte sich Werner Siemens unmißverständlich wie folgt: „Die Preise sind für Künstlerarbeit zu gering, und die Herren Künstler faulenzen zu sehr. Halske erkennt das jetzt, und es soll nun gründlich reformiert werden. Es wird eine abgesonderte Werkstatt für neue Konstruktionen, Versuche und Instrumente aller Art, welche wir machen müssen und nicht ablehnen können, damit der Ruf der guten Arbeit bestehen bleibt, und eine eigentliche Telegraphenfabrik errichtet, in der Akkordarbeit allgemein eingeführt wird. Ich freue mich sehr auf die Durchführung, da nun ein ganz anderes Leben eintreten wird."[15]

Die Lage schien sich allerdings vorübergehend noch einmal zu beruhigen, als es hieß: „... sonst ist im Geschäft ziemlich viel zu tun. Halske scheint wieder frischer zu werden und seine Hypochondrie zu verlieren — kurz, es geht geschäftlich alles erwünscht."[16] Die Situation Halskes besserte sich aber leider nur für kurze Zeit, denn letztlich konnte und wollte er nicht über seinen Schatten springen. Er blieb der übervorsichtige ängstliche Teil im Unternehmen und damit eine ständige Bremse für eine Ausweitung auf neue Gebiete. Es schmerzte ihn auch oftmals selbst, daß er seinem Freund Siemens Schwierigkeiten bereiten mußte. Dies kommt im Brief vom 1. Mai 1861 zum Ausdruck, wo es heißt: „Mein lieber, treuer Gefährte! Du sollst Deine, vielleicht gefahrvolle, Reise nicht mit etwa aufsteigenden Zweifeln beginnen, deshalb diese Zeilen. So lange noch ähnliche heftige Auftritte zwischen uns wie heute aus außerhalb liegenden Verhältnissen entsprangen, so lange fürchte ich den Verfall unseres Geschäfts nicht; jetzt aber, wo schnell auf einanderfolgend das Unkraut in unserer Mitte aufschießt, wird mir der Blick in die Zukunft Grausen erregend. Wir beide erstreben ein Ziel, davon zeugen unsere Leistungen, die Welt sagt es; aber der Baum, der diese Früchte getragen und unserem gegenseitigen Vertrauen entsprossen, gedeiht nicht, wenn fortwährend die Erde an seinem Stamme umgewühlt wird, die Wurzeln werden beschädigt, das Mark verdorrt! So steht es mit uns, jeder von uns hat seine eigene Art zu streben, ich als der Schwächere, für den ich mich halten muß, verliere durch die ewige Akkommodation meinen eigenen Charakter, und werde der Spielball einer Welle, die mich zu verschlingen droht oder doch jedenfalls werde ich aus einem mir lieb gewordenen Gedankenkreis fortgetrieben. Was hilft das alles, geschieden muß sein; zürne mir nicht, Du wirst alsdann den alten, treuen Freund wiederfinden, der leider in den letzten Jahren Dir fremd geworden ist. Reise glücklich! Dein J. G. Halske"

Ist das nicht ein ergreifender Abgesang einer einst so vielversprechenden, als unverbrüchlich erachteten Freundschaft? Es sollte keine Technikfeindschaft ausgedrückt werden, sondern vielmehr die Sorge um ein überstürztes Überhandnehmen alles Neuen in der Welt, in der die Quantität über die Qualität zu obsiegen drohte. Es sollte eher zum Einhalten des rechten Mittelweges aufgerufen werden. Es war deshalb folgerichtig, daß Halske Ende August 1863 seinen Entschluß ankündigte, gänzlich aus dem englischen Geschäft auszuscheiden: „Halske hat jetzt wiederholt die Erklärung abgegeben, daß er nicht gewillt ist, den Gesellschafts-Kontakt mit uns zur gemeinschaftlichen Fortführung des Geschäfts zu erneuern. Hauptsächlich glaubt er, mit mir nicht mehr zur beiderseitigen Befriedigung das Geschäft in seiner bisherigen Richtung fortführen zu können. Möglich, daß wir doch noch einen Ausweg finden, der den Fortbestand des Geschäfts nach 1867 möglich macht. Anderenfalls müssen wir uns mit Halske über Grundlagen der Auflösung event. Neubildung des Geschäftes verständigen. Halske hat wohl schon früher sich ähnlich ausgesprochen, ich glaubte aber nicht, daß er nach Wiederkehr seiner Gesundheit dabei stehen bleiben würde. Natürlich ist es für Halske jetzt von erster Wichtigkeit, die

Faksimile des Briefes von Johann Georg Halske vom 1. Mai 1861

Geldmittel des Geschäfts *sicher* und *entbehrlich* anzulegen resp. zu halten ..."
Am 31. Dezember des gleichen Jahres schied Halske schließlich aus dem englischen Geschäft aus. Sein Name wurde aus der Firmenbezeichnung gelöscht. Das englische Unternehmen hieß fortan Siemens Brothers.

Werner Siemens hatte jetzt eine optimistischere und hoffnungsvollere Auffassung von dem englischen Geschäft, wie in einem Brief vom 10. Februar 1864 erkennbar wird: „Halske ist jetzt gegen jede Unternehmung, namentlich von vornherein gegen alles, was mit Wilhelm zusammenhängt. Seit Wilhelms Öfen aber so brillante Revenuen bringen und das Londoner Telegraphengeschäft auch — abgesehen von unserem Kabelunglück — so brillante Geschäfte macht, wäre es doch töricht, uns vom Londoner Geschäft zurückzuziehen, wie Halske es wünscht. Ohne das Londoner Geschäft kann das Berliner auch nicht existieren, und jetzt, nachdem mit 15jähriger Arbeit das Londoner Geschäft endlich in guten und einträglichen Fluß gekommen ist, das Gewehr in den Graben zu werfen, weil man ein Unglück gehabt hat oder aus persönlicher Abneigung —, wäre doch eine Sünde! Der Schaden wird aber auch mit dem Kabel so groß nicht sein und kann sehr gut vom Londoner Geschäft aus seinem Verdienst bestritten werden..." Als kurzer Exkurs sei hier eingefügt, daß es sich bei dem am 4. April 1823 bei Hannover geborenen Wilhelm um einen jüngeren Bruder von Werner Siemens handelt, der in England seit 1850 die Vertretung der jungen Firma Siemens & Halske übernommen hatte. Dieser Schritt erforderte angesichts der erdrückenden Konkurrenz und des industriellen Vorsprungs des Inselreiches weitblickende Einsicht und erhöhte Risikobereitschaft.

Aber auch ohne die Belastung durch das englische Geschäft blieben für Halske die Sorge und Angst aus dem deutschen Geschäft noch so groß, daß er auf Dauer auch hier nicht mehr beteiligt sein wollte. Dieser Ausstieg sollte nicht überstürzt erfolgen, denn Halske wollte weder seinen Freund Werner noch der Firma selbst irgendeinen Schmerz, geschweige denn einen Schaden zufügen. Am 23. August 1867 wurde ein Vertrag geschlossen mit folgendem Inhalt: Halske läßt 400 000 Taler als Darlehen im Geschäft stehen. Der Rest wird im Jahre 1868 bar ausgezahlt. Halske bleibt der Firma ein treuer Freund und Berater, er kann die Bücher einsehen und behält sein Arbeitszimmer im Geschäftshaus. Für sein Darlehen erhält er 5 % Zinsen und außerdem einen Zuschlag von 10 % als Gewinnanteil bis zur Rückzahlung. Das Darlehen ist bis zum 1. Januar 1873 unkündbar, von da an einjährige Kündigung. Siemens & Halske können das ganze Kapital oder jährlich mindestens 100 000 Taler zurückzahlen. Im April 1876 wurde der Vertrag geändert: Halskes Guthaben betrug am 1. Januar 1876 rund 2,2 Millionen Mark. Es wird mit 5 % verzinst; das Guthaben wird in Teilen von 200 000 bis 500 000 Mark jährlich bis zum Jahre 1881 zurückgezahlt, so daß mit dem 31. Dezember 1881 alle Forderungen Halskes an die Firma erloschen sind. Werner Siemens sagte über das Ausscheiden Halskes in seinen *Lebenserinnerungen* 25 Jahre später:[17] [Am 31. Dezember 1867] „... zog sich mein alter Freund und Sozius Halske aus der Firma zurück. Die günstige Entwickelung des Geschäfts — es wird dies manchem auf den ersten Blick nicht recht glaublich erscheinen — war der entscheidende Grund, der ihn dazu veranlaßte. Die Erklärung liegt in der eigenartig angelegten Natur Halskes. Er hatte Freude an den tadellosen Gestaltungen seiner geschickten Hand, sowie an allem, was er ganz übersah und beherrschte. Unsere gemeinsame Tätigkeit war für beide Teile durchaus befriedigend. Halske adoptierte stets freudig meine konstruktiven Pläne und Entwürfe, die er mit merkwürdigem mechanischem Taktgefühl sofort in überraschender Klarheit erfaßte, und denen er durch sein Gestaltungstalent oft erst den rechten Wert verlieh. Dabei war Halske ein klardenkender, vorsichtiger Geschäftsmann, und ihm allein habe ich die guten geschäftlichen Resultate der ersten Jahre zu danken. Das wurde aber anders, als das Geschäft sich vergrößerte und nicht mehr von uns beiden allein geleitet werden konnte. Halske betrachtete es als eine Entweihung des geliebten Geschäftes, daß Fremde in ihm anordnen und schalten sollten. Schon die Anstellung eines Buchhalters machte ihm Schmerz. Er konnte es niemals verwinden, daß das wohlorganisierte Geschäft auch ohne ihn lebte und arbeitete. Als schließlich die Anlagen und Unternehmungen der Firma so groß wurden, daß er sie nicht mehr übersehen konnte, fühlte er sich nicht mehr befriedigt und entschloß sich auszuscheiden, um seine ganze Tätigkeit der Verwaltung der Stadt Berlin zu widmen, die ihm persönliche Befriedigung gewährte. Halske ist mir bis zu seinem im vorigen Jahre eingetretenen Tode ein lieber, treuer Freund geblieben und hat bis zuletzt stets reges Interesse für das von ihm mitbegründete Geschäft bewahrt. Sein einziger Sohn nimmt als Prokurist heute lebhaften Anteil an der Leitung des jetzigen Geschäftes."

In dem erwähnten Gedenken Du Bois-Reymonds an Johann Georg Halske kommen neben den bereits angesprochenen Eigenschaften noch seine Befähigung als Fabrikleiter zum Ausdruck. Du Bois-Reymond sagte hierzu: „... Halske besaß nicht bloß die vorher gerühmte mechanische Gestaltungskraft, sondern er verstand es auch, was für ein solches Unternehmen von nicht geringer Bedeutung war, ‚arbeiten zu lassen'. Stellte er vermöge der ersten Gabe die Form einer Menge von Organen fest, deren die neue Technik bedurfte und die heute so verbreitet ist, daß man kaum noch daran denkt, wie sie einst erfunden werden mußten, so befähigte ihn die zweite Gabe, eine Werkstatt für Hunderte von Arbeitern, wie sie bald nöthig wurde, auszurüsten, zu gliedern, zu übersehen und in Ordnung zu erhalten, die richtigen Leute an die richtigen Plätze zu stellen und, ohne seiner Würde etwas zu vergeben, das Vertrauen und die Herzen der Arbeiter zu gewinnen. Was aus dieser Werkstatt hervorging, trug mit dem Namen SIEMENS und HALSKE den Stempel höchster mechanischer Vollendung. Halske's Grundsatz und Streben war, jedes Stück bis in die letzte Schraube zu einem möglichst vollkommenen Kunststück zu machen, und die Ueberlegenheit SIEMENS-HALSKE'scher Arbeit hat auf den seitdem in's Leben getretenen Weltausstellungen stets laute Anerkennung gefunden."[18] Mit dem Ausscheiden von Halske aus der Firma und seinem Tod am 18. März 1890 in Berlin ist eine Ära im Unternehmen zu Ende gegangen. Geblieben ist der Ruf der Zuverlässigkeit, Genauigkeit und Formenschönheit der Produkte bis zum heutigen Tag. An diesem Weltruf hat kein Geringerer von Anfang an mitgewirkt als Johann Georg Halske. Dies ist sein wertvolles, immer gültiges Vermächtnis.

Halske war als wohlhabender Mann aus der Firma ausgeschieden. Er wollte aber nicht müßig sein, weshalb er sich bis zu seinem Tod ehrenamtlich als

Stadtverordneter und Stadtrat von Berlin betätigte. Besondere Verdienste erwarb sich Halske um die Förderung des Kunstgewerbes, besonders um die Errichtung des Kunstgewerbemuseums in Berlin. Dieses Museum, von Gropius gebaut, wurde im Zweiten Weltkrieg teilweise beschädigt und steht heute, wieder aufgebaut, für große Ausstellungen zur Verfügung. Halske war über zehn Jahre stellvertretender Vorsitzender des Museums. Als im Jahre 1872 die Siemens-Pensionskasse gegründet wurde, beteiligte er sich mit 10 000 Talern an deren finanzieller Ausstattung.

Seinen künstlerischen Ambitionen konnte Halske beim Bau und der Einrichtung seines eigenen Hauses freien Lauf lassen. Alles zeugte von kultiviertem stilechtem Geschmack, vornehm und ansprechend. Vier Relief-Figuren, im Giebel untergebracht, sind Allegorien der Optik, des Magnetismus, der Elektrizität und der Akustik. In einer Gedächtnisansprache hieß es über sein Haus: „... bei all dem gab er nicht nur im allgemeinen an, sondern schrieb es bis in das einzelnste eigenartig vor und überwachte die Arbeiten. Trat dies schon bei dem Bau seines Hauses und seines Arbeitszimmers in einfach gediegener Weise auffallend hervor, indem dort schon nichts dem Hergebrachten entsprach, so fand sein Sinn für harmonische Gestaltung und für Kunst den beredtesten Ausdruck, als die wachsenden Mittel es ihm gestatteten, glänzendere Räume sich zu schaffen und mit den Werken aller bildenden Künste zu schmücken. Sein Festsaal und dessen Vorräume spiegelten vollendete Schönheit im harmonischen Zusammenwirken von Malerei, Bildhauerei und Kunsthandwerk wider, reich ohne Prunk, charaktervoll und ruhig schön."[19]

In diesen Ausführungen wurde versucht, das Lebensbild von Johann Georg Halske in knappen Strichen zu beschreiben. Eine Reihe von Lebensdokumenten sollte seine Persönlichkeit erhellen. Halske gehört zu den Gestalten, die den Aufschwung Deutschlands zur Industrienation wesentlich mit ermöglichten. Zusammen mit Werner Siemens gehören beide zu den Wegbereitern einer neuen Ära. Die Fügung wollte es, daß diese beiden unterschiedlichen Männer sich zusammenschlossen. Über die Zeiten hinweg hielt ihre unzertrennliche Freundschaft. Schon früh mit dem vertraulichen „Du" eingeleitet, überstand sie alle Probleme, die sich den beiden in den Weg stellten. Beide werden mit Fug und Recht in einem Atemzug genannt. Der Erfindergeist von Werner Siemens und die betriebliche Präzisionsarbeit und das Formbewußtsein von Johann Georg Halske ergänzten sich in einer Sternstunde der deutschen Technikgeschichte in geradezu vollendeter Weise zum Wohle der deutschen Industrie.

Anmerkungen

[1] Personalakten und Briefe einer unveröffentlichten Archivstudie über Johann Georg Halske von F. Heintzenberg aus dem Jahre 1941. Siemens-Archiv, München, S. 2. SAA 46/Lh 286.
[2] *Vossische Zeitung*, Berlin.
[3] Emil Du Bois-Reymond in: *Verhandlungen der Physikalischen Gesellschaft zu Berlin*, 9. Jg. (1890), Nr. 7, S. 39—41.
[4] Richard Ehrenberg, *Die Unternehmungen der Brüder Siemens*, Bd. 1: *Bis zum Jahre 1870*, Jena 1906, S. 34.
[5] Conrad Matschoß, *Werner Siemens. Ein kurzgefaßtes Lebensbild nebst einer Auswahl seiner Briefe*, Bd. 1, Berlin 1916, S. 48.
[6] Werner von Siemens, *Lebenserinnerungen*, 18. Aufl., München 1986, S. 60.
[7] Conrad Wandrey, *Werner Siemens. Geschichte seines Lebens und Wirkens*, Bd. 1, München 1942, S. 250.
[8] W. von Siemens, *Lebenserinnerungen...*, S. 100.
[9] R. Ehrenberg, *Die Unternehmungen...*, Bd. 1, S. 53.
[10] Werner Siemens, *Wissenschaftliche und Technische Arbeiten*, Bd. 1, Berlin 1889, S. 30—59.
[11] R. Ehrenberg, *Die Unternehmungen...*, Bd. 1, S. 58.
[12] W. von Siemens, *Lebenserinnerungen...*, S. 126.
[13] Conrad Wandrey, *Werner Siemens. Geschichte seines Lebens und Wirkens*, Bd. 1, München 1942, S. 380.
[14] Personalakten und Briefe..., Siemens-Archiv, München, S. 15, 16.
[15] A. a. O., S. 17.
[16] C. Matschoß, *Werner Siemens...*, Bd. 1, S. 123.
[17] W. von Siemens, *Lebenserinnerungen...*, S. 272.
[18] E. Du Bois-Reymond in: *Verhandlungen...*, 9. Jg. (1890), Nr. 7, S. 43.
[19] Veitmeyer in: *Polytechnisches Centralblatt*, Berlin II, 13 (21. April 1890), S. 149—151.

Lothar Schoen

Werner von Siemens

Werner von Siemens wurde am 13. Dezember 1816 in Lenthe bei Hannover als viertes Kind von Christian Ferdinand Siemens und seiner Ehefrau Eleonore geb. Deichmann geboren. Insgesamt bekamen seine Eltern 14 Kinder, elf Söhne und drei Töchter, von denen einige schon früh starben. Der erbliche Adel wurde Werner Siemens im Mai 1888 durch Kaiser Friedrich III. verliehen.

Im Jahre 1823, Werner war gerade sechs Jahre alt, übersiedelte die Familie Siemens nach Menzendorf bei Lübeck. Der Vater war von Beruf Landwirt und hatte die Domäne Menzendorf gepachtet, nachdem er vorher das Obergut Lenthe bei Hannover bewirtschaftet hatte. Werner erhielt zunächst, gemeinsam mit der älteren Schwester Mathilde und den jüngeren Brüdern Hans und Ferdinand, zu Hause Unterricht durch Privatlehrer. In seinen *Lebenserinnerungen* hebt Siemens besonders den Hauslehrer Sponholz hervor, der offensichtlich ganz wesentlich dazu beigetragen hat, den Werdegang des jungen Mannes in eine geordnete, rational bestimmte Bahn zu lenken, die Bereitschaft zum Lernen zu fördern und ihm ein festgefügtes geistiges und weltanschauliches Fundament für sein späteres selbstverantwortliches Leben mitzugeben. Siemens schreibt in den *Lebenserinnerungen* über Sponholz: „Eine entschiedene Wendung meines Jugendlebens trat Ostern 1829 dadurch ein, daß mein Vater einen Hauslehrer engagierte. Die Wahl meines Vaters war eine außerordentlich glückliche. Der Kandidat der Theologie Sponholz war ein noch junger Mann. Er war hochgebildet ... Über uns halbwilde Jungen wußte er sich schon in den ersten Wochen eine mir heute noch rätselhafte Herrschaft zu verschaffen. Er hat uns niemals gestraft, kaum jemals ein tadelndes Wort ausgesprochen ... und verstand es dabei wirklich spielend, unsere guten Eigenschaften zu entwickeln und die schlechten zu unterdrücken. Sein Unterricht war im höchsten Grade anregend und anspornend. Er wußte uns immer erreichbare Ziele für unsere Arbeit zu stellen und stärkte unsere Tatkraft und unseren Ehrgeiz durch die Freude über die Erreichung des gesteckten Zieles ... In mir namentlich erweckte er das nie erloschene Gefühl der Freude an nützlicher Arbeit und den ehrgeizigen Trieb, sie wirklich zu leisten ... Meine Liebe und Dankbarkeit habe ich ihm bis auf den heutigen Tag bewahrt." An seinen zwölf Jahre jüngeren Bruder Carl schrieb Werner von Siemens am 25. Dezember 1887 im Rückblick auf die Zeit mit Sponholz: „So habe ich für die Gründung eines Weltgeschäftes à la Fugger von Jugend an geschwärmt, welches nicht nur mir, sondern auch meinen Nachkommen Macht und Ansehen in der Welt gäbe und die Mittel, auch meine Geschwister und nähere Angehörige in höhere Lebensregionen zu erheben. Es stammt diese Gefühlsrichtung schon von den Erzählungen unseres Hauslehrers Sponholz, der uns faulen Jungens durch solche Lebensmärchen, die uns dann regelmäßig in Stand setzten, die Lebenssorgen unserer Eltern mit einem Schlage zu beseitigen, zu energischem Fleiß anspornte. Das ist bei mir sitzen geblieben ..."

Als Werner Siemens im 16. Lebensjahr stand, schickten ihn die Eltern auf das humanistische Katharinen-Gymnasium in Lübeck, nachdem er vorher eine Zeitlang die Schule in einem Nachbarort von Menzendorf besucht hatte. Die Zeit im Katharineum dauerte von 1832 bis 1834. In diesen Jahren wurde Werner Siemens klar, daß ihm in außergewöhnlichem Maße die Naturwissenschaft, die Mathematik und die Technik zusagten, kaum jedoch die alten Sprachen, die am humanistischen Gymnasium gelehrt wurden. In den *Lebenserinnerungen* heißt es: „So sehr mich das Studium der Klassiker auch interessierte und anregte, so sehr war mir das Erlernen der grammatischen Regeln, bei denen es nichts zu denken und zu erkennen gab, zuwider. Ich arbeitete mich zwar in den beiden folgenden Jahren gewissenhaft bis zur Versetzung nach Prima durch, sah aber doch, daß ich im Studium der alten Sprachen keine Befriedigung finden würde, und entschloß mich, zum Baufach, dem einzigen damals vorhandenen technischen Fache, überzugehen. Daher ließ ich in Sekunda das griechische Studium fallen und nahm statt dessen Privatstunde in Mathematik und Feldmessen, um mich zum Eintritt in die Berliner Bauakademie vorzubereiten."

Das Studium an der Bauakademie, aus der durch Vereinigung mit der Gewerbeakademie 1879 die Königlich Technische Hochschule Charlottenburg, die heutige Technische Universität Berlin, hervorgehen sollte, war jedoch für die finanziellen Verhältnisse des Vaters unerschwinglich. Von seinem Lehrer im Feldmessen wurde Werner aber darauf aufmerksam gemacht, daß er an der preußischen „Artillerie- und Ingenieurschule" im wesentlichen das gleiche wie an der Bauakademie lernen könnte, wenn er nur beim preußischen Ingenieurkorps eintreten würde. Im Einverständnis mit seinem Vater wollte Werner Siemens diesen Rat befolgen und verließ Ostern 1834 nach Abschluß der Schulzeit das Elternhaus, um — von Schwerin aus zu Fuß — nach Berlin zu gehen. Dort wurde er jedoch beim Ingenieurkorps abgewiesen, da bereits zahlreiche Anwärter vorgemerkt waren und eine lange Wartezeit unerläßlich gewesen wäre. Siemens wurde geraten, sich an die von Anwärtern weniger überlaufene preußische Artillerie zu wenden. Er tat das und ging zu diesem Zweck nach Magdeburg. Auch hier war die Situation nicht sehr günstig, doch Siemens wurde zum Eintrittsexamen zugelassen und absolvierte die Prüfungen als einer der Besten. Ende 1834 trat er somit als Offiziersanwärter den Dienst in Magde-

Werner von Siemens
(1816—1892)

burg an. Im Herbst 1935 ging dann der Wunsch in Erfüllung, der ihn überhaupt zum Militär geführt hatte: Er wurde zur „Artillerie- und Ingenieurschule" nach Berlin abkommandiert, wo er bis zum Sommer 1838 fast drei Jahre zubrachte, die — wie er in den *Lebenserinnerungen* schreibt — „zu den schönsten" seines Lebens gehörten, da sich ihm im Unterricht eine faszinierende Welt der Wissenschaft und Technik eröffnet hatte.

Im September 1837 wurde Siemens zum „Seconde-Lieutenant" befördert, nachdem die erforderlichen Prüfungen bestanden waren. Über seine Prüfungsvorbereitungen macht Siemens in den *Lebenserinnerungen* folgende aufschlußreiche Aussage: „Ich hatte mir mit eisernem Fleiße das für diese Examina nötige Gedächtnismaterial eingepaukt, um es nachher noch schneller wieder zu vergessen, hatte aber alle mir frei bleibende Zeit meinen Lieblingswissenschaften, Mathematik, Physik und Chemie, gewidmet. Die Liebe zu diesen Wissenschaften ist mir mein ganzes Leben hindurch treu geblieben und bildet die Grundlage meiner späteren Erfolge."

Werner Siemens leistete seinen Dienst als Offizier zunächst in Magdeburg (1838—1840), dann in Wittenberg (1840—1842) ab. Im Juli 1839 starb seine Mutter, wenige Monate später, im Januar 1840, sein Vater. Werner war nun für mehrere seiner jüngeren Geschwister verantwortlich, was er als selbstverständliche Pflicht ansah. Insbesondere bemühte er sich sehr um eine gute Ausbildung der Geschwister, die ihnen für ihr späteres Leben Selbständigkeit auf einer soliden Grundlage garantieren sollte. Um für diese Zwecke zusätzlich zu seinem Offizierssold etwas Geld zu verdienen, beschäftigte sich Siemens in dieser Zeit recht intensiv mit wissenschaftlich-technischen Untersuchungen, die er mit gutem Ertrag zu verwerten hoffte, insbesondere mit elektrochemischen Versuchen. Auch eine mehrwöchige Festungshaft in der Magdeburger Zitadelle, verhängt wegen seiner Teilnahme als Sekundant bei einem Duell, nutzte er im April/Mai 1842 dazu, mit eingeschmuggelten Gerätschaften und Chemikalien solche Versuche anzustellen. Nachdem er bereits Ende 1840, wie er seiner älteren Schwester Mathilde am 20. Dezember jenes Jahres in einem Brief aus Wittenberg berichtete, „eine wirklich recht brauchbare Vergoldungsmethode gefunden" hatte, „und zwar auf galvanischem Wege, die, genau genommen, sehr nahe liegt, besonders die Versilberung, aus der wiederum die Vergoldung ganz analogisch folgt", war er Anfang Januar 1842 so weit gewesen, daß er ein Patentgesuch auf ein Vergoldungs- und Versilberungsverfahren einreichen konnte. Am 29. März 1842 wurde ihm für fünf Jahre ein preußisches Patent erteilt auf ein Verfahren „Gold behufs der Vergoldung auf nassem Wege vermittelst des galvanischen Stromes aufzulösen", bei dem die Niederschläge von Gold und Silber aus unterschwefligsauren Salzen dieser Metalle erfolgten. Die Anwendung von Cyanverbindungen wurde dabei nicht — wie im Patentgesuch vorgesehen — mit einbezogen, da es hierfür bereits in England ein Patent von Elkington gab. Werner Siemens erzielte bei seinen Versuchen begeisternde Erfolge, über die er in den *Lebenserinnerungen* schreibt: „Ich glaube, es war eine der größten Freuden meines Lebens, als ein neusilberner Teelöffel, den ich mit dem Zinkpole eines Daniellschen Elementes verbunden in einen mit unterschwefligsaurer Goldlösung gefüllten Becher tauchte, während der Kupferpol mit einem Louisdor als Anode verbunden war, sich schon in wenigen Minuten in einen goldenen Löffel vom schönsten, reinsten Goldglanze verwandelte."

Es gelang Siemens, mit dieser Erfindung finanzielle Erfolge zu erzielen, die er dringend nötig hatte, um seinen Verpflichtungen gegenüber den jüngeren Geschwistern im gewünschten Umfang nachkommen zu können. Von diesen hatte er den 1823 geborenen Bruder Wilhelm 1839, als Werner in Magdeburg eine eigene Wohnung beziehen konnte, zu sich genommen, schickte ihn dort zur „Gewerbe- und Handelsschule" und unterrichtete ihn selbst jeden Morgen von 5 bis 7 Uhr in Mathematik. Er schreibt dazu in den *Lebenserinnerungen*: „Mir selbst war dieser Unterricht sehr nützlich, auch trug er dazu bei, daß ich allen Verlockungen des Offizierslebens siegreich widerstand und meine wissenschaftlichen Studien energisch fortsetzte." Wilhelm unterstützte den Bruder mit viel Geschick dabei, das preußische Patent auf das Vergoldungs- und Versilberungsverfahren zu verwerten. Nachdem Werner schon von einem Magdeburger Juwelier für das Recht der Anwendung seines Verfahrens 40 Louisdor erhalten und für die Neusilberfabrikanten J. Henniger & Co. in Berlin gemäß Vertrag vom 18. November 1842 eine „Anstalt für Vergoldung und Versilberung nach meinem Patente gegen Beteiligung am Gewinn" angelegt hatte, schickte er Wilhelm 1843 nach England, um die Erfindung dort zu verwerten. Dem gelang dies auch mit überraschendem Erfolg: Elkington zahlte für das von seinem eigenen abweichende Verfahren die für die Siemens-Brüder damals enorme Summe von rund 1500 Pfund Sterling.

Werner und Wilhelm arbeiteten auch bei der Entwicklung etlicher weiterer Erfindungen eng zusammen; erwähnt seien davon ein „Differenzregulator" für Dampfmaschinen und ein Zinkdruckverfahren mit rotierender Schnellpresse. Wilhelm war 1844 erneut nach England gegangen, um dort ansässig zu werden. Die äußerst ärgerlichen Schwierigkeiten, die Werner und Wilhelm in jener Zeit bei der Realisierung ihrer zunächst vielversprechend erscheinenden Erfindungsgedanken begegneten und die sie in verzweifeltem Bemühen — so 1844 in London — zu überwinden hofften, ernüchterten Werner derart, daß er zu der Überzeugung kam, er müßte unbedingt seinen „weiteren Bestrebungen eine ernstere und kritische, mehr die sichere Grundlage als den erhofften Erfolg ins Auge fassende Richtung" geben. Weiter schreibt er zu dieser wichtigen Erkenntnis in den *Lebenserinnerungen*: „Nach Berlin zurückgekehrt, prüfte ich ernstlich meine bisherige Lebensrichtung und erkannte, daß das Jagen nach Erfindungen, zu dem ich mich durch die Leichtigkeit des ersten Erfolges hatte hinreißen lassen, sowohl mir wie meinem Bruder voraussichtlich zum Verderben gereichen würde. Ich sagte mich daher von allen meinen Erfindungen los ... und gab mich wieder ganz ernsten, wissenschaftlichen Studien hin."

Werner Siemens war inzwischen, im Anschluß an seine Zeit in der Magdeburger Zitadelle, zunächst — mit Order vom 16. Mai 1842 — zur Feuerwerksabteilung nach Spandau, der sogenannten „Lustfeuerwerkerei", abkommandiert worden, einige Monate später dann zur Artilleriewerkstatt in Berlin, wo er am 1. Oktober 1842 den Dienst aufnahm. Hier in Berlin boten sich ihm alle Möglichkeiten sinnvoller Betätigung und Weiterbildung, die er sich nur wünschen konnte. Es begann nun für den jungen Offizier Siemens eine äußerst fruchtbare Zeit, die in besonderem Maße geprägt war durch seine engen Kontakte zur Physikalischen Gesellschaft und zur Polytechnischen Gesellschaft.

In die Physikalische Gesellschaft wurde er bereits kurz nach deren Gründung 1845 aufgenommen. Er schreibt in den *Lebenserinnerungen* über diese Gesellschaft: „Es war das ein mächtig anregender Kreis von talentvollen jungen Naturforschern, die später fast ohne Ausnahme durch ihre Leistungen hochberühmt geworden sind. Ich nenne nur die Namen Du Bois-Reymond, Brücke, Helmholtz, Clausius, Wiedemann, Ludwig, Beetz und Knoblauch. Der Umgang und die gemeinschaftliche Arbeit mit diesen durch Talent und ernstes Streben ausgezeichneten jungen Leuten verstärkten meine Vorliebe für wissenschaftliche Studien und Arbeiten und erweckten in mir den Entschluß, künftig nur ernster Wissenschaft zu dienen. — Doch die Verhältnisse waren stärker als mein Wille, und der mir angeborene Trieb, erworbene wissenschaftliche Kenntnisse nicht schlummern zu lassen, sondern auch möglichst nützlich anzuwenden, führte mich doch immer wieder zur Technik zurück. Und so ist es während meines ganzen Lebens geblieben. Meine Liebe gehörte stets der Wissenschaft als solcher, während meine Arbeiten und Leistungen meist auf dem Gebiete der Technik liegen."

An den Aktivitäten der 1839 gegründeten Polytechnischen Gesellschaft nahm Werner Siemens seit 1842 regelmäßig teil. Er erkannte dabei, wie es in den *Lebenserinnerungen* heißt, „daß technischer Fortschritt nur durch Verbreitung naturwissenschaftlicher Kenntnisse unter den Technikern erzielt werden könnte", während „damals noch zwischen Wissenschaft und Technik eine unüberbrückbare Kluft" bestand und die „hochangesehenen Träger der Wissenschaft es mit ihrer Würde nicht vereinbar hielten, ein persönliches Interesse für den technischen Fortschritt zu zeigen". Siemens kam „zu der Überzeugung, daß naturwissenschaftliche Kenntnisse und wissenschaftliche Forschungsmethode berufen wären, die Technik zu einer noch gar nicht zu übersehenden Leistungsfähigkeit zu entwickeln".

Werner Siemens lernte in Berlin den Uhrmacher Ferdinand Leonhardt kennen, den er für handwerklich so befähigt hielt, daß er ihm im Zusammenhang mit seiner Erfindungstätigkeit einige konstruktive Arbeiten übertrug. Auch später arbeitete Siemens in gewissem Umfang mit Leonhardt zusammen, so bei den Überlegungen zur exakten Messung von Geschoßgeschwindigkeiten. Als Leonhardt sich im Auftrag des Generalstabs der preußischen Armee mit der Frage zu beschäftigen hatte, ob und wie die optische Telegrafie — anfangs für militärische Zwecke — durch die elektrische ersetzt werden könnte, wurde auch das Interesse des Leutnants Siemens hierfür aufs äußerste angeregt. Eine „Commission zur Anstellung von Versuchen mit elektro-magnetischen Telegraphen" war 1845 ins Leben gerufen worden.

Werner Siemens hatte im Berliner Haus des Vaters eines Brigadekameraden eines Tages der Vorführung eines Zeigertelegrafen des Engländers Wheatstone beiwohnen können und sich daraufhin eingehend mit den offen zutage getretenen Mängeln des Systems aus unterschiedlich konstruierten Sende- und Empfangsgeräten sowie deren Verbindung aus recht unvollkommen isolierten Leitungen beschäftigt. Die Unzulänglichkeiten vor Augen, deren Mängel auch Leonhardt nicht zufriedenstellend beheben konnte, überlegte sich Siemens als wesentliche Verbesserung ein Gerät, das sowohl als Sender wie als Empfänger betrieben werden konnte: den Zeigertelegrafen mit „Selbstunterbrechung". In einem Brief vom 15. Juli 1846 an Bruder Wilhelm (in England William genannt) hieß es dazu: „... ich kam zu wirklich glänzenden Resultaten ... Mein Telegraph gebraucht nur *einen* Draht, kann dabei mit Tasten wie ein Klavier gespielt werden und verbindet mit der größten Sicherheit eine solche Schnelligkeit, daß man fast so schnell telegraphieren kann wie die Tasten nacheinander niedergedrückt werden können ... Durch eine sehr einfache Vorrichtung kann ferner ein selbsttätiger Druckapparat dabei angebracht werden ..."

Am 14. Dezember 1846 (der Briefanfang ist am 11. Dezember verfaßt), als Werner Siemens 30 Jahre alt geworden war, schrieb er an Bruder William: „Ich bin ... jetzt ziemlich entschlossen, mir eine feste Laufbahn durch die Telegraphie zu bilden, sei es in oder außer dem Militär. Die Telegraphie wird eine eigene, wichtige Branche der wissenschaftlichen Technik werden, und ich fühle mich einigermaßen berufen, organisierend in ihr aufzutreten, da sie, meiner Überzeugung nach, noch in ihrer ersten Kindheit liegt." Der Zeigertelegraf mit Selbstunterbrechung arbeitete schon als äußerst einfaches Modell aus einer Zigarrenkiste, Weißblech und Kupferdraht — von Werner Siemens selbst zusammengebastelt — mit bestechender Sicherheit, so daß Siemens voller Begeisterung erkannte, daß seine Konstruktion kommerziell gut zu verwerten sein würde. „Dieser Erfolg sowohl wie die wachsende Sorge für meine jüngeren Geschwister" machte ihm die Entscheidung leicht, wie es in den *Lebenserinnerungen* heißt, sich „einen neuen Lebensberuf zu bilden, der mir denn auch die Mittel liefern sollte, die übernommenen Pflichten gegen meine jüngeren Brüder zu erfüllen".

Eine Kooperation mit Leonhardt bewährte sich im Hinblick auf den Zeigertelegrafen allerdings nicht, und so hatte sich Siemens an den Universitätsmechanikus Johann Georg Halske gewandt, den er von der Physikalischen Gesellschaft her kannte. Halske beeindruckten die gut funktionierenden Modelle. Er trat aus der Firma Bötticher & Halske, einer kleinen „mechanischen Werkstatt", aus und tat sich mit Siemens zusammen. Am 1. Oktober 1847 gründeten beide gemeinsam mit Johann Georg Siemens — einem Vetter Werners, der

Telegraphiermagnet   Läutemagnet

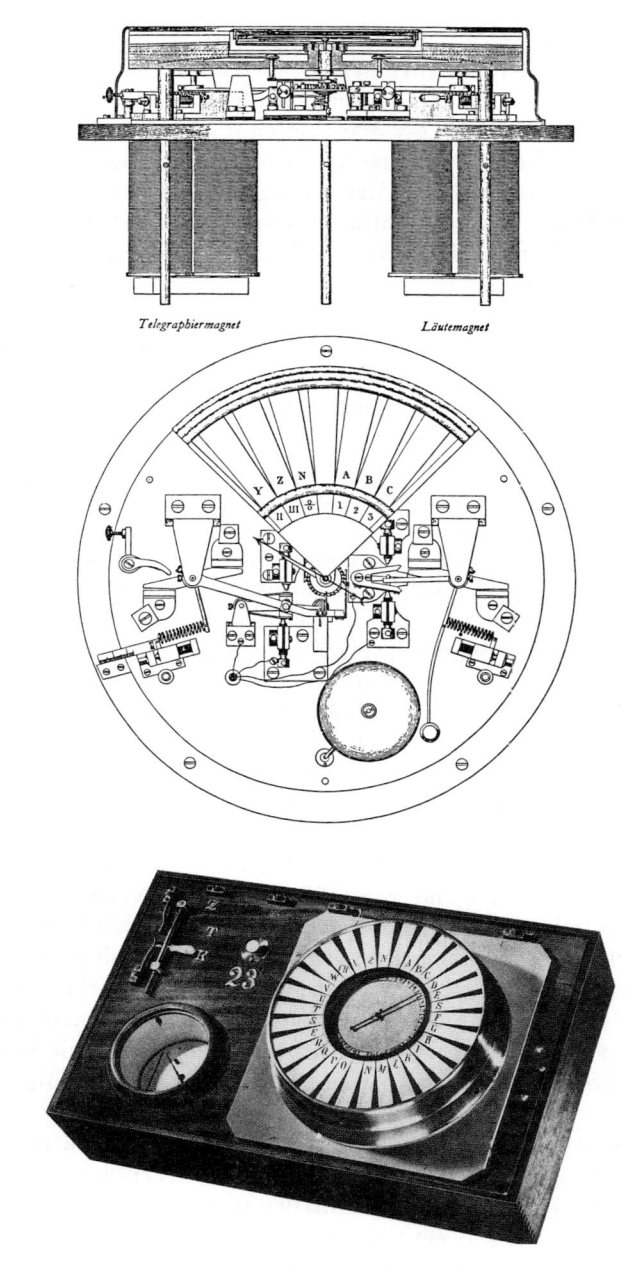

Siemens-Zeigertelegraf, 1847.

gegen Gewinnbeteiligung das Startkapital von 6842 Talern zur Verfügung gestellt hatte — am Anhalter Bahnhof in Berlin im Hinterhaus der Schöneberger Straße 19 die „Telegraphen Bau-Anstalt Siemens & Halske".

Werner Siemens blieb noch fast zwei Jahre lang preußischer Offizier, während Halske den anfangs recht bescheidenen Fabrikationsbetrieb leitete. Als das Geschäft dann mehr und mehr seine volle Aufmerksamkeit erforderte, reichte Siemens 1849 als „Seconde-Lieutenant" sein Abschiedsgesuch ein und wurde daraufhin „zufolge Allerhöchster Cabinets-Ordre" vom 12. Juni 1849 bei gleichzeitiger Beförderung zum „Premier-Lieutenant" in Ehren entlassen. Damit war aus dem aktiven preußischen Artillerie-Offizier, dem 1846 seine Vorgesetzten bescheinigt hatten, daß er „durch seine vortrefflichen Kenntnisse im Gebiete der Technik und der Naturwissenschaften und seinen Erfindungsgeist zu höheren Leistungen im technischen Fache befähigt" war, „aber bei seiner vorherrschenden Neigung zu wissenschaftlichen Studien wenig militärisches Geschick" zeigte, ein Privatmann und Unternehmer geworden.

Das Geschäft von Siemens & Halske entwickelte sich zunächst recht zufriedenstellend. Produziert wurden Zeigertelegrafen, elektromagnetisch in Gang zu setzende Eisenbahn-Läutwerke sowie elektromedizinische Geräte, sogenannte Schlitten-Induktoren. Für die nahtlose Ummantelung unterirdischer und unterseeischer Telegrafenleitungen mit isolierendem Material dachte sich Werner Siemens eine Guttaperchapresse aus, die von Halske konstruktiv durchgebildet wurde und später der Berliner Gummiwarenfabrik Fonrobert & Pruckner als Modell für die Betriebsmaschinen zur Herstellung guttaperchaisolierter Leitungen diente.

Im Jahr nach der Gründung von Siemens & Halske ordnete der preußische König durch Kabinettsorder vom 24. Juli 1848 die unverzügliche Errichtung einer elektromagnetischen Telegrafenlinie zwischen Berlin und Frankfurt am Main an, als Verbindung der preußischen Metropole mit der deutschen Nationalversammlung in der Frankfurter Paulskirche. Siemens & Halske war dazu ausersehen, diese erste elektrische Ferntelegrafenlinie Europas anzulegen und mit ihren renommierten Zeigertelegrafen auszustatten. Die Linie wurde in wenigen Wochen realisiert, und am 28. März 1849 konnte als erste wichtige Meldung die Wahl Friedrich Wilhelms IV., des preußischen Königs, zum deutschen Kaiser nach Berlin durchgegeben werden. Dem König sagte die Wahl allerdings nicht zu, er lehnte sie ab.

Werner Siemens war daran gelegen, seine wissenschaftlich-technischen Erkenntnisse durch Publikation auch anderen zugänglich zu machen. Schon 1845 hatte er seine erste Veröffentlichung herausgebracht, und zwar in *Dingler's Polytechnischem Journal* mit dem Titel *Über die Anwendung der erhitzten Luft als Triebkraft*. Die Ideen Stirlings hatten es ihm und Bruder William damals sehr angetan. Als Werner dann 1851 eine Broschüre mit dem Titel *Kurze Darstellung der an den preußischen Telegraphenlinien mit unterirdischen Leitungen gemachten Erfahrungen* herausbrachte, hatte das zur Folge, daß die preußische Telegrafenverwaltung unter der Leitung Friedrich Wilhelm Nottebohms, die über die in der Publikation enthaltene herbe, aber berechtigte Kritik erbost war, dem Unternehmen Siemens & Halske einige Jahre lang keine Aufträge mehr erteilte. Die Kritik hatte sich darauf bezogen, daß bei Verlegung und Betrieb der Leitungen nicht mit genügender Sorgfalt und dem dabei unbedingt nötigen Aufwand vorgegangen werde. Insbesondere waren die von Werner Siemens gemachten Vorschläge nicht beachtet worden, die guttapercha-isolierten unterirdischen Leitungen tiefer einzugraben und mit einer metallischen Umhüllung zu versehen.

Für Werner Siemens war mit diesen Vorgängen ein starker Anstoß verbunden, sich im Rahmen der Suche nach neuen Kunden für die Erzeugnisse von Siemens & Halske in verstärktem Maße dem Ausland zuzuwenden. In London fungierte Bruder William schon von 1850 an als Leiter einer Agentur von Siemens & Halske. Wenig später war mit der Verleihung der Council Medal für den Zeigertelegrafen von Siemens & Halske, der höchsten Auszeichnung auf der Londoner Weltausstellung von 1851, ein wichtiger Markstein für das schnell wachsende Renommée des Unternehmens auf internationaler Ebene erreicht. Ein vielversprechender Anknüpfungspunkt für einträgliche Geschäfte im Ausland war auch durch die Intensivierung bereits seit 1849 bestehender Kontakte mit der russischen Regierung gegeben. Werner Siemens reiste Anfang 1852 erstmals nach St. Petersburg, dem heutigen Leningrad, um dort Verhandlungen aufzunehmen, die letztlich dazu führten, daß Siemens & Halske eine Reihe bedeutender Ferntelegrafenlinien auf russischem Territorium errichten konnte, so zwischen St. Petersburg, Moskau, Kiew und Odessa sowie zwischen St. Petersburg und Warschau. Diese erwiesen sich nicht nur in technischer, sondern auch in finanzieller Hinsicht für das Unternehmen als sehr erfolgreich. Ein naheliegendes Ergebnis hiervon war, daß Siemens & Halske auch in Rußland ein Zweiggeschäft gründete, und zwar 1855 in St. Petersburg. Werner unterstellte diese erste große Auslandsfiliale der Leitung seines Bruders Carl.

1852 war auch das Jahr, in dem Werner Siemens in Königsberg Mathilde Drumann heiratete. Aus dieser Ehe gingen vier Kinder hervor, die Söhne Arnold und Wilhelm sowie die Töchter Anna und Käthe. Vier Jahre, nachdem Mathilde Siemens 1865 an einem Lungenleiden gestorben war, heiratete Werner Siemens dann noch ein zweites Mal. Kinder aus dieser Ehe mit Antonie Siemens, einer entfernten Verwandten, waren Hertha und Carl Friedrich, der 1919 „Chef des Hauses Siemens" werden sollte und dessen Tod 1941 das Wirken der zweiten Unternehmergeneration der Familie des Firmengründers beschloß.

Siemens & Halske war im Jahre 1852 aus den inzwischen viel zu kleinen Räumlichkeiten des Hinterhauses der Schöneberger Straße 19 in die Markgrafenstraße 94 umgezogen. Dort konnte man die Werkstätten und Büros noch in zufriedenstellendem Umfang erweitern. Später, 1883, wurden wesentliche Fertigungsverlagerungen nach Charlottenburg vorgenommen. Das Gelände des heutigen Berliner Stadtteils Siemensstadt wurde dann von 1899 an, etliche Jahre nach dem Tod des Firmengründers, bezogen.

Werner Siemens konnte sich seit dem Abschied bei der preußischen Artillerie intensiv um die gedeihliche Entwicklung seines Unternehmens kümmern. Halske selbst leitete mit großem handwerklichen Können und Geschick den Werkstattbetrieb, bis Umfang und Organisation der Fabrikationstätigkeit den Rahmen sprengten, in dem er sich wohlfühlte. Er schied zum Jahresende 1867 aus der Geschäftsleitung von Siemens & Halske aus. Werner Siemens bereiteten der schnell wachsende Umfang des Geschäfts und die Übernahme moderner Fabrikationsmethoden keine Schwierigkeiten. Im Gegensatz zu Halske machten ihm weitgespanntes unternehmerisches Denken und entsprechende Betätigung bei aller Bereitschaft zum kalkulierbaren, jedoch nicht zu weit gehenden Risiko durchaus Freude. An Bruder William schrieb er dazu am 17. Februar 1864: „Ein vorsichtiger Geschäftsmann darf sich ... auch durch die lockendsten Aussichten nicht verleiten lassen, in Unternehmungen einzutreten, deren *ungünstigsten* Ausgang er nicht überwinden könnte, ohne in Existenzgefahr zu verfallen!" In einem Brief an Bruder Carl hieß es am 26. Februar 1873: „Ich würde mich lieber totschießen als ertragen, daß ich meine Verbindlichkeiten nicht erfüllen könnte, und gegen alle Schätze der Welt übernehme ich nicht das kleinste *Existenzrisiko.*" Und am 29. Dezember 1884, ebenfalls an Bruder Carl, schrieb Werner Siemens: „Für augenblicklichen Gewinn verkaufe ich die Zukunft nicht!"

Weitsichtig richtete Werner Siemens seine Aktivitäten in unternehmerischer, wissenschaftlicher und technischer Hinsicht nicht nur auf seinen eigenen Betrieb aus. Ihm war klar, daß Siemens & Halske nur im Rahmen einer gesunden wirtschaftlichen Entwicklung in Deutschland prosperieren konnte und diese wiederum von Randbedingungen wie Patentgesetzgebung, Ausbildungswesen, Forschungseinrichtungen, allgemeingültigen — möglichst internationalen — Einheiten für die elektrischen Größen abhängig war. Die schnelle Verbreitung von Kenntnissen über Eigenschaften, Anwendungsmöglichkeiten und damit den allgemeinen Nutzen der Elektrizität in breiten Bevölkerungskreisen schien ihm zudem äußerst wichtig für die Zukunft der „angewandten Elektrizitätslehre", für die er selbst 1879 den Namen Elektrotechnik prägte; daher sein Engagement sowohl im Hinblick auf die Gründung des Elektrotechnischen Vereins in Berlin (1879) für die Fachleute als auch hinsichtlich der Einrichtung von Volksbildungsgesellschaften wie der Berliner Urania (1888).

Die bedeutendsten wissenschaftlich-technischen und unternehmerischen Leistungen von Werner Siemens seit der Gründung von Siemens & Halske sollen im folgenden kurz skizziert werden, soweit sie nicht schon erwähnt worden sind. In das Jahr 1856 fällt die Konstruktion des Doppel-T-Ankers für magnetelektrische Maschinen. Da der so gestaltete Läufer eine erhebliche Verbesserung des magnetischen Kreises elektrischer Maschinen bewirkte, war der Doppel-T-Anker 1866, als Werner Siemens im Dezember das dynamoelektrische Prinzip formulierte und die erste Dynamomaschine konstruierte, ein wichtiges Funktionselement und trug zum praktischen Erfolg der Idee bei.

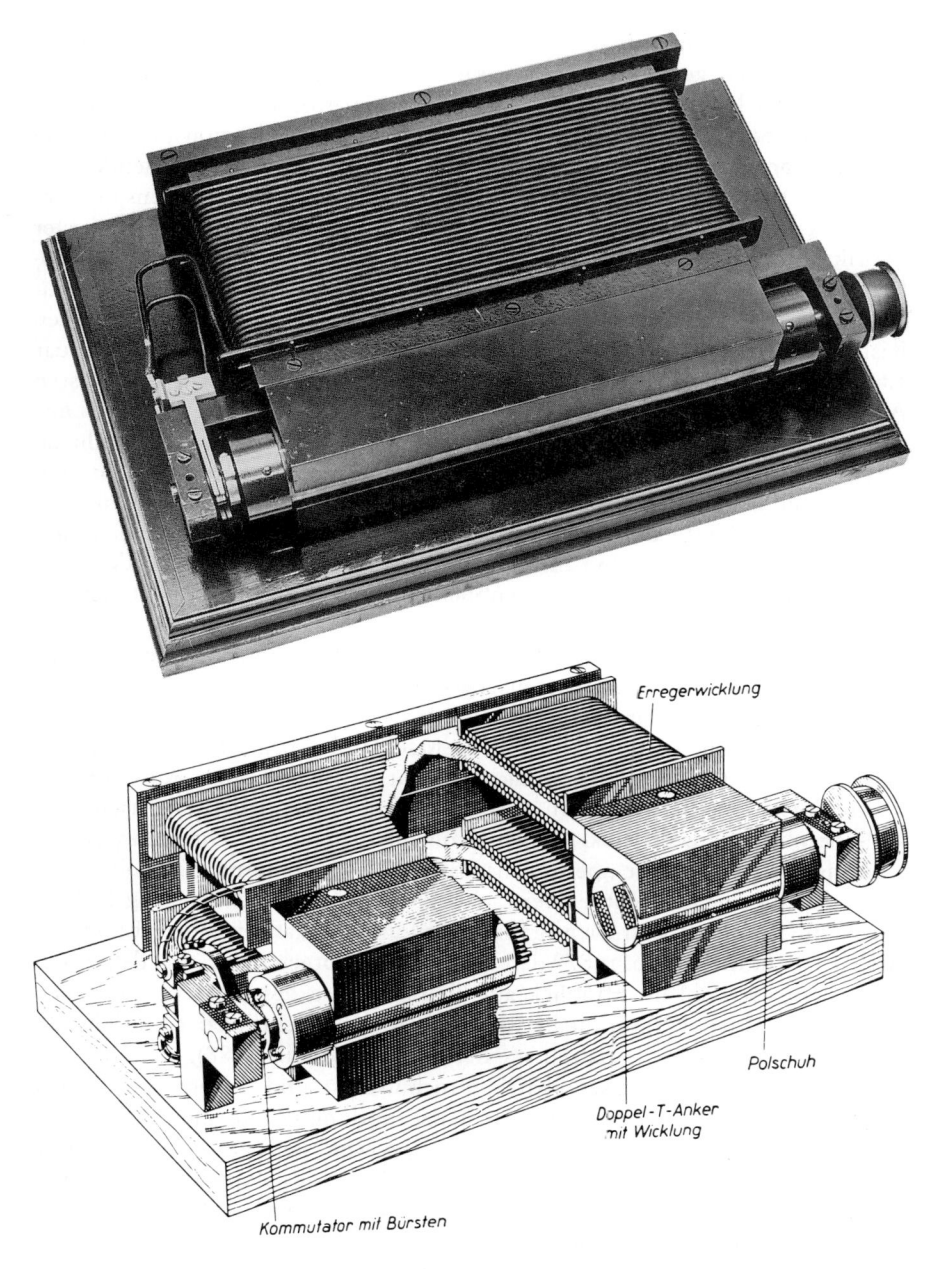

Dynamomaschine und Schnittzeichnung einer Dynamomaschine
von Werner Siemens, 1866

Schon bevor Werner Siemens seine dynamoelektrische Maschine erfolgreich realisierte und gleich im Dezember 1866 Berliner Wissenschaftlern — unter ihnen Magnus, Dove und Du Bois-Reymond — vorführte, hatten auch andere an der Verwirklichung dieser Idee gearbeitet und wesentlich dazu beigetragen, daß der Durchbruch erzielt werden konnte. Es sei nur auf die Beiträge der Engländer Varley, Wheatstone und Wilde, des Dänen Hjorth und des Ungarn Jedlik hingewiesen. Werner Siemens erkannte nach seiner Entdeckung gleich deren weitreichende Bedeutung. An seinen Bruder William schrieb er am 4. Dezember 1866 nach London: „Ich habe eine neue Idee gehabt, die aller Wahrscheinlichkeit nach reüssieren und bedeutende Resultate geben wird ... Man kann ... allein mit Hilfe von Drahtwindungen und weichem Eisen Kraft in Strom umwandeln, wenn nur der Impuls gegeben wird. Dieses Geben des Impulses ... kann auch durch den rückbleibenden Magnetismus ... geschehen. Die Effekte müssen bei richtiger Konstruktion kolossal werden. Die Sache ist sehr ausbildungsfähig und kann eine neue Ära des Elektromagnetismus anbahnen!" Am 17. Januar 1867 trug Heinrich Gustav Magnus der Königlich Preußischen Akademie der Wissenschaften in Berlin im Namen von Werner Siemens, der damals noch kein Mitglied der Akademie war, die Beschreibung der bedeutsamen Entdeckung vor und endete mit der folgenden Feststellung von Werner Siemens: „Der Technik sind gegenwärtig die Mittel gegeben, elektrische Ströme von unbegrenzter Stärke auf billige und bequeme Weise überall da zu erzeugen, wo Arbeitskraft disponibel ist. Diese Tatsache wird auf mehreren Gebieten derselben von wesentlicher Bedeutung werden."

Die Mitwirkung bei der Verlegung von Telegrafen-Seekabeln und später die Durchführung solcher Kabellegungen auf eigene Rechnung und eigenes Risiko durch Siemens & Halske und die englische Tochtergesellschaft Siemens Brothers war für Werner Siemens ein wichtiges Element der geschäftlichen Tätigkeit, die sich ja anfangs — wie der Name „Telegraphen Bau-Anstalt" schon ausdrückt — hauptsächlich auf die elektrische Telegrafie (und das Signalwesen) bezog. Im Jahre 1857 nahm Werner Siemens an der ersten Tiefseekabellegung im Mittelmeer zwischen Cagliari auf Sardinien und Bona in Algerien bei Meerestiefen von teilweise über 3000 Metern teil, da die ausführende englische Firma Newall & Co. Siemens mit der Lieferung der elektrischen Einrichtung und mit den elektrischen Prüfungen beauftragt hatte. Siemens war schon früh mit den Problemen der Verlegung von Seekabeln in Berührung gekommen, so 1853 bei der Einrichtung der Telegrafenlinie zwischen Oranienbaum und Kronstadt bei St. Petersburg. Es ist charakteristisch für Werner Siemens, daß er schon bei der Fabrikation der Kabel eine sorgfältige Prüfung der elektrischen Eigenschaften für nötig hielt, was damals nicht allgemein üblich war und in England noch lange als „scientific humbug" bezeichnet wurde. Werner Siemens entwickelte im Verlauf der Kabellegung zwischen Cagliari und Bona angesichts der vielen Schwierigkeiten, die sich insbesondere aus dem Zwang zur Einhaltung des richtigen Verhältnisses zwischen Schiffsgeschwindigkeit, Meerestiefe und der auf das hinabgleitende Kabel auszuübenden Bremskraft ergaben, seine später weitgehend angewandte Kabellegungstheorie für derartige Unterseekabel und konstruierte ein für die Verlegung geeignetes Brems-Dynamometer. Durch die Probleme bei dieser schließlich glücklich vollendeten Kabellegung wurde Werner Siemens noch mehr in seiner Ansicht bestärkt, für solche kostspieligen und riskanten Unternehmungen nur Material einzusetzen, das vorher aufs genaueste kontrolliert worden war. Allerdings fehlte es damals für die Verwirklichung dieser Forderungen noch „an guten, praktischen Meßmethoden und namentlich an einem festen Widerstandsmaße", wie es in den *Lebenserinnerungen* heißt. Auf Siemens' Beiträge zur Schaffung exakter Meßverfahren und -einrichtungen, insbesondere seine Einheit des elektrischen Widerstands von 1860, soll später noch näher eingegangen werden.

Weitere Kabellegungen zu Wasser und zu Lande sowie die Einrichtung von Freileitungsverbindungen brachten für die Brüder Siemens und ihr international immer bekannter werdendes „Haus Siemens" neben vielen Erfolgen auch den einen oder anderen Mißerfolg, letzteres beispielsweise durch die vor allem wegen widriger Witterungseinflüsse 1864 gescheiterte Seekabellegung zwischen Cartagena und Oran. Zu den großen, aufsehenerregenden Erfolgen, die den Unternehmen der Brüder Siemens Weltgeltung verschafften, gehörten insbesondere die 1867 bis 1870 durchgeführte Errichtung des großen Streckenabschnitts zwischen London und Teheran der Indo-Europäischen Telegrafenlinie („Indolinie"), die auf rund 11 000 km Länge London über Preußen, Rußland und Persien mit Kalkutta verband, sowie 1874/75 die Verlegung des Transatlantikkabels von Irland zum amerikanischen Festland (das sogenannte DUS-Kabel, „Direct United States Cable") durch das firmeneigene Kabelschiff „Faraday".

Nach der Entdeckung des dynamoelektrischen Prinzips konnte die weitere Entwicklung der „Starkstromtechnik", später treffender als „elektrische Energietechnik" bezeichnet, auf eine wirtschaftliche Basis gestellt werden, wenn auch nach 1866 noch mehr als ein Jahrzehnt lang große konstruktive Schwierigkeiten überwunden werden mußten. Werner Siemens trug hierzu ebenso bei wie zahlreiche seiner Mitarbeiter, von denen an erster Stelle Friedrich von Hefner-Alteneck zu nennen ist. Viele Pionierleistungen gingen von ihnen aus und wurden von dem inzwischen enorm gewachsenen Berliner Unternehmen Siemens & Halske realisiert. Siemens & Halske war nun längst kein Spezialunternehmen mehr, wie der Name „Telegraphen Bau-Anstalt" ursprünglich richtig zum Ausdruck gebracht hatte, sondern ein Universalunternehmen auf dem Gebiet der Elektrotechnik. An herausragenden Leistungen auf „starkstromtechnischem" Gebiet sollen hier genannt werden die elektrische Beleuchtung mit den von 1878 an einsatzreifen Differentialbogenlampen, die erste elektrische Eisenbahn der Welt (mit Fremdstromversorgung) auf der Berliner Gewerbeausstellung von 1879, der erste elektrische Aufzug der Welt 1880 in Mannheim, die erste elektrische Straßenbahn der Welt 1881 in Lichterfelde und die großen Generatoren in den öffentlichen Elektrizitätswerken Berlins, wie beispielsweise diejenigen der 1885 in Betrieb genommenen „Zentralstation" in der Markgrafenstraße und der wenig später errichteten in der Mauerstraße.

In klarer Erkenntnis der Bedeutung und der Zukunftsaussichten der elektrischen Beleuchtung durch die von Edison entwickelte Glühlampe hatte 1883 Emil Rathenau die „Deutsche Edison-Gesellschaft für angewandte Elektricität" (DEG) gegründet, die dann ab 1887 „Allgemeine Elektricitäts-Gesellschaft" (AEG) hieß. Werner Siemens und Emil Rathenau kamen zu vertraglichen Abmachungen, die im wesentlichen zum Inhalt hatten, daß Siemens & Halske darauf verzichtete, in eigener Regie „Zentralstationen" zu errichten. Derartige Geschäfte, die enorme Kapitalien erforderten und riskant schienen, wollte Werner Siemens nicht in großem Stil betreiben. Er übernahm die Fabrikation der Generatoren, Kabel, Bogenlampen und anderer elektrotechnischer Erzeugnisse für die von der DEG beziehungsweise AEG gebauten Elektrizitätswerke, während die DEG selbst anfangs im wesentlichen nur die Glühlampen nach den Edison-Patenten, Lampenfassungen, Schalter und andere Fabrikate herstellte. Diese Zusammenarbeit wurde im Laufe des folgenden Jahrzehnts stufenweise und 1894 schließlich gänzlich wieder gelöst, so daß beide Unternehmen sich auf dem genannten Arbeitsgebiet unabhängig voneinander weiter entfalten konnten. Die Betrachtung dieses für die Berliner und damit für die deutsche Elektroindustrie wichtigen Vorgangs soll abgeschlossen werden durch zwei frühere Zitate aus Briefen von Werner Siemens an die Brüder William und Carl. Die Bemerkung aus dem Brief an William vom 17. Februar 1864 beleuchtete seine Einstellung zu Unternehmungen, die den Rahmen eines von der Familie geführten Fabrikationsbetriebs zu sprengen drohten: „Den Verdienst kann man immer riskieren, aber nicht mehr. Sonst wird es Spekulation anstatt Fabrikation, und nur diese gibt Ruhe und sichere Existenz." Und an Carl schrieb er am 28. Dezember 1878: „Wir sind keine Beleuchtungs-Unternehmer, sondern Fabrikanten!"

Das zunächst auf Telegrafie und Signalwesen beschränkte Arbeitsgebiet der elektrischen Nachrichtentechnik, auch „Fernmeldetechnik" genannt, erweiterte sich nach 1876 um die Telefonie. Nachdem Alexander Graham Bell in den USA ein praktisch brauchbares Telefon konstruiert hatte, wurden auf Anregung des späteren Generalpostmeisters Heinrich von Stephan auch bei Siemens & Halske in Berlin „Fernsprecher" hergestellt, und Werner Siemens verbesserte Bells Apparate ganz erheblich, so daß Lautstärke und Verständlichkeit der übertragenen Sprache gesteigert werden konnten. Und nachdem in den USA 1878 das erste handbetätigte Fernsprechvermittlungsamt der Welt in Betrieb genommen worden war, folgte man Anfang 1881 auch in Berlin diesem Beispiel.

Es ist vorher schon betont worden, welch großen Wert Werner Siemens auf exakte Meßmethoden und -vorrichtungen legte. Er bemühte sich daher zum einen selbst um deren Ausgestaltung und konstruierte eine Vielzahl von Meßgeräten, zum anderen sah er eine staatliche Einrichtung für nützlich an, die sich auf diesem Gebiet um allgemeinverbindliche Festlegungen kümmern sollte. Im

Votum betreffend die Gründung eines Instituts für die experimentelle Förderung der exakten Naturforschung und der Präzisionstechnik von 1883 schrieb er: Schon die „brennende Frage der elektrischen Maßeinheiten macht die möglichst beschleunigte Herstellung einer Organisation für wissenschaftliche Experimental-Untersuchungen mit geeigneten Lokalitäten und Einrichtungen zur unabweisbaren Notwendigkeit". Von diesem „Institut", das 1887 unter dem Namen „Physikalisch-Technische Reichsanstalt" (PTR) zustande kam, wird weiter unten ausführlicher die Rede sein. Hier sollen noch die wichtigen Arbeiten von Werner Siemens zur Schaffung einer überall gut reproduzierbaren Maßeinheit für den elektrischen Widerstand beleuchtet werden. In den *Lebenserinnerungen* schreibt Siemens: „Ich habe schon erwähnt, daß noch in der Mitte dieses Jahrhunderts eines der größten Hindernisse, welche der Entwicklung der Naturwissenschaften und namentlich der physikalischen Technik entgegenstanden, das Fehlen feststehender Maße war. In naturwissenschaftlichen Schriften wurden zwar ziemlich allgemein Meter und Gramm als Maße für Längen und Gewichte benutzt, die Technik litt aber dessenungeachtet an einer unerträglichen Zersplitterung und Unsicherheit. Immerhin bildeten Meter und Gramm wenigstens feste Vergleichspunkte, auf die man alle Maßangaben beziehen konnte. Ein solcher Festpunkt fehlte aber gänzlich für die elektrischen Maße." Es war „gebräuchlich, daß jeder Physiker sich für seine Arbeiten ein eigenes Widerstandsmaß bildete ... Der von Halske und mir anfangs als Einheit benutzte Widerstand einer deutschen Meile Kupferdrahtes von 1 mm Durchmesser, der in Deutschland und anderen Ländern für die praktische Telegraphie ziemlich allgemein verwendet wurde, erwies sich auch nur als ein Notbehelf." Es blieb „nur die Wahl zwischen der absoluten Weberschen Widerstandseinheit und einer überall mit größter Genauigkeit reproduzierbaren empirischen Einheit. An die Annahme der absoluten Einheit war damals leider nicht zu denken, da ihre Reproduktion zu schwierig war ... Ich entschied mich also dafür, das einzige bei gewöhnlicher Temperatur flüssige Metall, das Quecksilber ... zur Grundlage eines reproduzierbaren Widerstandsmaßes zu machen. Im Jahre 1860 waren meine Arbeiten so weit gediehen, daß ich mit dem Vorschlage, den Widerstand eines Quecksilberprismas von 1 m Länge und 1 qmm Querschnitt bei 0° C als Einheit des Widerstandes anzunehmen, an die Öffentlichkeit treten und meine Methode der Darstellung dieser Quecksilbereinheit publizieren konnte. Es geschah dies durch einen in Poggendorffs Annalen [der Physik und Chemie, 110 (1860)] erschienenen Aufsatz: ‚Vorschlag zu einem reproduzierbaren Widerstandsmaße'."

Der Vorschlag von Siemens wurde positiv aufgenommen und die „Siemens-Einheit" (SE) fand bald breite Verwendung, insbesondere im Bereich des Telegrafenwesens, wo sie von 1868 an international vorgeschrieben wurde. Auf den „Elektriker-Kongressen", die zwischen 1881 und 1884 in Paris stattfanden (unter Teilnahme von Werner Siemens als einem der deutschen Vertreter), wurde diese Einheit in modifizierter Form als Maßeinheit des elektrischen

Widerstands mit der Bezeichnung „Ohm" (entsprechend 1,06 SE) festgelegt, obwohl die erstrebte Genauigkeit noch nicht erreichbar war (1893 wurde die Länge der Quecksilbersäule endgültig mit 1,063 m fixiert). Werner Siemens schreibt in seinen *Lebenserinnerungen:* „Es war freilich etwas hart für mich, daß meine mit so vieler Mühe und Arbeit zustande gebrachte Widerstandseinheit, die überhaupt erst vergleichbare elektrische Messungen ermöglicht hatte, dann über ein Dezennium in der ganzen Welt benutzt ... [wurde], nun plötzlich unter meiner eigenen Mitwirkung beseitigt werden mußte. Die großen Vorzüge eines theoretisch begründeten, konsequent durchgeführten und allgemein angenommenen Maßsystems machten dieses der Wissenschaft und dem öffentlichen Interesse gebrachte Opfer aber nötig." Heute ist „Siemens" (S) ein Maß für den elektrischen „Leitwert" (dem „Widerstand" reziprok).

Für die 1887 gegründete „Physikalisch-Technische Reichsanstalt" (PTR), in der frei von den Aufgaben des akademischen Lehrbetriebs der Staat, wie es im *Votum betreffend die Gründung eines Instituts für die experimentelle Förderung der exakten Naturforschung und der Präzisionstechnik* von 1883 hieß, „organisatorisch dafür sorgt, daß die für die schnelle Entwicklung der mechanisch-physikalischen Industriezweige notwendigen Experimentaluntersuchungen durch die berufensten Kräfte ... im allgemeinen Interesse und zum Nutzen aller durchgeführt werden", hatte Werner Siemens bereits 1885 dem Deutschen Reich ein Grundstück an der Marchstraße in Charlottenburg geschenkt und später noch dazu eine große Geldsumme. Er tat dies, so schrieb er 1884 in der Denkschrift *Über die Bedeutung und die Ziele einer zu begründenden physikalisch-technischen Reichsanstalt*, mit dem „Zweck im Auge ... meinem Vaterland einen Dienst zu leisten und meine Liebe zur Wissenschaft, der ich mein Emporkommen im Leben ausschließlich verdanke, zu betätigen". Welchen Wert Siemens der Forschung in ihrer Auswirkung auf Technik und Industrie beimaß, geht auch aus folgender Formulierung im *Votum* hervor: „Die naturwissenschaftliche Forschung bildet immer den sicheren Boden des technischen Fortschritts, und die Industrie eines Landes wird niemals eine internationale, leitende Stellung erwerben und sich erhalten können, wenn dasselbe nicht gleichzeitig an der Spitze des naturwissenschaftlichen Fortschritts steht! Dieses herbeizuführen, ist das wirksamste Mittel zur Hebung der Industrie." Der Forschung und Entwicklung im eigenen Unternehmen verdankten die Brüder Siemens die große Innovationskraft und Dynamik des Hauses Siemens. In den *Lebenserinnerungen* sagt Werner von Siemens dazu: „Eine wesentliche Ursache für das schnelle Aufblühen unserer Fabriken sehe ich darin, daß die Gegenstände unserer Fabrikation zum großen Teil auf eigenen Erfindungen beruhten. Waren diese auch in den meisten Fällen nicht durch Patente geschützt, so gaben sie uns doch immer einen Vorsprung vor unseren Konkurrenten, der dann gewöhnlich so lange anhielt, bis wir durch neue Verbesserungen abermals einen Vorsprung gewannen. Andauernde Wirkung konnte das allerdings nur infolge des Rufes größter Zuverlässigkeit und Güte haben, dessen sich unsere Fabrikate in der

Erinnerungsurkunde für Werner Siemens zum Andenken an seine Ernennung zum Mitglied des Reichspatentamtes, 1877

ganzen Welt erfreuten." Und an den Vertreter von Siemens & Halske in Brüssel, Eduard Rau, schrieb Siemens am 18. Januar 1876: „Wer das Beste liefert, bleibt schließlich oben, und ich ziehe immer die Reklame durch Leistungen der durch Worte vor."

Das Patentwesen in Preußen und auch sonst in Deutschland war bis zum Ende der siebziger Jahre des 19. Jahrhunderts ausgesprochen schlecht entwickelt. Ein wirkungsvoller Schutz der Erfindungen war im allgemeinen nicht gewährleistet. Das lag auch daran, daß sich der Grundsatz der Schutzwürdigkeit des geistigen Eigentums an Erfindungen noch nicht generell durchgesetzt hatte. Es herrschte mancherorts die Ansicht vor, daß sich mit dem Schutz einer Erfindung ein Verstoß gegen das Freihandelsprinzip und eine unzumutbare Benachteiligung der Allgemeinheit verband. Werner Siemens widersprach dem energisch und kämpfte für die Schaffung eines Patentgesetzes, das unter Beachtung einer unerläßlichen Publikationspflicht sowohl die Interessen des Erfinders über eine genügend lange Zeit als auch die des Gewerbes und der Allgemeinheit in ausgewogenem Maße berücksichtigen sollte. Nach jahrelangen Bemühungen, die schon 1863 durch *Positive Vorschläge zu einem Patentgesetz* — eine Denkschrift der „Ältesten der Kaufmannschaft zu Berlin", herausgegeben von Werner Siemens — untermauert wurden, die ferner 1874 zur Gründung eines „Deutschen Patentschutzvereins" durch Werner Siemens führten, 1876 dann die *Denkschrift betreffend die Notwendigkeit eines Patentgesetzes für das Deutsche Reich* und eine Eingabe an Reichskanzler Bismarck zur Folge hatten, wurde 1877 endlich das Reichspatentgesetz — im wesentlichen auf der Grundlage der Siemens-Vorschläge — erlassen. Es trat am 1. Juli 1877 in Kraft. An diesem Tag wurde Werner Siemens zum „nicht ständigen Mitglied" des Reichspatentamtes ernannt. Später, am 3. Juni 1880, wurde er im Zusammenhang hiermit „Geheimer Regierungsrat".

Werner von Siemens sah es als äußerst wichtig an, daß der „angewandten Elektrizitätslehre" Eingang in alle Bereiche von Wissenschaft und Technik verschafft würde. Nachdem er 1879 die Gründung des „Elektrotechnischen Vereins" (ETV) in Berlin angeregt hatte, dem bald überall weitere Einrichtungen dieser Art folgten, sprach er sich 1881 in dem Vortrag *Elektrizität gegen Feuersgefahr* beim ETV mit Nachdruck dafür aus, „daß die elektrotechnischen Kenntnisse bald eine größere Ausdehnung erhielten. Es sollten auf allen technischen Schulen, mindestens auf den technischen Hochschulen, Lehrstühle der Elektrotechnik gegründet werden, um wenigstens unsere technische Jugend mehr vertraut mit der Elektrizitätslehre und ihrer technischen Anwendung zu machen." In der Folgezeit verdeutlichte er seine Vorstellungen bei mehreren Gelegenheiten, da er nicht gleich verstanden worden war und aus der vorstehenden Formulierung auch nicht klar hervorging, daß Siemens das vorgeschlagene Fach Elektrotechnik in erster Linie als eine Art „Hilfswissenschaft" für die anderen technischen Spezialfächer, die es gab, ansah und nicht vornehmlich als klar abgegrenztes Fach, das junge Leute zu „Elektrotechnikern" als Spezialisten heranbildete, die auch als solche dann in der Industrie tätig werden wollten. In einem Brief an den Realschuldirektor Bartholdi schrieb Siemens am 29. November 1882 zu diesem Thema: „Es muß jemand ... entweder Elektrizitätslehre *studieren* und sich zum theoretischen Elektriker ausbilden — vielleicht in der Absicht, einmal einen Lehrstuhl der Elektrotechnik einzunehmen —, oder er muß ein technisches Fach — Maschinenbau, Kleinmechanik, Chemie, Berg- und Hüttenkunde etc. — ergreifen und sich dabei gute elektrische Kenntnisse aneignen." Und an Professor Rühlmann schrieb er am 22. Februar 1884, daß es „sich darum handeln [müsse], die Studenten *aller* Fächer mit der Elektrotechnik wissenschaftlich und praktisch vertraut zu machen, um sie zu befähigen, die Elektrotechnik in ihrem späteren Spezialfache anwenden zu können". Es hatte nicht lange gedauert, dann war die Anregung von Werner Siemens aufgegriffen worden. Der ETV erwarb sich in dieser Hinsicht besondere Verdienste.

Liberal-demokratische politische Ansichten, verbunden mit einem seit früher Jugend entwickelten Patriotismus, waren bei Werner Siemens stark ausgeprägt. Deshalb wurde er, wie er in den *Lebenserinnerungen* schreibt, „von der nationalen deutschen Bewegung des Jahres 1848 mit so unwiderstehlicher Gewalt ergriffen". 1861 beteiligte er sich an der Gründung der „Deutschen Fortschrittspartei". Die Idee zur Gründung einer solchen „deutschen" und „demokratischen" Partei war wesentlich von Hermann Schulze-Delitzsch ausgegangen. Werner Siemens war von 1862 bis 1866 Abgeordneter dieser Partei im Preußischen Landtag für den Wahlkreis Lennep-Solingen. Die vielen anderen Verpflichtungen und Arbeiten, insbesondere für das eigene Unternehmen, führten dann 1866 dazu, daß Siemens sich von der aktiven politischen Betätigung wieder zurückzog, die er ohnehin von vornherein nur als vorübergehend angesehen und als notwendige Pflicht auf sich genommen hatte.

Im Denken von Werner Siemens war die Achtung vor der Person und der Leistung des Mitmenschen — in seiner Firma und generell im täglichen Leben — tief verwurzelt. Dies ist gewiß nicht zuletzt aus seiner einfachen Herkunft und seiner christlichen Grundeinstellung zu verstehen. Daraus ergab sich, daß es für ihn sehr wichtig war, das eigene Interesse mit dem der Mitarbeiter im Sinne eines „gesunden Egoismus", wie er es wiederholt in seinen Äußerungen formuliert hat, zum Vorteil aller zu verbinden. Bei Siemens & Halske kam es daher schon früh zur Einführung hervorragender sozialer Maßnahmen und Einrichtungen. Als Beispiele seien die Verteilung der „Inventurprämien" (heute „Erfolgsbeteiligung" genannt) von 1858 an und die 1872 geschaffene „Pensions-, Witwen- und Waisen-Casse" genannt. An seine Tochter Anna schrieb Werner Siemens am 10. Februar 1875: „Nur der Mensch, der Teilnahme und Zuneigung zu seinen Mitmenschen hat, hat einen Wert für sie. Ein harter, kein Mitgefühl verratender Stein ist für alle anderen nur ein Stein des Anstoßes ohne Wert!" Und seinem Sohn Wilhelm schrieb er am 3. Februar 1877: „Du kannst ... Dich an dem Gedanken erwärmen und anspornen, daß Du künftig so vielen Menschen die Tränen trocknen kannst. Der Mensch ist anderen und sich

Werner von Siemens mit seiner Frau Antonie und den Kindern
Arnold, Käthe, Wilhelm, Hertha, Anna und Carl Friedrich (v.l.n.r.), um 1876

selbst gegenüber das wert, was er für seine Mitmenschen ist." Dem Bruder Carl hatte er am 16. Juni 1868 mitgeteilt: „Mir würde das verdiente Geld wie glühendes Eisen in der Hand brennen, wenn ich treuen Gehilfen nicht den erwarteten Anteil gäbe ... Wir haben uns eine humane Weltanschauung konserviert." Seine religiöse Grundeinstellung, die insbesondere durch die Betonung praktizierter Christlichkeit geprägt war, geht aus den folgenden Äußerungen in Briefen an seine Frau Mathilde (22. November 1854) und an eine Freundin seiner Frau (14. Juli 1865, nachdem seine Frau gestorben war) hervor: „Am Dasein Gottes können nur blasierte Toren zweifeln: er ist der Urgrund aller Dinge; die Materie, aus der unsere den Sinnen faßliche Welt besteht, nur eine — vielleicht vorübergehende — Form göttlicher, schaffender Kraft..." Und: „... unsere Wege zu demselben Ziel sind nach Gottes Willen verschieden — so wie seine Wege nicht die unsrigen und uns unbegreiflich sind!" Einem Bekannten namens Langhoff gegenüber äußerte Siemens sich am 27. Mai

1887 folgendermaßen: „Die Christen sollten ... durch gutes Beispiel christlichen Lebenswandels Propaganda machen ..."

An Ehrungen der verschiedensten Art hat es Werner von Siemens in seinem nahezu rastlosen Leben nicht gefehlt. Neben denen, die bereits erwähnt wurden — insbesondere der Nobilitierung 1888 —, sollen noch die folgenden aufgezählt werden: 1860 Verleihung der Ehrendoktorwürde (Dr. phil. h. c.) der Berliner Universität, 1873 Ernennung zum ordentlichen Mitglied der Königlich Preußischen Akademie der Wissenschaften (als erster Techniker und Nichtakademiker), 1886 Wahl zum Ritter des Ordens „Pour le Mérite für Wissenschaften und Künste" sowie — ebenfalls 1886 — Verleihung der Ehrendoktorwürde der Universität Heidelberg (Dr. med. h. c.).

Vom Sohn eines einfachen Gutspächters hatte sich Werner von Siemens in seinem durch das Zusammenwirken von Genialität und Fleiß bestimmten Leben zum Vater der deutschen Elektrotechnik und Begründer der elektrotechnischen Industrie aufgeschwungen. Sein überragendes Schaffen gipfelte in den großartigen technisch-wissenschaftlichen Pionierleistungen sowie der Entstehung und dem schnellen Wachstum seines Weltunternehmens, wodurch er die wesentlichen Grundlagen für Berlins Entwicklung zur faszinierenden „Elektropolis" schuf. Am 6. Dezember 1892 starb Werner von Siemens in Charlottenburg, nachdem er noch seine *Lebenserinnerungen* vollendet hatte. Sein Grab befindet sich heute auf dem Waldfriedhof Stahnsdorf südwestlich von Berlin.

Literatur

Siemens, Werner von, *Wissenschaftliche und Technische Arbeiten*, 2 Bde., 2. Aufl., Berlin 1889 u. 1891.
Siemens, Werner von, *Lebenserinnerungen*, 18. Aufl., München 1986.
Siemens & Halske AG und Siemens-Schuckertwerke GmbH (Hrsg.), *Katalog der Erzeugnisse der Firmen Siemens & Halske und Siemens-Schuckertwerke im Deutschen Museum zu München*, Berlin 1906.
Ehrenberg, Richard, *Die Unternehmungen der Brüder Siemens*, Bd. 1 (bis etwa 1870), Jena 1906.
Matschoß, Conrad, *Werner Siemens. Ein kurzgefaßtes Lebensbild nebst einer Auswahl seiner Briefe*, 2 Bde., Berlin 1916.
Fischer, Ludwig, *Werner Siemens und der Schutz der Erfindungen*, in: *Wissenschaftliche Veröffentlichungen aus dem Siemens-Konzern*, 2 (1922), S. 1—69.
Matschoß, Conrad, *Männer der Technik*, Berlin 1925.
Dettmar, Georg, *Die Entwicklung der Starkstromtechnik in Deutschland*, Bd. 1 (bis etwa 1890), Berlin 1940.
Mahr, Otto, *Die Entstehung der Dynamomaschine*, Berlin 1941.
Heintzenberg, Friedrich, *Der erste Ingenieur in der Akademie der Wissenschaften*, in: *Siemens-Mitteilungen*, (1944), H. 226, S. 19—21.
Heintzenberg, Friedrich, *Aus einem reichen Leben. Werner von Siemens in Briefen an seine Familie und an Freunde*, Stuttgart 1953.
Siemens, Georg, *Der Weg der Elektrotechnik. Geschichte des Hauses Siemens*, 2 Bde., 2. Aufl., Freiburg-München 1961.

Kocka, Jürgen, *Unternehmensverwaltung und Angestelltenschaft am Beispiel Siemens 1847—1914,* Stuttgart 1969.
Kocka, Jürgen, *Siemens und der aufhaltsame Aufstieg der AEG,* in: *Tradition,* 17 (1972), S. 125—142.
Weiher, Sigfrid v., *Werner von Siemens. Ein Leben für Wissenschaft, Technik und Wirtschaft,* 2. Aufl., Göttingen 1974.
Weiher, Sigfrid v./Goetzeler, Herbert, *Weg und Wirken der Siemens-Werke im Fortschritt der Elektrotechnik 1847—1980,* 3. Aufl., Berlin-München 1981.
Weiher, Sigfrid v., *Berlins Weg zur Elektropolis,* 2. Aufl., Göttingen 1987.
Siemens AG (Hrsg.), *Begegnung mit Elektrotechnik, Elektronik und Mikroelektronik. Das Siemens-Museum in München,* 4. Aufl., München 1988.
Akten und Bilder des Siemens-Archivs (Siemens-Museum München).

Wilhelm Treue
Heinrich Stephan

Eine Biographie Heinrich Stephans in einem Band über berühmte Berliner Techniker zu finden, wird manchen Leser zunächst einmal überraschen. Stephan hat zwar seit seinem 28. Lebensjahr ständig in Berlin gelebt und bis zu seinem Tode 1897 gearbeitet. Aber er ist im strengen Sinne des Wortes kein Techniker gewesen. Er hat auf keinem Niveau des Hochschulwesens studiert, kein Technikerexamen bestanden, auch nicht als Techniker gearbeitet und seine Familie ernährt. Aber er hat in den siebziger und achtziger Jahren in Preußen und im Deutschen Reich technische Leistungen von großer politischer, wirtschaftlicher, finanzieller, organisatorischer und nicht zuletzt kultureller Bedeutung veranlaßt. Durch sein Verständnis für die umfassende Bedeutung des Nachrichtenwesens für Existenz und Entwicklung einer mitteleuropäischen Groß-, schließlich einer Weltmacht haben Telegraphie und Telefonie in Deutschland gegen Ende des 19. Jahrhunderts einen außerordentlichen Umfang und eine viel beneidete Qualität erlangt.

Ernst Heinrich Wilhelm Stephan wurde am 7. Januar 1831 in der pommerschen Kleinstadt Stolp als Sohn eines geistig sehr regen und für seine Kinder ehrgeizigen Schneidermeisters und Gastwirts geboren, der es in der Stadt zu hohem Ansehen und zur Stellung eines Ratsherren gebracht hatte. Der Stiefvater seiner Mutter war Sattlermeister. Schiffer und Schneider sowie ein Unteroffizier waren die älteren bekannten Vorfahren. Von Stephans zehn Geschwistern starben drei Schwestern bei beziehungsweise bald nach der Geburt, ein Bruder mit neun, einer mit einundzwanzig, einer als Wirtschaftsinspektor mit einunddreißig Jahren. Eine Schwester heiratete einen Kaufmann in Bütow, eine einen Kreisgerichtssekretär in Stolp. Die Todesdaten beider Frauen und einer dritten, wahrscheinlich unverheirateten Schwester sind nicht bekannt. Eine Schwester heiratete einen Pastor in der Nähe von Stolp und starb 36jährig. Von elf Geschwistern insgesamt gelangten also zwei aus dem elterlichen Berufsfeld heraus. Nur Heinrich Stephan selber verließ Pommern; nur er erreichte ein „hohes" Alter: Er erlebte in Berlin seinen 66. Geburtstag, nachdem seine geistige und körperliche Arbeitskraft bereits seit längerer Zeit erheblich abgenommen hatte. Heinrich Stephan konnte mit dreieinhalb Jahren lesen und schreiben, lernte in der Stolper Ratsschule Latein und Französisch, auch ein wenig Griechisch, in Privatunterricht Englisch und Französisch sowie Geige

Heinrich Stephan
(1831—1897)

und Klavier spielen. Sein Hauptinteresse galt der Naturkunde und der Mathematik. Bei der Entlassung als bester Schüler erklärte der noch nicht Siebzehnjährige, er wolle Postbeamter werden. Wo immer er in seiner Jugend und im Beruf Lehrzeiten durchmachen und Prüfungen ablegen mußte, war er seinen Konkurrenten an Geschwindigkeit und Qualität voraus: Er war stets in kürzester Zeit „Primus".

Am 20. Februar 1848 wurde Stephan „Postschreiber" im Stolper Postbüro, das aus einer Stube für den Postkommissar und seinen Schreiber und einem Warteraum für die Reisenden bestand. Es ist nicht bekannt, wie der Jüngling auf die Revolution reagierte, die in Stolp durch das Auftreten von Lothar Bucher, der Mitglied der Preußischen Nationalversammlung war, erhebliche Aufregung verursachte. Im folgenden Jahre wurde er auf seinen Wunsch nach Marienburg versetzt, 1850 nach Danzig, wo er Postassistent wurde, 1851 nach Ableistung seiner einjährigen Militärdienstpflicht nach Berlin und sofort weiter nach Köln, wo er dem Generalpostdirektor Schmückert bei einer Reise angenehm auffiel und die höhere Verwaltungsprüfung bestand. 1856 berief Schmückert, gleichfalls ein Pommer, Stephan als Geheimen Expedierenden Sekretär wieder nach Berlin. Fortan beschäftigte er sich in erster Linie, ja fast ausschließlich mit Tariffragen und internationalen Postverträgen, die hauptsächlich Tarife betrafen. Daneben schrieb der berufsgeschichtlich Interessierte Bücher: 1858 mehr als 800 Seiten über die Geschichte der preußischen Post, deren 1500 Exemplare schnell vergriffen waren — ein Standardwerk bis zum heutigen Tage. Anschließend wurde er Postrat und für kurze Zeit nach Potsdam versetzt. Bereits 1859 war er wieder im Generalpostamt, wo er die „Postdienst-Instruktion" von 1849 modernisieren mußte. Im Jahre 1857 nahm der Sechsundzwanzigjährige erstmals an einer deutschen Postkonferenz (in München) teil, 1860 an einer in Frankfurt, wo er die Belastung des Postverkehrs durch die Kleinstaaterei, hauptsächlich durch die Thurn- und Taxissche Postverwaltung beobachtete. In den folgenden Jahren vertrat er Preußen erfolgreich bei Verhandlungen mit Belgien, den Niederlanden, Spanien und Portugal, überarbeitete Dienstanweisungen, schrieb 1863 als Unterrichtsbuch einen *Leitfaden für jüngere Postbeamte*, den sogenannten Kleinen Stephan, sowie für das *Staatslexikon* eine Studie über *Das Postwesen*.

1866 wandte sich der 35jährige erstmals, jedoch nur für einen Augenblick, der Technik zu: Ohne im engeren Sinne berufliche Veranlassung dazu zu haben, veröffentlichte er im *Staatslexikon* einen Beitrag über *Das Telegraphenwesen des In- und Auslandes,* in dem einige Ausführungen über die „Telegraphen-Technik" nur einen von vielen Teilen bildeten. Stephan hatte mit diesem Verkehrszweig nämlich dienstlich nichts zu tun, da die Telegraphie in Preußen wie in 16 anderen deutschen Staaten einer eigenen Behörde unterstand. Seit 1833 besaß Preußen eine Telegraphen-Verwaltung. Ihr Personal bestand aus ehemaligen Soldaten mit einem aktiven Offizier als Telegraphendirektor. Als 1849 der Telegraphenverkehr für die Öffentlichkeit freigegeben worden war, hatte man zwar die Verwaltung dem Handelsministerium und in diesem dem Generalpostdirektor unterstellt, als Direktoren aber Offiziere beibehalten. Diese waren an der „Öffentlichkeit" nicht sehr interessiert, so daß es 1865 in Preußen zwar 2300 Postämter, aber nur 300 Telegraphenanstalten gab. Stephan ging in seinem Lexikonbeitrag nicht etwa von der Technik aus, sondern — was seine berufliche Tätigkeit nahelegte — von der Notwendigkeit einer internationalen Verständigung über Tarife, damit „dem Universalismus der Telegraphie durch Hinwegräumung der internationalen Schranken eine freie Bahn der Entwicklung geschaffen werde".

Aber nach diesem Artikel wandte Stephan, der 1865 Geheimer Postrat und Vortragender Rat geworden war, sich zunächst einmal wieder der Post zu: Er „erfand" im Oktober 1865 die Postkarte (zunächst „Korrespondenzkarte" genannt), die allerdings erst 1870 im Rahmen der „Feldpost" zur Erleichterung des Verkehrs der Soldaten mit der Heimat eingeführt wurde, und konnte am 28. Januar 1867 seine Unterschrift unter den von ihm erarbeiteten Ablösungsvertrag setzen, durch den das taxissche Postwesen vom 1. Juli 1867 an auf den preußischen Staat überging. 502 Postanstalten und 3100 taxissche Beamte wurden so gerecht in die preußischen Rang- und Besoldungsgruppen eingeordnet, daß sie Stephan in einer Feier eine Dankadresse überreichten. Von den rund 4500 Postanstalten des Bundespostgebietes entfielen nun 89 % auf Preußen. Im Zusammenhang mit diesem komplizierten Geschäft sowie bei der Einführung des „Groschen-Tarifs" in Anlehnung an den englischen Penny-Tarif gewann Stephan nahe Verbindungen zu Bismarck, die ihm in der Folgezeit verschiedentlich nützlich werden sollten. Bald folgte die Einführung von Postauftrags- und Nachnahmedienst, während geschäftlich interessierte parlamentarische Kreise die Einrichtung einer Postsparkasse verhinderten. Auch die Gründung der Reichsdruckerei und deren hohe Qualität waren Stephan zu verdanken. Immer wieder mußte er sich, wenn auch auf höchster Ebene, mit Tariffragen beschäftigen. Er reiste zu Verhandlungen über Postverträge nach Rom, veröffentlichte aber auch 1868 in Raumers Historischem Taschenbuch Abhandlungen über das *Verkehrswesen im Altertum* und das *Verkehrswesen im Mittelalter* im Umfange von mehreren hundert Seiten, nahm 1869 an der Eröffnung des Suezkanals teil, über die er sofort eine Artikelreihe schrieb, der ein weiterer Aufsatz unter dem Titel *Die Weltverkehrsstraßen* zur Verbindung des Atlantischen mit dem Pazifischen Ozean folgte. Schließlich erweiterte er das ganze zu einem Handbuch über das zeitgenössische Ägypten.

Am 29. April 1870 wurde Stephan von Bismarck zum Generalpostmeister der Norddeutschen Bundespostverwaltung ernannt, „der Handwerkersohn aus Pommern", wie er bis zu seinem Tode gerne betonte. Mit dieser Karriere, die der noch nicht Vierzigjährige hauptsächlich in Berlin gemacht hatte, gehört er gewiß in die Reihe der *Berlinischen Lebensbilder,* aber in einen Band über Verkehrsorganisatoren oder schriftstellende Beamte, nicht unter die Techniker.

Nach dem Kriege 1870/71 und der Gründung des Reiches, das zum 1. Januar 1872 ein Reichspostrecht erhielt, wandte der Reichspostmeister sich erneut den internationalen Verträgen zu und erzielte, lebhaft unterstützt durch Bismarck, auf diesem Gebiet seinen größten Erfolg mit dem nach dem Vorbild der Regelung in den USA geschaffenen Berner Vertrag vom 1. Juli 1875: der Gründung des Allgemeinen Postvereins. In seiner Einführungsrede erklärte Stephan: Si vis pacem, para concordiam. Der preußische König zeichnete Stephan dadurch aus, daß er ihn in das preußische Herrenhaus berief, die Universität Halle (nicht die Friedrich-Wilhelms-Universität zu Berlin), die zu Beginn des Jahrhunderts wesentlich dazu beigetragen hatte, daß der Wirtschaftsliberalismus in Preußen hatte Fuß fassen können, erkannte die Bedeutung des weltoffenen Verkehrs für diesen und verlieh ihm die Würde eines Ehrendoktors. 1878 gab sich der Postverein, der nun 32 Mitglieder zählte, den Namen „Weltpostverein".

Und nun wandte Stephan sich endgültig der Technik in Verbindung mit dem Postwesen zu. Er begann mit einer für seine Gegenwart erstaunlichen Phantasie, indem er im Januar 1874 im Wissenschaftlichen Verein zu Berlin einen später auch gedruckten Vortrag hielt über *Weltpost und Luftschiffahrt*, in dessen Mittelpunkt das Problem des lenkbaren Luftschiffes stand. Er behandelte die Geschichte der Beschäftigung mit ihm, gelangte zu dem Ergebnis, daß mit Dampfmaschinen als Antrieb nichts zu erreichen sein werde, und meinte, die Lösung werde in der Erfindung einer starken, nicht feuergefährlichen Kraftmaschine von möglichst geringem Gewicht sowie in der Konstruktion eines Ballons liegen, der ohne Abgabe von Ballast beziehungsweise Gas aufsteigen und niedergehen könne. Auf diesem Umwege von Überlegungen, denen keine technischen Kenntnisse zugrunde lagen, gelangte Stephan wenige Jahre nach der Erfindung des Ottomotors zur Technik im engeren Sinne.

Im Januar 1875 — der Allgemeine Postverein war eben ins Leben getreten — starb 48jährig Stephans Kollege von der Reichstelegraphie, Generaldirektor und Pioniergeneralmajor Meydam, Sohn eines Postkommissars. Er war zwar nur zwei Jahre Chef der Telegraphenverwaltung gewesen; aber in dieser kurzen Zeit hatte er durch ständig steigende Kosten in seinem Bereich deutlich bewiesen, daß nun nicht mehr ein Berufsoffizier eine Verwaltung technischer Natur mit 1690 Stationen (bei 6300 Postanstalten) leiten und ohne ausreichende Geldmittel modernisieren und dem Bedarf entsprechend ausweiten konnte. Bundesrat und Reichstag waren sich darin einig, daß ein Wandel nötig war. Bismarck übertrug Stephan am 22. Dezember 1875 die „vorläufige" Leitung der Reichstelegraphie. Zum 1. Januar 1876 vereinigte der Reichstag auf Stephans Vorschlag Post und Telegraphie, indem die zwölf deutschen Telegraphenverwaltungen in den 40 Oberpostdirektionen aufgingen. Hatte es im Jahre 1875 in Deutschland auf 229 km² beziehungsweise 17 655 Einwohner eine Telegraphenstation gegeben, so sorgte Stephan bereits bis 1880 dafür, daß die Zahlen auf 78,7 km² beziehungsweise 6707 sanken, denn er konnte 1876 die gesetzgebenden Körperschaften davon überzeugen, daß, wie er schrieb, „die deutschen Reichstelegraphen weder bezüglich der Ausdehnung noch ihrer Zugänglichkeit für das Publikum auf derjenigen Höhe standen, welche der Bedeutung des geeinigten Deutschen Reiches, der Intelligenz des deutschen Volkes sowie der Ausdehnung seines Handelsverkehrs und dem Umfang seiner Industrie entspreche". Die fortan zusammengelegten ordentlichen Etats beider Bereiche wiesen schließlich einen ansehnlichen Überschuß auf.

Stephan selber wurde, wie auch die anderen leitenden Beamten in der Position eines Reichsministers, Staatssekretär. Zunächst gab es wieder wie bei der Übernahme der taxisschen Post Organisationsaufgaben. Aber nach deren Lösung widmete Stephan sich der Telegraphie selber. Bis zu dieser Zeit wurden überall die Telegraphenleitungen überirdisch verlegt — mit dem Ergebnis, daß es häufig umfangreiche und teure Störungen und langdauernde Unterbrechungen des Verkehrs gab. Auch hatten in den größeren Städten die Gestänge die Grenzen ihrer Aufnahmefähigkeit für Kabel erreicht. Viele Techniker beschäftigten sich mit der Frage der Verlegung der Kabel in die Erde — in Berlin hauptsächlich seit den sechziger Jahren der Telegraphendirektor von Chauvin. Aber bisher war man über kurze Landkabellinien nicht hinausgelangt, die von der Kölner Firma Felten & Guilleaume verlegt worden waren. Im allgemeinen vertrat man die Ansicht, daß die Kosten des Übergangs zum Bodenkabel zu hoch werden würden.

Im Sommer 1875 schickte Stephan zwei Geheimräte zum Studium der Erfahrungen mit Bodenkabeln nach England und Frankreich. Auf seinen Wunsch hin wurden sie begleitet von dem Kabel- und Drahtseilindustriellen Franz Carl Guilleaume, einem Enkel des Apothekers und Chemikers Carl Guilleaume, der 1826 mit seinem Schwiegervater J. Th. Felten die Firma Felten & Guilleaume gegründet hatte. Franz Carl hatte an der Universität Lüttich studiert und sich durch mehrjährige Praktika in Belgien und England außergewöhnliche technische Kenntnisse und kaufmännische Erfahrungen angeeignet. Als er 1859 die erste Abhandlung in deutscher Sprache über die Herstellung, Prüfung und Verlegung von Telegraphenkabeln veröffentlichte, machte der Vater ihn zu seinem Teilhaber. Mit 30 Jahren wurde er 1865 Alleininhaber des Unternehmens, das seit 1860 schnell aufgeblüht war. Guilleaume hatte soeben mit seinem 12 Jahre jüngeren Neffen Emil in Mülheim/Rhein das „Carlswerk" gegründet, das ausschließlich Drähte und Kabel herstellen sollte. Emil Guilleaume hatte eine ähnliche berufliche Entwicklung durchlaufen wie sein Onkel. Er hatte in England und Frankreich die Herstellung und Verarbeitung von Gußstahldrähten und -seilen erlernt. Dieses Wissen hatte er in das Carlswerk eingebracht. Stephan wandte sich also im richtigen Augenblick an die beiden besten Kenner und zugleich Produzenten von Kabeln, die er für die rationelle Modernisierung der Telegraphie brauchte.

Allerdings brachte die Studienreise keinen großen Gewinn: In beiden Ländern hatte man sich bisher nicht an die Verlegung längerer Bodenkabel gewagt.

Gleichwohl begann Stephan nach Beratungen hauptsächlich mit Franz Carl Guilleaume, der gleichfalls bisher nur Erfahrungen mit Stadtkabeln erworben und dabei manchen Rückschlag erlitten hatte, und nach einer erfolgreichen Reichstagsdebatte am 22. November 1875 noch im gleichen Jahr mit den Vorbereitungen für die Anlage eines allgemeinen deutschen Kabelnetzes auf der Basis der Erfahrungen, die man in Köln und Mülheim erworben hatte. Das Carlswerk der Guilleaume wurde aufgrund von Stephans technischer Intuition zum Ausgangspunkt der modernen Telegraphie nicht allein in Deutschland, sondern in der ganzen Welt.

Während der Tage vom 9. bis zum 12. März 1876 verursachten orkanartige Stürme 1076 Brüche an Tragstangen und Streben, 11 300 Verschiebungen von Stangen und Streben und 1630mal das Reißen von Leitungsdrähten, so daß Berlins Verkehr mit Schlesien, Österreich, Sachsen, Bayern, Württemberg, Frankreich, Belgien, den Niederlanden und Großbritannien tagelang unterbrochen war — auf 40 % der Reichstelegraphenleitungen. Bismarck schrieb am 24. April 1876: „Eine Störung von solchem Umfang und von solcher Dauer kann im Augenblick wichtiger Entscheidungen verhängnisvoll werden." Es müsse sofort Abhilfe geschaffen werden. „Das einzige Mittel hierzu bietet sich in der Ausdehnung des unterirdischen Telegraphennetzes." Er habe sich „wegen der für die unterirdischen Anlagen zunächst auszuwählenden Linien" (und der Kosten) mit dem Kriegsministerium in Verbindung gesetzt. Man stellte fest, daß die oberirdische Verlegung von 1 km Leitung 170, die unterirdische dagegen 760 Mark kostete, während die Unterhaltungskosten jährlich je km 10,70 beziehungsweise 0,15 Mark betrugen. Am 14. September 1876 rechnete Stephan mit Gesamtkosten in Höhe von 34 Millionen, die durch eine Reichsanleihe aufgebracht wurden.

Es war ein Zufall, daß Stephan unmittelbar nach dem Ende der Stürme am 13. März 1875 mit dem Telegraphieren auf einer von Felten & Guilleaume hergestellten 170 km langen Versuchsstrecke Berlin—Halle begann. Er erzielte bis zum 28. Juni überraschend gute Erfolge. Alsbald begann auf Drängen von Stephan und unter erheblicher Mitwirkung der Firma Siemens & Halske der Bau eines Kabelnetzes, das, nach fünf Jahren 1881 mit einem Aufwand von insgesamt 50 Millionen Mark von diesen beiden führenden Firmen angelegt, von Berlin aus 221 Städte miteinander verband und Deutschland vor allen anderen Ländern der Welt die technisch beste Telegraphen-Anlage verschaffte. 5464 km Kabel enthielten 37 373 km Leitungen fast ganz aus deutschem Material, als Stephan am 26. Juni 1881 von Aachen aus Kaiser Wilhelm die Fertigstellung des Netzes meldete. Erst ein halbes Jahrhundert später wurde dessen Erneuerung nötig. Franz Carl Guilleaume galt fortan als der „Siemens des Westens". Für das Carlswerk begann nach den Erfolgen mit dem deutschen Telegraphennetz das große internationale Kabelgeschäft. Stephan räumte offen ein, daß Felten & Guilleaume und Siemens & Halske ein Monopol für die Kabelproduktion hatten, „weil man ihnen allein die Erfahrung und Sicherheit zutraut, die man verlangen muß bei solchen Unternehmungen". Tatsächlich überließ Stephan von Anfang an stets beiden Unternehmungen regelmäßig je 50 % der Aufträge. Am 12. Juni 1877 kam es zu einem entsprechenden Vertrag auch zwischen den beiden Gesellschaften selber. Aber dann mußte Stephan sich wieder einmal dem Tarifwesen zuwenden — erst den deutschen, dann den internationalen Telegraphentarifen. Er erreichte nach mühsamen Verhandlungen, daß 1885 auf der internationalen Telegraphenkonferenz in Berlin für den gesamten europäischen Verkehr der reine Worttarif angenommen wurde.

Als Stephan eben mit dem Bau des Telegraphennetzes begonnen hatte, erfuhr er im Herbst 1877 in Berlin, daß der amerikanische Taubstummenlehrer Alexander Graham Bell einen Apparat erfunden hatte, der die menschliche Stimme zu übermitteln vermochte — wohl einige Tage nach Siemens, der außer der Bedeutung der Erfindung für den Verkehr auch sofort das in Aussicht stehende große Geschäft erkannte, sich an die Arbeit machte und bereits am 21. Januar 1878 in der Berliner Akademie im Rahmen eines Vortrages *Über Telephonie* wesentliche Verbesserungen vorführen konnte. Auch Stephan begriff sofort die Bedeutung der Erfindung. Der Direktor des Berliner Telegraphenamtes legte ihm wenige Wochen später, am 18. Oktober, außerdem das Heft der Zeitschrift *Scientific American* vom 6. Oktober 1877 mit einer Beschreibung von Bells Telephon vor, und Stephan bestellte noch am gleichen Tage bei der Western Union Telegraph Company in New York einen Satz Bell-Apparate, verbunden mit der Bitte, „mir mitzuteilen, ob Sie schon Versuche damit angestellt haben und wie diese ausgefallen sind". Tatsächlich wurde am 9. Oktober 1877 das erste Ferngespräch der Welt von Boston nach Cambridge USA, geführt. Noch bevor Stephans Brief in New York eintraf, überreichte ihm der Chef des Londoner Haupttelegraphenamtes, Henry C. Fisher, ein gebürtiger Hannoveraner, am 24. Oktober 1877 zwei Bell-Telephone, die Bell ihm selber schon im Sommer geschenkt hatte. Gleichzeitig sandte Werner Siemens eine eigene Konstruktion an Stephan. Auch waren auf Bitten von Siemens bereits in Woolwich Sprechversuche angestellt worden. Stephan ließ noch am gleichen Tage sowie am 26. Oktober in Berlin Versuche vornehmen: Das Bell-Telephon funktionierte bei einer Entfernung von 61 km so gut, daß es einen dem Brief- und Botenverkehr weit überlegenen Fortschritt brachte und für die Telegraphen-Verwaltung das Mittel bot, mit der Einrichtung von Telegraphenanstalten in kleineren Orten, die wegen des Morsebetriebes bisher zu teuer gewesen waren, jetzt auf breiter Grundlage vorzugehen.

Stephan erklärte schon am 26. Oktober, nicht ganz korrekt, „dieser Tag ist als Geburtstag des Fernsprechers in Deutschland zu betrachten". Am 5. November begann der erste regelmäßige Fernsprechdienst zwischen den Amtszimmern des Generalpostmeisters in der Leipziger Straße und des Direktors des Generaltelegraphenamtes in der Französischen Straße. Am 30. Oktober schrieb Werner Siemens an seinen Bruder Karl in London, er hoffe, „jedem Berliner Bürger wo möglich ein Telephon zu jedem anderen zu Disposition zu stellen". Schon am 12. November 1877 begann die erste kleine Telegraphen-Anstalt dieser Art mit Fernsprechbetrieb in Friedrichsberg bei Berlin zu arbeiten. Am gleichen Tage führte Stephan das Telephon auf dem Gut des Fürsten Bismarck in Varzin vor. Wenige Tage zuvor hatte er am 9. November 1877 Bismarck in einem von ihm selber entworfenen Bericht die Ergebnisse der Sprechversuche vorgetragen und in großen Zügen seine Absichten in bezug auf die Verwendung des Telephons skizziert. Er sagte diesem weltweit eine große Bedeutung voraus und ging auch sofort an die Arbeit, zumal Bismarck ihm bereits am folgenden Tage telegraphisch zugestimmt hatte. Wieder bot ihm das Carlswerk der Guilleaume eine wichtige Hilfe: Franz Carl Guilleaume hat sich um die schwierige Konstruktion von Telephonkabeln mit zahlreichen Einzelleitungen große Verdienste erworben. Stephan, der als erster das Telephon „Fernsprecher" nannte, führte diese Bezeichnung am 19. November 1877 offiziell ein. Er erreichte durch sein Drängen, daß der Fernsprecher in Deutschland dem öffentlichen Verkehr zwei Monate früher übergeben werden konnte als in den USA. Emil Rathenau, Gründer und Generaldirektor der AEG hat 1908 wohl irrtümlich behauptet, er selber habe 1880 Stephan auf die Bedeutung des Telephons aufmerksam gemacht. Aber bereits am 28. November 1877 hatte Stephan eine „Dienstanweisung für den Betrieb von Telegraphen-Linien mit Fernsprechern" erlassen. Die Berliner sträubten sich anfänglich gegen die Verwendung des Telephons, aber bald überzeugte Stephan sie von dessen Wert, und 1888 gab es in Berlin mehr Sprechstellen als in jeder Stadt der USA, 1897, also in Stephans Todesjahr, mehr als in ganz Frankreich. Eine ganz besondere Bedeutung erhielt der Fernsprecher dadurch, daß man mit ihm eine große Zahl von Orten auf dem Lande, „welche des Vorteils telegraphischer Verbindungen bis dahin entbehrt" hatten, durch das Telephon an das Telegraphennetz anschließen konnte. Bereits am 12. November 1877 wurde die erste Telegraphenstation mit Fernsprechbetrieb eingerichtet. Ende 1880 gab es 1126 solche Stationen mit Fernsprecher — 62 % aller neuerrichteten Stationen. Als der Berliner Bankier Bleichröder und Emil Rathenau 1881 anfragten, ob die Anlegung privater Fernsprechnetze erlaubt werden würde, bewog Stephan sofort den Reichskanzler, das Fernsprechwesen am 12. Februar 1881 wie das Telegraphenwesen zum Reichsmonopol zu erklären. Andererseits war es ihm durchaus recht, wenn Siemens, der in Berlin ein Kabelwerk anlegte, und Guilleaume einander Konkurrenz machten, so daß es also kein Lieferantenmonopol gab.

Fast wäre im Jahre 1878, in dem übrigens die Reichspost als erste Behörde die Beleuchtung mit elektrischen Bogenlampen einführte, Stephans Karriere als „Techniker" abrupt beendet worden. Bismarck, der ihn für einen genialen Organisator hielt, aber auch für einen schwierigen „Emporkömmling" mit den Schwächen eines solchen, bot ihm das preußische Finanzministerium an. Der Reichskanzler wollte ihn bei der Verstaatlichung der preußischen Eisenbahnen und bei seinem Wechsel vom Liberalismus zum Schutzzoll verwenden. Stephan lehnte ab, weil er, wie er am 21. März 1878 schrieb, deutlich „die Vergeblichkeit erkannte, Bismarck zu einem genügend klaren und auch ihn bindenden gemeinsamen Programm über das Vorgehen in den finanz- und zollpolitischen Reformfragen zu bewegen". Stephan, der Bismarcks Politik durchschaute, sah, daß er in enger Abhängigkeit benutzt und nicht zu mitverantwortlicher Zusammenarbeit herangezogen werden sollte. Er lehnte die Beförderung ab und erhielt sich seine Selbständigkeit in einer relativ engen Position. Anschließend wurde 1880 die deutsche „Post- und Telegraphenverwaltung" in ein „Reichsamt", das „Reichspostamt", mit Stephan als Staatssekretär (= Reichsminister) umgewandelt und damit in den Rang der anderen Reichsämter (Reichsministerien) erhoben. Auch verlieh Wilhelm I. als König von Preußen Stephan in diesem Jahr den Rang eines preußischen Staatsministers.

Stephans Ablehnung des Finanzministeriums erhielt ihm die Möglichkeit, weitere national und international bedeutende Leistungen zu vollbringen. Zunächst gründete er 1879 mit Werner Siemens, der 1977 sofort mit der Massenerzeugung des Fernsprechers begonnen hatte, in Berlin den „Elektrotechnischen Verein". Diesem gehörten bald alle im Bereich der Schwach- und Starkstromtechnik, eines neuen Industrie- und Wissenschaftsbereichs, aktiven Männer an. Sie wählten Stephan zu ihrem Vorsitzenden aus Dank dafür, daß er „rückhaltlos, durchdrungen von der Lebensfähigkeit einer solchen Vereinigung, für sie eingetreten war, die ohne ihn des mächtigen Einflusses entbehrt und nichts Dauerndes geschaffen hätte". Im folgenden Jahr wurde Stephan Ehrenvorsitzender des Vereins.

Seit etwa 1880 wuchs der Umfang des deutschen Überseeverkehrs schnell und beträchtlich, 1884 setzte die deutsche Kolonialpolitik ein. Damit ergab sich die Notwendigkeit, den „Postdienst dieser Expansion anzupassen. Bisher hatte man für den Überseedienst hauptsächlich die Hapag und den Norddeutschen Lloyd benutzt, die jährlich für den Verkehr insbesondere mit den USA 300 000 Mark erhielten, während England und Frankreich bereits etwa 60 Postdampferlinien zu allen Erdteilen besaßen und dafür sehr hohe Beträge aufbrachten: England 13 Millionen Mark, Frankreich 20, Österreich 4 und Italien 7 Millionen. Auf diese ausländischen Linien, ihre Fahrpläne und Preise war also Deutschland namentlich im Verkehr mit Asien und Australien angewiesen. Stephan hatte sich bereits im Anschluß an die Gründung des Allgemeinen Postvereins mit diesem Problem beschäftigt — zunächst ohne Resonanz in der Öffentlichkeit. Als Bismarck in einer Denkschrift am 27. Mai 1881 vom Reichstag die Einrichtung regelmäßiger Frachtdampferverbindungen zwischen Deutschland und den größeren überseeischen Häfen forderte, wiederholte Stephan seinen Vorschlag und arbeitete eine Denkschrift über die Einrichtung subventionierter Postdampferlinien unter Verwendung der Personenschnelldampfer nach Ostasien und Australien aus. Im Frühjahr 1882 schickte er Bismarck eine Denkschrift über die Schaffung von Reichspostdampferlinien. Bereits drei Tage später erhielt er eine grundsätzlich zustimmende Antwort. Aber im Reichstag kam es zu langen Debatten über die Belastung der Steuerzahler durch Subventionen in nicht genau festgelegter Höhe. Bismarck machte im

Plenum des Reichstages wiederholt längere Ausführungen zum Thema und hob dabei Stephans Verdienste hervor: Dieser sei der „Pflegevater" der Gesetzesvorlage, nicht er selber. „Ohne Dampfersubvention habe ich keine Aussicht auf koloniale Politik", erklärte er 1884. Erneut machte Stephan dem Reichstag eine Vorlage, und am 14. Juni 1884 hatten Bismarck und Stephan mit der Verabschiedung des Schiffahrtsförderungsgesetzes, das am 6. April 1885 in Kraft trat, einen großen Erfolg. Am 3. Juli 1885 unterzeichnete Bismarck, am 4. Juni H. H. Meier, Vorsitzender des Vorstandes, für den Norddeutschen Lloyd in Bremen einen entsprechenden Vertrag.

Lediglich diese Reederei sah sich zu jenem Zeitpunkt in der Lage, die Qualität der geforderten Tonnage für beide Dienste nach Ostasien und Australien zu gewährleisten, die innerhalb eines Jahres zu eröffnen waren. Mit ausschlaggebend war die Forderung der Reichsregierung, daß beide Linien unter einheitlicher Leitung stehen sollten. Der Norddeutsche Lloyd verpflichtete sich, für den Verkehr mit Ostasien eine monatliche Linie von Bremerhaven nach China, und zwar über einen niederländischen oder belgischen Hafen, Port Said, Suez, Aden, Colombo, Singapur, Hongkong nach Schanghai, und für den Verkehr mit Australien eine monatliche Linie von Bremerhaven auf der gleichen Strecke bis Aden und dann nach Adelaide, Melbourne bis Sydney schließlich eine vierzehntätige Zweiglinie von Triest über Brindisi nach Alexandria einzurichten. Der Vertrag legte auf die Stunde genau fest, wie lange jeder Reiseabschnitt maximal dauern durfte — von Suez bis Hongkong zum Beispiel 588, bis Melbourne 783 Stunden. Jede Stunde mehr kostete 50 bis 100 Mark Konventionalstrafe. Größe, Einrichtung und Sicherheitsausstattung der Schiffe waren nicht weniger genau festgelegt als die Dienstgeschwindigkeit von 12 Seemeilen pro Stunde. Die Neubauten mußten auf deutschen Werften gebaut werden und durften in Europa nur deutsche Kohle bunkern. Als Gegenleistung zahlte das Reich dem Lloyd 4,4 Millionen Mark Subvention pro Jahr, die sich aus 13 Rundreisen und 5,49 Mark pro Seemeile zuzüglich 400 000 Mark für den Mittelmeerbereich errechneten. Großbritannien zahlte seinen Linien 9,70, Frankreich den seinen 9,30 Mark je Seemeile. Am 30. Juni 1886 konnte die „Oder" von Bremerhaven nach Ostasien ausreisen. Nur zwei Wochen später trat der Dampfer „Salier" die erste Reichspostdampferreise nach Ostasien an. Das alles bedeutete eine gewaltige Ausdehnung von Stephans Dienstbereich.

Inzwischen war die Technik der Kabelfabrikation so weit fortgeschritten, daß man sicher arbeitende Überseekabel verlegen konnte. Seit 1850/51 hatte man zuerst mit einem Kabel zwischen England und Frankreich gute Erfolge erzielt. In England erkannte man sofort die militärisch-politische und wirtschaftliche Bedeutung solcher transozeanischen Verbindungen, während der deutsche Besitzstand an unterseeischen Kabellinien sich bis 1881 auf einige kurze deutsche Küstenkabel sowie auf 50 % von vier Kabellinien von Rügen nach Trelleborg und Alsen nach Fünen, von Hojer nach Ahrendal und von Emden nach Lowestoft beschränkte.

Stephan hatte bereits 1875 bei der Übernahme der Reichstelegraphie an die Verlegung eines deutschen Kabels nach den USA gedacht, doch machten damals die hohen Kosten die Verwirklichung des Planes unmöglich. Als aber der deutsch-amerikanische Telegraphenverkehr über teure und nicht regelmäßig zur Verfügung stehende englische Verbindungen schnell wuchs, plante man nun doch ein eigenes Kabel. England erlaubte nicht die Anlage einer Zwischenstation. Infolgedessen verlegte man 1882 ein Kabel nach Valencia an die irische Westküste, wo die großen Atlantikkabel landeten, so daß man Anschluß an ein anglo-amerikanisches Kabel erhielt, das sich die Vereinigte Deutsche Telegraphen-Gesellschaft sicherte, an der unter anderem Felten & Guilleaume stark interessiert war. Stephan selber eröffnete den Dienst in Valencia. Kaiser Wilhelm gratulierte ihm telegraphisch zu diesem Erfolg. Im Jahre 1885 wurde auf einer Berliner Telegraphenkonferenz unter Annahme eines reinen Worttarifs der Welttelegraphenverein gegründet. Im Jahre 1896 folgte ein weiteres deutsches Kabel von Emden nach Vigo als erster Teil einer rein deutschen staatlichen Verbindung über die Azoren nach New York.

Auf diesem Höhepunkt von Stephans Berufsleben beschäftigte die Reichspost 160 000 Personen, meist „Stephans-Boten". Sie ließ in seiner Zeit annähernd 2000 neue Gebäude errichten und war mit alledem der größte staatliche Arbeitgeber in Deutschland mit einer hohen Position im Reichsetat. Da stellten die Ärzte fest, daß der Sechzigjährige bereits seit längerer Zeit zuckerkrank war. Und nun bemerkte man auch deutlich ein Nachlassen seiner Konzentrationsfähigkeit und physischen Arbeitskraft. Seinem Charakter entsprach es, daß Stephan sich nicht entlasten lassen wollte, zumal er erkannte, daß im Dreikaiserjahr 1888 mit der Thronbesteigung Wilhelms II. für Deutschland auf vielen Gebieten eine „Neue Aera" begann. In dieser Situation wollte er sein Werk auch nicht vorübergehend verlassen oder mit einem Gehilfen teilen. An Bismarcks generelle Zustimmung und Protektion war er gewöhnt. Doch mußte er bald erkennen, daß der junge Kaiser eigene Wege gehen wollte. Stephan glaubte, sein Werk vielleicht vor ihm schützen und gegen Kritiker und Besserwisser verteidigen zu müssen. Diese gab es in der Tat bereits seit längerer Zeit. In den vier Jahrzehnten zwischen der Revolution und dem Dreikaiserjahr, zwischen dem Stolper Postschreiber und dem Berliner Staatssekretär hatte sich nicht nur Preußen-Deutschland, sondern auch Stephan selber sehr verändert.

Als Bismarck 1890 entlassen wurde, folgten ihm aus eigenem Entschluß 1891 der Minister der öffentlichen Arbeiten von Maybach, der auch die Reichseisenbahnen verwaltete, und der Finanzminister von Scholz. Stephan dagegen, länger als jeder andere Minister Bismarcks Mitarbeiter, blieb im Amt, da ihn die politischen Probleme, um die es ging, kaum berührten, weil ihm die so erfolgreiche Arbeit zum einzigen Lebensinhalt geworden war, und nicht zuletzt wohl, weil er hoffen mochte, unter einem neuen Kanzler mehr Unabhängigkeit gewinnen zu können. Denn Bismarck hatte den angesehenen Postminister in den letzten Jahren finanziell sehr kurz gehalten, so daß Reformen, Modernisierungen und auch die Fürsorge für die vielen Tausend Mitarbeiter der Post behindert wurden. Stephan war in der Zeit seiner großen Leistungen sehr selbstbewußt geworden. Bismarck bemerkte in einem Gespräch mit seinem Adlatus Moritz Busch: „König Stephan gegen König Wilhelm — das geht nicht, das könnte man ihm einmal sagen." Der Reichskanzler empfand schließlich dieses Selbstbewußtsein seines Fachministers immer stärker als Eitelkeit eines Emporkömmlings, der, wie er zu dem Freiherrn von Lucius bemerkte, „zur parvenühaften Kultivierung hoher Beziehungen neige", und „über jede Reform gleich in 10 Zeitungen die Glocke läuten lasse". Auch war Stephan ein in der klassischen Literatur sehr belesener Mann mit einem vorzüglichen Gedächtnis. Seine Gespräche und Briefe wimmelten von entsprechenden Zitaten und Anspielungen. Menschen von Bismarcks junkerlich-ländlicher Lebensart mußte er wohl häufig als ein nur mühsam zu ertragender gymnasialer Bildungsprotz erscheinen. Allerdings hatte das auch eine andere Seite. Stephan, der sich nicht selten als Angehöriger eines „Volkes der Denker" bezeichnete, sorgte dafür, daß schon 1871 Bücherbestellzettel gegen ermäßigte Taxe befördert und auch Zeitungssendungen begünstigt wurden. Wenn der Kanzler später in seinen Erinnerungen schrieb: „Weniger durchsichtig als bei den anderen Reichsämtern waren für mich die Beziehungen zu dem Reichspostamte... Ich kann aber nur wünschen, daß Stephan in seinem Amt alt werde und gesund bleibe, und würde seinen Verlust für schwer ersetzlich halten... Stephan ist als Ressortpatriot nicht nur seinem Ressort und dessen Beamten, sondern auch dem Reich in einem Maße nützlich gewesen, das für jeden Nachfolger schwer erreichbar sein wird. Ich bin seinen Eigenmächtigkeiten stets mit dem Wohlwollen entgegengetreten, das die Achtung vor seiner eminenten Begabung mir einflößte", dann zeigt diese herablassende Anerkennung deutlich, daß Bismarck Stephan als einen immer nützlichen, gelegentlich aber auch lästigen Mitarbeiter unterhalb der ihm wirklich wichtig erscheinenden Minister einschätzte.

Wilhelm II. dagegen, der technische Leistungen im allgemeinen und ganz besonders bewunderte, wenn diese für Welt-, Kolonial- und insbesondere für seine Flottenpolitik nützlich waren — und das traf auf Telegraphie und Telephonie zweifellos zu —, der auch Stephans geistig-kulturelle Beweglichkeit schätzte, beurteilte Stephans Wert weit positiver, als der alte mürrische Reichskanzler: „Ich habe viel durch den Verkehr mit diesem anregenden, klugen Ratgeber gelernt. Von eiserner Energie, nie erlahmender Arbeitskraft und -freudigkeit, zugleich voll frischen Humors, mit raschem Blick für neue Möglichkeiten, um Auskunftsmittel nie verlegen, sehr auf den Gebieten der Politik beschlagen, war er wie geboren zu schöpferischer Arbeit. Das von ihm auf eine ungeahnte Höhe gebrachte Postwesen erregte die Bewunderung der ganzen Welt", schrieb Wilhelm II. nach dem Weltkrieg in seinen Erinnerungen. Beide Memoirenformulierungen charakterisieren nicht nur vorzüglich Stephans Eigenschaften und Leistungen, sondern auch die Schreibenden selber und ihre Einstellung zu gewissen Stärken und Schwächen des Ministers, wobei obendrein zu bedenken ist, daß der Kaiser Stephan nur noch in dessen letzten, durch die Zuckerkrankheit belasteten Jahren, also in mancher Hinsicht reduziert, im Amt erlebte.

In diesen aber kam es nun immer häufiger zu Zusammenstößen Stephans mit — vorwiegend sozialdemokratischen — Politikern, die seine Tarifpolitik, seine teuren Modernisierungen des Postbetriebes kritisierten. Auch geriet man wiederholt in heftige Auseinandersetzungen um die Vor- und Nachteile des Reichspostmonopols.

In diesem Zusammenhang verletzte er auch Menschen, die seine großen Leistungen bewunderten und mit Gewinn benutzten. Sebastian Hensel zum Beispiel, Ende der achtziger Jahre in Berlin als Direktor des berühmten Hotels „Kaiserhof" und der „Deutschen Baugesellschaft" ohne Zweifel ein patriotischer Unternehmer und Vertreter der feudal-bürgerlichen Gesellschaftsformen, bezeichnete (*Ein Lebensbild aus Deutschlands Lehrjahren*, Berlin 1903, S. 407 ff.) den „großen Post-Stephan" als „einen der ausgeprägtesten Repräsentanten eines entschieden sozialistischen Zuges, der mehr und mehr die Anschauungen der ganzen modernen Gesellschaft durchdringt", da jener „die unentgeltliche Hergabe der Hausdächer zu Telephonzwecken... als sein gutes Recht ebenso wie die unentgeltliche Beförderung aller Postsachen durch die Eisenbahn und die kostenfreie Einrichtung von Postämtern" beanspruchte. Hensel schreibt: „Davon wußte ich bei der Erbauung des Kaiserhofs ein Liedchen zu singen." Das Hotel wollte ein Postamt haben. Stephan verlangte, daß es „das große Lokal" unentgeltlich hergebe, einrichte, heize, beleuchte und repariere — „und wir unterschrieben den Vertrag; also hat er ja eigentlich recht".

Im Jahre 1895 war Stephan 25 Jahre Generalpostmeister. Das *Archiv für Post- und Telegraphenwesen* veröffentlichte einen großen Aufsatz über ihn und hielt in diesem fest, daß in Deutschland 27 372 „Postanstalten" arbeiteten: auf je 16,3 km² beziehungsweise 1527 Einwohner eine. Aber Stephans Zeit der großen Leistungen als Förderer der Technik im Postwesen war seit einem Jahrzehnt vorüber, als er im Jahre 1897 starb. Was er seit dem Anfang der siebziger Jahre auf den Gebieten von Telegraphie und Telephonie geleistet hatte, galt am Ende des Jahrhunderts als selbstverständlicher Bestandteil des Alltags. Wie das Leben ohne diese Verkehrsmittel gewesen war, bedachte man nur selten. Niemand wußte das besser, als der Posthistoriker Heinrich Stephan, der vorzügliche Bücher über die Post im Altertum und Mittelalter geschrieben hatte. Und gerade als die Zeit seiner großen Leistungen im Bereich der Posttechnik begann, schuf Stephan 1874 im Erdgeschoß seines Generalpostamtes in Berlin die Grundlage für ein „Postmuseum", das für ähnliche Museen in anderen Ländern Vorbild geworden ist, und ordnete an, daß alle Dienststellen „Amtschroniken" führen sollten — was nach 1897 mehr und mehr in Vergessenheit geriet. In Stephans Todesjahr wurde sein Postmuseum in den prächtigen Erweiterungsbau Leipziger Straße 15 überführt. Auch die Zeitschrift *Postarchiv*, die Stephan bereits ein Jahr vor der historischen Sammlung, 1873, für die Behandlung allgemeiner politischer und wirtschaftlicher Fragen sowie als Fortbildungsmittel für seine Telegraphenbeamten gegründet hatte, veröffentlichte bald Aufsätze zur Postgeschichte.

Am 8. April 1897 starb Heinrich von Stephan, erst 66 Jahre alt, nach mehreren durch die Zuckerkrankheit bedingten Operationen. Die Beteiligung von vielen tausend Berlinern zeigte, daß er, ein sehr bedeutender Fachmann, auch einer der volkstümlichsten Minister gewesen war. Der Elektrotechnische Verein schuf nach Stephans Tod — Werner von Siemens war 1892 gestorben — als höchste seiner Auszeichnungen die „Siemens-Stephan-Gedenkplakette".

Die deutsche wissenschaftliche Geschichtsschreibung hat Stephan bisher keiner Biographie für würdig gehalten. Post, Telegraphie, Telephonie, das Leben eines Beamten, sei er selbst Leiter eines großen Ressorts und Dienstherr von 160 000 Männern, waren weder für die politischen noch für die Wirtschafts- und Technikhistoriker wichtig oder auch nur interessant genug für eine größere Studie, obgleich er zweifellos mehr Nützliches und Bleibendes geleistet hat als mancher andere Minister. Das Beste, Sorgfältigste, im Geiste seiner Gegenwart Abgewogenste, was über ihn geschrieben worden ist, stammt bereits aus dem Jahre 1908. Der 23 Seiten umfassende Beitrag von Hermann von Petersdorff zum 54. Band der *Allgemeinen Deutschen Biographie* (womit die Nützlichkeit der Arbeiten von Oskar Grosse, viele Jahre Leiter der Nachrichtenabteilung im Reichspostministerium, aus den Jahren 1898, 1917, 1923 und 1931 nicht unterschätzt werden soll; aber für einen „der letzten all-round-Gelehrten" [1931] hätte sogar der an falscher Bescheidenheit keineswegs leidende Stephan selber sich nicht gehalten). Ein Jahrzehnt nach Stephans Tod bewunderte Petersdorff den als Staatssekretär geadelten Stolper Schneidersohn keineswegs uneingeschränkt: Sein Aufsatz endet: „Unstreitig ist Stephan eine der glänzendsten Erscheinungen in der Geschichte Wilhelms I. gewesen. Doch wird man sich bei einer Würdigung seines historischen Verdienstes davor zu bewahren haben, seine verkehrspolitischen Errungenschaften allzu hoch einzuschätzen. Stephan selbst zeigte zuweilen ein ganz richtiges Augenmaß für deren Unterschied von den eigentlichen politischen Taten. Vor allen Dingen aber muß man bei einer solchen Würdigung berücksichtigen, daß Stephan durch die Zeit emporgetragen wurde. Die Bismarckschen Großtaten ebneten ihm den Weg. Ohne sie wären Stephans Erfolge gar nicht denkbar. Immerhin nimmt der geniale Generalpostmeister Wilhelms I. in der Geschichte der Post eine unvergleichliche Stellung ein. Die Popularität seines Namens, die sich auch in der Bezeichnung der untersten Organe seiner Verwaltung als ‚Stephans-Boten' ausdrückt, wird dauernd bleiben." Das entsprach eher Bismarcks Urteil als dem Wilhelms II.

Literatur

Seiler, Otto J., *Ostasienfahrt, Linienschiffahrt der Hapag Lloyd AG im Wandel der Zeiten*, Herford 1988.
Seiler, Otto J., *Australienfahrt, Linienschiffahrt der Hapag Lloyd AG im Wandel der Zeiten*, Herford 1988.
Wessel, Horst A., *Die Entwicklung des elektrischen Nachrichtenwesens in Deutschland und die rheinische Industrie* (= *Zeitschrift für Unternehmensgeschichte*, Beiheft 25), Wiesbaden 1983.

Ulrich Wengenroth
Emil Rathenau

Emil Rathenaus Leben umfaßte mit den Jahren 1838 bis 1915 recht genau die Phase der Industrialisierung Deutschlands, beginnend mit dem „take-off" durch den Eisenbahnbau bis zur entfalteten Industriegesellschaft bei Ausbruch des Ersten Weltkriegs. Es waren die Jahre, in denen sich die deutschen Länder von Agrarstaaten, in denen gerade die feudale Ordnung überwunden wurde, unter dem gemeinsamen Dach des Kaiserreichs zur größten Wirtschaftsmacht des europäischen Kontinents entwickelten. Sichtbaren Ausdruck fand dieser Prozeß in der rasch fortschreitenden Zusammenballung neuer Industriereviere und städtischer Agglomerationszentren, in denen Bevölkerung und Gewerbe in großer Zahl und bislang nicht gekannter Dichte neue Formen gesellschaftlichen Lebens hervorbrachten, die auch einer völlig neuen materiellen Infrastruktur bedurften.

Eines der Fundamente dieser Infrastruktur wurde seit dem Ende des 19. Jahrhunderts die Elektrifizierung der Städte und Fabriken, in der Emil Rathenaus Leben sein Ziel und seine berufliche Erfüllung fand. Elektrizität und Chemie verkörperten in der Zeit um die Jahrhundertwende technische Modernität in einem so hohen Maße, daß sie von nachfolgenden Historikergenerationen bisweilen sogar als Grundlagen einer „zweiten industriellen Revolution" nach der des Dampfes und der Baumwolle betrachtet wurden. Zudem dokumentierten diese beiden neuen Industriebranchen die Emanzipation der deutschen Industrie vom britischen Vorbild. Elektrizität und Chemie waren die ersten Bereiche, in denen Deutschland andere Länder nicht imitierte, sondern selbst eine industrielle und wissenschaftliche Führungsposition einnahm. Emil Rathenaus Verdienst daran war, das technische und wirtschaftliche Potential der großräumigen Elektrizitätsversorgung als einer der ersten richtig erkannt und ihm durch brillante unternehmerische Konzepte binnen kürzester Zeit in Deutschland zum Durchbruch verholfen zu haben.

Kindheit und Ausbildung

Emil Moritz Rathenau kam am 11. Dezember 1838 in Berlin als zweiter von drei Söhnen des damals achtunddreißigjährigen Getreidehändlers Moses (Moritz) Rathenau und seiner erst neunzehnjährigen Frau, einer geborenen Liebermann, zur Welt. Sein Vater war ein wohlhabender Kaufmann aus der jüdischen Mittelschicht, dessen Vorfahren ebenfalls Händler gewesen waren. Doch schon bald nach Emils Geburt zog er sich als Rentier aus dem Geschäftsleben zurück. Seine Mutter stammte aus einer Fabrikantenfamilie, deren berühmteste Mitglieder im 19. Jahrhundert Emil Rathenaus Vettern, der Maler Max Liebermann und der Chemiker Karl Liebermann, waren.

Der fast siebzigjährige Emil erinnerte sich an seinen Vater als einen strengen und gewissenhaften Mann. Seine Mutter beschrieb er dagegen als kluge und geistreiche Frau, „die Ehrgeiz besaß und Eleganz in ihrer Erscheinung bis an ihr spätes Lebensalter zu bewahren die Schwäche hatte".[1] Unwillkürlich ruft diese Schilderung der Eltern den Gedanken an die unterschiedlichen, aber aufeinander bezogenen Charaktere Emil Rathenaus und seines noch berühmteren Sohnes Walther hervor. In Walther fanden sich all die schöngeistigen Neigungen seiner großmütterlichen Verwandtschaft wieder, die von Robert Musil in der Figur des Dr. Paul Arnheim im *Mann ohne Eigenschaften* festgehalten wurden, während Emil Rathenau in den Augen seiner Umgebung stets der kulturell wenig interessierte, strenge und gewissenhafte Mann blieb, als den er seinen Vater gesehen hatte. An Kreativität und Schaffenskraft übertraf er diesen freilich bei weitem.

Emils Schulzeit war kein besonderes Ruhmesblatt in seinem Leben. Rückblickend konstatierte er, daß es ihm zwar nicht an Begabung, wohl aber „an häuslichem Fleiß" gefehlt habe. So verließ er die Schule bereits nach der Obersekunda zusammen mit seinem älteren Bruder, der wegen Werfens von Knallerbsen im Unterricht in den Augen des Schulvorstehers zu einer untragbaren Belastung geworden war. Ein sehr viel tiefergehendes Bildungserlebnis scheint für den Zehnjährigen die Märzrevolution 1848 in Berlin gewesen zu sein, deren Geschehen er mit Spannung und zum Kummer seiner Mutter hautnah verfolgte. Sein Vater gehörte der Bürgerwehr an und wurde bei einer Auseinandersetzung auf dem Köpenicker Feld schwer verwundet. Die Rettung verdankte er, wie der Sohn ausdrücklich festhielt, einem demokratischen Führer.

Nach der Schule ging Emil für viereinhalb Jahre auf die Wilhelmshütte seines Großvaters Joseph Liebermann im niederschlesischen Sprottau in die Lehre. Joseph Liebermann hatte die Hütte erst kurz zuvor gekauft und gestaltete sie während Emils Lehrzeit von einem Werk für einfaches landwirtschaftliches Gerät zu einer angesehenen Maschinenfabrik um. Besonderen Eindruck auf den Lehrling machte hier der neu aufgenommene Bau von Corliss-Dampfmaschinen nach amerikanischem Muster. Im Sommer 1859 verließ er die Wilhelmshütte, um sich der preußischen Armee anzuschließen, die sich gerade anschickte, zur Entlastung ihrer österreichischen Bundesgenossen das in den italienischen Krieg verwickelte Frankreich am Rhein anzugreifen. Durch den Waffenstillstand von Villafranca im Juli verlor dieser frisch erwachte patriotische Eifer jedoch seinen unmittelbaren Anlaß, so daß Emil den Eintritt in den Militärdienst aufschob und statt dessen im Oktober an die Polytechnische Schule in

Emil Rathenau
(1838—1915)

Hannover ging. Durch den Tod seines Großvaters mütterlicherseits wenige Monate später kam er in den Besitz einer stattlichen Erbschaft von 5000 Talern, die ihm ein unbeschwertes Studium ermöglichte, das er nach einigen ungeklärten Auseinandersetzungen mit der Direktion der hannoverschen Schule am Polytechnikum in Zürich fortsetzte, wo er so hervorragende Lehrer wie Reuleaux, Zeuner und Culmann hörte.

Im Sommer 1862 legte Emil Rathenau in Zürich sein Examen als Diplom-Ingenieur ab und kehrte nach Berlin zurück, wo er zum 1. Oktober in die Lokomotivfabrik von August Borsig eintrat. Dort hielt es ihn jedoch nur bis zum nächsten Frühjahr, als er nach England aufbrach, um in der damals berühmten Schiffsmaschinenfabrik von John Penn in Greenwich zu arbeiten, wo er an der Konstruktion von Schiffsantrieben mitwirkte. Von John Penn führte ihn sein Weg zum Bau von Tunnelbohrmaschinen und Aufzügen bei Easton & Amos in London sowie einem weniger befriedigenden Engagement bei der British & Continental Steam Improvements Co., das er abbrach, um nach zwei Jahren reicher Erfahrung in der „Werkstatt der Welt" wieder nach Berlin zurückzukehren.

Die erste Phase der unternehmerischen Tätigkeit

In Berlin erwarb er gemeinsam mit seinem Jugendfreund Justus Valentin und überwiegend geliehenem Geld in der Chausseestraße eine kleine Maschinenbaufabrik für 75 000 Taler, in der er als Ingenieur und Valentin als Kaufmann arbeiteten. Das finanzielle Fundament des jungen Unternehmens verbesserte sich nachhaltig, als Emil Rathenau am 15. Oktober 1866 in Frankfurt am Main die damals einundzwanzigjährige Sabine Mathilde Nachmann aus einer wohlhabenden Bankiersfamilie heiratete. Für den Unternehmer Emil Rathenau bedeutete diese Verbindung den privilegierten Zugang zu den traditionsreichen westdeutschen Finanzkreisen und eine deutliche gesellschaftliche Aufwertung. Allenfalls die Ausgaben für die aufwendige, aber entsprechend ihrer Herkunft standesgemäße Haushaltsführung seiner Frau bedauerte er ein wenig.

In der guten Konjunktur zwischen preußisch-österreichischem und deutschfranzösischem Krieg florierte die Maschinenfabrik Webers, wie die Firma nach dem Vorbesitzer immer noch hieß, vor allem dank dem Absatz standardisierter mobiler Dampfmaschinen. Emil Rathenau hatte diese Typen, die ab Lager verkauft werden konnten, entworfen und dabei auf möglichst einfache Montage Wert gelegt. Diese Maschine ging auch an Siemens & Halske, die damit einen Generator für mobile Scheinwerferanlagen betrieben. Im Krieg kam die sehr lukrative Fertigung von Minentorpedos und Panzertürmen hinzu. Das gut rentierende Unternehmen wurde in den Gründerjahren vergrößert und entgegen der skeptischen Vorbehalte Rathenaus, der sein Geld vollständig aus der Firma abzog, auf Drängen der Preußischen Boden-Kredit-Aktienbank als Berliner Union mit einem Kapital von einer Million Talern an die Börse gebracht.

Rathenau und sein ebenfalls ausbezahlter Kompagnon leiteten die neue Firma weiter als angestellte Direktoren. Im Gefolge des Börsenkrachs von 1873, der die Gründerbank in große Schwierigkeiten und das Unternehmen damit um seine sichere Finanzgrundlage brachte, mußte die Berliner Union 1875 schließlich liquidiert werden. Die Umstände ihres Scheiterns wie auch der vorangegangene Freitod seines Schwiegervaters nach großen Börsenverlusten verstärkten Rathenaus ohnehin großes Mißtrauen gegenüber jeglicher Abhängigkeit von Banken und waren wohl die entscheidende Wurzel der massiven Reserven- und Guthabenbildung bei der AEG.

Emil Rathenau war damit, ähnlich seinem Vater, im Alter von 37 Jahren Rentier. Sich nun allein seiner Familie, seiner Frau und den inzwischen geborenen Söhnen Walther und Erich zu widmen, hatte er gleichwohl nicht im Sinn. Statt dessen begann eine rastlose, aber dennoch kühl kalkulierende Suche nach einer neuen unternehmerischen Aufgabe und industriellen Anlagemöglichkeiten für sein mittlerweile erhebliches Vermögen von 900 000 Mark. Den ihm angebotenen Kauf der in Konkurs gegangenen Berliner Union lehnte er ab. Da andererseits sein Ruf durch das unrühmliche Ende seiner ehemaligen Firma doch etwas gelitten hatte, lag es nahe, sich nach Möglichkeiten auf anderen Gebieten umzusehen. Der wichtigste Schritt hierzu war wohl 1876 die gemeinsame Reise mit Valentin zur Weltausstellung in Philadelphia, von der er begeistert über den Stand der amerikanischen Technik zurückkehrte. Die Qualität der meisten deutschen Exponate hielt er dagegen für ebenso armselig wie sein berühmter Lehrer Reuleaux, dessen Verdikt „bad and cheap" über die deutsche Industrie dieser auf dem Tiefpunkt der Gründerkrise ihr gerade erst gewonnenes Renommee nahm.

Durchschlagenden Erfolg versprach in der Sicht Rathenaus jetzt nur noch die zukunftsorientierte amerikanische Technik und nicht etwa der wiedererwachte Protektionismus, hinter den sich weite Teile von Industrie und Landwirtschaft nun wieder zurückziehen wollten. Nach dem überwältigenden Eindruck in Philadelphia fuhr Rathenau bald darauf ein weiteres Mal nach Amerika, um sich dort in Ruhe umzusehen. Erst dieser zweite Besuch hat endgültig die Weichen in Richtung der neuen elektrotechnischen Industrien gestellt und damit letztlich auch bewirkt, daß aus dem Maschinenbauer Emil Rathenau, der sich stets nur um die Technik gekümmert und alle geschäftlichen Belange, für die er sich nicht genügend kompetent fühlte, seinem Kompagnon überlassen hatte, der geniale Konzernarchitekt und Finanzierungsstratege wurde. Das bedeutete nicht, daß er das Interesse an der Technik verloren hatte; aber er betrachtete sie nicht länger aus der Perspektive des Konstrukteurs, sondern des ungewöhnlich scharfsichtigen Kritikers, der früher und genauer als andere das wirtschaftliche Potential neuer Technologien in den entstehenden Ballungszentren des industriellen Deutschland sah. In der Befriedigung der qualitativ neuen Bedürfnisse der Menschen und Betriebe in den Großstädten und Industrieregionen, die sich in den USA früher als in Europa zeigten, sah er die Herausforderung der

Zukunft. Diese Herausforderung galt es für den Unternehmer Rathenau in einen Marktprozeß umzusetzen; nur das war zukunftsweisend, erfolgversprechend und modern im Sinne dessen, was er in Amerika gesehen und bewundert hatte.

Den ersten Anlauf in diese Richtung unternahm Rathenau mit dem Versuch, ein privat finanziertes Fernsprechnetz nach dem System Bell aufzubauen. Hierzu hatte er — und das war typisch für seine neue unternehmerische Strategie — zunächst nur die Verkaufsrechte für das Telephon erworben. Eine Telephonfabrik sollte erst folgen, wenn das neue Produkt seine erste Bewährungsprobe hinter sich hatte und vom Publikum akzeptiert war. Dieses ehrgeizige und zugleich vorsichtige Projekt scheiterte schon an der ersten deutschen Hürde, dem Berliner Polizeipräsidenten, der die Konzession verweigerte, da sie „in das dem Reich vorbehaltene Telegraphen-Regal eingreife".[2] Für Rathenau blieb nur die Vermarktung des in staatlicher Hand liegenden Telephons in Berlin. Der Versuch, Werner Siemens, der bereits mehrere hundert Telephone abgesetzt hatte, für ein gemeinsames Vorgehen zu gewinnen, war im Februar 1880 ebenso gescheitert, wie sein Vorschlag, die Vermarktung und den Betrieb der von Siemens ein Jahr zuvor auf der Berliner Gewerbeausstellung erstmals vorgeführten elektrischen Eisenbahn zu übernehmen.

Siemens hatte in den Augen Rathenaus die aussichtsreichsten Zukunftstechnologien zur Verfügung und beherrschte ihre industrielle Umsetzung, doch fehlte dem über zwanzig Jahre älteren Techniker Werner Siemens die Vision für die kommenden Bedürfnisse der verstädterten Massengesellschaft und vor allem für deren Dimensionen. Gleichwohl führte auf dem Gebiet der Elektrotechnik in Deutschland kein Weg an ihm vorbei, und Werner Siemens war natürlich nicht gewillt, die beherrschende Stellung seines Unternehmens durch Neulinge gefährden zu lassen. Je tüchtiger Emil Rathenau auf seinem neuen Weg war, desto schneller mußte es zum Konflikt mit Werner Siemens kommen; und so geschah es dann auch. Allerdings nicht auf dem Gebiet des Telephonwesens, denn hiervon zog sich Rathenau nach weiteren Enttäuschungen mit der sehr auf Eigenständigkeit bedachten Postverwaltung wieder zurück.

Die AEG und ihre Vorläufer

Parallel zu seinen Bemühungen, Werner Siemens zur Zusammenarbeit bei der Gründung von Telephongesellschaften oder elektrischen Bahnen zu bewegen, hatte Rathenau bei ihm auch schon im Herbst 1877 und bei späteren Gelegenheiten um die Übertragung der Vermarktungsrechte für elektrische Beleuchtungsanlagen mit Bogenlampen nachgesucht. Doch auch dieser Vorschlag wurde abgelehnt. Solange Emil Rathenau nur Ideen zur besseren Vermarktung von Siemens-Produkten zu bieten hatte, stieß er dort auf eisige Ablehnung. Das änderte sich erst, als es ihm gelang, sich die Verwertung der deutschen Edison-Patente für elektrisches Glühlicht zu sichern. Zwar war die internationale Patentsituation der Edison-Erfindungen recht verworren, doch ohne Rathenau, soviel war sicher, konnten sie in Deutschland nun nicht mehr genutzt werden.

Während Siemens wie seine meisten Fachkollegen noch auf das gleißend helle Bogenlicht für Straßen und Hallen setzte, hatte Rathenau bereits das gewaltige Entwicklungspotential des für jeden kleinen Raum geeigneten Glühlichts erfaßt. Mit Hilfe kleinerer Frankfurter und Berliner Banken, die ihn schon beim Erwerb der Edison-Patente unterstützt hatten, gründete er zunächst eine Studiengesellschaft, die auf der Münchner Elektrizitäts-Ausstellung von 1882 erstmals mit Erfolg an die Öffentlichkeit trat. Der Veranstalter der Münchner Ausstellung, Oscar von Miller, zeigte sich so beeindruckt, daß er von Emil Rathenau als Mitdirektor für die geplante große Edison-Gesellschaft gewonnen werden konnte.

Werner Siemens hatte in der Zwischenzeit seine skeptische Haltung gegenüber dem Glühlicht revidiert und selbst mit der Entwicklung von Glühlampen begonnen, kam dabei jedoch trotz guter technischer Erfolge nicht an den deutschen Edison-Patenten vorbei. Sein Dilemma beschrieb er seinem Bruder Wilhelm im November 1882 so: „Wenn wir nach erfolgter Warnung [seitens der Edison-Gesellschaft, U. W.] mit Fabrikation und Installation fortfahren, so setzen wir uns großen Entschädigungsansprüchen aus. Stellen wir dagegen bis zur Entscheidung die Glühlampenfabrikation und Anwendung ein, so verlieren wir in dem folgenden Jahre das ganze Geschäft an die Edison-Gesellschaft, die dann fest im Sattel sitzt."[3] Die Folge waren Verhandlungen mit der für Europa zuständigen Compagnie Continentale Edison und Rathenaus Studiengesellschaft, die im April 1883 schließlich in trilaterale Abkommen und die Gründung der Deutschen Edison-Gesellschaft für angewandte Elektricität (DEG) mit einem Kapital von fünf Millionen Mark mündeten. Emil Rathenau erwarb persönlich Aktien der neuen Gesellschaft im Werte von 330 000 Mark.

Die im Gründungsvertrag auf zehn Jahre vereinbarte Aufgabenteilung zwischen der DEG und Siemens sah so aus, daß Siemens für Deutschland das ausschließliche Recht zur Herstellung von Maschinen und Material nach den Edison-Patenten erhielt mit Ausnahme der Glühlampen, die von der DEG selbst hergestellt werden durften. Bedeutungsvoller war jedoch die Vereinbarung, daß Siemens auf den Betrieb der elektrischen Zentralstationen verzichtete. Damit war Rathenau seinen ursprünglichen Vorstellungen letztlich doch sehr nahe gekommen: Siemens lieferte Maschinen und Ausrüstung, während er mit seiner Gesellschaft die Elektrizitätswirtschaft beherrschte — freilich nur solange diese keine Alternative zu den Edison-Patenten hatte.

Nach einigen erfolgreich ausgeführten Beleuchtungsanlagen für Theater und Fabriken nahm die DEG im Jahre 1884 erstmals in Angriff, wofür sie in den Augen Emil Rathenaus eigentlich gegründet worden war. In einem Vertrag vom 19. Februar 1884 mit der Stadtgemeinde Berlin wurden die Bedingungen für den Aufbau einer öffentlichen Stromversorgung in zunächst noch eng umgrenzten

Teilen der Stadt festgelegt. Hierzu gründete die DEG am 4. Mai 1884 eine eigene Gesellschaft, die „Städtische Elektricitätswerke AG", in deren Aufsichtsrat sich auch Rathenaus alter Freund Julius Valentin wiederfand. Im August 1885 nimmt das erste öffentliche Elektrizitätswerk Deutschlands in der Markgrafenstraße 44 den Betrieb auf. Im März des nächsten Jahres folgt bereits das zweite Berliner Kraftwerk in der Mauerstraße. Bei einem Strompreis von 80 Pfennig pro Kilowattstunde, Anschlußkosten von 250 Mark und erheblichen Mieten für Zähler, Schalter und Glühlampen bleibt der Absatz allerdings hinter den Erwartungen und vor allem hinter den Betriebskosten zurück. Zunächst einmal sah es so aus, als würde Werner Siemens' Skepsis hinsichtlich des möglichen Absatzes doch noch bestätigt. Zugleich bestand die Stadt auf der vertragsgemäßen Ausdehnung des Versorgungsgebiets und drohte damit, die Städtischen Elektricitätswerke und mit ihnen die DEG in den Bankrott zu treiben. Da außerdem einige deutsche Edison-Patente ins Wanken geraten waren und sich der latente Streit mit Siemens um die Abgrenzung der Fabrikationssphären zuspitzte, sah es 1886 um Rathenaus neue Firma schlecht aus. Nur die Flucht nach vorn versprach Rettung, doch dafür brauchte sie dringend zusätzliches Kapital. Das Gespenst der unseligen Berliner Union tauchte wieder am Horizont auf.

Die Rettung aus dieser gefährlichen Situation kam ausgerechnet von einem Mitglied der Familie Siemens. Georg Siemens, Vetter von Werner und Direktor der Deutschen Bank, vermittelte sowohl eine neue vertragliche Einigung zwischen DEG, Edison und Siemens als auch die erheblichen Finanzmittel für die Sanierung der DEG und der Städtischen Elektricitätswerke. Die Forderungen, die die Amerikaner für ihre Patente geltend machten, wurden bar abgegolten und die auf der Generalversammlung vom 23. Mai 1887 mit einem Kapital von 12 Millionen Mark zur Allgemeinen Elektricitätsgesellschaft umgegründete DEG mit reichlich neuen Mitteln versehen und allmählich auch aus der Abhängigkeit von Siemens befreit. Die völlige Unabhängigkeit erreichte die AEG nach Zahlung einer vergleichsweise bescheidenen Ablösesumme von 700 000 Mark im Jahr 1894.

Erst als sich die Konkurrenz von AEG und Siemens schließlich auf alle Gebiete der Elektrizitätswirtschaft ausgedehnt hatte und auch Siemens & Halske in eine Aktiengesellschaft überführt worden war, gab Georg Siemens 1897 sein Aufsichtsratsmandat bei der AEG auf. Bei seiner Rettungsaktion war er letztlich der Einsicht gefolgt, daß DEG und Siemens durch Verträge zum Schaden beider in einer Zeit aneinander gefesselt waren, als das potentielle Wachstum der Elektrizitätswirtschaft längst Raum für beide Unternehmen bot. Mit dieser Sanierung der Vertragsverhältnisse und Finanzen, die ihn von allen institutionellen Fesseln befreite, begann für Emil Rathenau und die AEG ein unternehmerischer Aufstieg, wie er in der deutschen Wirtschaftsgeschichte kaum eine Parallele hat. Nur drei Jahre nach der Konstituierung der AEG und sieben Jahre nach der Gründung der DEG hatte Rathenaus Schöpfung in der

Kapitalkraft den einst vergeblich umworbenen Konkurrenten Siemens & Halske bereits überflügelt.

Obwohl Emil Rathenau sich mit der Leitung der AEG und der Gründung zahlreicher Tochter- und Finanzierungsgesellschaften in den folgenden Jahren immer weiter von den einzelnen technischen Entscheidungen entfernte und an der Entwicklungsarbeit überhaupt keinen Anteil mehr hatte, bestimmte er in entscheidenden Fragen nach wie vor die technische Strategie seiner Gesellschaften. So setzte der ehemalige Dampfmaschinenkonstrukteur gegen den Rat aller berühmten Elektrotechniker bis hin zu Edison den Ersatz der schnellaufenden kleinen Dampfmaschinen in den Zentralstationen durch sehr viel sparsamere große Langsamläufer durch, für die völlig neue Generatoren konstruiert werden mußten. In dem Werk in der Markgrafenstraße wurde 1888 die erste große langsamlaufende und direkt mit dem Generator gekoppelte Dampfmaschine in Betrieb genommen. Neben der Skepsis bezüglich der Realisierbarkeit langsam laufender Generatoren war ein Hauptargument der Kritiker, daß man mit vielen kleinen Maschinen den Schwankungen des Strombezugs besser folgen könne. Das war mit wenigen großen Maschinen in der Tat nicht mehr möglich. Nur war Rathenaus Konsequenz daraus, daß dann eben zugunsten der potentiell wirtschaftlicheren Lösung der Absatz am Tage verstetigt und auf ein höheres Niveau gebracht werden müsse. Wenn die Nachfrage am Markt und die betriebswirtschaftliche Effizienz der Stromerzeugung in verschiedene Richtungen wiesen, dann mußte für Emil Rathenau der Markt den technischen Parametern angepaßt werden, nicht umgekehrt. Dies galt verstärkt, seitdem Rathenau, wieder gegen die Autoritäten Siemens und Edison, auf das Drehstromsystem mit Hochspannungs-Fernleitungen und großen Generatorkapazitäten setzte und gemeinsam mit der Maschinenfabrik Oerlikon Oskar von Millers Plan der ersten Fernübertragung von Lauffen am Neckar nach Frankfurt am Main realisiert hatte. Es ist bezeichnend, daß das Drehstromsystem nicht bei den führenden Elektrotechnikern Siemens und Edison entstand, sondern von Dampfmaschinenbauern vorangetrieben wurde, deren Denken sich viel stärker an den Parametern Wirkungsgrad und Dampfökonomie einer Kraftübertragung orientierte.

Die Schaffung der eigenen Märkte und Massenproduktion

Grundlage des geschäftlichen Erfolges der AEG konnte nur ein deutlich vermehrter und ständig wachsender Stromabsatz sein. Nach den bescheidenen Ergebnissen der Berliner Städtischen Electricitätswerke, die die bedrohliche Krise der DEG heraufbeschworen hatten, bedurfte es hierzu in erster Linie einer besseren Auslastung der Zentralstationen, da erst die gesicherte Rentabilität der vorhandenen Werke die Voraussetzungen für die geforderte und geplante Ausweitung des Versorgungsgebietes schufen. Im Zuge der Überführung der DEG in die AEG waren auch die Städtischen Electricitätswerke in die

Aktiengesellschaft Berliner Elektricitäts-Werke (BEW) umgegründet und eng an die AEG gebunden worden. Die BEW wurden nun zum Exerzierfeld aggressiver Markterschließungsstrategien und gewannen damit bald schon Modellcharakter für die Absatz- und Tarifpolitik der entstehenden öffentlichen Elektrizitätswirtschaft.

Das betriebswirtschaftliche Kernproblem der frühen öffentlichen Elektrizitätswerke, die fast ausschließlich Strom für Beleuchtung lieferten, war die geringe Auslastung der Anlagen am Tage. Für die Spitzen des Verbrauchs am Abend mußten große Erzeugungskapazitäten bereitgehalten werden, die am Tage brachlagen. Im Unterschied zu Gas ist Elektrizität keine lagerfähige Energieform; und während die Gaserzeuger der städtischen Werke Tag und Nacht durchliefen und die Gasbehälter füllten, aus deren Vorrat alle Schwankungen aufgefangen werden konnten, mußten die Dampfkessel der Kraftwerke täglich neu für nur wenige Stunden hochgefahren werden.

Für den Stromabsatz wichtiger als alle technischen Verbesserungen an den Generatoren und Leitungsnetzen war es darum, Abnehmer am Tage zu finden, die bei geringem Mehraufwand für die Dampferzeugung erhebliche Mehreinnahmen versprachen. Da künstliches Licht am Tage kaum gebraucht wurde, kamen hierfür vorwiegend Elektromotoren in Frage, die bei Tageshelle genutzt wurden. Ob diese Motoren dann Straßenbahnen, Aufzüge oder Drehbänke antrieben, war für das Elektrizitätswerk egal, solange deren Strombedarf nicht allzu sehr mit der Abendspitze der Beleuchtung kollidierte. Straßenbahnen als die wirkungsvollsten Abnehmer erforderten allerdings erhebliche Investitionen und waren zudem an städtische Konzessionen gebunden. So kamen zunächst nur die Motoren des Gewerbes in Frage. Um diese Kunden zu gewinnen, wurden die Preise für Kraftstrom am Tage drastisch reduziert, bis sie 1894 nur noch knapp ein Viertel des Lichtstromtarifs betrugen. Die Rechnung Rathenaus bei dieser massiven Preisdifferenzierung zugunsten des Gewerbes war, daß dadurch der Stromabsatz insgesamt so stark ausgeweitet werden könnte, daß größere und damit wiederum billiger produzierende Generatoranlagen möglich würden. Und diese Rechnung ging auf. Immer mehr größere Fabriken, die sich anfangs eigene Kraftwerke errichtet hatten, in denen sie ihren Strom billiger erzeugten, als sie ihn von den frühen städtischen „Lichtzentralen" beziehen konnten, schlossen sich an das Netz der BEW und ihrer Schwestern im Reich an.

Den Anfang unter den gewerblichen Abnehmern machten Handwerker und Kleinindustrielle, die nicht in der Lage waren, eine eigene Dampfmaschine oder gar noch einen Generator dazu aufzustellen. Der vom öffentlichen Netz versorgte Elektromotor war für viele von ihnen der erste Kraftantrieb überhaupt; und wo zuvor vereinzelte Wurst- und Brotfabrikanten stolz auf ihre Dampfmaschine verwiesen hatten, pries sich nun um die Jahrhundertwende mancher kleine Laden im Schaufenster als „elektrischer Betrieb" an. Da diesen Kleinunternehmern häufig die Mittel fehlten, um die immer noch mehrere hundert

Mark teuren Elektromotoren anzuschaffen, gingen die BEW 1890 als erste dazu über, Motoren zu vermieten. Schließlich gründeten AEG und BEW 1895 gemeinsam die Elektromotor GmbH, deren einzige Aufgabe es war, bereits installierte Verbrennungsmotoren gegen Elektromotoren in Zahlung zu nehmen, um sie dann in „stromlosen" Gebieten wieder abzusetzen. Wo den potentiellen Abnehmern die Mittel fehlten, übernahmen AEG und BEW die Finanzierung ihres eigenen Absatzes.

Emil Rathenau wartete nicht mehr auf die Nachfrage am Markt, sondern er schuf, organisierte und finanzierte sie. Auf diese Art wurden nicht nur Elektromotoren abgesetzt, sondern auch Straßenbahngesellschaften und Elektrizitätswerke ins Leben gerufen. Für diese gründete die AEG eigene Gesellschaften, denen sie mit ihrem Kredit die Kapitalausstattung verschaffte, bis sie sich selbst tragen konnten, um dann oftmals mit ansehnlichen Gewinnen an der Börse untergebracht zu werden. Als Name für diese von Emil Rathenau zur Perfektion gebrachte Finanzierung des Absatzes und der Entwicklung der Märkte, aus der die AEG einen Großteil ihrer Gewinne bezog, bürgerte sich der Begriff „Unternehmergeschäft" ein. Die Berliner Bankiers gaben diesen neuartigen Absatz- und Finanzierungsmethoden anfangs allerdings keine großen Zukunftsaussichten und hielten in ihrer Mehrzahl Rathenau für einen ausgemachten Phantasten.

Der erste größere Bereich des Unternehmergeschäftes bei der AEG waren die Straßenbahnen. Rathenau hatte keine eigenen Straßenbahnantriebe bei der AEG entwickeln lassen, sondern, für ihn typisch, von der amerikanischen Firma Sprague die exklusiven Lizenzen ihrer Patente für Deutschland und eine Reihe anderer europäischer Länder erworben. Die Sprague-Bahnen zeichneten sich unter anderem dadurch aus, daß sie den Strom von einer Oberleitung bezogen statt, wie damals von Siemens noch favorisiert, aus ästhetisch befriedigenderen, aber auch störungsanfälligeren unterirdischen Kanälen. Um die Bedenken wegen der Oberleitungen zu zerstreuen und die Funktionstüchtigkeit ihrer Bahnen zu demonstrieren, baute die AEG auf eigene Rechnung 1890/91 in Halle das erste größere elektrische Straßenbahnnetz in Deutschland. Auch hier zeigte sich Rathenaus bemerkenswertes Gespür für die letztlich erfolgreiche Technik und den kürzesten Weg zu ihrer Verbreitung.

Zwar waren viele Städte an elektrischen Straßenbahnen interessiert, doch fehlten ihnen nach den im Zuge des raschen Städtewachstums nötigen erheblichen Investitionen für die Sanierung und den Ausbau der städtischen Versorgungswirtschaft mit Wasser, Abwasser, Gas und Straßenbau oft die Mittel dafür. Andererseits konnte sich die AEG auch nicht nach dem Halleschen Muster allmählich in eine Straßenbahngesellschaft verwandeln. Rathenau erwarb darum mit Hilfe eines Bankenkonsortiums noch 1890 die Deutsche Straßen- und Lokalbahn AG, eine schon bestehende Gesellschaft mit Straßenbahnkonzessionen vorwiegend in westdeutschen Städten, über die die Finanzierung der Bahnen abgewickelt und die Bauaufträge an die AEG zurücküberwiesen wurden. Über Straßenbahnkonzessionen und die Gründung von Straßenbahngesellschaften führte auch der Weg ins Ausland, so zum Beispiel nach Genua (1895) und Barcelona (1900), wo Straßenbahnen am Anfang der Elektrifizierung der Städte durch die AEG standen und den dortigen Kraftwerken zudem eine gute Auslastung während der Tagesstunden garantierten. Bei dem Bau der Zentralstation in Genua trat zum ersten Mal Erich Rathenau, der jüngere Sohn Emils und studierte Elektrotechniker, in verantwortungsvoller Tätigkeit bei einem Projekt der AEG in Erscheinung.

Durch das Unternehmergeschäft intensivierten sich die Kontakte Rathenaus zur Schweiz. Dort fand die AEG einerseits in ihrer Unternehmensstrategie sehr ähnlich planende industrielle Partner, andererseits bot das schweizerische Wirtschaftsrecht sehr viel bessere Möglichkeiten der von Emil Rathenau bevorzugten Finanzierungsart im Unternehmergeschäft, der Ausgabe von Obligationen. Statt sich durch Bankkredite in die spätestens seit dem Desaster der Berliner Union gefürchtete Abhängigkeit vom Schicksal der Banken zu bringen, zog es Emil Rathenau vor, festverzinsliche Obligationen aufzulegen. Voraussetzung für diese Form von Kredit war freilich, daß die AEG einen grundsoliden Ruf hatte; und den hatte sie, gerade weil sie die Banken nicht in Anspruch nahm, sondern dort Guthaben aufhäufte und Reserven bildete. Wenn dann noch Emil Rathenau von den Aktionären der AEG in der Öffentlichkeit sein maßloses „Thesaurieren" vorgeworfen wurde, konnte der Ruf der Obligationen gar nicht besser werden.

Die industrielle Kooperation mit Schweizer Unternehmen begann 1888 mit der Gründung der Aluminium-Industrie Aktien-Gesellschaft in Neuhausen am Rhein. Hierbei ging es wieder um den Einkauf in eine zukunftsträchtige neue Technologie, die elektrolytische Aluminiumgewinnung aus Tonerde. Die Schweizer Partner, unter ihnen wieder die Maschinenfabrik Oerlikon, hatten sich die Nutzung der Wasserkräfte am Rheinfall bei Schaffhausen gesichert. Nach erfolgreichen Versuchen der Aluminiumgewinnung in Zürich wurde mit der Gründung der Kraftübertragungswerke Rheinfelden in Form einer schweizerischen Aktiengesellschaft gemeinsam die Drehstromversorgung einer Region von etwa 50 km Umkreis auf deutschem und schweizerischem Gebiet in Angriff genommen, deren Grundlast sich auf den Bedarf der elektrochemischen Werke stützte. Parallel dazu entstanden nach ähnlichen Gesichtspunkten die Elektrochemischen Werke Bitterfeld, deren Geschäftsführung im Jahr 1893 Emil Rathenaus ältester Sohn Walther übernahm, der auf Wunsch seines Vaters Chemie studiert und erste praktische Erfahrungen im Labor der Aluminium-Industrie in Neuhausen erworben hatte.

Die guten Erfahrungen mit seinen Schweizer Partnern und die engen Kontakte, die Georg Siemens, damals noch im Aufsichtsrat der AEG, zum Präsidenten der Schweizerischen Kreditanstalt unterhielt, mündeten 1895 auf die gemeinsame Initiative von Rathenau und Siemens in die Gründung der Bank für Elektrische Unternehmungen in Zürich, kurz „Elektrobank" genannt. Die

Elektrobank übernahm die europäischen Beteiligungen der AEG und ihrer Töchter aus dem Unternehmergeschäft, so zum Beispiel auch die Elektrizitätsgesellschaften in Genua und Barcelona, die nun allesamt von der Schweiz aus geleitet wurden. Der Versuch, die Schweizer Position in den folgenden Jahren auch noch durch den Erwerb der Maschinenfabrik Oerlikon auszuweiten, scheiterte allerdings am entschlossenen Widerstand der Schweizer Banken. 1901 schied Emil Rathenau aus dem Verwaltungsrat von Oerlikon aus, nachdem er sein Aktienpaket verkauft hatte. Kurz darauf kam es allerdings zu einer starken Beteiligung der AEG an der BBC, in deren Verwaltungsrat Walther Rathenau unter anderem die Interessen der deutschen Gruppe wahrnahm.

War die Schweiz zum Sprungbrett für die europäischen Unternehmungen der AEG geworden, so wurde die Basis für die überseeischen, vor allem südamerikanischen Interessen mit der 1898 gegründeten Deutsch-Überseeischen Elektricitäts-Gesellschaft, die 1914 mit einem Kapital von 150 Millionen Mark Aktien und 108 Millionen Mark Obligationen die größte deutsche Auslandsunternehmung überhaupt war, wieder in Berlin aufgebaut. In dieser Expansion nach Übersee sah Emil Rathenau vor allem auch eine Absicherung gegen die politischen Risiken in Europa. So glaubte er, noch auf der Generalversammlung von 1913 seine Aktionäre beruhigen zu können, wenn er sagte: „Da ein erheblicher Teil unserer Kundschaft fast über die ganze Welt verteilt ist, werden politische Unruhen und Kriege in Europa die Geschäftstätigkeit der Gesellschaft nur in geringem Maße beeinträchtigen."[4] Die Dimension des nahenden Krieges hat er wie die meisten seiner Zeitgenossen unterschätzt.

Waren der Bau und der Betrieb von Elektrizitätswerken das Fundament des Aufstiegs der AEG, so kam die Fabrikation elektrischer Maschinen und Verbrauchsgegenstände für die Stromverbraucher erst allmählich hinzu. Der Grund hierfür waren die schon erwähnten vertraglichen Abmachungen mit Siemens in den achtziger und frühen neunziger Jahren, die der DEG vorerst nur die scheinbar uninteressante Herstellung von Glühlampen überließen. In Erwartung einer schnellen Ausdehnung des Abnehmerkreises konzipierte Emil Rathenau die 1884 eröffnete Glühlampenfabrik schon in der ersten Baustufe auf eine Jahresproduktion von 150 000 Stück, wobei für die Verdoppelung dieser Menge bereits Vorkehrungen getroffen wurden, obwohl der Jahresbedarf aller von der DEG installierten Anlagen damals erst bei 50 000 Glühlampen lag und Konkurrenz trotz der Edison-Patente kaum ausgeschlossen werden konnte. Als Emil Rathenau starb, wurden jährlich dreißig Millionen Glühlampen hergestellt.

Gleichwohl markierte erst die Auflösung des Vertrages mit Siemens im Jahr 1894 den Anfang der großindustriellen Produktionstätigkeit bei der AEG. Hierzu wurde noch im gleichen Jahr ein 85 000 qm großes Gelände erworben, auf dem zunächst ein Werk für große Dynamomaschinen errichtet wurde, deren Bau bislang Siemens vorbehalten war. Der zweite Schritt zielte jedoch schon wieder auf einen künftigen Massenmarkt: standardisierte Kleinmotoren für

Industrie und Handwerk. Damit nahm Emil Rathenau sein Konzept aus der eigenen Dampfmaschinenproduktion in den sechziger Jahren wieder auf. Zu ausgiebigen Vorstudien schickte er seinen Sohn Erich in die USA, um dort die modernsten Fabrikationsmethoden der amerikanischen Industrie zu studieren. Auf den Ergebnissen dieser Studienreise aufbauend, wurde 1897 die erste Kleinmotorenfabrik der AEG errichtet.

Dort wurden standardisierte Kleinmotoren in großen Serien mit Hilfe modernster Spezialmaschinen hergestellt, zu denen ab 1904 auch schon Automaten kamen, die bestimmte Einzelteile in Massen selbsttätig herstellten und in größerer Anzahl von einem angelernten Arbeiter bedient werden konnten. Die Kundschaft mußte sich freilich erst noch daran gewöhnen, daß nur Normaltypen ausgeliefert wurden. Einfacher war die Durchsetzung von Normaltypen beim Eigenbedarf von Massenartikeln innerhalb des AEG-Konzerns, wie zum Beispiel bei Zählern und Schaltern. Bei der stark arbeitsteiligen Montage solcher Artikel wurden auch erstmals in großem Umfang Frauen beschäftigt, die in der Apparatefabrik der AEG zu Beginn des Ersten Weltkrieges bereits fast die Hälfte der Belegschaft stellten.

Zur Arbeiterschaft seiner Werke scheint Emil Rathenau ein sehr nüchtern distanziertes Verhältnis gehabt zu haben. Patriarchalische Gesten und Bekenntnisse, wie sie das etablierte Unternehmertum des Kaiserreichs kennzeichnen, sind von ihm ebensowenig überliefert wie missionarischer Sozialistenhaß. In seinen Organisationsprinzipien der Fabrikation war Arbeit ein bloßer Kostenfaktor, der nicht durch Druck oder Verlockungen in bezug auf Personen, sondern durch intelligentere Kombinationen von Arbeit und Sachkapital minimiert werden mußte. Seiner Orientierung am amerikanischen Vorbild entsprach es dabei, nach Möglichkeit die Herstellung komplexer Teile in einem Arbeitsgang und die dazu nötige teure qualifizierte Arbeit durch stärkere Arbeitsteilung und kapitalintensivere Anlagen mit angelernten Kräften — oft Frauen — zu ersetzen. Zusammen mit Isidor Loewe, der Rathenau seit den siebziger Jahren wie ein Schatten gefolgt war und auf dem Gelände der Berliner Union die Union-Elektricitäts-Gesellschaft aufgebaut hatte, gehörte Emil Rathenau zu den entschiedensten Verfechtern und erfolgreichsten Anwendern amerikanischer Fabrikationsmethoden in Deutschland.

Bewährung der AEG in der Krise

Emil Rathenaus Erfolge im Unternehmergeschäft blieben natürlich nicht ohne Nachahmer, wohl aber versäumten es viele unter diesen, in der Hochkonjunktur der neunziger Jahre in gleichem Maße wie die AEG Reserven anzulegen. Auf der Jagd nach Konzessionen nahmen sie eine hohe Verschuldung und immer härtere Bedingungen der Kommunen in Kauf, die sie beim Nachlassen der Konjunktur unmittelbar nach der Jahrhundertwende in den Ruin trieben. Daß zum Rückgang der Aufträge, der allgemein vorhergesehen wurde, gleichzeitig eine Verteuerung der Rohstoffe, vor allem des Kupfers, hinzutrat, gab der Krise in der deutschen Elektroindustrie ihre ungewöhnliche Schärfe.

Jetzt zahlte sich für die AEG Emil Rathenaus viel gescholtene „Thesaurierungspolitik" aus. Mit doppelt so hohen Reserven wie der als grundsolide geltende Konkurrent Siemens ging die AEG 1902 in die Absatz- und Finanzkrise. Während die meisten Firmen in dieser Situation voll und ganz mit ihren Problemen in Deutschland beschäftigt waren, wurde die AEG in diesen Jahren geradezu emporgeschleudert. An die Stelle des stagnierenden Inlandsmarktes trat nun das gut vorbereitete Auslandsgeschäft, das wesentlichen Anteil daran hatte, daß die AEG bis zum Ersten Weltkrieg mit einer über doppelt so hohen Bilanzsumme Siemens endgültig hinter sich ließ. Sie konnte es sich sogar erlauben, auf dem Höhepunkt der Krise die Automobilproduktion im Kabelwerk Oberspree aufzunehmen. Die Schaffung eines weiteren künftigen Massenmarktes wurde 1903 gemeinsam mit Siemens durch die Gründung der Gesellschaft für drahtlose Telegraphie mbH mit dem Warenzeichen „Telefunken" in Angriff genommen.

Wesentlichen Anteil an der Stärkung der internationalen Position der AEG hatte die Fusion mit Isidor Loewes Union im Jahr 1904. Die Union war vorwiegend auf dem Sektor elektrische Bahnen tätig und hielt dort die der AEG noch fehlenden Patente der amerikanischen General Electric Co., die sie über ihre Finanzierungsgesellschaft, die „Gesfürel" (Gesellschaft für elektrische Unternehmungen), weltweit im Straßenbahnbau nutzte. Mit der Union Loewes erwarb Rathenau für die AEG nicht nur seine alte Berliner Union zurück, sondern kam dadurch auch zu einem Interessenabkommen mit der General Electric, die aus der Fusion der Thomson-Houston Co. mit der Edison General Electric Co. als größtes elektrotechnisches Unternehmen der USA hervorgegangen war. In einem an den Vertrag von Tordesillas (1494) zwischen dem spanischen und dem portugiesischen König erinnernden Abkommen teilten sich diese beiden den Globus in zwei Interessensphären auf. Als Emil Rathenau im Jahr 1908 seinen siebzigsten Geburtstag und zugleich das fünfundzwanzigjährige Jubiläum der AEG feiern konnte, war er der unangefochtene Herrscher der „Elektropolis" Berlin

Die Söhne und das Erbe

Durchaus im Unterschied zu seinem sehr nüchternen und uneitlen Führungsstil, der sich scheinbar emotionslos allein an sachlichen Kriterien orientierte und völlig den Idealen einer anonymen Kapitalgesellschaft entsprach, wollte Emil Rathenau schon früh sicherstellen, daß einer seiner beiden Söhne seine Nachfolge antreten würde. Er nahm sie darum beide nach Abschluß ihrer Ausbildung nicht nur in die AEG, sondern in die Führung des Unternehmens auf. Seine größere Sympathie galt dabei zweifellos dem jüngeren Sohn Erich, der ihm wesensverwandter war als der weltmännische, künstlerisch interessierte und sich auch so gerierende Walther, an dessen überragender Kompetenz der Vater freilich nie zweifelte. Aber es ärgerte ihn in seinem kargen Büro offensichtlich, wenn der Liebling der Salons erst am späten Vormittag in der Firma auftauchte. Und über dessen philosophische Werke meinte er nur knapp, sie seien „viel leichter zu schreiben als zu lesen".[5] Er ließ Walther, nachdem dieser 1902 mit dem Projekt einer Fusion AEG-Schuckert gescheitert war, zur Berliner Handelsgesellschaft, der Hausbank der AEG, gehen. Sein Bruder blieb dagegen in der Firma und arbeitete weiter an der Seite des Vaters an allen wichtigen Projekten mit. Doch Erich Rathenau war schon seit seiner Kindheit kränklich und starb ein Jahr später, 1903, während einer Erholungsreise in Ägypten. Diesen Schock hat Emil Rathenau nie überwunden. Er holte nun Walther in die AEG zurück, wo dieser das Finanzressort übernahm und 1910 schließlich zum Stellvertreter seines Vaters aufrückte.

Emil Rathenaus Schaffenskraft war seit dem Tod Erichs nicht mehr ungebrochen, und Walther, auf den er sich nun zunehmend stützte und mit dem er sich trotz der Verschiedenheit ihrer Charaktere in geschäftlichen Dingen nahezu wortlos verstand, wuchs mehr und mehr über die Rolle des von bissigen Zungen bespöttelten „Kronprinzen" hinaus zum Mitgestalter des Konzerns. Als sich Emil Rathenaus Gesundheitszustand 1912 dramatisch verschlechterte und ihm ein Fuß amputiert werden mußte, übernahm Walther bereits zeitweise die Führung des Unternehmens. Es war jetzt keine Rede mehr von dem „Baum, der mehr Blüten als Früchte trage".[6] Die Annäherung von Vater und Sohn vollzog sich allmählich vor dem Hintergrund täglicher gemeinsamer Arbeit. Zehn Tage nach Emil Rathenaus Tod am 20. Juni 1915 schrieb Walther in einem Brief an einen Freund: „Spät haben wir uns gefunden, mein Vater und ich; erst kam Achtung, dann Freundschaft, zuletzt Liebe. Und jetzt sind wir ganz vereinigt; ich fühle, wie die letzten Hüllen des Unverstehens gefallen sind, und ich bin ruhig und sicher in seiner Gegenwart."[7] Wie der Vater selbst am Ende seines Lebens die schwierige Beziehung zu seinem berühmten Sohn sah, wissen wir nicht. Er trug sein Herz nicht auf der Zunge; und schon gar nicht hätte er darüber geschrieben.

Anmerkungen

[1] Selbstbiographie in: Alois Riedler, *Emil Rathenau und das Werden der Großwirtschaft*, Berlin 1916, S. 1.
[2] Schreiben des Polizei-Präsidenten an Rathenau am 8. 4. 1880, in: Manfred Pohl, *Emil Rathenau und die AEG*, Berlin-Frankfurt/M. 1988, S. 25.
[3] Zitiert nach: Karl Helfferich, *Georg von Siemens. Ein Lebensbild aus Deutschlands großer Zeit*, 3 Bde., Berlin 1921—1923, Bd. 2, S. 53.
[4] Zitiert nach: *50 Jahre AEG*, Berlin 1956, S. 189.
[5] Etta Federn-Kohlhaas, *Walther Rathenau. Sein Leben und Wirken*, Dresden 1927, S. 82.
[6] Emil Rathenau über Walther Rathenau nach: Bernhard Fürst von Bülow, *Deknkwürdigkeiten*, Band 3: *Weltkrieg und Zusammenbruch*, Berlin 1931, S. 40.
[7] Walther Rathenau an Schwaner, 30. 6. 1915, in: *Walther Rathenau. Ein preußischer Europäer. Briefe*, hrsg. von Margarete von Eynern, Berlin 1955, S. 137.

Literatur

50 Jahre AEG (als Manuskript gedruckt), Berlin 1956.
Fürst, Arthur, *Emil Rathenau. Der Mann und sein Werk*, Berlin 1915.
Fürstenberg, Hans, *Carl Fürstenberg. Die Lebensgeschichte eines deutschen Bankiers*, Wiesbaden 1961.
Helfferich, Karl, *Georg von Siemens. Ein Lebensbild aus Deutschlands großer Zeit*, 3 Bde., Berlin 1921—1923.
Kocka, Jürgen, *Siemens und der aufhaltsame Aufstieg der AEG*, in: Tradition, (1972), S. 125—142.
Pinner, Felix, *Emil Rathenau und das elektrische Zeitalter*, Leipzig 1918.
Pohl, Manfred, *Emil Rathenau und die AEG*, Berlin-Frankfurt/M. 1988.
Riedler, Alois, *Emil Rathenau und das Werden der Großwirtschaft*, Berlin 1916 (darin: Rathenau, Emil, *Selbstbiographie*, abgebrochenes Manuskript).
Schulin, Ernst, *Die Rathenaus. Zwei Generationen jüdischen Anteils an der industriellen Entwicklung Deutschlands*, in: *Juden im Wilhelminischen Deutschland 1890—1914* (= Schriftenreihe Wissenschaftlicher Abhandlungen des Leo Baeck Instituts, 33), Tübingen 1976, S. 115—142.

Klaus-Dieter Wyrich
Sigmund Bergmann

Es war Herbstanfang 1911, als Thomas Alva Edison zum zweiten Mal Berlin besuchte. Hatte er sich im Jahr 1889 dort als Gast von Werner von Siemens aufgehalten, so betreute ihn diesmal sein 1899 nach Deutschland zurückgekehrter alter Freund Sigmund Bergmann. Am 23. September besichtigte Edison mit seinem Sohn die Bergmann-Werke in Rosenthal; am folgenden Tag, einem Sonntag, war er mit seiner Familie bei Bergmann zu Gast, und am 25. September besuchte er die Kraftzentrale der Berliner Elektricitätswerke sowie die Siemens-Schuckert-Werke am Nonnendamm.

Für Bergmann bedeutete dieser Besuch kurz nach seinem 60. Geburtstag eine wichtige psychologische Unterstützung an einem entscheidenden Wendepunkt seiner Unternehmerlaufbahn. Es war ihm in relativ kurzer Zeit gelungen, sein Unternehmen von einer Spezialfabrik zu einem modernen elektrotechnischen Universalunternehmen zu entwickeln, das sich in technischer Hinsicht mit den beiden Großen, AEG und Siemens-Schuckert, vergleichen konnte. Jetzt war sein Unternehmen aber in ernste finanzielle Schwierigkeiten geraten, und Bergmann führte erste Sondierungsgespräche zur Rettung seines Lebenswerkes. So fühlte er sich durch den Edison-Besuch in seinem herausragenden Rang in der jungen Elektrotechnik bestätigt.

Geboren wurde Leonhard Siegmund Ludwig (er nannte sich später nur Sigmund ohne „e") Bergmann am 9. Juni 1851 als fünftes und jüngstes Kind des Lohgerbermeisters Carl Lorenz Bergmann und seiner Ehefrau Susanna Barbara geb. Geng im thüringischen Tennstedt, einem Schwefelbad in einem Seitental der Unstrut. Bereits nach zwei Jahren übersiedelte die Familie nach Hersbruck, wo der Vater die Bierbrauerei seines im Februar 1853 verstorbenen Schwiegervaters Georg Albrecht Geng übernahm. Dort in Hersbruck besuchte Bergmann die Bürgerschule. Über seine Jugendjahre und den Einfluß der Eltern auf seine Entwicklung wissen wir nichts. Auch aus seinen späteren Lebensjahren liegen keine privaten Briefe oder eigene Aufzeichnungen vor. Das mag ein Grund dafür sein, daß es über ihn auch keine umfassende Biographie gibt.

Nach beendeter Schulzeit begann Bergmann mit 14 Jahren eine Ausbildung als Maschinenbauer und Werkzeugmacher bei dem Schlossermeister Wiedersberg in Mühlhausen/Thüringen. Als sich anschließend die Frage stellte, wo der

Sigmund Bergmann (1851—1927)
mit Thomas A. Edison, 1911

junge lernbegierige Mechaniker seine Kenntnisse anwenden und Erfahrungen sammeln sollte, hatten Briefe seiner fünf Jahre älteren Schwester Dorothea, die in New York als Erzieherin tätig war, ihre Wirkung bereits getan: Bergmann wollte sein Glück in Amerika versuchen, und so schiffte er sich im Alter von 18 Jahren 1869 nach New York ein.

Schon bald fand er für einen Wochenlohn von fünf Dollar Anstellung in einer Werkstatt in Brooklyn, die Börsenkursdrucker herstellte. 1870 kam Bergmanns Sternstunde, die ihm die Mitwirkung an einer technischen Revolution brachte, welche das Gesicht der Welt veränderte. Der 23jährige Edison, der sich gerade ein Jahr zuvor als freier Erfinder selbständig gemacht hatte, besuchte den Betrieb und wurde dabei auf Bergmann aufmerksam. Er besprach sich mit Bergmanns Meister, und wenig später war Bergmann in Edisons Laboratorium und Werkstätten in Newark angestellt. Dort begegnete ihm 1871 auch ein fünf Jahre älterer Landsmann, Sigmund Schuckert, mit dem er sich schnell anfreundete. Dieser ging bereits 1873 wieder nach Nürnberg zurück und eröffnete eine elektromechanische Werkstätte, den Ausgangspunkt seines bekannten Unternehmens. Die Arbeit bei Edison entsprach Bergmanns beruflichen Fähigkeiten und Neigungen; er wurde bald zum Betriebsleiter einer Abteilung ernannt und entwickelte sich immer mehr zu einem der besten und engsten Mitarbeiter Edisons. „That chap's work talks" bemerkte Edison einmal über ihn.

Im Gegensatz zu Schuckert behagte ihm auch Edisons harte Arbeitsweise. Dieser hatte zum Beispiel einmal seine Mitarbeiter 60 Stunden eingeschlossen, bis sie einen defekten Börsenticker repariert hatten. Edisons Enthusiasmus, den er auf seine Mitarbeiter zu übertragen verstand, glich nach seiner Meinung die Härte aus. Bergmann übernahm diesen Stil mit beiden Komponenten für sein späteres Berufsleben, bezeichnete ihn als „Corpsgeist" und postulierte: „Nur in bewußter gemeinsamer Arbeit ist ein gestecktes Ziel zu erreichen." Dabei räumte er seinen Mitarbeitern einen großen Spielraum für eigenverantwortliches Handeln ein. Obwohl Edison am Rand des Ruins stand, trennte er sich auch in der schweren Wirtschaftskrise 1873/74 nicht von Bergmann. Als der bald darauf wieder zu Wohlstand gelangte Edison jedoch seine Aktivitäten nach Menlo Park verlegte, nutzte Bergmann diese Zäsur, um sich selbständig zu machen. Im gegenseitigen freundschaftlichen Einvernehmen schied der 25jährige bei Edison aus und gründete 1876 in New York eine eigene Werkstatt. Mit einem Arbeiter und zwei Lehrlingen fertigte und installierte er vor allem Klingelanlagen.

Edison förderte das junge Unternehmen, und zwischen ihm und dem nur vier Jahre jüngeren Bergmann entwickelte sich eine Freundschaft, die das ganze Leben dauern sollte. Entscheidend für diese Entwicklung und die neue Qualität ihrer Zusammenarbeit war vermutlich die vorherige Aufgabe der abhängigen Stellung. Edison übertrug Bergmann von nun an gern die Herstellung der von ihm erfundenen Geräte, und Bergmann konnte dabei sein großes Talent, sich in maschinelle Konstruktionen hineinzudenken und sie mit eigenen Ideen anzureichern, voll entfalten. So gab er häufig den Edisonschen Erfindungen eine zweckentsprechende, anwendungs- und fertigungsgerechte Form. Anfangs waren es vor allem Ausrüstungen für Fernsprechanlagen mit dem Edisonschen Kohlenkörnermikrophon.

Die Erwartungen, die er in seine Neugründung gesetzt hatte, erfüllten sich, Bergmann hatte sichtlich Erfolg. Er vermählte sich ein Jahr später mit Louise Noll, der Tochter eines aus Frankfurt/Main eingewanderten Brauereibesitzers. Der glücklichen Ehe entsprossen im Laufe der Zeit drei Töchter und ein Sohn. Als Edison 1878 den Phonographen erfand und das Labormuster funktionierte, beauftragte er Bergmann mit der Fabrikation. So hat Bergmann den ersten in den Handel gelangten Phonographen hergestellt, ihn weiter vervollkommnet und mehrere Jahre lang allein produziert.

Im Jahre 1879 gelang es Edison, eine technisch verwertbare Glühlampe zu bauen. Bergmann hatte daran durch den Entwurf des Sockels und der Fassung Anteil. Die Idee des Gewindes für Glühbirnen, die in Fassungen einschraubbar sind, stammte von Edison; von Bergmann kam der Gedanke, einen der beiden Pole in Form eines kleinen Kopfes auf dem Porzellankörper auszuführen. Bergmann erhielt 1882 für diese Anordnung sein erstes Patent. An diesen für den großen Erfolg der Glühlampe wichtigen Konstruktionsmerkmalen hat sich bis heute nichts Wesentliches geändert. Aber Edison gab sich mit der Glühlampe allein nicht zufrieden, er wollte zu ihrer schnellen Einführung ein ganzes Beleuchtungssystem schaffen. So mußten Zubehörteile wie Umschalter, Schmelzsicherungen, Lampenträger, Abzweigungen entworfen und produziert werden, woran wiederum Bergmann in erster Linie beteiligt war. Zur praktischen Verwertung des neugeschaffenen elektrischen Verteilersystems nahm Bergmann 1880 Edward H. Johnson, einen Beleuchtungsspezialisten, und kurz danach auch Edison als Teilhaber auf. Seine Firma hieß jetzt S. Bergmann & Co.

Auf der Pariser Elektrizitäts-Ausstellung im Jahre 1881 war das elektrische Glühlicht die epochemachende Sensation. Dort wurde auch der von Bergmann nach Ideen und Vorschlägen von Edison gebaute erste elektrolytische Zink-Elektrizitätszähler gezeigt. Bergmann beschäftigte in diesem Jahr bereits über 50 Arbeiter. Edison wollte die elektrische Beleuchtung in Europa vor allem über England einführen. Daher wurde in London eine Gesellschaft gegründet, die mit Produkten aus der New Yorker Fertigung der Edison-Gesellschaften und der S. Bergmann & Co. eine erste europäische Versuchsanlage errichtete. Bergmanns Teilhaber Johnson überwachte die Arbeiten und führte auch im Kristallpalast in London Ende 1881 das Edisonsche System erfolgreich vor.

Das gemeinsame Unternehmen, am besten wohl als Zubehör-Herstellungsfirma charakterisiert, war die Grundlage für eine fruchtbare Zusammenarbeit zwischen Edison und Bergmann. Der eine hatte immer neue Ideen, denen der andere eine brauchbare Gestalt gab. Schon bald richtete sich Edison auch hier ein eigenes Laboratorium ein. Dem Zink-Elektrizitätszähler folgte der erste je gebaute Motorzähler — auch „Bergmann-Zähler" genannt.

In diese Zeit fiel der Bau des ersten Zentralkraftwerkes der Welt in New York durch Edison, Bergmann und die anderen Mitarbeiter. Bisher waren Kleinkraftwerke üblich gewesen, die jeweils nur einen Abnehmer, zum Beispiel eine Fabrik, in beschränktem Umkreis versorgen konnten. Jetzt beschloß Edison, einen ganzen Stadtteil südlich von Wall Street durch eine Zentrale mit Licht zu versorgen. Im September 1882 lieferte das Kraftwerk den ersten Strom über ein unterirdisch verlegtes Zweileiter-System von rund 28 km Länge für ein Gebiet von etwa 2,5 km^2. Der von Bergmann für dieses Kraftwerk geschaffene Hauptschalter war der erste betriebsfähige Messerschalter, betätigt durch einen langen Hebelarm und zur Auslösung gebracht durch kräftige Stahlfedern.

Um die schnelle Einführung der Glühlampe voranzutreiben, verfaßte Bergmann 1883 für die Firmen S. Bergmann & Co. und Edison Company for Isolated Lighting eine gemeinsame Preisliste, die als die erste elektrotechnische Preisliste der Welt angesehen wird. Sie war eine Zusammenstellung von Systembeschreibung der Glühlampenbeleuchtung, theoretischen Überlegungen, Aufbau- und Betriebsanleitungen, Aufzählung der Anlagen und Darstellung der gesamten Erzeugnisse von S. Bergmann & Co. *Die VDI-Nachrichten* berichten 44 Jahre später, daß der „Katalog, der 82 Seiten umfaßt ... nicht nur konstruktiv musterhaft durchgebildete Lichtschalter, Steckdosen und dergl. (enthält), sondern auch zahlreiche Lüster, Kronleuchter, Wandarme für alle erdenklichen Zwecke und für die verschiedenartigsten Räume. Wir finden darin die einfachsten Lampen für Büro- und Fabrikräume, deren Ausführung sich in der gleichen Form bis auf den heutigen Tag erhalten hat, sowie die kostbarsten Lüster mit Kristallprismen, die bis zu 130 Lampen enthalten; auch Blumenkörbe, aus denen allerhand phantastische Blumen mit leuchtenden Blüten herauswachsen und die ein Zeugnis von dem damaligen Geschmack ablegen. Es ist kein Zweifel, der Katalog redet; er spricht eine beredte Sprache von dem weitschauenden Blick seines Verfassers, der sich auf alle Anwendungsmöglichkeiten einstellte, und von seiner unermüdlichen Energie, die in so kurzer Zeit derartig mustergültige und vielseitige Erzeugnisse schuf."

Waren also die Zubehörteile für die elektrische Beleuchtung schon serienfertig, so war das Problem der zweckmäßigen Isolierung der Drähte und der gefahrlosen Verlegung noch ungelöst. Evident wurde dies vor allem bei einem Brand im Hause Vanderbilt, der durch Kurzschluß in der von Edison und Bergmann gelieferten elektrischen Beleuchtungsanlage verursacht worden war. Um die weitere Verbreitung der elektrischen Beleuchtung nicht zu gefährden, mußte die Feuersgefahr weitestgehend beseitigt werden. Bergmanns Hauptziel wurde jetzt die Verbesserung der ungenügenden Isolation der Leitungsdrähte. Dabei sollten diese nicht nur ausreichend gegen äußere Beschädigung, sondern auch — entsprechend der Höhe der Spannung — gegenseitig isoliert sein. Bergmann entdeckte das Gasrohr als Vorbild für seine Erfindung des Isolierrohres, das anfangs nur ein in Isolierstoff getränktes Papierrohr war. Dabei wurden Papierstreifen auf Wickelmaschinen über einen Dorn zu Rohren gewickelt. Den Rohren wurde durch Trocknen das Wasser entzogen, dann wurden sie in Isoliermasse getaucht und erneut getrocknet. Die Erfahrung führte dann zum Messing- beziehungsweise Bleimantelüberzug und schließlich zum Stahlpanzerrohr. Diese Erfindung war Voraussetzung für den Siegeszug des Beleuchtungssystems und machte als „Bergmann-Rohr" den Namen Bergmanns weltbekannt.

Bergmann war schon seit langer Zeit amerikanischer Staatsbürger, und die Bindungen an die alte Heimat hatten sich gelockert. Nachdem er bereits sechzehn Jahre in Amerika zugebracht hatte, entschloß er sich aber 1885 doch zu einer Reise nach Deutschland. Er besuchte seinen Vater in Nürnberg, wo er auch mit seinem alten Kollegen Schuckert zusammentraf. Dieser war von einem mitgebrachten Probestück des Bergmann-Rohres sehr angetan und bestellte gleich 30 000 Meter. Edison hatte Bergmann ein Einführungsschreiben an seine europäischen Freunde mitgegeben. Es ist nicht bekannt, was diesen auf der Reise mehr beeindruckte: die Erfolge der Edisonschen Beleuchtung in der alten Welt oder die wirtschaftlichen und politischen Veränderungen in Deutschland. Den Deutsch-Französischen Krieg, die Gründung des Deutschen Reiches und die Wirtschaftskrise 1873 hatte er fernab in Amerika registriert. Jetzt sah er, daß die liberale Gesetzgebung den unternehmerischen Geist gefördert, die Reichsgründung den Aufschwung von Industrie und Handel vorangetrieben und die französischen Kriegsentschädigungen das Kapitalvermögen vergrößert hatten. Jedenfalls reiste er schon 1888 erneut nach Deutschland. In Begleitung seiner Frau und der Kinder machte er eine ausgedehnte Rundreise und kam dabei zum ersten Mal nach Berlin. Die Bedeutung Berlins für die junge Elektroindustrie veranlaßte ihn, sich in der Fennstraße 21 in Moabit Büros und Lagerräume zu beschaffen, um von hier aus die Verlegung von Isolierrohren aus seiner amerikanischen Fertigung zu betreiben.

Nach seiner Rückkehr bewegte ihn immer wieder der Gedanke, sich in Deutschland niederzulassen. Doch waren die Bindungen an sein Unternehmen, an New York und an Edison stark. Erst als Edison im April 1889 seine verschiedenen Beteiligungen, darunter auch die S. Bergmann & Co., in die „Edison General Electric Company" — die spätere „General Electric Company" — einbrachte, konnte Bergmann seine geschäftlichen Beziehungen zu Edison lösen.

Mit der bei dieser Transaktion auf ihn entfallenen Summe von einer Million Dollar baute Bergmann ein neues Lebenswerk auf. Erst gründete er zwei neue Gesellschaften in New York. Dann folgte auf seiner dritten Reise nach Deutschland 1891 gemeinsam mit dem New Yorker Georg Sebastian Runk die Gründung der offenen Handelsgesellschaft „Sigmund Bergmann & Co.", ebenfalls in der Fennstraße. Der Handelsregister-Eintrag erfolgte am 20. Mai 1891; dieses Datum wird als Gründungstag seiner deutschen industriellen Unternehmungen angesehen. 1893 wurde dann das rasch gewachsene Unternehmen in eine Aktiengesellschaft mit der Firma „S. Bergmann & Co., Aktiengesellschaft, Fabrik für Isolier-Leitungsrohre und Spezial-Installations-Artikel für elektrische Anlagen" umgewandelt. Das Kapital betrug eine Million Mark, und das Tätigkeitsgebiet bestand in der Herstellung von Isolierrohren zur wasserdichten und feuersicheren Verlegung von elektrischen Leitungen sowie von Installationsmaterial wie Schaltern, Sicherungen und Fassungen. Bergmann hatte sein Isolierrohr-System auch in Deutschland patentrechtlich abgesichert, so daß mit der ständig wachsenden Zahl der elektrischen Anlagen sein Umsatz stetig zunahm. Zunächst behielt Bergmann seinen Hauptwohnsitz sowie seine Unternehmen in New York und war dadurch immer wieder gezwungen, nach Amerika zu fahren.

Die Gründung der Bergmann-Elektromotoren- und Dynamo-Werke Aktien-Gesellschaft im Jahr 1897 verstärkte die Geschäfte in Deutschland erheblich. Die neuen Werkstätten befanden sich im Wedding in der Oudenarder Str. 23 und bildeten die Keimzelle für das durch die See-, Oudenarder, Hennigsdorfer, Liebenwalder und Malplaquetstraße begrenzte Areal, auf dem bis zum Verkauf in den dreißiger Jahren die meisten Fabrikgebäude lagen. Die Produktion umfaßte Elektromotoren und Dynamomaschinen sowie die für die Übertragung und Umwandlung der elektrischen Energie notwendigen Vorrichtungen und Apparate. Die technische Ausrüstung des Unternehmens entsprach dem allerneuesten Stand, und übernommene deutsche und ausländische Patente bildeten eine solide Basis für das Fertigungsprogramm. Besonders mit der Wahl des Lundell-K-Motors hatte Bergmann eine glückliche Hand bewiesen, da diese neue Konstruktion von der Kundschaft sehr gut aufgenommen wurde.

Im Jahr 1899 verlegte der mittlerweile 48jährige Bergmann endgültig seinen Wohnsitz nach Berlin. Zu diesem Entschluß mag beigetragen haben, daß die Berliner Gesellschaft zu dieser Zeit allem Amerikanischen gegenüber besonders aufgeschlossen war. 1900 bezog er seine Wohnung schräg gegenüber dem Reichstagsgebäude. Für den alljährlichen Erholungsurlaub erwarb er 1907 ein Landhaus in Feldafing am Starnberger See, da er nach der Hochzeit seiner ältesten Tochter Louise mit dem Brauereibesitzer Josef Pschorr aus München bereits mehrfach Oberbayern besucht und diese Gegend liebgewonnen hatte.

Die Ausgangslage und Entwicklung beider Bergmann-Gesellschaften war erfreulich, sie wurden positiv beurteilt, und da sie gemeinsam unter seiner Führung standen, veranlaßte er 1900 deren Fusion. Die neue Gesellschaft erhielt den bis heute bestehenden Namen „Bergmann-Elektricitäts-Werke Aktiengesellschaft". Das Aktienkapital betrug 8,5 Millionen Mark, und Bergmann wurde der erste Generaldirektor. Mit diesem gesellschaftsrechtlichen Schritt schickte sich Bergmann an, ein starkstromtechnisches Universalunternehmen aufzubauen. Er tat dies in einem Land, in dem sich die Elektrotechnik erstaunlich schnell entwickelt hatte. 1833 stellten Gauß und Weber in Göttingen die erste elektrische Telegraphenverbindung her. Werner von Siemens gründete 1847 sein Unternehmen und entdeckte 1866, also noch drei Jahre vor Bergmanns Auswanderung nach Amerika, das dynamoelektrische Prinzip, die Grundlage für die praktische Nutzung der elektrischen Energie. Sein Freund

Sigmund Schuckert legte 1873 den Grundstein für sein Unternehmen; 1883 rief Emil Rathenau die Deutsche Edison Gesellschaft, die spätere AEG, ins Leben, und 1886 W. Lahmeyer die Deutschen Elektrizitätswerke Garbe, Lahmeyer & Co. Bergmann fand also schon ältere und mächtige Unternehmen vor und dehnte dennoch während des folgenden Dezenniums das eigene Unternehmen und seinen Arbeitsbereich Jahr für Jahr aus — auch dank einer aggressiven Preispolitik.

In den beiden Stammarbeitsgebieten verzeichnete man für das Installationsmaterial ein stetes, gleichmäßiges Wachstum. Bei den Maschinen folgte nach der Entwicklung von neuen Reihen für Gleich- und Wechselstrom eine verstärkte Hinwendung zum Bau von Spezialtypen. So waren gekapselte Motoren zum Antrieb von Hebezeugen, besonders langsam und besonders schnell laufende Maschinen und vor allem Rotationsmaschinen-Antriebe mit Drehstrommotoren hinzugekommen. Als besonders erfolgreiches Gebiet erwies sich die Produktion von elektrischen Maschinen für Hütten- und Bergwerke. 1904 errichtete Bergmann ein Glühlampenwerk, das auf Grund des großen Erfolges schon nach wenigen Monaten erweitert werden mußte. Die im folgenden Jahr erzielte Einigung mit dem Glühlampensyndikat brachte zwar eine Begrenzung des Wachstums, eröffnete dafür aber neue Chancen auf dem Gebiet der Metallfadenlampen. So erreichte das Werk nach mehreren Erweiterungen 1910 eine Tagesleistung von 16 000 Metallfadenlampen. 1905 folgte die Aufnahme der Produktion von Elektrizitätszählern. Nach drei Jahren hatte Bergmann die meisten Elektrizitätswerke als Kunden gewonnen und konnte nach weiteren zwei Jahren die Erweiterung dieses Fabrikationszweiges in die Wege leiten.

Die Fabrikation einer Dampfturbine eigener Konstruktion wurde 1906 aufgenommen. Bereits nach einem Jahr mußten auch hier die Fabrikgelände erweitert werden, da die Turbinen wegen ihrer großen Betriebssicherheit und ihres geringen Dampfverbrauchs rasche Verbreitung fanden. Schon 1909 reichten die Produktionsflächen erneut nicht aus, weshalb die Fertigung in ein neues Gebäude nach Rosenthal verlegt wurde. Besonders große Erfolge erzielte Bergmann mit seinen Schiffsturbinen. Werften im In- und Ausland schlossen für deren Bau Lizenzverträge ab, und das Deutsche Reichs-Marine-Amt bestellte sie für seine Kriegsschiffe.

Voraussetzung für die dauernden Betriebserweiterungen waren Grundstückskäufe an der Seestraße, wo dem Unternehmen schließlich rund 43 000 m² gehörten, sowie der Erwerb von 76 000 m² Gelände im benachbarten Rosenthal (dem späteren Wilhelmsruh), das besonders verkehrsgünstig in einem von den Strecken der Nordbahn und der späteren Niederbarnimer Eisenbahn gebildeten Winkel lag. Die Bahnhöfe Reinickendorf Rosenthal und Wilhelmsruh befanden sich in unmittelbarer Nähe.

Den Bau von Automobilen mit elektrischem Antrieb und bald auch mit Verbrennungsmotoren begann Bergmann 1907. Neben Personen- und Sportwagen wurden Omnibusse und Lastkraftwagen produziert. Der Verkauf erfolgte über die „Bergmann-Metallurgique-Automobil-Verkaufs-Gesellschaft m. b. H.", eine gemeinsame Beteiligungsgesellschaft mit der Deutschen Metallurgique-Gesellschaft in Köln. Der Auftragseingang nahm rasch zu, so daß Bergmann schon nach kurzer Zeit in die erste Reihe der deutschen Automobilfabriken aufgerückt war.

Die Umstellung der Bahnen auf elektrischen Betrieb führte 1907 zur Gründung einer eigenen Bahnabteilung, die nicht nur für Projektierung und Bau elektrischer Bahnanlagen, sondern auch für Konstruktion und Bau elektrischer Lokomotiven, benzol-elektrischer Triebwagen sowie Akkumulatorenwagen zuständig war. Grundlage für deren Tätigkeit waren Verträge mit der Westinghouse-Gesellschaft über die Mitbenutzung von deren Patenten, Schutzrechten, Konstruktionen und Erfahrungen. Bergmann reiste 1909 selbst nach Amerika, um diesen Know-how-Transfer persönlich abzusichern. Schon im ersten Jahr konnte nach Plänen des Regierungsbaurats Wittfeldt ein Doppeltriebwagen gebaut und an die Preußischen Staatsbahnen geliefert werden. Bei diesem Typ waren die Batterien in Vorbauten an beiden Zugenden untergebracht. Bereits 1910 mußte die Bahnabteilung aufgrund der anhaltend großen Nachfrage in eine Vollbahn- und eine Kleinbahnabteilung geteilt werden. Die Kleinbahnabteilung befaßte sich mit elektrischen Klein- und Straßenbahnen sowie Industrie- und Grubenlokomotiven. Dieser Abteilung gelang es erstmalig, Einphasen-Wechselstrom von 50 Hertz direkt zum Antrieb von Bahnmotoren zu verwenden und so den Elektrizitätswerken ein neues Absatzgebiet zu verschaffen.

Eine Spitzenleistung der Vollbahnabteilung war 1911 der Bau der ersten 1500-PS-Schnellzug-Versuchslokomotive, Gattung ES, mit einer Höchstgeschwindigkeit von 110 km/h für die Preußischen Staatsbahnen. Einige Jahre später gelang es, den Einphasen-Reihenschlußmotor durch Zusammenfassen der Ständerwicklung (Bauart Prof. Müller) so wesentlich zu vereinfachen, daß leichte Einmotor-Lokomotiven mit einer Stundenleistung von über 3000 PS gebaut werden konnten.

Im Jahr 1908 nahm in Rosenthal ein eigenes Metallwerk die Produktion vor allem von Kupfer- und Messing-Halbfabrikaten auf. Und schon zu Beginn des Folgejahres ging ein Kabelwerk in Betrieb, das wiederum bald erweitert werden mußte.

Der Aufbau so vieler großer Werke erforderte eine entsprechende Außenorganisation, so daß zahlreiche in- und ausländische Büros errichtet werden mußten. Als Schrittmacher für den Absatz seiner entsprechenden Produkte gründete er zur Finanzierung sowie zum Bau und Betrieb von elektrischen Bahnen und Elektrizitätsversorgungsunternehmen 1910 die „Bergmann-Elektricitäts-Unternehmungen AG" mit einem Kapital von 12 Millionen Mark. Die zur Umgehung der hohen Zollbarrieren errichtete „Österreichische Bergmann-Elektricitätswerke Gesellschaft m. b. H." nahm Mitte 1910 in Bodenbach die Fabrikation auf.

Auf der Brüsseler Weltausstellung 1910 zeigte Bergmann sein umfassendes Lieferprogramm, besonders um den Export anzuregen. Als der deutsche Kaiser die Ausstellung besuchte, wurde Bergmann vorgestellt und konnte persönlich die ausgestellten Produkte erläutern. Nun wurde Bergmann, der noch immer die amerikanische Staatsangehörigkeit besaß, vorgeschlagen, sich wieder repatriieren zu lassen, da man beabsichtigte, seine großen Verdienste zu ehren. Er folgte dieser Anregung schließlich vor allem, um seinem Unternehmen Vorteile bei der Vergabe von Staatsaufträgen zu verschaffen und um der Konkurrenz den Vorteil zu entziehen, ihn in einer nationalbewußter werdenden Umgebung immer noch als Amerikaner bezeichnen zu können. Im Jahr 1910 zog Bergmann in ein Haus an der Hohenzollernstraße, und 1912 wurde er zum Geheimen Baurat ernannt. Er, der alle Auszeichnungen und äußeren Ehrungen ablehnte, akzeptierte nur noch eine weitere Würde, und zwar den ihm als „dem weitblickenden Techniker und erfolgreichen Organisator" 1918 verliehenen Dr.-Ing. e. h. der Technischen Hochschule München.

Unbeirrbar in seiner Zielsetzung, war es Bergmann gelungen, in den ersten zehn Jahren des 20. Jahrhunderts seine Spezialfabriken zu einem Universalunternehmen auszubauen. Selbst die Krise der deutschen Elektroindustrie von 1901/03 konnte dieses Wachstum nicht stoppen. Dem rastlosen, vorwärts strebenden Naturell Bergmanns, seiner praktischen Energie und seiner außergewöhnlichen Organisationskraft entsprach es, das Unternehmen zu hoher industrieller Leistung hinzulenken und die Fertigung in allen Zweigen der Starkstromtechnik aufzunehmen. Dabei war er kein Nachahmer, sondern ein Verbesserer, dem eigene Schöpfungen gelangen. Es war „sein Bestreben, Maschinen und Apparate in möglichst einfachen Konstruktionen herzustellen und mit ihnen zugleich die höchste Leistungsfähigkeit zu erreichen. Gediegene Ausführung und großer Nutzeffekt sollten die Fabrikate auszeichnen" — wie es ein Bergmann-Aufsichtsrat ausdrückte. So schaffte er es, sich einen guten Ruf zu erwerben, im Preis und in den Einsatzmöglichkeiten konkurrenzfähige Erzeugnisse herzustellen und für sie — trotz der Dominanz von AEG und Siemens-Schuckert — einen Markt zu finden. 1905 überschritt seine Beschäftigtenzahl 3000 und 1910 bereits 10000. Und hatte Bergmann 1903 einen Umsatz in Höhe von 12 % des Siemens-Schuckert-Umsatzes erreicht, so waren es 1910 26 %.

Diese technisch erfolgreich verlaufene, schnelle Expansion erforderte erhebliches Kapital. Bergmann übernahm bei der Kapitalbeschaffung ihm geläufige amerikanische Finanzierungsmethoden. Vor allem arbeitete er mit dem Mittel des Aktienagios; also mußte er bei seinen Kapitalerhöhungen ein möglichst hohes Aufgeld erzielen. Das erforderte eine besondere Beobachtung und Pflege der Börsenstimmung. Neben seinen großen technischen Erfolgen war dafür seine Dividendenpolitik maßgeblich; Dividenden bis zu 23 %, mit denen Bergmann an der Spitze der Elektrounternehmen lag, brachten den Aktionären hohe Renditen, ergaben Aktienkurse von 200 % bis 300 % und ermöglichten so

Bezugskurse von durchschnittlich 200 %. Wichtig war, daß er für seine Mittelbeschaffung und für den Aufsichtsrat die Deutsche Bank gewann.

Bergmann hatte keine seinem hervorragenden technischen und industriellen Talent entsprechende kaufmännische Begabung. Er hielt es für ausreichend, die hohen Aufgelder in die Rücklagen zu packen. Eine innere Stärkung des Unternehmens durch Reservenbildung fand nicht statt; eine krisenfeste Finanzstruktur wurde nicht geschaffen. Dazu brachten die hohen Dividendenzahlungen einen steten Liquiditätsabfluß. Andererseits konnte er sich wohl auch große finanzielle Vorsicht nicht leisten. Er war sehr spät auf dem deutschen Elektromarkt angetreten, der von älteren Unternehmen mit entsprechender Finanzkraft beherrscht wurde, und er mußte sich beeilen, wenn er noch vorn mit dabeisein wollte. Unter diesen Umständen war seine industrielle Leistung besonders zu bewundern, aber einen vorsichtigen Kaufmann hatte er nicht an seiner Seite.

Bisher hatte die Deutsche Bank Bergmanns Finanzpolitik mitgetragen. Bergmann war der große Erfinder, den man stets bewunderte und dessen Kapitalerhöhungen schöne Provisionen und Emissionsgewinne abwarfen. Als sich aber um 1910 infolge des verschärften Konkurrenzkampfes Gewinnrückgänge ankündigten und durch Erweiterungsvorhaben neuer Finanzmittelbedarf abzeichnete, begann die Deutsche Bank in der Expansions- und Dividendenfrage zu bremsen. Sie erklärte, sie könne und wolle den Kapitalbedarf der Gesellschaft nicht weiter befriedigen. Die letzten Obligationen habe man nur auf Bitten Bergmanns nochmals emittiert. Den Kredit wolle man auf eine Million Mark zurückgeführt sehen. In dieser finanziell prekären Lage blieb Bergmann nur noch die Anlehnung an einen der beiden großen Konkurrenten, da er keinen anderen Ausweg mehr sah.

Die schließlich zustande gekommene Beteiligung von Siemens-Schuckert an Bergmann kann man wohl nicht als bewußt geplante strategische Antwort auf die 1910 erfolgte Machterweiterung der AEG durch die Verbindung mit dem Felten & Guilleaume-Lahmeyer-Konzern werten. Es lief vielmehr alles auf Siemens zu; Siemens war mehr Reagierender als Agierender. Es fanden zwar Verhandlungen mit der AEG statt, und die AEG gab auch ein Angebot ab, aber Bergmann hatte eigentlich keine Alternative. Emil Rathenau war so von persönlichen Haßgefühlen gegen Sigmund Bergmann erfüllt, daß er von diesem nur eine vollständige und bedingungslose Kapitulation akzeptiert hätte. Auf der anderen Seite hatte Wilhelm von Siemens sogar Bedenken gegen eine Beteiligung, da er ein Wiederaufleben der anläßlich der großen Fusionen im Jahre 1903 geführten Monopoldiskussion befürchtete, der AEG wollte er Bergmann aber auch nicht überlassen. Wesentlich war vor allem jedoch der Wunsch der Siemens finanziell nahestehenden Deutschen Bank.

Die Siemens-Schuckertwerke GmbH beteiligte sich mit 8,5 Millionen Mark an der Erhöhung des Aktienkapitals der Bergmann-Elektricitäts-Werke AG um 23 Millionen Mark auf 52 Millionen Mark. In der Generalversammlung vom 11. Mai 1912 wurden Vorstand, Aufsichtsrat und Banken heftig kritisiert, die Anlehnung an Siemens aber als das kleinere Übel akzeptiert. Im Herbst 1912 trat der von Siemens-Schuckert kommende Theodor Berliner als zweiter Generaldirektor in die Bergmann AG ein, um hier die kaufmännische und finanzielle Führung zu übernehmen; die technische Führung blieb weiter bei Sigmund Bergmann. Die notwendigen Bauvorhaben wurden mit dem neuen Geld beendet. Auf Drängen der Deutschen Bank wurden auch die Beteiligungen abgebaut, was die Liquidation der Bergmann-Elektricitäts-Unternehmungen AG bedeutete.

Der Fortbestand der Bergmann-Elektricitäts-Werke AG war gesichert, und die Beteiligung von Siemens bedeutete auch nicht den Verlust der Unabhängigkeit, da sich Siemens sehr zurückhielt. Bei der Akquirierung bereitete die Siemens-Beteiligung jedoch Schwierigkeiten, so daß sich der Vorstand veranlaßt sah, im Geschäftsbericht 1912 zu betonen, „daß zwischen uns und dem Siemens-Konzern keinerlei Vereinbarungen bestehen, die unsere geschäftliche Selbständigkeit irgendwie einschränken oder auch nur beeinflussen".

Die rasche Expansion und der Hinzutritt eines industriellen Aktionärs ließen den Familiencharakter des Unternehmens immer mehr schwinden. Die Vorgänge hatten Bergmann schwer getroffen. Während seiner ganzen Generaldirektorenzeit hatte man ihn nur einmal blaß und verstört gesehen, und zwar als er nach Beendigung der Sitzung, auf der die Deutsche Bank durch Herrn von Gwinner ihre Forderungen vortrug, auf dem Flur vor dem Konferenzzimmer gerufen hatte: „Herr von Gwinner, das können Sie mir nicht antun".

Nach diesen Ereignissen konnte Bergmann eine Zeit der stetigen zufriedenstellenden Weiterentwicklung seiner Gesellschaft herbeiführen. Wie gewohnt war er in den Werkstätten anzutreffen, wo er sein fruchtbarstes Arbeitsfeld sah. Im Sommer 1914 fuhr Bergmann zur Festigung der Geschäftsbeziehungen erneut nach New York. Als aber die politische Lage in kurzer Zeit immer kritischer wurde, brach er den Besuch ab und wollte am 1. August mit der „Vaterland" vorzeitig heimreisen. Da der Dampfer aber nicht auslaufen konnte, schiffte er sich kurzerhand auf der englischen „Oceanic" ein. Mitten auf dem Atlantik erfuhr man von der Kriegserklärung Englands an Deutschland. Beim Eintreffen in Southampton wurde Bergmann zusammen mit allen deutschen Passagieren festgenommen. Nach mehrfachen dringenden Vorstellungen und unter Einschaltung des amerikanischen Konsuls kam er frei und gelangte auf abenteuerlichem Weg am 18. August nach Berlin.

Während der Kriegsjahre 1914 bis 1918 mußte Bergmann sein Unternehmen auf die Erfordernisse der Kriegswirtschaft umstellen und erzielte etwa die Hälfte des Umsatzes aus der ursprünglich betriebsfremden Munitionsherstellung. Unbeschadet der kriegsbedingten Erschwernisse warf die Arbeit der Gesellschaft aber so viel Gewinn ab, daß wieder Dividendenerhöhungen möglich wurden. Im Herbst 1917 erwarb Bergmann in der Nähe von Coburg einen herrlichen Landsitz, um auch bei den Erholungsaufenthalten seinen Fabriken und Berlin nahe zu sein. Zur Senkung der Frachtkosten für die süddeutsche Kundschaft erfolgte im Jahr 1918 die Gründung der Bayerische Bergmann-Werke GmbH, München, mit einem Kapital von einer Million Mark. In der Fabrik in Freimann wurden vor allem Kleintransformatoren und Kleinmotoren hergestellt.

Auf den Krieg folgte die Ausrufung der deutschen Republik, der Vertrag von Versailles mit seinen harten Bedingungen, die die notwendige Festigung der neuen Staatsform im Inneren unmöglich machten, sowie eine Verwilderung des politischen Lebens und Radikalismus von rechts und links. Deutschland mußte einen Verlust seiner wirtschaftlichen Bedeutung hinnehmen und die Umstellung von einer Kriegs- auf eine Friedenswirtschaft vollziehen.

In den Nachkriegsjahren forcierte Bergmann erfolgreich den Bau von Nutzfahrzeugen — vornehmlich mit Elektromotoren; die nach der Kriegspause wieder aufgenommene PKW-Produktion war nur ein kurzes Zwischenspiel. Die Vorteile der Elektromobile wurden in der Werbung stark herausgestrichen, wie „die Einfachheit in der Bedienung, die nicht, wie beim Benzinwagen, eine ziemlich genaue Kenntnis des Motors und infolgedessen eine längere Ausbildungszeit erfordert, so daß jeder Pferdekutscher nach wenigen Tagen der Ausbildung das Elektromobil sicher fahren kann. Die Einfachheit im Aufbau des Elektromobils vermindert Beschädigungen innerhalb des Betriebes und bedeutet somit Herabsetzung der Reparatur- und Instandsetzungskosten. Ein besonderer Vorteil für den Stadtbetrieb ist seine Geräuschlosigkeit und das Fehlen der Auspuffgase..." Vor allem in Berlin gehörten die Bergmann-LKWs mit Akkuantrieb rasch zum Straßenbild, wobei besonders die zahlreichen, markanten Lieferwagen der Meierei Bolle optisch hervorstachen, aber auch die gelben Postwagen. Denn die Reichspost bestellte in großen Stückzahlen das 2-Tonnen-Elektromobil als „Postpaket-Bestellwagen", wobei die Wagen in Berlin über Kettenantrieb, die für die Oberpostdirektion München aber über Kardanantrieb verfügten. Die Batterien erlaubten einen Aktionsradius von 60 bis 70 Kilometern, und ihre Aufladung dauerte rund sieben Stunden. Die Betriebskosten lagen erheblich unter denen eines entsprechenden Benzinantriebs. Als Vorteile der Bergmann-Elektromobile galten allgemein ihre außergewöhnliche Robustheit und ihre leichte Pflege und Wartung. Das traf besonders auf den Winterbetrieb zu, da die Akkumulatorensäure erst bei minus 18 bis 20 Grad Celsius gefror.

Bergmann war trotz seines hohen Alters als einer der ersten deutschen Unternehmensleiter bereits im Sommer 1919 in die Vereinigten Staaten gereist, um alte Verbindungen wieder anzuknüpfen und neue zu schaffen. Er setzte dabei bewußt seinen Namen, seine Bekanntheit und seine persönlichen Beziehungen ein, um das Exportgeschäft wieder in Gang zu bringen. Es gelang dem bald Siebzigjährigen mit gewaltigen Anstrengungen, sein Unternehmen gut durch die politischen und wirtschaftlichen Wirrnisse der Nachkriegsjahre zu leiten; auch die stetige Geldentwertung bis zum Höhepunkt der Inflation 1923 wurde überstanden. Am 15. November 1923 erfolgte die Umstellung der Währung von 1 Billion Papiermark auf 1 Rentenmark; das Kapital der Bergmann-Elektricitäts-Werke AG wurde auf 33 Millionen Mark herabgesetzt. Die Beschäftigtenzahl lag bei 13 000, war also noch um 1000 höher als 1917.

Die Nachkriegszeit brachte Fortschritte auf allen Fertigungsgebieten. Erwähnenswert sind Lieferungen größerer Transformatoren sowie Generatoren in das In- und Ausland. Dem Metallwerk wurde 1920 ein Rohrwalzwerk angegliedert. 1921 forcierte man besonders den Bau von Elektrowerkzeugen, und 1922 wurden Quecksilber-Gleichrichter neu entwickelt. Die Bahnabteilung verzeichnete hohe Auftragseingänge und interessante Entwicklungen. Die Kleinbahnabteilung brachte eine Schmalspurlokomotive mit Schneckenvorgelege und einen Straßenbahnwagen für Ein-Mann-Betrieb mit automatischen Schließ- und Kontrollvorrichtungen heraus. Die Vollbahnabteilung baute für die Deutsche Reichsbahn erstmalig Güterzuglokomotiven mit Gruppenantrieb, 2200 PS Stundenleistung und 65 km/h Höchstgeschwindigkeit und unterstrich damit die außergewöhnliche Beachtung, die Bergmann der besonders wichtigen Frage des Antriebs immer geschenkt hat. Bemerkenswert waren auch große Aufträge für die erste elektrifizierte Strecke der Berliner S-Bahn. Die Deutsche Reichsbahn bestellte neben Stromschienen- und Kabelverlegungsarbeiten unter anderem mehrere Triebwagenzüge und für die gesamten Triebwagen-Steuerungen das von Bergmann zusammen mit Maffei-Schwartzkopff entwickelte vollautomatische System.

Dem nach der Inflation einsetzenden verschärften Wettbewerb stellte sich Bergmann erfolgreich. Zum einen half ihm die Marktentwicklung, da die Nachfrage nach elektrotechnischen Erzeugnissen zunahm und der vermehrte Stromverbrauch die Elektrizitätsversorgungsunternehmen zu höheren Investitionen zwang, zum anderen senkte er durch systematische Normung und Typisierung sowie Anwendung modernster Fertigungstechnologien die Kosten. Der Umsatz konnte wiederum stärker als derjenige von Siemens-Schuckert ausgedehnt werden.

Sigmund Bergmann, der 1921 seinen 70. Geburtstag feiern konnte, hatte in dieser letzten Phase die Leitung seines Unternehmens zunehmend seinen Mitarbeitern übertragen. Wie richtig die Entscheidung war, zeigte sich, als ihn mitten in diesen neuen Expansionsjahren im Spätherbst 1926 ein schweres Kehlkopfleiden befiel. Auch ein Aufenthalt an der Riviera brachte keine Besserung, und in Berlin wollte wegen seines hohen Alters niemand mehr einen chirurgischen Eingriff wagen. Vier Wochen nach seinem 76. Geburtstag starb Sigmund Bergmann in Berlin am 7. Juli 1927; seine Beisetzung erfolgte auf dem Waldfriedhof in München. Edison kondolierte als einer der ersten und widmete seinem „lifelong friend" ehrende Worte, und auch die „Edison Pioneers" würdigten ihr Ehrenmitglied und alten Weggefährten.

In der Öffentlichkeit fand Bergmanns Tod ein breites Echo. Die fortschrittsgläubige, gerade von der Elektrotechnik revolutionierte Gesellschaft betrauerte in ihm sowohl den Freund Edisons und Erfinder als auch den erfolgreichen Unternehmer. Zwar hatten Siemens und Edison vieles Wichtige erfunden, was es in der Elektrotechnik gab. Aber häufig brauchen große Ideen praktisch-schöpferische Gestalter wie Bergmann, die ihnen eine verwendbare und fertigungsgerechte Form geben, sie dabei verbessern, mit eigenen Gedanken und Leistungen verbinden und so erst ihren Erfolg vorantreiben. Und gerade von den im Bewußtsein der Zeitgenossen strahlendsten Leistungen Edisons, dem Phonographen und der Glühlampe, fiel auch ein heller Schein auf den Namen Bergmann.

Bergmanns industrielles Schicksal war durch seine späte Loslösung von Amerika bestimmt. Als er in Deutschland mit dem Aufbau eines starkstromtechnischen Universalunternehmens begann, hatten die hier eingeführten, mächtigen und finanziell gesicherten Unternehmen den Markt schon aufgeteilt; auch waren die grundlegenden technischen Lösungen verwirklicht. Er mußte schnell vorwärts stürmen, um den Vorsprung der anderen aufzuholen, und dabei konnte er auf eine vorsichtige kaufmännische Fundierung keine große Rücksicht nehmen. Man bewunderte seinen Mut und empfand das, was er trotz dieser widrigen Umstände industriell geschaffen hatte, höchster Anerkennung wert. Es war ihm gelungen, mit der ihm eigenen Organisationskraft in ganz kurzer Zeit ein eindrucksvolles Unternehmen zu schaffen, das es in technischer Hinsicht mit den beiden Großen aufnehmen konnte. Zutreffend ordnete ihn der damalige Generaldirektor Köttgen von Siemens-Schuckert so ein: „Wenn auch der Jüngste unter den Begründern der vier großen Elektro-Konzerne: Siemens, Rathenau, Schuckert und Bergmann, so gehört er für uns ... doch zu den ehrwürdigen Gestalten aus der Frühzeit der deutschen elektrotechnischen Industrie."

Bergmanns Werk überdauerte — wenn auch in anderer Form. Den Charakter eines Universalunternehmens verlor es in der Folge der Weltwirtschaftskrise, um aber mit verkleinertem Produktionsprogramm erfolgreich weiterzuarbeiten. Nach dem Zweiten Weltkrieg wurde die durch die Bezirksneuregelung 1938 von Reinickendorf zu Pankow gekommene und damit nun im Ostsektor gelegene Fabrik in Wilhelmsruh enteignet („VEB Bergmann-Borsig"). Das Unternehmen selbst wandelte sich — im Gegensatz zu 1912, als die Beteiligungen aufgegeben werden mußten — zu einer Holding-Gesellschaft mit heute insgesamt 12 000 Mitarbeitern in den einzelnen Beteiligungsgesellschaften.

Literatur

o. V., *Bergmann-Elektricitäts-Werke Aktiengesellschaft*, Berlin 1910.
Dürks, Erich, *Die Geschichte der Bergmann-Elektricitäts-Werke Aktiengesellschaft*, unveröffentl. Manuskript, Berlin 1955/1962.
Kubisch, Ulrich, *Automobile aus Berlin*, Berlin 1985.
Neue deutsche Biographie, Bd. 2, Berlin 1955.
Pierson, Kurt, *Lokomotiven aus Berlin*, Stuttgart 1977.
Pinner, Felix, *Emil Rathenau und das elektrische Zeitalter*, Leipzig 1918.
Siemens-Museum, Nachlaß C. F. v. Siemens (4 Lf 544).
VDI-Nachrichten, Nr. 28 (1927).
Vögtle, Fritz, *Thomas Alva Edison*, Hamburg 1982.

Lothar Schoen
Friedrich von Hefner-Alteneck

Friedrich von Hefner-Alteneck wurde am 27. April 1845 in Aschaffenburg als dritter Sohn von Jakob Heinrich von Hefner und seiner Ehefrau Elise, geb. Pauli, geboren. Der Vater hieß seit 1856 von Hefner-Alteneck, um — wie er selbst in seinen *Lebens-Erinnerungen* schreibt — Namensverwechslungen auszuschließen. 1814 war Friedrichs Großvater Franz Ignaz Heinrich in den bayerischen erblichen Adelsstand erhoben worden. Friedrichs Eltern gingen 1852 nach München, wo der Vater, der Kunst und Kunstgeschichte studiert hatte und seit 1836 „Professor der Zeichnungskunde" war, 1868 „General-Conservator der Kunstdenkmale und Alterthümer Bayerns" sowie Direktor des Bayerischen Nationalmuseums wurde.

In München besuchte Friedrich Grundschule und Gymnasium. Er war nie ein ausgesprochen guter Schüler, da ihm trockener theoretischer Lehrstoff wenig behagte. Praktische Betätigung lag ihm dagegen sehr, und es bereitete ihm seit früher Jugend Freude, Dinge zusammenzubasteln, insbesondere solche technischer Natur, die nicht kompliziert genug sein konnten. So soll er sich beispielsweise unter Verwendung gefundener Metallteile eine gut funktionierende Uhr gebaut haben. Von 1861 bis 1864 studierte Friedrich von Hefner-Alteneck in München an der „Polytechnischen Schule", der heutigen Technischen Universität, sowie anschließend am entsprechenden Institut in Zürich. Auch diese Studienzeit war charakterisiert dadurch, daß Hefner-Alteneck sich vornehmlich der praktischen Seite der Ausbildung widmete. Das Konstruieren komplizierter technischer Gebilde faszinierte ihn. Hier konnte er seine außergewöhnlichen kreativen Fähigkeiten geradezu spielerisch zur Entfaltung bringen. Die theoretisch-wissenschaftliche Durchdringung der Technik interessierte ihn dagegen nicht sehr. 1867 beendete Hefner-Alteneck ohne förmlichen Abschluß seine Universitätsstudien, um sich als nächstes in einer Münchener Werkstatt praktisch weiterbilden zu lassen.

In jenem Jahr fand in Paris die vierte Weltausstellung statt, die Hefner-Alteneck voller Begeisterung besuchte. Hier fielen ihm insbesondere die technischen Meisterwerke der Berliner Firma Siemens & Halske auf. Nach Deutschland zurückgekehrt, bewarb er sich als technischer Zeichner bei Siemens & Halske, wurde jedoch nicht eingestellt, weil man spezielle Zeichner damals noch nicht benötigte. Das Jahr 1867 war das letzte Jahr, in dem Johann Georg Halske, der Mitbegründer von Siemens & Halske, noch aktiv in der Firma wirkte und demzufolge sein Arbeitsstil maßgebend war, bei dem die Firma ohne eine besondere Konstruktionsabteilung mit eigens dafür angestellten Zeichnern auskam. Von Hefner-Alteneck wollte trotzdem zu Siemens & Halske nach Berlin gehen; deren Arbeitsgebiet, nämlich die Elektrotechnik — damals noch als „angewandte Elektrizitätslehre" bezeichnet —, erschien ihm so zukunftsreich und in höchstem Maße ausbaufähig, daß er darin genau das Betätigungsfeld erblickte, das seinen Neigungen und Fähigkeiten entsprach. Er bewarb sich erneut bei Siemens & Halske, diesmal als einfacher Arbeiter im Wochenlohn, und wurde zum 17. Juni 1867 eingestellt.

Schon in den ersten Monaten seiner Tätigkeit muß Hefner-Alteneck so positiv aufgefallen sein, daß er vom 1. Oktober 1867 an in eine neugeschaffene kleine Konstruktionsabteilung übernommen wurde, wo ihm nunmehr gerade solche Aufgaben zufielen, für die er sich bei Siemens & Halske beworben hatte. Wie Hefner-Alteneck 1901 vor der Königlich Preußischen Akademie der Wissenschaften in Berlin betonte, hatte eine Empfehlung seines Züricher Lehrers Gustav Zeuner zu dieser glücklichen Entwicklung beigetragen. Im offiziellen Schreiben von Siemens & Halske an Hefner-Alteneck hieß es am 28. September 1867: „In Anbetracht Ihrer zufriedenstellenden Leistungen haben wir uns entschlossen, Sie vom 1. October c. ab als Zeichner anzustellen..."

Zum Gang einer Neukonstruktion gehörte von nun an eine Zeichnung, die in der zentralen Konstruktionsabteilung entstand, nicht wie bis dahin in der Werkstatt selbst; das trug zur wünschenswerten Vereinheitlichung der Konstruktionen bei. Die Zeichnungen enthielten übrigens damals keine Maßangaben; sie wurden im Verhältnis 1:1 angefertigt und mußten daher so maßgenau und fein ausgeführt werden, daß in der Werkstatt selbst mit dem Zirkel die geforderten Abmessungen präzise abgenommen und auf die Werkstücke übertragen werden konnten. Die zu verwendenden Materialien wurden vom Konstruktionsbüro in der Zeichnung durch unterschiedliche Farben markiert. Die exakte zeichnerische Darstellung der Konstruktionen betrachtete Hefner-Alteneck als „eine Kunst, die unter allen Umständen gelernt und geübt sein will", als „die Sprache des Erfinders" — so in einem Vortrag am 22. April 1902 beim Elektrotechnischen Verein (ETV) in Berlin *Über einheitliche Methoden bei technischen Zeichnungen*. Über die Umstellung bei Siemens & Halske auf dem Gebiet der Konstruktionen schrieb Werner Siemens an Bruder Carl am 29. November 1869: „Wir sind jetzt emsig beschäftigt, unsere ganze Fabrikation zu reformieren und auf richtige konstruktive Basis zu bringen. In Hefner und Frischen habe ich jetzt die richtigen Kräfte dazu."

Der Aufstieg Friedrich von Hefner-Altenecks bei Siemens & Halske vollzog sich in schnellem Tempo als geradezu zwangsläufige Folge seiner außergewöhnlichen Begabung für Konstruktionen und seiner Fähigkeit, mit großem Fleiß und unbeirrbarer Zielstrebigkeit die eingeschlagenen Wege bis zu ihrem Ende

Friedrich von Hefner-Alteneck
(1845—1904)

und damit bis zum Nachweis des Erfolgs oder des Mißerfolgs zu beschreiten. Viele seiner Konstruktionen, die damals sowohl auf das Gebiet der elektrischen Nachrichtentechnik — also insbesondere der elektrischen Telegrafie — als auch der „Starkstromtechnik" — hier anfangs bei der elektrischen Beleuchtung mit Hilfe von Kohle-Bogenlampen — gehörten, waren geradezu als genial zu bezeichnen. Beispiele dafür werden später noch beschrieben.

Werner Siemens erkannte bald diese für das Geschäft sehr vorteilhaften Fähigkeiten. Er und die Mitarbeiter Hefner-Altenecks mußten freilich ebenso schnell bemerken, daß unlösbar mit diesen herausragenden Eigenschaften Hefner-Altenecks seine starke Neigung verknüpft war, die eigene Leistung im Vergleich zu der anderer stets am höchsten zu bewerten und bisweilen zu überschätzen. Mit anderen Worten: Das Selbstbewußtsein Hefner-Altenecks war außerordentlich stark entwickelt, woraus sich wohl zwangsläufig ergeben mußte, daß er gewissermaßen in einer Welt lebte, die von seinen eigenen Leistungen beherrscht war und die daher für die Leistungen anderer wenig Platz bot. Es fiel den Mitarbeitern auch sehr schwer, Zugang zu seiner Person über den notwendigen knappen Umgang geschäftlicher Art hinaus zu finden. Robert Maaß, von 1882 bis 1919 bei Siemens & Halske tätig, der sich insbesondere um die Entwicklung der Vertriebsorganisation große Verdienste erwarb und längere Zeit eng mit von Hefner-Alteneck zusammenarbeitete, schildert das in seinem *Erinnerungsblatt an Wilhelm von Siemens* so: „Der Verkehr mit ... [Hefner-Alteneck] gehörte keineswegs zu den Annehmlichkeiten unserer Berufstätigkeit, da von Hefner-Alteneck, unausgesetzt mit Erfindungsgedanken beschäftigt, außerordentlich schwer zugänglich war und sehr vorsichtig behandelt werden mußte, wenn man etwas bei ihm erreichen wollte." An anderer Stelle schreibt Maaß im genannten Buch: „Schon früher sprach ich ... davon, daß der Umgang mit Herrn von Hefner-Alteneck nicht leicht und einfach war. Der allgemeine Geschäftsgang erforderte seine Beratung und sein Eingreifen ... Dabei war er unausgesetzt mit seinen Gedanken tief in Neukonstruktionen oder Verbesserungen verstrickt und sah Störungen seiner Gedankenarbeit höchst ungern."

Hermann Jacobi, seit 1867 Meister bei Siemens & Halske, sagt in seinen *Erinnerungen,* Hefner-Alteneck sei ein Mann gewesen, „unter dessen Grobheit viele zu leiden hatten ... In früherer Zeit unter Halske hatte die Werkstatt selbst gelegentlich brauchbare Konstruktionen hervorgebracht; seit dem Bestehen des Konstruktionsbüros unter v. Hefner wurde alle praktische Erfindergabe niedergehalten, ja überhaupt jede eigene Meinung in Konstruktionsangelegenheiten unterdrückt." Und Professor Johannes Görges, der 1884 bei Siemens & Halske als Konstrukteur begonnen hatte, schrieb 1941 in einem Brief an das Siemens-Archiv rückblickend: „Hefner war ein genialer Erfinder, der vorwiegend mit Intuition arbeitete. In seinen Konstruktionen finden sich unzählige Feinheiten. Seine theoretischen Kenntnisse waren aber, soweit ich es beurteilen kann, gering. In den Anfängen der Elektrotechnik war er mit seinem

Ideenreichtum gerade am richtigen Platz ... v. Hefner-Alteneck schien mir mehr gefürchtet als beliebt bei seinen Untergebenen zu sein ... Selten verstieg er sich zu einem Lobe."

Friedrich von Hefner-Alteneck sah auf dem Gebiet, das sein geliebtes Betätigungsfeld war, nur wenige Menschen als ebenbürtig oder überlegen an. Zu diesen gehörte zuallererst Werner von Siemens. Über ihn sagte er 1901 in Berlin in seiner Antrittsrede als Mitglied der Königlich Preußischen Akademie der Wissenschaften: „Vor allem muß ich ... in tiefer Dankbarkeit ... des unvergeßlichen Werner von Siemens [gedenken]. Er war es, der durch seine nie erlahmende Tatkraft, rastlosen Fleiß und zähes Festhalten des einmal Erfaßten den Boden geschaffen und gefestigt hat, der mir die Möglichkeit der Ausführung meiner Erfindungen gab, die Firma Siemens & Halske."

Im folgenden soll Hefner-Altenecks Werdegang seit Beginn seiner Tätigkeit im Konstruktionsbüro von Siemens & Halske, seine Arbeit und ihre Bedeutung sowohl für Hefner-Alteneck selbst, für das Unternehmen, dem er bis Ende 1889 angehörte, als auch allgemein für Wissenschaft, Technik und Gesellschaft im einzelnen näher beleuchtet werden. Als Friedrich von Hefner-Alteneck seine Tätigkeit bei Siemens & Halske begann, lag es erst etwas mehr als ein halbes Jahr zurück, daß Werner Siemens — Ende 1866 — das dynamoelektrische Prinzip formuliert und die erste Dynamomaschine gebaut hatte. Damit war eine wichtige Voraussetzung für die Entwicklung der elektrischen Energietechnik auf wirtschaftlicher Grundlage gegeben. Bei Siemens & Halske hatte man sich bis dahin vorwiegend mit der Entwicklung, Fertigung und Installation von Geräten und Einrichtungen der Nachrichtentechnik — insbesondere von elektrischen Telegrafen und Signaleinrichtungen — beschäftigt. Diese Ausweitung des Arbeitsgebiets von der anfänglichen Spezialisierung hin zur späteren Universalität auf dem gesamten Gebiet der Elektrotechnik war für Hefner-Alteneck von großer Bedeutung, da auch sein eigenes Betätigungsfeld damit die gesamte Elektrotechnik umfaßte. Zunächst fielen ihm allerdings Aufgaben zu, die mit der elektrischen Telegrafie und Signaltechnik zu tun hatten.

Von 1867 bis 1870 errichtete Siemens & Halske wesentliche Streckenteile der Indo-Europäischen Telegrafenlinie („Indolinie"), die in ihrer Gesamtheit über rund 11 000 km von London nach Kalkutta führte. Hefner-Alteneck wirkte durch eigene konstruktive Beiträge an der Gestaltung der dabei verwendeten elektromagnetischen Telegrafiereinrichtungen mit. Auf dem Gebiet der elektrischen Telegrafie leistete Hefner-Alteneck zahlreiche weitere wichtige Beiträge, bis sich dann schließlich sein Interesse fast gänzlich der Starkstromtechnik — hier vor allem den elektrischen Maschinen und der Beleuchtung — zuwandte. Auf eine seiner Telegrafenkonstruktionen, die 1873 patentiert wurde, soll besonders eingegangen werden, zumal hier das geradezu geniale Konstruktionstalent Hefner-Altenecks recht deutlich sichtbar wird. Es handelt sich um den „Dosenschriftgeber". Hefner-Alteneck hat dieses Gerät, das auch von Werner Siemens sehr gelobt wurde, in einer späteren eigenen Darstellung seiner wichtigsten Leistungen — 1901 vor der Königlich Preußischen Akademie der Wissenschaften — noch nicht einmal erwähnt. Das lag wohl daran, daß der „Dosenschriftgeber" zwar im Zuge des Strebens nach einem leistungsfähigen Schnelltelegrafen hervorragende Ergebnisse brachte, sich aber gegenüber anderen Konstruktionen auf die Dauer nicht durchzusetzen vermochte, letztlich wohl auch deswegen, weil er nicht gerade billig gewesen sein wird.

Der „Dosenschriftgeber" war ein elektromagnetischer Telegraf, der nur zum Senden von Nachrichten, und zwar im Strich-Punkt-Code nach Morse, vorgesehen war. Als Grundidee hatte Friedrich von Hefner-Alteneck angenommen, daß man — um die Schnelligkeit und Sicherheit des Sendens zu erhöhen — dem Telegrafisten die Möglichkeit schaffen müßte, die Buchstaben, Ziffern und sonstigen Zeichen jeweils nur durch einen einzigen Tastendruck zu bilden und die Strich-Punkt-Folge automatisch auf die Leitung zu schicken. Dies realisierte er in bestechender Weise mit Hilfe einer ring- beziehungsweise dosenförmigen, sprungweise drehbaren Anordnung beweglicher Metallstifte, die beim Druck auf eine der Tasten im vorn am Gerät befindlichen mehrreihigen Tastenfeld in unterschiedlicher Weise verschoben wurden, das Zeichen somit zunächst bildeten, kurzzeitig speicherten und dann mit dem automatischen Abtastvorgang auf die Leitung gaben. Das Empfangsgerät besaß ein polarisiertes Empfangssystem, war also mit einem speziellen Relais ausgestattet, das zwei definierte Ruhelagen besitzt. Dies war nötig, da mit Gleichstromimpulsen in wechselnder Richtung — plus und minus — gearbeitet wurde.

Zu den ersten Anwendungsgebieten des elektrischen Stroms gehörte auch die Beleuchtungstechnik. Ehe es die Glühlampe gab, versuchte man weltweit, so auch bei Siemens & Halske, das Kohle-Bogenlicht für praktische Zwecke einsatzfähig zu machen. Auf diesem Feld hat sich Hefner-Alteneck seit Beginn der Tätigkeit bei Siemens & Halske ebenfalls große Verdienste erworben. So bemühte er sich frühzeitig, zum einen die Bogenlampe selbst apparativ zu verbessern — insbesondere ihren Betrieb zu automatisieren, das heißt, das Nachstellen der beiden Kohlestäbe, zwischen denen der Lichtbogen brennt, selbsttätig zu gestalten — und zum anderen durch demonstrativen Einsatz dieser Lampen auf immer neuen Anwendungsgebieten der elektrischen Beleuchtung zum Durchbruch zu verhelfen.

Eine dieser spektakulären Aktionen aus der Anfangszeit der elektrischen Beleuchtung brachte Friedrich von Hefner-Alteneck postum eine große Ehrung der Stadt München ein, in der er aufgewachsen war. Als 1868 die Braunauer Eisenbahnbrücke über die Isar im Süden der Stadt errichtet wurde, erwies es sich als dringend notwendig, den Bau sehr beschleunigt durchzuführen und zu diesem Zweck möglichst auch nach Einbruch der Dunkelheit zu arbeiten. Unter der Leitung Hefner-Altenecks wurde die Baustelle für die Fundierungsarbeiten von einer Reflektor-Bogenlampe beleuchtet, die handreguliert war, gespeist von einer durch Lokomobile angetriebenen Wechselstrommaschine mit Erreger-Dynamo von Siemens. Der verantwortliche Bauingenieur, C. Schnorr v. Carolsfeld, veröffentlichte darüber 1871 *Technische Mitteilungen* in der *Zeitschrift des Bayerischen Architekten- und Ingenieur-Vereins*. Es heißt dort: Die Einrichtung „wurde... mit gutem Erfolge verwendet... Die Lampe erfordert eine sehr aufmerksame Behandlung und unausgesetzte Regulierung der Kohlenspitzen... Es dürfte wohl dem bewährten Etablissement gelingen, mit Benützung der hierselbst gemachten Erfahrungen einen für die Beleuchtung größerer Bauplätze vollkommen praktischen Apparat zu konstruieren..."

Zum Gedenken an diesen erfolgreichen Einsatz des Bogenlichts bei Bauarbeiten in jenen Kindertagen der elektrischen Beleuchtung schlug die 1916 zur 100. Wiederkehr des Geburtstags von Werner von Siemens entstandene „Siemens-Ring-Stiftung" (seit 1964 „Stiftung Werner-von-Siemens-Ring") der Stadt vor, eine Gedenktafel für Friedrich von Hefner-Alteneck an der Brücke anzubringen und eine Straße nach ihm zu benennen, nachdem in Berlin, der Hauptstätte seines Wirkens, bereits 1904 für eine Straße (den „Hefnersteig" im später „Siemensstadt" genannten Gebiet) sein Name gewählt worden war. Übergabe und Einweihung in München wurden am 14. September 1929 zu einer großen Feier ausgestaltet, ein Vierteljahrhundert nach Hefner-Altenecks Tod. Die Gedenktafel befindet sich heute an der nach dem Kriege wiederhergestellten Brücke am Anfang der „Hefner-Alteneck-Straße".

In den Jahren nach 1866 kam es darauf an, der Dynamomaschine bald eine für den praktischen Einsatz geeignete Konstruktionsform zu geben und der Kinderkrankheiten Herr zu werden. Die Beiträge, die Friedrich von Hefner-Alteneck hierzu leistete, sind von überragender Bedeutung und gar nicht hoch genug einzuschätzen. Werner von Siemens hatte dem Läufer seiner Dynamomaschine die Form des Doppel-T-Ankers gegeben, den er schon 1856 konstruiert hatte und der in zwei parallelen Längsnuten im Eisenkörper des Läufers die Anker-Wicklung enthielt. Hefner-Alteneck revolutionierte gleichsam den Elektromaschinenbau, indem er 1872 den als Weiterentwicklung des Doppel-T-Ankers aufzufassenden Trommelanker für Dynamomaschinen einführte, bei dem die Wicklung gleichmäßig über die gesamte Oberfläche des Läuferkörpers verteilt ist. In der konstruktiven Ausführung der Läufer moderner Turbogeneratoren unserer heutigen Wärmekraftwerke höchster Leistungsfähigkeit finden wir die logische Fortsetzung der Ideen Hefner-Altenecks wieder.

Dieser hatte sich bei Siemens & Halske inzwischen zum Assistenten des Oberingenieurs Carl Frischen emporgearbeitet, der 1870 — bereits als erfahrener „Telegraphen-Ingenieur" — zu Siemens & Halske gekommen war und gleich als Oberingenieur, speziell für den nachrichten- und signaltechnischen Bereich, eingestellt wurde. Am 13. März 1872 war Hefner-Alteneck zu einem der beiden Assistenten Frischens, des „Vorstands der allgemeinen technischen Direktion", ernannt worden. Auf dem Weg der konstruktiven Weiterentwicklung der Dynamomaschine waren noch viele Schwierigkeiten zu überwinden. Hefner-Alteneck mußte sich insbesondere mit dem Problem auseinanderset-

Erste Trommelanker-Dynamomaschine, 1872

zen, wie die unzulässige Erwärmung der im Betrieb befindlichen Maschinen auf ein tragbares Maß herabgesetzt werden konnte. Geistreiche Ideen in dieser Hinsicht führten zum einen dazu, daß er eine recht komplizierte und deswegen letztlich auch nicht erfolgreiche Bauart ersann, bei der er das Ankereisen feststehen und nur die induzierte Trommelwicklung sich drehen ließ. Die „Wirbelströme", wie wir sie heute nennen, für die Erwärmung vornehmlich verantwortlich, wurden dadurch wesentlich reduziert. Eine andere Idee, die ebenfalls zu besseren Ergebnissen führte, war die, das Ankereisen nicht kompakt auszuführen, sondern es aus Eisendraht aufzuwickeln.

In jener Zeit, in der man die Dynamomaschine zur Serienreife weiterentwickelte, kommt auch die Konstruktion der Kohle-Bogenlampe, einer der wesentlichen frühen Anwendungsmöglichkeiten dieser Dynamomaschine, ganz bedeutend verbessert werden. Ein großer Mangel bei der Installation früher elektrischer Beleuchtungsanlagen lag darin, daß man mehrere Bogenlampen nicht in einem einzigen Stromkreis gemeinsam betreiben konnte, wobei dann jeweils nur eine

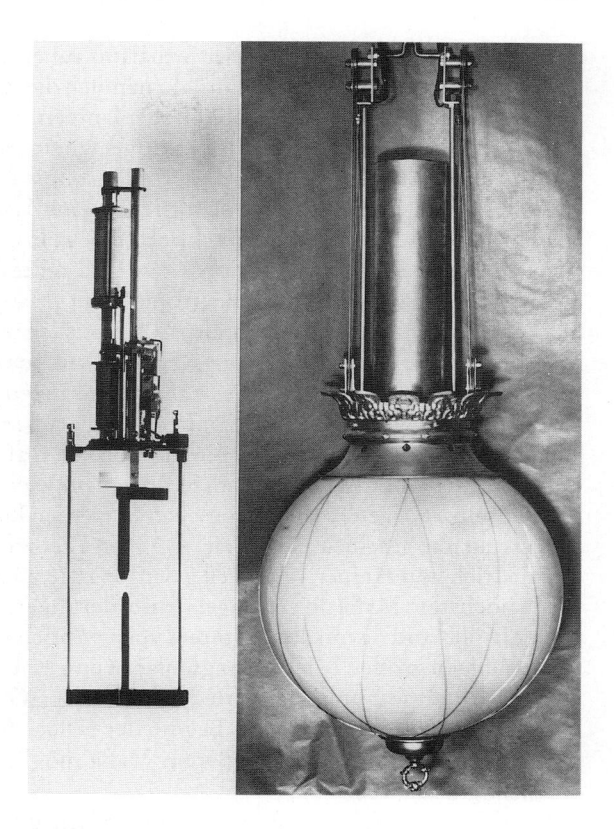

Differential-Bogenlampe, 1878

Stromquelle in Form eines Gleichstrom- oder Wechselstrom-Antriebsaggregats erforderlich gewesen wäre. Der Grund dafür war, daß sich die Regeleinrichtungen aller Lampen gegenseitig beeinflußten und derart störten, daß ein akzeptables Betriebsverhalten mit nur geringfügig flackerndem Licht nicht zu erzielen war. Es ist klar, daß man nur sich selbsttätig regulierende Bogenlampen einsetzen wollte.

Die bis 1878 vorliegenden Regelsysteme waren für diesen Betrieb mit mehreren und letztlich möglichst vielen Lampen, damals allgemein als „Teilung des elektrischen Lichts" bezeichnet, nicht brauchbar. Und auch das von Pawel Jablochkoff erdachte und 1876 erstmals vorgeführte System mit „Kerzen", die den Betrieb mit Wechselstrom erforderten (da sonst die beiden Kohlestifte, Anode und Kathode, unterschiedlich schnell abbrannten), war am Ende nicht erfolgreich, da die im Betrieb auftretenden Schwierigkeiten — speziell beim Neuzünden ausgegangener „Kerzen" — nicht tragbar waren. Werner von Siemens und Friedrich von Hefner-Alteneck erkannten das sehr bald, nach anfänglicher Begeisterung für das Jablochkoffsche System.

Hefner-Alteneck griff in dieser Situation auf eine bereits mehrere Jahre alte Idee von Werner von Siemens zurück, nämlich die Anwendung des Prinzips der Differentialregelung auf die Kohle-Bogenlampen. Er war der Überzeugung, daß für diese vielversprechende Idee eine geeignete Konstruktion möglich sein müßte, und fühlte sich berufen, das Problem selbst intensiv weiterzubearbeiten.

Werner von Siemens hatte schon 1873 eine Lampe konstruiert, die nach diesem Prinzip arbeitete. Er beschrieb seinem Bruder William in einem Brief vom 19. März 1873 die Funktionsweise und teilte ihm mit, daß „meine neue Lampe für elektrische Wechselströme" mit Hauptstromkreis und Nebenstromkreis „sehr schön funktioniert". Wesentlich war hierbei, daß die bis dahin übliche, nur mangelhaft wirksame Regelung auf konstanten Strom (mit Hauptstromwicklung kleiner Windungszahl und geringen Widerstands) und auf konstante Spannung (mit Nebenstromwicklung großer Windungszahl und großen Widerstands) miteinander kombiniert wurden. Daß dennoch bis 1878 keine für den praktischen Einsatz brauchbare Bogenlampe nach diesem Differentialprinzip der selbsttätigen Regelung geschaffen werden konnte, läßt ermessen, welch Konstruktionsgeschick nötig war, um zum Ziel zu kommen.

Friedrich von Hefner-Alteneck gelangte 1878 zu einer Lösung des Problems, die in höchstem Maße den strengen Anforderungen genügte. Seine Differential-Bogenlampe und davon abgeleitete Typen wurden von 1879 an viele Jahre lang in unzähligen großen Beleuchtungsanlagen eingesetzt. Die „Teilung des elektrischen Lichts" war nun in zufriedenstellender Weise realisierbar. Durch die Einführung der Glühlampe seit Beginn der 1880er Jahre wurde diese Unterteilbarkeit dann in noch weit größerem Maße möglich, bis hin zu kleinsten Beleuchtungseinheiten.

Friedrich von Hefner-Alteneck war inzwischen zum Stellvertreter des Oberingenieurs Carl Frischen bestimmt worden. Im Zirkular vom 7. Februar 1878 hieß es: „Herr v. Hefner-Alteneck wird als Stellvertreter des Oberingenieurs diesen bei dauernder Verhinderung vertreten und dann die technische Korrespondenz zeichnen. — Derselbe dirigiert die Abteilung für Konstruktionen. Er hat für gute Ausarbeitung der Zeichnungen und der Entwürfe für Neukonstruktionen zu sorgen und die dazu nötigen Versuche zu leiten." Am 1. April 1880 wurde er zum Prokuristen — im Rahmen einer Kollektiv-Prokura — ernannt.

Im Jahre 1883 entstand das „Charlottenburger Werk" von Siemens & Halske, und der größte Teil der starkstromtechnischen Fertigung kam in der Folgezeit aus den inzwischen sehr beengten Räumlichkeiten der Markgrafenstraße im Zentrum Berlins nach Charlottenburg. Hefner-Alteneck übernahm 1889 die technische Leitung dieses Werks. Er war in seinem Tätigkeitsfeld inzwischen mehr und mehr auf die Starkstromtechnik ausgerichtet, während Carl Frischen für den zunächst noch in der Markgrafenstraße verbleibenden Bereich der Nachrichten- und Signaltechnik verantwortlich war.

Am 6. Oktober 1884 heiratete Friedrich von Hefner-Alteneck in München Johanna Piloty, die Tochter des Malers Karl von Piloty. Aus dieser Ehe gingen

Hefner-Kerze, 1884

zwei Söhne und drei Töchter hervor. Dem Schwager Robert Piloty verdanken wir kurze Lebensbeschreibungen Friedrich von Hefner-Altenecks und seines Vaters, die unser Bild von diesen bedeutenden Männern durch Einzelheiten aus der Privatsphäre ergänzen.

An wissenschaftlich-technischen Leistungen Friedrich von Hefner-Altenecks aus jener Zeit ist insbesondere die später nach ihm benannte „Hefner-Kerze" zu nennen. Hefner-Alteneck hatte im Zusammenhang mit seiner intensiven Tätigkeit auf dem Gebiet der elektrischen Beleuchtung besonders schmerzlich die Erfahrung gemacht, daß eine einfache und überall leicht reproduzierbare Maßeinheit beziehungsweise ein Meßverfahren für die Lichtstärke fehlten. Er schlug Ende 1883 eine Einheitslichtquelle genau festgelegter Konstruktion und Abmessungen unter Benutzung reinen Amylacetats, eines Kohlenwasserstoffs, als Brennstoff vor. Die Flammenhöhe mußte exakt eingestellt werden, dann konnte die „Hefner-Kerze" (HK) zur Darstellung der Lichteinheit herangezogen werden.

Diese „Hefner-Kerze", genau beschrieben Anfang 1884 in der *Elektrotechnischen Zeitschrift* in seinem *Vorschlag zur Beschaffung einer konstanten Lichteinheit*, wurde dann im August 1896 auf dem „Internationalen Elektriker-Kongreß" in Genf als damals beste Lösung für die Erfordernisse der Praxis

Innenpolmaschine im Kraftwerk Mauerstraße, 1889

angenommen. Hefner-Alteneck berichtete darüber dem ETV am 27. Oktober 1896. Bis in die vierziger Jahre dieses Jahrhunderts diente die „Hefner-Kerze" in Deutschland und in etlichen anderen Ländern als Lichtstärke-Normal. Heute kann die Einheit der Lichtstärke viel exakter als damals, nämlich mittels der Strahlung des „schwarzen Körpers" bei der Temperatur des erstarrenden Platins, dargestellt werden; als Maßeinheit gilt nunmehr die „Candela" (cd).

Um die Mitte der 1880er Jahre entstanden in Deutschland die ersten großen Elektrizitätswerke, anfangs „Zentralen" genannt. Als Pionieranlage in Berlin ist die „Zentrale" in der Markgrafenstraße zu nennen, die 1885 mit einer Leistung von rund 540 kW den Betrieb aufnahm. Hersteller der für damalige Verhältnisse großen Generatoren dieser Anlagen war Siemens & Halske, und Friedrich von Hefner-Alteneck hatte mit seinem Konstruktionsgeschick und neuen Ideen für deren zweckmäßige Gestaltung zu sorgen. Ein besonderes Problem ergab sich daraus, daß bei steigender Leistung Gleichstrommaschinen gebaut werden mußten, deren Drehzahl an den recht langsamen Lauf der damals als Antriebsaggregate verwendeten Dampfmaschinen angepaßt war, wodurch die Gleichstromgeneratoren mit den Dampfmaschinen direkt gekuppelt werden konnten. Eine sehr erfolgreiche Konstruktion gelang Friedrich von Hefner-Alteneck gemeinsam mit seinem Mitarbeiter Carl Hoffmann in Form der

„Innenpolmaschine", bei der die induzierten Wicklungen außen um die innen feststehenden Magnetpole des Erregerteils rotierten. Von den äußersten Teilen des Läufers wurde der erzeugte Strom abgenommen. Es ist klar, daß diese Konstruktion — besonders bei den erreichten Spitzenleistungen von mehr als 1000 kW und damit sehr großen Abmessungen — sich der Grenze mechanischer Stabilität näherte. Diese großen Generatoren konnte man damals auch nicht mehr im Werk probelaufen lassen; man mußte die Maschinen in zerlegter Form an den Aufstellungsort liefern, zusammenbauen und in Betrieb nehmen. Dann war nur zu hoffen, daß alles erwartungsgemäß funktionieren würde. Wenn wir dieses Vorgehen von unserer heutigen Warte aus betrachten, müssen wir bedenken, daß man damals bei weitem nicht über die genauen Berechnungsverfahren verfügte, die heute vorliegen und nach denen man die elektrischen Maschinen sehr exakt für die geforderten Leistungsdaten auslegen kann. Damals mußte man sich sehr auf Intuition und Erfahrungen verlassen, die man in ähnlichen Fällen gesammelt hatte. Der Vergleich mit einem Tappen im Dunkeln hinsichtlich der Festlegung bestimmter Abmessungen ist berechtigt. So war es für Hefner-Alteneck eine ungeheure Nervenbelastung, als 1889 eine solche Innenpolmaschine der Baugröße J 136 (Ankerhalbmesser 136 cm) mit der bis dahin noch nicht realisierten Leistung von 500 PS in einer großen Berliner Zentralstation installiert wurde. Robert Maaß beschreibt das so: „Als die erste dieser Maschinen ... geliefert war und in der Zentrale in Betrieb gesetzt wurde, da hielt es Herrn von Hefner-Alteneck nicht an seinem Schreibtisch. Unruhig und nervös lief er in seinem Bureauzimmer auf und ab. Ein schwerer, aber froher Seufzer entrang sich seiner Brust, als Oberingenieur Hoffmann ... mit der freudigen Botschaft zu ihm ins Zimmer trat, die Maschine habe den Probebetrieb gut überstanden. Ich war stiller Zeuge dieses geschichtlichen Ereignisses. Das Mitempfinden mit dem Verantwortungsgefühl dieses ernsten Mannes und kenntnisreichen Ingenieurs hat bei mir einen tiefen und dauernden Eindruck hinterlassen."

Daß Friedrich von Hefner-Alteneck ein außerordentlich selbstbewußter Mensch war und dazu tendierte, seine eigene Leistung viel höher zu bewerten als die Leistung anderer, brachte nicht nur seinen Mitarbeitern erhebliche Schwierigkeiten im Umgang mit ihm ein, sondern führte auch dazu, daß beispielsweise im Oktober 1873 Werner von Siemens in seiner Eigenschaft als Chef von Siemens & Halske einige Worte der Kritik an ihn richten mußte. Zum Verhältnis Werner von Siemens' zu Friedrich von Hefner-Alteneck ist generell zu sagen, daß sich beide höchste Achtung entgegenbrachten. Werner von Siemens hatte schnell erkennen können, zu welch überaus fähigem Konstrukteur sich der begabte junge Mann entwickelte, der 1867 in sein Unternehmen eingetreten war.

In einem Brief vom 10. Oktober 1873 unterstrich Siemens seine Wertschätzung mit folgenden Worten: „Ich glaube nicht nötig zu haben, Ihnen die Versicherung zu geben, daß ich Sie seit Ihrem Eintritt in unsere Fabrik im vollsten Maße schätzen und achten gelernt habe, daß ich Ihr konstruktives Talent während dieser Zeit mit, ich möchte sagen, väterlicher, freudiger Teilnahme habe wachsen und sich ausbilden sehen, und daß Ihr ernstes erfolgreiches Schaffen in Ihrer jetzigen Stellung nicht nur in Ihrer Nützlichkeit für unsere Anstalt von mir vollständig gewürdigt wird, sondern auch meine persönliche Zuneigung für Ihre Person in hohem Maße hervorgerufen hat."

Der große Respekt, den Hefner-Alteneck seinerseits Werner von Siemens und dessen wissenschaftlich-technischer und unternehmerischer Leistung entgegenbrachte, kommt nicht zuletzt dadurch zum Ausdruck, daß 1901 bei Hefner-Altenecks Antrittsrede als Mitglied der Königlich Preußischen Akademie der Wissenschaften einer seiner ersten Gedanken dem inzwischen verstorbenen Werner von Siemens galt, der ihm durch sein Lebenswerk eine feste Grundlage für seine eigene erfolgreiche Tätigkeit geschaffen hatte.

Im genannten Brief vom 10. Oktober 1873 formulierte Werner von Siemens seine Kritik am Verhalten Hefner-Altenecks „schriftlich..., um jede mögliche Erhitzung oder Übereilung auszuschließen", und bat Hefner, seinerseits auch ihm „erst im Laufe der nächsten Woche... [seine] wohlüberlegte entscheidende Antwort schriftlich zu geben". Es sollen hier einige markante Zeilen jenes Schriftwechsels zitiert werden. Ausführlicher sind diese Vorgänge bereits bei Friedrich Heintzenberg in dessen Hefner-Alteneck-Biographie von 1951 beschrieben.

Werner von Siemens machte Friedrich von Hefner-Alteneck klar, daß das „Geschäftsinteresse" durch sein Verhalten in Mitleidenschaft gezogen werden könnte. Weiter schreibt der Firmen-Chef: „Bisher habe ich im geschäftlichen Interesse meinen eigenen Namen bei allen Leistungen *des Geschäftes* stets ganz zurücktreten lassen. Alle Konstruktionen sind als Konstruktionen *des Geschäftes* in die Welt gegangen, wenn sie auch, bis Herr Frischen und Sie in demselben tätig waren, so ziemlich ohne Ausnahme von mir ausgingen. Und so muß es sein und bleiben, denn wenn in einem Geschäfte wie dem unsrigen jeder Mitarbeiter in erster Linie darauf sehen wollte, sich persönlich zu Ehren und Anerkennung, auch den Geschäftskunden gegenüber, zu bringen, so würde der Geist des Sonderinteresses und selbst der Intrige so wachsen, daß das allgemeine Interesse dabei nicht gedeihen könnte! Daß ich mich nicht gern mit fremden Federn schmücke, werden Sie wohl selbst gefunden haben."

Am Schluß des achtseitigen Briefes heißt es dann: „Es fragt sich nun, wertester Herr von Hefner, ob... Sie gewillt sind, unter den... angegebenen Bedingungen ein dauernder Mitarbeiter in unserem Geschäft zu werden oder vielmehr zu bleiben?... Sie müssen sich jetzt entschließen, entweder Ihre Zukunft ganz mit uns zu verknüpfen und vom Laufe der Zeit erwarten, daß Sie dadurch immer mehr gehoben und befriedigt werden, oder Sie müssen sich jetzt entschließen, Ihren eigenen Weg zu suchen. Auch in diesem Falle sind Sie meiner steten Achtung und Zuneigung sicher, wenn wir Sie auch schmerzlich entbehren und vielleicht künftig geschäftlich bekämpfen müssen."

Es spricht sehr für die Wertschätzung, die Friedrich von Hefner-Alteneck Werner von Siemens entgegenbrachte und für die Bedeutung, die er den von Siemens & Halske durch deren technische Einrichtungen gebotenen einmaligen Möglichkeiten für Forschung und Entwicklung auf dem Gesamtgebiet der Elektrotechnik beimaß, daß er am 19. Oktober 1873 in seiner Antwort auf den vorgenannten Brief schrieb, er könnte die Frage, ob er gewillt wäre, „noch ferner Beamter Ihres geehrten Hauses zu bleiben, nach reiflicher und gewissenhafter Überlegung nur bejahen". Weiter schrieb er in jenem Brief: „Zunächst brauche ich Ihnen wohl kaum die Versicherung zu wiederholen, daß ich nie daran dachte und, solange ich Beamter Ihres Hauses bin, auch nie daran denken werde, meinen Namen von dem der Firma *trennen* zu wollen. Es kann mir nur zur Ehre gereichen, wenn mit der Nennung meines Namens auch die meiner Stellung verknüpft wird, und lag mir überhaupt nie etwas ferner, als mich in *erster Linie* zu Ehren und Anerkennung bringen zu wollen."

Als Werner von Siemens zum Jahresende 1889 von der Geschäftsleitung zurücktrat, ließ es Hefner-Altenecks übersteigertes Selbstbewußtsein offensichtlich nicht zu, daß er unter der neuen Führung bei Siemens & Halske weiterarbeitete. Die Firmenleitung sollte nach dem Willen des Gründers Werner von Siemens mit Beginn des Jahres 1890 in den Händen seines Bruders Carl und seiner ältesten Söhne Arnold und Wilhelm liegen. Insbesondere sah sich Hefner-Alteneck wohl außerstande, mit dem zehn Jahre jüngeren Wilhelm von Siemens als Vorgesetztem reibungslos zusammenzuarbeiten. Wilhelm von Siemens hatte, im Gegensatz zu seinem Bruder Arnold, eine gute technische Ausbildung genossen und war bereits seit etlichen Jahren bei Siemens & Halske auf dem Gebiet der Entwicklung von Beleuchtungsanlagen mit Glühlampen sehr intensiv tätig, so daß hier viele unmittelbare Berührungspunkte mit Hefner-Alteneck gegeben waren, zu dessen Domänen ja die elektrische Beleuchtung gehörte.

Mit Schreiben vom 14. November 1889 an Siemens & Halske kündigte Friedrich von Hefner-Alteneck daher „zum kommenden ersten Januar". Gründe für diese Kündigung gab er im genannten Schreiben nicht an. In seiner Antrittsrede vor der Königlich Preußischen Akademie der Wissenschaften sagte er 1901 im Rückblick, er sei aus gesundheitlichen Gründen ausgeschieden: „Ein sehr schmerzhaftes, von lange her ganz allmählich ansteigendes nervöses Leiden hat mich schließlich zur Niederlegung meiner Stellung bei Siemens & Halske mit dem Beginne des vorigen Jahrzehnts hauptsächlich veranlaßt. In mehrjähriger Fernhaltung von allen Geschäften habe ich wieder Heilung, wie ich hoffen darf dauernd, gefunden..."

Dies ist gewiß nur einer der Gründe, nicht aber der Hauptgrund gewesen. Robert Maaß nennt in seinem *Erinnerungsblatt an Wilhelm von Siemens* 1922 noch einen anderen Aspekt, der für die Entscheidung Hefner-Altenecks, bei Siemens & Halske auszuscheiden, von erheblicher, wenn nicht entscheidender Bedeutung war.

Speisekarte zum Abschiedsmahl für Hefner-Alteneck, 1890

    Maaß schreibt, Hefner-Alteneck habe in „vertraulichem Zwiegespräch" mit ihm gesprochen „von seinem übereilten Entschluß, mit welchem er die Lösung des Verhältnisses zur Firma herbeigeführt hätte". Und weiter: „Die Frucht, die er vom Baume brechen wollte, wäre noch nicht ausgereift gewesen, daraus erkläre sich sein Mißerfolg. Der Sinn dieser Bemerkung wurde mir klar, als mir der langjährige Freund Dr. Werner von Siemens', dessen Empfehlung ich meinen Eintritt bei Siemens & Halske zu verdanken hatte, erzählte, daß Herr von Hefner-Alteneck an die Familie Siemens den Antrag gestellt hätte, ihn als Teilhaber in die Firma aufzunehmen. ‚Das hätte sich Herr von Hefner-Alteneck vorher anders überlegen müssen', fügte mein Gewährsmann hinzu, ‚denn die Familie Siemens liebt es nicht, ein fremdes Reis auf ihren Stammbaum zu pflanzen, daran hindert sie ihr Familienstolz.' Diese Tatsache wurde mir von

Herrn Wilhelm von Siemens selbst kurz vor meinem Austritt bei der Firma in einer längeren Besprechung der früheren Verhältnisse von Siemens & Halske später bestätigt. Er erklärte mir, er habe den Entschluß des Herrn von Hefner-Alteneck, sich von der Firma zu trennen, dadurch selbst herbeigeführt, daß er im Familienrat seinem Antrage entgegengetreten sei. — Inwieweit der Herrn Wilhelm von Siemens in besonders hohem Grade innewohnende Familienstolz oder sein Wunsch, die Zügel der Regierung im Siemenskonzern ohne Behinderung durch die von einem alten Oberbeamten erworbenen Rechte selbst zu übernehmen, die Oberhand gewann oder ob beide Einflüsse, durch ihre Gleichzeitigkeit verstärkt, die Entscheidung herbeiführten, das kann hierbei... unerörtert bleiben." Wilhelm von Siemens schrieb zum Ausscheiden Hefner-Altenecks in sein Tagebuch unter dem 22. Dezember 1889: „Am nächsten 1. Januar scheidet v. Hefner-Alteneck aus dem Geschäft aus, weil er nicht Associé werden sollte."

Werner von Siemens bedauerte den Austritt seines Chefkonstrukteurs Hefner-Alteneck sehr, der zu diesem Zeitpunkt nicht einmal ganz 45 Jahre alt war. In einem Schreiben vom 16. November 1889 teilte er Hefner-Alteneck mit, dieser könne überzeugt sein, „daß ich sowohl wie meine Associés jede uns dargebotene Gelegenheit gern benutzen werden, um Ihnen Ihren künftigen Lebensweg Ihren Wünschen entsprechend zu gestalten und Ihnen dadurch unsere Dankbarkeit für Ihre 22jährigen treuen und nützlichen Dienste zu erweisen". In Würdigung der großen Verdienste seines Oberingenieurs und Prokuristen beschloß Siemens, ihm das bisherige Gehalt von 7000 Mark ungeschmälert als Pension weiterzuzahlen unter der Voraussetzung, daß Hefner-Alteneck — wie es im Schreiben vom 29. November 1889 an Bruder Carl hieß — „kein anderes Engagement annimmt oder selbst fabriziert". Hefner-Alteneck nahm „mit verbindlichem Danke" an und schrieb im Brief vom 30. Dezember 1889 an Siemens & Halske: Ich „bitte Sie, mir Ihr geneigtes Wohlwollen auch fernerhin bewahren zu wollen".

Werner von Siemens sah es auch als selbstverständlich an, zu Ehren von Hefner-Alteneck eine glanzvolle Abschiedsfeier auszurichten. Diese fand am 4. Januar 1890 im Berliner Hotel Kaiserhof statt. Es nahmen an ihr mehr als hundert Personen teil, vorwiegend „Beamte" von Siemens & Halske, an ihrer Spitze Werner und Wilhelm von Siemens. In seiner Abschiedsrede unterstrich Werner von Siemens, daß es sich bei dem Scheidenden um einen der Männer handelte, „die so wesentlich zu der Achtung gebietenden Stellung, die unsere Firma in der Welt einnimmt, durch ihre schöpferischen Leistungen beigetragen" haben.

In den folgenden Jahren beschäftigte sich Friedrich von Hefner-Alteneck als ungebundener Ingenieur mit Problemen vielfältiger Art, sowohl in spezifisch technisch-wissenschaftlicher Hinsicht als auch auf allgemein für die industrielle Entwicklung in Deutschland wichtigen Gebieten. So bemühte er sich weiter darum, die internationale Einführung einer praktikablen Lichteinheit zuwege zu bringen. Dies führte, wie vorher schon erwähnt, 1896 zu einem bemerkenswerten Erfolg der „Hefner-Kerze" (HK).

Ein besonderes Anliegen Hefner-Altenecks war es, das deutsche Reichspatentgesetz, 1877 als solches erlassen, durch praktische Vereinfachung in seiner Wirksamkeit noch zu verbessern. Vor allem bemängelte er um die Jahrhundertwende, daß in Deutschland allein das sogenannte „Prüfungsverfahren" zur Anwendung käme, bei dem die Anmeldungen einer sehr strengen Prüfung unterzogen würden, „welche sich insbesondere auf die Patentfähigkeit der Erfindung nach den gesetzlichen Bestimmungen, also auch auf die Neuheit erstreckt". Er betonte, daß in etlichen anderen Ländern, so beispielsweise in Großbritannien, das „Anmeldeverfahren" gebräuchlich sei, bei dem eine viel weniger strenge Prüfung stattfinde, „der Prüfungszwang für unreife Patente", deren wirtschaftliche Verwertbarkeit noch sehr in Frage steht, fortfallen könnte und damit auch „die arge Überlastung des Patentamtes, die bei dem jetzigen Prüfungsverfahren als die Quelle allen Übels von vielen angesehen wird". Hefner-Altenecks *Vorschläge zur Änderung unseres Patentgesetzes* — so der Titel eines Vortrags im Berliner ETV am 27. März 1900 — liefen vor allem hinaus „auf ein gemischtes Verfahren, bei welchem je nach dem Antrag des Patentsuchers [entweder] ein Anmelde[patent] oder ein Prüfungspatent erteilt ... wird", wodurch der „Gesamtheit" besser gedient wäre.

Hefner-Alteneck verfolgte in den neunziger Jahren auch seine Ideen weiter, die sich mit der Entwicklung elektrisch betriebener Uhren und ganzer Uhrenanlagen großer Ausdehnung befaßten. Seine Aktivitäten fanden in Patenten ihren Niederschlag, in denen es beispielsweise um die „Verbindung von Anlagen für elektrische Uhren mit Anlagen für elektrische Beleuchtung beziehungsweise Kraftübertragung" ging (DRP 55239 vom 17. April 1890 mit Zusatzpatent 67710 vom 4. April 1891) oder um „Selbstunterbrecher für elektrische Uhren u. dergl." (DRP 61417 vom 20. Mai 1891). Die Allgemeine Elektricitäts-Gesellschaft (AEG) nahm 1891 elektrische Normaluhren nach dem System Hefner-Altenecks in ihr Fertigungsprogramm auf. Hefner-Alteneck berichtete über seine Konstruktionen in einem Vortrag beim ETV am 30. Mai 1893 in der „Absicht, die erste zusammenhängende Veröffentlichung über diesen zentralen ‚Uhrenbetrieb in Verbindung mit elektrischen Lichtanlagen' ... zu bringen".

Im Jahre 1896 wurde Friedrich von Hefner-Alteneck eine bedeutende internationale Ehrung zuteil: Die Königliche Akademie der Wissenschaften in Stockholm ernannte ihn zum auswärtigen Mitglied. Einige Monate später, im November 1897, verlieh die Philosophische Fakultät der Ludwig-Maximilians-Universität in München ihm den Ehrendoktortitel Dr. phil. h. c. als „berühmtem und äußerst gelehrtem" Mann, der durch seine „scharfsinnigen Erfindungen auf dem Gebiet der Elektrizität sowohl Wissenschaft als auch Praxis aufs vortrefflichste gefördert" habe. Im Juli 1897 war Friedrich von Hefner-Alteneck in den Aufsichtsrat der AEG berufen worden und blieb dessen Mitglied bis zu seinem Tode.

Insbesondere ist von seinen herausragenden Konstruktionsleistungen jener Zeit die „Zeigerschreibmaschine" beziehungsweise „Eintasterschreibmaschine" zu nennen, die er 1903 soweit durchkonstruiert hatte, daß sie als mechanische Schreibmaschine fabrikmäßig hergestellt werden konnte. Gewiß hatte Hefner-Alteneck sich das Gerät auch als elektrisch angetriebene Schreibmaschine gedacht, doch realisiert wurde ein solcher Gedanke nicht. Die AEG fertigte Hefner-Altenecks Maschine bis 1932 unter dem Namen „Mignon", im Laufe der Jahre in weiterentwickelter Form. Insgesamt wurden rund eine halbe Million Exemplare dieses Typs hergestellt. Die Bedienung der Schreibmaschine erforderte im ersten Schritt die Einstellung eines Zeigers (mit der linken Hand) auf das gewünschte Zeichen (auf einer liegenden Platte an der linken Seite der Maschine abgebildet), dann wurde in den folgenden Schritten (mit der rechten Hand) einerseits durch Betätigen einer Taste der Druck dieses Zeichens mittels einer kleinen Typenwalze bewirkt, andererseits durch Drücken einer weiteren Taste der Wagenvorschub ausgeführt.

Das Gerät war sehr erfolgreich und wurde von einer speziellen Gesellschaft, der „Union Schreibmaschinen GmbH", vertrieben, die 1903 von der AEG gegründet worden war. In späteren Jahren ist diese „Zeigerschreibmaschine" durch die uns heute geläufigen „Tastatur-" beziehungsweise „Typenhebelschreibmaschinen" (anfangs auch „Klaviaturschreibmaschinen" genannt) ohne separaten „Zeiger" abgelöst worden. Friedrich von Hefner-Alteneck hat sich um die weitere Verbesserung der Konstruktion seiner Schreibmaschine wegen seines frühen Todes Anfang 1904 nur mehr in geringem Maße kümmern können.

Herausragendes Ereignis der letzten Lebensjahre Hefner-Altenecks war seine Wahl zum Ordentlichen Mitglied für die „physikalisch-mathematische Classe" der Königlich Preußischen Akademie der Wissenschaften in Berlin am 29. November und 20. Dezember 1900, bestätigt durch den preußischen König und deutschen Kaiser am 14. Januar 1901. In seiner Antrittsrede, veröffentlicht in den *Sitzungsberichten* der Akademie, blickte Friedrich von Hefner-Alteneck am 4. Juli 1901 auf seine bis dahin erbrachte Lebensleistung zurück. Abschließend betrachtete er die Periode seit dem Austritt bei Siemens & Halske, in deren Verlauf nach Heilung der von ihm angegebenen Krankheit die Rückkehr zu einer aktiven Rolle in der deutschen Elektroindustrie denkbar gewesen wäre, und sagte dazu: „... aber die Elektrotechnik war inzwischen, durch neue Erfindungen erweitert, zur großartigen Industrie, wie niemals eine andere in so kurzer Zeit, angewachsen. Die für mich gerade in diesem Zeitpunkte unterbrochene Kontinuität in eigener Erfahrung und Mitförderung hätte es mir sehr schwer gemacht, mich wieder in eine gebundene, meiner früheren auch nur annähernd entsprechende Tätigkeit zu begeben. — Ich beschäftige mich nun, meiner alten Neigung entsprechend, hauptsächlich mit mechanischen Konstruktionen, die mich als solche fesseln, und wobei es mir weniger darauf ankommt, ob sie einem wissenschaftlichen oder einem reinen Gebrauchszweck dienen. Ich werde darin von der Leitung der Allgemeinen Elektricitäts-Gesellschaft in entgegenkommendster Weise gefördert. — Meine überaus ehrenvolle Ernennung zum Mitgliede der Akademie der Wissenschaften wird mir eine besondere Anspornung sein, mich noch ferner in fleißiger Arbeit zu betätigen." Im Dezember 1900 war Hefner-Alteneck auch noch zum außerordentlichen Mitglied der Akademie des Bauwesens in Berlin ernannt worden. Im selben Jahr wurde er Ehrenmitglied des ETV Berlin, dem er seit seiner Gründung angehörte.

Friedrich von Hefner-Alteneck hat sich um den Fortschritt der Elektrotechnik große Verdienste erworben. Von seinen zahlreichen Ideen und Konstruktionen — auch auf Gebieten außerhalb der Elektrotechnik — konnten viele im vorstehenden nicht einmal erwähnt werden. Auf die schnelle Entwicklung der Elektrotechnik hat Hefner-Alteneck durch richtungweisende Pionierarbeiten großen Einfluß genommen, ohne allerdings — wie Werner von Siemens — ein Unternehmer geworden zu sein. Daß er von München nach Berlin gehen mußte, um an der Wiege der Elektrotechnik seine großartigen Leistungen zu erbringen, ist nur allzu verständlich. Ebenso ist es beinahe folgerichtig, daß ihm hier in Berlin die wohl größte Ehrung seines Lebens zuteil wurde, die oben erwähnte Aufnahme in die Akademie der Wissenschaften. Nach einem überaus erfolgreichen, leider mit nicht einmal 59 Jahren viel zu kurzem Leben starb Friedrich von Hefner-Alteneck am 7. Januar 1904 in Biesdorf bei Berlin auf dem Landgut von Wilhelm von Siemens. Nach einer Jagd am 6. Januar, bei der Hefner-Alteneck die geringste Beute erzielt hatte, mußte er beim Diner die „Ferkelkönigsrede" halten. Am Schluß der Rede brach er plötzlich zusammen und starb noch in derselben Nacht. Er wurde auf dem Matthäus-Friedhof in Berlin bestattet.

Literatur

Hefner-Alteneck, Friedrich von, *Über die Teilung des elektrischen Lichtes*, in: *Elektrotechnische Zeitschrift*, 1 (1880), S. 80—91.
Hefner-Alteneck, Friedrich von, *Antrittsrede (vor der Königlich Preußischen Akademie der Wissenschaften)*, in: *Sitzungsberichte der Königlich Preußischen Akademie der Wissenschaften zu Berlin*, Jg. 1901, 1. Hlbbd., H. 34 vom 4. Juli 1901, S. 753—759.
Hefner-Alteneck, Jakob Heinrich von, *Lebens-Erinnerungen*, München 1899.
Siemens & Halske AG und Siemens-Schuckertwerke GmbH (Hrsg.), *Katalog der Erzeugnisse der Firmen Siemens & Halske und Siemens-Schuckertwerke im Deutschen Museum zu München*, Berlin 1906.
Piloty, Robert, *Friedrich von Hefner-Alteneck, Elektrotechniker*, in: Lebensläufe aus Franken (hrsg. von Anton Chroust), Bd. 1, München-Leipzig 1919, S. 161—168.
Matschoß, Conrad, *Männer der Technik*, Berlin 1925.
Rotth, August, *Die Differentiallampe — 50 Jahre alt*, in: *Siemens-Mitteilungen*, H. 101 (1928), S. 27f.
Dettmar, Georg, *Die Entwicklung der Starkstromtechnik in Deutschland*, Bd. 1 (bis etwa 1890), Berlin 1940.
Heintzenberg, Friedrich, *Friedrich von Hefner-Alteneck*, in: *Abhandlungen und Berichte des Deutschen Museums*, 19 (1951), H. 2.
Allgemeine Elektricitäts-Gesellschaft (Hrsg.), *50 Jahre AEG*, Berlin 1956.
Maaß, Robert, *Die auswärtigen Geschäftsstellen der Siemens-Werke und ihre Vorgeschichte. Ein Erinnerungsblatt an Wilhelm von Siemens*, München 1958.
Rebske, Ernst, *Lampen, Laternen, Leuchten. Eine Historie der Beleuchtung*, Stuttgart 1962.
Schubert, Paul, *Elektrische Uhren*, in: *Forschen und Schaffen* (hrsg. von der Allgemeinen Elektricitäts-Gesellschaft), Bd. 3, Berlin 1965, S. 243—249.
Schweder, Bruno, *Schreib- und Büromaschinen*, in: *Forschen und Schaffen* (hrsg. von der Allgemeinen Elektricitäts-Gesellschaft), Bd. 3, Berlin 1965, S. 250—256.
Kocka, Jürgen, *Unternehmensverwaltung und Angestelltenschaft am Beispiel Siemens 1847—1914*, Stuttgart 1969.
Mende, Erich, *Friedrich von Hefner-Alteneck*, in: *Frankenland*, 27 (1975), H. 5, S. 119—122.
Weiher, Sigfrid v./Goetzeler, Herbert, *Weg und Wirken der Siemens-Werke im Fortschritt der Elektrotechnik 1847—1980*, 3. Aufl., Berlin-München 1981.
Akten und Bilder des Siemens-Archivs (Siemens-Museum München).

Wolfgang König

Michael von Dolivo-Dobrowolsky

Eine ausführliche Biografie von Dolivo-Dobrowolsky müßte gleichzeitig eine Entstehungsgeschichte der Starkstromtechnik sein. Denn einerseits wurden im Zeitraum seines Lebens die ersten lokalen und regionalen Elektrizitätsnetze errichtet, und andererseits leistete er in einem wichtigen Teilbereich, nämlich der Entwicklung und Durchsetzung des Drehstroms, einen wesentlichen Beitrag zu dieser Entwicklung.

In der Kindes- und Jugendzeit Dolivo-Dobrowolskys, in den 1860er und 1870er Jahren, gab es zwar mit den weltumspannenden Telegrafienetzen erste großtechnische Anwendungen der Elektrizität, doch fand in seiner Studien- und Berufszeit eine grundlegende strukturelle Veränderung der Elektroindustrie statt. Während diese um die Mitte der 1870er Jahre noch 90 % ihres Umsatzes mit schwachstromtechnischen Produkten, vor allem Telegrafen, aber zum Beispiel auch Eisenbahnsignalanlagen machte, aber nur 10 % mit starkstromtechnischen, hatte sich dieses Verhältnis 20 Jahre später genau umgekehrt. Sozusagen der Startschuß für diese Entwicklung fiel 1866, als Werner Siemens und andere das dynamoelektrische Prinzip entdeckten, zu dessen Ausnutzung wesentlich leistungsfähigere und wirtschaftlichere elektrische Maschinen als vorher gebaut werden konnten. Entgegen den Erwartungen vieler Zeitgenossen erfolgte der Durchbruch der Starkstromtechnik aber nicht zuerst auf dem Feld des elektrischen Antriebs von Maschinen und Bahnen, sondern bei der elektrischen Beleuchtung. Um 1880 standen für eine große Lichtausstrahlung mit Bogenlampen unterschiedlicher Konstruktion und für eine geringere Lichtausstrahlung mit den Glühlampen die wichtigsten noch fehlenden Komponenten für elektrische Beleuchtungssysteme zur Verfügung. Vor allem aufgrund der Arbeiten von Thomas Alva Edison und der von ihm gegründeten Firmen wurden seit 1882 in großen Städten Lichtzentralen errichtet, die ein allerdings noch kleines innerstädtisches Areal versorgten.

In der gleichen Zeit begann man auch damit, Elektrotechnik als selbständige wissenschaftliche Disziplin an den Technischen Hochschulen zu institutionalisieren. Das weltweit führende Zentrum der akademischen Elektrotechnik wurde die TH Darmstadt, wo 1882 ein erster Lehrstuhl eingerichtet und mit dem Physiker Erasmus Kittler besetzt wurde. Dolivo-Dobrowolsky war einer der ersten Studenten und Assistenten von Kittler.

Seit den 1890er Jahren trat neben die Verwendung von Strom für Beleuchtungszwecke verstärkt die motorische Anwendung, zunächst für elektrische Straßenbahnen und später auch in Industrie und Handwerk. Als in leitender Position in Forschung und Entwicklung bei der AEG tätiger Ingenieur hatte Dolivo-Dobrowolsky wesentlichen Anteil daran, daß die technischen Grundlagen für diese strukturelle Umgestaltung geschaffen wurden. Für das jetzt in den Vordergrund tretende neue Stromverteilungssystem, für das sich in der deutschen Sprache der von ihm vorgeschlagene Begriff Drehstrom durchsetzte, entwickelte er wichtige Komponenten, vor allem leistungsfähige und betriebssichere Motoren, die bis zur Gegenwart zu den am meisten gebauten Typen elektrischer Maschinen gehören. Noch zu Lebzeiten Dolivo-Dobrowolskys wurde der Drehstrom die am weitesten verbreitete Stromart, besonders für die großflächige Verteilung elektrischer Energie und den Transport über größere Entfernungen.

Über seine Bedeutung für die Geschichte der Elektrotechnik und Elektroindustrie hinaus bietet die Biografie Dolivo-Dobrowolskys weitere reizvolle Momente. Er gehört zu den gar nicht so seltenen multinational orientierten Technikern im 19. Jahrhundert, in dem nationale Ideen und Taten fruchtbare und unheilvolle Höhepunkte erlebten, die sich der in der Technikgeschichte in Ost und West bis zur Gegenwart beliebten nationalistischen Aneignung im Grunde entziehen. Dolivo-Dobrowolsky entstammte einem polnischen Adelsgeschlecht. Als Sohn eines russischen Beamten wuchs er in Rußland auf und war russischer Staatsbürger, bis er 1905 das Schweizer Bürgerrecht erwarb. Elektrotechnik studierte er in Deutschland, wo er jahrzehntelang lebte und als leitender Ingenieur bei der AEG in Berlin arbeitete. Und um diesen Aspekt der multinationalen Ausrichtung Dolivo-Dobrowolskys abzuschließen, sei noch erwähnt, daß er in erster Ehe mit einer Griechin verheiratet war und außer deutsch und russisch noch mindestens französisch und englisch sprach. Da Dolivo-Dobrowolsky in mehreren der erwähnten Länder Spuren hinterlassen hat und viele Zeugnisse seines Lebens verlorengegangen sind, kann es nicht verwundern, daß eine wissenschaftliche Biografie bis zur Gegenwart noch nicht vorliegt und die deutsche, russische und polnische biografische Literatur zahlreiche Legenden und Fehler enthält, die teilweise jahre- und jahrzehntelang tradiert worden sind. Die vielen Defizite der biografischen Recherche kann natürlich auch der vorliegende Essay nicht beseitigen, wenn auch einige neue Quellen erschlossen werden konnten und versucht wurde, die tradierten Legenden als solche zu erkennen und sie zu meiden. Mehr wird eine zur Zeit in Polen vorbereitete wissenschaftliche Biografie bieten müssen.

Dolivo-Dobrowolsky wurde am 2. Februar 1862 als Sohn eines adligen russischen Beamten polnischer Abstammung in Gatschina, einem etwa 60 km von St. Petersburg entfernt gelegenen Städtchen, geboren. Mit seinen Eltern ging er in den 1870er Jahren nach Odessa, wo er bis 1878 die Realschule besuchte, am Ende seiner Schulzeit die chemisch-technische Klasse. Seine durch Quellen nur

Michael von Dolivo-Dobrowolsky
(1862—1919)

spärlich belegte Jugendzeit war bislang Objekt exzessiver Spekulationen besonders in der russischen Literatur. Genauere Hinweise können wir jetzt autobiografischen Aufzeichnungen Dolivo-Dobrowolskys entnehmen, die von 1877 bis in das Jahr 1883 reichen. In der Schule, wo man in den oberen Klassen mit einfachen, per Hand betriebenen und mit Dauermagneten versehenen magnetelektrischen Maschinen experimentierte, wurde sein Interesse für die Elektrotechnik geweckt. Mit Hilfe von galvanischen Elementen führte er selbst zu Hause einfache elektrotechnische Versuche durch und versuchte sich durch Lektüre elektrotechnische Kenntnisse anzueignen.

In Odessa lernte er auch erstmals die damalige frühe Starkstromtechnik kennen, als das russische Militär während des russisch-türkischen Krieges 1877/78 Bogenlampen zur Ausleuchtung des Gefechtsfeldes installierte, als man eine türkische Invasion befürchtete. Eine solche elektrische Anlage bestand normalerweise aus einer Lokomobile, daß heißt einer fahrbaren Dampfmaschine, die einen Generator betrieb, welcher wiederum eine Bogenlampe speiste. Die langsam abbrennenden Kohleelektroden wurden bei diesen Lampen wahrscheinlich manuell oder auch mit Hilfe einer komplizierten elektromechanischen Regelung nachgestellt. Solche Bogenlampen, die wegen ihres hellen Lichts besonders fürs Freie geeignet waren, wurden seit den 1840er Jahren — zunächst mit Batterien, später mit Generatoren betrieben — für die Beleuchtung von Straßen, Baustellen, als Leuchtfeuer oder bei Festen verwandt. Auch die militärische Verwendung war alt. Bereits im Krimkrieg 1855 hatten die Engländer Bogenlampen eingesetzt, ebenso die Verteidiger bei der deutschen Belagerung von Paris 1871. Der Nachteil dieser frühen Bogenlampen bestand darin, daß sie aufwendig reguliert werden mußten und daß man für jede Lampe einen Generator brauchte, weil sich bei Betreiben mehrerer Lampen diese gegenseitig störten und zum Erlöschen brachten. Behoben wurden diese Nachteile durch die von Pawel Nikolajevich Jablochkoff 1876 entwickelte und nach ihm benannte Bogenlampenkerze und die von dem Siemens-Ingenieur Friedrich von Hefner-Alteneck 1878 erfundene Differential-Bogenlampe.

Jedenfalls faszinierten die in Odessa installierten Bogenlampen den jungen Dolivo-Dobrowolsky und bestärkten seinen Entschluß, nach Abschluß der Schule ein technisch-naturwissenschaftliches Studium anzufangen. Er entschied sich für das Studium der Chemie am deutschsprachigen Polytechnikum in Riga, wechselte aber — nach seinem eigenen Zeugnis — bereits Mitte 1880 an die Universität St. Petersburg. Die Chemie war von der Elektrotechnik, die es ja als Fach an den Hochschulen zu dieser Zeit noch nicht gab, gar nicht so weit entfernt, wenn man an die Galvanotechnik, die elektrolytische Erzeugung von Metallniederschlägen, zum Beispiel beim Versilbern von Gefäßen, oder wenn man an die Batterien als chemische Energiespeicher denkt, was beides in dieser Zeit eine wichtige Rolle spielte.

Daß Dolivo-Dobrowolsky um die Mitte des Jahres 1881 am Rigaer Polytechnikum exmatrikuliert wurde, hat in der sowjetischen technikhistorischen Literatur, was von der DDR-Forschung übernommen wurde, zu durch Quellen nicht belegten Spekulationen geführt, er habe zur Gruppe revolutionärer Studenten gehört, sei deswegen 1881 zwangsexmatrikuliert worden und nach Deutschland gegangen, wo er sein Studium fortgesetzt habe. Tatsächlich hielt sich Dolivo-Dobrowolsky seit Mitte 1880 in St. Petersburg auf. Sein Studium scheint er nicht sehr intensiv betrieben zu haben. Am fruchtbarsten wurden noch für ihn Veranstaltungen des Universitätsdozenten J. Florensoff, der — wahrscheinlich im Rahmen der Chemie — auch elektrotechnische Fragen behandelte. Daneben besuchte Dolivo-Dobrowolsky auch häufig die von Jablochkoff, dem Erfinder der gleichnamigen Bogenlampe, 1878 gegründete elektrotechnische Fabrik und die galvanoplastische Anstalt der Staatsdruckerei und unterhielt Kontakte zu Ingenieuroffizieren der russischen Marine. Am meisten interessierte er sich für Batterien und Akkumulatoren, denen er größere Entwicklungsmöglichkeiten einräumte als den Generatoren. Tatsächlich fand Anfang der 1880er Jahre durch die Arbeiten von Faure, Brush und Tudor ein Sprung in der Entwicklung der Bleiakkumulatoren statt, ohne daß diese — im Grunde genommen bis zur Gegenwart — die in sie von manchen gesetzten hohen Erwartungen erfüllten. Dolivo-Dobrowolsky selbst erfand eine kleine Batterie, mit der man zum Beispiel Hausklingeln betreiben konnte, und präsentierte sie auf einer 1881 in St. Petersburg stattfindenden kleinen elektrotechnischen Ausstellung. Durch diese Erfindung und die Ausstellung wurde er veranlaßt, sein Studium weitgehend an den Nagel zu hängen und sich zusammen mit einem Werkstattbesitzer an der Produktion und Vermarktung seiner Erfindung zu versuchen. Besonders erfolgreich waren sie jedoch damit nicht; nur einige hundert Batterien konnten verkauft werden.

Florensoff schickte Dolivo-Dobrowolskys Batterie auch auf die 1883 in Wien stattfindende internationale elektrotechnische Ausstellung, an der er als Mitglied der Prüfungskommission teilnahm. Die erste internationale elektrotechnische Ausstellung — auch diese war von Florensoff besucht worden — hatte 1881 in Paris stattgefunden. Diese internationalen Ausstellungen — die wichtigsten frühen fanden 1881 in Paris, 1882 in München und 1883 in Wien statt, daneben gab es weitere nationale und regionale — hatten große Bedeutung für den Aufstieg der Elektrotechnik in den 1880er Jahren. Nicht nur wurde auf ihnen das allgemeine Publikum an die „Wunder" der Elektrotechnik herangeführt, was ein wichtiger Beitrag zur Markterschließung war; die Ausstellungen waren auch Informationsbörsen für die in großer Zahl angereisten Fachleute und Firmen, die Lizenzen für die neuesten elektrotechnischen Produkte verkaufen und erwerben konnten. Im Mittelpunkt der Pariser Ausstellung, die von 1768 Ausstellern aus 15 Ländern beschickt wurde, stand die elektrische Beleuchtung, wobei erstmals von Edison und anderen funktionsfähige Glühlampen vorgeführt wurden. Für die Entwicklung der deutschen Elektrotechnik und für die Zukunft Dolivo-Dobrowolskys war die Pariser Ausstellung deswegen von Bedeutung, weil der Ingenieur Emil Rathenau von den französischen

Edison-Gesellschaften Lizenzen für deren elektrisches Beleuchtungssystem erwarb. Aus der nach der Ausstellung gegründeten kleinen Studiengesellschaft ging später die AEG hervor.

Die Münchener Ausstellung von 1882 glänzte durch eine Übertragung elektrischer Energie über eine Entfernung von 57 km. Neu war auf ihr auch, daß die Leistungswerte der ausgestellten Produkte exakt gemessen und auf den üblichen Diplomen verzeichnet wurden. Mit der Durchführung der Messungen in der wichtigsten Gruppe, die die elektrischen Maschinen, die Akkumulatoren und die Kabel umfaßte, war der junge Physiker Erasmus Kittler betraut, damals Assistent am Physikalischen Institut der Münchener Technischen Hochschule. Kittler zeichnete sich bei diesen Arbeiten so aus, daß er noch auf der Ausstellung den Ruf auf den neu eingerichteten Lehrstuhl für Elektrotechnik an der TH Darmstadt erhielt, den weltweit ersten Lehrstuhl dieser Art. Auf der Wiener Ausstellung 1883 erregten besonders die verbesserten Akkumulatoren Aufsehen, mit denen zum Beispiel ein Boot für 40 Personen betrieben wurde. In der Prüfungskommission der Wiener Ausstellung lernte Florensoff den jungen Lehrstuhlinhaber für Elektrotechnik Erasmus Kittler kennen. Zurückgekehrt nach St. Petersburg berichtete er Dolivo-Dobrowolsky, daß man in Deutschland Elektrotechnik jetzt regelrecht studieren könne, und empfahl ihm dieses Studium zur Vertiefung seiner elektrotechnischen Kenntnisse. Schnell entschlossen ging dieser im Oktober 1883 nach Darmstadt.

Obwohl die Elektrotechnik und insbesondere der Schlüsselbereich der elektrischen Maschinen wissenschaftlich in dieser Zeit noch kaum bearbeitet war, begann in den frühen 1880er Jahren die akademische Institutionalisierung der Elektrotechnik, gleichsam als eine Option auf die wissenschaftliche und industrielle Zukunft dieses Gebiets. Wesentlich für die Lehrstuhlgründung in Darmstadt war dabei, daß sich diese Hochschule wie auch viele andere in Deutschland um 1880 in einer Krise befand und daß wegen der niedrigen Studentenzahlen ihre Schließung drohte. Die akademische Institutionalisierung der Zukunftstechnologie Elektrotechnik sollte diese Entwicklung verhindern. Möglich wurde die Einrichtung des Lehrstuhls aber nur, weil die Stadt Darmstadt, die besonders aus wirtschaftlichen Gründen an der Hochschule interessiert war, für die ersten Jahre einen Großteil der benötigten Mittel zur Verfügung stellte.

Einen entscheidenden Schritt für die Zukunft der akademischen Elektrotechnik bedeutete es, daß im Juni 1883 um den Lehrstuhl eine selbständige elektrotechnische Abteilung eingerichtet und damit eine eigenständige Studienrichtung begründet wurde. Auf diese Weise beschritt man in Darmstadt frühzeitig einen Weg, dem die anderen deutschen Technischen Hochschulen erst viele Jahre später folgten, wo Elektrotechnik zunächst nur in geringerem Umfang als Zusatzqualifikation für andere Studienrichtungen, insbesondere für Maschinenbauer, angeboten wurde. Es dauerte denn auch noch Jahre, ehe sich die Elektrotechnik an allen deutschen Hochschulen von den Nachbardisziplinen Maschinenbau und Physik abgekoppelt und als wissenschaftlich eigenständige Disziplin etabliert hatte. Das Studium enthielt immer einen größeren Maschinenbauanteil, wenn dieser in Darmstadt auch nicht so ausgeprägt war wie an anderen Hochschulen. An das Vorbild der exakten Naturwissenschaft Physik knüpfte Kittler an, wenn er in Darmstadt als erstes ein kleines elektrotechnisches Laboratorium einrichtete, das besonders dem meßkundlichen Unterricht der Studenten diente.

Dies war die Situation, als der 21jährige Dolivo-Dobrowolsky im Oktober 1883 bei dem 31jährigen Kittler sein Elektrotechnikstudium in Darmstadt begann. Die Zahl der Elektrotechnikstudenten in Darmstadt war noch ganz klein. Im Wintersemester 1883 studierten 21 Studenten Elektrotechnik; 1885, als Dolivo-Dobrowolsky sein Studium beendete, 28. Größere Studentenzahlen wurden erst in den 1890er Jahren und dann besonders um die Jahrhundertwende mit über 600 erreicht. Die Unterrichtung durch Kittler, von dem seine Schüler berichten, daß er ein vorzüglicher Lehrer gewesen sei, muß sehr persönlich und intensiv gewesen sein. Und Kittler hielt viel von Dolivo-Dobrowolsky; im Jahre 1887 bezeichnete er ihn als „mein(en) befähigste(n) Schüler, den ich bis jetzt hatte". 1886 machte er ihn zu seinem Assistenten, der zweite in einer langen Reihe guter Namen. Kittlers Urteil über Dolivo-Dobrowolsky wiegt schwer, studierten doch schon in diesen frühen Jahren manche bei ihm, die später bekannte Elektrotechniker wurden. So wurde sein erster Assistent, Carl Hering, später Professor an der University of Pennsylvania. Als Assistent leitete Dolivo-Dobrowolsky an der Darmstädter Hochschule vor allem elektrochemische Übungen. Möglicherweise arbeitete er auch an dem einen oder anderen der zahlreichen Elektrifizierungsprojekte mit, die sein Lehrer betreute, doch ist darüber nichts bekannt.

Wie es damals üblich war, bemühte sich Kittler im Jahre 1887, eine Arbeitsstelle für seinen Assistenten zu finden. Es lag nahe, daß er sich dabei an deutsche elektrotechnische Firmen wandte, zu denen er einerseits als Berater bei Elektrifizierungsprojekten gute Beziehungen unterhielt und die andererseits für den Bau elektrischer Maschinen und Anlagen über ein wesentlich größeres Knowhow verfügten als ein Hochschullehrer, so daß durch eine solche berufliche Tätigkeit erst die Ausbildung zu einem vollwertigen Elektrotechniker abgeschlossen wurde. Damit taucht die Frage nach dem Arbeitsmarkt für akademisch ausgebildete Elektrotechniker auf. Beim Bau elektrischer Maschinen herrschte in dieser Zeit immer noch die Empirie, das heißt, die vorhandenen Modelle wurden sukzessive, nach der Methode von Versuch und Irrtum verbessert. Dies änderte sich allerdings in den folgenden Jahren rapide, nachdem die Brüder Hopkinson und Gisbert Kapp, um nur die wichtigsten zu nennen, für die Berechnung der magnetischen Kreise — ein Schlüsselproblem für die Konstruktion elektrischer Maschinen — in der Praxis brauchbare Methoden entwickelt hatten. Aber auch dann benötigte man in den Konstruktions- und Berechnungssälen der elektrotechnischen Industrie nur eine relativ geringe Zahl akademisch ausgebildeter Kräfte. Mehr akademische Elektrotechniker wurden für die Konzeption, den Bau und den Betrieb großer elektrischer Anlagen gebraucht. Damit stand man 1887 noch am Anfang. Die erste Elektrizitätszentrale in Deutschland, das heißt eine große Anlage, bei der die Versorgungsleitungen durch die öffentlichen Straßen verlegt wurden, nahm 1885 in Berlin ihren Betrieb auf. Solche Anlagen wurden gegen Ende der 1880er Jahre vor allem von den drei Großfirmen AEG, Siemens & Halske und Schuckert gebaut. Der Arbeitsmarkt für akademisch gebildete Elektrotechniker war also in dieser Zeit noch begrenzt, allerdings auch die Absolventenzahlen, so daß Kittler wohl kaum größere Schwierigkeiten bei der Vermittlung seiner Schüler hatte.

Ein von ihm am 28. Januar 1887 an Siemens & Halske geschriebener Brief, in dem er Dolivo-Dobrowolsky besonders für das russische Geschäft empfahl, blieb allerdings ohne Erfolg. Dolivo-Dobrowolsky kam schließlich bei der AEG unter. Seine Einstellung durch die AEG beziehungsweise die DEG steht in Zusammenhang mit einer 1887 erfolgten Umstrukturierung der Firma. Emil Rathenaus 1882 gegründete Studiengesellschaft und die daraus 1883 hervorgegangene Deutsche Edison-Gesellschaft (DEG) bauten elektrische Anlagen und Zentralen nach den Edison-Patenten, für die sie die Maschinen und anderen Komponenten von den französischen Edison-Gesellschaften beziehungsweise von Siemens & Halske bezogen. Einzig die Glühlampen wurden seit 1885 in einem eigenen Werk in Berlin produziert. Die dieser Kooperation zugrundeliegenden Verträge wurden im April 1887 neu gefaßt. Die DEG, die sich ab 23. Mai 1887 AEG nannte, löste sich aus der Abhängigkeit von den französischen Edison-Gesellschaften und teilte den Anlagenbau wie die Produktion elektrischer Ausrüstungen auf neue Weise mit Siemens & Halske auf. Damit waren die vertraglichen Voraussetzungen dafür geschaffen, daß sich die AEG vom Anlagenbauer und Glühlampenhersteller zur elektrotechnischen Universalfirma entwickeln konnte.

Im Zusammenhang mit diesen Expansionsplänen wurde Dolivo-Dobrowolsky für den Aufbau einer Akkumulatorenproduktion engagiert, in welcher Position ist nicht bekannt. Diese Wahl war sicher nicht schlecht, hatte Dolivo-Dobrowolsky doch vor der Elektrotechnik Chemie studiert und sich sowohl in Rußland wie in Darmstadt praktisch und theoretisch mit Batterien und allgemeiner mit elektrochemischen Fragen beschäftigt. Auch sein Lehrer Kittler hatte über elektrochemische Themen promoviert und sich habilitiert und kooperierte in den 1880er Jahren mit Chemiefirmen bei elektrochemischen Forschungs- und Entwicklungsprojekten, so daß Dolivo-Dobrowolsky sicher auch gerade in diesem Bereich von ihm profitieren konnte. Akkumulatoren wurden in dieser Zeit vor allem zur Abdeckung von Lastspitzen bei der Lichtstromversorgung in den Gleichstromkraftwerken gebraucht. Es war also nur konsequent, daß die AEG als ein führender Anlagenbauer 1888 in ihrer neuen Fabrik in der Ackerstraße auch den Bau von Akkumulatoren aufnahm. Daß man diesen aber bald wieder aufgab, hing wohl in erster Linie mit patentrechtlichen und -strategischen Überlegungen zusammen, aber auch damit, daß man Schwierigkeiten bei der Fertigung, wahrscheinlich mit der dauerhaften Formierung der Bleiplatten hatte. Indem man sich wie auch Siemens & Halske an der Hagener Firma Müller & Einbeck beteiligte, die 1890 in die Akkumulatorenfabrik AG umgewandelt wurde, waren alle wichtigen Patente, vor allem die Tudor-Patente, in einer Hand vereinigt.

Wenn wir auch nicht im einzelnen wissen, auf welche Weise Dolivo-Dobrowolskys Stellung bei der AEG durch die Einstellung der Akkumulatorenproduktion verändert wurde, erhielt er jetzt jedenfalls Gelegenheit, sich intensiv mit elektrischen Maschinen und Stromverteilungssystemen, seinem neuen Hauptarbeitsgebiet, zu beschäftigen. Damit muß hier zunächst die Frage nach dem Stand der Elektrifizierung in der zweiten Hälfte der 1880er Jahre gestellt werden. Wie bereits erwähnt, nahm die erste deutsche städtische Lichtzentrale in Berlin 1885 ihren Betrieb auf. Es zeigte sich bald, daß der Bau von Lichtzentralen sich zu einem stark expandierenden Geschäft entwickelte. Strombezieher waren vor allem Veranstaltungsstätten wie die Theater, da das elektrische Licht sicherer war als das bislang verwendete Gaslicht, sowie Geschäfte, Restaurations- und Gewerbebetriebe, die das „fortschrittliche" elektrische Licht auch unter Prestigegesichtspunkten wünschten; aber auch Private ließen sich zunehmend an das Stromnetz anschließen.

Ein grundsätzliches Problem des damals verwendeten Gleichstroms war seine relativ geringe Reichweite. Bei einer auf die Lampen und Generatoren abgestellten Betriebsspannung von 110 V und dem aufgrund von Wirtschaftlichkeitsüberlegungen verwandten Leiterquerschnitt lag die Reichweite bei einem Zweileitersystem bei etwa 500 m. Dies bedeutete, daß man sich die Lage des Elektrizitätswerks genau zu überlegen hatte, daß man es aber auf jeden Fall mitten im städtischen Zentrum errichten mußte, wo die Grundstückspreise hoch waren, die Versorgung mit dem Brennstoff Kohle schwieriger war und die umliegenden Anwohner belästigt wurden. Um die Reichweite zu erhöhen, entwickelte man Mehrleitersysteme, womit der Betrieb komplizierter und das Reichweitenproblem gemildert, aber nicht grundsätzlich aus der Welt geschafft wurde. Für die vollständige Elektrifizierung einer größeren Stadt hätte man also mehrere über das ganze Stadtgebiet verstreute Elektrizitätswerke gebraucht.

Ein technischer Konkurrent für die Gleichstromnetze trat 1885 auf den Plan, als Mitarbeiter der Budapester elektrotechnischen Firma Ganz die schon vorher bekannten Transformatoren zur technischen Reife gebracht hatten. Mit Transformatoren war es möglich, Wechselströme hoch- oder abzuspannen. Da in einem elektrischen Leiter der Leistungsverlust dem Produkt aus Leitungswiderstand und dem Quadrat der Stromstärke entspricht, ist es günstiger, die gleiche elektrische Leistung mit niedriger Stromstärke und hoher Spannung zu übertragen als umgekehrt. Mit dem Transformator war nun die Möglichkeit gegeben, hochgespannten Wechselstrom über eine größere Entfernung in die Städte hinein zu übertragen und diesen dort in einem oder in mehreren Schritten bis auf die üblichen Lampen- beziehungsweise Maschinenspannungen abzuspannen. In der Folgezeit errichteten die Firma Ganz und ihre Lizenznehmer Wechselstrom-Verteilungsnetze in zahlreichen europäischen Städten.

Es begann eine heftige Auseinandersetzung zwischen den elektrotechnischen Firmen, aber auch in der Wissenschaft, welcher Stromart für die Elektrifizierung der Städte nun eigentlich der Vorzug zu geben sei, eine Auseinandersetzung, die schon von den Zeitgenossen als „Kampf der Systeme" oder „Transformatorenschlacht" bezeichnet wurde und auch so in die Literatur eingegangen ist. Dabei wurden außer Gleich- und Wechselstrom noch verschiedene Mischsysteme ins Feld geführt, so zum Beispiel die Möglichkeit, Wechselstrom in die Städte über eine größere Entfernung hineinzuleiten und diesen dort in Unterstationen mit Synchronmotoren, die Gleichstromgeneratoren antrieben, umzuformen. Gegenüber dem Wechselstrom besaß der Gleichstrom verschiedene Vorteile. Er konnte für elektrochemische Zwecke verwendet und in Akkumulatoren gespeichert werden, um die beim Lichtstrom auftretenden Verbrauchsspitzen in den Morgen- und Abendstunden abzupuffern. Wenn man Bogenlampen mit Gleichstrom betrieb, war die Lichtausbeute besser als beim Wechselstrombetrieb. Schließlich gab es betriebstüchtige Gleichstrommotoren, wenn diese auch im Kommutator eine Schwachstelle besaßen, die häufiger ausgewechselt werden mußte. Alle Bemühungen in dieser Zeit, einfache und betriebssichere Wechselstrommotoren zu entwickeln, die ein ausreichendes Anzugsmoment besaßen, führten zu keinen befriedigenden Ergebnissen. Der entscheidende Vorteil des Wechselstroms lag darin, daß größere Elektrizitätswerke außerhalb des innerstädtischen Bereichs an günstigen Stellen errichtet werden konnten.

Hinter den Auseinandersetzungen um Gleich- oder Wechselstrom, die vorwiegend mit technischen Argumenten geführt wurden, standen natürlich auch massive wirtschaftliche Interessen der beteiligten Firmen und der bei ihnen beschäftigten beziehungsweise mit ihnen zusammenarbeitenden Fachleute. Für den Gleichstrom sprachen sich vor allem die etablierten Firmen aus, wie Siemens & Halske, die AEG, Schuckert und Edison. Auf diesem Gebiet verfügten sie über wichtige Patente und Lizenzen, das erforderliche Know-how und eine beträchtliche Marktmacht; auf dem Gebiet des Wechselstroms mußten sie in mancherlei Hinsicht wieder von neuem anfangen, auf gleicher Stufe wie die junge Konkurrenz. Rückblickend urteilt Dolivo-Dobrowolsky 1916 über die Situation beim Auftreten des konkurrierenden Wechselstromsystems: „Manchem wuchs es über den Verstand, z. T. wohl auch über seine Patentrechte, und so wurde er zum ‚erbitterten Feind' dieser Stromart." Für die Entwicklung und Verbreitung der Wechselstromtechnik engagierten sich denn auch vor allem jüngere Firmen wie Ganz, Helios und Westinghouse, die sich davon einen Einbruch in die marktbeherrschende Position der etablierten Firmen versprachen.

Auf dem Höhepunkt der Auseinandersetzungen um das beste Elektrizitätsverteilungssystem ging es auch um die Wahl eines Systems für die Stadt Frankfurt. Da sich die Zuständigen nicht entscheiden und die Gutachter nicht einigen konnten und man ohnehin für das Jahr 1891 eine internationale Elektrizitätsausstellung plante, wollte man diese Ausstellung nutzen, um sich die Vorteile der einzelnen Systeme im praktischen Betrieb vorführen zu lassen. Bevor es soweit war, trat nicht zuletzt aufgrund der Arbeiten von Dolivo-Dobrowolsky bei der AEG ein neuer Konkurrent auf den Plan: der dreiphasige Wechselstrom, von Dolivo-Dobrowolsky als Drehstrom bezeichnet.

Dolivo-Dobrowolsky war während seiner Entwicklungsarbeiten bei der AEG auf einen theoretischen Artikel des italienischen Physikers Galileo Ferraris gestoßen. Dieser hatte 1885 einen kleinen Modellmotor gebaut, bei dem durch zweiphasigen Wechselstrom ein rotierendes Magnetfeld, ein sogenanntes Drehfeld, erzeugt und in diesem ein metallener Körper zum Rotieren gebracht wurde. In der erst 1888 erscheinenden Publikation kam er unter anderem zu dem Schluß, daß dieser Motor einen maximalen Wirkungsgrad von 50 % erreichen könne und damit nicht von praktischem Interesse sei. Beim Studium dieses Artikels kamen Dolivo-Dobrowolsky sogleich Zweifel an der Richtigkeit von Ferraris' Schlußfolgerungen, während ihn die Grundidee des Motors faszinierte. Nach seinen Angaben wurde Ende 1888/Anfang 1889 bei der AEG ein kleiner Versuchsmotor gebaut, bei dem das Drehfeld schließlich mit einem dreiphasigen Wechselstrom erzeugt wurde. Der Anker, der mit Datum vom 8. März 1889 patentiert wurde (DRP 51083), bestand aus einem massiven Eisenkörper, der mit Kupferadern durchzogen war, die an beiden Enden kurzgeschlossen wurden. Dieser erste Drehstrom-Asynchronmotor mit Kurzschlußläufer — oder nach der Form des Ankers: Käfigläufer — zeigte ausgezeichnete Ergebnisse im Versuchsbetrieb: ein gutes Anlaufmoment und einen Wirkungsgrad von etwa 80 %. Die Euphorie bei der AEG wurde merklich gedämpft, als eine größere Versuchsausführung zunächst die günstigen Ergebnisse des kleinen Motors nicht bestätigen konnte. Erst als Dolivo-Dobrowolsky dazu überging, das größere Modell mit Hilfe von einstellbaren Anlaßwiderständen anlaufen zu lassen, wurden die größten Schwierigkeiten behoben.

Mit den Drehstrommotoren, die in der Folgezeit weiterentwickelt und verbessert wurden, standen nun erstmals Wechselstrommotoren zur Verfügung, die den damals gebräuchlichen Gleichstrommotoren bei vielen Verwendungszwecken zumindest gleichwertig waren. Darüber hinaus mußten sie nicht bedient werden; die Wartung beschränkte sich auf das Ölen der Lager. Mit den Motoren war es jedoch nicht getan. Wenn sie in großem Umfang zum Einsatz kommen sollten, mußte ein vollständiges elektrisches System entwickelt werden. Da die AEG als produktionstechnisch noch eher unerfahrene Gleichstromfirma den Entwicklungsmöglichkeiten des Drehstroms mit einer gesunden Skepsis begegnete, suchte und fand sie in der Schweizer Maschinenfabrik Oerlikon einen Kooperationspartner und Dolivo-Dobrowolsky in deren leitendem Ingenieur Charles L. Brown einen kongenialen Techniker, so daß hinsichtlich der weiteren Verbesserungen des Motors und der Ausbildung des

Systems die Anteile der beteiligten Firmen und Personen nur schwer auseinandergehalten werden können. Mit Oerlikon hatte die AEG bereits vorher kooperiert, so baute man gemeinsam Anlagen, bei denen Oerlikon die Dampfmaschinen und die AEG die Generatoren lieferte.

Das Entwicklungsrisiko für ein Drehstromsystem wuchs in beträchtliche finanzielle Dimensionen, als Oskar von Miller, der spätere Begründer des Deutschen Museums, dessen Ingenieurbüro eine Vielzahl elektrischer Anlagen projektierte und der bis 1889 leitender Mitarbeiter der AEG gewesen war, den Vorschlag unterbreitete, die Vorzüge des neuen Systems anläßlich der Frankfurter internationalen elektrotechnischen Ausstellung 1891 durch einen Großversuch zu zeigen. Miller plante in dieser Zeit gerade ein Elektrizitätsverteilungssystem, bei dem ein Teil der in dem in Lauffen am Neckar gelegenen Portland-Zementwerk erzeugten elektrischen Energie die 11 km entfernte Stadt Heilbronn versorgen sollte. Er kam nun auf den Gedanken, die Möglichkeit der Fernübertragung elektrischer Energie durch Drehstrom zwischen Lauffen und dem 175 km entfernten Frankfurt zu demonstrieren. Die Kosten, die schließlich etwa 350 000 Schweizer Franken betrugen, wurden durch die AEG und Oerlikon sowie durch die öffentliche Hand und Industrieverbände aufgebracht. Die Zustimmung Oerlikons zu dem Projekt wurde dadurch erleichtert, daß man bereits über Erfahrungen mit Übertragungen von hochgespanntem Gleichstrom verfügte und daß man gerade eine Energieübertragung über eine größere Entfernung in das eigene Werk projektierte. Die vereinbarte Arbeitsteilung zwischen beiden Firmen sah schließlich so aus, daß Oerlikon den Generator für das Lauffener Kraftwerk und Transformatoren lieferte, die AEG die Schaltzentrale in Lauffen, Transformatoren, Isolatoren für die Leitung und die Elektromotoren und Glühlampen in Frankfurt. Die Energieübertragungen, deren Gelingen von manchen zeitgenössischen Kommentatoren in Frage gestellt worden war, wurden ein voller Erfolg. Die Übertragungsspannung betrug anfangs 15 000 V, später 25 000 V, der Wirkungsgrad bis zu 75 %. Zwar hatte man schon vorher Wechselstrom mit Hochspannung übertragen, aber einerseits nicht über eine so große Entfernung, andererseits lag das Neue bei den Frankfurter Versuchen darin, daß die Transformatoren nicht nur benutzt wurden, um den Strom auf die Verbrauchsspannungen abzuspannen, sondern auch dafür, ihn für die Übertragung hochzuspannen. Damit war der grundsätzliche Beweis erbracht, daß man Drehstrom wirtschaftlich über größere Entfernungen übertragen und ihn für größere elektrische Versorgungsnetze benutzen konnte.

In der Literatur wird häufiger geschrieben, daß mit dieser Energieübertragung der Drehstrom die Oberhand über die anderen Systeme gewonnen habe. Tatsächlich verlief die Entwicklung zum Drehstrom aber viel langsamer. Das beste Beispiel hierfür war die Stadt Frankfurt selbst. Als nach der Ausstellung das Problem des geeigneten Stromsystems zu lösen war, entschied man sich schließlich 1893 für einphasigen Wechselstrom; die Anlage wurde von der inzwischen durch Brown und Walter Boveri gegründeten BBC gebaut. Brown, der unmittelbar nach der Frankfurter Ausstellung Oerlikon verließ, hatte sich mittlerweile von einem Pionier zu einem entschiedenen Gegner des Drehstroms entwickelt, wobei sicher auch hier die patentrechtliche Situation die wichtigste Rolle gespielt hat. Quantitativ übertraf die durch Drehstrom zur Verfügung gestellte elektrische Leistung erst um 1915 die anderer Systeme. Dabei war der Drehstrom wegen der Überlegenheit der Drehstrommotoren besonders in industriellen Anwendungsbereichen stark vertreten. Die Auseinandersetzungen zwischen den Befürwortern der verschiedenen Stromsysteme verloren nach der Frankfurter Ausstellung an Schärfe. Es setzte sich die Erkenntnis durch, daß jedes System bestimmte Vor- und Nachteile hatte, so daß es von den jeweiligen lokalen und regionalen Umständen abhing, welchem man den Vorzug gab.

Welchen Anteil hatte nun Dolivo-Dobrowolsky an der Entwicklung und Durchsetzung des Drehstromsystems, das er selbst als „eine Art von Revolution" bezeichnete? Wie differenziert die Antwort auf diese Frage ausfallen muß, läßt sich durch eine rückblickende Wertung aus dem Jahre 1917 von Dolivo-Dobrowolsky selbst verdeutlichen: „Die Erfindung des Drehstromes ist nicht die eines Gegenstandes, es handelt sich hier nicht um mehrere Arten von Motoren, sondern auch um Konstruktions- und Berechnungsprinzipien; es handelt sich ferner um Schaltungsarten, um Transformatoren und Primärmaschinenanordnungen, also um elektrische ‚Systeme'. Das sind keine einzelnen, unabhängigen Punkte mehr, sondern zusammenhängende Gebiete. Die Einzelerfindungen bei den verschiedenen Erfindern liegen hier zeitlich überlappt in wilder Kreuz- und Querüberlagerung. Und diese Überlagerungen sind nicht einmal jede für sich unverfälscht sichtbar, weil das geschäftliche Interesse verschiedener Firmen sowohl in den Patenten wie in den Zeitschriften naturgemäß stark tendenziöse Färbungen verursachte. Die Prioritätsansprüche können in solchen Fällen nur schwer auseinander gehalten werden. Die Publikationen haben eine chronologische Reihenfolge, die Patente (soweit solche erteilt!) eine andere, während die Vorarbeiten und Versuche wiederum einer ganz anderen Numerierung folgen. Der Historiker kann da nicht klar werden, besonders wenn er nicht nur bestimmte enge, z. B. juristische, Gesichtspunkte im Auge hat. Ferner ist es sehr schwer, die Bewertung einer ‚technischen Priorität', welche auf dem Grade der Fertigkeit zur sofortigen Anwendung beruht, von derjenigen der ‚moralischen Priorität', welche den Grad des technischen Bewußtseins oder Verständnisses seitens des Erfinders berücksichtigt, zu trennen. Ich wäre bei diesen angedeuteten Punkten nicht stehen geblieben, wenn nicht gerade in Verbindung mit der Entstehung des Mehrphasensystems so viele Namen, jeder mit gewisser Berechtigung, verknüpft wären. Die kleinste Liste wäre in alphabetischer Reihenfolge: Bradley, Dolivo-Dobrowolsky, Ferraris, Haselwander, Tesla, Wenström. Doch ließe sich dieselbe mit nur mäßigen Anspannungen noch etwa verdoppeln."

Damit wird von Dolivo-Dobrowolsky die Problematik einer an Erfindungsdaten und Erfindern orientierten Technikgeschichte deutlich genug angesprochen. An anderen Stellen legt er dar, daß seines Erachtens in der Literatur das, was man Erfindung nennt, oft überschätzt werde, wogegen die Entwicklung zur technischen Reife und die wirtschaftliche Umsetzung der Erfindung eher wichtiger seien, ein Standpunkt, den sich auch die moderne Technikgeschichtsschreibung zu eigen gemacht hat. Fragt man unter diesen Gesichtspunkten noch einmal nach dem Anteil Dolivo-Dobrowolskys an der Entstehung des Drehstromsystems, so kommt man eher zu größeren Verdiensten, als in seiner oben zitierten bescheidenen Selbsteinschätzung anklingen. Der von ihm erstmals gebaute einfache, praktisch brauchbare Drehstrom-Asynchronmotor mit Käfiganker bildete das wichtigste fehlende Element für die Ausbildung des Drehstromsystems. Zwar entwarfen und bauten andere, wie zum Beispiel Nicola Tesla bei Westinghouse, früher funktionsfähige Drehstrommotoren, doch waren die technischen Leistungen dieser Motoren und damit ihre Wirtschaftlichkeit so unbefriedigend, daß Westinghouse ihre Entwicklung im Dezember 1890 einstellte und später zum Bau von Motoren nach den Konstruktionsprinzipien von Dolivo-Dobrowolsky und Brown überging. Schließlich liegt das Verdienst Dolivo-Dobrowolskys darin, daß er in zahlreichen Arbeiten und Vorträgen Wesen und Eigenschaften des Drehstroms und der Drehstrommotoren aufklärte und ihre Bedeutung in der damaligen Situation der Elektrifizierung herausarbeitete. Als leitender technischer Mitarbeiter in der AEG hatte er die Möglichkeit, seine Vorstellungen in großem Maßstab in die Tat umzusetzen.

Doch scheint Dolivo-Dobrowolsky mit der Intensität, mit der sich die AEG auf dem neuen Gebiet des Drehstroms engagierte, recht unzufrieden gewesen zu sein. In seinen schriftlichen Entwürfen, mit denen er die Verhandlungen mit der AEG über eine Verlängerung seines Vertrags vorbereitete, stellte er nicht nur erhebliche finanzielle Forderungen, die auch erfüllt wurden, sondern verlangte auch Zusicherungen, daß die AEG konsequenter die Entwicklung des Wechsel- und Drehstroms vorantreiben und dafür auch ausreichende Kapazitäten für Forschung und Entwicklung unter seiner Leitung bereitstellen werde. Diese Forderungen konnte er jedoch nur teilweise durchsetzen. Tatsächlich errang die AEG auf dem Gebiet des Drehstroms trotz der günstigen Ausgangsbedingungen weder national noch international eine eindeutig führende Position. Man geht wohl nicht fehl in der Annahme, daß es sich auch hier um einen in der Geschichte der Industrie häufig auftretenden Grundkonflikt zwischen dem sich an den zukünftigen Potentialen einer neuen Entwicklung orientierten Techniker und dem an den Gewinnmöglichkeiten des aktuellen Marktes sich orientierenden Kaufmann handelte. Seine enttäuschten Erwartungen mögen auch eine Rolle dabei gespielt haben, daß Dolivo-Dobrowolsky 1897 Verhandlungen über einen Wechsel zu Siemens & Halske aufnahm, die aber scheiterten. Die Zukunftsorientierung von Dolivo-Dobrowolskys technischem Denken zeigte sich auch 1916, also zu einem Zeitpunkt, als das Wechsel- und Drehstromsystem gerade erst die Vorherrschaft errungen hatte, als er zu intensiven Forschungs- und Entwicklungsarbeiten auf dem Gebiet hochgespannten Gleichstroms aufrief. Dolivo-Dobrowolsky ging davon aus, daß einerseits die Tendenz langfristig zur Übertragung hochgespannter Ströme in Erdkabeln gehen und andererseits der Wechselstrom bei weiterer Erhöhung der Übertragungsspannungen zur Überbrückung noch größerer Entfernungen an technische Grenzen stoßen werde. Wenn auch seine Erwartungen in dieser Form nicht eintrafen, so sind doch später in Einzelfällen Gleichstrom-Fernübertragungen gebaut worden, ein Gebiet, auf dem sich gerade die deutsche Technik einen Entwicklungsvorsprung erarbeitete.

Dolivo-Dobrowolsky war immer der Meinung, daß die Forschung und Entwicklung in der AEG wie in der gesamten deutschen elektrotechnischen Industrie besonders im Vergleich zu amerikanischen Firmen zu kurz komme. Noch im Ersten Weltkrieg regte er in einer Denkschrift für die AEG, wo Forschung und Entwicklung in einzelnen Fabriken und Abteilungen aufgesplittert waren, ihre allmähliche Zusammenführung in einer zentralen Abteilung an. Wenn er auch später in der AEG administrative Aufgaben übernahm, so gehörte sein persönliches Interesse doch immer der technischen Forschung und Entwicklung. Wenn seine Hauptarbeitsgebiete und seine Hauptverdienste auch auf dem Gebiet des Drehstroms lagen, so machte er doch auch auf anderen Gebieten Erfindungen, wie zum Beispiel verschiedene elektrische Meßgeräte oder Spannungsteiler, mit denen Gleichstrom-Dreileiteranlagen mit nur einem Generator betrieben werden konnten. Zwar rezipierte er die abstrakten, mathematisierten Theorien, die seit der zweiten Hälfte der 1880er Jahre die Elektrotechnik sehr befruchteten, er selbst aber dachte eher anschaulich und pflegte die empirische Forschung und Entwicklung mit der Methode von Versuch und Irrtum. Dahinter stand seine Überzeugung, „daß, mindestens bei Pionierarbeit, plastische, körperliche Vorstellung mehr Wirkungsgrad aufweist, als lange Formeln und Gleichungen, welche erst im späteren Entwicklungsgange einsetzen sollten".

Wir kennen zwar die wichtigsten Stationen von Dolivo-Dobrowolskys beruflichem und wissenschaftlichem Wirken, aber die Motive seiner Lebensentscheidungen besonders in der Zeit nach der Jahrhundertwende sind weitgehend unbekannt. Gegen Ende des Jahrhunderts scheint er seine Beziehungen zur russischen Elektrotechnik intensiviert zu haben. Als er 1899 am ersten gesamtrussischen Elektrotechnikerkongreß teilnahm, wurden Pläne zur Errichtung einer elektromechanischen Abteilung am Polytechnikum in St. Petersburg diskutiert. Dolivo-Dobrowolsky wirkte als Berater an der Vorbereitung dieser Gründung mit, und er scheint signalisiert zu haben, daß er nicht abgeneigt sei, eine Stelle in Petersburg anzunehmen. Als ihm 1901 die Position des Dekans angeboten wurde, lehnte er schließlich ab, während er weiterhin als Berater tätig blieb. Wahrscheinlich entschloß er sich zu dieser Zeit definitiv, nicht mehr nach Rußland zurückzukehren. Ein Indiz dafür ist, daß er nach 1903 seine elektrotechnischen Notizen, für die er in der Zeit vorher auch die russische Sprache benutzt hatte, nur noch in Deutsch abfaßte. 1903 schied er aus der AEG aus und siedelte nach Lausanne über, um sich dort wissenschaftlichen Arbeiten zu widmen. Bis in diese Zeit immer noch russischer Staatsbürger, beantragte er das Schweizer Bürgerrecht, das er 1905 erhielt.

1907 trat er wieder in die AEG ein und wurde 1909 technischer Direktor der Apparatefabrik in der Ackerstraße und stellvertretendes Vorstandsmitglied. Bei der AEG war es in dieser Zeit üblich, daß der Vorstand und die Leitung der einzelnen Fabriken paritätisch mit Kaufleuten und Technikern besetzt wurden, wobei der kaufmännische Leiter das Sagen hatte. Das Produktionsspektrum der AEG-Apparatefabrik, in der 1912 etwa 7500 Mitarbeiter beschäftigt waren, war vielfältig und reichte von Installationsmaterial, Sicherungen, Elektrizitätszählern, Schaltapparaten, drahtlosen Telegrafen bis zu Ventilatoren und Schreibmaschinen. In einem betriebsinternen Vortrag hob Dolivo-Dobrowolsky hervor, daß es sich dabei um teilweise in jährlichen Stückzahlen von Hunderttausenden produzierte Massenartikel handelte. Da die einzelnen Produkte ohne Nacharbeiten aus Normteilen zusammengesetzt würden — meist von weiblichen Arbeitskräften in Handarbeit —, erfordere die hochmechanisierte Produktion dieser Teile eine außergewöhnliche Fertigungspräzision und entsprechende Kontrollen. Die Begriffe „Massenfabrikation" und „Massenware" sollten daher eher als Ausweis hoher Qualität verstanden werden und nicht wie üblich als Bezeichnung von Minderwertigkeit. Dolivo-Dobrowolsky stand der Apparatefabrik der AEG bis zu seinem aus Gesundheitsgründen erfolgten Ausscheiden im Frühjahr 1919 vor, wirkte also an der doppelten Umstellung auf Kriegs- und wieder auf Friedensproduktion mit, die außergewöhnliche technische und organisatorische Schwierigkeiten mit sich brachte. Nach seinem Ausscheiden kehrte er in seinen Studienort Darmstadt zurück, wohin er immer Verbindungen unterhalten hatte. Am 15. November 1919 starb er in einem Heidelberger Krankenhaus.

Dolivo-Dobrowolsky, der selbst in der Geschichte der Technik einen wichtigen Platz einnimmt, plante in seinen letzten Lebensjahren die Abfassung einer größer angelegten Geschichte der Elektrotechnik, die aber nicht über einige wenige — wenn auch hochinteressante — Skizzen hinausgedieh. Damit hatte sich der Kreis seines Lebens vom „Technikgeschichte machen" zum „Technikgeschichte schreiben" geschlossen. Noch im Ersten Weltkrieg forderte er in einer Denkschrift die Einrichtung eines Museums der AEG: „Eine an der Spitze mindestens der deutschen Elektrotechnik marschierende Firma wie die AEG darf nicht die Spuren ihrer Vergangenheit restlos alljährlich ausschlachten und in den Müllkasten werfen, ohne jegliche bleibende Belege ihrer Entwicklungsstufen zu verwahren. Sonst wird schon nach kurzen Zeiträumen ein großer Teil ihrer Tätigkeit von anderen verleugnet, annektiert und die Geschichte der Technik daher in ihren Keimen gefälscht und nimmermehr korrigierbar. Die alten Augenzeugen sind bald ausgestorben."

Quellen und Literatur

AEG-Archiv, Akte Dolivo-Dobrowolsky.
Deutsches Museum, Sondersammlungen, Nachlaß Dolivo-Dobrowolsky.
Allgemeine Elektricitäts-Gesellschaft (Hrsg.), *50 Jahre AEG*. Als Manuskript gedruckt, Berlin 1956.
Dolivo-Dobrowolsky, M(ichael), *Aus der Geschichte des Drehstromes*, in: Elektrotechnische Zeitschrift, 38 (1917), S. 341—344, 354—357, 366—369, 376f. u. 499f.
Dolivo-Dobrowolsky, M(ichael), *Über die Grenzen der Kraftübertragung durch Wechselströme*, in: Elektrotechnische Zeitschrift, 40 (1919), S. 1—4 u. 84—87.
Hillebrand, Franz, *Zur Geschichte des Drehstromes*, in: Elektrotechnische Zeitschrift (A), 80 (1959), S. 409—421 u. 453—461.
Hoffmann, Dieter, *Michail Ossipowitsch Dolivo-Dobrowolsky (1862—1919)*, in: Gerhard Banse/ Siegfried Wollgast (Hrsg.), *Biographien bedeutender Techniker, Ingenieure und Technikwissenschaftler. Eine Sammlung von Biographien*, 2. Aufl., Berlin 1987, S. 317—323.
Kline, Ronald, *Science and Engineering Theory in the Invention and Development of the Induction Motor, 1880—1900*, in: Technology and Culture, 28 (1987), S. 283—313.
König, Wolfgang, *Erasmus Kittler und die Frühzeit der Elektrotechnik*, Einführung zu: Erasmus Kittler, *Handbuch der Elektrotechnik*, 2 Bde., Stuttgart 1886—1890, Ndr.: Düsseldorf 1986, S. XV—XLII.
Królikowski, Lech, *Michael Dolivo-Dobrowolsky — Pionier des dreiphasigen Wechselstroms* (Polnisch), in: Studia i Materiały z Dziejów Nauki Polskiej, Seria D, Z. 10 (1984), S. 85—117.
Lindner, Helmut, *Strom. Erzeugung, Verteilung und Anwendung der Elektrizität* (= Kulturgeschichte der Naturwissenschaften und der Technik), München-Reinbek bei Hamburg 1985.
Müller, Karl E., *50 Jahre Drehstrom-Kraftübertragung*, in: Bulletin Oerlikon, (1941), S. 1437—1443 u. 1445—1452.

Helmut Lindner
Georg Klingenberg

In der *Elektrotechnischen Zeitschrift* des Jahrgangs 1902 erschien folgende Notiz: „An Stelle des aus der Direktion der Allgemeinen Elektricitäts-Gesellschaft ausscheidenden Dr. W. Rathenau ... ist Professor Dr. Klingenberg in den Vorstand der Allgemeinen Elektricitäts-Gesellschaft berufen worden. Professor Klingenberg hatte bisher an der Technischen Hochschule zu Berlin folgende Vorlesungen gehalten: ‚Projektirung elektrischer Anlagen mit Uebungen', ‚Berechnung elektrischer Leitungsnetze', ‚Elektromechanische Konstruktionselemente mit Uebungen', ‚Bau und Betrieb von Gasmaschinen mit Uebungen', ‚Bau und Betrieb von Automobilfahrzeugen'."

Die Vorlesungen deuten die beiden Bereiche an, in denen Klingenberg als Forscher und Ingenieur führend tätig war. Der Kontakt zur AEG kam zunächst über seine Automobilkonstruktionen zustande. Als Nachfolger von Walther Rathenau, Sohn des Firmengründers und später deutscher Außenminister, übernahm Klingenberg als Einunddreißigjähriger den für den Bau und Betrieb von Elektrizitätswerken zuständigen Bereich bei der AEG. Er entwickelte zukunftsweisende Konzepte für die Zentralisierung der elektrischen Energieerzeugung und den Bau von Elektrizitätswerken in einer Phase des Kraftwerkbaus, in der Wechsel- und Drehstrom den Gleichstrom und die Dampfturbine die Dampfmaschine ablösten.

Georg Klingenberg wurde am 28. November 1870 als Sohn des Architekten Ludwig Klingenberg (1840—1924) in Hamburg geboren. Seine Jugend- und Schulzeit verbrachte er in Oldenburg, bis er 1890 an der Technischen Hochschule Berlin-Charlottenburg zunächst das Studium des Maschinenwesens begann, dann aber ohne staatlichen Abschluß sich der jungen Disziplin Elektrotechnik und der theoretischen Physik zuwandte. An der Technischen Hochschule hielt Adolf Slaby (1849—1913) elektrotechnische Vorlesungen und Übungen in dem von ihm eingerichteten Laboratorium. In den Jahren 1893 bis 1899 arbeitete Klingenberg als Assistent bei Slaby, der regelmäßig beim Kaiser über die neuesten technischen Entwicklungen vortrug.

Da den Technischen Hochschulen erst 1899 das Promotionsrecht verliehen wurde, war Klingenberg gezwungen, an einer Universität zu promovieren. Er wählte aus der Physik das Thema „Längenänderung des Eisens unter dem

Georg Klingenberg
(1870—1925)

Einfluß des Magnetismus" und wurde damit an der Universität Rostock im Jahr 1895 zum Doktor der Philosophie promoviert. Als Nebenfach wählte Klingenberg die Botanik, denn die, so wird von ihm berichtet, könne man seiner Ansicht nach in acht Tagen lernen.

Als Ende 1895 die Röntgenstrahlen entdeckt wurden, befaßten sich zu Beginn des folgenden Jahres Slaby und Klingenberg sofort mit medizinischen Röntgenaufnahmen tuberkulös erkrankter Knochen. Bereits Ende Februar 1896 konnte Klingenberg einen Bericht über Röntgenstrahlen vor dem Elektrotechnischen Verein in Berlin vortragen. Im selben Jahr noch habilitierte er sich mit einer Schrift über den Einfluß der Spannungshöhe auf die Fortleitungskosten bei elektrischen Fernleitungen. Dieses Gebiet wurde in den folgenden Jahrzehnten sein eigentliches Arbeitsgebiet.

Bevor Klingenberg sich überwiegend den Fragen der Elektrizitätswirtschaft widmete, konstruierte er Benzinautomobile und nicht — wie man vielleicht erwartet hätte — Elektromobile. Während seiner Tätigkeit als Assistent erwarb er sich die nötigen Kenntnisse aus der theoretischen Wärmelehre und über die Gasmaschine, deren Grundlagen lange Zeit sein Lehrer Slaby erforscht hatte. Ein Bekannter hatte ihn auf einen leichten französischen Wagen aufmerksam gemacht, und Klingenberg glaubte, zu einem günstigeren Preis solche Wagen selbst herstellen zu können. Seine Konzeption bestand darin, Motor, Kupplung und Getriebe in einer kompakten Einheit zu kapseln und direkt mit der Hinterachse zu verbinden. Gebaut wurde der Wagen, dessen wassergekühlter Einzylinder-Viertaktmotor eine Leistung von etwa fünf PS aufwies, von der 1899 gegründeten Allgemeinen Automobil-Gesellschaft Berlin GmbH, die seit 1900 neben Elektromobilen auch den von ihr hergestellten Klingenberg-Wagen zum Verkauf anbot. Auf der Leipziger Motorwagen-Ausstellung 1900 wurde er erstmals vorgestellt und schnitt bei Rennen mehrfach gut ab.

Größere Bekanntheit erlangte der „Klingenberg-Wagen", als die Fabrikation an die 1901 gegründete Neue Automobil-Gesellschaft mbH (NAG), eine Tochtergesellschaft der AEG, überging. Als Verkaufsgesellschaft vertrieb sie die von der AEG im Kabelwerk Oberspree hergestellten Wagen. In der Zeit zwischen 1898 und 1902 ließ sich Klingenberg eine Reihe von Erfindungen zur Automobiltechnik patentieren. Ein ehemaliger Studienkollege charakterisierte den frühen Klingenberg mit den Worten: „An der Ausbildung dieser Konstruktion zeigte sich so ganz das zähe, intensive Arbeiten von Klingenberg. Jede freie Minute wurde benutzt. Bei jeder Gelegenheit, selbst abends, auf jedem freien Stück Papier entstanden Skizzen. Aber der Schwerpunkt lag in der Erprobung. Hier zeigte Klingenberg die Kennzeichen des wahren Ingenieurs: die Freude am Schaffen, am Erreichen des erstrebten Zieles, das zuerst in Gedankenarbeit geformt wurde, durch die praktische Ausführung." Nach dem Ersten Weltkrieg wandte er sich noch einmal diesem Arbeitsgebiet zu.

Durch den Automobilbau war Emil Rathenau auf Klingenberg aufmerksam geworden, der nach anfänglichem starken Widerstreben schließlich am 1. Juli

1902 seine Tätigkeit bei der AEG begann. Hier fand er die Mittel und den Rahmen, um seine Ideen zur Elektrizitätswirtschaft zu entwickeln und zu verwirklichen.

Bereits am Ende seiner Studienzeit betätigte sich Klingenberg als beratender Ingenieur und führte den Bau kleinerer Kraftwerke durch. Ende 1897 wurde er mit der Installation der elektrischen Beleuchtung eines Schlosses bei Metz beauftragt. In der Beschreibung dieses Projektes (Erzeugung von Gleichstrom in einer von einer Wasserturbine angetriebenen Dynamomaschine und Speisung der 1500 m weit entfernten Akkumulatorenbatterie) behandelte er nicht nur die rein technische Seite, sondern ebenso die wirtschaftlichen Fragen. Dieses Ziel, Technik und Wirtschaft zu verbinden, verfolgte Klingenberg auch in seinen Vorlesungen, die er von 1896 bis 1909 als Hochschullehrer an der TH Berlin-Charlottenburg hielt. Der Nachwuchs sollte auf die Wirtschaftlichkeit beim technischen Schaffen und auf die Steigerung des Wirkungsgrades unter Berücksichtigung der Kosten hingewiesen werden.

Bei der AEG hatte Klingenberg die Möglichkeit, seine theoretischen und praktischen Kenntnisse zu einer eigenständigen Theorie des Kraftwerksbaus zusammenzufassen. Das erste Kraftwerk nach diesen Plänen entstand im Jahr 1909. Klingenberg betrachtete dabei das Elektrizitätswerk als eine aufeinander abgestimmte Einheit von einzelnen Aggregaten. In einem Aufsatz aus dem Jahr 1911 über das zwei Jahre zuvor fertiggestellte Elektrizitätswerk Heegermühle der Märkischen Elektrizitätswerke bei Eberswalde spricht er von einer „Elektrizitätsfabrik": „Man sollte nie vergessen, daß eine Zentrale nichts anderes ist als eine Elektrizitätsfabrik; wie bei allen übrigen Fabrikbauten muß ihr Charakter zum Ausdruck gebracht werden." Damit wandte sich Klingenberg gegen die beamteten Architekten in den Verwaltungen, die zu oft durch Schnörkel und Verzierungen diesen Charakter verfälschten. Die Konzipierung der Anlage muß dem Stoff- und Energietransport beziehungsweise Umwandlungsprozeß vom Brennstoff bis zur Energie entsprechen. Diese Betrachtungsweise, die an das Fließband erinnert, findet sich auch im Fabrikbau der Zeit wieder. Erinnert sei nur an die neue Fabrik der Firma Borsig in Berlin-Tegel kurz vor der Jahrhundertwende, bei der auf der einen Seite Kohle und Stahl in das Werk gelangten und die fertigen Lokomotiven auf der anderen Seite durch das Werkstor die Anlage verließen.

Diese Betrachtungsweise ging einher mit dem Bau immer größerer Elektrizitätswerke. Hatte zum Beispiel die „Central-Station Markgrafenstraße" in Berlin 1885 mit einer elektrischen Leistung von 540 kW begonnen und in einer zweiten Baustufe fünf Jahre später den dreifachen Wert erreicht, so lag die Leistung des bereits erwähnten Elektrizitätswerkes Heegermühle bei 20 000 kW im Jahre 1909. (Zum Größenvergleich: Das Heizkraftwerk Reuter West in Berlin besitzt heute zwei Blöcke zu je 300 000 kW, also insgesamt 6000 MW.) In eine völlig neue Größenordnung führten unter Leitung Klingenbergs die Planung und der Bau von Kraftwerken zur Versorgung des Goldbergbaus in Südafrika. Die in drei Bauabschnitten zwischen 1909 und 1914 errichteten vier Kraftwerke der Victoria Falls und Transvaal Power Co. Ltd. zählten mit einer Leistung von insgesamt 160 000 kW zu den größten Kraftanlagen der Welt.

Mitte der 1880er Jahre waren in verschiedenen deutschen Städten die ersten Blockzentralen entstanden, die ihre nächste Umgebung mit Strom für die elektrische Beleuchtung belieferten. Wenig später versorgten private oder kommunale Elektrizitätswerke Stadtteile oder sogar die ganze Stadt mit Lichtstrom oder Kraftstrom für Straßenbahnen und Elektromotoren. Den städtischen Elektrizitätswerken kam der sogenannte Belastungsausgleich der verschiedenen Abnehmer zugute: So lag der Verbrauch des Kraftstroms überwiegend in den Tagesstunden, während der Lichtstrom am Abend sein Maximum erreichte. Angestrebt wurde eine möglichst gleichmäßige Belastung im Verlauf des Tages, um bei optimalem Betrieb der Dampfmaschinen und der Generatoren ein gutes wirtschaftliches Ergebnis zu erzielen. Aus diesem Grunde räumten die Elektrizitätswerke den großen Fabriken Sondertarife ein, aber auch, um sie von einer Eigenerzeugung abzuhalten. Der Ausbreitung der erforderlichen Leitungsnetze stellten sich die hohen Kosten und die Verluste bei der Übertragung von Gleichstrom auf größere Entfernungen entgegen. Wechselstrom und ab 1891 Drehstrom lassen sich durch Transformation auf höhere Spannungen zwar besser übertragen, aber ihre Anwendungsmöglichkeiten deckten anfangs, vor allem für elektrochemische und motorische Zwecke, die des Gleichstroms nicht ab. Entscheidend war jedoch die Fähigkeit des Wechsel- und Drehstroms, große Entfernungen zu überbrücken. Der Bedarf der Landwirtschaft an elektrischer Kraft in der Zeit nach der Jahrhundertwende führte zu Überlandzentralen unabhängig von den städtischen Elektrizitätswerken. Steinkohle und Braunkohle, deren Transport sich wegen des geringen Heizwertes nicht nur bedingt lohnte, konnten bei anschließender Wechselstromübertragung an Ort und Stelle verstromt werden. Als viel wichtiger sollte sich jedoch die Nutzung der Wasserkräfte, meist weitab vom Verbraucher, erweisen.

Diese technischen Umwälzungen blieben nicht ohne Auswirkung auf die rund 4000, zumeist kleinen Elektrizitätswerke kurz vor dem Ersten Weltkrieg. Klingenberg untersuchte die veränderten technischen und wirtschaftlichen Gegebenheiten mit wissenschaftlichen Methoden, um Grundlagen für eine entsprechende Elektrizitätspolitik und für die technische Weiterentwicklung zu schaffen. Noch in der Zeit vor dem Ersten Weltkrieg erschienen mehrere Aufsätze Klingenbergs, in denen er seine zunächst in Vorträgen vertretenen Gedanken über den Bau großer Kraftwerke der Fachwelt mitteilte. Überarbeitet und erweitert veröffentlichte Klingenberg diese Aufsätze in seinem Werk *Bau großer Elektrizitätswerke*. Auf den ersten Band 1913, der die Grundbegriffe und Fragen der Energiewirtschaft zum Inhalt hatte, folgte ein Jahr später der zweite Band, der hauptsächlich die Anlagen für die Verteilung elektrischer Arbeit und die Elektrizitätsversorgung der Großstädte behandelte. Diesen beiden Bänden fügte Klingenberg 1920 einen dritten hinzu, der speziell dem im Ersten Weltkriege errichteten Großkraftwerk Golpa gewidmet war. Die gute Aufnahme — es erschienen zwei Neudrucke in deutscher und Übersetzungen in englischer und französischer Sprache — veranlaßte ihn, im Jahre 1924 eine Neubearbeitung vorzunehmen.

Klingenberg forderte vor und während des Ersten Weltkrieges die aktive Mitwirkung des Staates. Durch den Bau von Überlandzentralen, die immer größere Gebiete versorgten, wurden Stadt- und Kreisgrenzen überschritten. Doch oft beschränkten öffentlich- und privatrechtliche Hindernisse die weitere Entwicklung und Ausdehnung. Klingenberg kam zu dem Schluß, daß solche Zentralen nur dann lebensfähig sind, wenn die Elektrifizierung großer Gebiete nach einheitlichen Grundsätzen gelingt: „Nach Lage der Verhältnisse hat aber nur eine Organisation die Macht hierzu, nämlich der Staat. Es wird Aufgabe der staatlichen oder besser noch der Reichsgesetzgebung sein, den im Zuge der wirtschaftlichen Entwicklung zu gründenden elektrischen Großunternehmungen rechtliche Machtvollkommenheiten einzuräumen (z. B. Verleihung von Wegerechten, Enteignungsrechten usw.), wodurch sie in den Stand gesetzt werden, die jetzigen aus den öffentlichen und privaten Besitzverhältnissen sich ergebenden, meistens unüberwindlichen Schwierigkeiten zu beseitigen. Erst mit Hilfe derartiger durch die Gesetzgebung verliehener Rechte wird die Entwicklung des elektrischen Zentralwesens von den Hemmungen befreit sein, die schuld sind, daß die heutigen Werke nur unvollkommen den Idealen entsprechen, die im Interesse der Wirtschaftlichkeit der Strom-Erzeugung und -Verteilung gefordert werden müssen."

Andererseits betonte Klingenberg als ein Mann der Industrie, daß private Werke leichter zu betreiben seien als kommunale. Dem privaten Leiter des Werkes seien größere Freiheiten eingeräumt, und die Bezahlung des Werkdirektors unterliege nicht dem allgemeinen Gehaltsregulativ der Beamten. Den kommunalen Elektrizitätsbetrieben bescheinigten Klingenberg und auch andere Autoren, daß sie nur in den seltensten Fällen in der Lage seien, den durch die zunehmende Elektrifizierung gestellten Aufgaben gerecht zu werden. Kein Wunder, wenn man bedenkt, daß es unter den zahlreichen deutschen Elektrizitätswerken im Jahre 1913 eigentlich nur drei große Werke gab: das Rheinisch-Westfälische Elektrizitätswerk, die Berliner und die Oberschlesischen Elektrizitätswerke. Die vielen kleinen Werke produzierten im Schnitt die Kilowattstunde, die Arbeitseinheit des elektrischen Stromes, zu weit höheren Kosten als die großen Werke, weshalb die Industrie, vor allem wenn sie die Abwärme nutzen konnte, bei der Eigenerzeugung blieb. Nach Klingenbergs Worten „gelangt der Wirtschaftsingenieur gewissermaßen gezwungenerweise, wenn er die Erzeugungskosten des Stromes in mittleren und kleinen Werken denen in großen gegenübergestellt und gleichzeitig die Fortleitungskosten mit den Kohletransporten vergleicht ... zu der Überzeugung, daß der jetzige Zustand unhaltbar ist und dringend Besserung fordert".

Als hauptsächlichste Maßnahmen gesetzgeberischer Art schlug Klingenberg vor:
1. Gründung großer Elektrizitätsunternehmen in Form von Gesellschaften unter Mitwirkung des Staates und Errichtung an den am besten geeigneten Plätzen im größten Maßstabe;
2. Verpflichtung dieser Unternehmungen, an innerhalb des Versorgungsgebietes liegende andere Unternehmungen Strom zu festgelegten Bedingungen zu liefern;
3. Erteilung von Wege- und damit Enteignungsrechten,
4. Beschränkung der Stromerzeugung bestehender Unternehmungen auf die bereits ausgebaute Leistung und Bezug des Mehrbedarfs aus den großen Unternehmungen;
5. Festsetzungen von Bestimmungen, die auf eine Vereinheitlichung technischer Größen abzielen.
Mit Auswirkung auf die technische Weiterentwicklung stellte Klingenberg allgemeine Forderungen auf nach Senkung des Anlagekapitals durch höhere Ausnutzung des Materials, Herabziehung der Gewichte ohne Beeinträchtigung der Betriebssicherheit, Verkleinerung des umbauten Raumes und der bebauten Grundfläche, Forderungen nach Verringerung der Personalkosten durch Einführung des selbsttätigen Betriebs und als eine weitere Forderung die Senkung der konstanten Verluste.

Ohne auf Details einzugehen, lassen sich die Vorschläge so zusammenfassen: Das Projekt ist in der Anordnung als das zweckmäßigste anzusehen, „bei dem der Transport der Energie und ihrer Umformung nacheinander auf gradlinigem Wege erfolgt ... die Nebenprozesse (verlaufen) senkrecht zu diesem Wege wiederum auf möglichst kurzer Strecke...". Die Kohlestapelung erfolgte nicht mehr in aufwendigen Kesselhausbunkern, sondern außerhalb der Kesselhäuser auf Normalniveau; erwünscht waren direkter mechanisierter Brennstofftransport und automatische Feuerung, direkte Zuordnung von Kessel- und Turbinenanlagen zur Vermeidung von Verlusten in den Rohrleitungen, Erhöhung der Dampfgeschwindigkeiten und damit verbunden die Forderung des Übergangs zu Dampfturbinen anstelle der pulsierend arbeitenden Dampfmaschinen.

Zwei Jahre später, 1915, hatte Klingenberg die Möglichkeit, seine Ideen für ein Großkraftwerk zu realisieren. Wegen der Sperrung der Salpetereinfuhr zu Beginn des Krieges baute das Reich auf eigene Rechnung Stickstoffwerke, um die Munitionserzeugung und die Versorgung der Landwirtschaft sicherzustellen. Elektrizität, gewissermaßen als Vorprodukt, ist bei der unmittelbaren Bindung von Luftstickstoff im Lichtbogen und bei der wegen der höheren Stickstoffausbeute bevorzugten Herstellung von Kalkstickstoff erforderlich. Am 9. Februar 1915 wurde der Vertrag abgeschlossen, als Standort ein Braunkohlefeld bei Zschornewitz gewählt und nach einer enorm kurzen Bauzeit begann das seinerzeit größte Dampfkraftwerk Golpa mit einer elektrischen Leistung von über 120 000 kW am 15. Dezember 1915 mit der Stromlieferung.

Als im Mai 1917 durch eine Explosion die Anlagen für die Salpeterherstellung zerstört wurden, stellte die Regierung die freigewordene Leistung von 30 000 kW der Berliner Stromversorgung zur Verfügung. Innerhalb weniger Monate wurde eine 132 km lange Doppelfreileitung für eine Spannung von 100 000 V zum Elektrizitätswerk Rummelsburg bei Berlin errichtet. Sie sollte die am 1. Oktober 1915 von der öffentlichen Hand übernommenen Städtischen Elektrizitätswerke Berlin entlasten, die kriegswichtige Werke bei Rummelsburg mit Strom beliefern mußten. Seit dem 21. Juni 1918 wurde Fernstrom bezogen. Damit wurde ein Plan realisiert, den die Berliner Elektricitäts-Werke, damals noch im Besitz der AEG, bereits Jahre vor dem Krieg ins Auge gefaßt hatten.

Während des Ersten Weltkrieges war Klingenberg Vorstandsmitglied der Kriegsrohstoffgesellschaft und Vorsitzender der von ihm gegründeten Elektrizitätswirtschaftsstelle. Unter dem Eindruck der Kriegswirtschaft, aber ohne Erwähnung des soeben fertiggestellten Kraftwerkes Zschornewitz, veröffentlichte Klingenberg 1916 in der *Elektrotechnischen Zeitschrift* einen Aufsatz mit dem Titel *Elektrische Großwirtschaft unter staatlicher Mitwirkung*. Er wiederholte dabei die bereits vorher angeführten Argumente für eine Einflußnahme des Staates, betonte jedoch, „daß die staatliche Mitwirkung sich auf Erzeugung und Fortleitung im Großen zu beschränken habe . . . der Einzelverkauf und der Verkehr mit den Abnehmern nicht Gegenstand staatlicher Fürsorge sein dürfe . . .". Die Großkraftwerke sollten die Zuwachsraten auffangen, doch sahen die Betreiber der zumeist kleinen kommunalen Werke darin eine Bedrohung. So faßten die Vorstände des deutschen und des preußischen Städtetages am 12. August 1916 eine einstimmige Entschließung, in der sie scharfe Bedenken gegen die „künstliche Überspannung des Zentralisationsgedankens" äußerten. Weiter hieß es: „Auf keinen Fall können bei dem gewaltigen Kapitalbedarf, den unsere Volkswirtschaft nach dem Kriege haben wird, die Lahmlegung zahlreicher blühender Elektrizitätswerke und die Aufwendung einer Riesensumme neuen Anlagekapitals, die sich aus dem Plan einer Erzeugung der Elektrizität in wenigen Großkraftwerken ergeben, verantwortet werden."

Was hatte Klingenberg 1916 gefordert? Klingenberg schlug für Preußen vor — in Bayern und Baden war eine Entwicklung zur planmäßig geordneten Großwirtschaft bereits am weitesten fortgeschritten —, etwa 25 Werke mit Einheiten von 15 000 bis 20 000 kW an geeigneten Punkten zu errichten, das heißt hauptsächlich bei Steinkohlenbergwerken und Braunkohlengruben. Die Leistung der Kraftwerke sollte 80 000 bis 100 000 kW nicht überschreiten, und für die Verbindung untereinander sorgten Hochspannungsleitungen von maximal 100 000 V.

Mit ausführlichen Berechnungen, ausgehend von den Kosten für ausgeführte Anlagen, begründete Klingenberg seine Vorschläge. Für Kraftwerke mit Einheiten bis zu 1000 kW Leistung betrugen die Anlagekosten 500 Mark pro Kilowatt, bei großen Werken mit Turbinen von bis zu 20 000 kW und günstiger Lage sanken sie auf etwa 150 M/kW. Große Werke sind danach nicht nur wegen der spezifischen Baukosten überlegen, sondern auch durch ihren Wärmeverbrauch und durch die geringen Kosten für Verwaltung und Bedienung. Die Nutzung der Abwärme spielte allerdings nur eine untergeordnete Rolle, und eine Fernheizung der Städte war durch den Standort zumeist ausgeschlossen. Weiterhin führte Klingenberg an, daß bei einem größeren Versorgungsgebiet die Belastungsspitzen nicht so ausgeprägt sind, das heißt die Reserve in einem größeren Kraftwerk kann kleiner sein. Großkraftwerke, die miteinander verbunden sind, könnten sich zudem, wenn sich die Belastungsspitzen zeitlich nicht decken, untereinander aushelfen.

Klingenberg kam zu dem Schluß, daß ein Großkraftwerk den Strom um rund 40 % billiger als ein mittleres und dreimal billiger als ein kleines Werk erzeugen könne: „Während die Anlagekosten, die Kosten für Verzinsung und Abschreibung, für Bedienung, Verwaltung, Schmier- und Putzmittel nur durch die Größe des Werkes bestimmt werden und nahezu unabhängig von der Belastung sind, nehmen die Brennstoffkosten mit steigender Stromabgabe zu." Für den Verbund stellte sich nun die Frage, ob der Transport der Kohle auf mechanischem Wege oder die Übertragung auf elektrischem Wege billiger sei. Danach entschied sich der Standort. So lohnte sich, wie Klingenberg feststellte, der Transport von guter Steinkohle auf dem Wasserwege und sogar mit der Eisenbahn zum Kraftwerk, nicht aber der von minderwertiger Braunkohle mit nur einem Drittel des Heizwertes von Steinkohle. In Kriegszeiten, so könnte man noch ergänzen, hätte eine Verstromung am Ort des Vorkommens des Brennstoffes außerdem den Vorteil, Transportkapazitäten für kriegswichtige Lieferungen freizusetzen, andererseits würde der Staat geringere Einnahmen bei der Eisenbahn haben. Die Brennstoffkosten sollten auch die Größe der Versorgungsgebiete der verschiedenen Kraftwerke bestimmen. Je höher die Wärmekosten eines Werkes im Vergleich zum benachbarten Werk, desto kleiner das Versorgungsgebiet, denn das günstiger arbeitende Werk würde immer noch billiger Strom übertragen können.

Nicht nur die von Klingenberg in erster Linie betrachteten Dampfkraftwerke, sondern auch die in Süddeutschland eine größere Rolle spielenden Wasserkraftwerke lassen sich durch Verkupplung der Werke besser und wirtschaftlicher ausnutzen. Klingenberg verglich das Verbundsystem mit „einem aufnahmefähigen Behälter... in den sich alle vorhandene Wasserkraft ergießen kann... jetzt (läßt sich) der letzte Wassertropfen in Arbeit verwandeln".

Klingenberg war sich bewußt, daß er zum einen die Widerstände der kommunalen Betreiber von Elektrizitätswerken überwinden und zum anderen Möglichkeiten für eine Finanzierung aufzeigen mußte. Die Gegner versuchten nachzuweisen, daß die Tagesbelastungskurven der deutschen Elektrizitätswerke zeitlich so weitgehend übereinstimmten, daß durch einen Verbund die gesamte Höchstlast nur geringfügig vermindert würde und der dadurch erzielte Vorteil durch die Verluste der Fernübertragung verlorenginge. Aber der entscheidende

Vorteil — und das rechnete Klingenberg 1916 vor — liegt in den Ersparnissen bei der Erzeugung durch den Übergang zu größeren Maschineneinheiten. Die ausgebaute Leistung der öffentlichen Kraftwerke lag 1913 bei rund 2 Millionen kW und einer jährlichen nutzbaren Stromabgabe von etwa 2,8 Milliarden kWh (im Vergleich dazu die privaten oder industriellen Einzelanlagen mit einer Kapazität von rund 8 Millionen kW und einer jährlichen Stromabgabe von etwa 10 Milliarden kWh zur selben Zeit). Klingenberg schätzte für 1926 bei den Großkraftwerken den Reingewinn auf 60 Millionen Mark bei entsprechendem Wachstum der elektrischen Arbeit auf rund 14,5 Milliarden kWh. Auf Preußen allein würden 41 Millionen Mark entfallen bei einem Anlagekapital von 900 Millionen Reichsmark. Weitere Einnahmen erhoffte sich Klingenberg durch eine entsprechende Besteuerung der Elektrizität.

Vor dem Kriege sind die Konzentrationsbestrebungen auf interessierte Kreise der elektrotechnischen Großindustrie, auf die zum Teil mit Montanunternehmungen verflochtenen Elektrizitätskonzerne sowie auf die Großbanken zurückzuführen. Im März 1919 plädierte Klingenberg unter dem Eindruck des Kriegsendes für einen behutsamen Übergang zur Großversorgung wegen der Mannigfaltigkeit des Aufbaus der zahlreichen Elektrizitätsunternehmungen und der örtlichen Verhältnisse. Für Preußen schlug er acht Hauptversorgungsgebiete vor, deren Zusammenschluß seiner Ansicht nach zu einem späteren Zeitpunkt problemlos wäre. Am 31. Dezember 1919 erließ die sozialdemokratisch geführte Regierung das Gesetz betreffend die Sozialisierung der Elektrizitätswirtschaft. Danach war vorgesehen, das Reichsgebiet in Bezirke einzuteilen und die der Erzeugung und Fortleitung dienenden Anlagen in Körperschaften oder Gesellschaften unter Führung des Reichs zusammenzuschließen. Außerdem war das Reich im § 2 befugt, Leitungen ab 50 kV aufwärts und Erzeugungsanlagen mit einer installierten Maschinenleistung von 5 MW und mehr zu übernehmen. Damit waren weder die Anhänger noch die Gegner der Großversorgung, ganz gleich aus welchem Lager, einverstanden. Das Gesetz wurde nie vollzogen. Vielleicht fürchtete man auch, daß die Siegerstaaten aufgrund des Versailler Vertrags eingreifen würden, wenn die Anlagen in Reichsbesitz übergingen.

Klingenberg selbst stand seinen Vorschlägen nach dem Kriege kritisch gegenüber. Im Februar 1921 stellte er in einem Vortrag im Reichswirtschaftsrat fest, daß sich die Verhältnisse für die Durchführung der elektrischen Großwirtschaft nach dem Kriege verschlechtert hätten und sein Plan, 30 Großkraftwerke zu errichten, sich zur Zeit nicht realisieren lasse: „Der Bau eines Großkraftwerkes kostet heute etwa 4000 M für das ausgebaute Kilowatt. Er beträgt also etwa das 15- bis 20fache desjenigen Wertes, mit dem heute die älteren Elektrizitätswerke zu Buche stehen. Ebenso sind die Übertragungskosten auf mindestens den 15fachen Betrag gestiegen ... die Großkraftwerke würden mit ungleichen Waffen kämpfen." Dies hing in erster Linie mit der Kohlennot nach dem Kriege und den stark gestiegenen Kohlenpreisen zusammen. Ganz anders sah deshalb die Situation bei den Wasserkraftanlagen aus, bei denen sich die Preissteigerung nur einmal bei den Anlagekosten bemerkbar machte. Scharf wandte sich Klingenberg gegen die „Bevormundung aus Berlin": „So stehe ich überhaupt auf dem Standpunkt, daß die heutige Tendenz zu weit getriebener Zentralisierung behördlicher Maßnahmen, die sich in vielen Gesetzvorlagen widerspiegelt und vor allen Dingen auch bezüglich der Elektrizitätspolitik in den Gesetzesvorlagen ihren Ausdruck fand ... fehlerhaft ist und mehr Schaden als Nutzen stiftet. Man erhält fast den Eindruck, als ob die häufig überstürzt eingebrachten Gesetzvorlagen und die unendlichen und über jedes vernünftige Ziel hinausschießenden Neuorganisationen nur dazu dienen sollen, einen Machthunger zu stillen, der in einem geradezu fürchterlichen Anwachsen der Zahl der Beamten seinen letzten Ausdruck findet." Weit größere Auswirkungen auf den Bau von Großkraftwerken als die rechtliche Unsicherheit hatte die wirtschaftliche Stagnation. Erst nach der Inflation setzte eine Belebung der Wirtschaft in Deutschland und damit eine gesteigerte Nachfrage nach elektrischer Energie ein.

Nach Klingenbergs Plänen baute die AEG im In- und Ausland bis 1915 zwanzig Kraftwerke und nach einer Pause von sieben Jahren noch einmal fünf zwischen 1923 und 1926. Das letzte Kraftwerk, das Großkraftwerk Rummelsburg der Städtischen Elektrizitätswerke Berlin, wurde im Oktober 1925 begonnen und lieferte am 18. Dezember 1926, elf Tage nach dem Tode Klingenbergs, zum ersten Male Strom für Berlin. Mit Turbineneinheiten von 80 000 kW und einer nutzbaren Leistung von 270 000 kW seit Juli 1927 war es das größte Kraftwerk, das noch von Klingenberg selbst projektiert worden war und ihm zu Ehren seinen Namen erhielt.

Seine Arbeitskraft widmete Klingenberg auch verschiedenen Standes- und Berufsorganisationen. In den schweren Kriegs- und Revolutionsjahren war er zwischen 1914 und 1919 Vorsitzender des Verbandes Deutscher Elektrotechniker, der ihn zu seinem Ehrenmitglied ernannte. Anschließend leitete Klingenberg vom 1. Januar 1922 bis zu seinem Tode den Verein Deutscher Ingenieure. Gleichzeitig war er Vorsitzender des Deutschen Verbandes technischwissenschaftlicher Vereine. In diesem Arbeitsbereich befaßte er sich besonders mit den Fragen der Normung — so wirkte er im Normenausschuß der deutschen Industrie mit —, der Beschaffung von brauchbaren technischen Lehrmitteln und der Veranstaltung großer wissenschaftlicher Tagungen sowie von Ausstellungen. Auf der Weltkraftkonferenz im Sommer 1924 leitete er die deutsche Delegation.

Zu der Anerkennung innerhalb der AEG kam die der deutschen und ausländischen Fachwelt. Erwähnt seien nur die Verleihung der Würde eines Ehrendoktors durch die TH Berlin-Charlottenburg im Jahre 1918, die Ernennungen zum Mitglied der Bauakademie und zum Geheimrat. Als Klingenberg wenige Tage nach seinem 55. Geburtstag am 7. Dezember 1925 überraschend an einer Lungenentzündung in Berlin starb, erschienen zahlreiche Nachrufe in den verschiedensten Fachzeitschriften. Im folgenden Jahr veröffentlichte die AEG unter dem Titel *Zum Gedächtnis an Georg Klingenberg* einen Teil dieser Nachrufe, die Würdigungen durch Mitarbeiter und Fachkollegen sowie die Beileidskundgebungen an seine Frau Maria, die Tochter des angesehenen Berliner Architekten Kayser, die er 1912 geheiratet hatte. Klingenberg selbst hatte im Oktober 1925 in der *Zeitschrift des Vereins Deutscher Ingenieure* einen Aufsatz mit dem Titel *Das neuzeitliche Elektrizitätswerk* veröffentlicht, der im nachhinein betrachtet sozusagen sein technisches Testament darstellt. Anhand des im Entstehen begriffenen Großkraftwerks Rummelsburg behandelte er die leitenden Gesichtspunkte eines solchen Entwurfs.

Der Direktor des Vereins Deutscher Ingenieure, Conrad Matschoß, schilderte in seinem Nachruf den Menschen Klingenberg so: „Klingenberg gehörte zu den Menschen absoluter Lebensbejahung. Er konnte die negativen Menschen, wie er sie wohl nannte, nicht vertragen, die bei jedem Gedanken nur das „Aber" im Auge und nur von Bedenken zu berichten haben. Er wollte und wünschte die Kritik, aber nicht eine, die von vornherein erklärte, daß dies oder jenes unmöglich sei. Ihm war positives, Werte schaffendes Draufgängertum, das auch seine Freude an der Verantwortung in sich schloß, eigen. Gewiß gehört auch hier, wie bei jedem großen Erfolg, ein beträchtlicher Teil Glück dazu, aber gerade dieses rücksichtslose Drauflosstürmen hat immer wieder allein die Technik vorwärts gebracht, die sonst bei den ewigen Bedenken junger und alter Geheimräte sich nie so schnell entwickelt hätte, wenn wir diese auch am Abenteuer Freude empfindenden Menschen in der Technik nicht gehabt hätten."

Als Hochschullehrer, Organisator und Ingenieur hatte Klingenberg eine eigenständige Theorie des Kraftwerksbaus begründet und danach Kraftwerke gebaut. Georg Klingenberg war die führende Persönlichkeit der deutschen elektrischen Energiewirtschaft im ersten Viertel des 20. Jahrhunderts. Seine Konzeptionen zur zentralen Energieversorgung wirkten weit darüber hinaus.

Literatur

Klingenberg, Georg, *Bau großer Elektrizitätswerke*. Berichtigter Neudruck der 2., verm. u. verb. Aufl., Berlin 1926.
Das Großkraftwerk Klingenberg. Beschreibung der Anlagen und Beiträge von am Bau beteiligten Firmen mit einem Vorwort des Dr. Ing. W. E. Wellmann, bearb. in der Abteilung für Zentralstationen der Berliner Städtischen Elektrizitätswerke Act. Ges., Berlin 1928.
Zum Gedächtnis an Georg Klingenberg, hrsg. von der AEG, Berlin 1926.
Mielert, Helmut, *Klingenberg, Georg*, Artikel in der *NDB*, Bd. 12, Berlin 1980, S. 79—80.
Berg, Heinz, *Aspekte zum Leben und Wirken Georg Klingenbergs — anläßlich seines 60. Todestages*, in: *Energietechnik*, 36 (1986), H. 1, S. 30—34.
Boll, Georg, *Entstehung und Entwicklung des Verbundbetriebs in der deutschen Elektrizitätswirtschaft bis zum europäischen Verbund. Ein Rückblick zum 20jährigen Bestehen der Deutschen Verbundgesellschaft e. V. — DVG Heidelberg*, Frankfurt a. M. 1969.
Neubauer, Hans-Otto, *Autos aus Berlin. Protos und NAG*, Stuttgart u. a. 1983.

Hans-Joachim Braun

Franz Reuleaux

Franz Reuleaux muß als einer der größten Technikwissenschaftler des 19. Jahrhunderts angesehen werden, der jedoch neben begeisterter Anerkennung seines wissenschaftlichen Lebenswerkes auch scharfe Kritik erfuhr. Schon seine Vorfahren taten sich als Techniker und Mechaniker hervor, sie waren „Kunstmeister", wie es zeitgenössisch hieß, und beschäftigten sich vornehmlich mit der „Wasserbaukunst" und der Technik der Grubenentwässerung. Franz Reuleaux wurde am 30. September 1829 in Eschweiler als Sohn eines Maschinenfabrikanten geboren; sein Großvater mütterlicherseits war Bergwerksdirektor. In Stolberg bei Aachen und in Koblenz besuchte er die Schule, ging nach der Untersekundareife zur praktischen Ausbildung in die Eisengießerei und Maschinenfabrik der Gebrüder Zilken in Koblenz und trat 1846 als Volontär in die Maschinenfabrik seines verstorbenen Vaters ein, die von seinem Onkel weitergeführt wurde. Nach zweijähriger Tätigkeit, vor allem im Konstruktionsbüro, beschäftigte ihn sein Onkel vornehmlich in der auswärtigen Maschinenmontage.

Mit derartigen praktischen Vorkenntnissen ausgestattet, nahm der junge Reuleaux 1850 ein Maschinenbaustudium am Polytechnikum Karlsruhe auf, wo vor allem Ferdinand Redtenbacher, häufig als Begründer der Maschinenwissenschaft bezeichnet, zu seinen Lehrern zählte. Reuleaux' weitgespannte Interessen auch in den „Kulturfächern" befriedigte er durch weitere Studien in Philosophie, besonders Logik und Erkenntnistheorie, und Naturwissenschaften an den Universitäten Berlin und Bonn. Sein späterer Hang zur Systematik, zum logischen Aufbau und zur logischen Geschlossenheit seines technikwissenschaftlichen Lehrgebäudes dürften durch diese Studien bestärkt worden sein.

Vor allem Reuleaux' *Konstruktionslehre für den Maschinenbau*, die 1854 zusammen mit seinem Kommilitonen C. L. Moll publiziert hatte und die rasch weite Verbreitung fand, trug ihm einen Ruf an die Eidgenössische Technische Hochschule Zürich ein, obwohl Redtenbacher gegen manche Passagen der Reuleauxschen *Konstruktionslehre* öffentlich protestiert hatte, da sie offensichtlich auf Teilen seiner, Redtenbachers, Vorlesungen beruhten. Reuleaux lehrte von 1856 bis 1864 mit großem Erfolg in Zürich, wo er besonders von dem Kontakt mit Gustav Zeuner, dem wohl bedeutendsten Thermodynamiker seiner Zeit, profitierte. 1864 nahm er dann einen Ruf auf den Lehrstuhl für Maschinenbaukunde am Gewerbeinstitut in Berlin an, wo er von 1868 bis 1879 Direktor der Gewerbeakademie wurde, die 1879 zusammen mit der Berliner Bauakademie in der Technischen Hochschule Berlin-Charlottenburg aufging. Die Tatsache, daß er fast ein Jahrzehnt der Gewerbeakademie vorstand, sowie sein Rektorat der Charlottenburger Technischen Hochschule 1890/91 legen Zeugnis für sein hochschulpolitisches Engagement ab. Bildungspolitisch beschäftigte er sich daneben vor allem mit der Reform des technischen Mittelschulwesens. Zusammen mit anderen Kollegen und Bildungspolitikern versuchte Reuleaux, ein leistungsfähiges gewerbliches Schulsystem zu schaffen, das die herkömmlichen Provinzialgewerbeschulen ablösen sollte, die offensichtlich den Anforderungen an eine leistungsfähige gewerbliche Ausbildung nicht gewachsen waren. Diese 1819 in Preußen entstandenen und im allgemeinen einklassigen Schulen schlossen unmittelbar an die Volksschule an. Nach 1878 wurden sie entweder durch neunklassige Oberrealschulen, also lateinlose höhere Schulen, oder durch sechsklassige Realschulen ersetzt, an die sich der Besuch einer zweiklassigen Maschinenbauschule anschloß. Um 1890 bildeten sich dann über diesem praxisnahen gewerblichen Schulwesen die höheren Maschinenbauschulen heraus, die das „Einjährige" sowie eine zweijährige Werkstattpraxis als Eintrittsbedingungen hatten. Reuleaux konnte diese Entwicklung wie auch die Einführung eines Reichspatentgesetzes 1877 nachhaltig beeinflussen.

Aus verschiedenen Gründen — seiner „praxisfernen" Kinematik, seiner Kritik an der deutschen Industrie sowie seiner reservierten Haltung gegenüber der Einführung von technischen Hochschullaboratorien — wuchs die Zahl der Gegner Reuleaux' seit Beginn der 1890er Jahre ganz rapide. Obwohl Alois Riedler, sein größter Widersacher an der Technischen Hochschule Charlottenburg, in verschiedenen Schriften auf zahlreiche wissenschafts- und technikpolitische Vorstellungen hinwies, die er, Riedler, nicht hatte durchsetzen können, schien es doch offensichtlich, daß die stärker praxisorientierte Richtung des wissenschaftlichen Maschinenbaus die Oberhand gewonnen hatte, wenn auch bei den meisten ihrer Vertreter eine Synthese aus Theorie und Praxis im Vordergrund stand. Zwar barg die Reuleauxsche Kinematik im Sinne einer technikwissenschaftlichen Getriebelehre zahlreiche Elemente, die in die Zukunft wiesen, viele der Ideen ihres Autors schienen aber nicht mehr zeitgemäß zu sein. Dies ist angesichts der Tatsache, daß sich Reuleaux immer engagiert mit den gesellschaftlichen Implikationen der technischen Entwicklung auseinandergesetzt hat, sicherlich zu bedauern, wenn man auch seinen inhaltlichen Aussagen und Forderungen nicht immer folgen mochte und mag.

Betrachten wir nach diesem allgemeinen Überblick nun Reuleaux' wissenschaftliche Leistungen ein wenig genauer, so stellen wir fest, daß die 1854 mit seinem Studienkollegen C. L. Moll herausgegebene *Konstruktionslehre für den Maschinenbau* seine erste, wenn auch umstrittene Publikationsleistung dar-

Franz Reuleaux
(1829—1905)

stellte. Hier handelte es sich vorwiegend um Konstruktionszeichnungen, die auf den Vorlesungen Redtenbachers beruhten, was dieser auch sogleich monierte. Sein Plagiatvorwurf, ein Vorwurf der häufig das Ende einer wissenschaftlichen Karriere bedeuten kann, hatte im Falle Reuleaux' keine gravierenden Konsequenzen, da es hier weniger um technikwissenschaftliche Forschungsergebnisse ging als um die Aufbereitung von Wissen für didaktische Zwecke. Zudem waren deutliche Abweichungen von Redtenbachers Methode zu erkennen, vor allem die weitgehende Vermeidung der „Verhältniszahlen" sowie die Feststellung von Festigkeitswerten und Elastizitätsgrenzen statt Bruchgrenzen.

Ferdinand Redtenbacher (1809—1869), von 1841 an Professor der Mechanik und Maschinenlehre und später Direktor des Polytechnikums Karlsruhe, war Reuleaux' wichtigster akademischer Lehrer. In Deutschland trat er als einer der ersten dem Selbstverständnis des Maschinenbaus als vorwiegend deskriptiver Wissenschaft entgegen. Auf der anderen Seite hatte er jedoch auch starke Vorbehalte gegen die Methode der französischen Polytechniker. Zwar teilte er einige ihrer methodischen Prämissen, denn sein Hauptanliegen war es, „das ganze Maschinenfach auf sichere Regeln zurückzuführen", die er in den Forschungsergebnissen der französischen Polytechniker zu finden meinte. Er ging aber in einem entscheidenden Punkt über jene hinaus, die die Maschinenlehre lediglich als angewandte Naturwissenschaft und als Anhängsel an die Mathematik betrachteten, und betonte die Eigenständigkeit der Maschinenwissenschaft gegenüber den Naturwissenschaften. Im Maschinenbau legte er großen Wert auf praktische Konstruktionsübungen im Entwerfen von Maschinen und vertrat die Ansicht, daß sich die gefühlsmäßige Seite beim Konstruieren niemals genau bestimmen ließe, der natur- oder technikwissenschaftlichen Analyse hier also Grenzen gesetzt seien. Gleichwohl stellte er solche Grundsätze, die sich in der Praxis gut bewährt hatten, systematisch zusammen und lehrte sie als „Prinzipien des Maschinenbaus". Besondere Bedeutung erlangten in diesem Zusammenhang seine „Verhältniszahlen" des Maschinenbaus, die er in großen Tafelwerken veröffentlichte und deren Methode darauf beruhte, daß nicht die absoluten Werte der Dimensionen der Maschinenteile, sondern nur die Verhältnisse zwischen den verschiedenen Teilen zu bestimmen waren. Zunächst kam es hier darauf an, die Dimensionen besonders belasteter Teile wie Wellen oder Zapfen zu bestimmen, danach wurden mit Hilfe der von ihm aufgestellten Verhältniszahlen die Dimensionen der übrigen Maschinenteile errechnet.

War die *Konstruktionslehre für den Maschinenbau* noch das Werk eines Anfängers, der sich stark an dem akademischen Lehrer orientierte, so trug das sehr bekannte Werk Reuleaux' *Der Constructeur* eigenständige Züge, obwohl natürlich auch hier deutlich wurde, daß der Verfasser in der Tradition der Maschinenwissenschaft Redtenbachers stand. Diesem Vorbild, aber auch seiner eigenen Vorstellung des wissenschaftlichen Maschinenbaus folgend, nahm die systematische Ausbildung der Konstruktionslehre in diesem Buch den entscheidenden Platz ein. Gegen die Auffassung französischer Maschinenwissenschaftler, die Maschinenbaukunde sei angewandte Mechanik, hob Reuleaux die Eigenständigkeit des Faches Maschinenbau hervor und betrachtete „Maschinenconstruieren als eine wissenschaftlich begründete selbständige technische Kunst". Theorie und Praxis verstand er als zwei sich ergänzende Vorgehensweisen. Während die „Schule" oder „Theorie" nach allgemeinen Grundsätzen für den Maschinenbau suche, verbessere die Praxis sukzessive die Produktion, die Schule oder Theorie arbeite, wie er im Vorwort des *Constructeur* schreibt, „vom Mittelpunkt nach außen auf die Punkte des Kreises hin, während die Praxis in einem einzelnen Punkt des Umfangs von außen nach innen arbeitet". Der häufig als angeblich „realitätsferner Theoretiker" gescholtene Reuleaux erkannte also durchaus die Bedeutung der Praxis, obwohl in den meisten seiner Publikationen der Schwerpunkt auf Gebieten lag, die sich der unmittelbaren praktischen Umsetzung entzogen. Nach Reuleaux mußte eine Konstruktion sowohl der Forderung nach Festigkeit als auch nach der Erhaltung der Form von reibenden Flächen gerecht werden. Die zweite Auflage enthielt die Anwendung graphostatischer Berechnungsmethoden, die von dem Zürcher Technikwissenschaftler Carl Culmann entwickelt worden waren, während die vierte Auflage (1889) bereits nach den Prinzipien der Kinematik gegliedert war. Reuleaux' *Constructeur*, im deutschsprachigen Raum ein großer Erfolg an technischen Schulen und Hochschulen, wurde auch in mehrere Sprachen übersetzt.

Reuleaux' Name war am engsten mit der Kinematik, der Lehre von den Bewegungsmechanismen, verknüpft. Schon in den Maschinenbüchern des 16., 17. und frühen 18. Jahrhunderts finden wir Hinweise auf Maschinen als Kombination einfacher Elemente, wie etwa bei dem Schweden Christopher Polhem (1661—1751), der ein „Mechanisches Alphabet", bestehend aus etwa achtzig Holzmodellen von Bewegungsmechanismen, entwarf, aus denen Maschinen gebildet werden konnten. 1765 sprach Leonhard Euler von zwei verschiedenen Betrachtungsweisen der Bewegung eines Körpers: der geometrischen, die Kraft und Zeit vernachlässige, und der mechanischen, die auch die wirkenden Kräfte berücksichtige. In Frankreich versuchte seit dem Ende des 18. Jahrhunderts vor allem der an der Ecole Polytechnique tätige Gelehrte Gaspard Monge, allerdings mit unzulänglichen Mitteln, durch eine wissenschaftliche Durchdringung der industriellen Technik den englischen Vorsprung aufzuholen. Dabei konzipierte er eine wissenschaftliche Polytechnik und systematisierte die verschiedenen im Untersuchungsprozeß auftretenden Bewegungsmechanismen. Monge entwarf einen Kurs „Über die Zusammensetzung der Maschinen" als Teil der darstellenden Geometrie und setzte in diesem Zusammenhang eine Tafel ein, die 134 Bewegungsmechanismen zeigte, die er nach dem Gesichtspunkt ordnete, welche Bewegungsverwandlung zwischen Antrieb und Abtrieb sie bewirkten. Der bekannte französische Naturwissenschaftler André Marie Ampère (1775—1836) benutzte 1834 wohl als erster bewußt den Ausdruck „Kinematik" (Bewegungslehre).

Die ältere Schule der Kinematik aus dem Umkreis der Pariser Ecole Polytechnique versuchte, die Bewegungsgesetze einer schon existierenden Maschine zu ermitteln. Ähnlich gingen in Deutschland auch Ferdinand Redtenbacher und der Freiberger Technikwissenschaftler Julius Weisbach (1806—1871) vor, die allerdings nicht feststellen konnten, wie die einzelnen Teile einer Maschine einzurichten seien, damit eine ganz bestimmte Bewegung einträte. Dieses Problem nun stand im Vordergrund der Bemühungen Franz Reuleaux', der damit die „neue Schule der Kinematik" begründete.

In seinem Hauptwerk, der *Theoretischen Kinematik*, dessen erster Band 1875 erschien — der zweite wurde erst im Jahre 1900 publiziert, ein dritter, geplanter, erschien überhaupt nicht —, wollte Reuleaux die Grundlagen schaffen, um die Maschinenwissenschaft in eine exakte Wissenschaft zu verwandeln, die nach der deduktiven Methode vorging. „Es handelt sich darum", so schrieb er, „die Maschinenwissenschaft der Deduktion zu gewinnen, deren Lehrgebäude so zu gestalten, daß es auf wenigen Grundsätzen gegründet ist"; er wollte „zu einer wahrhaft deduktiven Behandlung der Maschine" kommen und die „wahren Bildungsgesetze der Maschine" erkennen.

Grundlage des angestrebten deduktiven Systems waren weder die Mathematik oder die Mechanik, wie bei den französischen Polytechnikern, noch die Ausrichtung auf praktische industrielle Zwecke wie — in Ansätzen — in Deutschland, sondern die Technik selbst. Reuleaux' Hauptziel war die Konstruktion von Maschinen durch Kombination ihrer elementaren Bestandteile, um einen bestimmten Bewegungsablauf herbeizuführen. „Kinematik" verstand er hierbei als „Getriebe- und Zwangslauflehre", die „Lehre von der Zusammensetzung der Maschine" oder „die Wissenschaft von derjenigen besonderen Einrichtung der Maschine, vermöge deren die gegenseitigen Bewegungen in derselben, sowie sie Ortsveränderungen sind, zu bestimmten werden". Ausgangspunkt war der Versuch, ein System von Begriffen zu schaffen, mit denen Maschinen beschrieben werden konnten. Im Gegensatz etwa zu dem französischen Polytechniker Gaspard Monge, der vollständige Mechanismen zugrundegelegt hatte, standen bei Reuleaux „Kinematische Elementenpaare" am Anfang, zwei Maschinenteile, die so miteinander verbunden waren, daß sie sich nur auf eine einzige bestimmte Weise gegeneinander bewegen konnten, wie zum Beispiel Schraube und Mutter, die gemeinsam ein kinematisches Elementenpaar bilden, oder Zapfen und Lager. Fügt man mehrere kinematische Paare zusammen, so entsteht eine kinematische Kette. Ist die kinematische Kette nun in der Art „geschlossen", daß jedes ihrer Glieder gegen alle anderen nur eine ganz bestimmte Bewegung ausführen kann, die Bewegung eines Paares also die Bewegung aller anderen erzwingt, so spricht Reuleaux von einer „zwangsläufig geschlossenen Kette". Wird ein Glied einer solchen Kette festgestellt, so entsteht ein „Mechanismus" oder „Getriebe". Wird ein solcher Mechanismus angetrieben, entsteht eine Maschine.

Nach diesen Definitionen kam es darauf an, diese auch für die akademische Lehre handhabbar zu machen. Hierzu entwickelte Reuleaux eine kinematische

Zeichensprache, durch die er Elementenpaare, kinematische Ketten, Mechanismen und Maschinen abbilden konnte; diesen Vorgang bezeichnete er als „kinematische Analyse". Obwohl sich die Beschreibung eines bekannten Mechanismus durch diese kinematische Analyse als relativ unproblematisch herausstellte, bereitete hingegen die Bestimmung einer Maschine allein mit Hilfe der kinematischen Zeichen in der Regel unüberwindbare Schwierigkeiten.

Als Pendant zur kinematischen Analyse entwickelte Reuleaux die kinematische Synthese, wobei zwischen direkter und indirekter kinematischer Synthese zu unterscheiden ist. Erstere hat anzugeben, „welche Mechanismen in jedem Falle zur Erzielung einer geforderten Orts- und Formveränderung eines zu bearbeitenden Werkstückes oder zur Verwertung der in einem Körper gebotenen Naturkraft in einer Maschine anzuwenden wären". Da dieser Vorgang in der praktischen Ausführung vor allem wegen der großen Anzahl der Lösungsmöglichkeiten problematisch sei, betonte er um so stärker den Wert der „indirekten kinematischen Synthese", bei der alle kinematischen Möglichkeiten kompiliert werden, so daß der Techniker sich zur Lösung eines bestimmten Problems die geeigneten kinematischen Elementenpaare, Ketten oder Mechanismen heraussuchen könne.

Untersuchte Reuleaux im ersten Band der *Theoretischen Kinematik* nur die Zusammensetzung der Maschinen, so standen im zweiten (1890) die Bewegungsgesetze im Vordergrund. Hier unterschied er vier Hauptaufgaben, auf die sich die Bewegungszwecke der in Maschinen zusammengefaßten „Treibwerke" zurückführen lassen, nämlich Leitung, Haltung und Treibung als Ausführungsarten der Ortsveränderung sowie Gestaltung als Formveränderung. Als Beispiel für Leitung kann der Eisenbahnbau, für Haltung Energiespeicher und für Treibung Bewegungsübertragungen genannt werden.

Über die kinematische Analyse hinaus verfolgte Reuleaux das Ziel, auf synthetischem Wege neue Getriebe zusammenzusetzen. Es sollten „diejenigen Elementenpaare, Ketten und Mechanismen" angegeben werden, „durch deren geeignete Verbindung sich ein Bewegungszwang von geeigneter Art verwirklichen läßt". Dies lief darauf hinaus — und wurde von ihm auch so postuliert — Erfindungen lehr- und damit lernbar zu machen und eine Wissenschaft des Erfindens zu entwickeln, ein Postulat, das er freilich nicht in der Realität einlösen konnte und das ihm viel Kritik einbrachte. Dabei überschätzte Reuleaux sicherlich die Möglichkeiten der „kinematischen Synthese"; er stellte aber die Bedeutung der „Erfinderkunst" keineswegs in Abrede, sondern hielt die kinematische Synthese nur für ein zusätzliches Mittel, das dem Erfinder zur Verfügung stehe und mit dem er den Erfindungsprozeß abkürzen könne.

Die Reaktionen auf den ersten Band der *Theoretischen Kinematik* waren geteilt, es überwogen aber die kritischen Stimmen. Häufig wurde der praktische Wert der Kinematik bezweifelt. Der Industrielle Joseph Schlink regte ein Preisausschreiben zur Lösung eines beliebigen praktischen Problems an, das von den Anhängern der Kinematik auf der einen und von den Gegnern auf der anderen Seite in Angriff genommen werden sollte. So werde der praktische Wert der Kinematik am besten deutlich. Johann Lüders, Maschinenbauprofessor an der Technischen Hochschule Aachen, hielt die *Theoretische Kinematik* nicht nur für unnütz und überflüssig, sondern auch für weitgehend falsch, was vor allem darin begründet sei, daß Reuleaux voreilig verallgemeinere und von Axiomen ausgehe, die unbrauchbar seien. Die Befürworter wiesen auf die systematische Leistung der „neuen Kinematik" hin. Gustav Hermann, Professor für Mechanische Technologie und Baumaschinen an der Technischen Hochschule Aachen, konstruierte auf der Grundlage der Reuleauxschen Kinematik neue Maschinen zur automatischen Erzeugung von Zahnflächen verschiedener Zahnräder, und die kinematischen Modelle fanden auch im Ausland weite Verbreitung.

Häufig wurde — und wird heute noch — an Reuleaux' Kinematik kritisiert, daß es beim Maschinenbau auf praktische Anwendung ankomme und daß vor allem die Massenwirkungen wie Trägheit und Reibung eine nicht zu unterschätzende Rolle spielten. Dies habe Reuleaux unzulässigerweise vernachlässigt. Zudem seien die dynamischen Einflüsse auf die Bewegung von Maschinen, wie sie zum Beispiel der österreichische Technikwissenschaftler Johann Radinger untersucht hatte, im ersten Band der *Theoretischen Kinematik* ausgeklammert worden.

Hierzu ist festzustellen, daß einerseits die Kinematik bei Reuleaux nicht vollständig ist, da der angekündigte dritte Band niemals publiziert wurde. Weiter sind manche der angesprochenen Probleme im 1900 erschienenen zweiten Band behandelt worden. Vor allem macht jedoch eine genaue Analyse der Absichten Reuleaux' manche Kritikpunkte gegenstandslos, obwohl viele plakative und letztlich nicht einlösbare Ansprüche dieses Technikwissenschaftlers wie zum Beispiel, das Erfinden lehr- und lernbar zu machen, deutlich überzogen sind.

Für Reuleaux stellte die Kinematik nur einen Teil der Maschinenwissenschaft dar, die er in beschreibende und theoretische Maschinenlehre — letztere fragt „systematisch nach den Beziehungen zwischen der Beschaffenheit der Maschinen und ihren Zwecken" —, Maschinenbaukunde oder Konstruktionslehre, die vor allem die Dimensionierung der Maschinenelemente und die Auswahl der geeigneten Materialien zum Gegenstand hat, sowie die Kinematik oder Maschinengetriebelehre unterteilte. Es ist evident, daß die Behandlung von Trägheit oder Reibung nicht zur Kinematik, sondern zur Maschinenbaukunde gehört. Gleichwohl gab die Argumentation Reuleaux' oft zu Mißverständnissen Anlaß. Der Autor hatte sich in seine Kinematik regelrecht „verbissen", und so kann es nicht wundernehmen, daß viele seiner Kritiker die Kinematik als Teil für das Ganze (nämlich die Maschinenwissenschaft in ihrer Gesamtheit) nahmen, weil der Anspruch der Kinematik selbst doch sehr weit gefaßt war. In der wissenschaftlichen Diskussion über Reuleaux wurde Kinematik weitgehend als Synonym für die Maschinenwissenschaft gebraucht, und Reuleaux selbst tat zu wenig, um diesem Mißverständnis entgegenzutreten, sah er selbst die Kinematik doch als zentralen Teil seines Wissenschaftsgebäudes an. Von großer Bedeutung für die zurückhaltende Rezeption der Theoretischen Kinematik war zudem wohl, daß am Ende des 19. Jahrhunderts, auf der Höhe des internationalen Konkurrenzkampfes um Absatzmärkte und Effektivierung der industriellen Produktion, eine unmittelbare Praxisrelevanz maschinenwissenschaftlicher Forschung gefordert wurde, die Reuleaux auf der Basis seiner Theoretischen Kinematik sicherlich nicht leisten konnte. Nicht systematische Entwürfe, die eventuell zu einem späteren Zeitpunkt Eingang in die Praxis finden konnten, wurden erwartet, sondern Handlungsanweisungen zur unmittelbaren Steigerung der Effizienz im internationalen Konkurrenzkampf. Zudem schien eine Anwendungsmöglichkeit in den wichtigen „neuen Technologien", wie Elektrotechnik und chemische Technik, nicht gegeben zu sein.

Im Zusammenhang mit seiner Kinematik behandelte Reuleaux auch die gesellschaftlichen Probleme seiner Zeit, vor allem die Arbeiterfrage. Dies mag auf den ersten Blick verwundern, findet aber seine Erklärung darin, daß er in seiner Maschinenlehre auch die gesellschaftlichen Implikationen des Maschinenwesens mit einschloß, ein Ansatz, der auch heute nur zur Nachahmung empfohlen werden kann. Die industrielle Entwicklung seiner Zeit, die vom Organisatorischen her durch Konzernbildung und das Aufkommen des „Managerkapitalismus" gekennzeichnet war, betrachtete Reuleaux mit großen Vorbehalten. Mit Wehmut, die manchmal nicht ganz frei von falscher Romantisierung der Vergangenheit war, rief er die handwerkliche Produktion der Zeit vor der Industrialisierung in Erinnerung, die in eine relativ stabile Sozialstruktur eingefügt war. Ihm, der sich immer für handwerkliche Qualitätsarbeit eingesetzt hatte und der häufig auf die Vorzüge kunstgewerblicher Tätigkeit hinwies, erschien der Verlust handwerklicher Geschicklichkeit beim Übergang von Handwerk und Manufaktur zur „Machinofaktur" als beklagenswert. Im Anklang an frühsozialistische Autoren, aber auch an Karl Marx, spricht er davon, daß „eine Kraftmaschine, die Mutter einer Legion von Arbeitsmaschinen, damit auch zugleich die Herrin der Situation" werde, wobei sozialistische Autoren allerdings in der Regel präzisierend darauf hinweisen, daß letztlich die Besitzer der Produktionsmittel die „Herren der Situation" seien. Bei seiner gesellschaftlichen Bestandsaufnahme beklagt Reuleaux, daß nach der allmählichen Verkleinerung des Mittelstandes nun anstelle des ursprünglich wohlgegliederten und gesellschaftspolitisch stabilen Körpers die Koalitionen von Arbeitgebern und Arbeitnehmern aufeinanderträfen, „bittere Gegnerschaft gegen den als Feind gesetzten anderen Teil der Gesellschaft statt des gemeinsamen Strebens".

Zur Lösung dieser sozialen Problematik und zur weitgehenden Konservierung des bestehenden Sozialgefüges schlugen Reuleaux wie auch verschiedene andere Ingenieure und Sozialwissenschaftler seiner Zeit vor, Kraftmaschinen für den gewerblichen Mittelstand einzusetzen. „Diese kleinen Motoren sind die wahren Kraftmaschinen des Volkes; sie sind zu mäßigen Preisen zu beschaffen und sehr billig zu betreiben." In einem Harmoniemodell beschrieb er das Miteinander von Groß- und Kleinbetrieben in einem Zustand gegenseitiger Abhängigkeit, das zu einem Gleichgewicht hin tendiere. Dabei leugnete er nicht die wirtschaftlichen Vorteile, die Großbetriebe wegen besserer Kapitalausstattung und weitergehender Arbeitsteilung im Rahmen von „economies of scale" gegenüber Kleinbetrieben haben; letztere hätten jedoch den Vorteil, qualitativ hochwertigere Produkte liefern zu können. Dies werde durch die gut ausgebildeten handwerklichen Fertigkeiten in kleinen Gewerbebetrieben ermöglicht, aber auch durch die engen persönlichen Beziehungen in kleinen, überschaubaren Produktionseinheiten. Es stellte sich jedoch bald heraus, daß Reuleaux die Möglichkeiten der Kleinbetriebe überschätzt und die dynamische Rolle des Kapitals im Prozeß der Hochindustrialisierung unterschätzt hatte. Er beschrieb ein idealisiertes Bild einer Produktionsform, die in dieser Art weitgehend dem Untergang geweiht war.

Über die Frage der Existenzsicherung von Gewerbebetrieben hinaus beschäftigte sich Reuleaux auch mit dem Problem, welche Rolle die Arbeiterschaft im Gesellschaftsgefüge seiner Zeit spielen sollte, oder, genauer, wie die überkommene Sozialstruktur trotz der dynamischen Tendenzen sozialökonomischer Veränderung konserviert werden könne. Hier wußte er sich weitgehend einig mit dem Reichskanzler Otto von Bismarck, der die Arbeiter durch eine Sozialgesetzgebung dem Staat verpflichten wollte, um damit der Sozialdemokratie den „Wind aus den Segeln" zu nehmen. Auch für Reuleaux schien der Weg der Restauration des Zunftwesens in seiner ursprünglichen Form nicht mehr gangbar zu sein; die wesentlichen Elemente der alten sozialen Ordnung sollten aber in einem „korporativen System" aufgehen, bei dem sich für die einzelnen Gewerbzweige Gewerbeverbände bildeten, denen die Überwachung des Lehrlings- und Gesellenwesens oblag. Auf diesem Wege sollte, neben dem sozialkonservativen Zweck, auch die Qualität handwerklicher Produktion gesteigert werden. Nach Reuleaux' Vorstellung müßten sich die lokalen und regionalen Gewerbevereine zu Zentralverbänden vereinigen, die das ganze Deutsche Reich umfaßten. Er regte an, daß sich alle sozialen Gruppen zu solchen Verbänden zusammenschließen sollten, zu einem in Korporationen übersichtlich geordneten Staatswesen, vergleichbar mit einer „geordneten Armee gegen einen wirren, schwer oder nicht zu lenkenden Haufen", wobei der Vergleich mit militärischen Gliederungsprinzipien sicherlich nicht zufällig gewählt wurde. Technokratische Gedankengänge späterer Autoren vorwegnehmend wandte er sich wie auch andere Technik- und Sozialwissenschaftler seiner Zeit gegen die „Kraft- und Reibungsverluste" eines „ungegliederten Staatswesens" im Sinne westlicher Demokratien. Schlug Reuleaux noch bis zur Bismarckschen „Wende" zur Schutzzollpolitik 1878/79 den freiwilligen Zusammenschluß zu Gewerbeverbänden vor, so forderte er danach eine stärkere Einflußnahme des Staates, wohl deshalb, weil er so die Realisierungschancen für größer hielt. Zieht sich auch ein starkes korporatistisches Element durch die junge deutsche Geschichte, so wurden doch die Vorschläge Reuleaux' und auch die Vorstellungen Bismarcks von einem „Ständeparlament" nicht realisiert.

Über seine Beschäftigung mit technischen, gesellschaftlichen und wirtschaftlichen Problemen Deutschlands hinaus verfügte Reuleaux auch über umfangreiche Kontakte zu Wissenschaftlern und Industriellen im Ausland. Von besonderem Interesse sind hier seine Beziehungen zu amerikanischen Technikwissenschaftlern und Industriellen. 1876 besuchte er als Reichskommissar die Weltausstellung in Philadelphia, 1893 die in Chicago. Daneben besichtigte er viele Maschinenfabriken, vor allem solche, die Werkzeugmaschinen produzierten. Bei einem Vergleich zwischen der Leistungsfähigkeit amerikanischer und deutscher Maschinenfabriken schnitten letztere schlecht ab. Sein Diktum „billig und schlecht", mit dem er 1876 die deutschen Weltausstellungsbeiträge in Philadelphia beurteilte, klang vielen deutschen Industriellen noch lange in den Ohren und rückte ihn bei manchen in die Nähe eines Vaterlandsverräters. Dabei bestand sein Hauptanliegen darin, die deutschen Industriellen durch Kritik aufzurütteln, damit sie auf allen Gebieten den internationalen Standard erreichten. Auch während der Weltausstellung in Chicago 1893 sparte er nicht mit Kritik an deutschen Weltausstellungsbeiträgen, obwohl hier sein Urteil im ganzen weitaus günstiger ausfiel. Sein wesentlicher Kritikpunkt bestand in der mangelnden Präzision deutscher Werkzeugmaschinenfabriken, die vor allem darin begründet lag, daß sich der Einsatz von Feinmeßgeräten erst in den Anfängen befand. Deutsche Maschinenfabrikanten, wie Ludwig Loewe und J. G. Reinecker, orientierten sich deshalb schon frühzeitig an amerikanischen Fabrikationsmethoden, und Reuleaux' Kritik trug dazu bei, daß dieses Problem nun ernsthaft im deutschen Maschinenbau diskutiert wurde.

Reuleaux konnte mit Genugtuung beobachten, daß seine *Kinematik,* die in deutschen Fachkreisen teilweise auf Unverständnis und Ablehnung gestoßen war, im Ausland, und hier vor allem in dem so praxisorientierten Nordamerika, von vielen Kollegen begeistert aufgegriffen wurde. Henry Thurston, Professor für Maschinenbau am Stevens Institute of Technology in Hoboken, New Jersey, und später am Sibley College der angesehenen Cornell University in Ithaca, New York, korrespondierte lange mit Reuleaux über kinematische Fragen. Henry Taylor Bovey, Professor für Ingenieurwissenschaften an der McGill University Montreal, baute wie auch andere nordamerikanische Kollegen mit Hilfe Reuleaux' in Montreal eine kinematische Sammlung auf, die hauptsächlich zu Lehrzwecken diente. Die McGill University verlieh Reuleaux die Ehrendoktorwürde, und Bovey versuchte sogar, Reuleaux für eine Professur für Kinematik in Montreal zu gewinnen, ein Angebot, das dieser jedoch ablehnte.

Stolz konnte Reuleaux darauf verweisen, daß seine Kinematik durchaus auch praktische Bedeutung in ausländischen Maschinenfabriken erlangt hatte: Die renommierte Maschinenfabrik Pratt und Whitney baute eine Verzahnungs-

sowie eine Räderschneidemaschine, die beide auf der Grundlage kinematischer Regeln entwickelt worden waren. Auch die Zahnräderschneidemaschine Hugo Bilgrams, eines Deutsch-Amerikaners aus Philadelphia, beruhte auf kinematischen Regeln; sie diente der deutschen Werkzeugmaschinenfabrik Hermann Pfauter als Grundlage für die von ihr entwickelten Verfahren zur Stirnrädererzeugung.

Der Technologietransfer, hier verstanden als die Übertragung technischer Kenntnisse von einem Land in ein anderes, besaß für Reuleaux große Bedeutung. Seine Bemühungen um die Einführung und Verbreitung der Pelton-Wasserturbine in Deutschland verliefen allerdings wenig erfolgreich. Lester A. Pelton hatte diese Turbine, die für große Fallhöhen geeignet ist, in den frühen 1880er Jahren entwickelt; sie setzte sich jedoch anfangs, vor allem wohl wegen der unterschiedlichen geographischen Bedingungen, trotz Reuleaux' Bemühungen in Deutschland kaum durch.

Anders war dies im Falle der Worthington-Dampfpumpe, über die Reuleaux 1876 bei seinem Besuch der Weltausstellung in Philadelphia berichtete und der er später immer wieder seine Aufmerksamkeit zuwandte. Diese Dampfpumpe war äußerst leistungsfähig, hatte jedoch den Nachteil, daß sie zu ihrem Betrieb verhältnismäßig viel Kohle benötigte, was in den USA aufgrund der umfangreichen und relativ billigen Kohlevorkommen nicht sehr ins Gewicht fiel, in Deutschland aber beinahe prohibitiv wirkte. Nachdem Worthington aber seinen „Ausgleicher" entwickelt hatte, mit dem eine Kohleersparnis von etwa 50 % erzielt werden konnte, erbrachte Reuleaux' Einsatz für die Dampfpumpe auch in Deutschland größere Erfolge.

In Deutschland wurde Reuleaux einem breiteren Publikum durch seine Berichte über die großen Weltausstellungen in der zweiten Hälfte des 19. Jahrhunderts bekannt, die stärker als heute als technische Leistungsschau der Nationen im Blickpunkt der Öffentlichkeit standen, während sie heute in dieser Funktion weitgehend durch Fachmessen abgelöst sind. Auf den Weltausstellungen in Paris (1867), Wien (1873) und Philadelphia (1876) war er als Jurymitglied tätig, während er zu den Ausstellungen in Sidney und Melbourne als deutscher Reichskommissar entsandt wurde.

„Billig und schlecht", sein Urteil über die deutschen Weltausstellungsbeiträge in Philadelphia, wurde von den betroffenen Firmen verständlicherweise mit Mißfallen aufgenommen, obwohl ihm die Berechtigung für dieses Urteil kaum abzusprechen war. Die meisten deutschen Firmen, die in Philadelphia vertreten waren, hatten die ausländische Konkurrenz, vor allem die amerikanische, unterschätzt, obwohl sich die Weltausstellungsbeiträge von Borsig, Krupp, der Burbacher Hütte sowie die Otto-Langen Gaskraftmaschine durchaus sehen lassen konnten. Reuleaux kritisierte besonders die mangelnde Qualität der deutschen Produkte, den geringen Geschmack, mit dem sie produziert wurden, den allgemeinen Mangel an kunstgewerblichen Fertigkeiten sowie fehlende Innovationsfreude. In einer generellen Bestandsaufnahme kritisierte er vor allem ein fehlendes Patentgesetz (das allerdings dann am 1. Juli 1877 für das Deutsche Reich in Kraft trat), das Submissionswesen, bei dem bei öffentlichen Ausschreibungen häufig, ungeachtet der Qualität, das billigste Angebot den Zuschlag bekam, das Kreditwesen, das vor allem zu Beginn der 1870er Jahre vielen spekulativen und wenig leistungsfähigen Firmen die Existenz ermöglicht hatte, das gewerbliche Innungswesen sowie die mangelnde Qualität gewerblicher Ausbildung. In der Tat wurden später manche dieser Mißstände behoben, ohne daß nun immer eine direkte Verbindung zwischen der Kritik Reuleaux' und den entsprechenden staatlichen Aktivitäten nachzuweisen ist.

Große Bedeutung hatte Reuleaux als technischer Berater vor allem bei der Entwicklung des Ottomotors und des Mannesmann-Schrägwalzverfahrens. Das Hauptmotiv für sein Engagement für den Ottomotor lag wohl darin, daß er damit das Problem einer preisgünstigen und zuverlässigen Antriebskraft für das Kleingewerbe lösen wollte, an dessen Fortexistenz ihm aus gesellschaftspolitischen Gründen sehr gelegen war. Hinzu kamen persönliche Kontakte zu Eugen Langen, den er von der gemeinsamen Studienzeit am Karlsruher Polytechnikum her kannte. Reuleaux versorgte Langen mit mancherlei gezielten Hinweisen während des Entwicklungsprozesses des Motors und setzte sich als Mitglied der Technischen Deputation in Berlin erfolgreich dafür ein, daß Ottos atmosphärischem Motor im März 1866 ein Patent erteilt wurde. Auf seine Fürsprache ist es auch zurückzuführen, daß der Ottomotor auf der Pariser Weltausstellung von 1867 gebührend gewürdigt wurde und die zweithöchste Auszeichnung, eine goldene Medaille, erhielt.

Als nicht ganz so wirkungsvoll erwies sich sein Einsatz für das Mannesmann-Schrägwalzverfahren zur Produktion nahtloser Röhren. Auf seine Fürsprache hin investierten Werner von Siemens, ein Mitstreiter in der Patentbewegung der 1870er Jahre, und Reuleaux' Studienkollege Eugen Langen namhafte Beträge in die Entwicklung des Verfahrens. Ab 1884 wirkte Reuleaux als technischer Berater der Familie Mannesmann und entwickelte verschiedene Neukonstruktionen. Allerdings erwies sich der Optimismus Reuleaux' in bezug auf die Unternehmungen Mannesmanns als überzogen, stellten sich doch die verschiedensten Schwierigkeiten technischer und wirtschaftlicher Art ein, die die Firma an den Rand des Ruins brachten. Es ist aber unstrittig, daß Reuleaux auch hier — langfristig — auf das „richtige Pferd setzte", denn die nahtlosen Röhren von Mannesmann überwanden nach anfänglichen Schwierigkeiten bald alle Hindernisse und sorgen auch heute noch im Rahmen internationaler Großgeschäfte für Schlagzeilen.

Weniger bekannt wurden Reuleaux' erfolgreiche Bemühungen um Verbesserungen im Verkehrs- und Transportwesen. Daneben beschäftigte ihn ständig die Frage einer ausreichenden Energieversorgung Deutschlands. Im Jahre 1900 plante er, eine Erdölgesellschaft zu gründen, die er eventuell die „Assyrische Gesellschaft" nennen wollte, die in Anatolien nach Erdöl bohren sollte. Sein Ziel war, von amerikanischen und russischen Erdöllieferungen unabhängig zu werden.

Zusammenfassend läßt sich feststellen, daß es sich bei Reuleaux um einen bedeutenden Technikwissenschaftler handelt, der auch gesellschaftspolitisch engagiert war und — in konservativer Absicht — Pläne für den Fortbestand der Gesellschaftsordnung seiner Zeit entwarf. Er war wissenschaftspolitischen Fragen gegenüber aufgeschlossen und trug viel dazu bei, die Beziehungen zwischen Technischer Hochschule und Industrie zu vertiefen.

Quellen

Reuleaux, Franz, *Constructionslehre für den Maschinenbau*, Braunschweig 1854.
Reuleaux, Franz, *Der Constructeur. Ein Handbuch zum Gebrauch beim Maschinenentwerfen*, 1.—4. Aufl., Braunschweig 1861—1889.
Reuleaux, Franz, *Theoretische Kinematik. Grundzüge einer Theorie des Maschinenwesens* (= Kinematik, Bd. 1), Braunschweig 1875.
Reuleaux, Franz, *Die praktischen Beziehungen der Kinematik zur Geometrie und Mechanik* (= Kinematik, Bd. 2), Braunschweig 1900.
Reuleaux, Franz, *Briefe aus Philadelphia*, Braunschweig 1877, repr. Nachdruck mit einem Anhang und Nachwort von Hans-Joachim Braun (= Dokumente zur Geschichte von Naturwissenschaft, Medizin und Technik, Bd. 4), Weinheim 1983 (mit umfangreicher Bibliographie).

Literatur

Braun, Hans-Joachim, *Methodenprobleme der Ingenieurwissenschaft 1850—1900*, in: Technikgeschichte, 44 (1977), S. 1—18.
Braun, Hans-Jochim, *Franz Reuleaux und der Technologietransfer zwischen Deutschland und Nordamerika am Ausgang des 19. Jahrhunderts*, in: Technikgeschichte, 48 (1981), S. 112—130.
Braun, Hans-Joachim/Weber, Wolfhard, *Ingenieurwissenschaft und Gesellschaftspolitik. Das Wirken von Franz Reuleaux*, in: Reinhard Rürup (Hrsg.), *Wissenschaft und Gesellschaft. Beiträge zur Geschichte der Technischen Universität Berlin 1879—1979*, Bd. 1, Berlin-Heidelberg-New York 1979, S. 285—300.
König, Wolfgang, *Theorie und Praxis des Konstruierens bis zum Ersten Weltkrieg* (= Anlage zum Arbeitsbericht des Teilprojekts Konstruktionsentwicklung der Forschergruppe Konstruktionshandeln gefördert aus Mitteln der Deutschen Forschungsgemeinschaft), unveröff. Ms., Berlin 1988.
Mauersberger, Klaus, *Die Herausbildung der technischen Mechanik und ihr Anteil bei der Verwissenschaftlichung des Maschinenwesens*, in: Dresdener Beiträge zur Geschichte der Technikwissenschaften, 2 (1980), S. 1—52.
Schneider, Jochen, *Franz Reuleaux und die Theorie der Maschinen*, in: Tilmann Buddensieg/Kurt Düwell/Klaus-Jürgen Sembach (Hrsg.), *Wissenschaften in Berlin*, 3 Bde., Berlin 1987, Bd. 2: Gedanken, S. 173—177.

Karl-Heinz Manegold

Alois Riedler

Als der Verein Deutscher Ingenieure dem Professor für Maschinenbau an der Technischen Hochschule Berlin Alois Riedler im Jahre 1897 seine höchste Auszeichnung, die Grashof-Denkmünze, verlieh, feierte man ihn als einen „genialen Konstrukteur von Gottes Gnaden", der die schwierigsten Aufgaben der Technik „gleichsam spielend und doch mit klarer Durchdringung der Grundlagen und mit größtem Scharfblick der sich daraus ergebenden Folgen" zu lösen wisse. Vor allem aber betonte man seine bahnbrechenden Verdienste, „die er sich um die deutsche Technik in Wissenschaft und Praxis als Konstrukteur und Berater der Gewerbetreibenden auf mannigfachen Gebieten des Maschinenbaues, als einer der Führer des Fortschritts in der Ausbildung unserer jungen Fachgenossen", erworben habe. Drei Jahre später übersandte der VDI-Vorstand Riedler als damaligem Rektor der Technischen Hochschule nach der glanzvollen Berliner Jubiläumsfeier 1899 einen überschwenglichen öffentlichen Dankesbrief für die „hochbedeutsame Rolle", die ihm für die Erringung der Gleichberechtigung der Technischen Hochschulen mit den Universitäten und für die Verleihung des Promotionsrechtes an die Technischen Hochschulen zukomme, denn dies bedeute: „ein Ereignis von weltgeschichtlicher Bedeutung für die gesamte deutsche Technik in Wissenschaft und Praxis." Riedler selbst aber sei, so hieß es weiter, eine Persönlichkeit, in der die technischen Errungenschaften der Zeit „mächtig und glänzend verkörpert" würden.

Tatsächlich befand sich der Maschineningenieur Alois Riedler damit auf dem Höhepunkt seines Schaffens und seines nationalen und internationalen Ansehens, unangefochten als der im Jahrzehnt vor der Jahrhundertwende weitbeachtete Reformator seines Faches und des Maschinenbaustudiums, als der durchsetzungsfähige, kämpferische Vertreter der Aufstiegsbestrebungen der deutschen Technischen Hochschulen, als ebenso streitbarer wie wortgewaltiger Sprecher der „Technikerbewegung" insgesamt. In einer Zeit starken wirtschaftlichen und technischen Wandels, hochschulpolitischer und wissenschaftsgeschichtlicher Entwicklungen hat Alois Riedler im Bereich der Technischen Hochschulen für die dort vertretenen Wissenschaftsauffassungen wie für ihr Verhältnis zu den industriellen Anwendungen und zur wirtschaftlichen Praxis einen bestimmenden Einfluß ausgeübt. In der Geschichte des Maschinenbaues

Alois Riedler
(1850—1936)

als ingenieurwissenschaftlicher Disziplin steht sein Name in der Reihe von Redtenbacher, Grashof und Reuleaux mit neuen methodischen Ansätzen gewissermaßen für einen umfassenden Paradigmenwechsel.

Alois Riedler, am 15. Mai 1850 in Graz geboren, studierte Maschinenbau am dortigen polytechnischen Institut und wurde nach mehrjähriger Assistentenzeit auf dem Gebiete des praktischen Maschinenbaues in Brünn und Wien im Jahre 1875 Maschinenkonstrukteur an der Technischen Hochschule in Wien. Hier arbeitete er eng zusammen mit Johann von Radinger, damals bereits einer der großen Vertreter des Dampfmaschinenbaues und der Maschinentechnik. Riedler machte die Fachwelt bald auf sich aufmerksam, insbesondere durch seine souveränen Berichte über einen breiten Bereich von Maschinenkonstruktionen auf den Weltausstellungen von Philadelphia 1876 und Paris 1878. Hier bereits zeigte sich seine Fähigkeit, sogleich den Kern einer Konstruktion zu erfassen und dies mit technischen Zeichnungen von überraschender Klarheit zu verbinden. Noch durchaus ungewöhnlich war, daß er dabei seine kritisch vergleichenden Beurteilungen zumeist auf der Grundlage eigener Versuche und stets im Hinblick auf die vielfältigen Kategorien des Einsatzes in der betrieblich-industriellen Praxis erarbeitete. So waren etwa Indikator-Diagramme an Dampfmaschinen zu dieser Zeit noch durchaus unüblich, als Riedler sie bereits systematisch vergleichend nutzte.

Im Jahre 1880 ging er als Prädikatsprofessor an die Technische Hochschule nach München und erhielt 1884 einen ehrenvollen Ruf als etatsmäßiger Professor für Maschinenbau an die Technische Hochschule Aachen. Das Fach war seit seiner wissenschaftlichen Begründung Mitte des 19. Jahrhunderts durch Ferdinand Redtenbacher in Karlsruhe in der Regel aufgeteilt in theoretische Maschinenlehre und praktischen Maschinenbau. Im Rahmen der Lehre an den Hochschulen wurde freilich seitdem vor allem die erstere bevorzugt angeboten und weiter entwickelt. Riedler dagegen hatte in seiner akademischen Tätigkeit stets mit großem Engagement den letzteren vertreten unter Betonung des unverzichtbaren unmittelbaren Praxisbezugs. Die Aachener Hochschule war erst zehn Jahre zuvor gegründet worden und, anders als ihre deutschen Schwesteranstalten, sogleich als vollausgebaute Hochschule ins Leben getreten. Der lange Akademisierungsprozeß der technischen Fächer, generell gekennzeichnet durch stärkere Betonung rein theoretischer Betrachtungsweisen, mochte sich deshalb hier weniger konsequent ausgewirkt haben. Die Vertreter des Maschinenbaues hatten sich dort wiederholt kritisch gegen eine „Übertheoretisierung" ihres Faches gewandt. Jedenfalls fand Riedler in Aachen ein weites Betätigungsfeld ganz im Sinne seiner praxisorientierten technisch-wissenschaftlichen Auffassungen und Lehrmethoden. In seinem erfolgreichen Lehrbetrieb nahmen enge Kontakte mit der Industrie und maschinentechnische Exkursionen in die Großbetriebe von Bergbau und Hüttenwesen einen gewichtigen Raum ein. Seine Schüler erwiesen sich als Ingenieure in der Praxis als rasch verwendbar und waren in der Industrie entsprechend begehrt.

Als Riedler im Jahre 1888 auf Betreiben des Geheimrats Wehrenpfennig, zu dieser Zeit im preußischen Kultusministerium der verdienstvolle Leiter der Technischen Hochschulabteilung, einen Ruf nach Berlin an die Charlottenburger Hochschule erhielt, war dies im Ministerium zugleich auch als eine fachpolitische Entscheidung gemeint. In Berlin sollte durch Parallellehrstühle künftig auch eine mehr praxisbezogene Lehre berücksichtigt werden. Der Bereich Maschinenbau hatte sich längst zum weitaus größten Lehrgebiet an der Hochschule entwickelt. Das engere Fach wurde hier freilich bis dahin völlig beherrscht von Franz Reuleaux, damals die hochangesehene, führende Persönlichkeit einer im akademischen Sinne bewußt als praxisfern geltenden, rein theoretischen Maschinenlehre. Riedler hatte mit entschiedenen Konzeptionen den Ruf nach Berlin angenommen. Das Ministerium genehmigte ihm, erstmalig in der preußischen Hochschulgeschichte, die Einrichtung und Unterhaltung eines großen (privaten) Konstruktionsbüros in der Hochschule. Damit wurde ihm ausdrücklich bestätigt, daß seine weitere Tätigkeit als ausübender Ingenieur, vergleichbar mit der Tätigkeit der Mediziner, im Interesse einer fruchtbaren, die Praxis integrierenden wissenschaftlichen Lehre notwendig und erwünscht sei. Riedler hatte darüber hinaus argumentiert, daß es überhaupt nur auf diese Weise möglich sei, qualifizierte Mitarbeiter aus der Praxis für die Hochschule zu gewinnen, die dann ihre Erfahrungen an die Studenten vermitteln könnten. Das alles war für die preußischen und deutschen Hochschulverhältnisse vergleichsweise neu und ungewöhnlich, erst seitdem und in der folgenden wissenschafts- und hochschulpolitischen Ära Althoff ist es dann zunehmend üblich geworden, auch „Persönlichkeiten der großen Praxis" aus der Industrie für die ingenieurwissenschaftlichen Fächer an den Technischen Hochschulen zu berufen.

Seine ausgedehnte Ingenieurtätigkeit brachte Riedler in ständige enge Verbindung mit den betrieblichen und konstruktionstechnischen Bedürfnissen und Verhältnissen der Industrie, nicht zuletzt aber mit vielen hervorragenden Ingenieuren und Ingenieurwerken im europäischen Ausland und in den USA und führte ihn zu vielen persönlichen Verbindungen mit Industriellen und Unternehmern. So pflegte er lebenslange persönliche und „technische" Beziehungen zu Emil Rathenau, dem er später mit seinem Buch *Emil Rathenau und das Werden der Großwirtschaft* ein besonderes Denkmal zu setzen suchte. In Berlin schuf sich Riedler gegen Widerstände nun jenen weitgespannten Rahmen, der seinen technikwissenschaftlichen Zielen und seiner dynamischen Persönlichkeit entsprach. Er begann hier sogleich einen „siebenjährigen Krieg", wie er selbst schrieb, zur Durchsetzung seiner Auffassungen gegen ein praxisfernes und nach seiner Überzeugung wirklichkeitsfremdes Übergewicht der Theorie im Ingenieurstudium, einen „Krieg", der mit der Einrichtung und dem raschen Ausbau von Maschinenlaboratorien, mit dem verbitterten Rücktritt von Franz Reuleaux, des bis dahin schulebildenden großen alten Mannes der Maschinentheorie und der Kinematik, und mit der Neuberufung weiterer praxis- und konstruktionsorientierter Kräfte auf weitere Parallellehrstühle endete. Riedlers Bestrebungen wurden damit weit über Berlin hinaus folgenreich für die entsprechenden Verhältnisse an allen deutschen Technischen Hochschulen.

In den beiden Jahrzehnten vor der Jahrhundertwende erlangte der industrielle Bereich der Volkswirtschaft endgültig das Übergewicht. Industrieproduktion, Förderziffern von Kohle und Erz, Gewinnung und Verarbeitung von Stahl, Exportfähigkeit, Maschinenbau und Schiffbau und die rapide Entfaltung der stärker auf technisch-wissenschaftlichen Voraussetzungen beruhenden Industrien neuen Typs wurden zu wichtigen Elementen der staatlichen Machtgrundlagen. Die Bedeutung der Technischen Hochschule, die Leistungen der Ingenieure wurden entsprechend auch politisch bewertet. Sie wurden zu „nationalen Leistungen" und gerieten in engen Zusammenhang mit nationalwirtschaftlichem Macht- und Wettbewerbsdenken. Auch vor diesem Hintergrund müssen die auf Reform der Ingenieurausbildung und weiteren Ausbau der Technischen Hochschulen gerichteten Bestrebungen gesehen werden, für die Riedler jetzt zum wichtigsten Exponenten wurde.

Seit Beginn der 1890er Jahre waren die innere und äußere Entwicklung der Hochschulen, der Komplex ihrer Stellung zu den Universitäten, das Wissenschaftsproblem der Technik und die Reform des Ingenieurstudiums erheblich in Bewegung geraten. Für diese „Technikerbewegung", für Hochschule und Ingenieurausbildung begann damit insgesamt ein wichtiger neuer Abschnitt ihrer Geschichte. Von den außerordentlichen Fortschritten der Industrie und ihrer sich beschleunigenden Expansion wurden die Beziehungen zwischen industrieller Praxis, Hochschule und Ingenieurstudium naturgemäß unmittelbar stark berührt. Lehrinhalte und Methoden waren einer ständigen Kritik ausgesetzt, die Hochschulen waren vor die schwierige Aufgabe gestellt, mit dem von der Industrie bestimmten Tempo technischer Entwicklung mithalten zu müssen. Dort hatte man längst firmeneigene Versuchslabors eingerichtet und begonnen, eine unmittelbar anwendungsbezogene industrieeigene technische Forschung zu betreiben. Dies gab vielen Ingenieuren im Bereich der Hochschule damals das Gefühl, hinter dem dort Erreichten theoretisch herlaufen zu müssen. Dies alles führte jetzt zu einer erheblichen Unruhe in der Entwicklung an den Technischen Hochschulen, die noch vor dem Ende des Jahrhunderts durchgreifende Änderungen im Lehr- und Wissenschaftsbetrieb wie in ihrer äußeren Stellung zur Folge haben sollte. Wenn sich in solchen Zusammenhängen das Wissenschaftsproblem der Technik in besonderer Schärfe stellte und die Fragen der Ingenieurausbildung in der Spannung zwischen theoretisch-wissenschaftlicher Lehre und ihrer Anwendung und Bewährung in der Praxis zu schwerwiegenden Auseinandersetzungen führte, so war dies nicht zuletzt untrennbar mit den Bestrebungen Riedlers verbunden.

Der akademische Aufstieg der Hochschulen war durch die zunehmende Ausweitung ihres wissenschaftlichen Betriebes gekennzeichnet gewesen. Die Lehre war hier zwar einerseits gebunden an die praktischen Bedürfnisse der

Industrie und der ausführenden Technik, wurde aber nicht weniger stark beeinflußt von dem Ziel nach wissenschaftlichem Ausbau und immanenter Fortentwicklung der technischen Disziplinen als innerem Ausweis des Hochschulranges unter notwendiger ständiger Angleichung an und Übernahme von universitären Formen und Anschauungen. In der Lehre der Hochschulen beeinflußte dieser Prozeß der Akademisierung jedenfalls nachhaltig das Verhältnis zwischen der Mathematik und den Naturwissenschaften einerseits und den technischen Fächern andererseits. Die rein theoretische Betrachtungsweise technischer Probleme war dadurch erheblich in den Vordergrund getreten. Verwissenschaftlichung der Technik, das hieß zumeist eine häufig einseitige Mathematisierung unter Vernachlässigung der technischen Praxis und Erfahrung mit dem Ziel einer wissenschaftlichen Emanzipation durch theoretische Fundierung der Technik. Verwissenschaftlichung bedeutete demgemäß also zugleich akademische Konsolidierung von Hochschule und Ingenieurausbildung. Nach der Überzeugung Riedlers, aber auch nach dem Urteil vieler anderer Kritiker aus Industrie und Hochschule, war den rein theoretischen, abstrakten Fächern dabei ein zu großer und selbständiger Raum im Ingenieurstudium eingeräumt worden, und es waren Theorien gelehrt worden, die nicht auf Versuchen und Erfahrungen beruhten. Dies hatte, wie Riedler mit dem Blick auf die bis dahin an der Hochschule dominierenden „Theoretiker" formulierte, zum „Doktrinarismus" in der Ingenieurausbildung geführt mit der wachsenden Gefahr einer Entfremdung der Hochschule von der technischen Praxis und einer schädlichen Entfernung von der industriellen Wirklichkeit. Alois Riedler wurde zum anerkannten Haupt einer stärkeren Praxisbezug fordernden ingenieurwissenschaftlichen Schule und zum entschiedenen Kritiker der bisherigen Verhältnisse.

Hier kamen jetzt nachhaltige Eindrücke der Weltausstellung des Jahres 1893 in Chicago unmittelbar zur Auswirkung. Bereits durch die erste Weltausstellung in den USA, 1876 in Philadelphia, war die technische Entwicklung Amerikas zum ersten Mal in den Blickpunkt der deutschen Ingenieure gerückt worden. Damals hatten die Ausstellungsberichte von Franz Reuleaux und sein berühmtes Verdikt, die deutschen Industrieprodukte seien „billig und schlecht", heftige Diskussionen über den Stand der technischen Bildung in Deutschland zur Folge gehabt. Jetzt war es sein wissenschaftlicher Kontrahent Alois Riedler, dessen Analysen der Ausstellung in Chicago höchst folgenreich werden sollten. Mit der Weltausstellung war eine internationale Unterrichtsausstellung verbunden, und zahlreiche deutsche Ingenieure und Industrielle nahmen nicht nur den mächtigen Aufschwung der amerikanischen Technik zur Kenntnis, sie studierten in diesem Zusammenhang auch zum ersten Male die Einrichtungen des technischen Schulwesens in den USA und die dortige Ingenieurausbildung.

Riedler reiste im Auftrage des preußischen Kultusministers und für den Verein Deutscher Ingenieure mit einem großen Mitarbeiterstab nach Chicago und gab nach seiner Rückkehr einen umfassenden Bericht „über amerikanische technische Lehranstalten". Zwar betonte er hier, daß es bei den sehr unterschiedlichen technischen Schulen der USA schwierig sei, zu allgemeinen Aussagen zu kommen, insgesamt aber bedachte er das amerikanische Ausbildungssystem mit hohem Lob und sah hier einen wesentlichen Grund für die großartigen Entwicklungen der amerikanischen Technik, die, wie er fand, in Deutschland noch nicht mit der notwendigen Aufmerksamkeit zur Kenntnis genommen wurden. Riedler beschrieb ausführlich vor allem den ausgedehnten und gründlichen praxisbezogenen Laborunterricht „als wesentliches Kennzeichen der amerikanischen Ingenieurausbildung" und die damit verbundene „Entwicklung des Forschungs- und Beobachtungssinnes" durch selbständige Übungen der Studenten in reich ausgestatteten eigenen Ingenieurlaboratorien, denen sich in Deutschland nichts Vergleichbares an die Seite stellen lasse. Diese Art der auf experimentelle Laborarbeit bezogenen Ausbildung sah er in den wichtigsten technischen Schulen Amerikas im großen Maßstabe durchgeführt, sie habe jene Erfolge errungen, „die uns zu denken geben müssen".

In deutlichem Gegensatz dazu sah er das einseitige, rein theoretisch ausgerichtete deutsche Ausbildungswesen gestellt, das eine zunehmende und verhängnisvolle breite „Lücke" zur technischen Praxis deutlich mache. Kategorisch folgerte Riedler: „Die Ausbildung in Laboratorien ist eine selbstverständliche Forderung für jede Ausbildung in naturwissenschaftlicher und technischer Richtung. In dieser Beziehung können wir von den Amerikanern nur lernen. Wir müssen die wissenschaftlichen Ingenieurlaboratorien als Lehrmittel ersten Ranges ohne Verzug einführen." Im Hinblick auf das gesamte deutsche Bildungswesen resümierte er: „Tatsache ist, daß mindestens 3/4 aller Ingenieurbauten und Unternehmungen technischer Art der Welt von der englischsprechenden Rasse ausgeführt werden", zwar unter Mitwirkung deutscher Ingenieure, aber diese spielten dabei nur selten eine führende Rolle. Er schloß seinen Bericht: „Soll nicht minderwertige Veranlagung als Ursache solcher Zustände angenommen werden, wofür keinerlei Nachweis erbracht werden kann, so muß die Ursache in der Erziehung gesucht werden." Riedlers Bericht erregte großes Aufsehen im Bereich der Hochschulen wie in der gesamten deutschen Ingenieurwelt. Er wurde in breiter Öffentlichkeit in der Presse diskutiert und blieb nicht ohne nachhaltigen Eindruck bei der preußischen Staatsregierung.

Tatsächlich hatten an den deutschen Technischen Hochschulen bis dahin nur Studenten der technischen Chemie die Möglichkeit zu selbständigen Arbeiten und Versuchen in chemischen Labors. Neben den physikalischen Instituten waren noch in sehr geringem Umfange elektrotechnische Labors entstanden, und nur an einigen Hochschulen, etwa München und Stuttgart, gab es bescheidene Anfänge anderer technischer Versuchslaboratorien, die in der Regel aber nicht Ausbildungszwecken dienten. Riedlers Anregungen trafen zwar auf eine in gewissem Maße bereits begonnene Entwicklung, aber insgesamt war eine eigenständige technisch-experimentelle Forschung außerhalb der Industrie hier noch wenig entwickelt. Experimentalunterricht und wirklichkeitsnahe selbständige Übungen waren kaum üblich. Insbesondere in den Maschinenbauabteilungen, die für Riedler vor allem im Blickpunkt standen, hatte es bis dahin im wesentlichen auf der Grundlage von Mathematik, theoretischer Mechanik und „Kreidephysik" nur theoretische Vorlesungen, Konstruktionsübungen am Reißbrett und Demonstrationsvorträge mit Modellen gegeben.

Jetzt erst setzten sich auf akademischer Ebene allgemeiner die Folgerungen aus der Erkenntnis durch, daß in den technischen Fächern experimentelle Lehre und Forschung nötig waren, daß es hier aber der Entwicklung eigener, von den Naturwissenschaften zu unterscheidender Methoden bedurfte, systematischer Versuche und Messungen mit Maschinen und Materialien in natürlichem Maßstabe und unter der Vielfalt von Bedingungen, die dem wirklichen Betrieb industrieller Praxis entsprachen, und daß hierzu besondere Laboratorien, Meß-, Versuchs- und Prüfungseinrichtungen, apparative Mittel in großem Umfange gebraucht wurden. Daß diese Folgerungen auf breiter Front und in rascher Konsequenz zum Durchbruch kamen, war nicht zuletzt das Verdienst Riedlers, dessen Forderungen jetzt vom Verein Deutscher Ingenieure sogleich aufgenommen wurden. Unter maßgeblicher Mitwirkung Riedlers verabschiedete der Verein auf seiner Hauptversammlung des Jahres 1895 die berühmten „Aachener Beschlüsse" über „die Ingenieurlaboratorien und die Gestaltung des Unterrichts an den Technischen Hochschulen". Deutlich wurde herausgestellt, daß es dabei „keineswegs lediglich um akademische Erörterungen über die Ausbildung der Ingenieure" gehe, es handele sich vielmehr darum, „unsere gefährdete Stellung im Wettbewerb der Völker zu erhalten". Man stehe einer drückenden Notwendigkeit gegenüber, „welche uns der Wettbewerb des Auslandes in Verbindung mit unseren vielfach schwierigeren Verhältnissen auferlegt. Es heißt jetzt einfach sich der eigenen Haut wehren. Diejenige Ausbildung, die sich am fruchtbringendsten erweist, ist die allein richtige."

Die „Aachener Beschlüsse" wurden allen zuständigen deutschen Regierungen mit ausführlichen Begründungen überreicht und übten einen bedeutenden Einfluß auf den Ausbau der Technischen Hochschulen aus. Riedlers Berliner Kollege Adolf Slaby sorgte dafür, daß sie auch Kaiser Wilhelm vorgelegt wurden. Vor allem der von Riedler genutzten massiven wirtschaftspolitischen Argumentation konnten sich die Regierungen nicht entziehen. Bereits Ende 1895 teilten der preußische Kultusminister und der Finanzminister mit, daß die erforderlichen Mittel zur Errichtung von Laboratorien an den preußischen Hochschulen beschleunigt bewilligt würden. In den folgenden Jahren ist es dann an allen deutschen Hochschulen mit relativ großen Mitteln zur Gründung technischer Laboratorien und zur Umgestaltung des technischen Studiums gekommen. Dadurch erst erhielten die Technischen Hochschulen in der Folgezeit ihr modernes Gesicht.

In diesen Zusammenhängen ist es besonders wichtig geworden, daß an den Hochschulen das Bewußtsein ihrer spezifischen Forschungsaufgaben endgültig zum Durchbruch kam. Wiederum hatte Riedler dazu beigetragen, daß im Streit der Fachmeinungen neben dem Ausbildungs- auch der Forschungszweck von Ingenieurlabor und Hochschule in gleicher Entschiedenheit herausgestellt wurde. In den „Aachener Beschlüssen" hieß es denn auch, daß die Technischen Hochschulen nicht nur die volle wissenschaftliche Ausbildung zu gewähren hätten, „deren der tüchtige Ingenieur im Durchschnitt bedarf", sondern daß sie, „entsprechend ihrer Aufgaben als Hochschule", sich der Forschungsaufgabe stellen müßten, „zur Ermittelung fehlender und zur Aufklärung zweifelhafter Grundlagen auf den Lehrgebieten des Ingenieurwesens" beizutragen. Gegenüber den bekannten Bestrebungen des Göttinger Mathematikers Felix Klein, mit Unterstützung der Industrie und Althoffs „angewandte" Forschungsinstitute an der Universität einzurichten, bestand Riedler darauf, in die Forderungen des VDI als Abgrenzung von Universität und Technischer Hochschule die Erklärung aufzunehmen, daß die Ausbildung der Ingenieure „auch für die höchsten wissenschaftlichen Ziele, den Technischen Hochschulen allein vorbehalten bleiben müsse". Die Verbindung von Forschung und Lehre, grundlegend für das Selbstverständnis der Universitäten, war an den Technischen Hochschulen bis dahin nicht in gleicher Weise als konstitutiv erkannt worden. Für die immer nachdrücklicher geforderte Gleichstellung mit den Universitäten war aber erst mit der klaren Erfassung ihrer eigenständigen Forschungsaufgaben eine wesentliche Voraussetzung gegeben, das hatte Riedler erkannt. Seine Folgerung lautete: „Die Technischen Hochschulen müssen auch Stätten der Forschung sein oder aufhören, Hochschulen genannt zu werden." Nicht zuletzt war damit, wie sich bald erweisen sollte, zugleich die wissenschaftliche Bedingung für das erstrebte Promotionsrecht erfüllt.

Alois Riedler wurde in diesen Jahren durch seine zahlreichen Gutachten, Reden, Aufsätze und Abhandlungen zum aktivsten Vorkämpfer dieser als Technikerbewegung bezeichneten Bestrebungen, zum wortgewaltigsten streitbaren Rufer im Kampf um Rechte und Ansprüche der Technischen Hochschulen und der Ingenieure. Man könnte ihn geradezu als eine Art „Chefideologen" der Technikerbewegung bezeichnen. Von diesem Zeitpunkt an datierte die neue, durch ihn und seine Schule („das System Riedler") eingeleitete Entwicklung des Maschinenbauwesens, vor allem nach der 1896 erfolgten Gründung des Maschinenbaulaboratoriums an der Technischen Hochschule Berlin, das unter seiner Leitung rasch zum größten seiner Art in Deutschland ausgebaut wurde und dessen maschinelle Ausstattung er selbst durch Zuhilfenahme privater Mittel ergänzte. Kennzeichnend für den Wandel war, wie erwähnt, der damit verbundene Rücktritt von Franz Reuleaux. Gerade gegen seine Wissenschafts- und Lehrauffassungen hatten sich Riedler und der VDI gewandt mit der Bekämpfung von „Doktrinarismus und unfruchtbarer Theorie".

Das hatte zunächst zu prinzipiellen Auseinandersetzungen an der Hochschule geführt, vor allem im Hinblick auf die geforderte Bedeutungsminderung der Mathematik als traditionell wichtigster Grundwissenschaft im technischen Studium. Sie sollte künftig stärker im unmittelbaren Bezug auf die Bedürfnisse der Ingenieurfächer gelehrt werden und lediglich Hilfswissenschaft sein unter der Devise, wie Riedler formulierte, „die Technische Hochschule den Technikern". Tatsächlich wehrten sich jetzt mit ihm viele bedeutende Ingenieure dagegen, daß nur in der Mathematisierung die Wissenschaftlichkeit ihrer Arbeit begründet sei. Andererseits traten sämtliche Professoren der Mathematik und der Mechanik an den deutschen Technischen Hochschulen den Thesen Riedlers und den entsprechenden Forderungen des VDI in einer gemeinsamen Erklärung öffentlich entgegen.

Sie erklärten die Mathematik nach wie vor für alle technischen Aufgaben zur grundlegenden Wissenschaft und somit als ausschlaggebend für den wissenschaftlichen Rang der Technischen Hochschulen. Durch eine Minderung der theoretisch-wissenschaftlichen Geltung der Hochschule befürchtete man nicht zuletzt negative Folgen für den Gleichberechtigungsanspruch gegenüber den Universitäten und eine Bestätigung der dort stets erhobenen Vorwürfe, der Technik fehle prinzipiell der wissenschaftliche Charakter und die Technischen Hochschulen seien deshalb ebenso prinzipiell als bloße Fachschulen anzusehen. Dies waren nun gerade jene Vorwürfe, denen gegenüber sie sich mit zunehmender Empfindlichkeit zur Wehr setzten. Riedler initiierte eine öffentliche Gegenerklärung nahezu sämtlicher deutscher Professoren der Ingenieurfächer. Sie bestätigte den Standpunkt der „Praktiker".

In jedem Fall hatte Riedler einen entscheidenden Anstoß dafür gegeben, daß es jetzt zu einer Art Nachprüfung des an den Hochschulen vorgetragenen theoretischen Wissens auf seine Brauchbarkeit und seinen Bildungswert für das Ingenieurstudium kam. Die ingenieurwissenschaftlichen Fächer forderten nun nach Umfang und Methoden größere Rechte für sich. Unter der Führung von hervorragenden, der Industrie enger verbundenen Konstrukteuren, neben Riedler müssen hier wenigstens Adolf Slaby und Karl Bach genannt werden, veränderten diese Bestrebungen das auch an den Technischen Hochschulen anerkannte universitäre Wissenschafts- und Forschungsverständnis. Sie versetzten das Verhältnis zu den Universitäten, denen sich die Hochschulen als Antwort auf den von dort ausgehenden normsetzenden Prestigedruck immer deutlicher angeglichen hatten, in stärkere Spannung als je zuvor, Riedler und seine Kollegen deuteten dies selbst als notwendige Emanzipation von Hochschule und Technik.

In seinen zahlreichen programmatischen Schriften schärfte Riedler den Technischen Hochschulen immer erneut ein, sie müßten den „steten Zusammenhang mit der ausführenden Praxis, mit ihrer unfehlbaren Kritik, ihren unmittelbaren Erfahrungen, Forderungen und Aufgaben" künftig unabdingbar wahren. „Wissenschaftlichkeit und Wirtschaftlichkeit" bildeten für ihn die Hauptkriterien jeder Ingenieurarbeit. Er war überzeugt, daß die Hochschulen dementsprechend in größerem Maße als bisher „zur Produktion" erziehen sollten. In seinen Äußerungen mischten sich technisch-wissenschaftliche und wirtschaftliche Kategorien durchaus mit nationalpolitischen Argumenten, galt es doch nach seiner Überzeugung, die deutsche Industrie für den „Kampf ums Dasein" auf den Weltmärkten bestmöglich auszurüsten. Der Ingenieur müsse deshalb „Können und Wirtschaft" vereinigen, dann würden auch seine Leistungen belohnt.

In seinen technischen Fachpublikationen hat Riedler seine ingenieurwissenschaftlichen und konstruktiven Auffassungen stets mit einer Fülle von technischen und wirtschaftlichen Gesichtspunkten verbunden. Er erörterte sie dabei immer am jeweiligen technischen konstruktiven Objekt selbst, systematisch und im Zusammenhange hat er sie indessen nie dargestellt. Als exemplarisch kann in diesem Zusammenhang sein Buch über *Das Maschinenzeichnen* angesehen werden. 1896 erschienen und häufiger wieder aufgelegt, hat er es selbst als „Kampfschrift" bezeichnet. Wiederum ging es dabei vor allem gegen die von Reuleaux und dessen Vorgängern bis dahin vertretenen ästhetisch-künstlerisch beeinflußten Zeichenmethoden „schön ausgeführter Schulzeichnungen", gegen bunte Abtönungen, Schattierungen, Reflexlichter und Komplementärfarben. Den von Reuleaux propagierten „Maschinenbaustil" mit historisierenden Architekturformen, Dampfmaschinen mit dorischen Säulen, lehnte Riedler in ätzender Schärfe ab. Die technische Zeichnung als eigentliche Grundsprache des konstruierenden Ingenieurs besaß für ihn nur eine strikt funktionale Form, die allein aus den technischen Anforderungen hervorgehen müsse. Er setzte die exakte, dem jeweiligen Zweck angepaßte Schwarz-Weiß-Zeichnung durch, die den Zusammenhang mit der praktischen Ausführung veranschaulichte und die das Kriterium rationeller Fertigung und Nähe zur industriellen Konstruktionszeichnung zu erfüllen hatte. Damit nahm er zugleich auch Entwicklungstendenzen aus den USA auf, wie Serien- und Massenfertigung, Übergang zum Austauschbau und zunehmende Arbeitsteilung. Sein Buch über das Maschinenzeichnen entsprach vor allem auch den beginnenden Rationalisierungsbestrebungen in dieser Zeit.

Zum denkwürdigen Jubiläumsjahr der Berliner Hochschule 1899 widmete er ihr als Festgabe auf eigene Kosten ein umfangreiches und opulentes Werk. Unter dem Titel *Schnellbetrieb — Erhöhung der Geschwindigkeit und Wirtschaftlichkeit der Maschinenbetriebe* legte er eine Art Summe seiner vielgestaltigen Ingenieurtätigkeit und seines eigenen Konstruktionsbüros an der Hochschule vor. In gewisser Weise knüpfte er hier an das berühmte Werk *Die Dampfmaschine mit hoher Kolbengeschwindigkeit* seines Wiener Lehrers Radinger an, mit der fruchtbaren Idee, durch den „Schnellauf von Maschinen" größere Effizienz und Wirtschaftlichkeit zu erreichen. Am Beispiel der von ihm für vielfältige und weite Anwendungsbereiche konstruierten schnellaufenden Pumpmaschinen („Riedlers Schnelläufer — oder Expresspumpen") an Kompressoren und Gebläsemaschinen, in späteren Arbeiten auch am Großgasmaschinenbau und bei der Konstruktion von Dampfturbinen demonstrierte er die Notwendigkeit des „Schnellbetriebes". In der Verwendung hoher Geschwindigkeiten sah Riedler das „Kennzeichen alles technischen Schaffens der Gegenwart überhaupt". Das Ziel des technischen Fortschrittes brachte er, gewissermaßen als Credo seiner Auffassungen als Konstrukteur, auf die griffige Gleichung „Erhöhung der Betriebsgeschwindigkeit — Erhöhung der Wirtschaftlichkeit".

Nach den erfolgreichen, von vielen tonangebenden Technikern sekundierten Bemühungen Riedlers zur Reform der Ingenieurausbildung und dem Ausbau der Hochschulen griff er 1898 erneut in die anhaltende Diskussion der Technikerbewegung ein. Mit der bis dahin am stärksten beachteten seiner Schriften mit dem programmatischen Titel *Unsere Hochschulen und die Anforderungen des 20. Jahrhunderts* erregte er wiederum großes öffentliches Aufsehen. Hier stellte er als Prämisse voran, daß die Lebens- und Kulturgrundlagen der Nation jetzt insgesamt vom technischen Fortschritt abhingen und daß die Weiterentwicklung der Technischen Hochschulen deshalb schlechthin ein Gebot der Selbsterhaltung sei. Er kritisierte demgegenüber die bisherigen „mächtigen Vorrechte" der Universitäten und kam zu dem bemerkenswerten Ergebnis: „Nicht die Technischen Hochschulen müssen sich den Universitäten, sondern umgekehrt, die Universitäten müssen sich den Technischen Hochschulen angleichen." Die Universitäten, so befand er, stünden in keinem lebensvollen Zusammenhang mehr mit den „praktischen und sozialen Aufgaben der Zeit", in ihrem lebensfernen Bildungsbegriff, mit ihrer traditionellen technik- und anwendungsfeindlichen Wissenschaftsauffassung seien sie nicht mehr im Einklang mit den Forderungen des modernen Lebens. Ausführlich zog er dagegen eine Bilanz der „Kulturaufgaben des Ingenieurs", der sich aus eigener Kraft gegen die sozialen Privilegien einer „überlieferten Klassenherrschaft" einseitiger Universitätsbildung seine Anerkennung erkämpfen müsse. Mit ausführlich begründeten Forderungen nach Gleichberechtigung von Universität und Technischer Hochschule diskutierte Riedler in scharfer Polemik den Hauptpunkt seiner Schrift. Das Promotionsrecht der Technischen Hochschulen erklärte er zur „Lebensfrage der gesamten deutschen Technik". Nach seiner Überzeugung konnte es nach den geltenden wissenschaftlichen und gesellschaftlichen Normen im Hinblick auf eine akademische und gesellschaftliche Gleichstellung kein Äquivalent zum Promotionsrecht geben. Er sprach von dem „durch keine andere Beziehung zu kompensierenden sozialen Wert des Doktortitels" und stellte fest: „Nichts hindert uns, dem alten Doktortitel einen neuen, richtigen Inhalt zu geben."

Mit seinem großen Ansehen als Ingenieur und Hochschullehrer hatte er die Forderungen der Techniker erneut sehr vernehmlich und mit nachhaltiger Öffentlichkeitswirkung vorgetragen. Es kennzeichnet die damalige Brisanz seiner Darlegungen, daß zunächst mehrere Verlage „aus gebotener Rücksicht auf Universitätskreise" es ablehnten, sein Buch zu verlegen. Innerhalb weniger Monate erlebte es trotzdem mehrere Auflagen. Die nach dem Erscheinen von Riedlers Schrift sogleich einsetzenden heftigen Diskussionen leiteten unmittelbar über zu dem mit Erbitterung geführten Kampf um die endgültige Durchsetzung des Promotionsrechtes für die Technischen Hochschulen. Riedler wurde in dieser Frage zusammen mit seinem Kollegen Adolf Slaby zu ihrem wichtigsten Sprecher. Nach Slaby wurde auch er zu dieser Zeit vom Kaiser auf Lebenszeit in das preußische Herrenhaus berufen. Während Slaby seine engen freundschaftlichen Verbindungen zu Wilhelm II. nutzte, wirkte Riedler höchst streitbar in der Hochschulöffentlichkeit.

Die von Riedler entfachten harten Auseinandersetzungen mit den Universitäten, in ihrer beiderseitigen polemischen Schärfe zweifellos eine deutsche Besonderheit, verhärteten die Fronten zunächst erheblich. Während es für Riedler und die Hochschulen, wie er formulierte, um „die unabdingbare Anerkennung unserer Studien und wissenschaftlichen Arbeiten auch mit dem Maßstabe der überlieferten gelehrten Studien" ging, beurteilte man an den Universitäten das Begehren der Technischen Hochschulen als einen gefährlichen und folgenreichen Anschlag auf ihre bis dahin unangefochtene wissenschaftliche Stellung und als „Alteration der akademischen Würde". Angesichts des unüberwindlichen Widerstandes der Universitäten fiel die Entscheidung bekanntlich letztlich durch den Kaiser. Auf der glanzvollen Hundertjahrfeier der Berliner Hochschule verkündete Wilhelm II. in der Uniform des Ingenieurkorps die Gleichberechtigung von Universitäten und Technischen Hochschulen und verlieh ihnen als preußischer König das Promotionsrecht. Mit diesem von den Hochschulen und Ingenieuren als wissenschaftlicher und gesellschaftlicher Ritterschlag empfundenen Ereignis erreichte die Technikerbewegung ihren Höhepunkt, Alois Riedler, jetzt als Rektor der angesehensten deutschen Technischen Hochschule und als neue „Magnifizenz", den Gipfel seines Wirkens. Seine Verdienste um diesen Erfolg waren tatsächlich nicht zu überschätzen.

Noch ein anderes Projekt auf einem verwandten Gebiet hat Riedler in solchen Zusammenhängen damals durchzusetzen versucht. Als er im Sommer 1899 als neugewählter Rektor vom Kaiser empfangen wurde, trug er ihm den Gedanken einer besonderen Akademie der technischen Wissenschaften vor. Wilhelm II. nahm diese Anregung sogleich mit großem Interesse auf und veranlaßte Riedler, eine entsprechende Denkschrift auszuarbeiten. Noch unmittelbar vor der Zentenarfeier der Berliner Hochschule, bereits in der Gewißheit, daß der Kaiser selbst Gleichberechtigung und Promotionsrecht verkünden werde, legte Riedler ihm die Denkschrift vor. Die Forderung nach einer Akademie der technischen Wissenschaften war an sich schon Jahrzehnte zuvor erhoben worden, Riedler glaubte indessen jetzt an die Möglichkeit, ein solches Projekt durchsetzen zu können. Er definierte die Akademie als eine „oberste Instanz technisch-wissenschaftlicher Bestrebungen" und zugleich als einen „Mittelpunkt volkswirtschaftlicher Zielsetzungen". Im nationalen Machtinteresse müsse Deutschland, um nicht „übermächtigt" zu werden, so führte er aus, mehr als dies in anderen Ländern geschehe, Wissenschaft, Technik und Wirtschaft vereinen und entsprechende Institutionen fördern. Es war nicht erstaunlich, daß der Kaiser dem Kultusminister sogleich sein „ganz besonderes Interesse" an diesem Projekt übermitteln ließ. Riedler hat dann nach Aufforderung des Ministers und Althoffs mehrfach ausführliche Akademiepläne ausgearbeitet. Die Zwecksetzung wurde jetzt so formuliert: „Sie ist eine Gesellschaft von Vertretern der Technik, welche die Aufgabe hat, die Anwendung der Wissenschaft zu technischen Zwecken und überhaupt die weitere Entwicklung der Technik sowie ihre wirtschaftlichen und sozialen Beziehungen zur Kultur und zum Erwerbsleben, zum staatlichen und öffentlichen Leben nach allen Richtungen durch eigene Arbeiten und durch Unterstützung und Leitung zu fördern."

Es war jedenfalls bemerkenswert, daß die beteiligten Ressorts und Gegengutachten daraufhin als Hauptargument ihrer Ablehnung feststellten, eine spezifische „technische Wissenschaft" könne gar nicht eindeutig bestimmt werden, im Gegensatz zu den der Technik zugrunde liegenden Naturwissenschaften, diese aber seien naturgemäß bereits in den bestehenden Akademien vertreten. Riedler und mit ihm Slaby wollten die geplante Akademie als ein notwendiges Glied im weiteren Aufstieg der Technik verstanden wissen, als folgerichtigen Schritt entsprechend der Entwicklung der Technischen Hochschulen und als weitere wichtige Voraussetzung für eine angemessene Bewertung der technischen Wissenschaft. Darüber hinaus gingen die Vorstellungen über Aufgaben und Organisation einer Akademie der technischen Wissenschaften bei den beteiligten Technikern allerdings weit auseinander. Trotz des lebhaften kaiserlichen Interesses und häufiger Fragen nach dem Stand der Planung war zur herben Enttäuschung Riedlers dem Projekt keine Zukunft beschieden. Er war hier, wie er selbst notierte, an die Grenze seiner Durchsetzungsmöglichkeiten gestoßen, eine Erfahrung, die er in der Folgezeit noch öfter machen sollte.

Im Jahre 1907 war er noch einmal an der Technischen Hochschule Berlin mit der Gründung des Institutes für Verbrennungskraftmaschinen und Kraftfahrzeugtechnik, das erste Institut dieser Art in Deutschland, hervorgetreten. Aber insgesamt begann sein Stern zu sinken, und es wurde stiller um ihn. Er zog sich nach Auseinandersetzungen zunehmend aus der Hochschulpolitik zurück. Die rapide Spezialisierung der technischen Disziplinen hatte ihn und das „System Riedler" schließlich überholt. Andererseits lag dies in gleicher Weise wohl auch an der Struktur seiner Persönlichkeit. In seiner äußerst streitbaren Unbedingtheit war er als „Kämpfernatur" immer weniger zu Kompromissen bereit und zu Verbindlichkeit in der Lage und überwarf sich schließlich mit fast allen seinen Kollegen. Vergeblich hatte er im Jahre 1906 auf die Konzeptionen einzuwirken versucht, die der Gründung des Deutschen Museums in München zugrunde lagen. In seinem Buch über Dieselmotoren, erschienen 1914, attackierte er zum Verdruß und zum Erstaunen der Technikerschaft in rigider Schärfe Rudolf Diesel, dem er die Erfindung seines Motors absprach und ihn lediglich als Meister der Kunst gelten ließ, „mit dem Minimum tatsächlicher technischer Erfahrungen das Optimum finanzieller Erfolge" erreicht zu haben.

In den ersten Jahren der Weimarer Republik versuchte der Hochbetagte noch einmal mit einer Reihe von Flugschriften und Gutachten vergeblich, in die aktuellen Reformpläne der Hochschulen einzugreifen, als die Diskussionen über die zukünftige Gestaltung des technischen Studiums erneut aufgenommen wurden. Er ist dabei als ministerieller Gutachter indessen von dem Danziger Professor Heinrich Aumund völlig beiseite gedrängt worden. Fast 30 Jahre lang war er, auf dem Höhepunkt der Technikerbewegung in bestimmender Weise, an den Auseinandersetzungen um die Reform der Technischen Hochschulen beteiligt gewesen.

In seiner Berliner Rektoratsrede 1899 hatte er die Kernpunkte seiner lebenslangen Bestrebungen zusammengefaßt: „Die richtige Würdigung der Umwälzungen, die unaufhaltsam die ganze soziale Struktur wie die Gemeinschaft der Völker verändern, erfordert den innigen Zusammenhang von Wissenschaft und Leben, erfordert wahrhaft technische Bildung, Einsicht in die verantwortliche richtige Anwendung der Erkenntnis unter Würdigung aller gegebenen Verhältnisse und des Zusammenhanges mit der organisierten Arbeit zu richtigem wirtschaftlichen und sozialen Zweck." Man hat Riedler neuerdings, wenig überzeugend, als eine Art „technokratischen Sozialdarwinisten" bezeichnet. Sein Ziel war es letztlich, Ausbildung und Wissenschaft mit den veränderten wissenschaftlichen und gesellschaftlichen Anforderungen, wie er sie verstand, in Einklang zu bringen. Dafür hat er ein Leben lang gekämpft. Im Alter von 70 Jahren schied er 1920 aus dem Lehrbetrieb aus, 1936 ist er fast vergessen in Wien gestorben.

Literatur

Riedler, Alois, *Amerikanische technische Lehranstalten*, Berlin 1893.
Riedler, Alois, *Das Maschinen-Zeichnen*, Berlin 1896.
Riedler, Alois, *Die technischen Hochschulen und die Anforderungen des 20. Jahrhunderts*, Berlin 1898.
Riedler, Alois, *Schnellbetrieb — Erhöhung der Geschwindigkeit und Wirtschaftlichkeit der Maschinenbetriebe*, Berlin 1899.
Riedler, Alois, *Emil Rathenau und das Werden der Großwirtschaft*, Berlin 1916.
Rieppel, Paul, *Alois Riedler. Nachruf*, in: Zeitschrift des VDI, Bd. 80 (1936), Nr. 51, S. 1517 ff.
Kammerer, Otto, *Riedler als Lehrer und Ingenieur*, Graz 1938.
Manegold, Karl-Heinz, *Universität, Technische Hochschule und Industrie*, Berlin 1970.
Hunecke, Volker, *Der „Kampf ums Dasein" und die Reform der technischen Erziehung im Denken Alois Riedlers*, in: Reinhard Rürup (Hrsg.), *Wissenschaft und Gesellschaft*, Berlin 1979, S. 301—314.

Karl-Heinz Manegold

Adolf Slaby

In dem Jahrzehnt um die Jahrhundertwende gehörte der Berliner Adolf Slaby zu den einflußreichsten und bekanntesten deutschen Ingenieurwissenschaftlern. Seine auch international weite Beachtung gewann er durch bedeutende Arbeiten in den Frühphasen der drahtlosen Telegraphie in Deutschland. Sie führten ihn zur persönlichen Freundschaft mit Kaiser Wilhelm II. und zu engeren Kontakten mit der kaiserlichen Familie. Als herausragender Lehrer der damals führenden deutschen Technischen Hochschule in Charlottenburg spielte er in unmittelbarem Zusammenhang damit zugleich eine wichtige Rolle in der allgemeinen Standesbewegung der Ingenieure und für die Bestrebungen der Gleichberechtigung der Technischen Hochschulen mit den Universitäten, die in jenen für die Wissenschaftsgeschichte der Technik wie für die deutsche Hochschulgeschichte sehr wichtigen Jahren ihren Höhepunkt erreichten. In seinen technischen Arbeiten wie in seiner Lehre und in umfangreicher Organisationstätigkeit suchte er erfolgreich Wissenschaft und Hochschulforschung unmittelbar mit der industriellen Praxis zu verbinden. Damit gehörte er in mancher Beziehung zu einem neuen Typus der Ingenieure, wie er sich am Ende des Jahrhunderts im Rahmen der Hochschule durchgesetzt hatte. Im Nachruf des von ihm wesentlich mitbegründeten Verbandes deutscher Elektrotechniker (VDE) hieß es bei seinem Tod im Jahr 1913, sein Name sei dem ganzen Erdkreis bekannt geworden. Der deutsche Ingenieurstand und die deutsche Industrie aber müßten ihm zu immerwährendem Dank verpflichtet bleiben. Slaby war ein Ingenieur und Ingenieurprofessor ganz nach dem Herzen und den Vorstellungen des bekanntlich in hohem Maße technikinteressierten Kaisers. Wilhelm II. hielt ihn, nach eigenen Worten, für eine ingenieurwissenschaftliche „Weltautorität", schätzte ihn ungemein als persönlichen, vertrauten Berater in technischen Fragen und als Lehrer für neue technische Entwicklungen, der „sachliche Klarheit mit poetischer Form" zu verbinden verstand.

Adolf Slaby wurde am 18. April 1849 in Berlin als Sohn eines Buchbindermeisters geboren. Nach Absolvierung des Realgymnasiums studierte er 1869 bis 1872 an der Berliner Gewerbeakademie Maschinenbau, gefördert von Franz Reuleaux, der zu dieser Zeit als Direktor und hochangesehener Lehrer des theoretischen Maschinenbaus für Jahrzehnte einer der beherrschenden Persönlichkeiten dieses Faches in Deutschland gewesen ist. Entsprechend Reuleaux' Rat promovierte Slaby nach dem Studienabschluß mit einer mathematischen Arbeit zum Dr. phil. an der Universität Jena. Dies war damals für einen Ingenieur, der sich akademisch zu qualifizieren suchte, durchaus üblich. Mit Ausnahme der Baubeamten im Staatsdienst gab es für den Techniker bis dahin noch keinen allgemein anerkannten akademischen Abschluß, und später sollte Slaby selbst ganz wesentlich dazu beitragen, daß den Technischen Hochschulen das Promotionsrecht verliehen wurde.

Selbst völlig mittellos hatte er Studium und Lebensunterhalt als Hauslehrer für die Söhne des Berliner Maschinenfabrikanten Ludwig Schwartzkopff verdient. Sowohl mit seinem genialen Lehrer Reuleaux wie mit der Berliner Unternehmerfamilie sollte er zeitlebens eng verbunden bleiben. Seit 1873 war Slaby Lehrer für Mathematik und Mechanik an der Königlichen Provinzialgewerbeschule in Potsdam und habilitierte sich daneben 1876 an der Gewerbeakademie für das Gebiet Theoretische Maschinenlehre. Seine ersten Arbeiten widmete er dem Maschinenbau und fand insbesondere mit einer eher praxisorientierten Arbeit *Versuche über die Leistung und den Brennmaterialverbrauch von Kleinmotoren* (erschienen 1879) hohe Anerkennung. Diese Arbeiten führten 1882 zu seiner Berufung als Professor für Theoretische Maschinenlehre und Elektrotechnik an die wenige Jahre zuvor (1879) durch Vereinigung der Bauakademie und der Gewerbeakademie begründete Technische Hochschule Charlottenburg.

Es waren Anregungen Werner von Siemens' gewesen, die hier jetzt zur Institutionalisierung der Elektrotechnik führten. Seit Beginn der achtziger Jahre und bis zum Ende des Jahrhunderts sollten insbesondere die Entwicklung und die Bedürfnisse der Starkstromtechnik an allen Technischen Hochschulen zur Herausbildung einer eigenständigen technikwissenschaftlichen Disziplin Elektrotechnik führen. Im Jahre 1898 entfielen auf die Starkstromtechnik bereits mehr als 90 % der elektrotechnischen Industrieproduktion überhaupt. Daß in Berlin durch Slaby ein Maschinenbauer diesen Bereich mitvertrat, war dabei zunächst eher die Ausnahme gewesen, denn noch gab es ausgedehnte Diskussionen, ob die Elektrotechnik mehr als Appendix der Physik oder als ein Teilgebiet des Maschinenbaus anzusprechen sei. In der Regel waren es auch zunächst Vertreter der Physik gewesen, die an den Hochschulen für das Gebiet zuständig waren. Auch in Charlottenburg hatte der Inhaber des Lehrstuhls für Physik, Professor Paalzow, gegen die Verbindung mit dem Maschinenbau durch Slaby opponiert, zumal, wie er argumentierte, die Elektrotechnik auch dem Umfang nach nicht so bedeutend sei, daß sie nicht im Rahmen der Physikvorlesung für Ingenieure behandelt werden könne. Hier machten sich indessen die Anregungen Werner von Siemens ebenso bemerkbar wie bei der an der Hochschule im wesentlichen für Ausbildungszwecke 1884 erfolgten Gründung eines eigenen elektrotechnischen Labors, eines der ersten in Deutschland, dessen Leitung Slaby übernahm. Zwei Jahre später wurde er zum „etatsmäßigen" Professor für Theoretische Maschinenlehre und Elektrotechnik ernannt.

Adolf Slaby
(1849—1913)

In der Folgezeit lag der Schwerpunkt seines Interesses in Lehre und Forschung zunächst noch im Bereich des Maschinenbaus mit langjährigen Arbeiten zur Wärmebilanz der Gasmaschinen. Das seine umfangreichen Untersuchungen zusammenfassende Werk *Calorimetrische Untersuchungen über den Kreisprozeß der Gasmaschinen,* 1894 erschienen, bildete indessen den Abschluß seiner Tätigkeit auf diesem Gebiet. Slaby trat stets und mit Erfolg für die Zusammenarbeit von Maschinenbau und Elektrotechnik ein und betrachtete diese als einen genuinen Zweig des Maschinenbaus. Aufgrund enger Verbindungen mit Werner von Siemens und unter dessen Einfluß, nicht zuletzt angesichts ihrer enorm anwachsenden Entwicklung, wandte er sich aber doch stärker der Elektrotechnik zu. Stets unter Betonung einer notwendigen Wechselbeziehung zwischen Theorie und Praxis, zwischen Hochschule und Industrie, die nach seiner Überzeugung letztlich noch allein das Tempo des technischen Fortschritts bestimmte. Slaby, der bereits 1879 zu den Gründungsmitgliedern des Berliner Elektrotechnischen Vereins gehört hatte, leitete in den achtziger Jahren die *Elektrotechnische Zeitschrift,* bis heute das wichtigste Fachorgan, und war schließlich zusammen mit Wilhelm von Siemens und Emil Rathenau 1893 Mitbegründer und 1. Vorsitzender des Vereins deutscher Elektrotechniker (VDE).

In nicht geringem Maße beruhte das bald erworbene, auch gesellschaftlich hohe Ansehen Slabys auf einer glanzvollen und begeisterungsfähigen Rednergabe. Alle zeitgenössischen Zeugnisse stimmen darin überein, daß er es wie kein anderer seiner Kollegen verstand, technische Zusammenhänge in überraschender Klarheit und in bewußt geformter „kunstvoller" Darstellung auch Nichttechnikern zu vermitteln. Seine Vorlesungen und Vorträge, verbunden mit einem ungewöhnlich großen Geschick experimenteller Demonstration, galten in ihrer Art als unerreicht und sicherten ihm das ungeteilte wachsende Interesse seiner Zuhörer weit über den Bereich der Hochschule hinaus. Der Kaiser selbst war zuerst im Jahre 1893 auf Slaby aufmerksam geworden, als dieser erfolgreiche Vorschläge machte, die im weißen Saal des Berliner Schlosses tiefhängenden elektrischen Kronleuchter zu verändern. Sie störten den Kaiser, weil sie, so notierte Slaby später, „eine außerordentliche Wärme verbreiteten und den freien Ausblick vom Thron behinderten". Slaby hielt seit seinem Rektoratsjahr 1894/95 regelmäßige Vorträge vor höheren Ministerialbeamten, und in solchen Zusammenhängen zählte immer häufiger auch Wilhelm II. zu seinen Hörern. Der Kaiser erschien schließlich regelmäßig, manchmal mit großem Gefolge aus Heer, Marine und Ministerien, zuweilen auch mit der Kaiserin und seinen Söhnen zu Slabys Vorlesungen oder zu besonderen Experimentalvorträgen in der Hochschule und zog ihn darüber hinaus ständig zu privaten Zirkeln an den Hof, lud ihn zu Reisen und Jagden ein.

Slabys Arbeiten auf dem Gebiet der drahtlosen Telegraphie, denen er sich seit der Mitte der neunziger Jahre ausschließlich zuwandte, sind dann auch ganz wesentlich durch das große Interesse initiiert und entscheidend gefördert worden, das ihm der Kaiser hier entgegenbrachte. Der Gedanke einer „Telegraphie ohne Draht" hatte bekanntlich schon seit längerer Zeit viele hervorragende Köpfe beschäftigt, wie etwa Versuche zur „Induktionstelegraphie" und zur „drahtlosen Telegraphie durch Erde und Wasser". Für Deutschland war die AEG unter Rathenau an solchen Versuchen beteiligt gewesen. Jene Methode der drahtlosen Telegraphie aber, der dann tatsächlich die Zukunft gehören sollte, die damals sogenannte „Wellentelegraphie", in ihrer physikalischen Natur noch nicht erkannt, wurde schließlich nach der berühmten Entdeckung von Heinrich Hertz im Jahre 1888 in besonderer Weise aktuell. Die Arbeiten Alexander Popows und zahlreicher anderer, schließlich und vor allem aber die bahnbrechenden Versuche und Erfindungen des jungen Marconi hatten dazu geführt, daß die Frage nach der technischen Verwertung der Hertzschen Wellen nicht mehr verstummte. Das Experimentieren mit elektromagnetischen Wellen war in diesen Jahren aus den Händen der reinen Wissenschaft in das Arbeitsfeld der Ingenieure und in das Stadium der technischen Anwendung übergegangen. Das Verdienst Marconis lag dabei in der Schaffung eines praktisch verwendbaren Systems zum Zweck der drahtlosen Telegraphie. Daran vermag auch die Tatsache nichts zu ändern, daß Elemente dieses Systems bereits vorher bekannt gewesen sind. Mit seinen Versuchen hatte er die praktische Einsatzfähigkeit der drahtlosen Telegraphie nachgewiesen. Er hatte ihr damit das Technisch-Spekulative genommen und sie als technische Erfindung etabliert. Die Frage hieß danach nicht mehr, ob die „Wellentelegraphie" über eine praktisch wünschenswerte Entfernung überhaupt möglich war, sondern die Frage lautete jetzt: Wie weit und mit welchen Hilfsmitteln lassen sich die erzielten Entfernungen weiter vergrößern, bis zu welchen Distanzen ist die Anwendung des Systems möglich. Hier genau setzten nun auch die Arbeiten und Experimente Adolf Slabys ein.

Marconi war 1896 nach England gegangen und hatte dort mit Unterstützung der englischen Postbehörde seine Versuche fortgeführt, nicht ohne seine Erfindung durch vorherige Anmeldung zum englischen Patent abgesichert zu haben. Im März 1897 überbrückte er die „historische Strecke" von fünf Kilometern zwischen Pennarth und Flat Holm am Bristol Kanal. Slaby hatte zu dieser Zeit ohne rechten Erfolg eigene Versuche auf den langen Fluren des neuen Charlottenburger Hochschulgebäudes angestellt. Wilhelm II. selbst machte ihn jetzt auf die Versuche in England aufmerksam, und Slaby begriff, wie er notierte, daß Marconi in der Tat „noch etwas anderes zu dem Bekannten hinzugefügt haben mußte". Der Einfluß des Kaisers, der übrigens Marconi vergeblich zu bewegen suchte, seine Demonstrationen auch in Berlin vorzuführen, verschaffte Slaby im Mai 1897 die Möglichkeit, mit Genehmigung des Chefingenieurs der englischen Telegraphenverwaltung an den wichtigen Übertragungsversuchen Marconis am Bristol-Kanal als Beobachter teilzunehmen. Dabei konnte eine Distanz von 13 Kilometern überbrückt werden. Neu an Marconis technischer Anordnung waren für Slaby die Antennen, die Erdung der Geräte und die Konstruktion des

Kohärers oder Fritters, wie er das Kernstück des Empfängers, mit Hilfe von Franz Reuleaux eingedeutscht, nannte.

Unmittelbar nach seiner Rückkehr baute Slaby Marconis System „im großen und ganzen" in Berlin nach. Bei seinen Experimenten wurde er jetzt von seinem Assistenten Georg Graf von Arco unterstützt. Erste Versuche führten Ende Juni 1897 zu telegraphischen Verbindungen zwischen dem Gebäude der Technischen Hochschule und dem Wasserturm einer in der Nähe gelegenen Fabrik sowie zu einem Wohnhaus an der Berliner- Ecke Sophienstraße. Die geringe Reichweite von 250 Metern blieb freilich unbefriedigend. Mit personeller und materieller Förderung durch den Kaiser gelang es Slaby in den folgenden Monaten, umfangreiche Versuche zu unternehmen. Der Kaiser stellte ihm seine Gärten an der Havel bei Potsdam, das Schloß auf der Pfaueninsel und die Matrosenstation auf der Glienicker Brücke zur Verfügung. Nach einigen Zwischenversuchen mit einer Funkstrecke zwischen der Sakrower Heilandskirche und der Matrosenstation, bei der die Distanz von 1,4 Kilometern erreicht wurde, sowie nach Umbauten an den Antennen der Versuchsanordnung, gelang schließlich eine sichere Verbindung über 3 Kilometer zwischen dem Sender im Schloß auf der Pfaueninsel und dem Empfänger in der Matrosenstation. Dabei hatte Slaby nun eine technische Änderung in bezug auf Marconis System vorgenommen. Da der Fritter als Empfänger auch auf geringe atmosphärische Störungen ansprach, also zu empfindlich war, benutzte Slaby für dessen Konstruktion (es handelte sich um ein mit Metallpulver gefülltes Glasröhrchen) anders als Marconi gröbere Metallkörner ohne Silber.

Mit diesen Versuchen an der Havel hatte Slaby sein erstes Ziel erreicht: „sich mit den Erscheinungen der Funkentelegraphie näher vertraut zu machen, wichtige Grundbedingungen für das Gelingen kennenzulernen und die Apparate zweckentsprechender auszubilden", wie er in seiner frühesten Publikation auf diesem Felde im gleichen Jahr darlegte. Seit Oktober 1897 ging Slaby zielstrebig an die perennierende Kernfrage der drahtlosen Telegraphie jener Zeit heran: weite Entfernungen zu überwinden. Er hielt jetzt die Möglichkeit dazu für vollkommen gesichert, falls es gelang, „möglichst hohe und lange Sende- und Empfängerdrähte zu benutzen". In dieser Formulierung gab er zugleich seinen Arbeitsschwerpunkt für die Weiterentwicklung der Funkentelegraphie in den folgenden Jahren an: die Verbesserung der Konstruktion von Sende- und Empfangsantennen.

Zur Verlängerung der Antennen für seine Versuche im Oktober 1897 benutzte Slaby Luftschiffe (Marconi hatte Drachen benutzt), die ihm die Luftschifferabteilung des Heeres auf Anweisung des Kaisers zur Verfügung stellte. Bei einer Flughöhe der Luftschiffe bis zu 300 Metern konnten die Antennen entsprechend lang ausgeführt werden. Damit gelang Slaby am 7. Oktober eine Nachrichtenübermittlung zwischen Rangsdorf und Schöneberg über eine Entfernung von 21 Kilometern. Das war zu dieser Zeit die größte bis dahin überbrückte Entfernung, ein „deutscher Weltrekord", wie Kaiser Wilhelm stolz vermerkte, freilich ein der Natur der Sache nach recht kurzlebiger.

Bis dahin hatte Slaby ausschließlich mit den von Marconi angegebenen Mitteln gearbeitet. Erst für die folgenden Jahre konnte demgegenüber von einer eigenständigen deutschen Forschung gesprochen werden. Neben dem Reichweitenproblem stellten sich für Slaby jetzt die Probleme der Abstimmung von Sender (von ihm „Strahlapparat" genannt) und Empfänger, der Richtwirkung sowie der Verstärkung der Sendeenergie, die er noch nicht zu lösen vermochte. Im Sommer 1898 begannen Slaby und Arco neue Versuche an der Havel, bei denen wesentliche Abweichungen von Marconis System vorgenommen wurden. Das Ergebnis war unter anderem die Entwicklung der Schleifenantenne für Sender und Empfänger. In der Folgezeit wurden auf kaiserliche Anweisung die Versuche vor allem in Verbindung und mit Unterstützung der Reichsmarine durchgeführt. Das war verständlich im Hinblick auf den im gleichen Jahr begonnenen vestärkten Ausbau der deutschen Flotte unter Tirpitz als neuem Staatssekretär des Reichsmarineamtes. Im Herbst 1899 wurde mit Hilfe des Torpedo-Versuchskommandos der Marine auf der Ostsee die Distanz von 48 Kilometern zwischen der Landstation und einem Schiff erreicht. Zusammen mit seinem Mitarbeiter Graf Arco gelangen Slaby in den Folgejahren zahlreiche weitere nennenswerte Verbesserungen. So führte er im Dezember 1900 in Anwesenheit des Kaisers zwei Empfänger vor, die „einen gemeinsamen Luftdraht" besaßen. Damit war ein Empfänger für die Mehrfachtelegraphie entwickelt. Eine weitere technische Verbesserung brachte die Benutzung einer einzigen Antenne sowohl als Sende- wie als Empfangsantenne. Bereits 1901 hat sich Slaby auch mit dem Hörempfang für drahtlose Telegraphie beschäftigt. Da man aber bei der Reichsmarine darauf bestand, schriftliche Unterlagen vom Empfänger zu erhalten, gab Slaby seine Versuche mit Mikrophonkontakten bald wieder auf. Im gleichen Jahr wurde nach seinem System zwischen Cuxhaven und dem Dampfer „Deutschland" ein Telegrammwechsel auf 150 Kilometer Entfernung durchgeführt.

Die Anfänge der industriellen Beachtung und Nutzung der drahtlosen Telegraphie des „Systems Slaby" müssen auf das Jahr 1898 datiert werden. Im gleichen Jahr trat Graf Arco, bis dahin Assistent Slabys, als Ingenieur in das Kabelwerk Oberspree der AEG ein, ohne daß die enge Zusammenarbeit beider damit unterbrochen wurde. Durch die sich jetzt entfaltende Verbindung mit der AEG war eine ausbaufähige Basis gegeben für die industrielle Fertigung sowie für den Vertrieb von Telegraphenapparaten und eine kontinuierliche Weiterentwicklung gesichert. Aus dem „System Slaby" wurde über das „System Slaby-Arco" jetzt ein „System Slaby-Arco-AEG".

Im Jahre 1901 wertete Slaby zutreffend den Entwicklungsstand der drahtlosen Telegraphie in einem resümierenden Bericht folgendermaßen: „Die Funkentelegraphie hat das Stadium der tastenden Versuche verlassen, sie ist jetzt einer zielbewußten Ingenieurtätigkeit erschlossen und die regsamen Kräfte der Industrie werden schon das ihrige tun das Anwendungsgebiet in schnellem Tempo zu erweitern." Auch die Rolle der Industrie hatte er damit richtig eingeschätzt.

Bereits ein Jahr später konnte die AEG selbstbewußt verkünden: „Das System der Funkentelegraphie, welches die Allgemeine Elektrizitäts-Gesellschaft anwendet, System Slaby-Arco ist seit 1900 ganz bedeutend verbessert und vervollkommnet worden. Wir sind daher jetzt imstande, die gegebenen Verhältnisse von vornherein zu übersehen und Installationen nicht erst nach langwierigen Versuchen, sondern in kurzer Zeit zielbewußt betriebssicher auszuführen." Zweifellos war die Entwicklung der Funktechnik außerordentlich rasch beträchtlich vorangekommen, ihre Anfangsschwierigkeiten, die Arco rückblickend als „elektrische Alchemie" bezeichnete, schienen überwunden. Dieser Anfang war nach seinem Urteil gekennzeichnet durch das Fehlen der notwendigsten theoretischen Vorstellungen. „Gedankenexperimente waren ausgeschlossen und es herrschte reinste und roheste Empirie." Der Erforschung der theoretischen und physikalischen Verhältnisse wandte sich Slaby in den folgenden Jahren zu. Hier sollten ihm indessen weitere Erfolge versagt bleiben. Die große Entwicklung der Hochfrequenztechnik ist dann in Deutschland noch zu seinen Lebzeiten bekanntlich mit anderen bedeutenden Namen verbunden gewesen.

Die Zusammenarbeit Slabys mit der AEG zeitigte für die Anwendung seines Systems rasche Folgen. Schon 1900 waren noch recht unzulängliche Funkgeräte nach dem System Slaby-Arco von der Marine während des Boxer-Aufstandes in China benutzt worden. Slabys Versuche mit der kaiserlichen Marine waren inzwischen so erfolgreich verlaufen, daß auf Anordnung Wilhelms II. sämtliche Kriegsschiffe und die Marine-Küstenstationen mit Apparaten nach dem System Slaby-Arco ausgerüstet werden sollten. Unmittelbar vorausgegangen war ein auf kaiserlichen Wunsch in Bülk an der Ostsee erfolgtes „Vergleichsfunken" zwischen Slaby und dem System von Braun-Siemens, das, wie vom Kaiser erwartet, zugunsten des ersteren ausging. Slaby erreichte 115 Kilometer Reichweite, Siemens-Braun 105 Kilometer. Im Jahre 1902 besaßen bereits alle deutschen Schlachtschiffe und der Großteil der Kreuzer einschließlich der kaiserlichen Jacht „Hohenzollern", insgesamt 40 Einheiten, entsprechende Funkstationen nach dem System Slaby-Arco der AEG. Auch für die Handelsmarine hatte die drahtlose Telegraphie sehr schnell an Bedeutung gewonnen. Zur gleichen Zeit installierte die AEG Stationen auf Schnelldampfern der HAPAG, und der Norddeutsche Lloyd richtete eine Funkstrecke zwischen Bremerhaven und dem Weser-Feuerschiff ein. Auch im Ausland hatte die AEG bereits im Jahre 1902 zahlreiche Funkstationen gebaut. So unter anderem in Österreich, Schweden, Holland, Portugal und Chile für die Marine, in Rußland für die Postverwaltung. 1903 bestellten die USA für ihre Marine 20 Funkstationen.

Trotz der relativ weiten Verbreitung des Slaby-Arco-Systems war Marconi den deutschen Verhältnissen immer noch ein ganz beträchtliches Stück voraus. Während die AEG 1902 Reichweiten von einigen 100 Kilometern garantierte, gelang Marconi am 12. Dezember 1901 die als Weltsensation empfundene spektakuläre Funkverbindung über den Atlantik. Ein Jahr später, im Dezember

1902, wurden von ihm die ersten vollständigen Telegramme zwischen den Stationen Poldhu in England und Cap Breton auf dem amerikanischen Kontinent ausgetauscht. Doch Marconis System war nicht die einzige Konkurrenz, der sich die AEG und ihr System Slaby-Arco ausgesetzt sah. Nahezu gleichzeitig mit Slaby hatte der Straßburger Physiker Ferdinand Braun erfolgreich ein eigenes Funksystem entwickelt, und Erfolge auf beiden Seiten führten, zurückhaltend formuliert, zu einem nicht immer freundlichen Wettbewerb. Hinter Marconi stand die kapitalstarke weltumspannende englische Wireless Telegraph- and Signal Company, die bereits 1900 mit einer Funkstation auf Borkum auch in Deutschland Fuß gefaßt hatte. Der deutsche Konkurrent der AEG auf dem Gebiet der allgemeinen Elektrotechnik, die Siemens & Halske AG, auch sie befaßte sich mit der drahtlosen Telegraphie, benötigte dagegen ein entsprechendes Funksystem, um ins Geschäft zu kommen. Eine Kooperation von Braun und Siemens lag daher nahe. Ein Zusammengehen beider entsprach, so schien es, einer „logischen Neugruppierung der Kräfte". Im Juli 1901 kam es zur Gründung der Gesellschaft für drahtlose Telegraphie System Braun und Siemens.

Damit hatte auch Braun für sein System eine industrielle Grundlage erhalten, und zwischen der neuen Gesellschaft und der AEG herrschte jetzt die zwischen solchen Konkurrenten unvermeidliche Kampfstimmung, verbunden mit den obligatorischen Patentprozessen. Das von Braun entwickelte Prinzip der induktiven Kopplung von Schwingkreisen hatte für Sender und Empfänger sowie für die Reichweite erhebliche, ja grundlegende Verbesserungen gebracht. Diese Sendeanordnung wurde allerdings auch von Marconi und Slaby verwendet. Spätestens 1902 stellte man in der Fachwelt fest, daß „heute alle Pioniere der drahtlosen Telegraphie, trotz ihrer großen selbständigen Verdienste, auf der von Professor Braun neu geschaffenen Basis adäquater Prinzipien stehen". Die Frage der Priorität der Systeme von Slaby und Braun wurde jetzt in einer breiten Öffentlichkeit ausführlich erörtert. Seit Mai 1902 führte Slaby eine erbitterte Anfechtungsklage gegen das Patent von Braun, die jedoch abgewiesen wurde. Patentstreit und der wirtschaftliche Konkurrenzkampf zwischen AEG und Siemens führten jedenfalls zu einer geschwächten deutschen Wettbewerbsposition gegenüber dem wirtschaftlich starken System Marconis. Zudem bestand in Deutschland die Gefahr des Übergreifens auf den militärischen Bereich, da man bei der Marine, wie ausgeführt, nach dem System Slaby-Arco-AEG arbeitete, das Heer aber inzwischen überwiegend mit dem System Braun-Siemens ausgerüstet war. Dieselbe Luftschifferabteilung, mit der Slaby im Oktober 1897 Versuche durchführte, hatte ab 1898 mit Versuchen nach dem System Braun begonnen, nachdem Slaby seinerseits die Versuche bei der Kriegsmarine fortsetzte. Seit 1901 lieferte Siemens fahrbare Funkstationen an das Heer. Eine vergleichbare „Zweigleisigkeit" bestand übrigens auch in den USA. Hier hatte man in der Marine seit 1901 Apparate nach dem System Slaby-Arco von der AEG eingeführt und bestellte danach für das amerikanische Heer fahrbare Funkstationen von Siemens, da Marconis Gesellschaft zu hohe Lizenzgebühren verlangt hatte.

Eine Einigung der deutschen Kontrahenten erschien jetzt gewissermaßen staatswichtig, zumal die vom Deutschen Reich angeregte Berliner Vorkonferenz über den internationalen Funkverkehr bevorstand und ein geschlossenes deutsches Auftreten in technischer, wirtschaftlicher und politischer Hinsicht höchst wünschenswert und notwendig erschien. Wilhelm II. bemühte sich denn auch persönlich um den Zusammenschluß. Schon im Herbst 1902 hatte er in einem Brief dem ehemaligen Staatssekretär im Reichsmarineamt, Admiral von Hollmann, der jetzt Vorsitzender des AEG-Aufsichtsrates war, einen entsprechenden dringenden Vorschlag gemacht. Mit Slaby fühlte er sich freundschaftlich verbunden, und auch mit Emil Rathenau stand er in enger persönlicher Beziehung, so daß er genügend Einflußmöglichkeiten auf die AEG besaß. Dem kaiserlichen Druck widerstand schließlich auch die zunächst recht zögerliche und abwartende Firma Siemens & Halske nicht. Am 27. Mai 1903 wurde von AEG und Siemens gemeinsam eine neue Gesellschaft für drahtlose Telegraphie mbH, in der Telegrammadresse abgekürzt „Telefunken" genannt, gegründet. In der Vereinbarung hieß es, „die Gesellschaft wird die unter den Namen Professor Braun und Slaby-Arco bekannten Systeme exploitieren und unter Mitwirkung der genannten Erfinder weiterentwickeln. Alle zwischen den Beteiligten schwebenden Patentstreitigkeiten sind durch Begründung dieses gemeinsamen Unternehmens erledigt." Graf Arco wurde zu einem der beiden Geschäftsführer ernannt. Die rasch bekannt gewordene Firmenbezeichnung Telefunken wurde in der Folgezeit zum Inbegriff für die deutsche Funktechnik.

Im Hinblick auf die anstehende internationale Funkkonferenz, zu der die Reichsregierung 1903 zwecks zwischenstaatlicher Regelung der drahtlosen Telegraphie nach Berlin eingeladen hatte, glaubte man jetzt gegenüber den befürchteten Bestrebungen eines britischen Weltfunkmonopols nach dem System Marconi besser gewappnet zu sein und künftig nicht in ähnlicher Weise wie vom englischen Kabelnetz abhängig zu werden. Zu dieser Zeit besaß Großbritannien rund 60 % der Gesamtlänge des Weltkabelnetzes, Deutschland folgte an vierter Stelle nach den USA und Frankreich mit 5,5 %. Entsprechend lauteten die Hauptpunkte der deutschen Forderungen auf der Konferenz: Es gelte die Schaffung eines Monopols zugunsten eines einzigen funkentelegraphischen Systems zu verhindern und Störungen der verschiedenen Systeme untereinander zu verhüten. Auf der dann wiederum von Deutschland veranlaßten Funkkonferenz, die 1906 erneut in Berlin tagte, wurden in einem internationalen Funktelegraphenvertrag die Grundlagen für die Funktechnik als internationales Verkehrsmittel festgelegt und für die Folgezeit schließlich die Gleichberechtigung der verschiedenen radiotelegraphischen Systeme, das hieß für Deutschland des „Systems Telefunken", erreicht.

Mit Gründung von „Telefunken" waren zwar die Patentstreitigkeiten zwischen Slaby und Braun juristisch beendet, nicht aber im Hinblick auf ihre persönlichen und wissenschaftlichen Beziehungen. In der Fachpresse wurde der Streit weiter ausgetragen mit gegenseitigen Vorwürfen, wichtige Elemente ihrer Systeme voneinander oder von anderen übernommen zu haben. Der Streit um Prioritätsansprüche ist hier aus späterer Sicht schwer eindeutig zu entscheiden. Fest steht, daß Braun bereits 1898 sein System der induktiven Kopplung des Senders theoretisch entwickelt und praktisch erprobt hatte und daß es patentrechtlich geschützt wurde. Das schließt aber nicht aus, daß Slaby im Laufe der praktischen Erprobungen seines Funksystems zu ähnlichen Ergebnissen gekommen ist, zumal sein Kontrahent erst zwei Jahre nach der Patentierung sein System veröffentlich hat. Zwar hatte Braun der theoretischen Vorarbeit von Anfang an mehr Gewicht beigemessen und einer mehr tastenden Experimentiermethode das zielbewußte Vorgehen strengerer Wissenschaftlichkeit entgegengesetzt, doch tut man Slaby Unrecht, wenn man ihn als reinen Empiriker und „Bastler" qualifiziert, der seine Erfolge mehr durch großen Fleiß und durch richtige Ausnutzung sich bietender Gelegenheiten erzielte, aber eigentlich keine grundlegenden Erfindungen gemacht hatte. Es mag hier nicht unberechtigt sein, nach der bekannten Einteilung Wilhelm Ostwalds in Romantiker und Klassiker zu urteilen und Slaby zu den ersteren zu zählen, „bei denen die Phantasie, gleichsam bewußt, neue Erkenntnisse oft mehr ahnen läßt, als zu beweisen vermag", Braun aber zu den letzteren, „bei denen der Verstand vorwiegt, der nicht ruht bis er Beweis auf Beweis häufend, eine tragfähige Unterlage geschaffen hat".

Richtig ist, daß, seitdem sich Ferdinand Braun mit seinen Arbeiten in Wissenschaft und Technik durchgesetzt hatte — er erhielt 1909 zusammen mit Marconi den Nobelpreis für Physik —, Slaby auf dem Gebiete der Funktechnik keinen weiteren Einfluß auf die Entwicklung mehr ausgeübt hat. Doch hatten bis dahin seine Arbeiten und Experimente zahlreiche Verbesserungen gebracht und eine Fülle von Anregungen zur Entwicklung einer deutschen funktechnischen Industrie. Er war der erste, der die Strom- und Spannungsverhältnisse an der Antenne sowie das Verhältnis von Antennenlänge und Länge der abgestrahlten elektromagnetischen Welle theoretisch untersucht und richtig berechnet hatte. Slaby hatte seit 1897 als erster den von ihm geprägten Begriff „Funkentelegraphie" verwendet, während man sonst von „Stromtelegraphie" oder „elektrischer Wellentelegraphie" sprach. Sein Gegenspieler Braun war auch auf sprachlichem Gebiet anderer Meinung, er stellte fest: „Der leider eingeführte Name Funkentelegraphie charakterisierte das Wesen der Sache mit ebensoviel Verständnis, als wenn man eine Theaterbeleuchtung eine Heizanlage nennen wollte." Indessen, auch als die Benutzung von „Funken" durch andere Methoden ersetzt wurde, blieb der Begriffs Slabys mit Abänderungen und in der Form „Funktechnik" bis heute erhalten. Slaby hat bis zu seiner Emeritierung im Jahre 1912 das Gebiet der Hochfrequenztechnik im Rahmen seiner Lehre mitbehandelt. Bis zu diesem Zeitpunkt war die Entwicklung der Funkentelegraphie zu einem bestimmten Abschluß gekommen. Max

Wiens Erfindung und technische Durchbildung der Löschfunkenstrecke im Jahre 1907 hatte noch einen erheblichen Aufschwung gebracht. Danach ist man bekanntlich zu anderen Prinzipien für die Erzeugung elektromagnetischer Schwingungen hoher Frequenzen übergegangen. Bald nach der Jahrhundertwende war es zu einer geradezu exponentiellen Zunahme von Erfindungen und Weiterentwicklungen in der drahtlosen Telegraphie gekommen. Auf dem Wege dorthin aber sind Slabys Verdienste unbestreitbar. Er gehört zu den bedeutenden Pionieren der deutschen Funktechnik.

Noch auf einem anderen Felde hat sich Slaby große Verdienste erworben: für die Standes- und Berufspolitik der Ingenieure sowie mit seiner Tätigkeit in der Wissenschaftspolitik der Technik und der Technischen Hochschulen. Für das gesellschaftliche Ansehen der Ingenieure und der Technik ist seine Bedeutung insgesamt kaum zu überschätzen. Hier hat er auf der Grundlage seiner Prominenz im Zusammenhang mit seinen engen Kontakten zum Kaiser einen nachhaltigen Einfluß ausgeübt. Die Ingenieure waren als neues Element in den sozialen Bereich der wissenschaftlichen oder akademischen Berufszweige eingetreten. Als in den Jahrzehnten vor der Jahrhundertwende kräftiger hervortretende Gruppe von „Studierten" schoben sie sich zwischen die aus den Universitäten hervorgegangenen „gebildeten Stände" im gelehrt-literarischen oder auch im mathematisch-naturwissenschaftlichen Sinne. Ihr wachsendes, in beruflicher Qualifikation und Leistung verankertes Selbstbewußtsein ließ andererseits die hier jetzt immer stärker empfundene Diskrepanz deutlicher werden, daß dem keine allgemeine gesellschaftliche Einschätzung des Ingenieurstandes entsprach, die mit den altetablierten akademischen Berufen verglichen werden konnte, daß es noch, wie man immer erneut in den Standes- und Berufsvereinen beklagte, zu keiner entsprechenden gesellschaftlichen Integration gekommen war. Solcherart Geltungsansprüche waren in den Forderungen nach „Berufsschutz", in der Form von Standes-, Gesellschafts- und Titelfragen seit den achtziger Jahren immer stärker zum Ausdruck gekommen. Das gesellschaftliche Bild der Ingenieure wie ihr soziales Selbstverständnis mußten darüber hinaus mit der gesellschaftlichen und wissenschaftlichen Einschätzung ihrer Vorbildung und Ausbildung, also mit Rang und Ansehen der Technischen Hochschulen und der zu ihr führenden Bildungsanstalten, auf das engste verbunden sein. Die Akademisierung von Technik und Ingenieurbildung entfachte in dieser Zeit des Übergangs in die engere Phase der Hochindustrialisierung Deutschlands zugleich auch nicht mehr abreißende Diskussionen über die „Kulturbedeutung" der Technik und ihrer „geistigen Gleichberechtigung" mit anderen „Kulturfaktoren". Die Ingenieure mußten sich in solchen Zusammenhängen nach ihrer eigenen Überzeugung, um sozial anerkannt zu werden, erst gegen den beharrlichen Widerstand der älteren akademischen Berufsstände und gegenüber vom Bildungsbürgertum geprägten Auffassungen durchsetzen und von einer antitechnischen Kulturkritik genährte Vorurteile und bestehende staatliche Verwaltungspraktiken zu überwinden suchen.

In dieser auf Gleichberechtigung, Statussicherung und gesellschaftliche Integration gerichteten „Technikerbewegung" hat Adolf Slaby eine bedeutende Rolle gespielt. Im Jahre 1889 rief er in weitbeachteten Aufsätzen in der Fachpresse alle Professoren der deutschen Technischen Hochschulen dazu auf, energischer als zuvor für die bisher versagte vollständige Gleichstellung der Ingenieure mit den anderen „gelehrten Berufen" einzutreten, und geißelte den Mißbrauch der schutzlosen und „vogelfreien" Bezeichnung „Ingenieur". Seine Argumente gipfelten in der zwingenden Forderung nach uneingeschränkter Gleichstellung der Technischen Hochschulen mit den Universitäten und nach dem Promotionsrecht „für ihre den Fakultäten entsprechenden Abteilungen". Dies alles waren zwar bereits Jahrzehnte zuvor erhobene Forderungen, sie erhielten indessen jetzt, in der von Slaby erneut entfachten Diskussion, ein ungleich stärkeres Gewicht und größere Realität. In den folgenden Jahren stand er hier zusammen mit seinem Berliner Kollegen Alois Riedler im Mittelpunkt der Auseinandersetzungen, Bestrebungen und Kämpfe um Gestaltung und Reform des Ingenieurstudiums und der Gleichberechtigungsansprüche, die nun in der Forderung nach dem Promotionsrecht der Technischen Hochschulen kumulierten.

Wenn für diese Bestrebungen der „Technikerbewegung" und in den Diskussionen über die Stellung der Technischen Hochschulen in der modernen Gesellschaft und ihr Verhältnis zu den Universitäten jetzt der Berliner Technischen Hochschule eine führende Rolle zukam, so war dies weitgehend wiederum auch Slabys Verdienst. Er entfaltete eine ausgedehnte Aktivität in den Berufs-, Fach- und Standesvereinen der Technik durch Vorträge, Gutachten und Denkschriften. In seiner Rektoratszeit 1894/95 kam es, nicht ohne sein Zutun, zur Versammlung aller deutschen Technischen Hochschulen in Eisenach, auf der die Forderung nach dem Promotionsrecht wiederum einhellig vorgebracht und gemeinsam entsprechende Vorgehensweisen auf die Tagesordnung gesetzt wurden. Im gleichen Jahr begründete Slaby auf der Berliner Hauptversammlung des VDI, des wichtigsten Standes- und Berufsvereins, diese Bestrebungen in weitbeachteten Ausführungen vor prominentem Publikum aus Regierung und Industrie. Er gehörte jetzt zu den wichtigsten und angesehensten Vertretern der auf Reform und stärkeren Praxisbezug drängenden Ingenieurwissenschaften.

An den folgenreichen, allen deutschen Staatsregierungen eingereichten Aachener Beschlüssen des VDI im Jahre 1895, die sehr rasch zur Errichtung von Ingenieurlaboratorien und zur Einrichtung des Laborunterrichts an den Hochschulen führten, war Slaby maßgeblich beteiligt, nicht weniger daran, daß man hier jetzt auch stärker die spezifischen technischen Forschungsaufgaben hervorhob. Damit war zugleich eine wesentliche Voraussetzung für das erstrebte Promotionsrecht erfüllt. Zwar waren längst wichtige Forschungsergebnisse aus den Hochschulen hervorgegangen, aber bis dahin hatten sie ihr Hauptziel doch eher in der reinen Ausbildungsaufgabe gesehen, in der Heranbildung einer ansteigenden Zahl von Ingenieuren mit durchschnittlichem Wissensniveau. Das entsprach auch weitgehend dem Verlangen der Industrie selbst, die vor allem rasch in der industriellen Praxis verwendbare Kräfte erwartete. In der amtlichen Definition war bis dahin offiziell nur vom Ausbildungs- und Unterrichtszweck der Hochschulen die Rede gewesen. Jetzt wurde darüber hinaus, in Angleichung an die Kategorien der Universitäten, auch an den Technischen Hochschulen von der „Doppelaufgabe" gesprochen, zu forschen und zu lehren.

Das wiederum war nicht zuletzt eine Reaktion auf die weitausgreifenden wissenschaftsorganisatorischen Pläne und Bestrebungen des bedeutenden Mathematikers Felix Klein, der in dieser Zeit mit Unterstützung von Friedrich Althoff versuchte — damals die allmächtige Persönlichkeit im preußischen Kultusministerium —, an der Universität Göttingen ein physikalisch-technisches Lehr- und Forschungsinstitut einzurichten zur Ausbildung von „Generalstabsoffizieren der Industrie". Die Technischen Hochschulen, denen Klein dagegen die Ausbildung der „Frontoffiziere" zusprach, hatten darin für ihre Aufstiegsbestrebungen eine höchst schädliche Konkurrenz gesehen, und Slaby erreichte als Sprecher der Ingenieure und Vertrauensmann der Hochschulen, daß der Kaiser selbst gegen Kleins Pläne bei Althoff intervenierte. Unter Vermittlung Slabys und Althoffs kam es schießlich zu einer Abgrenzung der Aufgaben von Technischer Hochschule und Universität. Danach mußte Klein seine Pläne zurücknehmen und modifizieren. Slaby bestand auf der nach seiner Überzeugung notwendigen, auf spezifische Eigenständigkeit gerichteten Emanzipation der technischen Wissenschaften und ihrer Hochschulen.

Das Promotionsrecht erwies sich in diesem Zusammenhange, wie gesagt, jetzt als wichtigstes und zentrales Problem, zugleich als Höhepunkt der Technikerbewegung. Es ist oft genug beschrieben worden, in welchem spannungsreichen Prozeß die Technischen Hochschulen dieses Recht erlangt haben. Auf der Feier zum hundertjährigen Jubiläum der Berliner Technischen Hochschule 1899 verlieh es Wilhelm II. in seiner Eigenschaft als König von Preußen den preußischen Hochschulen gegen den erbitterten Widerstand der Universitäten und gegenüber einem zögernden Ministerium wiederum aufgrund persönlicher Intervention. Die übrigen deutschen Staaten übernahmen noch im gleichen Jahr die entsprechenden Bestimmungen. Hier nun hatte Slaby ausdrücklich seinen Einfluß und seine Vertrauensstellung beim Kaiser zur Geltung gebracht. Er hatte ihn nicht nur von dem wissenschaftlichen Rang der Hochschulen überzeugen können, sondern ihm gegenüber stets nicht weniger eindrucksvoll ihre nationalwirtschaftliche und machtpolitische Bedeutung hervorgehoben und ihm die Ingenieure als „Pioniere deutscher Geltung und Kultur" nahegebracht.

Auf das durchaus ernsthafte und lebendige Interesse Wilhelms II. an der modernen Wissenschaft und Forschung ist oft hingewiesen worden. Tatsächlich können ihm im Hinblick auf die Wissenschaftsförderung eigene Initiativen und ein eigenes Verdienst nicht abgesprochen werden. Das aber galt in erster

Linie für seine bekannte Vorliebe für die moderne Technik, die Technischen Hochschulen und die Ingenieure. Sie vor allem hatten seinem „persönlichen Regiment", seinem „elektrotechnischen Cäsaropapismus", wie Walther Rathenau dies genannt hat, besonders im Hinblick auf ihren Gleichberechtigungskampf und in der Frage des Promotionsrechtes viel zu verdanken.

Slaby war vom Kaiser wiederholt ausgezeichnet worden. Als Wilhelm II. im Jahre 1898, nicht ohne Slabys Rat, den preußischen Hochschulen „in Anerkennung der Stellung, die sich die Technik am Ende des Jahrhunderts erworben hat", das bis dahin allein von den Universitäten ausgeübte „Präsentationsrecht" mit Sitz und Stimme im preußischen Herrenhaus gewährte, berief er „kraft allerhöchsten Vertrauens" Slaby auf Lebenszeit in das Herrenhaus. Die spektakuläre Weise, in der die Berufung ausgesprochen wurde — der Kaiser hatte sie ihm bezeichnenderweise „telegraphisch" mitten in Slabys stark besuchte Vorlesung hinein mitgeteilt —, setzte die Charlottenburger Hochschule, wie es hieß, „in einen äußerst freudigen Aufruhr". Der Schritt erschien als ein demonstrativer selbständiger Akt kaiserlicher Anerkennung.

Slaby hat den Kaiser dann auch in den Schulkonferenzen des Jahres 1900 beraten, auf denen in Konsequenz der vorausgegangenen Gleichstellung von Technischer Hochschule und Universität auch die Gleichstellung der Realgymnasien und Oberrealschulen mit den humanistischen Gymnasien erreicht worden ist.

Vergeblich hatte der Kaiser das Berliner Kultusministerium „allerdringendst" angewiesen, dafür zu sorgen, daß Slaby in die Berliner Akademie der Wissenschaften berufen würde. Der Widerstand der sich sträubenden Berliner Akademie wie der Göttinger Gesellschaft der Wissenschaften erwies sich hier freilich selbst für Friedrich Althoff als unüberwindlich. In den Gutachten der Akademiker wurde Slaby charakterisiert als „geschickter Experimentator aber kein Mann der Wissenschaft". Hier spiegelte sich indessen vor allem der damalige unvermittelte Antagonismus des humanistischen Gelehrtentums zu den Technischen Hochschulen und deren strikte und generelle Ablehnung, die Technik als Akademiewissenschaft anzuerkennen. Althoff gelang es statt dessen schließlich, wenigstens Slabys ehrenvolle Ernennung zum Honorarprofessor an der Universität Berlin zu erreichen. Der VDI hatte seinen langjährigen Vorsitzenden bereits vorher mit der Grashof-Denkmünze, seiner höchsten Auszeichnung, geehrt „in Anerkennung seiner großen Verdienste um das Ansehen des Ingenieurstandes".

Slaby trat 1912 von seinem Lehramt zurück, ein Jahr später ist er in Berlin gestorben. Wilhelm II. schrieb in seinen *Ereignisse und Gestalten* betitelten Erinnerungen über ihn: „Er hat bis zu seinem Tode in regem Verkehr mit mir gestanden und mich über die neuesten Erfindungen auf dem laufenden gehalten. Das geschah nicht nur in Laboratorien, sondern auch im stillen Jagdhaus im Märkischen Walde. Auch als Mensch hat er mir nahegestanden und mir durch seine schlichten klaren Auffassungen über alle möglichen Dinge dieser Welt manch geistigen Genuß verschafft. Slaby ist mir viel gewesen."

Literatur

Slaby, Adolf, *Die Funkentelegraphie,* Berlin 1897.
Slaby, Adolf, *Die neuesten Fortschritte auf dem Gebiete der Funkentelegraphie,* Berlin 1901.
Slaby, Adolf, *Entdeckungsfahrten in den elektrischen Ozean,* 5. Aufl., Berlin 1911.
Wedding, *Adolf Slaby,* in: *Elektrotechnische Zeitschrift,* (1913), H. 16, S. 429f.
Blumenthal, D., *Erinnerungen an Slaby,* in: *Zeitschrift des Verbandes deutscher Diplomingenieure,* 4. Jg. (1913), S. 205 ff.
Funkentelegraphie der Allgemeinen Elektrizitätsgesellschaft System Slaby-Arco, Berlin 1902.
Jentsch, Otto, *Telegraphie und Telephonie ohne Draht,* Berlin 1904.
Günther, Hanns, *Pioniere der Radiotechnik,* Stuttgart 1926.
Wilhelm II., *Ereignisse und Gestalten aus den Jahren 1878—1918,* Berlin 1922.
Manegold, Karl-Heinz, *Universität, Technische Hochschule und Industrie,* Berlin 1970.

Klaus W. Usemann

Hermann Rietschel

Die Nutzbarmachung des Feuers und seiner Wärme dürfte zweifellos eine der bedeutendsten Entdeckungen für die Entwicklung der menschlichen Kultur gewesen sein. Erst hierdurch wurde eine Ausbreitung der stetig sich vermehrenden Bevölkerung in geographisch kältere Zonen möglich. Künstlich erzeugte Wärme war dabei zunächst viele Jahrtausende lang nur Ersatz für die während vieler Monate oft fehlende Sonnenwärme. Mit dem Vordringen der teilweise schon hochentwickelten Kulturen des Orients in die gemäßigten und kälteren Zonen und mit dem Bau der ersten größeren Siedlungsplätze begann auch das Bemühen um wirkungsvollere Anlagen zur Gebäude- und Badewassererwärmung. Jahrtausendealte Ruinen geben uns heute noch Kenntnis von dem damals schon hohen Stand der Raumheizung und der Bädertechnik im römischen Imperium.

Die Konstruktion dieser Anlagen läßt darauf schließen, daß zumindest einige bedeutende Baufachleute sich mit den technischen und physiologischen Problemen der Raumluftgestaltung auseinandergesetzt hatten. Eine planmäßige und mehr wissenschaftliche Beachtung erlangte die Raumheizung jedoch erst im 17. und 18. Jahrhundert, als das stetige Anwachsen der Bevölkerung und die damit verbundene erhöhte Inanspruchnahme der an sich noch wenig erschlossenen Brennstoffquellen zu einer sparsamen und wirkungsvolleren Ausnutzung der Heizenergie Anlaß gaben und auch die nunmehr vorliegenden besseren Erkenntnisse einer planmäßigen Raumlufthygiene zu berücksichtigen waren. Die inzwischen erarbeiteten Errungenschaften in Physik und Technik gaben wertvolle Anregungen zur Entwicklung neuer Verfahren für die Gebäudeheizung und führten zur Bildung einer besonderen Handwerksrichtung, dem Heizungsgewerbe. Die weitere Entwicklung der Wohnkultur, die Zusammenballung der Menschen in Städten als Folge aufwärtsstrebender Industrie und die damit gleichzeitig ausgelöste verstärkte Bautätigkeit verlangten sehr bald die exakte technisch-wissenschaftliche Behandlung aller heizungs- und lüftungstechnischen Probleme von Großbauten. Zu der bereits gut entwickelten Sonderfachrichtung entstand zwangsläufig der Beruf des Heizungs-Ingenieurs. Diesem oblagen jedoch nicht nur Aufgaben der Heizungstechnik, sondern alle haus- und sanitärtechnischen Probleme der Wärme-, Luft- und Wassertechnik. Der heutige Stand der Heizungs-, Lüftungs- und Klimatechnik ist untrennbar mit dem Namen Hermann Rietschel verbunden. Er schuf die wissenschaftlichen Grundlagen von Heizung und Lüftung und hat in der ganzen Welt viel zur Entwicklung dieser Fachgebiete beigetragen. In Berlin war er 25 Jahre lang als Lehrer und Forscher tätig gewesen. Mit seinem Lehrbuch für Heizung und Lüftung hat er sich ein unvergängliches Denkmal gesetzt.

Hermann Immanuel Rietschel wurde am 19. April 1847 in Dresden geboren. Sein Vater war der Bildhauer Ernst Friedrich August Rietschel, Schöpfer des Goethe-Schiller-Denkmals in Weimar. Die Leistungen des Sohnes sollten aber auf ganz anderem Gebiet liegen, und zwar auf dem der Naturwissenschaft und der Anwendung ihrer Erkenntnisse in der Haustechnik. Schon als Knabe hatte er eine große Vorliebe für technische Arbeiten, die er mit unverkennbarer Geschicklichkeit ausführte, und für die praktische Verwendung eines Werkzeugkastens. Hermann Rietschel besuchte ein humanistisches Gymnasium in Dresden. Nach dem Tod des Vaters folgte, entsprechend der technischen Begabung Hermann Rietschels, ein Schulwechsel an das Dresdner Polytechnikum. Daneben arbeitete er praktisch in der großen Werkstatt des Dresdner Schlosserkönigs Karl Friedrich August Kühnscherf und dann etwa ein Jahr in der Egestorffschen Maschinenfabrik in Linden bei Hannover. Über seine Tätigkeit in der Egestorffschen Maschinenfabrik erhielt Hermann Rietschel vom Direktor des Unternehmens ein abschließendes Zeugnis: „Dem Herrn Techniker Herm. Rietschel aus Dresden bescheinige ich gern, daß derselbe seit dem 9. April 1866 bis zum heutigen Tage (Anm.: 29. August 1867) in meiner Schlosser- und Montirwerkstätte praktisch beschäftigt gewesen ist. Herr Rietschel arbeitete größtenteils an den Details von Dampfmaschinen, wie auch namentlich in letzter Zeit an der Aufstellung der Maschinen und zeichnete sich durch lobenswerthen Eifer und Fleiß, durch tüchtige Fähigkeiten und stets musterhaftes Betragen vortheilhaft aus. Bei seinem heutigen freiwilligen Abgange gebe ich ihm gern dies Zeugnis, als der Wahrheit gemäß und wünsche ihm zu seinem ferneren Fortkommen bestes Glück."

Erst nach diesen beruflichen Erfahrungen ließ sich Hermann Rietschel wissenschaftlich ausbilden. Zum Wintersemester 1867 immatrikulierte er sich an der Kgl. Gewerbeakademie in Berlin. Er hörte in der Abteilung Mechanik und Beschreibende Maschinenlehre, die auch für das Bauhandwerk zuständig war, die Vorlesungen von Aronhold, Dove, Fink, Wiebe und Reuleaux. Er gewann vor allem die Freundschaft von Friedrich Eggers, dem Biographen seines Vaters Ernst Rietschel, dessen ausgezeichnetes Kolleg über Ästhetik und Kunstgeschichte er mit großem Eifer besuchte und dessen Begeisterung für alles Gute und Schöne sich auf ihn übertrug. In einem Brief vom November 1867 an seine Eltern in Dresden vergleicht Hermann Rietschel die Verhältnisse an der Berliner Gewerbeakademie mit denen am Polytechnikum in Dresden: „Ich kann nicht genug meine Zufriedenheit mit der Akademie ausdrücken. An Dresden mag ich in dieser Beziehung gar nicht mehr denken, denn man sieht immer deutlicher ein, wie zurück es ist, vielleicht vor 10 bis 15 Jahren einmal recht gut

Hermann Rietschel
(1847—1914)

gewesen sein kann. Unser Professor für Maschinenlehre" — gemeint ist Karl Fink — „ist ein anderer Geist allerdings als der gute Professor Schneider (in Dresden); noch jung, steht er bereits weit über seinen Berufsgenossen und sein Name ist überall rühmlichst bekannt. Sein Vortrag ist sehr angenehm, wenn auch ziemlich rasch, so daß man sehr hinterher sein muß, guten Schritt zu halten. Vor allem gefällt mir, daß er uns nicht bloß, wie Schneider, mit den alten Maschinen und deren Lehre bekannt macht, sondern daß er uns gerade auf das Neueste und Praktische hinführt, was wir in Construiren nicht bloß in die Ewigkeit abzeichnen, sondern wirklich praktisch Construiren, so daß wir es auch, wenn unser Bildungsgang vollendet ist, jederzeit verwerthen können. Überhaupt ist in Dresden alles zurück, so haben wir hier Methoden zum Berechnen und Construiren, von denen man, da sie noch neu und jung sind, in Dresden keine Ahnung hat. Ich möchte nicht ein einseitiger Maschinenbauer werden, doch Lust und Liebe ist eine andere Triebfeder, als bloße kalte Überlegung, daß man doch sich anstrengen möchte, um etwas zu lernen, wie dies in Dresden der Fall war. Die Vorträge über Kunstgeschichte von Professor Eggers sind sehr interessant und ich werde denen vielleicht noch eine Stunde wöchentlich an der Universität über neuere Kunstgeschichte (19. Jahrhundert) hinzufügen". Als Neuheit meldet Hermann Rietschel im Januar 1868 nach Dresden: „Nottebohm, der Direktor der Gewerbe-Akademie wurde Direktor sämtlicher Polytechniken Preußens und sein Nachfolger wurde Reuleaux als Direktor der Akademie."

Hermann Rietschel hat seine Studien in Berlin bis zum Frühjahr 1870 — mit einigen Unterbrechungen — fortgesetzt. Eine Abschlußprüfung war von der Gewerbeakademie damals nicht vorgesehen. Nach erfolgreichem Abschluß seines Studiums, das Hermann Rietschel nicht nur zur Vervollkommnung seiner technisch-theoretischen Ausbildung, sondern auch zur Aktivität in dem damals unter den Studenten der Gewerbeakademie beliebten „Akademischen Verein Hütte" nutzte, trat er in seine auf wissenschaftlicher wie auf privater Ebene ungewöhnlich erfolgreiche und glückliche Laufbahn ein. Diese begann mit dem Verlöbnis, das er mit der Fabrikantentochter Martha Leinhaas schloß.

Zur damaligen Zeit erlebte die Technik im Zeichen der „industriellen Revolution" einen ungeahnten Aufschwung. Die Epoche der „Gründerjahre" bewirkte gerade in der Hauptstadt Berlin große Veränderungen in der Wirtschaft. Die rasanten ökonomischen, politischen, technischen und kulturellen Entwicklungen jener Zeit liefen parallel zueinander ab. Viele neue Fachgebiete wurden in der zweiten Hälfte des 19. Jahrhunderts wissenschaftlich begründet, so auch das vielschichtige Gebiet der Gesundheitstechnik, auf dem durch das Zusammenwirken von Technik, Medizin und öffentlicher Hygiene die Voraussetzungen für eine stetige Verbesserung der Gesundheit der Bevölkerung geschaffen werden sollten.

Beruflich hat Rietschel einen vielversprechenden Anfang als Ingenieur beim Bau der Bewässerungs- und Entwässerungsanlagen für die Kriegs-Lazarette-

Anlagen auf einem Areal in der Nähe des Berliner Kreuzberges bei der Firma J. & A. Aird gemacht. Das neuartige Entwässerungssystem von Hobrecht erwarb sich wegen seiner auf alle Eventualitäten abgestimmten Anordnung große Anerkennung. Die bisher einzigartige Konzeption dieser Art auf dem Kontinent kann wohl mit Recht als ein Modell für die Kanalisierung von Berlin genannt werden. Die Beleuchtung der Baracken, der Verwaltungsgebäude und Außenflächen erfolgte mit Gas, das von einer städtischen Gasanstalt bezogen wurde. Beheizt wurden die Baracken durch Öfen, verwendet wurden neben Füllöfen für feste Brennstoffe auch Gasheizöfen nach einem System des Ingenieurs Rudolf Henneberg. Die Badeanlagen der Baracken waren für die damalige Zeit äußerst zweckmäßig gestaltet. Erwähnenswert ist, daß die Baracken mit einem Dachfirstventilationssystem ausgestattet waren.

Hermann Rietschels weiteres Bestreben war es zunächst, sich beruflich selbständig zu machen. Im Juli 1871 gründete er in Berlin einen Installationsbetrieb für Heizungs-, Ventilations-, Gas- und Wasseranlagen. Als „Betriebslokal" stand ihm eine kleine Werkstätte zur Verfügung, die sich im Kellergeschoß eines in der Commandantenstraße 5 gelegenen Hauses in Berlin befand. Näheres hierzu schildert er in einem Brief vom 23. Juli 1871 an seine Familie in Dresden: „Letzten Donnerstag ist mein Laden eröffnet worden. 2 große Fenster mit mächtigen Spiegelscheiben enthüllen dem Auge die verschiedensten Gegenstände meiner Kunst. In der Mitte sprudelt eine große Fontaine den ganzen Tag und in dem unteren Bassin tummeln sich sehr lustig eine Menge Goldfische. Rings an den Wänden sind die verschiedensten Gegenstände: Toiletten mit eleganten Marmoraufsätzen, Waschbecken, Badeeinrichtungen, auch Closetts etc. Alles mit Wasser eingerichtet aufgestellt. Abends ist eine brillante Beleuchtung von 21 Gasflammen hergestellt, so daß es fast taghell ist. Mein Laden, besonders am Abend, ist von Massen von Menschen umlagert, denn eine große, bis an die Decke gehende Fontaine und so brillante Beleuchtung zieht die Berliner mächtig an. Hinter dem Laden ist mein Contor und hinter diesem ein kleines einfenstriges Stübchen als mein Privatzimmer."

Eine neue Zeit brach an. Die Einwohner von Berlin standen unter dem Eindruck des Sieges gegen Frankreich und der Gründung des Reiches, in dessen Hauptstadt sie lebten. Berlin ist als königliche Residenzstadt bis 1871 eine recht bescheidene Metropole gewesen. Als kaiserliche Reichshauptstadt wurde sie bald eine Groß- und schließlich eine Weltstadt. Das war jedoch nur in geringem Maße darauf zurückzuführen, daß nunmehr auf dem Schloß eine Kaiserstandarte wehte, sondern von maßgeblicher Bedeutung für das Aufblühen der Stadt war die industrielle Entwicklung. Allein in den Jahren 1871 und 1872 wurden mehr als 250 neue Unternehmen in Berlin gegründet. Die Entwicklung, vorerst vom „Gründerkrach" sowie der nachfolgenden Stagnation und einigen Krisen unterbrochen, setzte sich seit 1880 noch stärker fort. Berlin entwickelte sich in dieser Zeit zur größten Industriestadt des Kontinents mit Betrieben des Maschinenbaus, der Elektro- und Chemieindustrie. Von nicht geringer Bedeutung waren auch Textilbetriebe, Unternehmen der Nahrungs- und Genußmittelbranche sowie die Bauindustrie. 1871 wird die Firma Hermann Rietschels im *Berliner Wohnungs-Anzeiger* aufgeführt, die Eintragung findet sich auch 1872.

Als Hermann Rietschel seine Tätigkeit als Unternehmer mit bescheidenen Mitteln begann, da war von einer öffentlichen Gesundheitspflege in des Wortes heutiger Bedeutung wenig bekannt. Die Wasserversorgung war unzureichend, die Wohnungen wiesen in Hinsicht auf heizungs-, lüftungs- und sanitärtechnische Anlagen fast durchweg große Mängel auf, und in den gewerblichen Arbeitsstätten fehlten die wichtigsten Voraussetzungen für das erforderliche Arbeitsklima: Licht und Luft.

Die Auftragslage schien sich für Hermann Rietschel gut zu entwickeln. Am 14. September 1871 vermählte er sich mit Anna Emilie Martha Leinhaas, die Trauung fand in der „St. Marien-Kirche" und das anschließende Festessen im Norddeutschen Hof in der Mohrenstraße statt. Seine junge Ehe begann in bescheidensten Verhältnissen. Dazu kamen geschäftliche Mißerfolge und Rückschläge als Folgen dieser „Gründerjahre", Hermann Rietschel stand bald vor dem Bankrott, im Stich gelassen von seinem vermögenden Schwiegervater. Er erkrankte schwer, kämpfte sich aber hindurch und gründete, geleitet von genialen Ideen, bald darauf ein neues Unternehmen.

Die Geschichte der Firma Rietschel & Henneberg „Fabrik für Zentralheizung, Wasser- und Gasanlagen, Pumpwerke, Kanalisation, Specialität: Wasserheizungen und Ventilation" beginnt mit dem ersten Friedensjahr im jungen Bismarck-Reiche, also zu einem wirtschaftlich günstigen Zeitpunkt. Als Gründungstag der Firma gilt nach dem Handelsregister unter der Nr. 3880 der 12. Juli 1872. An ihm wird mit einem kaufmännischen Vertrag das Abkommen zweier Freunde geschlossen. Am gleichen Tage trat Rudolf Henneberg, bisher Oberingenieur und Leiter der Abteilung Heizung bei der Berliner Neptun-Akt. Ges., in das neu gegründete Geschäft ein. Hermann Rietschel und Rudolf Henneberg waren jung (25 und 27 Jahre alt) und fleißig, das Feld, welches sie sich gewählt hatten, lag nahezu unbearbeitet vor ihnen, so daß es fast zwangsläufig zu der Firmengründung kam. Beide waren erfüllt vom Arbeitstempo und dem Lebensgeist der jungen Reichshauptstadt. Sie spürten am Vorabend einer stürmischen Aufwärtsentwicklung, daß der Ausbau moderner großstädtischer Versorgungsanlagen ein großes Auftragspotential darstellt. Rudolf Henneberg ist ein in der gewerblichen Praxis und in der öffentlichen Verwaltung schon bewährter Fachmann. Hermann Rietschel ist von der gewerblichen Praxis geprägt und bringt seine Fähigkeit zum erfinderischen Basteln mit ein. Das beeinflußt auch die weitere Entwicklung des Unternehmens. Das Konstruieren und das geistige Planen geschieht immer in Abstimmung mit der kaufmännischen Wirklichkeit, die sich nicht auf hohe Umsatzziffern und gute Bilanzabschlüsse beschränkt. Stets bleiben kaufmännischer Wagemut und Ringen um neue Konstruktionen in Verbindung mit den Aufgaben der Förderung des technischen Fortschritts und eines industriewirtschaftlichen Aufstieges im In- und Ausland.

Inzwischen ist die junge Firma aus den gemieteten Räumen, die bereits Hermann Rietschel als erste Werkstätte gedient hatten, auf ein Grundstück in der Brandenburger Straße 81 übergesiedelt. Hier wird in eigenen Räumen und nach eigenen Verfahren alles hergestellt, was zur Installation benötigt wird und was bisher weder als Spezialartikel noch als Serienprodukt bekannt ist. So steht am Anfang der Unternehmensgeschichte der Aufbau eines Industriebetriebes auf handwerklicher Basis mit all dem, was ein damals modernes Heizungsgeschäft an eigenen Fertigungs- und Bearbeitungsanlagen brauchte: eine Eisen- und Metallgießerei, Kupferschmiede und Schlosserei, eine Dreherei und Modelltischlerei. Die späteren Serienfabrikationen von Anlagenkomponenten durch Spezialbetriebe ist die Folge einer technischen Entwicklung, für die Firmen wie Rietschel & Henneberg durch ihre Pionierarbeit die betrieblichen Voraussetzungen schufen. Zug um Zug, schneller als erwartet, entwickelte sich der Handwerksbetrieb zum Industrieunternehmen. Die für die Installation benötigten Armaturen wurden selbst produziert; in kürzester Zeit hatte sich damit die Firma auf dem Gebiet spezialisiert, das man heute „Haustechnik" nennt. Während Hermann Rietschels Talent und Neigung für wissenschaftliche Grundlagenarbeit deutlich hervortraten, versetzten Henneberg die bei Borsig und Schwartzkopff erworbenen Kenntnisse im Konstruieren in die Lage, jedes einzelne zu einer Heizungsanlage gehörende Teil entsprechend durchzubilden. Konstruktionsbüros und Werkstätten waren damals notwendige Bestandteile von Heizungs- und Lüftungsfirmen, denn fast alle Anlageteile wie Kessel, Heizkörper, Armaturen, Pumpen, Ventilatoren usw. mußten im eigenen Betrieb entworfen und hergestellt werden. Die zunehmenden Anforderungen an haustechnische Anlagen verursachten viele Neukonstruktionen, von denen manche ausschließlich dem Ideenreichtum Hermann Rietschels zu verdanken sind.

Am Anfang ihrer gemeinsamen Tätigkeit beschäftigten sich die beiden Partner vor allem mit der Lösung der zahlreichen Aufgaben, die bei der Planung und Ausführung von Heizungs- und Lüftungsanlagen für große Staats- und öffentliche Bauten gestellt wurden. Das erforderte genaue Berechnungen, für die jedoch noch kein ausreichendes Grundlagenwissen vorlag. Es ist das große, bleibende Verdienst Hermann Rietschels, die wissenschaftlichen Grundlagen der Heizungs- und Raumlufttechnik mit seiner Forschungsarbeit geschaffen und sie in technisch allgemeinverständlicher Form in seinen Schriften niedergelegt zu haben. Zu der wissenschaftlichen Leistung Rietschels gesellten sich das Konstruktionstalent und die organisatorischen Fähigkeiten Hennebergs. Er war für Jahrzehnte nicht nur die Seele des immer größer werdenden Geschäfts, er setzte sich auch unermüdlich für die wirtschaftlichen Belange der Heizungs- und Lüftungstechnik ein. Seiner Energie und Überzeugungskraft ist es zu danken, daß das Fachgebiet im „Verband Deutscher Centralheizungs-Industrieller" auch wirtschaftlich vertreten wurde.

Viele Bauherren ließen die Heizungs- und Lüftungsanlagen von der Firma Rietschel & Henneberg erstellen, das war wohl in erster Linie Hermann Rietschels Grundsatz zu danken, die Entwürfe hierzu auf wissenschaftlicher Basis zu erarbeiten und sie in höchster Vollkommenheit zur Ausführung zu bringen. Das ihm entgegengebrachte Vertrauen beruhte außerdem auf seiner liebenswürdigen und entgegenkommenden Art, mit der er geschäftliche Dinge zu behandeln pflegte und unberechtigte Vorteile abwies. Dabei verstand er es aber auch, seine Überzeugung in technischen Fragen klar und energisch zu vertreten. Hermann Rietschel wird dadurch bereits im ersten Jahrzehnt seiner beruflichen Tätigkeit in weiten Kreisen der Fachwelt bekannt. Frühzeitig stellte er fest, daß der technische Fortschritt der Forschung vorauseilte. In vielen Firmen wurde fast nur an Hand von praktischen Erfahrungen und rezeptartigen Unterlagen gearbeitet. Oft bildete kleinliche Geheimniskrämerei die Grundlage für die Planung und Ausführung von heizungs- und lüftungstechnischen Anlagen. Hermann Rietschel, dem dieses Dilemma durchaus bekannt war, beklagte das Fehlen jeglicher sachgemäßer Instruktionen für einen Heizbetrieb: „Was Wunder, wenn ein jeder seine Erfahrungen, um den Kampf ums Leben siegreich zu bestehen, wie ein Talisman bewahrt."

1874 werden in Dresden, 1875 in Bremen weitere Filialen gegründet. Der inzwischen erworbene internationale Ruf führte zur Eröffnung von Niederlassungen im Ausland, begonnen wurde in Wien. 1878/79 beteiligte sich die Firma an der Berliner Gewerbeausstellung und wurde hierfür mit der „Silbernen Staatsmedaille" ausgezeichnet. Dies alles führte zu einer Vermehrung der Mitarbeiterzahl und stetig wachsenden Umsatzzahlen. Neben den privaten Kunden wurden in steigendem Maße Auftraggeber aus der öffentlichen Verwaltung in Fragen der Gesundheitstechnik beraten. Das Interesse hierzu war bei den Behörden recht groß, ging es doch darum, durch Verbesserung der hygienischen Verhältnisse den Gesundheitszustand der Bevölkerung zu heben und damit auch dem Gemeinwohl zu dienen. Die Bedeutung, die Hermann Rietschel in der Tätigkeit für seine Firma erlangte, geht aus einer Jubiläumsschrift der Firma Rietschel & Henneberg hervor: „In ihrem Chef, Hermann Rietschel, stellt die Firma die unumstrittene Autorität auf dem Gebiet der Heizungstechnik und Wärmewissenschaft."

Diesen Ruf weiter auszubauen und zu festigen, erkannte Hermann Rietschel während seiner Tätigkeit als seine wahre Profession. So kam es, daß er sich 1880 von seinem Freund und Geschäftspartner im gegenseitigen besten Einvernehmen und weiterer Verbundenheit trennte und in Berlin neue Aufgaben übernahm. Mit der Beendigung seiner Tätigkeit als Firmeninhaber eröffnete sich für Hermann Rietschel ein neuer Lebensabschnitt, der ihn auf den Gipfel des wissenschaftlich-technischen Erfolges führen sollte. Er begann seine zweite Laufbahn als Zivilingenieur für heizungs- und lüftungstechnische Anlagen, doch jetzt bereitete er sich darauf vor, seine vielfältigen theoretischen und praktischen Erfahrungen nicht allein für die praktischen Belange privater und behördlicher Bauherren, sondern auch der Wissenschaft zur Verfügung zu stellen. Seine erste umfangreiche literarische Tätigkeit war die Bearbeitung des Abschnittes über Heizung und Lüftung im *Deutschen Bauhandbuch*.

Hermann Rietschel erkannte die Notwendigkeit des fachlichen Gedankenaustausches. Die immer umfangreicher werdenden Aufgaben der Gesundheitstechnik erforderten dringend einen Zusammenschluß der zuständigen Fachleute und Institutionen. Unter Hermann Rietschels Teilnahme konstituierte sich am 11. Januar 1880 in Dresden der „Verband deutscher Ingenieure für Heiz- und Gesundheitstechnische Anlagen". Bei aller nunmehr theoretischen Arbeit blieb Hermann Rietschel der Praxis verbunden. Das zeigte sich auch dadurch, daß sein Name der Firma erhalten blieb. Damit wahrte er die Verbindung zwischen Wissenschaft und Praxis. Das ermöglichte ihm auch, die Heizungstechnik wissenschaftlich auf eigene Füße zu stellen und sie den anderen technischen Fächern ebenbürtig zu machen.

Zur beruflichen Tätigkeit Hermann Rietschels gehörten viele Entwurfsarbeiten, Gutachten und Beratungen, außerdem die einflußreiche Mitarbeit beim Preisgericht bezüglich der Beurteilung der Entwürfe von Heizungs- und Lüftungsanlagen im neuen Reichstagsgebäude in Berlin. Der Dresdner Stadtbauinspektor Karl Schmidt würdigte die maßgebliche Arbeit Hermann Rietschels an der Vorbereitung dieses Wettbewerbes: „Die Idee der für das Fach so bedeutenden Ausschreibung, die zum erstenmal alle Kräfte des damals noch jungen Faches bei einem wichtigen Wettkampfe prüfte, rührte von Herrn Rietschel her. Derselbe bearbeitete die Unterlagen des Ausschreibens und hatte ... Sitz und Stimme im Preisrichterkollegium. Bei der Bearbeitung der Pläne und bei Ausführung derselben war Rietschel als ständiger Beirat der Bauverwaltung in hervorragender Weise thätig, und war bei allen wichtigen Fragen seine Stimme ausschlaggebend. Die großen Verdienste, die sich Rietschel um die Vollendung der Heizungs- und Lüftungsanlagen des Reichstagsbaues erworben hat, sind von Seiten Sr. Majestät des Kaisers bereits durch Verleihung des Kronenordens III. Kl. anerkannt worden."

Die nur beratende Tätigkeit genügte Hermann Rietschel nicht, ihm lag besonders viel an der Verwirklichung zukunftsweisender Projekte. Als für das Jahr 1882 eine Hygiene-Ausstellung geplant wurde und Hermann Rietschel zum 2. Vorsitzenden des damit beauftragten Ausschusses gewählt worden war, lag die Oberleitung dieses kühnen Unternehmens hauptsächlich in seiner Hand. Es war ein harter Schlag für ihn und seine Mitarbeiter, daß die gesamte Ausstellung am 30. April 1882, einen Tag bevor sie eröffnet werden sollte, ein Raub der Flammen wurde. Obwohl Rietschels Organisationsleistung damit zunichte gemacht worden war, gingen er und die anderen Mitwirkenden sofort wieder an die Arbeit und innerhalb von nur einem Jahr gelang es ihnen, die Austellung derart zu rekonstruieren, daß das Ergebnis noch eindrucksvoller wurde als die ursprüngliche Schau. In Anerkennung seiner wissenschaftlichen Leistungen war ihm Ende 1883 der Titel eines Professors verliehen worden.

Rietschel erkannte klar, daß die Weiterentwicklung der gesamten Gesundheitstechnik und nicht zuletzt das Gebiet der Heizung und Lüftung eine dauernde Wechselbeziehung mit den Lehren und Fortschritten der Hygiene verlangte. Auf diese Lehren stützte sich auch die im amtlichen Auftrage von ihm durchgeführte Untersuchung der Heizungs- und Lüftungsanlagen vieler Berliner Schulen und Universitätsgebäude, die 1885 abgeschlossen wurden. Die Ergebnisse veröffentlichte er 1886 in einem umfangreichen Buch über *Lüftung und Heizung von Schulen*.

Da Rietschel trotz seiner außerordentlichen praktischen Erfolge schon immer mit der Wissenschaft eng verbunden gewesen war, bedurfte es nur noch eines äußeren Anlasses, um von der Praxis in die Lehre und Forschung überzuwechseln und sich, losgelöst von geschäftlichen Dingen, mit der Erarbeitung von wissenschaftlichen Grundlagen für das Fachgebiet Heizung und Lüftung zu beschäftigen. Am 2. März 1884 wurde im Preußischen Landtag der Wunsch geäußert, an den Hochschulen, so unter anderem in Berlin, Professuren für Gesundheitstechnik einzurichten. Auch in den Verhandlungen des 5. Internationalen Kongresses für Hygiene und Demographie im August 1884 in Den Haag wurden Lehrstühle und Laboratorien der Hygiene an allen Universitäten gefordert. In einem Bericht der Berliner Hygiene-Ausstellung an den für Unterricht und Forschung zuständigen Preußischen Staatssekretär wurde 1883 darauf hingewiesen, daß das Gesundheitswesen ohne Lehrstühle für Hygiene und Gesundheitstechnik nicht gefördert werden könne; verlangt wurde ein Lehrfach für theoretische Gewerbehygiene sowie ein Lehrfach für Gewerbliche Gesundheitstechnik. Man hatte erkannt, daß die Weiterentwicklung der gesamten Gesundheitstechnik, einschließlich der Heizungs- und Lüftungstechnik, nur durch eine dauernde Wechselbeziehung zwischen Lehre und Praxis möglich sei.

Als nun der neu zu errichtende Lehrstuhl für Heizung und Lüftung an der Kgl. Technischen Hochschule in Berlin-Charlottenburg zu besetzen war, waren die hierfür verantwortlichen Stellen der Auffassung, daß kein anderer als Hermann Rietschel über die hierfür erforderlichen praktischen Erfahrungen in Verbindung mit dem dazugehörigen theoretischen Wissen auf diesem Fachgebiet verfügte. Die Folge war die Berufung von Hermann Rietschel, der weder promoviert noch sich habilitiert hatte, zum „etatmäßigen Professor für Ventilations- und Heizungswesen in der Abteilung I Architektur der Kgl. Techn. Hochschule in Berlin-Charlottenburg", die am 13. Juli 1885, also in seinem 38. Lebensjahr erfolgte. Zugleich wurde er zum Mitglied des Collegiums der Abteilung für Architektur ernannt.

Hermann Rietschel widmete sich den in seiner neuen Stellung als Lehrer und Forscher anstehenden Aufgaben mit großem Einsatz und stetig wachsendem Erfolg. Er verstand es, als Lehrer den vielfältigen Lehrstoff systematisch geordnet in formvollendetem Vortrag seinen Studenten darzubieten. Dabei ist zu beachten, daß es damals kein festgefügtes Fachwissen gab, sondern bestenfalls eine Anzahl verschiedener, auf Grund persönlicher Erfahrungen aufgestellter Regeln und Berechnungsansätze für die Heizungs- und Lüftungstechnik. Es war Hermann Rietschels Leitsatz: „Wissenschaftliche Behandlung allein gibt die Gewähr, daß man sich auf hellen Pfaden bewegt, und daß der Schritt, den man oft in der Praxis vom richtigen Weg tun muß, nicht zum Fehler wird. Überall über das eigene Fach hinausblicken, sich nicht in seinem wissenschaftlichen Interesse verhärten und stumpf machen gegen das Leiden der Menschen, am Ganzen teilzunehmen, der Grenzen des Expertentums bewußt sein und doch unermüdlich in seinem Fach besser werden, das ist die Aufgabe, die jeder nach eigener Anlage und nach eigenem Gewissen bewältigen muß." Diese Gedanken nahm er zur Richtschnur für seine Vorlesungen.

Die notwendigen mathematischen Formeln entwickelte er verständlich vom Anfang bis zum Ende und erleichterte ihr Verstehen durch viele Beispiele. Die Gestaltung seiner Vorlesungen war mit gewissen Schwierigkeiten verbunden, da sie nicht allein vor Studenten der Maschinenbau- und Heizungstechnik, sondern auch für die Architekturstudenten zu halten waren, die in der Regel nur die hygienischen Grundsätze, die Wirkungsweise der verschiedenen Systeme und deren Eigenschaften sowie ihre zweckmäßige Anordnung in den Gebäuden kennenlernen sollten. Hermann Rietschel löste dieses Problem durch die Trennung des Lehrangebotes in einen praktischen Teil für sämtliche Hörer und einen theoretischen Teil nur für Ingenieure.

Er leitete seine Vorlesungen stets mit einem Hinweis auf die wissenschaftliche und praktische Hygiene ein, deren Anforderungen die einschlägige Technik bei ihren Ausführungen zu erfüllen habe, und stand mit diesem Wissensgebiet in einem steten Dialog. Viele Jahre gehörte er als Mitglied dem Deutschen Verein für Öffentliche Gesundheitspflege an. Aber auch hier war er nicht nur Empfänger, sondern auch Geber und trug damit im weiteren Sinne zur Förderung und Erhaltung der Hygiene bei.

Der ausgeprägte Sinn Hermann Rietschels für den Bezug zur Praxis bewahrte ihn vor Fehlschlüssen. Seine Berechnungsmethoden ergaben eher etwas zu reichliche als zu knappe Werte. Ihm war bewußt, daß die Wirksamkeit von Heizungs- und Lüftungsanlagen durch nicht vorherzusehende Einflüsse gestört werden kann. Er vertrat die These, daß die Theorie und die experimentelle Forschung vor allem Mittel zum Zweck sein solle, denn „wir müssen alles dransetzen, um freie Zeit zu bekommen für die Haupttätigkeit auf dem Gebiete der Ingenieurkunst, das ist das schöpferische Gestalten. Wer alles rechnen, aber nichts formen kann, ist kein Ingenieur im wahren Sinne des Wortes."

Hermann Rietschel konnte seine Studenten durch seine Vorlesungen so für die Heizungs- und Lüftungstechnik begeistern, daß sie für viele von ihnen Lebensaufgabe wurde. Mit Enthusiasmus schilderte er den geschichtlichen Werdegang der Heizungstechnik in der kulturellen Entwicklung der Völker. Für ihn war es ein besonderes Anliegen, nicht eine einseitige Fachausbildung, sondern ein umfassendes Wissen sowohl über das Spezielle als auch über das Allgemeine seines Fachs zu vermitteln. Wichtig war ihm dabei, seinen Studenten zu verdeutlichen, daß neben der Beherrschung der erforderlichen theoretischen und praktischen Fachkenntnisse für deren spätere erfolgreiche Anwendung die geistige und soziale Einstellung von großer Bedeutung ist. Da er zu Beginn seiner Tätigkeit an der Technischen Hochschule Berlin in Deutschland der einzige ordentliche Professor für Heizungs- und Lüftungstechnik war, hatte er viel Aufbauarbeit zu leisten. Es gab zwar deutsche und fremdsprachige Fachliteratur sowie Abhandlungen über Theorien und Erfahrungsregeln. Dies alles eignete sich aber bestenfalls zur Lösung von einfachen Aufgaben und zur Beurteilung von überschaubaren Prozessen, aber nicht als Grundlage für eine technisch einwandfreie Planung und Ausführung vor allem von Anlagen für gehobene technische Ansprüche. Hermann Rietschels großes Verdienst war es, für die bisher empirisch betriebene Heizungs- und Lüftungstechnik das wissenschaftliche Gerüst erstellt zu haben.

Im Kreis seiner Kollegen erfreute sich Hermann Rietschel großer Beliebtheit. Vom 1. Juli 1889 bis zum 30. Juni 1890 und nochmals vom 1. Juli 1899 bis zum 30. Juni 1900 war er Dekan der Abteilung für Architektur. Viele Jahre gehörte er dem Senat der Hochschule an (vom 1. Juli 1888 bis zum 30. Juni 1889 und vom 1. Juli 1898 bis zum 30. Juni 1899). Große Ehre wurde ihm zuteil, als er vom 1. Juli 1893 bis zum 30. Juni 1894 zum Rektor und vom 1. Juli 1894 bis zum 30. Juni 1895 zum Prorektor der Technischen Hochschule gewählt wurde. Bevor Hermann Rietschel sein Amt als Rektor antrat, wurde ihm der Titel eines Geheimen Regierungsrates verliehen. Hierüber berichtet der *Gesundheits-Ingenieur* 1893: „Diese Ehrung unseres geschätzten Meisters dürfte bei den Fachgenossen um so mehr einer freudigen Genugtuung begegnen, als damit gewissermaßen der Wichtigkeit der Heizungstechnik von maßgebender Stelle Ausdruck verliehen wurde".

Neben der Lehre vernachlässigte Hermann Rietschel nie Probleme der Forschung. Auch auf diesem Gebiet verstand er es, die Verantwortlichen der Hochschule von der Richtigkeit seiner Berufung zu überzeugen. Wesentliche Forschungsthemen waren: Bestimmen der Wärmedurchgangskoeffizienten und Wärmeabgabe von Dampf- und Wasserheizkörpern, Versuche über die Luftströmung in Blechrohren und Kanälen, Untersuchung von Rohrdämm-Materialien, Beobachtungen über Luftfilter, Leistungsversuche an Heizkesseln, Wirkungsweise von Preß- und Saugköpfen für Häuser, Schiffe und Eisenbahnwagen, Regelungsprobleme bei Warmwasserheizungsanlagen, Prüfung automatischer Wärmeregler, Leistung von Kondenstöpfen, Eichung von Meßinstrumenten der Heiz- und Raumlufttechnik, Bestimmung des Luftwechsels von Wohn- und gewerblich genutzten Räumen und vieles andere mehr.

Seit dem April 1887 war dem Lehrstuhl eine „Versuchsstation für Heizungs- und Lüftungseinrichtungen" angegliedert, deren Leiter Hermann Rietschel war. Da diese Anstalt räumlich eingeengt war, wurde 1907 ein großer Neubau errichtet. Die Prüfungsanstalt sah Hermann Rietschel als „ein Bindeglied der Wissenschaft und Praxis". Ihre Einbindung in die Lehre in Form von Übungen war für ihn eine Notwendigkeit, da dieses Prinzip sich an der Hochschule bereits in anderen Fachgebieten eingebürgert hatte und auch positiv beurteilt wurde; Rietschel: „Es ist dies ein logischer Ausbau der an der Königlichen Technischen Hochschule Berlin durchgeführten Prinzipien."

Seit 1885 hat Hermann Rietschel eine lange Reihe bedeutender wissenschaftlicher Arbeiten im Verlag R. Oldenbourg und in der Zeitschrift *Gesundheits-Ingenieur* veröffentlicht: 15 Bücher, etwa 60 Fachaufsätze, ferner Institutsmitteilungen, Vorträge und Kongreßberichte. 1893 erschien sein Leitfaden zum Berechnen und Entwerfen von Heizungs- und Lüftungsanlagen. Bis zu Rietschels Tode wurden fünf Auflagen veröffentlicht, und nicht nur in Deutschland, sondern auch in vielen anderen Ländern ist das Buch als grundlegend für die wissenschaftliche Bearbeitung der praktischen Aufgaben der Heizung und Lüftung anerkannt und geschätzt worden. Jede Auflage trug den rastlosen Fortschritten der Technik Rechnung, die alten Berechnungssysteme wurden durch neue ersetzt; der Leitfaden wurde für den Ingenieur der Praxis gewissermaßen zum Leitseil. Die Nachfolger auf seinem Lehrstuhl haben das Werk immer wieder ergänzt und auf den neuesten technisch-wissenschaftlichen Stand gebracht. Bis heute erschienen 15 Auflagen. Experten wissen, wo sie nachschlagen: im „Rietschel". Die Berechnung von Heizungs- und Lüftungsanlagen „nach Rietschel" ist heute für alle Heizungsingenieure zur Selbstverständlichkeit geworden.

Hermann Rietschel wurde 1907 zum Ehrendoktor der Technischen Hochschule seiner Vaterstadt Dresden ernannt, er war Vorsitzender der „Jubiläums-Stiftung der Deutschen Industrie" von 1899 bis 1910, Mitglied des Reichsgesundheitsrates, korrespondierendes Mitglied der Kgl. Schwedischen Akademie der Wissenschaften, Ehrenmitglied des österreichischen Ingenieur- und Architekten-Vereins, des Royal Sanitary Institute in London, Vorstandsratsmitglied des Deutschen Museums in München, stellvertretender Vorsitzender des VDI und erster Vorsitzender des „Berliner Bezirksvereins Deutscher Ingenieure". Hermann Rietschel war Freikonsul und erhielt vom Freistaat Bayern den „Kgl. bayerischen Verdienstorden des heiligen Michaels 2. Klasse".

1896 fand die erste Versammlung von Heizungs- und Lüftungsingenieuren auf Anregung Rietschels in der Kgl. Technischen Hochschule in Berlin statt, die ihn einstimmig zum ersten Vorsitzenden wählte. Den Kongressen, die bis zum Ersten Weltkrieg in jedem zweiten oder dritten Jahr, später in größeren Zeitabständen, stattfanden (1988 der 21. Kongreß in Berlin), verlieh Rietschel nicht nur durch seine fachwissenschaftlichen Vorträge, sondern auch durch die anregende und herzgewinnende Art und Weise, wie er die Versammlungen leitete, ein eigenes persönliches Gepräge. Er faßte mit diesen Kongressen alle in diesem Fachgebiet arbeitenden Kräfte zusammen und zog hervorragende Persönlichkeiten aus dem In- und Ausland zur Mitarbeit heran. Hermann Rietschel wußte wohl wie kaum ein anderer, wo es dem Fach fehlte. Auf dem Kongreß 1901 sagte er in einem Vortrag: „Es wird viel zu wenig gerechnet! Es herrscht in den Kreisen der Ingenieure das Bestreben, diese geistige Arbeit möglichst zu verringern, aber nur die Rechnung allein leistet Gewähr für den

Effekt einer Anlage und die Sparsamkeit der Ausführung." Solche mahnenden Worte konnte nur ein Mann aussprechen, der auf der hohen Warte wissenschaftlicher Erkenntnisse und reicher praktischer Erfahrungen stand. Diese Erfahrungen schöpfte Rietschel zumeist aus den zahlreichen Begutachtungen, die er für das In- und Ausland über Heizungs- und Lüftungsanlagen bearbeitete: Reichsgericht in Leipzig, Rathaus in Hamburg, Kgl. Schauspielhaus in Berlin, Münster in Ulm und Straßburg, Fernheizwerk in Dresden, Justizministerium in Tokio, Bundeshaus in Bern usw. Er sagte selbst: „Es soll keiner Professor an einer Hochschule werden, wenn er keine praktischen Erfahrungen in seinem Lehrfache besitzt, und keiner Professor bleiben, der längere Zeit die enge Fühlung mit der Praxis seines Faches verloren hat."

Nach Ablauf des Sommersemesters 1910 legte Hermann Rietschel sein akademisches Lehramt, das er 25 Jahre innegehabt hatte, nieder. Viele Beweise der Verehrung wurden ihm dargebracht, die freilich mit dem wehmütigen Gefühl seiner Freunde gemischt waren, den großen Mann nicht mehr an der Stätte seines Wirkens lehren und forschen zu sehen. Wie Rietschels Bescheidenheit alle diese Ehrungen selbst empfand, geben einige Sätze eines Briefes wieder, den er am 4. November 1910 schrieb: „Wenn ich etwas in Anspruch nehmen kann, so ist es nur, daß ich in meinem Leben bemüht war, meinem Fache in anständiger Form und treuer Hingabe zu dienen. Es ist mir nicht leicht geworden, einen so tiefgehenden Schnitt zu machen, aber wenn man fühlt, daß die Kräfte nachlassen und man nicht mehr in alter Weise arbeiten und schaffen kann, soll man lieber schließen als, ein arbeits- und kampfesmüder Mann, ins alte Eisen geworfen zu werden. Ich habe von vielen Seiten Schreiben erhalten, von denen ich es nicht erwartet hätte und die mich geradezu ergriffen haben. So zum Beispiel von Hochschulen, die doch keine Veranlassung hatten, an mich zu denken. Auch Bunte hat mir liebe Zeilen gesendet. Der Verband deutscher Zentralheizungs-Industrieller hat mich zum Ehrenmitglied gemacht, meine Assistenten haben mir ein schönes Album mit ihren Bildern und denen der Prüfungsanstalt gestiftet, das Deutsche Museum hat mir in schöner Form ein kunstvoll ausgeführtes Schreiben überschickt, die Mitglieder der Jubiläumsstiftung haben mir die anerkennendsten Briefe geschrieben — kurz, eine Fülle von Ehrungen habe ich erhalten, die, wenn ich nicht wüßte, daß sie viel zu weit gehen, mich unsagbar stolz machen müßten. Es ist doch schön, wenn man von seinen Fachgenossen geehrt wird; das geht weit über äußere Auszeichnungen, über Orden und Titel hinaus."

Am 17. März 1912 konnte Hermann Rietschel in einer Feierstunde im Kaiserhof in Berlin eine vom Bildhauer Fritz Klimsch geschaffene Marmorbüste übergeben werden. Rietschel selbst bezeichnete diesen Tag als den größten Ehrentag in seinem Leben. Bis zum Ende des Zweiten Weltkrieges stand diese Büste in der Ehrenhalle der Technischen Hochschule in Berlin. Heute ist die Rietschel-Büste in der Vorhalle des Hermann-Rietschel-Institutes der Technischen Universität Berlin aufgestellt, eine zweite Ausfertigung aus Erz befindet sich im Deutschen Museum in München. Kurz vor Ende des Zweiten Weltkrieges wurde die von Hermann Rietschel errichtete Prüfungsanstalt schwer beschädigt. 1965 konnte ein Neubau seiner Bestimmung übergeben werden, der nach seinem Gründer den Namen „Hermann-Rietschel-Institut für Heizung und Lüftung" erhielt. Am 18. Februar 1914 starb Hermann Rietschel nach schwerer Krankheit. Er fand seine letzte Ruhestätte auf dem Friedhof Berlin-Grunewald.

Literatur

Hermann Rietschel †, in: *Zeitschrift des VDI*, 58 (1914), S. 725—727.
Hartmann, K., *Hermann Rietschel* †, in: *Gesundheits-Ingenieur*, 37 (1914), S. 201—203.
Usemann, K. W., *Zum 50. Todestag von Hermann Rietschel. Ein Lebensbild*, in: *Gesundheits-Ingenieur*, 85 (1964), S. 33—36.
Usemann, K. W., *Entwicklung von Heizung und Lüftung zur Wissenschaft. Hermann Rietschel zum Gedächtnis*, in: *VDI-Nachrichten*, 18 (1964), Nr. 7, S. 10.
Raiß, W./Kind, H.-G., *Das Hermann-Rietschel-Institut für Heizung und Lüftung der Technischen Universität Berlin*, in: *Heizung — Lüftung/Klimatechnik — Haustechnik*, 18 (1967), S. 435—440.
Esdorn, H./Knabl, H./Rheinländer, J., *100 Jahre Hermann-Rietschel-Institut für Heizungs- und Klimatechnik*, 1985, TU-Bibliothek, Abt.: Publikationen, 1000 Berlin 12.
Usemann, K. W., *Entwicklung von Heizung und Lüftung zur Wissenschaft. Leben und Werk Hermann Rietschels*, München 1990.

Horst O. Halefeldt

Hans Bredow

Hans Bredow, Techniker, Manager, Ministerialbeamter und in der Weimarer Republik „Rundfunk-Kommissar des Reichspostministers", stilisierte sich selbst gern zum „Wegbereiter des Funkverkehrs" und „Vater des deutschen Rundfunks". Diese Selbsteinschätzung scheint vor dem Hintergrund der jüngeren (rundfunk-)historischen Forschung überzogen. Allerdings war Bredow — das ist nicht zu bestreiten — zwischen 1919 und 1933 einer der wichtigsten Protagonisten auf der rundfunkpolitischen Bühne. Und auch nach 1945 gelang es ihm noch einmal, in gewissem Maße Einfluß auf die Rundfunkentwicklung, die Gründung öffentlich-rechtlicher Rundfunkanstalten in den westlichen Besatzungszonen, zu nehmen.

Der Weg zum Funk

Hans Carl August Friedrich Bredow wurde am 26. November 1879 in Schlawe (Pommern) geboren. Seine Kindheit war geprägt von der „preussische Disziplin" fordernden Erziehung des Vaters und dem frühen Verlust der geliebten Mutter, der in dem Jungen den „selbstquälerischen Zwang" hinterließ, „bei grösseren persönlichen Enttäuschungen alles hinzuwerfen". 1889 übernahm der Vater eine Stellung als mittlerer Beamter beim Bau des Kaiser-Wilhelm-Kanals, erst in Holtenau bei Kiel, dann in Rendsburg, wo Hans Bredow bis 1898 das Realgymnasium besuchte. Der junge Bredow registrierte den „ausgeprägten Klassengeist" im Rendsburg jener Jahre, in dem alte Patrizierfamilien, höhere Beamte und Akademiker die „bessere Gesellschaft" bildeten. Schwierigkeiten in der Schule, ein durch den Kanalbau erwecktes Interesse an der Technik, der Ehrgeiz, auf eigenen Füßen stehen und etwas werden zu wollen, verleiteten den 17jährigen, die Schule vorzeitig zu verlassen. Ein Jahr lang ließ er sich in Hamburg praktisch und theoretisch ausbilden, kehrte anschließend aber reumütig auf das Rendsburger Gymnasium zurück, um sich den Zugang zum Hochschulstudium offen zu halten.

Nach dem Schulabschluß belegte Bredow 1898 an der Kieler Universität Physik und Chemie. Gleichzeitig arbeitete er als Hilfsmonteur, später als selbständiger Monteur für eine Elektrizitätsgesellschaft in Kiel, Dänemark und Nordschleswig. Das selbstersparte Geld und eine kleinere, von der Stiefmutter

Hans Bredow
(1879—1959)

zur Verfügung gestellte Erbschaft reichten jedoch nur für ein kurzes Studium. Bredow wechselte daher im Jahr 1900 an das nicht vollakademische Friedrich-Polytechnikum in Cöthen (Anhalt). Obwohl er weiterhin in den Ferien arbeitete — bei Siemens in Berlin —, kam er 1903 in Geldschwierigkeiten, verzichtete notgedrungen auf das angestrebte Ingenieur-Diplom und ging endgültig in die Praxis.

Erste Station war die russische Tochter der „Allgemeinen Elektricitäts-Gesellschaft" (AEG) in Riga. Doch kein Jahr später, am 1. Mai 1904, kehrte er nach Berlin zurück, um fortan für die 1903 mit dem Segen Wilhelms II. gegründete „Gesellschaft für drahtlose Telegraphie m. b. H." (Telefunken), eine gemeinsame Tochter von AEG und Siemens, tätig zu sein. Ein Studienfreund, Mitarbeiter des für die AEG und später Telefunken tätigen Erfinders Georg Graf von Arco, hatte die Verbindung zum Funk und zu Telefunken hergestellt.

AEG und Siemens zählten zu dieser Zeit bereits zu den führenden Elektrotrusts der Welt. Ein für ihren Aufstieg, parallel dem des kaiserlichen Deutschlands zum Industriestaat, nicht unwesentliches Entwicklungsgebiet war das elektrische Telegraphenwesen. Die Interessen der Elektroindustrie, seit den 1890er Jahren einer der industriellen Leitsektoren und als solcher ein Motor der industriellen Hochkonjunktur von 1895 an, einerseits und die des kaiserlichen Staates andererseits, der in der Reichsverfassung von 1871 und im Telegraphengesetz von 1892 seine Hoheitsansprüche festgeschrieben hatte, dominierten die technische, wirtschaftliche und rechtlich-politische Entwicklung des gesamten Fernmeldewesens, der drahtgebundenen Übermittlung von Zeichen (Telegraphie) und Sprache (Telephonie) wie der drahtlosen Übertragung von codierten (Zeichenfunk) und gesprochenen Mitteilungen (Sprechfunk) auf elektrischem Wege.

Die drahtlose Übermittlung wurde nach 1897 von Guglielmo Marconi in England, Adolf Slaby und Graf Arco (AEG) sowie Ferdinand Karl Braun (Siemens) in Deutschland zur Anwendungsreife entwickelt. Die Gründung der AEG-Siemens-Tochter Telefunken 1903 beendete zum einen die entwicklungstechnische Konkurrenz der beiden Mutterfirmen auf dem Gebiet des Funks. Sie bedeutete zum anderen wirtschaftlich und politisch die Errichtung einer gemeinsamen deutschen Front gegen das industriell führende Großbritannien, das mit seinem Weltkabelnetz bereits die drahtgebundenen Nachrichtenwege beherrschte und sich anschickte, diese Vormachtstellung auch auf das Funkwesen auszudehnen. Es lag im gemeinsamen Interesse des kaiserlichen Staates und der führenden Funkfirmen — neben Telefunken die „C. Lorenz A. G." und die kleinere „Dr. Erich F. Huth GmbH", beide seit 1906 für die drahtlose Telegraphie engagiert —, England auch und gerade auf diesem Gebiet die Stirn zu bieten.

Das Reich brauchte das seinerzeit modernste Nachrichtenmittel in Heer und Marine für den Kontakt zu den Kolonien sowie als Welt- und Schiffsfunkverkehr, die als öffentliche Dienste für den zivilen Bereich betrieben wurden.

Konsequenterweise dehnte es daher 1908 seine Hoheitsrechte auch auf die Funktelegraphie aus. Die Funkindustrie ihrerseits konnte sich angesichts der begrenzten zivilen Anwendungsmöglichkeiten des Funks im Inland nur im militärischen Bereich und jenseits der Grenzen lukrative Märkte erschließen. In enger Zusammenarbeit mit staatlichen, zumal militärischen Stellen baute sie in den Jahren vor dem Ersten Weltkrieg deutsche Funkverkehrsnetze auf.

Die Absatzchancen ihrer Produkte hingen in hohem Maße davon ab, daß diese technisch auf dem letzten Stand, gleichwohl ausgereift und zuverlässig waren. Daher mußte die Funkindustrie ständig hohe Summen in die eigene Forschung und den Aufkauf fremder Patente investieren, ohne sicher sein zu können, ob der gerade geförderten oder gekauften Entwicklung auch die Zukunft gehörte. Telefunken ließ sich 1906 die Rechte an dem zukunftsträchtigen Patent des Lichtbogensenders entgehen und stürzte daraufhin in eine Krise, die unter anderem ein Revirement an der Spitze des Unternehmens nach sich zog.

Manager-Karriere im Kaiserreich

Am 1. April 1908 übernahm Hans Bredow, der sich inzwischen als Techniker und Manager auch international profiliert hatte, zusammen mit Graf Arco die Leitung von Telefunken. Mit Geschick und Glück führte das neue Direktorengespann die Gesellschaft binnen kurzem aus der Talsohle heraus und entfaltete Hand in Hand mit den übrigen Trägern der überseeischen Ambitionen des Reichs weltweite Aktivitäten.

Bredow, schon als Corpsstudent auf die Normen und Wertvorstellungen der bürgerlichen Elite des Kaiserreichs eingeschworen, von der Technik und ihren wirtschaftlichen Anwendungsmöglichkeiten fasziniert, vom Großmachtanspruch seines Vaterlandes überzeugt, identifizierte sich voll mit den imperialistischen außen- und kolonialpolitischen Zielen des Deutschen Reichs. Selbst kriegerische Ereignisse wie die brutale Niederwerfung der Herero in Südwestafrika 1904 waren ihm nur „längst erwünschte Gelegenheit", die Brauchbarkeit der Funkentelegraphie „unter besonders schwierigen Umständen" zu beweisen. Zahlreiche Auslandsreisen ließen Bredow Erfahrungen sammeln und einen fundierten Überblick über den technischen und wirtschaftlichen Stand des internationalen Funkwesens gewinnen. Gelegentliche Begegnungen mit den Großen der damaligen Welt — von Wilhelm II. bis Georg V. — beeindruckten ihn tief, verstärkten seine Hinwendung zu den „Großen Männern", die später auch Friedrich Ebert und — mit negativem Vorzeichen — Hitler beziehungsweise Goebbels galt, sowie seine bis ans Lebensende fortdauernde, kaum heimlich zu nennende Vorliebe für die Monarchie. Von besonderer Bedeutung für seine spätere Tätigkeit im Staatsdienst waren die Erfahrungen, die Bredow in der Rolle des Industriemanagers mit den staatlichen Behörden machte. Er lernte deren Denk- und Arbeitsweisen, deren Macht- und Interessenstrukturen kennen und für die Privatindustrie nutzen.

Gleichzeitig verlor Bredow bei aller Fixierung seiner Telefunken-Tätigkeit auf das Kaufmännische, das primär er AEG und Siemens gegenüber zu verantworten hatte, nicht seinen Überblick über und seinen Einfluß auf die technische Entwicklung des Funkwesens. Während andere die Erfindungen machten, forcierte er die Suche nach praktischen Anwendungsmöglichkeiten, die kommerziellen Erfolg versprachen. So führte er im Februar 1913 während einer USA-Reise stolz die Leistungsfähigkeit eines neuen Telefunkensystems vor, mit dem es gelang, die amerikanische Nationalhymne von der Station Sayville auf den nach Europa reisenden Dampfer „George Washington" zu übertragen. Vor der Presse betonte er, Telefunken habe letztlich die Absicht, „dieses System der drahtlosen Telephonie kommerziell zu verwerten". 1914 ging Bredow als Freiwilliger in den Krieg. Auch hier ließ ihn sein Metier nicht los. An der Westfront erprobte er 1917 zusammen mit Alexander Meißner die ersten deutschen Röhrensender und verbreitete über diese Sender Grammophonmusik zur Zerstreuung der Soldaten.

„Nachts gegen Spartakus"

Vielfach dekoriert und zum Leutnant aufgestiegen kehrte Bredow noch vor Kriegsende herzleidend nach Deutschland zurück. Den 9. November 1918 erlebte er in der Hauptverwaltung von Telefunken in Berlin. Als Freiwilliger kämpfte er unter dem Oberbefehl Noskes „Nachts gegen Spartakus". Die Bildung einer sogenannten Zentralfunkleitung (ZFL), eines zentralen Arbeiter- und Soldatenrats für das gesamte innerdeutsche Funknetz, der das Funkwesen in Selbstverwaltung nehmen und der staatlichen Oberhoheit entziehen wollte, stellte für Bredow eine persönliche Herausforderung dar. In der bürgerlichen Presse wetterte er gegen den „Funkerspuk". Als „Sachverständiger" in den bald beginnenden Verhandlungen mit der ZFL unterstützte er die Position von Industrie, Ministerialbürokratie und regierenden Mehrheitssozialdemokraten. Dies trug mit dazu bei, daß das Fundament der Zusammenarbeit von Staat und Industrie im Bereich des Funks, das Hoheitsrecht des Reichs und die Anbindung an eine — in Friedenszeiten — zivile Behörde, das Reichspostministerium (RPM), die Novemberrevolution letztlich unbeschädigt überstand. Zum 1. Februar 1919 trat Bredow als Direktor im Reichspostministerium, zuständig für die Funkentelegraphie, in den Staatsdienst; gleichzeitig übernahm er die Leitung der noch selbständigen „Reichsfunk-Betriebsverwaltung". Diese Personalunion führte geradewegs zur Wiedereingliederung des Funkwesens in das Postressort am 9. April 1919.

Damit war die traditionelle Abgrenzung staatlicher und privatwirtschaftlicher Interessenbereiche aus dem Kaiserreich in die Republik hinübergerettet: Technische Entwicklung, Produktion und Vermarktung von Funk-, also später auch Rundfunkanlagen blieben der Industrie überlassen. Der Staat behielt weiterhin jeglichen Betrieb derartiger Anlagen in der Hand beziehungsweise unter Kontrolle — schon erkennbar in der Absicht, auch die politisch-publizistische Nutzung der technischen Möglichkeiten zu regulieren. Bevor es Rundfunk in Deutschland überhaupt gab, waren damit strukturell die Chancen zur Errichtung eines staatsfernen, nicht-kommerziellen, unabhängigen neuen Mediums als Baustein einer demokratisch organisierten Öffentlichkeit auf den Nullpunkt gesunken. Zudem hinterließen die Erfahrungen mit Revolution und ZFL in den Köpfen der Herrschenden die ängstliche Vorstellung, derartiges könne sich womöglich unter krisenhaften Umständen nicht nur wiederholen, sondern gar zum Erfolg führen. Diese Angst prägte entscheidend die Entwicklung vom Funk zum Rundfunk von 1919 bis 1924 wie danach die des Rundfunks bis 1933, als der Feind am Ende von rechts, nicht von links kam.

Auf dem Weg zum Rundfunk

Bredows Wirken im Staatsdienst von 1919 bis Mitte 1926, zunächst als Ministerialdirektor, von April 1921 an als Staatssekretär im Reichspostministerium, galt in erster Linie dem Wiederaufbau der durch den Krieg arg mitgenommenen Fernmeldedienste, Telephon und Telegraph, und der Weiterentwicklung des Linienfunks, der primär noch Zeichenfunk war, zum Sprechfunk „an alle", das heißt technisch gesehen zum Rundfunk. Seine Kenntnis des internationalen Entwicklungsstands und der technischen Gegebenheiten ließ Bredow frühzeitig künftige technische Möglichkeiten erkennen. Seine Erfahrungen als Industriemanager sagten ihm, daß die Industrie nur innovationsbereit sein und bleiben würde, wenn sie ausreichende Anwendungs- und damit Absatzmöglichkeiten für die von ihr entwickelten Anlagen sähe und in ihrer Bereitschaft Rückendeckung von den staatlichen Instanzen erhielte. Seine Einblicke in die Struktur der (Post-)Administration, deren Exponent er wurde, am Scharnier zwischen vorgeblich „unpolitischer" Verwaltung und politisch bestimmtem Minister sitzend, zeigten ihm die Mittel und Wege, den Wieder- beziehungsweise Neuaufbau in seinem Einfluß- und Interessenbereich voranzutreiben, zu lenken und gegebenenfalls auch zu bremsen. Im Hinblick auf die Entwicklung zum Rundfunk wurde er für die kurze Zeitspanne bis Ende 1922, in der die Post einziger Interessent auf staatlicher Seite war, eine entscheidende, vielleicht die entscheidende Figur als Mittler zwischen den Interessen der Post einerseits und denen der Wirtschaft andererseits.

Die Post mußte von 1919 an als Förderer der technischen (und wirtschaftlichen) Entwicklung des Funks auftreten, schon um ihre Zuständigkeit, ihre „Funkhoheit", gegenüber den privaten Interessenten am Funk, am Bau von Funkanlagen, an der Benutzung dieser Anlagen (auch der Betrieb stand zeitweise wieder zur Debatte) und an der Nutzung der auf dem Funkweg übertragenen Informationen (Meldungen von Nachrichtenagenturen und Pressebüros, Börsenberichte) zu legitimieren. Gleichzeitig war das wirtschaftliche Eigeninteresse zu wahren. Das hieß die ganze Weimarer Zeit über: möglichst keine

Staatsgelder investieren, möglichst kein Risiko auf sich nehmen, möglichst viel am wirtschaftlichen Nutzen teilhaben. Außerdem und nicht zuletzt blieb die publizistisch-politische Seite der nach und nach erprobten Funkdienste im Auge zu behalten. Jeder Schritt aus dem gesicherten postalischen Areal heraus — auch wenn er zunächst nur eine überschaubare Zahl von Teilnehmern erschloß, die zudem nur empfangen und nicht senden sollten — galt als kaum abwägbares politisches Wagnis.

Diese nicht ganz unkomplizierte Ausgangslage inmitten wirtschaftlicher Krisen und politischer Wirren führte dazu, daß die Postverwaltung in der Praxis — verglichen mit den USA (Rundfunk seit Ende 1920) oder Großbritannien (Rundfunk seit Anfang 1922) — eher zögernd vorging. Schwierigkeiten, die potentiellen Benutzer der Funkdienste aus dem Pressebereich unter einen Hut zu bringen, wirkten als zusätzlicher Hemmschuh. Auf der anderen Seite pries die Post öffentlich die technischen, wirtschaftlichen und zunehmend auch publizistischen Möglichkeiten des Funks, unterstützte damit Erwartungen der Funkindustrie und schließlich sogar eines größeren Kreises privater Interessenten, die auch in Deutschland Radio veranstalten oder schlicht hören wollten.

Besonders Bredow trat in diesen Jahren mit Vorträgen, Vorführungen und Presseartikeln an die Öffentlichkeit, ohne damit jedoch — wie er es später darstellte — derjenige gewesen zu sein, der als „Einzelkämpfer" gegen Widerstände von allen Seiten den Rundfunk in Deutschland einführte. Er nutzte seine Auftritte und Beiträge allerdings geschickt, um frühzeitig die publizistischen Möglichkeiten des neuen Mediums zu umreißen, dessen gesellschaftliche Funktion im Sinne seiner politischen Position einzuengen und seine Behörde als „neutrale, für die Gesamtentwicklung verantwortliche Stelle" herauszustellen.

Die Gründung des Weimarer Rundfunks

Das erste, von Telefunken und Lorenz getragene Konzessionsgesuch zur Errichtung und zum Betrieb von Sende- und Empfangsanlagen für einen „Broadcasting-Dienst", eingereicht im Mai 1922, brachte das Reichspostministerium in Zugzwang. Die Postministerialen sahen die publizistisch-politischen Dimensionen des geplanten neuen Mediums und scheuten sie. Das „Chaos" der amerikanischen Rundfunkentwicklung verstärkte diese Scheu noch und lieferte weitere Munition zur Verteidigung der ordnenden Eingriffe des Staates. Das Postministerium wandte sich daher Ende des Jahres an das für „die behördliche Prüfung des auszusendenden Nachrichtenstoffes" zuständige Reichsministerium des Innern (RMI).

Damit begannen sich die publizistisch-politischen und teilweise auch die wirtschaftlichen Interessen der staatlichen Seite zu spalten. Sie gerieten zunehmend unter den Einfluß divergierender politischer, manchmal parteipolitischer Ansprüche, aus denen unterschiedliche Konzepte für die publizistische Verwendung des kommenden Rundfunks abgeleitet wurden. Mit dem Eintritt der Länder des Reichs, vor allem Preußens, in die nicht-öffentliche Debatte um die erste Rundfunkordnung der Weimarer Republik im Frühjahr 1925 traten regional orientierte politische Forderungen als weiterer Faktor hinzu.

Aus der komplizierten Entwicklung der schließlich 1926 endgültig etablierten Rundfunkordnung lassen sich grob zwei politisch-publizistisch divergierende Positionen herausschälen, die nicht nur die institutionelle Aufbauphase des Weimarer Rundfunks bestimmten, sondern seine gesamte Entwicklung bis 1932. Die eine, deren Exponent nach außen hin Bredow war, betonte, ausgehend von der überkommenen Arbeitsteilung zwischen Privatindustrie und Staat im Fernmeldewesen, die ökonomische Seite des Rundfunks, billigte ihm auch zerstreuende und bildende, das heißt traditionelle Bildungsgüter an „weitere Kreise" verbreitende Funktionen zu, fürchtete aber eine (offene) politische Nutzung so sehr, daß sie selbst „staatsbejahende", republikfreundliche, Demokratisierung fördernde Rundfunksendungen nur unter strengster behördlicher Kontrolle für diskutabel hielt. Die von Bredow vielzitierten Begriffe „Wirtschafts-" und „Kulturfaktor" Rundfunk kennzeichnen diese konservative bis reaktionäre Position, die sich auf die indirekte politische Wirkung von mangelnder Information, wirklichkeitsferner Belehrung und seichter Muse verließ, gerade durch das, was sie nicht sagen: daß der Rundfunk ein „politischer Faktor" ist.

Demgegenüber gab es von 1922/23 an eine liberalere Position, die den Rundfunk gerade als politisches Instrument begriff, das geeignet wäre, im Sinne der Weimarer Verfassung für Republik und Demokratie zu werben. Dieses Ansinnen bedeutete nicht den Verzicht auf die ordnende, lenkende und kontrollierende Hand des Staates, sondern lediglich mehr Realitätsnähe und Aktualität im Programm, auch im Bildungsprogramm, und die Bereitschaft, neben der Exekutive die Legislative und die größeren gesellschaftlichen Gruppen (Gewerkschaften, Kirchen etc.) bei der Programmkontrolle und -gestaltung stärker zu berücksichtigen. Exponent dieser Position war anfangs Bredows Gegenüber und Gegner im RMI, der linksliberale Presserechtler und Ministerialrat Kurt Haentzschel. Träger dieser Position waren Politiker und Ministeriale aus den Parteien der Weimarer Koalition. Als es Bredow 1923/24 in einer seinen Vorstellungen günstigen politischen Situation gelang, Haentzschel auszuschalten, glaubte er, sich und seine Position weitgehend durchgesetzt zu haben, zumal mit Erich Scholz (DNVP, später Strasser-Flügel der NSDAP) ein Mann Rundfunkreferent im RMI wurde, der noch weiter rechts stand als Bredow (bis zu Stresemanns Tod DVP).

Die ersten regionalen Sendegesellschaften, mit privatem Kapital als Aktiengesellschaften gegründet, auf die zugesagte, aber noch nicht erteilte Konzession der Post angewiesen, nahmen 1923/24 unter der Ägide Bredows und seiner engsten Mitarbeiter ihre Tätigkeit auf. Die Entscheidung zugunsten einer föderalistischen Organisation und zur Ausstrahlung an verstreute private Einzelempfänger war bereits im Herbst 1922 gefallen. Die Alternative, zentral ausgestrahlter, gemeinschaftlich empfangener „Saalfunk", scheiterte an technischen Unzulänglichkeiten. Post- und Innenressort gedachten sich die Kontrolle der Sendegesellschaften zu teilen: federführend für die politische Überwachung das RMI, für Wirtschaft und Technik das RPM.

Durch diese Rechnung machte das Auftreten der Länder 1925 einen dicken Strich. Die Länder entwanden nicht nur — gestützt auf ihre Kulturhoheit — dem Reichsinnenministerium die Mehrheit in den wichtigen regionalen, 1926/27 eingerichteten Kontrollgremien, den politischen Überwachungsausschüssen und den Kulturbeiräten. Das übergroße Preußen verstand es auch — mehr alternative Reichsgewalt als regional interessiertes Land —, den seinerzeit von Haentzschel im Verein mit dem SPD-Fraktionsvorsitzenden im preußischen Landtag, Ernst Heilmann, verfolgten Vorstellungen vom Rundfunk Geltung zu verschaffen.

Die „Richtlinien über die Regelung des Rundfunks", auf die Reich und Länder sich nach zähem Ringen schließlich einigten, bestimmten nur lapidar, der Rundfunk diene keiner Partei und sein gesamter Nachrichten- und Vortragsdienst sei daher „streng überparteilich" zu gestalten, formulierten also den kleinsten gemeinsamen Nenner. Die in Preußen regierende Weimarer Koalition hingegen versah ihre Gremienvertreter mit eigenen Richtlinien für die politische Überwachung des Rundfunks, die detailliert beschrieben, wie die geforderte Überparteilichkeit nach Meinung der Preußischen Staatsregierung aussehen sollte. Diese preußischen Richtlinien vom 23. Dezember 1926 stellten ausgehend von der Reichs- und Preußischen Verfassung die „Stabilisierung der verfassungsmäßigen Zustände" und die „Stärkung der republikanischen Staatsautorität" in den Vordergrund, forderten die „wirtschaftliche und wirtschaftspolitische Unparteilichkeit des Rundfunks" und plädierten mit dem Beispiel der Berichterstattung über Arbeitgeber- und -nehmerinteressen für das, was Jahrzehnte später als „Ausgewogenheit" bezeichnet werden sollte.

Bastion der republikanischen, liberalen Vorstellungen blieb bis 1932 Preußen, das zwischen 1928 und 1930 Unterstützung aus dem von Carl Severing geführten RMI erhielt. Bastion der sich selbst als „unpolitisch" bezeichnenden Gegenposition blieb das mehr von seiner Verwaltungsspitze geleitete als von seinen Ministern geführte RPM. Von dieser Bastion aus gelang es Bredow, das Druckmittel Konzessionsverweigerung gegenüber den Privataktionären der Sendegesellschaften in der Hinterhand, 1925/26 die mehrheitlich in Postbesitz übergehende „Reichs-Rundfunk-Gesellschaft mbH." (RRG) als Dach über die Regionalgesellschaften zu setzen und der RRG die Anteilsmehrheit bei ihren Töchtern zu verschaffen.

An der Spitze der Reichs-Rundfunk-Gesellschaft

Bredow selbst übernahm den Vorsitz im Verwaltungsrat der RGG, wurde zumeist stellvertretender Aufsichtsratsvorsitzender bei den Tochtergesellschaften, verließ Mitte 1926 den Staatsdienst und leitete fortan als

„Rundfunk-Kommissar des Reichspostministers" die Geschicke des deutschen Rundfunks. Formal nur die wirtschaftlichen Geschicke. Doch sein Einfluß auf die Technik, die weiterhin direkt von der Post betreut wurde, darf als gesichert unterstellt werden, und auch Versuche, mit dem Hebel Finanzen die Programmgestaltung im Sinne der von ihm vertretenen (politischen) Vorstellungen zu beeinflussen, so sehr Bredow sie seinerzeit mit dem Hinweis auf die formale Zuständigkeitsabgrenzung auch geleugnet hat, sind vielfach nachweisbar.

Bredow und seine Mitarbeiter in der Berliner RRG-Zentrale, vornehmlich die Direktoren Heinrich Giesecke und Kurt Magnus, konnten zwar nicht direkt ins Programm eingreifen wie die Gremien und Regierungen mit ihren Zensurinstrumenten. Die bis 1932 immer mehr in der RRG zentralisierte wirtschaftliche Verwaltung des Rundfunks jedoch eröffnete genügend Möglichkeiten mittelbarer Einflußnahme auf das Programm; so konnte sie zum Beispiel kostenintensive Vorhaben wie eine stärkere Berücksichtigung der sogenannten Nebensender (Regionalstudios) unterstützen oder unterbinden. Zudem geriet das auf freiwilliger Basis entstandene Kooperationsgremium der Regionalgesellschaften, der Programmbeirat, bald völlig unter die Fittiche der RRG, die damit unverhohlen auch in Programmfragen Position bezog. Schließlich blieb ein nicht zu unterschätzender Faktor der Einfluß der RRG und Bredows auf die Personalpolitik.

Der Kampf der beiden konträren, den Weimarer Rundfunk bestimmenden Kräfte fand bis 1932 keinen eindeutigen Sieger. Die Programme näherten sich zunehmend der Realität und Aktualität, gefördert auch durch die technische Entwicklung, die das Verlassen der Studios ermöglichte. Ausgesprochen politische Programme wie die „Gedanken zur Zeit" (von 1928/29 an der Politik geöffnet) wurden möglich, Programme zur „Hebung der Staatsfreudigkeit" gegen Ende der Republik als Antwort auf die wirtschaftliche und politische Krise zur vornehmsten Aufgabe des Rundfunks erklärt.

Andererseits zentralisierte die RRG den Rundfunk mehr und mehr, schränkte regionale Entscheidungsbefugnisse ein, schöpfte zugunsten des Post- und letztlich des Reichshaushalts im Zuge der deflationistischen allgemeinen Finanzpolitik Millionen von den Rundfunkgebühren ab; Millionen, die — in die Ausweitung der Programme (sie wurden gar gekürzt), der Sendernetze, die Beseitigung technischer Störungen oder die Verbesserung der Kabelverbindungen investiert — die programmliche Substanz, die Empfangsmöglichkeiten und damit die politisch-publizistischen Chancen des Mediums hätten verbessern können.

1932 erwies sich, daß die gewählte (Finanz-)Politik, die jahrelang auch jeden Versuch, die Rundfunkgebühren auf das tatsächlich benötigte Maß zu senken, erstickt hatte, zu sehr der sich vermeintlich selbst tragenden Konjunktur des Rundfunks vertraut hatte. Die dynamische Entwicklung der Gebühreneinnahmen bekam, nicht zuletzt wegen der zwangsläufig auf die Arbeitslosen ausgedehnten Gebührenbefreiungen, einen spürbaren Knick, dem Absatz der Industrie ging es nicht besser.

Als dann noch RMI-Referent Scholz unter dem Kabinett von Papen seine Pläne für eine Reform des Rundfunks aus der Schublade zog, eine völlige Verstaatlichung, eine noch weitere Zentralisierung und die Verpflichtung des Rundfunks auf deutschnational gefärbte Richtlinien durchboxte, stand Bredow ohnmächtig dabei und sah „seinen" Weimarer Rundfunk im Chaos versinken. Wie schon während der früheren Auseinandersetzungen mit dem Innenministerium des Reichs und den Ländern dachte er an Rücktritt, um dann doch noch einmal den Kampf zu wagen. Am 30. Januar 1933 begriff Bredow, daß er nicht nur seinen Einfluß seit mindestens einem halben Jahr restlos verloren hatte, sondern daß er nun als Galionsfigur des von den Nationalsozialisten beschimpften „System-Rundfunks" gehen mußte, wollte er nicht entlassen werden. Hans Bredow bat noch am 30. Januar den Reichspostminister um seine Abberufung. Der entband ihn am 15. Februar mit Wirkung vom 1. März von seinen Pflichten als Rundfunk-Kommissar.

Unter dem NS-Regime

Die nach der Machtübernahme eskalierende Kampagne der NS-Propagandisten gegen den „Korruptionssumpf" des Weimarer Rundfunks und die Einlieferung führender Rundfunkleute, darunter Giesecke, Magnus und Heilmann, in das KZ Oranienburg ließen in Bredow, der zeit seines Lebens unter normalen Umständen eher vorsichtig taktierte und offene Konfrontationen scheute, das Gefühl aufkommen, er als Kapitän müsse sein Schiff, den Rundfunk, entweder retten oder mit ihm untergehen. In Protesttelegrammen an Hindenburg und Hitler forderte er unbeschränkte Möglichkeiten zur Verteidigung gegen die Propagandaangriffe in Presse und Rundfunk. Andernfalls wollte er das Schicksal seiner früheren Mitarbeiter teilen.

Am 25. Oktober 1933 wurde Bredow verhaftet und für fast 15 Monate in Untersuchungshaft nach Moabit geschickt. Vom November 1934 bis Juni 1935 stand er zusammen mit Magnus und anderen wegen angeblicher Verfehlungen im Amt während der Weimarer Jahre vor Gericht. Der großangekündigte „Rundfunkprozeß" endete mit einem Fiasko für die Ankläger. Zwar erhielten Bredow, Magnus und der frühere Frankfurter beziehungsweise Berliner Intendant Hans Flesch Gefängnis- und Geldstrafen. Durch die abgesessene Untersuchungshaft galten die Strafen aber bereits als verbüßt. Zudem hob das Reichsgericht die Urteile 1937 teilweise auf und wies das Verfahren an die Vorinstanz zurück. Im März 1938 schloß das Landgericht Berlin mangels staatspolitischen und öffentlichen Interesses die Akten des fehlgeschlagenen Schauprozesses. Bredow, an der Ausreise in die USA ebenso gehindert wie an selbständiger wirtschaftlicher Tätigkeit im Reich, 1937 nach Wiesbaden übergesiedelt, erhielt vom 1. Oktober 1939 an, nachdem ihm wohlgesonnene Mitarbeiter des

NS-Rundfunks und des Propagandaministeriums zu seinen Gunsten interveniert hatten, das Ruhegeld eines Ministerialrats.

Der Neubeginn des Rundfunks nach 1945

Gerade seine Behandlung im Dritten Reich machte Bredow unbeschadet seiner politischen Einstellung, die ihn nach Kriegsende als verspäteten Vernunftrepublikaner erscheinen läßt, in den Augen der nach Hessen einmarschierenden Amerikaner zu einem unbelasteten erfahrenen Verwaltungsfachmann. Gegen seinen hinhaltenden Widerstand — begründet mit seinem angegriffenen Gesundheitszustand, entsprungen der Furcht, als „Büttel der Sieger" auftreten zu müssen — ernannte die US-Militärregierung ihn Anfang Mai 1945 zum Regierungspräsidenten in Wiesbaden. Die desolate Situation, die er vorfand, und die mehr schlechte als rechte Zusammenarbeit mit der Militärregierung überforderten Bredow. Auch seine Gesundheit spielte nicht mit. Am 1. September 1945 war die „Gastrolle als Regierungspräsident" beendet, und er trat formell in den Ruhestand.

Wieder halbwegs genesen und nunmehr frei von Verpflichtungen fand er zu seiner alten Liebe, dem Rundfunk, zurück. Die Amerikaner, unter ihnen der Bredow aus Weimarer Tagen bekannte CBS-Präsident William S. Paley, und die von den Amerikanern eingesetzte deutsche Landesregierung, deren oberster Beamter im Wirtschaftsministerium mit Zutun Bredows Kurt Magnus geworden war, bedienten sich seiner Sachkenntnis beim Wiederaufbau des Rundfunks und dessen Rückführung aus der Obhut der Militärregierung in deutsche Hände. Bredow, von dieser Aufgabe weit mehr als von der des Regierungspräsidenten angetan, sah die Chance, dort wiederzubeginnen, wo er 1932/33 notgedrungen aufgehört hatte. Seine ersten schriftlichen Ausführungen über einen neuen demokratischen Rundfunk atmeten noch ganz den Geist von Weimar.

Die in engem Kontakt mit Magnus verfaßten Papiere „Rundfunk als staatliche Einnahmequelle" (November 1945) und „Anregungen zur Schaffung eines ‚Volksrundfunks'" (30. 12. 1945) sahen die wesentliche strukturelle Demokratisierung für den Rundfunk darin, daß die Staatsregierung, die den Rundfunk politisch-kulturell und wirtschaftlich allein kontrollieren sollte, über kurz oder lang durch allgemeine Wahlen legitimiert werden würde. Gleichzeitig machte sich Bredow im Detail organisatorische Ansätze und inhaltliche Zielvorstellungen aus den zwanziger Jahren zu eigen, die er seinerzeit eher mit Argwohn betrachtet hatte, und kritisierte am Weimarer Rundfunk Entwicklungen, die er selbst eingeleitet und gefördert hatte. So schlug er zum Beispiel einen „Rundfunkrat" vor — vom Ministerpräsidenten berufen — mit Vertretern von Ministerien, Parteien, Kunst, Wissenschaft, Volksbildung und öffentlichem Leben und wies dem Rundfunk als „Zeitspiegel" Aufgaben wie die „Schulung des politischen Denkens" zu. Anderseits erklärte er eindeutig, die Rundfunkgebühr von monatlich 2 Mark sei mit dem Erreichen der ersten Teilnehmermillion

(Ende 1925) zu hoch gewesen und ein erheblicher Teil von ihr daher als „eine Art Kultursteuer" anzusehen.

Bredows und Magnus' Vorstellungen von 1945 entsprachen zwar denen der meisten deutschen, ebenfalls der Weimarer Tradition verbundenen (Medien-)Politiker, wie sich bald herausstellen sollte, und dieser Denkansatz pflanzt sich bis heute fort, doch vorerst fehlte den Deutschen die Macht, sich gegen die (West-)Alliierten durchzusetzen. Andererseits hatten die Besatzungsmächte im Detail nur recht ungenaue Pläne für einen demokratischen Rundfunk mitgebracht. Sie versuchten nun, in Zusammenarbeit mit deutschen Politikern, Fachleuten und bald von den Besatzungssendern wieder herangezogenen Rundfunkmitarbeitern Konzeptionen zu entwickeln, die ihren Ansprüchen und den politischen Gegebenheiten Deutschlands gleichermaßen gerecht werden sollten. Gleichwohl empfand mancher deutsche Politiker alles, was von den Amerikanern, Briten oder Franzosen kam und ihm gegen den Strich ging, als „Besatzungsdiktat".

Bredow gelang es angesichts dieser auf Konfrontation angelegten Situation — gestützt auf seine Sachkenntnis, das Ansehen, das er bei Alliierten und Deutschen genoß, eine gewisse Mobilität und vor allem eine gehörige Portion Anpassungsbereitschaft sowie einiges taktische Geschick —, sich in eine Mittlerrolle zu drängen. Aus dieser Position heraus nahm er zwischen 1945 und 1948/49 mehr oder minder starken Einfluß auf die nach und nach in Form alliierter Verordnungen oder deutscher Landesgesetze (Staatsverträge) entstehenden Rechtsgrundlagen des bis heute bestehenden öffentlich-rechtlichen Rundfunksystems. Daß er, anders als zu Weimarer Zeiten, über keine eigene Machtbasis verfügte, verschaffte ihm einerseits mehr Flexibilität, reduzierte seine Rolle aber andererseits — allem Ehrgeiz zum Trotz — auf die des sachverständigen, von beiden Seiten konsultierten Beraters, der letztlich nur Machbares vorschlagen, Kompromisse anbieten, nicht eigenen Vorstellungen zum Durchbruch verhelfen konnte.

Beispielhaft hierfür war Bredows Beteiligung am Zustandekommen des Gesetzes über den Hessischen Rundfunk. Obwohl nirgendwo so unmittelbar und intensiv an den Beratungen beteiligt, gelang es ihm hier nicht, einen seiner verschiedenen Modellentwürfe für den hessischen beziehungsweise den Rundfunk der gesamten amerikanischen Zone zur Basis der Beratungen oder gar des schließlich gefundenen Kompromisses zu machen. Schritt für Schritt näherte er sich zwar amerikanischen und seit Mitte 1947 auch britischen Vorstellungen zur Organisation eines staatsfernen Rundfunks an. Und — eher aus seiner höchst persönlichen Abneigung gegen Parteipolitik denn aus Einsicht in das Demokratieverständnis der Westalliierten heraus — focht er auch gegen eine übermäßige Beteiligung von Parlamentariern an den Aufsichtsgremien. Dennoch konnte er beispielsweise seinen bekannten, im Herbst 1947 veröffentlichten Strukturplänen für zwei selbständige juristische Personen des öffentlichen Rechts — die Rundfunkanstalt selbst und der Selbstverwaltungskörper Rundfunkrat — nicht zum Erfolg verhelfen. Als Sachverständiger seitens der Landesregierung und im Herbst 1948 seitens des Landesparlaments zu den entscheidenden Beratungen hinzugezogen, durfte er mitberaten, aber nicht mitentscheiden.

Bredows Wahl zum Vorsitzenden des Verwaltungsrats des Hessischen Rundfunks Anfang 1949 — Magnus wurde Vorsitzender des Rundfunkrats — gaukelte eine Kontinuität zwischen Weimarer und Nachkriegsrundfunk vor, die es so nicht gab. Der Nachkriegsrundfunk unterschied sich wesentlich von dem der zwanziger Jahre. Und diese Unterschiede — Staatsferne, bewußte Politisierung im Sinne einer Erziehung zur Demokratie, Ausschaltung privater und kommerzieller Einflüsse, Trennung von Rundfunk und Post — waren sämtlich nicht auf Bredows Wirken zurückzuführen. Er hatte bestenfalls mit der Autorität des deutschen Experten in einigen Punkten unterstützt, besonders im Fall der Trennung von Rundfunk und Post, was die Amerikaner forderten. Selbst die Parallelen zu Weimar, so die föderale Rundfunkstruktur in der amerikanischen Zone, waren nicht Bredow zu verdanken, sondern den in diesem Punkt übereinstimmenden Interessen deutscher Landespolitiker und von vornherein föderal aufgebauter Militärregierungen.

Der Einfluß Bredows auf die Formulierung der Rundfunkgesetze in den übrigen Ländern der amerikanischen Zone war noch geringer als in Hessen, griff überhaupt nur insoweit, als seine Anregungen von den Regierungen weitergereicht, in der ersten Hälfte des Jahres 1946 in den zuständigen Ausschüssen des Länderrats überregional diskutiert oder durch Publikationen bekannt wurden. Gleiches gilt für die französische Zone. In der britischen Zone hingegen erlangte Bredow in der zweiten Hälfte des Jahres 1947 über seinen persönlichen Kontakt zu dem Chief-Controller des Nordwestdeutschen Rundfunks (NWDR), Hugh Greene, eine gewisse Bedeutung für die Formulierung der Verordnung Nr. 118, die den NWDR als erste Rundfunkorganisation in Form einer Anstalt des öffentlichen Rechts zurück in deutsche Hände legte. Bredow konnte allerdings weder im Verein mit Greene den Einfluß der Parteien auf die Aufsichtsgremien im erwünschten Maße zurückdrängen, noch gegen den Widerstand Greenes die Bildung regionaler Anstalten für Nordrhein-Westfalen einerseits und Norddeutschland andererseits erreichen.

Trotz seines lediglich informellen, keineswegs ausschlaggebenden Einflusses verstand es Bredow — seine ersten Pläne von 1945 kannte kaum jemand —, sich zum Promotor des öffentlich-rechtlichen Rundfunks in der Nachkriegszeit zu stilisieren. In seinen Memoiren behauptete er später gar, entsprechende Pläne bereits Anfang der dreißiger Jahre erwogen zu haben. Diese Selbsteinschätzung verleitete ihn zu einer Selbstüberschätzung, veranlaßte ihn, von seiner Position als Verwaltungsratsvorsitzender des Hessischen Rundfunks aus Versuche zur Erweiterung seiner Einflußsphäre zu starten. Ziel dieser Versuche war vor allem, anknüpfend an im Herbst 1947 erstmals von ihm veröffentlichte Pläne, die Gründung einer Arbeitsgemeinschaft der westdeutschen Rundfunkanstalten, ausgehend und getragen von den Aufsichtsgremien.

Die Gründung der Bundesrepublik und das drohende Eingreifen des Bundesgesetzgebers nährten den Gedanken, die in praxi bereits auf vielen Ebenen, so unter den Intendanten, existierende Konsultation und Kooperation der Rundfunkanstalten zu institutionalisieren. Als Bredow jedoch 1949/50 ansetzte, von den Gremien aus über die Köpfe der Intendanten hinweg unter seinem Vorsitz die angestrebte Arbeitsgemeinschaft zu etablieren, erweckte er unliebsame Erinnerungen an die zentralistische, nicht zuletzt mit seiner Person verbundene RRG, mobilisierte dadurch das inzwischen gewachsene föderale Selbstbewußtsein in den einzelnen Anstalten und verärgerte die Intendanten, die den Gesetzen nach die Anstalten zu vertreten hatten (und haben).

Im Gegenzug kam der Vorschlag zur Gründung der ARD und für die erste Satzung von den Intendanten. Intendanten und Gremienvorsitzende berieten ihn am 9./10. Juni 1950 in Bremen. Mit der Zustimmung des letzten Aufsichtsgremiums war die Gründung der Arbeitsgemeinschaft der öffentlich-rechtlichen Rundfunkanstalten der Bundesrepublik Deutschland am 26. Juli des Jahres vollzogen. Bredows Versuch, noch einmal an die Spitze des deutschen Rundfunks zu treten, war an dem nahezu einmütigen Widerstand einer neuen Generation von Intendanten gescheitert, die nicht mehr seiner Person und der Tradition von Weimar verpflichtet waren.

Bredow blieb nur die Resignation. Am 1. Oktober 1951 trat er als Verwaltungsratsvorsitzender des Hessischen Rundfunks zurück und widmete sich in der Folgezeit dem Rundfunk nur noch publizistisch. 1953 beendete er auch seine 1945 aufgenommene Tätigkeit als Aufsichtsratsvorsitzender der Buderuswerke. Die 1954/56 veröffentlichten Memoiren *Im Banne der Ätherwellen* trugen noch einmal die Legende vom „Vater des deutschen Rundfunks" in die Öffentlichkeit. Am 9. Januar 1959, im Alter von knapp 80 Jahren, starb Bredow in Wiesbaden.

Resümee

Der „Vater des deutschen Rundfunks" war Bredow gewiß nicht. Die Einführung eines modernen Massenmediums in einer Industriegesellschaft stellt sich in historischer Sicht als Resultat technischer Entwicklungen dar, die von wirtschaftlichen Interessen gefördert auf Anwendung drängen und dabei höchstens gebremst oder beschleunigt und in bestimmte Bahnen gelenkt werden können. Bredows bremsender, fördernder und lenkender Einfluß in der Frühphase des Weimarer Rundfunks soll nicht verkannt werden. Dieser Einfluß relativiert sich allerdings angesichts einer Vielzahl anderer, konkurrierender Einflüsse von staatlicher und privatwirtschaftlicher Seite. Er ist zudem selbst nur als Ausfluß bestimmter Interessen und Mächte verstehbar, als deren Vertreter Bredow fungierte, an die er gebunden war, die seinen Entscheidungsspielraum bestimmten — auch wenn er sich subjektiv nicht eingeengt fühlte. Bredow, zum Untertanen eines Obrigkeitsstaates erzogen, unter den Bedingungen dieses Staates zum industriellen Topmanager aufgestiegen, als Beamter und Rundfunk-Kommissar ein typischer Technokrat, dem Demokratie ein Fremdwort blieb, entwickelte nie die Originalität und Souveränität, die ihm an manchen Gabelungen des Wegs vielleicht erlaubt hätten, der Entwicklung eine andere Richtung zu geben. Bredow war ein Kind seiner Zeit, des deutschen Kaiserreichs, nahezu unfähig, unter den veränderten politischen Bedingungen der nach den Kriegen etablierten parlamentarischen Demokratien angemessene neue Perspektiven zu entwickeln. Politisch betrachtet war er als höchster Repräsentant des Rundfunks vor 1933 eine für die Weimarer Republik symptomatische Fehlbesetzung.

Quellen und Literatur

Bredows Nachlaß im Deutschen Rundfunkarchiv (DRA), Frankfurt am Main.
Bredow, Hans, *Im Banne der Ätherwellen*, 2. Aufl., 2 Bde., Stuttgart 1960.
Bausch, Hans, *Rundfunkpolitik nach 1945*, München 1980.
Diller, Ansgar, *Rundfunkpolitik im Dritten Reich*, München 1980.
Halefeldt, Horst O., *Hans Bredow und die Organisation des Rundfunks in der Demokratie*, Frankfurt am Main 1979.
Lerg, Winfried B., *Rundfunkpolitik in der Weimarer Republik*, München 1980.

Walter Bruch †
Paul Nipkow

Viele tausend Patente künden von dem Weg, den die Fernsehtechnik in ihrer Entwicklung gehen mußte bis zu ihrer heutigen Perfektion. Es würde schwerfallen, all die herauszuheben, von denen diese Evolution entscheidend beeinflußt wurde. Aber ein Patent, am *Anfang* dieser Reihe stehend, ragt heraus. Ohne Einschränkung können wir feststellen, mit seinem am 6. Januar 1884 beim „Kaiserlichen Patentamt in Berlin" angemeldeten *Elektrischen Teleskop* hatte der 24jährige Student Paul Nipkow das Fernsehen erfunden.

Paul Julius Gottlieb Nipkow wurde am 22. August 1860 in Lauenburg/Pommern als zweiter Sohn des damaligen Bäckereibesitzers und Meisters, späteren Rentiers und Darlehenkassenvorstandes Friedrich Wilhelm Nipkow und seiner Ehefrau Therese, geb. Magdalinski geboren. Der Vater war ein honoriger Mann, langjährig ehrenamtlicher Stadtverordnetenvorsteher und zeitweilig Landtagsabgeordneter. 1871 brachte er einen Waggon Liebesgaben in die hungernde Stadt Paris und später durfte er dem Fürsten Bismarck in Varzin an dessen Geburtstagstafel den Ehrenbürgerbrief der Stadt Lauenburg überreichen.

Paul Nipkow besuchte nach dem Progymnasium seiner Vaterstadt das königliche Vollgymnasium der Nachbarstadt Neustadt/Westpreußen. Dort hatte der Primaner das Erlebnis, das den Wunschtraum auslöste, dessen Verwirklichung ihn zum bedeutendsten Erfinder der Fernsehtechnik werden ließ. Ein Experiment stand, wie er oft erzählte, am Anfang, ausgeführt mit einem Freund, der gut mit dem Posteleven bekannt war. Über diesen bekamen die beiden Jungen für eine Nacht ein Bell-Telefon von der Post ausgeliehen. Mit einem primitiv gebastelten Mikrofon telefonierten sie. Das wurde für Nipkow zu einem Schlüsselerlebnis. Warum sollte man nicht mit einem noch zu erfindenden „Elektrischen Teleskop" in ähnlicher Weise wie beim Telefon über eine elektrische Leitung einen am Ort A befindlichen Gegenstand am Ende der Leitung in einem Ort B sichtbar machen können. Von einem solchen Apparat träumte er Tag und Nacht. Von 1882 an als Student der Naturwissenschaften in Berlin studierte Nipkow die physikalischen und physiologischen Grundlagen, die für solch eine Erfindung Voraussetzung waren, vornehmlich bei den Professoren Slaby und v. Helmholtz. Am Heiligen Abend 1883 saß er einsam vor seiner Petroleumlampe in seiner ärmlichen Studentenbude in, wie er schrieb: „Ber-

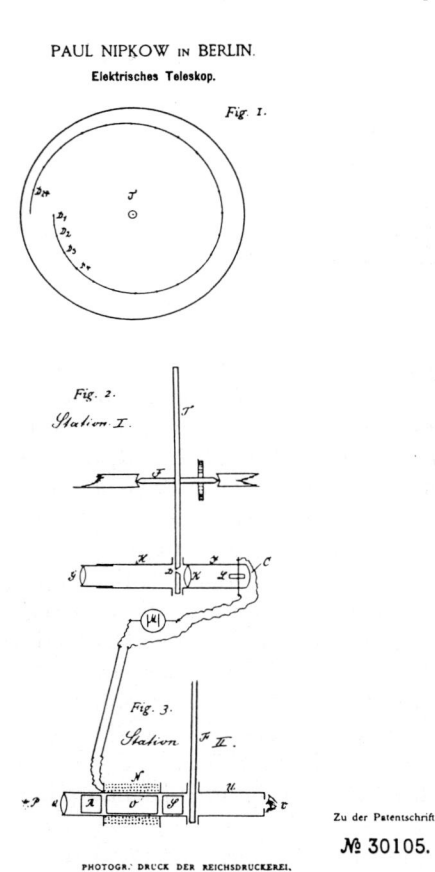

Bildseite aus dem Fernsehpatent Paul Nipkows, 1884

lin NW, Philippstraße 13 a, gegenüber der Kirche, Hof links, 3 Treppen links", und suchte nach der Lösung für ein „Elektrisches Teleskop". „Und da kamen mir bald die Einzelheiten, insbesondere die spiralgelochte Scheibe und das Lichtrelais nach Faraday, automatisch, wie beliebige Alltagsgedanken." Über die Feiertage wird eine Patentanmeldung ausgearbeitet und am 6. Januar 1884 eingereicht, sie führt am 15. Januar 1885 zum Kaiserlichen Patent Nr. 30 105 für ein „Elektrisches Teleskop". In ihrer Einleitung heißt es: „Der hier zu beschreibende Apparat hat den Zweck, ein am Ort A befindliches Objekt an einem beliebigen anderen Ort B sichtbar zu machen..." Es ist das erste Patent für ein Fernsehsystem, wobei der Name Fernsehen erst sieben Jahre später, im Jahre 1892, erstmals auftaucht, im Titel einer utopischen Denkschrift von Maximilian Pleßner: „Die Zukunft des Fernsehens".

In den Vorlesungen von Helmholtz hatte Nipkow viel über die Trägheit unseres Wahrnehmungsapparates erfahren. Sehr wahrscheinlich hat er dort

Paul Nipkow
(1860—1940)

auch von dem Experiment gehört, über das der Chevalier d'Arcy um 1750 berichtete. Als Leuchtpunkt hatte dieser ein Stückchen glühende Kohle am Ende einer Schnur befestigt und diese im Kreise herumgeschleudert. Wurde die Umdrehungsgeschwindigkeit mehr und mehr gesteigert, so schloß sich, im dunklen Raum beobachtet, von etwa zehn Umdrehungen in der Sekunde an das Bild des leuchtenden Punktes zu einem schwach leuchtenden Kreis. Davon ging Nipkow aus. Den Leuchtkreis in Zeilen zerlegt auf eine Fläche verteilt, so mußte sich eine leuchtende Fläche ergeben. Den Leuchtpunkt in seiner Helligkeit gesteuert von der vom Geber kommenden Bildinformation, so mußte dessen aufgenommenes Bild sichtbar werden. Die ganze Bildfläche genügend oft in der Sekunde überfahren, das mußte die Wiedergabe bewegter Bilder erlauben. Damit war auch die erst viele Jahre später im Kino eingeführte Wiedergabe „laufender" Bilder erfinderisch vorweggenommen. Auch heute noch werden die Fernsehbilder vom Lichtpunkt der Kathodenstrahlröhre — elektronisch gesteuert — wiedergegeben. Die Zerlegung in Zeilen auf der Geber- wie Empfängerseite bei Nipkow durch konphas rotierende Spirallochscheiben, als Nipkowscheiben in die Geschichte eingegangen, war eine geniale Konstruktionsidee.

Die Lichtempfindlichkeit des Selens zur Wandlung von Lichtschwankungen in Stromschwankungen über die „Teleskopie" zu verwenden, das hatten der portugiesische Physiker Adriano de Paiva und andere in nicht realisierbaren, utopischen Projekten schon vor Nipkow vorgeschlagen. Interessant ist, daß beide angeben, sie seien von einem anderen Berliner Erfinder unbeabsichtigt dazu angeregt worden. Es war Werner von Siemens, der 1875 und 1876 zwei ausführliche Arbeiten veröffentlicht hatte *Über den Einfluß der Beleuchtung auf die Leitungsfähigkeit des krystallinen Selens.*

Jene ursprünglich vagen Vorstellungen der Utopisten, die viele Selenelemente und viele Leitungen gebraucht hätten für ihre Teleskope, hat Nipkow aus der Sphäre vager technischer Vorstellungen herausgerückt und mit der einfachen Drehbewegung seiner Lochspiralen in den Zerlegerscheiben, die Auflösung und Wiedergabe der ganzen Bildfläche auf unübertrefflich elegante Weise, nämlich mit einer einzigen Fotozelle (Selenelement) beziehungsweise einem einzigen Lichtrelais (Faraday-Effekt) ermöglicht. Hätte Nipkow die elektronischen Verstärker gehabt, so hätte er mit der im Patent vorgeschlagenen Apparatur, ergänzt durch die in einer Veröffentlichung von ihm 1885 angegebenen Methoden für die Sicherung des konphasen Laufs der Geber- und Empfängerscheiben, fernsehen können. Experimentiert hat Nipkow mit dem Fernsehen nie. Auf die Frage in einem Rundfunkinterview 1930, ob er jemals an einem Modell seines Teleskops gearbeitet habe oder ob seine Gedanken nur theoretisch waren, antwortete er: „Ja, denn der Gedanke ist allemals das Primäre!"

Kaum hatte er sein Patent angemeldet, mußte Nipkow als „Einjähriger" seinen Wehrdienst beim Eisenbahn-Bataillon in Berlin-Schöneberg absolvieren. Eine Anstellung bei der Eisenbahn-Signalbauanstalt Zimmermann und Buchloh in Berlin-Borsigwalde erlaubte die Gründung einer Familie. Der junge Mann wurde ein solider Konstrukteur und Ingenieur auf dem Gebiet der Sicherheitsvorrichtungen für den Eisenbahnbau. Manche Konstruktionen, manche Patente entsprangen seinem klugen Kopf, wurden dann zu hundert und tausend Malen ausgeführt und dienten der Sicherung des Eisenbahnverkehrs. Fünf auf ihn zurückgehende Eisenbahnsicherungspatente ließen sich ermitteln.

Wie beliebt der zum Oberingenieur aufgestiegene Nipkow bei seinen Mitarbeitern war, geht aus einer 18seitigen Denkschrift hervor, die sie zu seinem 25jährigen Dienstjubiläum 1911 verfaßt und gezeichnet hatten. Die Zeichnung eines Brunnens zu Ehren des „Großen Schweigers" einerseits sowie eine Zeile aus einem Gedicht, in dem die von ihm eingeführten Neuerungen aufgezählt werden, sind aufschlußreich. So heißt es dort: „Er lebe hoch, der Konstrukteur, der *Schweiger,* Denker, Ingenieur" — eine Andeutung wie ihn bei der täglichen Firmenarbeit Erfinderträume beschäftigt haben. Über diese erzählt er selbst: „Nur nebenbei konnte ich in wenigen Mußestunden meiner Leidenschaft für die damaligen großen Fragen der Technik frönen, so auch dem Flugproblem: *schwerer als Luft.* Ich erzielte zwei deutsche Patente 112 506 (1897) und 116 287 (1898). Das ältere ähnelt in seiner allgemeinen äußeren Form einem Raddampfer mit einer Hauptquerwelle und zwei Seitenrädern (oder einem Außenrad), deren Schaufelträger bei der Rotation durch zwangläufige Steuerung zueinander und sich selbst parallel bleiben, während die elastischen beziehungsweise elastisch an die Träger angegliederten Flächen (Flügel) sich den jeweiligen Luftdruckverhältnissen anpassen und so translatorisch oder nur tragend wirken. Die Zwangssteuerung (Parallelkurbelgetriebe zum Beispiel) ist so gewählt, daß die Flächen (Flügel, Schaufeln)-Träger vom Führerstand aus jederzeit auch während des Fluges beliebig eingestellt werden können, und die Richtung der translatorischen Wirkung demgemäß während der Rotation beliebig von waagrecht auf schräg und senkrecht umstellbar ist, ohne daß die Drehrichtung des Motors geändert wird. Das Flugzeug kann sich also in jeder Richtung vorwärts oder rückwärts bewegen oder senkrecht oder auch unbeweglich im Raum verharren, ganz wie Insekten. Dem Insektenflug noch mehr angeglichen ist die Einrichtung nach dem zweiten Patent 116 287, die maschinell von der beschriebenen durch die Zahl der Flügel abweicht und den wenigen Flügeln eine kegelförmige Bahn anweist, so daß die Gesamtanordnung mehr zusammengefaßt erscheint."

So der stolze Erfinder über zwei Patente, von denen er glaubt, daß sie zu der Zeit, als er dieses schrieb (in den dreißiger Jahren), bei der Hubschrauberentwicklung von Nutzen waren. Seine Tochter, Lilly Nipkow, berichtete über diese Zeit: „Eine große Sache beschäftigte damals Vater: das Fliegen mit Maschinen, die schwerer sind als die Luft. Auf allen Schränken unserer Wohnung standen Flugzeugmodelle selbst gebastelt aus Papier und Sperrholz („mir fehlt ein wunderbar dünnes Material", klagte er), an Schnüren hingen die Modelle von der Decke. Vater glaubte fest ans Fliegen. Er hatte keine anderen Zuhörer als uns Kinder, wenn er auf dem Küchenhocker stehend, uns das Fliegen erklärte. ‚Wie ein geölter Blitz (der Ausdruck stammt von ihm) werden wir einmal um die Welt sausen.' Aber Mama war bös über solche Verrücktheiten. ‚Könntest du nicht etwas erfinden, das Geld einbringt', meinte sie."

1919 wurde die Spezialfirma für Eisenbahnsicherungssysteme von einer Großfirma übernommen. Mit erst 59 Jahren wird Nipkow *Frühpensionär*. Jetzt blieb ihm viel Zeit für seine Erfinderträume. Fast vier Jahrzehnte nach seinem berühmten Patent packt ihn das Fernsehen wieder. Angeregt von einem Zukunftsroman in einer Berliner Tageszeitung meldet er 1919 ein Reichspatent an, bei dem er den Film als Mittel des Fernsehens einsetzte.

Der Titel dieser Erfindung lautet: „Verfahren zum Aufnehmen und Wiedergeben bewegter Bilder unter Verwendung eines stetig laufenden Bildbandes und eines stetig laufenden Beleuchtungsgliedes." Dem folgte am 9. Februar 1924 die Anmeldung, die zum DRP 498 415 führte: „Einrichtung zur Erzielung des Synchronismus bei Apparaten zur elektrischen Bildübertragung". Damit wurde ihm ein Patent erteilt, das ihm später Geld bringen wird. Endlich war die Zeit gekommen, da überall in der Welt Fernsehen erstmals demonstriert wurde, und überall fing man mit Nipkows Spirallochscheibe von 1884 an!

Da melden die Journale von spektakulären Versuchen eines Schotten, John Logie Baird, der mit einer Nipkowscheibe für nur fünf Zeilen angefangen hatte. Über seine „Sehmaschine" berichtete ein Besucher im Kinematograph Weekly vom 3. April 1924: „Ich sah ein Kreuz, den Buchstaben H und die Finger meiner Hand ..." Noch waren es nur einfache Schattenbilder, die Baird übertragen konnte. Endlich am 2. Oktober 1925 konnte Baird auf einem Empfänger mit mehr Zeilen das Gesicht einer Bauchrednerpuppe erkennen, mit der er seit Monaten experimentierte. Das Gesicht eines schnell herbeigeholten Bürojungen wird als das erste mit Fernsehen übertragene Bild eines lebenden Menschen in die „englische" Geschichte eingehen.

Und wie sah es in Deutschland aus? Bei uns war es August Karolus, der zur selben Zeit wie Baird an der Universität Leipzig angefangen hatte, mit zwei Nipkowscheiben zu experimentieren. Sein erstes Ziel war es, die schwächste Stelle der bisherigen Fernsehprojekte mit Nipkowscheiben zu verbessern, die Lichtsteuerung für das Empfangsbild. Nipkow hatte schon mit seiner Lichtsteuereinheit, der der Faraday-Effekt zugrunde lag, den Weg im Prinzip gewiesen. Karolus wählte dafür einen von Kerr gefundenen Effekt und seine durchentwickelte Lichtsteuerzelle wurde ihm zu Ehren Karolus-Zelle getauft. Für die Übertragung in 48 Zeilen waren seine Nipkowscheiben dimensioniert, und, um die Probleme der Synchronisierung zunächst einmal zu umgehen, waren beide Scheiben auf einer einzigen gemeinsamen Drehachse angeordnet. Zum erstenmal konnte so 1924 in Deutschland das Prinzip des Fernsehens demonstriert werden, so beispielsweise hin- und herbewegte Diapositive oder das Schattenbild einer Zange, die auf- und zugemacht wurde. Besucher aus dem In- und Ausland kamen nach Leipzig, um die Experimente zu sehen. Fritz Schröter erzählte von dem Generaldirektor von Telefunken, der, als er das erste bewegte Bild auf dem Empfänger sah, lange Zeit sprachlos die Hände gerungen habe und dann schließlich nur das eine Wort hervorbrachte: „Donnerwetter!"

Auch im Lande der unbegrenzten Möglichkeiten, in den USA, dauerte es bis 1924, so lange wie in Europa, bis erstmals Fernsehen gezeigt werden konnte. Auch dort waren es wieder Nipkows Scheiben, mit denen man anfing. Dort hatte man dann auch Fernsehen zuerst so demonstriert, wie es von Nipkow zunächst beabsichtigt war, nämlich als Bildverbindung anstatt einer Telefonweitverbindung, und wieder waren es Nipkowscheiben am Geber und Empfänger. Mitarbeiter der Bell-Laboratorien übertrugen, in 50 Zeilen zerlegt, im April 1927 Bilder über eine 330 km lange Freileitung von Washington nach New York: *die Verwirklichung von Nipkows Teleskop, 43 Jahre nach seiner Erfindung.*

1928 erst konnte der Erfinder Bilder, übertragen mit zwei seiner Scheiben, sehen. Auf der 5. Großen Deutschen Funkausstellung im August 1928 in Berlin führte der Ungar Dénes von Mihaly auf einem Ausstellungsstand des Reichspostzentralamtes 30-Zeilenfernsehen vor. Inkognito, ohne sich als Erfinder dieses Fernsehens auszuweisen — wer hätte damals den Namen Nipkow gekannt —, stellte er sich in die Reihe der Neugierigen. Über sein Erlebnis berichtete er später: „Die Fernseher befanden sich in dunklen Zellen, und davor Hunderte und warteten geduldig auf den Augenblick, in dem sie zum ersten Male fernsehen sollten. Unter ihnen wartete ich auch und wurde immer nervöser. Was ich 45 Jahre früher erdacht hatte, sollte ich nun erstmals verwirklicht sehen. Endlich war ich an der Reihe und trat ein, ein dunkles Tuch wurde zur Seite geschoben, und nun sehe ich vor mir eine flimmernde Lichtfläche, auf der sich etwas bewegte. Es war aber nicht gut zu erkennen." Was mag er empfunden haben? Nicht nur seine Spirallochscheiben waren in Betrieb, sie wurden auch noch nach seinem Patent von 1924 in Gleichlauf gehalten durch Synchronomotoren am gleichen Wechselstromnetz.

Der bis dahin Unbekannte wird bald nach der Demonstration auf der Funkausstellung gefunden. Im März 1920 spürt ihn der Berliner Journalist Edgar Schlesinger in Pankow auf und verkündet, der alte Nipkow lebt noch. Bekannter wird er durch ein von dem Journalisten Eduard Rhein 1930 veröffentlichtes Interview. Sein 70ster Geburtstag wird gefeiert: Die Reichsrundfunkgesellschaft sendet ein „Ehrengeschenk" — wie sie es nennt — von 500 Reichsmark, und von der Reichspost kam ein höherer Betrag. Und noch ein Ehrensold: Auf Veranlassung der Firma Telefunken kauft ihm eine ihrer beiden Muttergesellschaften, Siemens & Halske, sein Synchronisierpatent von 1924 für 10 000 Reichsmark ab, ohne dessen Verwendung ernsthaft zu beabsichtigen.

Aber erst die Nationalsozialisten erkannten, welche Reklame mit einem Deutschen als Erfinder des Fernsehens gemacht werden konnte. Der nationalsozialistische Staat stellt den bescheidenen alten Mann plötzlich als „Vater des Fernsehens" heraus. Am 1. Mai 1935 feiert ihn die Reichsrundfunkkammer:

„... So will ich Sie, — spricht Reichssendeleiter Hadamovsky — den 74jährigen deutschen Arbeiter und Erfinder dieses neuen Weltwunders, in Ihren unvergänglichen Verdiensten ehren, indem ich Sie bitte, die Berufung als Ehrenpräsident ... der Fernsehgemeinschaft anzunehmen, welche die führenden Männer des Rundfunks und der Wissenschaft umfaßt."

Zu seinem 75. Geburtstag überreicht man ihm als Ehrengabe eines der ersten Fernsehgeräte mit Bildröhre zum Empfang der 180-Zeilen-Sendungen des inzwischen versuchsweise eingeführten deutschen Fernsehens. Die Bilder, die er darauf sieht, werden von einer Lochscheibe abgetastet, die im fernen Sender surrt, von der Scheibe, die seinen Namen trägt. Sie arbeitet genau so, wie er sie sich ein halbes Jahrhundert vorher ausgedacht hat. In einer besonderen Feierstunde tauft man den für dieses Programm genutzten Filmabtaster in Berlin auf seinen Namen. Als ganz große Ehre verleiht ihm die Johann-Wolfgang-Goethe-Universität in Frankfurt die Würde eines Doktors honoris causa. Seine Vaterstadt macht ihn zum Ehrenbürger. Und jetzt legen die Reichsrundfunkgesellschaft und die drei großen am Fernsehen tätigen Firmen zusammen und zahlen an Nipkow regelmäßig monatlich einen Ehrensold von 400 Reichsmark.

Noch läßt der Alte das Erfinden nicht! Immer wieder erscheint er auf dem Patentamt, um eine neue, mit gestochen scharfer Schrift abgefaßte Patentanmeldung einzureichen. Doch die Technik ist weit fortgeschritten, die Ausführung seiner Ideen kann er nicht mehr verwirklichen. So ist es auch mit dem Gedanken, ein Bild über eine Glasfaser zu einem fernen Ort zu leiten. Aber wie er das Bild als Signal in die Faser bringen will, und wie es dort wieder abnehmen? Dazu fehlt ihm jeder Ausführungsvorschlag.

Am 22. August wird er 80 Jahre alt. Wieder finden sich viele Gratulanten ein. Der Rundfunk weiß, was er dem alten Herrn in der Pankower Parkstraße 13 verdankt. Der Alte steht vor seinem Fernsehgerät. Er lacht und sagt: „Ich bin neugierig, was daraus noch werden wird." Als die Gratulanten die Wohnung verlassen haben, ist sie angefüllt mit Blumen und Geschenkkörben. Er rückt einen Schemel ans Fenster, um den Glücksbringern nachzuwinken. Das Ungewohnte, die Freude und Aufregung haben ihn schwindelig gemacht. Er will das Sofa erreichen, stürzt und schlägt mit dem Hinterkopf auf den Fußboden. Ohnmächtig bringt man ihn in das Lazaruskrankenhaus. Zwei Tage später stirbt er, ohne das Bewußtsein wiedererlangt zu haben.

Noch im Tode muß der Mann, dessen Namen man für Deutschlands Ruhm herausgestellt hat und der, wie Eduard Rhein damals schrieb, „von da ab das Recht verscherzt hatte, mit sich und seiner Welt allein zu bleiben", für Propaganda herhalten. Hitler ordnete ein Staatsbegräbnis an, das erste, das je für einen Erfinder bewilligt wurde. Unter den Linden wird er vor der Humboldt-Universität wie ein Fürst aufgebahrt, eine Abordnung der Wehrmacht erweist dem einfachen Mann aus dem Berliner Volk militärische Ehren. Spiel des Schicksals: Dem Sarge des größten deutschen Wissenschaftlers, des Mannes, von dem Diderot sagte, er habe allein Deutschland so viel Ruhm gebracht wie

Plato, Aristoteles und Archimedes zusammen Griechenland, von dem nach Harnack offenbar ist, daß er die Fähigkeit besaß, einen Reichtum von Gedanken zu sammeln, wie ihn kein Sterblicher vor ihm besessen, Gottfried Wilhelm Leibniz, folgten einsam nur zwei Menschen. Sein vergessenes Grab in Hannover wurde wiederentdeckt, das von Paul Nipkow — Grab Nr. 163 in Abt. 15 — auf dem Friedhof in Berlin-Pankow ist Opfer der Berliner Mauer geworden, die in diesem Raum verläuft!

Literatur

Nipkow, Paul, *Das elektrische Teleskop*, DRP 30 105 vom 6. Januar 1884.
Nipkow, Paul, *Der Telephotograph und das elektrische Teleskop*, in: *Elektrotechnische Zeitschrift*, (1885), S. 419 ff.
Bruch, Walter, *Die Fernsehstory*, Stuttgart 1969.
Bruch, Walter, *Berlin war immer dabei*, in: *Berliner Forum*, 6 (1977).
Kniestädt, J., *Die Grundidee des elektrischen Fernsehens von 1884*, in: *Archiv für das Post- und Fernmeldewesen*, (1984), S. 35 ff. (ausführliche Bibliographie).
Keller, W., *Hundert Jahre Fernsehen 1883—1983*, 1983.

Werner Schwipps
Otto Lilienthal

Unter Lilienthals Porträtbüste im Ehrensaal des Deutschen Museums stehen die Worte: „Mit scharfem Geist und kühner Tat unter Einsetzung seines Lebens vermittelte er erstes gesichertes Wissen über den Menschenflug." Und in der Ausstellungshalle über die historische Luftfahrt ist zu lesen: „Lilienthal hatte erkannt, daß das Flugproblem folgerichtig nur über den Segelflug zu lösen war. Mit dieser bahnbrechenden Erkenntnis wies er den Weg, der die Flugtechnik zum Erfolge führte." Mit diesen Sätzen ist die flugtechnische Arbeit des Ingenieurs Otto Lilienthal treffend gekennzeichnet, sind zugleich die entscheidenden Kriterien für die „Schule Lilienthals" in der Flugtechnik aufgezeigt. Neben Lilienthal ist nur noch Hugo Junkers als Flugtechniker durch Aufstellung seiner Büste in diesem „Pantheon großer Leistungen", wie Conrad Matschoß sagte, geehrt worden.

Die Verdienste Lilienthals um die Entwicklung des Menschenflugs, die Verwirklichung des „persönlichen Kunstflugs", wie er es bezeichnete, sind weltweit anerkannt, und zwar nicht erst im nachhinein, sondern schon zu seinen Lebzeiten durch Flugtechniker in allen wichtigen Industrieländern. Die *Berliner Illustrirte Zeitung* schrieb nach seinem Tode im August 1896 in richtiger Einschätzung: „Er hat einen festen Grund gelegt, auf dem Andere fortbauen können und fortbauen werden." Schon vorher hatte der russische Aerodynamiker Nikolai J. Shukowski nach einem Besuch bei Lilienthal erklärt: „Die wichtigste Erfindung der letzten Jahre auf dem Gebiet der Luftfahrt ist der Flugapparat des deutschen Ingenieurs Otto Lilienthal." Und Wilbur Wright sagte im Jahre 1901, als er und sein Bruder Orville Wright sich anschickten, mit Gleitflügen an der nordamerikanischen Atlantikküste an die Arbeiten Lilienthals anzuknüpfen: „Lilienthal dachte nicht nur, er handelte; und so leistete er den vielleicht größten individuellen Beitrag zur Lösung des Flugproblems, wie der Mensch fliegen kann." Der französische Aviatiker Ferdinand Ferber, der sich betont einen Schüler Lilienthals nannte, schrieb: „Der Tag, an welchem Otto Lilienthal im Jahre 1891 seine ersten 15 m in der Luft durchmessen hat, fasse ich auf als den Augenblick, seit welchem die Menschen fliegen können."

Was befähigte den Ingenieur Lilienthal dazu, eine so bedeutende und allseits anerkannte Rolle für die Entwicklung der Flugtechnik zu spielen? Ich meine, eine der wichtigsten Voraussetzungen dafür war, daß er durch das Studium der

Otto Lilienthal
(1848—1896)

Mechanik an der renommierten Berliner Gewerbeakademie in die Lage versetzt worden war, mit wissenschaftlicher Gründlichkeit die Gesetze des Luftwiderstandes zu erforschen, die erforderlichen Meßgeräte zu konstruieren und später auch das geeignete manntragende Fluggerät zu bauen. Das „Flugzeug" war keine Sache, die von Scharlatanen oder von genialen Außenseitern „erfunden" werden konnte. Es bedurfte vielmehr des gut ausgebildeten Mechanikers und des analytischen Denkens eines Ingenieurs, um das Flugproblem der Lösung näherzubringen.

Lilienthal glaubte nicht, daß der Lenkballon, das Luftfahrzeug leichter als Luft, zu dieser Lösung beitragen könnte, obgleich er dessen Anfänge durch Haenlein, Baumgarten und Wölfert miterlebte. Er setzte ganz und gar auf das Flugprinzip „schwerer als Luft", und zwar auf die Nachahmung des Vogelfluges, dessen mechanischen Gesetzen er schon während seines Studiums auf die Spur zu kommen versuchte. Neue Forschungsergebnisse beweisen, daß er entgegen einer früheren Annahme darin von Lehrern an der Gewerbeakademie durchaus ermutigt und in gewisser Weise auch unterstützt worden ist.

Auch der Propeller und die Hubschraube, mit denen Aviatiker vor allem im Ausland experimentierten, waren ihm durchaus geläufig. Abgesehen davon, daß geeignete Motoren dafür noch nicht zur Verfügung standen, sah er im mühelosen Gleit- und Segelflug der großen Raubvögel, vor allem aber des Storches, das naturgegebene Vorbild für den Menschenflug. Daß im Gleit- und Segelflug zugleich die sinnvolle Vorstufe für den Motorflug gesehen werden könnte, war ihm wohl bewußt, doch hat er es nicht zum Ausdruck gebracht. Ich möchte auch nicht ausschließen, daß Lilienthal, wäre er länger am Leben geblieben, noch zum Propellerflug gekommen wäre, denn bei Vorträgen ließ er zu Demonstrationszwecken bereits kleine Flugmodelle mit Gummimotor und Propeller fliegen.

Zwischen 1889 und 1896 hat Otto Lilienthal achtzehn verschiedene Gleitflugapparate konstruiert und selbst im Fluge erprobt. Daß er im Alter von über vierzig Jahren die körperliche Konstitution dafür besaß, ist eine weitere wichtige Voraussetzung für den Fortschritt, den er in der Flugtechnik herbeiführte. Eindecker und Doppeldecker hat er geflogen, Apparate mit starren Flügeln und solche mit zusammenfaltbaren Flügelflächen. Auch einen Versuchsträger für Steuerungsexperimente hat er konstruiert und ein Schwingenflugzeug, den sogenannten Flügelschlagapparat, mit Kohlensäuremotor. Von seinem Standardeindecker, dem „Normal-Segelapparat" von 13 m² Tragfläche und 6,7 m Spannweite sind mindestens zehn Stück gebaut worden; acht davon wurden an Flugtechniker im In- und Ausland, unter anderem nach Rußland und in die USA verkauft, für 500 Mark das Stück. Und schon im Sommer 1893 hat er in den Rhinower Bergen zwischen Rathenow im Süden und Neustadt a. d. Dosse im Norden Flugweiten bis zu 250 m erzielt; dort gelang es ihm auch, die erste Kehrtkurve von 180° zu fliegen, ohne jede mechanische Steuervorrichtung, lediglich durch Verlagerung des Körpergewichtes.

Über die Resultate seiner Versuche wie über die Fortschritte im Gerätebau hat er alljährlich im Herbst vor dem „Deutschen Verein zur Förderung der Luftschiffahrt" in Berlin berichtet. Die Vorträge wurden danach im Vereinsorgan, der *Zeitschrift für Luftschiffahrt*, veröffentlicht und so allen interessierten Flugtechnikern im In- und Ausland zugänglich. Er war kein Mann der Geheimniskrämerei, sondern suchte bewußt die Öffentlichkeit. Mit vielen Flugtechnikern in aller Welt hat er korrespondiert, und stes waren ihm Besucher willkommen, sei es, daß sie mit ihm sprechen, in seiner Maschinenfabrik in der Köpenicker Straße beim Bau der Flugapparate zusehen oder ihn bei praktischen Flugversuchen beobachten wollten.

Zu der weltweiten Beachtung, die Lilienthal mit seinen Flugversuchen fand, hat zweifellos auch der glückliche Umstand beigetragen, daß eben in jener Zeit die Momentphotographie erfunden worden war und in Berlin in Ottomar Anschütz, Richard Neuhauss und anderen ihre hervorragenden Vertreter hatte. Von 1893 an konnten solche Aufnahmen auch bereits im Druck vervielfältigt werden, wodurch Lilienthal in die Lage versetzt war, seine Aufsätze in der *Zeitschrift für Luftschiffahrt* wie in der populärwissenschaftlichen Zeitschrift *Prometheus* zu illustrieren.

Über den Flugtechniker Otto Lilienthal, den ersten Gleitflieger und Wegbereiter des Segel- und des Motorflugs, darf jedoch der „Ingenieur und Maschinenfabrikant" nicht vergessen werden, als den er sich im Titel seines Buches über den Vogelflug ausweist. Auch als Maschinenbauer hat er Bemerkenswertes geleistet, und er hat in diesem Bereich sechzehn Patente in Deutschland und im Ausland gehalten, gegenüber „nur" vier Flugpatenten. In seiner Maschinenfabrik wurden hauptsächlich Wanddampfmaschinen, die sogenannten Schlangenrohrkessel, produziert, dazu schmiedeeiserne Riemscheiben und ganze Transmissionsanlagen, auch Nebelhörner für die küstennahe Schiffahrt. Zweimal erhielt er die Silberne Staatsmedaille für gewerbliche Leistungen, im Jahre 1889 anläßlich der „Allgemeinen Ausstellung für Unfallverhütung" in Berlin für die „Nebelsignalanlage", 1896 dann bei der „Berliner Gewerbe-Ausstellung" in Treptow, auf der er unter anderem eine „Schiffsmaschine mit Schlangenrohrkessel" ausstellte. In der Maschinenfabrik waren bis zu vierzig „Arbeiter und Beamte" beschäftigt, die er von 1890 an mit 25 Prozent am Reingewinn beteiligte.

Soziales Engagement bewies Lilienthal auch mit seiner Beteiligung am damaligen Ostend-Theater in der Großen Frankfurter Straße in einem ausgesprochenen Arbeiterviertel Berlins und der Umwandlung des Theaters zu einer Art „Volksbühne". Er verfaßte selbst ein sozialkritisches Theaterstück mit dem Titel *Gewerbeschwindel* und förderte, vom Sozialethiker Moritz von Egidy angeregt, gemeinsam mit dem jüngeren Bruder Gustav das Genossenschaftswesen. Ganz besonders aber hing er den Vorstellungen Egidys von einer neuen, völkerverbindenden Kulturepoche an. Im Januar 1894 schrieb er an Egidy: „Mit Begeisterung habe ich oft Ihren Worten gelauscht, in denen Sie die Grenzen nicht als Trennung, sondern als eine Verbindung der Länder bezeichneten. Auch ich habe mir die Beschaffung eines Kulturelementes zur Lebensaufgabe gemacht, welches Länder verbindend und Völker versöhnend wirken soll. Unser Kulturleben krankt daran, daß es sich nur an der Erdoberfläche abspielt. Die gegenseitige Absperrung der Länder, der Zollzwang und die Verkehrserschwerung ist nur dadurch möglich, daß wir nicht frei wie der Vogel auch das Luftreich beherrschen. Der freie unbeschränkte Flug des Menschen, für dessen Verwirklichung jetzt zahlreiche Techniker in allen Kulturstaaten ihr Bestes einsetzen, kann hierin Wandel schaffen und würde von tief einschneidender Wirkung auf alle unsere Zustände sein."

Diese Auffassung von einer neuen Kulturepoche ist von hohen Idealen getragen und von tiefem sittlichem Ernst erfüllt. Es gilt auch festzuhalten, daß Lilienthal niemals von einer möglichen Nutzung der Flugmaschine für militärische Zwecke gesprochen hat. Sollte er dafür von Nachgeborenen, die diese Tod und Verderben bringende Waffe leidvoll erfahren haben, getadelt werden? Sollte er als Phantast verlacht werden, nur weil seine Vorstellungskraft nicht dazu ausreichte, sich das künftige Flugzeug auch als Bombenträger zu denken?

In der vorpommerschen Landkreisstadt Anklam im heutigen DDR-Bezirk Neubrandenburg ist er geboren, verlebte er seine Kindheit. In Berlin hat er danach studiert und gearbeitet, ist er geflogen, liegt er begraben. Sein Vater war Tuchhändler, jedoch mehr an der Mechanik und Mathematik interessiert als an seinen Geschäftsangelegenheiten. Die Mutter, Tochter eines aus Charlottenburg stammenden Militärarztes, hatte in Berlin und in Dresden Gesang studiert, übte den Beruf der Gesangslehrerin nach der Eheschließung aber kaum mehr aus. Dennoch blieb ihr Haus in Anklam ein Mittelpunkt künstlerischer Betätigung, wodurch die Kinder nach dem Zeugnis von Otto Lilienthal früh an bildende Lektüre, an Wissenschaft und Kunst herangeführt wurden.

Von acht Kindern blieben nur drei am Leben, wofür Lilienthal in einer Ende 1894 niedergeschriebenen Familienchronik „ungesunde Wohnungsverhältnisse, besonders das Schlafen in dunklen, luftleeren Kammern mit Schwamm im Fußboden, sowie unverständige medicinale Behandlung" mit verantwortlich macht. Von den Geschwistern blieben ihm, dem Ältesten, nur der ein Jahr jüngere Bruder Gustav sowie die im Jahre 1856 geborene Schwester Marie, denen er bis an sein Lebensende fürsorglich verbunden war. Von den Brüdern wurden viele größere Unternehmungen gemeinsam betrieben: „1879 erfanden wir den Steinbaukasten aus einer Firniß-Kreide-Masse, welches Recept wir 1880 an Richter in Rudolstadt verkauften, der ungezählte Millionen Baukästen nach unserem Recept fabricirte." Als sie ein paar Jahre später versuchten, das Patent Richters mit einer neuen Materialmischung für die Kunststeine zu umgehen, mußten sie das nach einem jahrelangen und am Ende verlorenen Prozeß teuer bezahlen.

In der Kindheit zeigte der junge Lilienthal früh Talent zum Zeichnen, Modellieren, Schnitzen, so daß in ihm ein angehender Künstler gesehen wurde.

Dem Bruder Gustav wurde mangels besonderer anderer Befähigung nur der Kaufmannsberuf in Aussicht gestellt. „Auffällig ist deshalb, daß von uns beiden gerade mein Bruder der Künstler wurde, während ich mich der Technik in die Arme warf", schreibt Lilienthal in der Familienchronik. Und er sieht in seinem Bruder ein glänzendes Beispiel dafür, daß Fleiß und Ausdauer in der eigenen Vervollkommnung ein wichtigeres Moment zur Erlangung höherer Leistungsfähigkeit sind als eine früh zutage tretende Befähigung.

Beide besuchten mit mäßigem Erfolg das Anklamer Gymnasium, bis Otto im Oktober 1864 zur Provinzial-Gewerbeschule nach Potsdam überwechselte. Gustav absolvierte noch die neu errichtete Mittelschule und danach eine Maurerlehre in der Heimatstadt, bevor er sich in die Berliner Bauakademie einschrieb. Als Baumeister arbeitete er nach dem Zeugnis des Bruders in mehreren größeren Baugeschäften, auch bei der Stadt, sowie in Prag und in London. „Nach Berlin 1874 zurückgekehrt, nahm er Teil an den flugtechnischen Fundamental-Experimenten, wodurch die Eigenschaften der gewölbten Flügel entdeckt wurden."

Lilienthal verließ die Provinzial-Gewerbeschule, in deren Lehrplan naturwissenschaftliche Fächer und neuere Sprachen im Vordergrund standen, nach zwei Jahren mit dem besten Examen, das jemals dort abgelegt worden war: vorzüglich gut in allen Fächern. Das Zeugnis der Reife wurde ihm mit dem Prädikat „Mit Auszeichnung" zuerkannt. Ein einjähriges Praktikum bei der renommierten Firma von Louis Schwartzkopff in Berlin schloß sich an, und danach begann er im Oktober 1867 das Studium der Mechanik an der Kgl. Gewerbeakademie in der Klosterstraße. Franz Reuleaux, der Direktor, war zugleich sein Lehrer in der für ihn wichtigen Fachabteilung Maschinenkunde. Auch das ihn interessierende Fach Mathematik war mit Elwin Bruno Christoffel hervorragend besetzt. Zu seinen Lehrern gehörten ferner die Professoren Großmann und Hörmann, die wie Reuleaux einer von der Preußischen Regierung eingesetzten Kommission zur Untersuchung der Luftwiderstandsgesetze angehörten. Obwohl von dieser Kommission öffentlich wenig bekannt war, kann angenommen werden, daß Lilienthal von ihr wußte, wie auch seine Lehrer und die Kommilitonen seine flugtechnischen Interessen und Experimente kannten.

Während der ersten drei Semester lebte Lilienthal in großer wirtschaftlicher Bedrängnis, weil das erwartete Familienstipendium, das ein Vorfahre des Vaters, der Archidiakon M. Peter Pagenkopf, im Jahre 1675 begründet hatte, ihm mit der Begründung verweigert wurde, daß die Berliner Gewerbeakademie keine akademische Ausbildungsstätte im Sinne der Stiftung sei. Franz Reuleaux verschaffte ihm dann im Frühjahr 1869 eines der drei Stipendien aus der „Jacob Saling'schen Stiftung" in Höhe von 200 Talern jährlich, und zwar rückwirkend vom 1. Oktober des Vorjahres an.

Unter den 23 Bewerbern für die drei Stipendien, die durch den Tod des Bankiers Jacob Saling verfügbar geworden waren, befand sich auch Adolf Slaby, wie Lilienthal damals Student an der Gewerbeakademie im dritten Semester.

Beide waren mit großer Wahrscheinlichkeit damals schon miteinander bekannt, und ihre Lebenswege kreuzten sich auch später noch mehrere Male. Wie aus den im Zentralen Staatsarchiv in Merseburg vollständig erhaltenen Akten über Stipendien an der Gewerbeakademie hervorgeht, wurde Lilienthal von Reuleaux an die Spitze aller Aspiranten gesetzt mit der Begründung, er habe sich durch besonders gute Leistungen hervorgetan und sei schon bei der Vergabe der v. Seydlitzschen Stipendien in die engere Wahl gekommen. Das Stipendium wurde ihm zuerkannt und, nach einer abermals sehr guten Beurteilung durch Reuleaux, im Herbst 1869 um ein weiteres Jahr verlängert. Gustav Lilienthal sagte später, sie hätten beide von dieser fabelhaften Summe wie die Fürsten leben können.

Erste flugtechnische Experimente hatten die Brüder Lilienthal schon in den Jahren 1867 und 1868 während der Ferien in ihrer vorpommerschen Heimat unternommen. Von diesen Versuchen mit Flügelschlaggeräten erscheint der zweite in Anlage und Durchführung schon als verhältnismäßig ausgereift. Lilienthal hat ihn in seinem Buch über den Vogelflug ausführlich beschrieben und auch eine Skizze beigefügt. Danach waren die Brüder durch abwechselndes Ausstoßen der Füße in der Lage, „unser halbes Gesamtgewicht zu tragen, so daß, während eine Person mit dem Apparat 80 kg wog, ein 40 kg schweres Gegengewicht nötig war, um noch eine Hebung zu ermöglichen". Sie wußten nicht, daß bereits 60 Jahre früher der Uhrmacher Jakob Degen in Wien mit einem ähnlichen Schlagflügelapparat, dessen Lamellen sich beim Aufschlag öffneten, um die Luft hindurchströmen zu lassen, beim Niederschlag aber schlossen, die gleichen Ergebnisse erzielt hatte.

Lilienthals Abgangszeugnis von der Gewerbeakademie trägt das Datum des 29. Juli 1870, zehn Tage nach Beginn des deutsch-französischen Krieges. Unmittelbar danach rückte er als Einjährig-Freiwilliger zu den Gardefüsilieren ein. Das Zeugnis weist in den meisten Fächern die Noten „Recht gut" und „Sehr gut" auf, die Note „Vorzüglich" erreichte er viermal, davon zweimal bei Franz Reuleaux. Das läßt im nachhinein die Aussage Gustav Lilienthals als wahrscheinlich erscheinen, daß Reuleaux dem Bruder angetragen hätte, bei ihm Assistent zu werden und die wissenschaftliche Laufbahn einzuschlagen. Tatsächlich war diese Stelle frei, weil der bisherige Assistent von Gizycki im Jahre 1871 einer Berufung an die Polytechnische Schule in Aachen folgte. Hatte Reuleaux vielleicht auch vor, den jungen Lilienthal in die Arbeit der Regierungskommission zur Erforschung der Luftwiderstandsgesetze einzubeziehen?

Die Akten dieser Kommission liegen im Zentralen Staatsarchiv der DDR in Potsdam und in Merseburg. Sie zeigen, daß die Anfänge bis in das Jahr 1866 zurückreichen. Im November 1867 erfolgte dann die offizielle Konstituierung als „Kommission zur Ausarbeitung eines Programms für Versuche über den Luftwiderstand" mit deutlichem Bezug auf die Lenkbarkeit von Luftfahrzeugen. Ihr erster Vorsitzender wurde der Physiker Heinrich Gustav Magnus, nach dessen Tod im Jahre 1870 dann Franz Reuleaux. Im Januar des gleichen Jahres ist von „Versuchen über Luftwiderstand mit einem nach den Vorschlägen der Commission construirten Windrade" die Rede, einem „großen Apparate" in der Gewerbeakademie, an dem eine Versuchsreihe von drei Monaten vorgesehen war. Wir wissen leider nicht, wie dieses Flügelrad ausgesehen und ob die Versuchsreihe stattgefunden hat, doch beweist die Kommission allein durch ihre Existenz, daß die Brüder Lilienthal in Berlin nicht in einem luftleeren Raum gearbeitet haben.

Im Februar 1872 übernahm dann der Arzt, Physiologe und Physiker Hermann Helmholtz den Vorsitz in der Kommission. Helmholtz veröffentlichte noch im gleichen Jahre *Theoretische Betrachtungen über lenkbare Luftballons* in der Zeitschrift des „Vereins zur Beförderung des Gewerbefleißes in Preußen". Im Jahr darauf hielt er dann seinen berühmt gewordenen Vortrag *Über ein Theorem, geometrisch ähnliche Bewegungen flüssiger Körper betreffend, nebst Anwendung auf das Problem, Luftballons zu lenken.* Darin legte er dar, daß die Lenkbarkeit des Ballons bei Aufwendung beträchtlicher Betriebskräfte im Prinzip als ausführbar zu betrachten wäre. Dagegen müßte es im Hinblick auf ein Fluggerät schwerer als Luft als kaum wahrscheinlich angesehen werden, „daß der Mensch auch durch den allergeschicktesten flügelähnlichen Mechanismus, den er durch seine eigene Muskelkraft zu bewegen hätte, in den Stand gesetzt würde, sein eigenes Gewicht in die Höhe zu heben und dort zu erhalten".

An dieser Feststellung finden wir nichts auszusetzen, doch hat Lilienthal sich an ihr auf eine kaum nachvollziehbare Weise gerieben. Als er in den neunziger Jahren glaubte, sich gegen den Vorwurf zur Wehr setzen zu müssen, daß er versäumt hätte, die schon 1874 entdeckten Vorzüge der gewölbten Flügelfläche rechtzeitig zu publizieren, schrieb er: „Als wir bereits jede Stunde unserer freien Zeit der Flugfrage widmeten und schon den Gesetzen auf der Spur waren, welche das Problem von seinem Alp befreien sollten, hielt man in Deutschland meistens noch jeden Menschen, welcher sich mit dieser brodlosen Kunst beschäftigte, für einen Narren... Man hatte damals von Staatswegen durch eine besondere gelehrte Commission gerade feststellen lassen, daß der Mensch für alle Mal nicht fliegen könne, wodurch natürlich die Stimmung für das Flugproblem auch gerade nicht sehr gehoben wurde."

Kannte er die Ausführungen von Helmholtz nicht im Wortlaut, oder hatte auch er sie mißverstanden, wie so viele andere? Beides ist nicht sehr wahrscheinlich, zumal der Akademievortrag in der *Zeitschrift für Luftschiffahrt* im Jahre 1885 noch einmal nachgedruckt worden war. Richtig ist allerdings, daß Helmholtz in der Öffentlichkeit allgemein dahingehend mißverstanden worden ist, daß ein Menschenflug nach dem Vorbild des Vogelfluges schlechthin unmöglich wäre. Wobei völlig übersehen wurde, daß ein großer Unterschied besteht zwischen dem Aufflliegen eines Vogels und dem Gleitflug und kreisenden Segelflug beispielsweise des Storches. Und richtig ist auch, daß Helmholtz dieser Mißinterpretation seiner Feststellungen niemals öffentlich entgegengetreten ist. Dagegen hat er auch später noch an der Entwicklung der Luftfahrt lebhaft Anteil genommen, hat mehrfach Sitzungen des „Vereins zur Förderung der Luftschiffahrt" besucht und Anfang der neunziger Jahre gemeinsam mit Wilhelm Foerster dem Vereinsausschuß für wissenschaftliche Ballonfahrten angehört, und zwar nicht nur dem Namen nach, sondern auch mit der Tat, wie es im Nachruf des Vereins auf ihn im Jahre 1894 hieß. Für diese Ballonhochfahrten gab es staatliche Zuschüsse, hat der Kaiser auf Empfehlung der Akademie der Wissenschaften tief in die Privatschatulle gegriffen, während Lilienthal bis zu seinem Tode leer ausging. War es das, was ihn so sehr geärgert hat, daß dadurch sein klarer Blick getrübt wurde?

Auch während seines Militärdienstes im deutsch-französischen Krieg verlor Lilienthal den Vogelflug und seine Nutzung für den Menschenflug nicht aus den Augen. Im März 1871 schrieb er dem Bruder Gustav nach Berlin: „Ich möchte meine Versuche nach einer Richtung hin besonders ausdehnen: wie sich die hebende Wirkung ändert, wenn der Apparat sich beim Schlagen mit den Flügeln zugleich vorwärts bewegt." Allein durch Nachdenken war er auf die Bedeutung der Vorwärtsbewegung beim Fliegen gestoßen, und er ließ damit die meisten Wegbereiter und Vordenker bis hin zu Leonardo da Vinci mit einem Schlage hinter sich. Denn sie alle hatten nichts anderes als einen geschickten flügelähnlichen Mechanismus im Sinn, mit dem sie wie ein Vogel auffliegen wollten. Und sie allein waren es, denen Helmholtz seine Absage erteilt hatte.

Nach der Rückkehr aus dem Kriege experimentierte Lilienthal dann hauptsächlich mit freifliegenden kleinen Modellen, deren Flügelschläge zumeist durch Federkraft bewirkt wurden. Das größte Modell, dessen Zeichnung in seinem flugtechnischen Nachlaß im Deutschen Museum in München erhalten ist, hatte fast zwei Meter Spannweite. Dafür konstruierte er als Antrieb einen kleinen Dampfkessel aus dünnem Messingrohr, das schraubenförmig gewunden war. Aus ihm ist später der „gefahrlose Schlangenrohrkessel" hervorgegangen, der Lilienthal die wirtschaftliche Existenz sicherte.

Gustav Lilienthal ließ während seines Aufenthaltes in London den Bruder und sich selbst in die „Aeronautical Society of Great Britain" einschreiben. Sie wurden dort bis zum Jahre 1876 als Mitglieder geführt und erhielten in dieser Zeit die Jahresberichte dieses ältesten flugtechnischen Vereins. Als Lilienthal Ende 1873 seinen ersten öffentlichen Vortrag über die Flugfrage in Potsdam vor dem Gewerbeverein hielt, kam er auf diese Berichte zu sprechen, durch die er erstmals von aviatischen Bestrebungen und Experimenten in Großbritannien wie in anderen Ländern erfuhr.

Es wird oft die Frage aufgeworfen, was Lilienthal eigentlich von früheren theoretischen Erwägungen und praktischen Arbeiten gewußt hat. Kannte er die Entwürfe Leonardos für Flugmaschinen und waren ihm die flugtechnischen Arbeiten von Sir George Cayley vertraut? Tatsächlich hat ja Leonardo gewisse Erkenntnisse und Bauelemente Lilienthals für Flügelschlagapparate wie für Flügelkonturen und Flügelkonstruktion in gewisser Weise vorweggenommen.

Aber Leonardos Skizzen waren weit verstreut und zu Lebzeiten Lilienthals noch längst nicht alle veröffentlicht. Außerdem sind die meisten seiner Entwürfe, um den britischen Luftfahrthistoriker Charles Gibbs-Smith zu zitieren, „völlig utopisch und jenseits alles Möglichen". Und Cayleys frühe Publikation *On Aerial Navigation* wie seine Versuche mit manntragenden Gleitflugapparaten waren so gut wie vergessen, auch in Großbritannien. Als die Aeronautical Society dann *Aerial Navigation* in ihrem Jahresbericht 1877 nachdruckte, waren die Brüder Lilienthal auf eigenem Wege bereits über Cayley hinausgelangt.

In seinem Vortrag *Theorie des Vogelfluges* im Potsdamer Gewerbeverein, der vermutlich auf Einladung oder durch Vermittlung von Adolf Slaby zustandegekommen ist, der damals Lehrer an der Provinzial-Gewerbeschule war, sagte Lilienthal, die Fliegekunst wäre wenig geeignet, wie das Schießpulver „erfunden" zu werden. Aus diesem Grunde wäre es auch schade, daß gerade die Engländer und nicht die mehr theoretischen Deutschen den ersten Aeronautischen Verein gegründet und eine Gesellschaft von Ingenieuren gebildet hätten mit dem Ziele, das Geheimnis des Fliegens zu entschleiern.

Nur ein Jahr später fanden dann seine entscheidenden Untersuchungen des Luftwiderstandes statt: an Versuchsflächen mit unterschiedlich geformten Profilen und unter verschiedenen Anstellwinkeln. Dafür hatte er ein Rundlaufgerät gebaut, das durch ablaufende Gewichte in Drehung versetzt wurde. Er hat die Apparatur und die erzielten Ergebnisse im Buch über den Vogelflug dargestellt. Die Messungen fanden zunächst im geschlossenen Raum einer Turnhalle statt, danach auf einer baumlosen Ebene zwischen Charlottenburg und Spandau im Freien. Das Ergebnis war, daß die schwachgewölbte Flügelfläche, wie sie von der Natur im Vogelflügel bereits vorgegeben ist, von allen denkbaren Flügelformen in der Vorwärtsbewegung die geringsten Widerstandswerte aufwies. Wir sprechen in diesem Zusammenhang heute von der Resultanten aus Auftrieb und Widerstand.

Im Herbst des gleichen Jahres ließen die Brüder einen großen Vogeldrachen mit gewölbten Flächen aufsteigen. Der Drachen hatte vier Meter Spannweite und war an vier Schnüre festgebunden, die es ermöglichten, ihn sowohl in der horizontalen Lage zu stabilisieren als auch um die Längsachse zu steuern. Dabei konnte während einer anhaltenden Periode gleichmäßigen Windes ein längeres freies Schweben gegen den Wind beobachtet werden. Von diesem Experiment kehrten sie nach den Worten Lilienthals mit der festen Überzeugung zurück, daß der mühelose Segelflug nicht nur für die Vögel da wäre, sondern eines Tages auch vom Menschen beherrscht werden würde. Doch verging danach mehr als ein Jahrzehnt, bis sie wieder an diese Arbeiten anknüpfen konnten, ein Jahrzehnt, das mit der Suche nach der eigenen wirtschaftlichen Existenz ausgefüllt war.

Als junger Ingenieur trat Otto Lilienthal nach der Rückkehr aus dem Kriege in die kleine Maschinenfabrik von M. Weber in der Chausseestraße ein, die damals von Emil Rathenau geleitet wurde. Er war ein Mann der Praxis und der

Konstruktion, und deshalb hatte er die angebotene wissenschaftliche Laufbahn ausgeschlagen. Ein Jahr später wurde er Konstruktionsingenieur bei Carl Hoppe in der Gartenstraße, wo Dampfkessel, Dampfmaschinen sowie schweres Gerät für den Bergbau produziert wurden. Ist es ein Zufall, daß auch Carl Hoppe an flugtechnischen Fragen interessiert war und im Jahre 1886 eine längere, sachkundige Abhandlung *Über den Sewing'schen Apparat zur Messung des Luftwiderstandes gegen rotirende Flügel* in den *Verhandlungen des Vereins zur Beförderung des Gewerbfleisses* veröffentlichte?

Für Hoppe reiste Lilienthal in die großen Bergbaugebiete Sachsens, Schlesiens und Galiziens, besuchte er auch die Weltausstellung 1873 in Wien. Er konstruierte auf eigene Rechnung eine leichte Schrämmaschine für den Abbau von Kohle und Steinsalz und gewann die Tochter eines sächsischen Bergmanns zur Frau. Die Hoffnung, bereits auf die Schrämmaschine die eigene Existenz gründen zu können, erfüllte sich jedoch nicht. Dies gelang erst im Jahre 1881 mit dem Schlangenrohrkessel, für dessen Bau er eine kleine Werkstatt in einem Hinterhaus in der Köpenicker Straße in Berlin SO einrichtete, die sich bald zu einer kleinen Fabrik entwickelte.

Eine ganze Reihe von Firmen und Ingenieuren beschäftigte sich damals mit dem Bau kleiner, leichter und vor allen Dingen gefahrloser Dampfmaschinen für Gewerbebetriebe, die auch in bewohnten Gebäuden aufgestellt werden durften. In einem Aufsatz *Über Kesselexplosionen* im *Prometheus* verwies Lilienthal auf amtliche Ermittlungen, denen zufolge zwischen 1877 und 1887 im Deutschen Reich 168 schwere Explosionen von Dampfkesseln registriert wurden, die 177 Menschen das Leben kosteten. Eine wirkliche Sicherheit gegen Explosionsgefahr böten nur solche Kessel, schrieb er, die vollständig aus lauter engeren Röhren zusammengesetzt wären.

Die Verbreitung seiner eigenen gefahrlosen Dampfkessel wurde dadurch erschwert, daß es staatliche Einschränkungen für ihre Aufstellung in bewohnten Häusern gab und daß das notwendige Konzessionierungsverfahren sehr langwierig war. Im Jahre 1883 beantragte er deshalb beim Reichskanzleramt, das dafür zuständig war, seine Kessel ohne jeweilige Konzession aufstellen zu dürfen. Damit löste er jahrelange Verhandlungen des Reiches mit den Ländern über die Befreiung der sogenannten Zwergkessel von den allgemeinen Bestimmungen über Dampfkessel aus.

Auch im „Verein zur Beförderung des Gewerbfleißes" wurden damals sehr intensive Diskussionen darüber geführt, wie die Dampfmaschine für das Kleingewerbe nutzbar gemacht werden könnte, um die Konkurrenzfähigkeit des Handwerks gegenüber der aufstrebenden Industrie zu stärken. Lilienthal war Mitglied dieses Vereins geworden, in dem sein Lehrer Reuleaux, sein langjähriger Arbeitgeber Hoppe sowie der Studienkollege Slaby hervorragende Rollen spielten. An der Diskussion im Verein hat er sich erstaunlicherweise nicht beteiligt und ist überhaupt nur einmal mit einem Vortrag *Über die Möglichkeiten des freien Fluges* im Jahre 1890 hervorgetreten. Damals war Slaby bereits im

Vorstand und zugleich Redakteur der *Verhandlungen* des Vereins. Vom „Verein deutscher Ingenieure" hielt sich Lilienthal im Gegensatz zu Slaby in auffälliger Weise zurück. Er ist weder Mitglied geworden, noch ist er durch Vorträge oder Publikation in der VDI-Zeitschrift hervorgetreten. Über die Gründe hierfür kann bisher nur spekuliert werden.

Sehr aktiv war dagegen seine Mitarbeit im „Deutschen Verein zur Förderung der Luftschiffahrt", der 1881 in Berlin gegründet worden war. Er trat ihm gemeinsam mit dem Bruder Gustav im Jahre 1886 bei, als Karl Müllenhoff Vorsitzender geworden war und darauf drang, daß sich der Verein nicht nur mit aeronautischen, sondern auch mit aviatischen Fragen beschäftigte. Noch im gleichen Jahr hielt Lilienthal dort seinen ersten Vortrag über leichte Motoren. Im Verein war man auf seine eigenen leichten Schlangenrohrkessel schon früher aufmerksam geworden, denn schon im ersten Jahrgang der *Zeitschrift für Luftschiffahrt* hatte der Ingenieur J. E. Broszus auf diese Kessel als möglichen Antrieb für Luftfahrzeuge hingewiesen. Broszus hatte geschrieben: „Unter den kleinen Dampfmaschinen, welche für Luftschiffahrtszwecke geeignet erscheinen, ist besonders eine, neueren Datums, zu erwähnen, bei welcher neben anderen Eigenthümlichkeiten ein spiralförmiger Röhrenkessel mit einem Cooks-Füllofen in sehr geschickter Weise combinirt ist, so daß diese Maschine als ein vollkommener Kleinmotor gelten darf; ihr Erfinder ist der Ingenieur Lilienthal."

Im „Deutschen Verein zur Förderung der Luftschiffahrt" war Lilienthal jahrelang Mitglied des Technischen Ausschusses, der alle eingehenden Anträge und Vorschläge von Erfindern zu begutachten hatte. Mehrere Jahre lang bekleidete er auch das Amt des Schriftführers, vor allem aber war er der Repräsentant der aviatischen Richtung im Verein. Im Oktober 1888 hielt er den ersten von drei aufeinanderfolgenden Vorträgen über das Thema *Der Kraftverbrauch beim Vogelfluge und sein Einfluß auf die Möglichkeit des freien Fliegens*. Im Protokoll ist festgehalten, daß sich die Anwesenden nach den Ausführungen zu seinen Ehren von ihren Plätzen erhoben.

Im Sommer des gleichen Jahres hatte Lilienthal damit begonnen, die Meßergebnisse des Jahres 1874 mit verbesserten Geräten zu überprüfen und dabei an den Versuchsflächen auch schon unterschiedliche Materialien und Bauweisen erprobt. Diese Experimente erstreckten sich auch noch über das folgende Jahr. Als im Herbst 1889 sein Buch *Der Vogelflug als Grundlage der Fliegekunst* erschien, hielt er im Untertitel die Mitwirkung seines Bruders an diesen Arbeiten ausdrücklich fest. An den folgenden praktischen Flugversuchen war Gustav dann allerdings nicht mehr beteiligt, und auch der Verein führte ihn von 1890 an nicht mehr im Mitgliederverzeichnis.

Das Buch über den Vogelflug nannte Lilienthal bescheiden einen Beitrag zur Systematik der Flugtechnik; uns gilt es heute als die wichtigste flugtechnische Veröffentlichung der Frühzeit. Wilbur Wright sprach gar von einem wunderbaren Buch. Eine wahre Fülle von Erkenntnissen über die Mechanik des Vogelfluges, eindrucksvoll mit Tabellen und Zeichnungen belegt, findet sich darin. Von den mitgeteilten Meßergebnissen über den Luftwiderstand an geraden und gewölbten Flächen sagte später der Aerodynamiker Ludwig Prandtl, sie hätten eine Güte erreicht, die erst durch moderne Arbeiten im Windkanal überboten werden konnten. Lilienthal stellte die ermittelten Werte in Form von Diagrammen dar, womit er zum Urheber der sogenannten Polardiagramme für Flügelprofile wurde, wie er auch bald darauf als erster das Wort „Flugzeug", das bis dahin ähnlich dem „Viehzeug" lediglich ein unbestimmter Sammelbegriff war, singulär für seinen Gleitflugapparat benutzte und damit in den heutigen Sprachgebrauch einführte.

Am Ende des Buches über den Vogelflug bietet er dann bereits Entwürfe für manntragende Flügelpaare sowie Grundsätze für ihre Anfertigung, dazu erste Anleitungen für praktische Gleitflugübungen. Dazwischen überrascht er mit poetischen Einschüben, gar einem Gedicht, in dem er den Storch dem Menschen Mut zusprechen läßt, den Flug doch zu versuchen. Theodor Heuß meinte in seinen *Deutschen Gestalten* dazu: „Mit solchen Versen konnte sich dieser Dichter keinen Platz auf dem Parnaß erfliegen, nicht einmal eine Fußnote in einer deutschen Literaturgeschichte gewinnen; und doch hat die Naivität, mit der sie in dieses fachliche Buch gesetzt sind, nicht nur etwas Rührendes, sondern einen großartigen Zug."

Schritt für Schritt ging Lilienthal danach von der Theorie zur Praxis über: besonnen, planmäßig und konsequent. Vielleicht kann man ihn wagemutig nennen, tollkühn hingegen war er nicht. Auf Stehübungen im Winde folgten Übungen des Absprungs von einem Sprungbrett in seinem Garten. Erst danach versuchte er sein manntragendes Flügelpaar im freien Sprung gegen den Wind, und zwar am Windmühlen- oder Spitzberg bei Derwitz westlich von Potsdam, wo er im Sommer 1891 bereits Flugweiten bis zu 25 m aus fünf bis sechs Meter Absprunghöhe erreichte. In den folgenden Jahren sprang er von der Stechwand einer Sandgrube in Berlin-Südende aus zehn Meter Höhe ab, baute er einen „Fliegeschuppen" auf der sogenannten Maihöhe in Steglitz und entdeckte schließlich die Rhinower Berge etwa 100 km nordwestlich Berlins als ideales Übungsgelände. Aus der Abraumhalde einer Ziegeleianlage in Berlin-Lichterfelde, nahe seinem Wohnhaus, ließ er dann im Frühjahr 1894 seinen „Fliegeberg" aufschütten, einen spitzen Sandhügel von 15 m Höhe mit Absprungmöglichkeiten nach allen Seiten entsprechend der jeweiligen Windrichtung. In die Spitze hatte er einen Schuppen zur Aufbewahrung der Flugapparate eingebaut, dessen Dach mit Rasenplatten belegt war, damit er beim Absprung festen Halt unter den Füßen fand.

Die ersten Gleitflugapparate hatten die Gestalt ausgebreiteter Vogelflügel, später glichen sie dem Flügel der Fledermaus. Das Gerüst bestand aus Weidenruten, die sich im Experiment als ebenso elastisch wie widerstandsfähig erwiesen hatten. Für die Bespannung wurde einfacher Baumwollstoff benutzt, der anfangs, als die Flügel noch starr gebaut waren, mit Lack überzogen wurde, bei den zusammenfaltbaren Flügeln dann nur noch ölgetränkt war. Im zusammengefalteten Zustand konnte der Gleiter sehr viel leichter transportiert und auch untergestellt werden, vor allem aber konnte Lilienthal am Fledermausflügel den Wölbungsgrad durch aufgeschobene profilgebende Holzschienen beliebig verändern, am gleichen Flugzeug also nacheinander unterschiedliche Wölbungsgrade ausprobieren. Wegen dieser Vorzüge verzichtete er auf den aerodynamisch besseren starren Holmflügel. Hinten am Apparat waren zwei kleine stabilisierende Flächen in Form eines Kreuzsteuers angebracht.

Mit mechanischen Steuervorrichtungen hat Lilienthal auf vielfältige Weise experimentiert, doch ist er immer wieder zur bloßen Körpersteuerung durch Verlegung des Schwerpunktes zurückgekehrt. Da er, auf die Unterarme gestützt, im Flugapparat hing, hatte er die Hände für mechanische Steuereinrichtungen nicht frei. Er drückte mit der Hüfte gegen eine bewegliche Leiste, als er Flügelverwindung und die Verwindung des Kreuzsteuers sowie kleine Steuerflächen auf den Flügelspitzen erprobte. Auch verschiedene Sitzvorrichtungen in seinem Segelapparat hat er ausprobiert, doch das Fazit lautete: „So recht bin ich von diesen Neuerungen aber nicht eingenommen, denn wenn der Körper recht frei ist, um den Schwerpunkt schnell genug zu verschieben, so kann man schließlich mehr auf einfache Weise erreichen."

Sein erklärtes Ziel ist es, aus dem Gleitflug in den Segelflug hineinzukommen, wie ein Vogel kreisend den hebenden Luftpartien zu folgen. Als er dafür größere Gleiter baut, muß er feststellen, daß sie durch Schwerpunktverlagerung in der Luft nur mehr schwer zu regieren sind. Deshalb bringt er zwei kleinere Tragflächen übereinander an, kommt so zum Doppeldecker. Die Flüge mit dem Doppeldecker zeichnen sich durch größere Höhe aus, und der Umstand, daß er sich damit auch stärkeren Winden anvertrauen kann, führt nach seinen Worten zu den interessantesten Ergebnissen aller bisherigen Flugversuche: „Schon bei sechs bis sieben Meter Windgeschwindigkeit trug mich die 18 m² große Segelfläche fast horizontal von der Spitze meines Hügels ohne Anlauf gegen den Wind. Bei größerer Windstärke lasse ich mich von der Bergspitze einfach abheben und segle langsam dem Winde entgegen."

Es gelingen ihm auch erste Segelflüge, indem der Wind ihn über die Absprunghöhe hinaus anhebt. Aber der ersehnte Kreisflug will nicht gelingen. Der gelingt erst einige Jahre später den Brüdern Wilbur und Orville Wright in den USA mit einer mechanischen Steuereinrichtung, der zur Patentreife entwickelten Flügelverwindung für Quersteuerung. Da die Wrights sich ihrem Gleiter liegend anvertrauen, haben sie die Hände für die Steuerung frei.

Lilienthal unternimmt parallel vielfältige Anstrengungen, den Gleitflug durch Flügelschläge zu verlängern, löst dazu die äußeren Flügelteile sinnvoll in bewegliche Segmente auf. Der selbstkonstruierte Kohlensäuremotor hat eine Leistung von zwei PS, und die mitgeführte komprimierte Kohlensäure soll für 100 Flügelschläge oder maximal zwei Minuten Betriebsdauer ausreichen. Der Motor wiegt mit allem Zubehör 20 kg, wodurch sich das Gewicht des Flugapparates verdoppelt. Als ein unlösbares Dilemma erweist sich, daß der Motor wegen des austretenden sogenannten Kohlensäureschnees stets nach nur wenigen Kolbenstößen einfriert, und ein besserer Motor steht Lilienthal nicht zur Verfügung.

In seinen Aufsätzen und Vorträgen wirbt er unermüdlich für seinen „Fliegesport", für die Errichtung eines großen künstlichen Hügels in der Nähe Berlins: doppelt so hoch wie sein Fliegeberg, auf dem junge Leute im Fliegen unterrichtet werden, ihre Kräfte im Wettkampf messen und an dem das Flugproblem schließlich seiner Lösung entgegengeht. Er sagt es immer wieder, daß das Fliegen nicht von einem einzelnen erfunden werde, sondern nur am Ende einer Entwicklung stehen könne, an der viele Menschen Anteil hätten, so wie es auch bei der Entwicklung des Zweirades gewesen sei. Er hält Vorträge vor der „Polytechnischen Gesellschaft zu Berlin" und vor dem „Berliner Architektenverein", auf der „Allgemeinen Ausstellung für Sport, Spiel und Turnen" und zuletzt auf der Berliner Gewerbe-Ausstellung im Treptower Park.

In Hermann Moedebecks *Taschenbuch für Flugtechniker und Luftschiffer* veröffentlicht er im Jahre 1895 die erste gewerbliche Anzeige in der Geschichte der Flugtechnik: „Segelapparate zur Uebung des Kunstfluges fertigt die Maschinenfabrik von O. Lilienthal." Auf diese Anzeige hin fragt Octave Chanute aus den USA bei ihm an, zu welchen Bedingungen er bereit wäre, einen Flugapparat abzugeben. Und im Frühjahr 1896 wird er, wie wir erst seit einigen Jahren wissen, in aller Form eingeladen, mit seinen Flugapparaten für zwei oder drei Monate in die USA zu kommen und die Mitglieder der „Boston Aeronautical Society" im Gebrauch der Apparate zu unterrichten: gegen Erstattung aller Unkosten und Zahlung eines Verdienstausfalls für die Zeit seiner Abwesenheit von Berlin. Es bleibt der Phantasie überlassen, sich auszumalen, zu welchen Ergebnissen eine solche Kooperation hätte führen können, die Verbindung von genialem Ingenieurswissen und nahezu unbegrenztem Kapital.

Abgestürzt ist er am Sonntag, dem 9. August 1896, mittags am Gollenberg bei Stölln nahe Rhinow. Bei einem hohen und weiten Flug mit dem tausendfach bewährten Normal-Segelapparat geriet er in eine Sonnenböe und schlug aus etwa 15 m Höhe auf den Boden auf. Er hatte den dritten Halswirbel gebrochen, verspürte aber keinerlei Schmerz und wußte nicht, daß er sterben würde. Als man ihn am Tage darauf, auf einem Feldbett liegend, mit der Eisenbahn nach Berlin zurücktransportierte, wurde er während der Fahrt schlafsüchtig. In der bekannten Bergmannschen Klinik in der Ziegelstraße verschied er bald nach der Einlieferung, 48 Jahre alt, und ohne das Bewußtsein wiedererlangt zu haben. Seine angeblich letzten Worte: „Opfer müssen gebracht werden", sind erst Jahrzehnte später formuliert worden. Seine Frau Agnes blieb mit vier unmündigen Kindern zurück. Ironie des Schicksals oder ausgleichende Gerechtigkeit? Seinem Sohn Fritz wurde das Pagenkopfsche Familienstipendium, das ihm selbst versagt geblieben war, für das Studium an der Technischen Hochschule in Charlottenburg bewilligt.

Literatur

Halle, Gerhard, *Otto Lilienthal. Flugforscher und Flugpraktiker, Ingenieur und Menschenfreund,* Düsseldorf 1976.
Halle, Gerhard, *Otto Lilienthal und seine Flugzeugkonstruktionen,* München-Düsseldorf 1962.
Schwipps, Werner, *Lilienthal. Die Biographie des ersten Fliegers,* Gräfelfing-München 1985 (umfangreiche Bibliographie).
Schwipps, Werner, *Der Mensch fliegt. Lilienthals Flugversuche in historischen Aufnahmen,* Koblenz 1988.
Seifert, Karl-Dieter, *Otto Lilienthal. Mensch und Werk,* Neuenhagen bei Berlin 1961.
Waßermann, Michael, *Otto Lilienthal,* Leipzig 1985.

Namenregister

Adelung, Johann Christoph 7
Ahlwardt, Hermann 105
Alberti, Gebrüder (Firmenname) 77, 78
Alembert, Jean le Rond d' 5, 56, 57
Altenstein, Karl Freiherr vom 7, 54, 55
Althoff, Friedrich 301, 306, 322, 323
Ampère, André Marie 283
Anschütz, Ottomar 370
Archimedes 365
Arco, Georg Graf von 314, 315, 316, 318, 343, 344
Arcy, Patrice Chevalier d' 360
Aristoteles 365
Arnhold, Eduard 109
Aronhold, Siegfried Heinrich 326
Auguste Viktoria, deutsche Kaiserin und Königin von Preußen 312
Aumund, Heinrich 307

Bach, Karl 302
Baildon, John 67
Baird, John Logie 362
Ballin, Albert 105
Bartholdi, Realschuldirektor 172
Baumgarten, Ernst Georg August 369
Becherer, Friedrich 54
Beckmann, Johann 8, 31, 38, 39
Beetz, Friedrich Wilhelm Hubert (seit 1876 von Beetz) 158
Behrens, Peter 96
Bell, Alexander Graham 167, 184
Berend, Levin (später Louis) und Samuel 41
Berghaus, Heinrich 60
Bergmann, Carl Lorenz 211
Bergmann, Dorothea 213
Bergmann, Louise, geb. Noll 214, 216
Bergmann, Louise 217
Bergmann, Sigmund VII, 211—226
Bergmann, Susanna Barbara, geb. Geng 211
Berliner, Theodor 222
Bernoulli, Daniel 56, 57
Beuth, Christian Peter Wilhelm VI, 40, 41, 44, 55, 69, 70, 71, 74, 76, 85, 86, 89

Blanchard, François 36
Bleichröder, Gerson 109, 185
Bilgram, Hugo 290
Bismarck, Otto Fürst von 101, 103, 171, 180, 181, 183, 185, 186, 187, 188, 189, 191, 288, 289, 357
Bötticher, Karl Heinrich von 104, 105
Boetticher, F. M., Mechaniker 137, 138
Borsig, Albert 87, 89, 93
Borsig, August VI, 78, 79, 80, 81, 82, 85—96, 108, 196, 331
Borsig, Louise, geb. Praschl 87
Bois-Reymond, Emil Du 135, 137, 139, 141, 149, 158, 165
Boveri, Walter 261
Bovey, Henry Taylor 289
Bradley, Physiker 261
Bramante (eigentlich Donato d'Angelo) 85
Braun, Ferdinand 317, 318, 319, 343
Bredow, Hofapotheker 34
Bredow, nichtehelicher Vater von C. F. W. Woderb 78
Bredow, Hans Carl August Friedrich VIII, 341—356
Breitenbach, Paul von 130
Broszus, J. E. 378
Brown, Charles L. 259, 261
Brücke, Ernst Wilhelm Ritter von 137, 158
Brüggemann, August 132
Brush, Physiker 253
Buat, Chevalier Du 51, 56, 57
Bucher, Lothar 179
Buffon, George Louis Leclerc Comte de 4
Busch, Moritz, 189

Carpenter, Jesse Fairfield, 125, 127, 128
Cayley, Sir George 375, 376
Chanute, Octave 381
Chaptal, Jean Antoine 38
Chauvin, Franz von 182
Chézy, Ant., Hydrotechniker 57
Christoffel, Elwin Bruno 372
Clausius, Rudolf 158

Cockerill, Charles James 70, 73, 76
Cockerill, John 70, 73, 76
Cothenius, Christian Andreas von 31
Cramer, Johann Andreas 18
Culmann, Carl 196, 283

Dannenberger, Ferdinand 35, 76
Degen, Jakob 373
Devaranne, Goldarbeiter 68
Diderot, Denis 5, 364
Diesel, Rudolf 306
Dolivo-Dobrowolsky, Michael von VII, 249—265
Dove, Heinrich Wilhelm 165, 326
Duttenhofer, Max 104, 105
Dutton, Brüder, Fabrikanten 66, 67

Eames, Frederick William 127
Ebert, Friedrich 344
Edison, Thomas Alva VII, 167, 200, 201, 211, 212, 213, 214, 215, 224, 225, 249, 253
Egells, Franz Anton VI, 65—83, 86, 87
Eggers, Friedrich 326, 328
Egidy, Moritz von 370
Ehrich, Firma, 72
Elkington, Galvanotechniker 156, 157
Euler, Leonhard 283
Etzel, Franz August von 60
Eversmann, Friedrich August 23
Eytelwein, Anna Elisabeth, geb. Hung 47
Eytelwein, Christian Philipp 47
Eytelwein, Dorothea Charlotte Louise, geb. Pflaum 60
Eytelwein, Friedrich Albert 60
Eytelwein, Johann Albert V, 47—63
Eytelwein, Johann Elias 47

Faraday, Michael 358
Faure, Physiker 253
Feiler, Tobias Christoph 35
Felten, J. Th., Fabrikant 182
Ferber, Ferdinand 367
Ferraris, Galileo 259, 261
Fisher, Henry C. 184
Flesch, Hans 351
Flörke, Heinrich Gustav 9
Floerken, Friedrich Jakob 9
Florensoff, J. 253, 254
Fink, Karl 326, 328
Forstner, Alexander Freiherr von 56
Franz I., Kaiser, Großherzog von Toscana, Herzog von Lothringen 18

Freund, Georg Christian VI, 65—83
Freund, Julius Conrad VI, 65—83
Frick, Friedrich 58
Frick, Geh. Oberbergrat 43
Friedländer-Fuld, Friedrich Viktor von 109
Friedrich II., König von Preußen 15, 21, 22, 23, 26, 48, 88
Friedrich III., deutscher Kaiser, König von Preußen 153
Friedrich Christian, Kurfürst von Sachsen 19
Friedrich Wilhelm, Kurfürst von Brandenburg 47
Friedrich Wilhelm II., König von Preußen 22, 23, 33
Friedrich Wilhelm III., König von Preußen 53, 72
Friedrich Wilhelm IV., König von Preußen 88, 91, 141, 161
Frischen, Carl 228, 233, 236, 240
Fritsche, Jacob 2

Gambey, Henri Prudence 138
Garnerin, André Jacques 36, 37
Garnerin, Madame 37
Gauß, Carl Friedrich 217
Geiß, Moritz 68
Geng, Georg Albrecht 211
Georg V., König von England 344
Gerhard, Carl Abraham 25
Gibbs-Smith, Charles 376
Giesecke, Heinrich 350, 351
Gilly, David 51, 53, 54, 58
Gilly, Friedrich 53
Gizycki, Adolf von 373
Gmelin, Johann Friedrich 31
Goebbels, Josef 344
Görges, Johannes 230
Goercke, Johann 34
Goethe, Johann Wolfgang von 12
Goldschmidt, Hans 16
Gradenwitz, Richard Jakob 131
Grashof, Franz 295
Greene, Hugh C. 354
Gropius, Martin 150
Grosse, Oskar 191
Großmann, Professor 372
Guilleaume, Carl 182
Guilleaume, Emil 182
Guilleaume, Franz Carl 182, 183, 185
Gwinner, Arthur von 222

Hadamovsky, Eugen 364

Namenregister 385

Haenlein, Paul 369
Haentzschel, Kurt 348, 349
Hagen, Ludwig Philipp von 22
Halle, Johann Samuel 9, 11
Haller, Albrecht von 2
Halske, Henriette, geb. Schmidt 142, 143
Halske, Johann Hinrich 135
Halske, Johann Georg VII, 135—151, 159, 161, 163, 168, 228, 230
Halske, Johanna Catharina, geb. Hahn 135
Hardenberg, Karl August Fürst von 21
Hardy, George und John 129
Harnack, Adolf von 365
Haselwander, Friedrich August 261
Heberlein, Jakob 125
Hefner, Elise von, geb. Pauli 227
Hefner, Franz Ignaz Heinrich von 227
Hefner, Jakob Heinrich von 227, 237
Hefner-Alteneck, Friedrich von VII, 166, 227—247, 252
Hefner-Alteneck, Johanna von, geb. Piloty 236 236
Heilmann, Ernst 349, 351
Heiß, Clemens 108
Helmholtz, Hermann 137, 139, 158, 357, 358, 374, 375
Henckel, Johann Friedrich 16, 18
Henckel von Donnersmarck, Guido Fürst 109
Henneberg, Rudolf 329, 330, 331, 332
Hensel, Sebastian 190
Hering, Carl 255
Hermann, Gustav 286
Hermbstaedt, Caroline 43
Hermbstaedt, Juliane Friederike Henriette, geb. Schleunitz 43
Hermbstaedt, Magdalena, geb. Rose 31, 43
Hermbstaedt, Sigismund Friedrich V, 29—45
Herrenburger, Architekt 77, 79
Hertz, Heinrich 313
Hertzog, Rudolf 109
Hertzberg, Ewald Graf von 25
Heuß, Theodor 379
Heynitz, Benno von 16, 21
Heynitz, Friedrich Anton von V, 15—27, 52, 53
Heynitz, Friedrich Christian von 16
Heynitz, Georg Ernst von 16
Heynitz, Gottlob Leberecht von 16
Heynitz, Philipp Gottlob von 16
Heynitz, Sophie Dorothee von, geb. von Hardenberg 16
Hildebrand, Wilhelm 131, 132
Hindenburg, Paul von 351

Hirschmann, Präzisionsmechaniker 136, 137, 138
Hitler, Adolf 344, 351, 364
Hjorth, Sören 165
Hobrecht, James 329
Hörmann, Adolf 372
Hoffmann, C. O. 9
Hoffmann, Carl 238, 239
Hollmann, von, Vorsitzender des AEG-Aufsichtsrates 318
Hopkinson, Gebr., Elektrotechniker
Hoppe, Carl 76, 81, 377
Hossauer, Georg Johann 68
Hotho, Thomas 66
Hufeland, Eduard 43
Humboldt, Alexander von 23, 65, 87, 95
Humboldt, Familie 65
Humboldt (Gebrüder), Alexander und Wilhelm von 34
Humboldt, Wilhelm von 65
Hummel, Caspar 73
Hung, Albert 47

Imhoff, Carl von 18

Jacobi, Hermann 230
Jacobsson, Johann Karl Gottfried 11
Jablochkoff, Pawel Nikolajevich 235, 252, 253
Jedlik, Physiker 165
Johnson, Edward H. 214
Junkers, Hugo 367
Justi, Johann Heinrich Gottlob von 11

Kapp, Gisbert 255
Karl I., Herzog zu Braunschweig-Wolfenbüttel 18
Karmarsch, Karl 57, 58
Karolus, August 362
Karsten, Karl Johann Bernhard 43
Karsten, Dietrich Ludwig Gustav 23
Kendall, Peter 125
Kerr, John 362
Kienzle, Otto 121
Kittler, Erasmus 249, 254, 255, 256
Klaproth, Martin Heinrich 29, 32, 33, 34, 36, 38, 40
Klein, Felix 301, 322
Klimsch, Fritz 338
Klingenberg, Georg VIII, 267—278
Klingenberg, Ludwig 267
Klingenberg, Maria, geb. Kayser 278
Knoblauch, Karl Hermann 158

Knorr, Georg VI, 125—134
Knorr, Theodor 125
Köttgen, Carl 225
Korth, Johann Wilhelm David 9
Kosmann, Johann Wilhelm Andreas 2, 4
Krigar, Heinrich Friedrich 68
Krünitz, Dorothea Catharina, geb. Fritsche 2
Krünitz, Georg Christoph 2
Krünitz, Johann Georg V, 1—14
Krupp, Alfred 96
Krupp, Berta 109
Kühnscherf, Karl Friedrich August 326
Kufahl, Ludwig 80
Kunheim, Louis 41
Kunheim, Samuel Heinrich 41
Kunth, Gottlob Johann Christian 34, 35, 65, 66, 69
Kunze, Bruno 129, 130
Kypke, Bauinspektor 57

La Hire, Philippe de 58
Lahmeyer, Wilhelm 218
Lambert, Johann Heinrich 57
Landau, Jacob 98
Langen, Eugen 291
Langhoff 173
Langsdorf, Carl Christian 58
Laplace, Pierre-Simon Marquis de 57
Lassalle, Ferdinand 101, 105
Lavoisier, Antoine-Laurent de 32, 33
Lehmann, Anna Sophie 4
Leibniz, Gottfried Wilhelm 365
Lenné, Joseph Peter 87
Leonhardt, Ferdinand 139, 158, 159
Lessing, Gotthold Ephraim 4
Levi, Vater von Ludwig und Isidor Löwe 97
Liebermann, Joseph 194, 196
Liebermann, Karl 194
Liebermann, Max 194
Lilienthal, Agnes 381
Lilienthal, Fritz 381
Lilienthal, Gustav 370—378
Lilienthal, Johann 108
Lilienthal, Marie 371
Lilienthal, Otto IX, 128, 367—382
Litfaß, Ernst 9
Löwe, Isidor VI, 97—109, 131, 132, 206, 207
Löwe, Ludwig VI, 97—109, 189
Lorenz, Firmenname 104
Lucius von Ballhausen, Robert Freiherr 189
Ludwig, Carl 158
Lüders, Johann 286

Maaß, Robert 230, 239, 241, 242
Magnus, Heinrich Gustav 43, 139, 165, 373
Magnus, Kurt 350, 351, 352, 353, 354
Mannesmann, Familie 291
Marconi, Guglielmo 313, 314, 315, 316, 317, 319, 343
Maria Theresia, Erzherzogin von Österreich, Königin von Ungarn und Böhmen 18
Martin, Rudolf 109
Marx, Karl 287
Matschoß, Conrad 278, 367
Mauser, Gebrüder, Firmenname 100
Mauser, Paul von 100
May, Fabrikenkommissar 40
Maybach, Albert von 188
Meier, Hermann Heinrich 187
Meißner, Alexander 345
Mencelius, Beamter des Oberbaudepartements 53
Meydam, Generaldirektor der Telegraphenverwaltung 181
Michelotti, F. D. 57
Mihaly, Dénes von 363
Miller, Oscar (auch Oskar) von 199, 201, 260
Mitscherlich, Eilhard 43, 138
Moelter, Bergrat 55
Moll, C. L. 279, 280
Monge, Gaspard 283, 284
Morgenländer, Leiter der Oberbaudeputation 54
Morse, Samuel 232
Müllenhoff, Karl 378
Müller, Johannes Peter 137, 138
Musil, Robert 194
Musschenbroek, Pieter von 58

Napoleon Bonaparte 26, 38
Neander, Artillerieoffizier 37
Neuhauss, Richard 370
Neumann, Bauinspektor 128
Newcomen, Thomas 10
Newton, Isaac 56
Nicholson, William 56
Nicolai, Friedrich 31, 32
Nipkow, Friedrich Wilhelm 357
Nipkow, Lilly 361
Nipkow, Paul Julius Gottlieb IX, 357—365
Nipkow, Therese, geb. Magdalinski 357
Nordberg, Axel 67
Noske, Gustav 345
Nottebohm, Friedrich Wilhelm 162, 328

Oesfeld, Carl Wilhelm von 60
Olfers, Ignaz von 60
Onken, Hermann 16
Opel, Adam 97
Oppel, Friedrich Wilhelm von 20, 21
Oppermann, Georg 131
Ostwald, Wilhelm 319
Otto, Nikolaus August 291

Paalzow, Professor an der Technischen Hochschule Charlottenburg 310
Pagenkopf, M. Peter 372
Paiva, Adriano de 360
Paley, William S. 352
Papen, Franz von 351
Pauli, Joachim 6, 7, 9
Pein, H. C., preußischer Hofapotheker 32
Pelton, Lester A. 290
Penn, John 196
Persius, Ludwig 87, 88
Petersdorff, Hermann von 191
Pflaum, Christian Friedrich 60
Pistor, Karl Philipp Heinrich 71
Pistorius, Leberecht 35
Piloty, Karl von 236
Piloty, Robert 237
Plato 365
Polhem, Christopher 18, 283
Popow, Alexander 313
Prandtl, Ludwig 379
Priestley, Joseph 10
Pschorr, Josef 217

Radinger, Johann von 286, 295, 303
Rathenau, Emil, VII, 96, 98, 109, 167, 185, 193—209, 218, 221, 225, 253, 256, 269, 296, 312, 313, 318, 376
Rathenau, Erich 197, 204, 206, 207, 208
Rathenau, Moses (Moritz) 193, 194
Rathenau, Sabine Mathilde, geb. Nachmann 196
Rathenau, Walther 105, 109, 194, 197, 204, 205, 208, 267, 323
Rau, Eduard 171
Rauch, Christian Daniel 68
Reden, Friedrich Wilhelm von 21, 22, 25, 26, 67
Redtenbacher, Ferdinand 279, 282, 284, 295
Reimarus, Johann Albert Heinrich 29
Reinecker, Johannes Georg 289
Repsold, Johann Georg 137, 138
Reuleaux, Franz VIII, 196, 197, 279—292, 295, 296, 298, 301, 303, 309, 310, 314, 326, 328, 372, 373, 377
Rhein, Eduard 363, 364
Richter, Fabrikant 371
Riedel, Heinrich August 51, 52, 53, 54
Riedler, Alois VIII, 280, 293—307, 321
Rieß, Peter Theophil 136, 137
Rietschel, Ernst Friedrich August 326
Rietschel, Hermann Immanuel VIII, 325—339
Rietschel, Martha, geb. Leinhas 328
Robertson, Etienne 37
Roon, Albrecht von 103
Rose, Valentin d. Ä. 29
Rose, Valentin d. J. 29, 33, 34, 43
Rühlmann, Moritz 56, 57, 58, 61, 172
Runk, Georg Sebastian 216

Saling, Jakob 372
Sauerbruch, Ferdinand 121
Schadow, Johann Gottfried 68
Scheele, Karl Wilhelm 33
Scherl, August 109
Schiller, Friedrich 12
Schinkel, Karl Friedrich 43, 44, 55, 58, 60, 68, 70, 87
Schleifer, Michael 125, 127, 129
Schlesinger, Edgar 363
Schlesinger, Georg VIII, 111—124
Schlink, Joseph 285
Schmahel, Hüttenfaktor der Kgl. Eisengießerei 68
Schmidt, Karl 333
Schmoller, Gustav 15
Schmückert, Gottlob Heinrich 179
Schneider, Professor 328
Scholz, Adolf von 188
Scholz, Erich 348, 351
Schnorr von Carolsfeld, C. 233
Schröder, Ralf 50
Schröter, Fritz 362
Schroetter, Friedrich Leopold Reichsfreiherr von 53
Schubarth, Johann Andreas 43
Schuckert, Sigmund 213, 216, 218, 225
Schulz-Briesen, Max 16
Schulze, Reg. Baumeister 128
Schultze, F. W., Kaufmann 78, 79
Schulze-Delitzsch, Hermann 172
Schwartzkopff, Louis (Ludwig) (auch Firmenname) 310, 331, 372
Segner, Johann Andreas 2
Selle, Christian Gottlieb 31
Severin 74

Severing, Carl 349
Shukowski, Nikolai Jegorowitsch 367
Sieburg, Fabrikant 66, 67
Siemens, Anna 162, 172, 173
Siemens, Antonie 162, 173
Siemens, Arnold 162, 173, 241
Siemens, Carl 153, 162, 163, 167, 173, 184, 228, 241, 243
Siemens, Carl Friedrich (Sohn von Werner Siemens) 162, 173
Siemens, Christian Ferdinand 153, 154
Siemens, Eleonore, geb. Deichmann 153
Siemens, Ferdinand 153
Siemens, Gebrüder (Werner und Carl) 166, 169
Siemens, Georg (Vetter von Werner Siemens) 200, 204
Siemens, Hans 153
Siemens, Hertha 162, 173
Siemens, Johann Georg 139, 159
Siemens, Käthe 162, 173
Siemens, Karl 144
Siemens, Mathilde, geb. Drumann 143, 145, 162, 173
Siemens, Mathilde (Schwester von Werner Siemens) 153, 156
Siemens, Wilhelm (Sohn von Werner Siemens) 162, 172, 173, 241, 243, 246, 312
Siemens, Wilhelm (William) 140, 144, 148, 157, 159, 161, 162, 163, 165, 167, 199, 236
Siemens, Werner VII, 135, 139, 140, 141, 142, 143, 144, 145, 146, 147, 148, 149, 150, 153—175, 184, 185, 186, 191, 198, 199, 200, 201, 203, 211, 217, 221, 225, 228, 230, 231, 233, 235, 236, 239, 240, 241, 242, 243, 246, 249, 291, 310, 312, 360
Slaby, Adolf VIII, 267, 269, 300, 302, 305, 306, 309—324, 343, 357, 372, 376, 377, 378
Sponholz, Hauslehrer Werner Siemens' 153, 154
Staby, Wilhelm 129
Stein, Heinrich Friedrich Karl Reichsfreiherr vom und zum 21, 22, 24, 26, 66
Steiner, Kilian 104
Stephan, Heinrich von VII, 167, 177—192
Stirling, Robert 161
Stoff, Stadtsekretär 77
Stojentin, Oskar von 125
Strack, Johann Heinrich 89, 90
Strasser, Gregor 348
Strassmann, Wolfgang 101
Stresemann, Gustav 348
Stüler, Friedrich August 87

Tappert, Wilhelm 73
Taylor, Frederick Winslow 108, 119
Tempelhoff, Georg Friedrich von 47
Tesla, Nicola 261, 262
Thurston, Henry 289
Thyssen, August 109
Tieck, Friedrich 68
Tirpitz, Alfred von 315
Todhunter, Isaac 58
Tralles, Johann Georg 54
Traubl, Ludwig 137
Tredgold, Thomas 56
Trommsdorf, Wilhelm Bernhard 29
Tudor, Henri 253

Uhden, Beauftragter des Kultur- und des Handelsministeriums 55

Valentin, Justus 196, 197, 200
Valmont de Bomare, Jacques-Christophe 6
Varley, Cromwell Fleetwood 165
Varnhagen von Ense, Karl August 33
Veltheim, Karl Christian Sigismund von 22
Vielmetter, Johannes Philipp 132
Vinci, Leonardo da 375, 376
Vincke, Ludwig Freiherr von 76
Virchow, Rudolf 101, 103
Voigt, L., Fabrikant 67
Voltaire (eigentlich François Marie Arouet) 5
Vossi, Artillerieoffizier 37

Wagner, R. 42
Waldschmidt, Walter 132
Watt, James 10, 11
Weber, Fabrikant 196
Weber, Heinrich 74
Weber, Wilhelm 217
Wegeleben, Fritz 108
Wehrenpfennig, Wilhelm 296
Weisbach, Julius 284
Wenström, Physiker 261
Westinghouse, George 125, 127, 128, 129, 130, 131, 262
Wheatstone, Charles 159, 165
White, Techniker 119
Whitehouse, Fabrikant 66
Wiebe, Friedrich Karl Hermann 326
Wiedemann, Gustav Heinrich 158
Wiedersberg, Schlossermeister 211
Wiegleb, Johann Christian 29
Wien, Max 319, 320
Wilde, Physiker 165

Wilhelm I., deutscher Kaiser und König von Preußen 183, 186, 188, 191, 333
Wilhelm II., deutscher Kaiser und König von Preußen VIII, 104, 105, 109, 188, 189, 190, 191, 220, 245, 267, 300, 305, 309, 312, 313, 314, 315, 316, 318, 320, 322, 323, 343, 344, 375
Wilm, Alfred 105
Windthorst, Ludwig 101
Wittfeldt, Regierungsbaurat 219
Woderb, C. W. F., Fabrikant 78, 79
Wöhler, Friedrich 43
Wöhlert, Friedrich 79, 81
Wölfert, Lenkballonkonstrukteur 369
Worthington, Henry 290

Wright, Orville 367, 380
Wright, Wilbur 367, 378, 380

Young, Thomas 56, 57

Zedler, Johann Heinrich 5
Zeppelin, Ferdinand Graf von 131
Zeuner, Gustav 196, 228, 279
Zilken, Gebrüder (Firmenname) 279
Zimmermann, Christian Gottlieb 57
Zincke, Georg Heinrich 18
Zitelmann, Beamter des Oberbaudepartements 53

Verzeichnis der Autoren

Volker Benad-Wagenhoff, Frankfurt/Main
Prof. Dr. Hans-Joachim Braun, Universität der Bundeswehr Hamburg
Prof. Dr. Ing. E. h. Walter Bruch (†)
Dr. Herbert Goetzeler, Siemens-Museum, München
Horst O. Halefeldt, Bad Vilbel
Prof. Dr. Wolfgang König, Technische Universität Berlin
Dr. Helmut Lindner, Museum für Verkehr und Technik, Berlin
Prof. Dr. Karl-Heinz Manegold, Universität Hannover
Prof. Dr. Ilja Mieck, Freie Universität Berlin
Dr. Lothar Schoen, Siemens-Museum, München
Dr. Lars U. Scholl, Deutsches Schiffahrtsmuseum, Bremerhaven
Werner Schwipps, Köln
Hans Christoph Graf v. Seherr-Thoss, Unterhaching
Prof. Dr. Dr. h. c. Wilhelm Treue, Göttingen
Prof. Dr. Ulrich Troitzsch, Universität Hamburg
Prof. Klaus W. Usemann, Universität Kaiserslautern
Dr. Dieter Vorsteher, Deutsches Historisches Museum, Berlin
Prof. Dr. Wolfhard Weber, Ruhr-Universität Bochum
Dr. Ulrich Wengenroth, Institut für Europäische Geschichte, Mainz
Klaus-Dieter Wyrich, München

Bildnachweis

AEG-Firmenarchiv, Frankfurt a. M.: Emil Rathenau (S. 195);
E. Bickel, *Professor Dr.-Ing. Georg Schlesinger als Begründer der Werkstattstechnik*, in: *Werkstattstechnik und Maschinenbau*, 47. Jg., H. 1 vom Januar 1957: Schlesinger (S. 113);
Walter Bruch: Bildseite aus dem Fernsehpatent Paul Nipkows 1884 (S. 358), Nipkow (S. 359);
Deutsche Staatsbibliothek, Berlin: Hermbstaedt (S. 30);
Deutsches Museum, München: von Dolivo-Dobrowolsky (S. 250);
Deutsches Rundfunkarchiv, Historisches Archiv der ARD, Frankfurt a. M.: Bredow (S. 342);
25 Jahre Telefunken. Festschrift der Telefunken-Gesellschaft, Berlin 1928: Slaby (S. 311);
Fünfzig Jahre Knorr-Bremse, hrsg. von der Knorr-Bremse AG, Berlin-München 1955: Knorr (S. 126);
O(skar) Grosse, Stephan. Vom Postschreiber zum Minister, Berlin 1931: Stephan (S. 178);
Das Großkraftwerk Klingenberg. Beschreibung der Anlagen und Beiträge von am Bau beteiligten Firmen mit einem Vorwort des Dr. Ing. W. E. Wellmann, bearb. in der Abteilung für Zentralstationen der Berliner Städtische Elektrizitätswerke Act. Ges., Berlin 1928: Klingenberg (S. 268);
Ludwig Loewe & Co. Actiengesellschaft Berlin 1869—1929, hrsg. zum sechzigjährigen Jubiläum der Firma von der Gesellschaft für elektrische Unternehmungen Ludwig Loewe & Co. AG, Berlin 1930: Ludwig Löwe (S. 99), Isidor Löwe (S. 102);
Carl Matschoß, *Die Entwicklung der Dampfmaschine. Eine Geschichte der ortsfesten Dampfmaschine und der Lokomobile, der Schiffsmaschine und der Lokomotive*, Bd. 1, Berlin 1908; Reprint: Moers 1983/84: Julius Conrad Freund (S. 70), Egells (S. 75);
Museum für Verkehr und Technik Berlin, Borsig-Archiv: Borsig. Lithographie von Ludwig Burger und Theodor Albert anläßlich der Fertigstellung der 500sten Lokomotive 1854 (S. 95);
Niedersächsische Staats- und Universitätsbibliothek Göttingen, Ökonomisch-technologische Encyklopädie, Bd. 13, Berlin 1778: Krünitz. Stich von D. Berger nach einem Gemälde von H. Francke (S. 3);
Werner Schwipps: Otto Lilienthal (S. 368);
Siemens-Museum, München: Halske, Gemälde von F. Keil (S. 136); Halske mit seiner Frau Henriette (S. 143); Faksimile des Briefes von Halske vom 1. Mai 1861 an Werner Siemens (S. 147); Werner von Siemens (S. 155); Namenszug Werner von Siemens' (S. 155); Siemens-Zeigertelegraf von 1847 (S. 160); Dynamomaschine und Schnittzeichnung einer Dynamomaschine 1866 (S. 164); Ernennungsurkunde für W. von Siemens zum Mitglied des Reichspatentamtes von 1877 (S. 170); Familie W. von Siemens' um 1876 (S. 173); Bergmann und Thomas Alva Edison (S. 212); von Hefner-Alteneck (S. 229); Erste Trommelanker-Dynamomaschine von 1872 (S. 234); Differential-Bogenlampe 1878 (S. 235); Hefner-Kerze 1884 (S. 237); Innenpolmaschine im Kraftwerk Mauerstraße in Berlin 1889 (S. 238); Speisekarte des Abschiedsmahls für von Hefner-Alteneck 1890 (S. 242);
Staatliche Museen Preußischer Kulturbesitz Berlin, Kupferstichkabinett: Eytelwein (S. 48);
Stein-Archiv, Schloß Cappenberg: Heynitz (S. 17, Miniatur, die der Minister dem Freiherrn von Stein geschenkt hat);
Technische Universität Berlin, Universitätsbibliothek: Reuleaux (S. 280); Riedler (S. 294);
Klaus W. Usemann: Rietschel (S. 327).

HISTORISCHE KOMMISSION ZU BERLIN

Vorstand
WOLFRAM FISCHER (Vorsitzender)
PETER BAUMGART / OTTO BÜSCH
PETER CZADA / HELMUT ENGEL
GERD HEINRICH / STEFI JERSCH-WENZEL
JÜRGEN KOCKA / PETER LÖSCHE
ILJA MIECK / HORST MÖLLER
WOLFGANG RIBBE / HENRYK SKRZYPCZAK
WILHELM TREUE / WERNER VOGEL
KLAUS ZERNACK

Kirchweg 33 („Mittelhof"). D-1000 Berlin 38 (Nikolassee)

EINZELVERÖFFENTLICHUNGEN DER
HISTORISCHEN KOMMISSION ZU BERLIN

Band 60
Berlinische Lebensbilder

Herausgegeben von Wolfgang Ribbe

Band 1
Naturwissenschaftler

Herausgegeben von Wilhelm Treue und Gerhard Hildebrandt
1987. Großoktav, XII, 396 Seiten, 61 Abbildungen, Leinen

Band 2
Mediziner

Herausgegeben von Wilhelm Treue und Rolf Winau
1987. Großoktav, X, 390 Seiten, 22 Abbildungen, Leinen

Band 3
Wissenschaftspolitik in Berlin
Minister, Beamte, Ratgeber

Herausgegeben von Wolfgang Treue und Karlfried Gründer
1987. Großoktav, XI, 368 Seiten, 19 Abbildungen, Leinen

Band 4
Geisteswissenschaftler

Herausgegeben von Michael Erbe
1989. Großoktav, VIII, 376 Seiten, 20 Abbildungen, Leinen

Band 5
Theologen

Herausgegeben von Gerd Heinrich
1990. Großoktav, X, 391 Seiten, 21 Abbildungen, Leinen

Band 6
Techniker

Herausgegeben von Wilhelm Treue und Wolfgang König
1990. Großoktav, XII, 391 Seiten, 39 Abbildungen, Leinen

COLLOQUIUM VERLAG · BERLIN

EINZELVERÖFFENTLICHUNGEN DER
HISTORISCHEN KOMMISSION ZU BERLIN

Band 54

Berlin-Forschungen I

Herausgegeben von Wolfgang Ribbe

1986. Großoktav, 336 Seiten, 110 Abbildungen, 54 Tabellen und eine Klapptafel, Leinen
(Publikationen der Sektion für die Geschichte Berlins 3)

Band 61

Berlin-Forschungen II

Herausgegeben von Wolfgang Ribbe

1987. Großoktav, 328 Seiten, 63 Abbildungen, 17 Tabellen, Leinen
(Publikationen der Sektion für die Geschichte Berlins 4)

Band 66

Berlin-Forschungen III

Herausgegeben von Wolfgang Ribbe

1988. Großoktav, 328 Seiten, 113 Abbildungen, Leinen
(Publikationen der Sektion für die Geschichte Berlins 5)

Band 70

Berlin-Forschungen IV

Herausgegeben von Wolfgang Ribbe

1989. Großoktav, 312 Seiten, 124 Abbildungen, 31 Tabellen, Leinen
(Publikationen der Sektion für die Geschichte Berlins 6)

Band 71

Berlin-Forschungen V

Herausgegeben von Wolfgang Ribbe

1990. Großoktav, 384 Seiten, 110 Abbildungen, 6 Tabellen, 1 Klappkarte, Leinen
(Publikationen der Sektion für die Geschichte Berlins 7)

COLLOQUIUM VERLAG · BERLIN